Johannes Paul II. · Die Familie

Communio personarum Band 3

Johannes Paul II.

Die Familie
Zukunft der Menschheit

Aussagen zu Ehe und Familie 1978–1984

herausgegeben und eingeleitet
von Norbert und Renate Martin

PATRIS VERLAG · VALLENDAR-SCHÖNSTATT

CIP-Kurztitelaufnahme der Deutschen Bibliothek:

Johannes Paulus ⟨Papa, II.⟩:
Communio personarum / [Johannes Paul II. Hrsg. von Norbert u. Renate Martin]. – Vallendar-Schönstatt: Patris Verlag
NE: HST
Vw: Wojtyła, Karol [Früherer Name] → Johannes Paulus ⟨‹Papa, II.⟩
Bd. 3. Johannes Paulus ⟨Papa, II.⟩: Die Familie, Zukunft der Menschheit. – 1985

Johannes Paulus ⟨Papa, II.⟩:
Die Familie, Zukunft der Menschheit: Aussagen zu Ehe u. Familie 1978–1984 / Johannes Paul II. Hrsg. u. eingeleitet von Norbert u. Renate Martin. – Vallendar-Schönstatt: Patris Verlag, 1985.
 (Communio personarum / [Johannes Paul II.]; Bd. 3)
 ISBN 3-87620-110-1
Vw: Wojtyła, Karol [Früherer Name] → Johannes Paulus ⟨Papa, II.⟩

Alle Rechte vorbehalten. Printed in Germany
© 1985 by Patris Verlag GmbH, D-5414 Vallendar-Schönstatt
Übersetzung ins Deutsche nach Osservatore Romano,
Wochenausgabe in deutscher Sprache,
mit freundlicher Erlaubnis der Redaktion.
Titelfoto: Mari, Città del Vaticano
Gesamtherstellung: Bercker, Graphischer Betrieb, Kevelaer 1
ISBN 3-87620-110-1

INHALT

Vorwort 7

I. DIE WAHRHEIT ÜBER DEN MENSCHEN – DAS DRAMA UNSERER ZEIT 17

II. ZUR GESELLSCHAFTLICHEN UND KIRCHLICHEN LAGE DER FAMILIE IN UNSERER ZEIT 37

A. Bedeutung und Inhalt der Familienpastoral 37

B. Situation der Familie 96

C. Familie in ihrer Bedeutung für Gesellschaft und Kultur 116

III. EHE UND FAMILIE IN DER KIRCHE 151

A. Ehetheologie 151

1. Ehe als Sakrament 151
2. Ehe als unauflösliche Gemeinschaft 196

B. Christliche Familie: Erziehung – Werte – Tugenden 224

C. Familie als Subjekt der Pastoral 263

D. Familie als Urzelle der Kirche 285

1. Familie als Hauskirche 285
2. Familie und Gebet 317
3. Familie und Eucharistie 330

E. Familie und geistliche Berufung 349

F. Die Heilige Familie von Nazareth 354

IV. DIE FAMILIE UND DAS LEBEN   368
A. Würde des Lebens und Elternschaft   368

B. Abtreibung   415

C. Verantwortliche Elternschaft und Natürliche Empfängnisregelung   428

D. Frau und Mutterschaft   478

E. Familie und Kind   493

F. Jugend   516

G. Ehevorbereitung   527

H. Familie und Arbeit   533

I. Familie und Alter   540

V. MARIA – MUTTER DER HAUSKIRCHE   548

Register von 15 zentralen Ansprachen   558

Register der Ansprachen in Italien   559

Register der Auslandsreisen   563

Sach- und Namenverzeichnis   566

VORWORT

Liebe Väter und Mütter Irlands! Glaubt an eure Berufung, die schöne Berufung zu Ehe und Elternschaft, die Gott euch geschenkt hat. Glaubt, daß Gott bei euch ist, denn jede Elternschaft im Himmel und auf Erden hat ihren Namen von ihm. Meint nicht, daß ihr Bedeutenderes in eurem Leben tun könntet, als gute christliche Väter und Mütter zu sein. Mögen die irischen Mütter, jungen Frauen und Mädchen nicht auf jene hören, die ihnen sagen, in einem weltlichen Beruf zu arbeiten, Berufserfolg zu haben, sei wichtiger als die Berufung, Leben zu schenken und für dieses Leben als Mutter zu sorgen. Die Zukunft der Kirche, die Zukunft der Menschheit hängen großenteils von den Eltern und vom Familienleben ab, das sie in ihrem Heim entfalten. Die Familie ist das wahre Maß für die Größe einer Nation, so wie die Würde des Menschen das wahre Maß der Zivilisation ist.

An Familien, Limerick (Irland), 1. 10. 1979; OR 42/79

Der innigste und lebhafteste Wunsch des Papstes wäre es, jetzt durch ein Wunder jedes Haus in Brasilien betreten zu können, um bei jeder brasilianischen Familie zu Gast zu sein. Er möchte am Glück der glücklichen Familie teilnehmen und mit ihnen Gott danken. Er möchte den Familien verbunden sein, die an irgendeiner verborgenen oder sichtbaren Not leiden, um sie so gut wie möglich trösten zu können. Er möchte mit den Familien sprechen, denen es an nichts fehlt, um sie zum Teilen des Überflusses zu veranlassen, der ja denen gehört, die nichts haben. Er möchte am Tisch der armen Familien sitzen, denen es an Brot mangelt, um ihnen zu helfen, nicht damit sie reich werden in dem Sinn, den das Evangelium verurteilt, sondern damit sie erhalten, was sie zu einem menschenwürdigen Leben brauchen.
Wenn dieser Wunsch sich auch nicht erfüllen läßt, so möchte ich doch, wenn ich in wenigen Augenblicken den Leib Jesu und sein kostbares Blut in meine Hände nehme, wenigstens einen

Wunsch aussprechen und darum beten, daß diese Eucharistie – die wir in einer grenzenlosen Kirche unter dem Himmelsgewölbe von Rio de Janeiro feiern, das viel größer und herrlicher ist als die Kuppel Michelangelos – zu einer Quelle wahren Lebens werde für das Volk Brasiliens: möge es eine echte Familie werden, und für jede einzelne Familie in Brasilien: möge sie eine lebenskräftige Zelle dieses Volkes werden.

An Familien, Rio de Janeiro (Brasilien), 1. 7. 1980; OR 27/80

Besser als alle theoretischen Überlegungen können die Worte des Hl. Vaters selbst aus seinem Lehrschreiben über Ehe und Familie, »Familiaris consortio« (im folgenden FC), die Textsammlung dieses Buches einleiten:
»Die Familie ist die erste Schule der sozialen Tugenden, deren kein gesellschaftliches Gebilde entraten kann« (FC 36), und darum ist sie auch »der ursprüngliche Ort und das wirksamste Mittel zur Humanisierung und Personalisierung der Gesellschaft« (43). Nicht minder ist ihre Bedeutung für die Kirche: »Als ›kleine Kirche‹ ist die christliche Familie, ähnlich wie die ›große Kirche‹, dazu berufen, Zeichen der Einheit für die Welt zu sein und so ihr prophetisches Amt auszuüben, indem sie Christi Herrschaft und Frieden bezeugt, woraufhin die ganze Welt unterwegs ist« (48), denn als Kirche im kleinen stellt sie »eine Vergegenwärtigung des Geheimnisses der Kirche in der Zeit« dar (49) und ist »dem Geheimnis der Kirche so tief eingefügt, daß sie auf ihre Art an deren Heilssendung teilnimmt«: nämlich »erlöste Gemeinschaft« zu sein und die »Liebe Christi an die Menschen weiterzugeben und so auch erlösende Gemeinschaft zu werden« (49). Diese ihre Berufung gründet im Plan Gottes, durch den jede Ehe geheiligt und die christliche Ehe

Sakrament ist. Das aber heißt: »Die Ehe der Getauften wird so zum Realsymbol des neuen und ewigen Bundes« und »wie jedes andere Sakrament ist die Ehe Gedächtnis, Vollzug und Prophetie des Heilsgeschehens« (13).

Nimmt man diese Sätze über die Bedeutung von Ehe und Familie nach FC ernst, so versteht man, daß Papst Johannes Paul II. am Wallfahrtstag der Familien aus Anlaß des Heiligen Jahres der Erlösung, am 25. 3. 1984, dies alles gleichsam zusammenfassend sagte: »Die Familie ist das Herz der Kirche« (OR 13/84).

Darum erscheint es fast selbstverständlich, daß der Papst, wo immer sich die Gelegenheit bietet, die Bedeutung der Familie für Welt und Kirche herausstellt und zu dem Schluß kommt: »Die Zukunft der Welt und der Kirche führt über die Familie« (FC 75) – ja, »Die Zukunft der Menschheit geht über die Familie!« (86).

In diesem Buch sind die zahlreichen Aussagen, die Papst Johannes Paul II. vom Zeitpunkt seiner Wahl 1978 an bis Ende 1984 über Ehe und Familie gemacht hat, gesammelt. Oft sind nur kurze Abschnitte aus längeren Ansprachen des Papstes dem Thema Familie gewidmet. Anderseits gibt es viele ganz an Familien gerichtete Reden, die sehr unterschiedliche Themen behandeln. Alle diese Aussagen sind in diesem dritten Band der Reihe »Communio personarum« thematisch geordnet. Die ersten beiden Bände der Reihe enthalten die vollständigen Katechesen des Papstes über die für Ehe und Familie (und darüber hinaus) so grundlegende Thematik der Theologie des Leibes, in der z. B. die Sakramentalität der Ehe und die Ehe-Ethik ausführlich behandelt werden. Der Papst hat diese Katechesen von 1979 bis 1984 zum Thema seiner Mittwochsaudienzen gemacht: beginnend bei der Genesis über die Evangelien bis hin zu den Paulusbriefen, besonders den Epheserbrief, um dann beim Hohenlied und Humanae vitae zu enden[1].

Die beiden ersten mehr theologisch-philosophisch-anthropologischen Bände von »Communio personarum« stehen in einem engen inneren Zusammenhang mit dem hier vorliegenden dritten Band, der die mehr pastorale Umsetzung der Lehre der Kirche über Ehe und Familie belegt. Ob der Papst zu Bischöfen spricht, zu Familien oder Politikern – überall hebt er die unersetzliche Rolle der Familie hervor, deren Wesen im Plan Gottes gründet, wie der Papst ihn in seiner ganzen Tiefe in FC und den Mittwochskatechesen ausgeführt hat.

Daß auf diese Weise in einer Buchreihe unterschiedliche Sprechweisen nebeneinandergestellt werden – die mehr pädagogische des dritten Bandes und die eher philosophisch-theologischen Gedankengänge des ersten und zweiten Bandes –, erscheint durchaus als Vorteil. Der Papst tritt damit in seiner doppelten Funktion vor den Leser: als führender, erziehender, ja oft genug beschwörend sprechender, vor allem aber liebender Hirt und Vater der ihm Anbefohlenen und andererseits als geschulter Denker und Lehrer, der den angeschnittenen Themen bis in ihre tiefste biblische Begründung nachgeht.

In beiden »Rollen« erweist sich Papst Johannes Paul II. als so tief von der Bedeutung von Ehe und Familie durchdrungen wie kaum je einer seiner Vorgänger.

Darum auch lud er mehrfach die Familien der Welt zu

---

[1] Johannes Paul II.: Die menschliche Liebe im göttlichen Heilsplan, Vallendar-Schönstatt 1985. Ders.: Die Erlösung des Leibes und die Sakramentalität der Ehe, Vallendar-Schönstatt 1985 (Communio personarum, Bd. 1 und 2, herausgegeben und eingeleitet von Norbert und Renate Martin, mit einem Geleitwort von Edouard Kardinal Gagnon).

zentralen Feiern nach Rom ein (zur Weltbischofssynode über die christliche Familie am 12. Oktober 1980, sowie zum »Jahr der Erlösung« am 25. März 1984), wandte sich ihnen bei jeder seiner Reisen besonders zu, stellte die Notwendigkeit der Erneuerung der christlichen Familie aus ihren Wurzeln anläßlich der Synode 1980 in das Licht der Weltöffentlichkeit und verfaßte schließlich in FC eine Magna Charta über Wesen und Aufgaben der christlichen Familie.
So antworten Lehre und Handeln dieses Papstes der weltweiten Herausforderung und Bedrohung, vor die sich die Familie heute gestellt sieht.
Zweck dieses Buches ist es, den Reichtum an Gedanken und Aussagen des Papstes über Ehe und Familie, der in FC schon zusammengefaßt ist, nun von einer anderen Seite aus zugänglich zu machen – zunächst wie in einem »Familienlesebuch« den Familien selbst (und allen, die sich auf die Ehe vorbereiten), um ihnen zu helfen, in der Freude über ihre Sendung das zu werden, was sie sind (FC 17), sodann aber auch allen Priestern, Ordensleuten und Laien, die Ehe und Familie ratend begleiten.
Papst Johannes Paul II. kennt die Nöte, denen Ehe und Familie heute weltweit ausgesetzt sind. Er nennt sie auch. Aber er schaut nicht gebannt auf die Schatten, sondern lenkt den Blick auf das Licht, entfaltet immer wieder stichwortartig oder breiter ausführend die Berufung zu Liebe und Leben, so daß Ehe und Familie in »herrlicher Neuheit« (FC 51) vor seinen Zuhörern aufleuchten und sie neu gestärkt an die Überwindung der Schwierigkeiten herangehen. Sie lernen, ihr Kreuz in dieser Zeit als Weg zur Auferstehung wahrzunehmen (FC 57) und deshalb auch – bei allem Bestreben, Mißstände zu beheben – es anzunehmen.
Fast bei jeder Gruppe von Bischöfen, die ihn besuchen, weist der Papst auf Ehe und Familie als pastora-

le Dringlichkeit hin. Er beschönigt die konkreten Situationen nicht. Und doch findet er – vor allem den Familien selbst gegenüber – immer Worte einer ansteckenden Hoffnung, drückt seine Zuversicht aus, daß das Gute mit Gottes Hilfe letztendlich das Böse überwinden wird, daß dazu jeder durch seinen Gehorsam dem Plan Gottes gegenüber beitragen kann.

Die thematisch geordneten Abschnitte aus den Ansprachen des Papstes sind innerhalb jeder Themengruppe chronologisch (d. h. danach, wann sie gesprochen wurden, nicht nach Druckdatum) geordnet. So stehen die an die verschiedensten Adressaten gerichteten Worte nebeneinander und lassen die Palette der Zwischentöne durchklingen, die die jeweiligen Reden begleiten. Wer je vergleichen konnte, wie viele dieser Zwischentöne verloren gehen, wenn man das eindringlich gesprochene Wort dieses Papstes – »life« erlebt – mit dem vergleicht, was man dann später im Druck vor Augen hat, wird bedauern, daß es keine Möglichkeit gibt, Betonung, Gestik, Mimik, Pausen usw. auch schriftlich deutlich zu machen. Gedrucktes Wort hat vorrangig den Bezug zum Intellekt, während das gesprochene Wort Papst Johannes Pauls II. stets auch die volle Beteiligung seines Herzens offenlegt.

Das Material wurde bis auf wenige, eigens gekennzeichnete Ansprachen ausnahmslos dem Osservatore Romano (OR), deutsche Wochenausgabe entnommen. Jedem Text ist – soweit möglich – beigefügt, wo und wann die Worte an wen gesprochen wurden. Die Texte sind mit Datum der Ansprache, laufender Nr. des OR und Jahr versehen (gemeint ist dabei normalerweise die deutsche Wochenausgabe; in einigen Fällen wurden Ansprachen aus der italienischen oder englischen Ausgabe genommen; dies ist dann entsprechend gekennzeichnet). Bei Bedarf ist also die ganze Ansprache im Osservatore leicht aufzufinden.

Die Tatsache, daß der nur als Wochenausgabe erscheinende deutsche OR verwendet wurde und nicht die tägliche italienische Ausgabe, bringt sicher einige Lücken mit sich. Sie wurden hinsichtlich einiger besonders wichtiger Ansprachen, die – wie gesagt – eigens gekennzeichnet sind, behoben (z. B. an die Equipes Notre Dame vom 23. 9. 1982; an kanadische Bischöfe vom 29. 4. 1983; an amerikanische Bischöfe vom 24. 9. 1983; an zwei Kongresse über Verantwortliche Elternschaft am 1. 3. 1984 und am 8. 6. 1984). Im übrigen wurden mögliche Lücken in Kauf genommen, da es sich hier einerseits nicht um eine wissenschaftliche Arbeit handelt, die auf absolute Vollständigkeit Wert legen muß, es anderseits aber auch das erklärte Ziel und die ihm gestellte Aufgabe des OR deutsch ist, die wichtigsten Ansprachen vollständig zu dokumentieren und damit sowohl die Bedeutungsschwere als auch der gesamte Themenkreis dessen, was der Papst über Ehe und Familie sagt, voll zur Geltung kommen. Nicht verarbeitet wurden die »Charta der Familienrechte«, die Mittwochsansprachen (die in »Communio personarum« Band 1 und 2 veröffentlicht sind) und FC.

Bei der Auswahl und Gruppierung der Texte tauchen spezifische Schwierigkeiten auf. Das Thema Ehe und Familie ist mit anderen Themen so eng verflochten, daß es ohne diese kaum vollständig behandelt werden kann. Dazu gehört z. B. das Thema »Laien« allgemein, ja überhaupt das Thema »Mensch«. Denn der Mensch, mit dem es die Kirche zu tun hat, ist weitgehend der in der Familie lebende Mensch. Wo also von Armut, Arbeit, Not, Krankheit und Leid des Menschen gesprochen wird, ist immer der Mensch in Ehe und Familie mitgemeint. Unter diesem Aspekt ist das Thema »Ehe und Familie« in gewisser Weise ein durchlaufendes Thema. Dennoch gibt es viele Aspekte, die ihm aber auch spezifisch zugeordnet werden können, so daß diese Zusammenstellung große Aktualität gewinnt.

Mit diesem Problem ist auch die thematische Aufgliederung der gesammelten Texte eng verbunden. Zunächst einmal fällt auf, daß sich ganz bestimmte Bereiche deutlich hervorheben: die Wichtigkeit einer gediegenen Familienpastoral in der heutigen Kirche, die Verkündigung der kirchlich-sakramentalen Dimension von Ehe und Familie, die Fragen um die eheliche Fruchtbarkeit. Diese Schwerpunktbildung kommt nicht von ungefähr, sondern ist begründet in der besonderen Aktualität dieser Themen, vor der sich die Kirche nicht verschließt. Wo die Grundwerte der christlichen Ehe – nämlich ihre Sakramentalität, die sie eng an die Wirklichkeit der Kirche bindet, ihre Berufung, Leben weiterzugeben, und ihr Bestand überhaupt – in Gefahr geraten, da muß die Verkündigung versuchen, Dämme zu bauen. Genau das zielt der Papst an durch das Gewicht, das er den anstehenden Fragen in seinen Gesprächen mit Bischöfen und Eheleuten gibt.

Die Aufgliederung des Stoffes brachte aber eine zweite Schwierigkeit mit sich. Oft müßten einzelne Passagen thematisch mehrfach zugeordnet werden; die Themen durchdringen sich, liegen sehr nah beieinander. Man denke an Themen wie »Hauskirche«, »Ehesakrament« oder »Wert jedes Menschenlebens«, »Verantwortliche Elternschaft«, »Abtreibung«. So wären viele Abschnitte mehreren Themen einzufügen. Die hier vorgenommene Zuordnung richtet sich nach dem Schwerpunkt des jeweiligen Abschnitts. Was beim Aufgliedern als Schwierigkeit erschien, mag sich für den Leser als Aufforderung dartun, möglichst viel hin- und herzublättern, zur Suche weiterer Stellen auch das Sachverzeichnis heranzuziehen, die feine

Abstufung der Texte auf sich wirken zu lassen, vielleicht auch darüber nachdenklich zu werden, welchen Schwerpunkten der Hl. Vater welches Gewicht beimißt.
Jedem Themenbereich ist eine kurze Einleitung der Herausgeber beigegeben und als Leitlinie ein Abschnitt aus FC. Die gesammelten Texte ergeben mit FC als Hintergrund ein Ganzes wie etwa Thema und Variationen, das anschaulich vor Augen führt, wie – bezogen auf den jeweiligen Adressaten – der kompakte Inhalt von FC dosiert und in die Lebenssituation transponiert werden kann. Man sollte die Ansprachen Papst Johannes Pauls II. unter diesem Aspekt als katechetisch-pastorale Lehrstücke für all die betrachten, die vor der Aufgabe stehen, die kirchliche Lehre in zukunftsorientierte, von christlicher Hoffnung inspirierte Gemeinde-, Familien- und Jugendkatechese umzusetzen.
Als Erschließungshilfe sind dem Buch am Schluß verschiedene Register beigegeben: ein Register von 15 zentralen Ansprachen; ein Register der Auslandsreisen sowie ein weiteres der Ansprachen in Italien, die es erlauben, bestimmte Reden schnell zu finden. Das wichtigste aber ist das Sach- und Namensverzeichnis, das eine unentbehrliche Hilfe in der themenzentrierten Gruppenarbeit usw. bietet und dem Seelsorger für Predigten, dem Katecheten für Vorbereitungen zur Verfügung steht. Es wurde deshalb ausführlich gestaltet und mit großer Sorgfalt erstellt.
Die Texte, die dem deutschen OR entnommen sind, stammen von den offiziellen Übersetzern des OR. Ihnen und dem Chefredakteur der deutschen Ausgabe des OR, Herrn Elmar Bordfeld, sei an dieser Stelle herzlich gedankt. Einige Texte aus dem italienischen OR in italienischer, englischer und französischer Sprache (vgl. Register von 15 zentralen Ansprachen, Nr. 6, 12, 15) übersetzte Renate Martin.

Ohne die großzügige finanzielle Hilfe von Mäzenen, besonders von einigen Familien, die die Dringlichkeit, die Bedeutung und den Wert der vorliegenden Veröffentlichung auch für den deutschen Sprachraum erkannten, hätten die drei Bände von »Communio personarum« nicht so schnell erscheinen können. Ihnen gilt deshalb auch ein besonders herzliches Vergelt's Gott.

Diese Vorbemerkungen sollen verdeutlichen, mit welchem Ziel die Reihe »Communio personarum« und auch dieser Band entstand: sie sollen die Familien selbst anspornen, damit sie ihrer Sendung in der Kirche inne werden; sie mögen die Katecheten (Priester und Laien) ermutigen, liebevoll und doch zugleich der ganzen Wahrheit verpflichtet die Lehre der Kirche zu verkündigen, wie der Papst es als ihr oberster Hirt und Lehrer tut; sie bindet pastorales Zu-den-Menschen-Gehen (vorliegender dritter Teil) mit Meditationen und Lehre der biblischen Aussagen über das Menschsein selbst (erster und zweiter Band) zusammen als zwei Seiten ein und derselben Sache; mögen sie vor allem Liebe zur Kirche wecken, deren von Gottes Vorsehung für unsere Zeit vorgesehener »Pontifex« sich als »Brückenbauer« zwischen dem Plan Gottes für Ehe und Familie und ihrem gefährdeten Zustand in unserer Zeit erweist.

Vallendar, Pfinsten 1985

Norbert und Renate Martin

I. DIE WAHRHEIT ÜBER DEN MENSCHEN – DAS DRAMA UNSERER ZEIT

Es ist demnach notwendig, daß alle das Wissen um den Vorrang der sittlichen Werte – welche die Werte der menschlichen Person als solcher sind – wiedergewinnen. Den letzten Sinn des Lebens und seine Grundwerte wieder zu erfassen, ist die große Aufgabe, die sich heute für die Erneuerung der Gesellschaft stellt. Nur das verantwortungsbereite Wissen um den Vorrang dieser Werte erlaubt eine wirklich auf die Förderung der menschlichen Person in ihrer ganzen Wahrheit, Freiheit und Würde ausgerichtete Anwendung der durch die Wissenschaften dem Menschen in die Hand gegebenen ungeheuren Möglichkeiten. Die Wissenschaft ist berufen, sich mit der Weisheit zu verbünden.
Auch auf die Probleme der Familie kann man die Worte des II. Vatikanischen Konzils anwenden: »Unsere Zeit braucht mehr als die vergangenen Jahrhunderte diese Weisheit, damit menschlich wird, was immer an Neuem vom Menschen entdeckt wird. Es gerät nämlich das künftige Geschick der Welt in Gefahr, wenn nicht weisere Menschen erweckt werden.«

FC 8

Vorbemerkung

Um die christliche Vision von Ehe und Familie zu verwirklichen, muß man Klarheit über das zugrundeliegende Menschenbild besitzen, über die »Wahrheit des Menschen«. Aus dieser

Sicht ergeben sich Ethik, Moral und Sittlichkeit, ohne die eine Kultur unmöglich bestehen kann, auf die auch eine Familienkultur angewiesen ist. Papst Johannes Paul II. weiß, daß Ehe und Familie vornehmliche Träger der Ethik und Sittlichkeit sind. Aber seine »Nähe« zur Familie erschöpft sich nicht in intellektuellen Einsichten in die Bedeutung, die er Ehe und Familie für die Nation und Kultur beimißt, sondern wird aus einer Herzlichkeit gespeist, die auch ganz persönlich Gemüt und Gefühl umfaßt.

Diese verschiedenen Dimensionen lassen ihn Ehe, Familie, Vaterschaft, Mutterschaft, Kindsein als Berufung des Menschseins schlechthin erfassen, so wie Priestertum oder Ordensberufung. Von daher war es nur folgerichtig, daß Johannes Paul II. neben die traditionellen vatikanischen Verwaltungsbehörden mit dem »Päpstlichen Rat für die Familie« eine neue Organisation stellte, die ihm als Instrument für seinen Schwerpunkt Familienpastoral dienen soll. Auch die Gründung des wissenschaftlichen »Instituts Johannes Paul II. für Studien über Ehe und Familie« an der Lateranuniversität weist in die gleiche Richtung. Die Texte dieses einleitenden, einstimmenden Kapitels – zu denen sinngemäß auch die Worte an die irischen und brasilianischen Familien gehören, die dem Vorwort vorangestellt sind – stellen eine kleine Auswahl möglicher Texte dar, die einerseits die Bedeutung des Menschenbildes hervorheben, andererseits die Betroffenheit des Papstes selbst zeigen angesichts der Berufung, aber auch der Not der christlichen Familie. Niedergang der Familie in manchen Kulturen unserer Tage ist Folge des Niedergangs des christlichen Menschenbildes und beschleunigt ihn zugleich. Heilung ist maßgeblich von der Familie zu erwarten.

Die Wahrheit, die wir dem Menschen schulden, ist vor allem auch die Wahrheit über ihn selbst. Als Zeugen Jesu Christi sind wir Vorläufer, Sprecher und Diener dieser Wahrheit, und wir dürfen sie nicht zu Grundsätzen eines philosophischen Systems oder zu reiner politischer Aktivität reduzieren; wir dürfen diese Wahrheit nicht vergessen oder verraten.

Es kann sein, daß die auffälligste Schwäche der gegenwärtigen Zivilisation in ihrem unzulänglichen Bild vom Menschen besteht. Unsere Zeit mag die Epoche sein, die am meisten über den Menschen geredet und geschrieben hat, die Epoche der Humanismen und des Anthropozentrismus. Und doch ist sie paradoxerweise auch die Epoche der tiefsten Ängste des Menschen, des angstvollen Fragens nach seiner Identität und seiner Bestimmung, eine Epoche der Erniedrigung des Menschen bis in ungeahnte Abgründe, eine Epoche der wie nie zuvor mißachteten und verletzten menschlichen Werte.
Wie erklärt sich dieser Widerspruch? Man kann sagen, daß hier der unerbittliche Widerspruch, der dem atheistischen Humanismus selbst zu eigen ist, zutage tritt. Es ist das Drama des Menschen, dem man eine wesentliche Dimension seines Seins amputiert hat – die Dimension des Absoluten. Auf diese Weise sieht er sich der schlimmsten Minderung seines Seins selbst ausgesetzt. Die Pastoralkonstitution *Gaudium et spes* rührt den Grund des Problems an, wenn sie sagt: »Das Geheimnis des Menschen erhellt sich nur im Geheimnis des menschgewordenen Wortes Gottes« (G.S. 22).
Die Kirche besitzt dank der Frohen Botschaft die Wahrheit über den Menschen. Sie findet sich in der ihr eigenen Anthropologie, die die Kirche nicht müde wird zu vertiefen und zu verkünden. Die Grundlehre dieser Anthropologie besteht in der Lehre vom Menschen als Bild Gottes, der als solches nicht zu einem Teilchen der Natur reduziert werden kann oder zu einer anonymen Nummer der menschlichen Gesellschaft (vgl. *G.S.* 12, 3 und 14, 2). In diesem Sinne schrieb schon der hl. Irenäus: »Der Ruhm des Menschen ist Gott, doch das Gefäß allen Wirkens Gottes, das Gefäß seiner Weisheit und seiner Macht, ist der Mensch« (hl. Irenäus, *Traktat gegen die Häresien*, Buch III, 20, 2–3).

Auf dieses unersetzliche Fundament der christlichen Auffassung vom Menschen habe ich mich besonders in meiner Weihnachtsbotschaft bezogen: »Weihnachten, das Geburtsfest des Herrn, ist das Fest des Menschen ... des Menschen, der – obwohl auch Gegenstand des berechnenden Geistes und der Kategorie der Quantität zugeordnet – gleichzeitig ein einziger, ein Individuum ist, unwiederholbar, jemand, der von Ewigkeit her gedacht und auserwählt ist: jemand, der gerufen und beim Namen genannt worden ist« (*Weihnachtsbotschaft,* 1).

Angesichts vieler anderer Humanismen, die häufig ihre Sicht vom Menschen auf den wirtschaftlichen, biologischen oder psychischen Bereich beschränken, hat die Kirche das Recht und die Pflicht, diese Wahrheit vom Menschen, die sie von ihrem Meister Jesus Christus erhalten hat, zu verkünden. Oh wäre sie doch durch keinerlei äußere Einschränkung daran gehindert! Aber vor allem ist zu wünschen, daß sie selbst nie verfehle, diese Lehre vorzutragen, daß sie sich davon nicht abhalten lasse durch Bedenken oder Zweifel, aus Mangel an Vertrauen auf ihre ursprüngliche eigene Botschaft, oder etwa weil sie sich von anderen Humanismen hat anstecken lassen.

Wenn also ein Hirt der Kirche klar und ohne Zweideutigkeit die Wahrheit vom Menschen verkündigt, wie sie von dem offenbart worden ist, der »weiß, was im Menschen steckt« (*Joh* 2, 25), der soll voll Zuversicht wissen, daß er dem Menschen keinen größeren Dienst als diesen leisten kann.

Diese vollständige Wahrheit vom Menschen macht das Fundament der Soziallehre der Kirche aus; sie ist gleichzeitig die Grundlage einer wahrhaften Befreiung. Im Lichte dieser Wahrheit ist der Mensch nicht ein den ökonomischen und politischen Prozessen unterworfenes Wesen, sondern diese Prozesse sind auf

den Menschen hingeordnet und ihm unterworfen.
*An lateinamerikanische Bischöfe, Puebla (Mexiko), 28. 1. 1979;
OR 5/79*

Heute möchte ich euch bekanntgeben, daß ich es für angebracht hielt – um den Erwartungen der Bischöfe der ganzen Welt, die diese vor allem anläßlich der letzten Bischofssynode hinsichtlich der Probleme der Familie zum Ausdruck brachten, in angemessener Weise entgegenzukommen –, den Päpstlichen Rat für die Familie zu errichten, der das Komitee für die Familie ersetzen wird, das bekanntlich dem Päpstlichen Rat für die Laien untergeordnet war.

Dieses neue Organ – dessen Vorsitz ein Kardinal führen wird, dem ein aus Bischöfen aus verschiedenen Teilen der Welt gebildeter Präsidialrat zur Seite steht – wird die Förderung der Familienpastoral und des spezifischen Apostolats im Bereich der Familie in Anwendung der von den zuständigen Instanzen des kirchlichen Lehramtes bekundeten Lehren und Weisungen obliegen, damit die christlichen Familien die erzieherische, missionarische und apostolische Sendung, zu der sie berufen sind, erfüllen können.

Darüber hinaus habe ich beschlossen, an der Päpstlichen Lateran-Universität, die die Universität der Diözese des Papstes ist, ein Internationales Institut für Studien über Ehe und Familie zu gründen, das seine akademische Tätigkeit im kommenden Oktober aufnehmen soll. Es soll der gesamten Kirche jenen Beitrag an theologischer und pastoraler Reflexion bieten, ohne die der Evangelisierungsauftrag der Kirche einer ganz wesentlichen Hilfe entbehrte. Dieses Institut soll der Ort sein, wo die Erkenntnis der Wahrheit über Ehe und Familie im Lichte des Glaubens und mit Hilfe der verschiedenen Humanwissenschaften vertieft wird.

Ich bitte alle, mit ihren Gebeten diese beiden Initiativen zu begleiten, die ein neues Zeichen der Sorge und Hochachtung der Kirche für die Institution von Ehe und Familie sein wollen sowie ein Zeichen dafür, daß die Kirche ihnen eine große Bedeutung sowohl für ihr eigenes Leben wie für das der Gesellschaft beimißt.
Vorgesehen für Generalaudienz, Rom, 13. 5. 1981; verhindert durch das Attentat; publiziert OR ital. 15. 5. 1981; OR 22/81

Die tätige Sorge des Apostolischen Stuhls und der Bischöfe der ganzen Welt leuchtete in strahlendem Licht bei der Feier der Bischofssynode im Oktober des vergangenen Jahres.
Nach Abschluß dieses Ereignisses habe ich dann die Propositiones gesammelt und weitergeführt, wobei ich auch die Anregungen berücksichtigte, die bei den verschiedenen Sitzungen zutage traten, an denen ich täglich teilnahm: das Apostolische Schreiben *Familiaris consortio*, das ich in der vergangenen Woche veröffentlichen ließ, soll eine »Summa« der Lehre der Kirche über das Leben, die Aufgaben, die Verantwortlichkeiten und die Sendung von Ehe und Familie in der Welt von heute sein.
In diesem Dokument rief ich Gottes ursprünglichen Plan für die Familie in Erinnerung, der sichtbarer Ausdruck der bräutlichen Liebe Gottes zur Menschheit, der Liebe Christi zur Kirche, ist. Die christliche Familie, die aus der Ehe hervorgeht, wird vor allem in ihren einzelnen Mitgliedern betrachtet, unter besonderer Berücksichtigung der Frau: hervorgehoben wird ihre unaufgebbare Pflicht des Dienstes am Leben, sei es als Weitergabe des Lebens selbst, sei es als erzieherische Sendung. Die Familie muß zutiefst teilhaben an der Entwicklung der Gesellschaft und am Werk der Kirche als Gemeinschaft, die glaubt, die betet, die ihr

Ja zu Gott in der Erfüllung des Liebesgebotes ausspricht. Schließlich beleuchtet das Dokument die verschiedenen Aspekte der Familienseelsorge und geht auf schwierige, für heute typische Situationen näher ein, die – unter Achtung der unwandelbaren Grundsätze – eine besondere Aufmerksamkeit, Taktgefühl und gleichzeitig Klarheit gegenüber den sie betreffenden Personen verlangen.

Mit diesem Schreiben, das Meinungsäußerungen und Erfahrungen der Bischöfe der fünf Erdteile sammelt und daher als solches echter Ausdruck der Kollegialität in der Kirche ist, wurde die Sorge der Kirche für die Institution Familie ein weiteres Mal bestätigt; außerdem wurde die klare Lehre des Zweiten Vatikanischen Konzils über Ehe und Familie vertieft und erweitert (vgl. *Gaudium et spes,* Nr. 47–52).

In diesem Lichte muß auch die Gründung des Päpstlichen Rates für die Familie durch das Motu proprio *Familia a Deo* vom vergangenen 9. Mai gesehen werden, desgleichen die Errichtung des Internationalen Instituts für Studien über Ehe und Familie, das die Arbeit bereits aufgenommen hat. So erinnere ich gern an die Audienzen für Gruppen, Institutionen und Organismen – unter denen ich die für den Gerichtshof der Sacra Romana Rota erwähne –, die es mir gestattet haben, einen umfassenden Diskurs über die Familie sowie über die Fragen und Herausforderungen fortzusetzen, die sich heute an die Seelenhirten stellen.

Grundlegend unter diesen Fragen und Herausforderungen ist die Weitergabe und die Verteidigung des Lebens: Der Wille des Schöpfergottes hat diese Aufgabe ausdrücklich »von Anfang an« dem Menschenpaar übertragen, aber der heute herrschende und einschläfernde Hedonismus versucht mit allen Mitteln, die Empfindung und das sittliche Gebot des Gewissens abzustumpfen und die Ehe von ihrer vorrangigen Auf-

gabe, Leben zu schenken, zu trennen. Tausende und Abertausende unschuldiger und wehrloser Opfer sind im Schoß der Mutter getötet worden! Leider verdunkelt sich der Sinn für das Leben und infolgedessen die Achtung vor dem Menschen. Die Konsequenzen liegen offen vor aller Augen. Und wenn man nichts dagegen unternimmt, wird die Zukunft noch schlimmere bescheren. Die Kirche widersetzt sich dieser Mentalität mit allen Mitteln. Sie exponiert sich und steht selbst dafür ein. Das haben die Bischöfe aller Länder getan, in denen bezüglich dieser Angelegenheit eine permissive Gesetzgebung gefördert wurde. Das habe ich getan, dem habe ich mich im vergangenen Frühling ausgesetzt. Und während der Tage meines langen Leidens habe ich viel an die geheimnisvolle Bedeutung, das mir gewissermaßen vom Himmel gegebene verhüllte Zeichen der Prüfung gedacht, die mein Leben in Gefahr brachte, als handle es sich gewissermaßen um einen Tribut der Wiedergutmachung für das geheime oder offene Nein zum menschlichen Leben, das in den fortgeschrittensten Nationen um sich greift. Während sie sich dessen nicht bewußt werden wollen, ja sogar stolz zu sein scheinen auf ihre Autonomie und ihre Auflehnung gegen das Sittengesetz, gehen sie einer Periode des Verfalls und der Überalterung entgegen.
An Kardinäle und Mitarbeiter der Kurie, Rom, 22. 12. 1981; OR 3/82

»Fürchte dich nicht!« Das ist das bestimmende Element der Berufung: denn der Mensch fürchtet sich, er fürchtet sich nicht nur davor, zum Priestertum berufen zu werden, sondern er fürchtet sich auch, zum Leben, zu seinen Aufgaben, zu einem Beruf, zur Ehe gerufen zu werden. Er fürchtet sich. Diese Furcht läßt auch einen Sinn für Verantwortung erkennen, freilich keiner reifen Verantwortung. Es gilt, die Furcht zu überwinden, um zur reifen Verantwortung zu gelangen; es gilt, den Ruf anzunehmen, zu hören, zu empfangen, mit den eigenen Kräften abzuwägen und dann zu antworten: Ja. Fürchte dich nicht, denn du hast Gnade gefunden; fürchte dich nicht vor dem Leben, fürchte dich nicht vor der Mutterschaft, fürchte dich nicht vor deiner Ehe, fürchte dich nicht vor deinem Priestertum, denn du hast Gnade gefunden. Diese Gewißheit, dieses Bewußtsein hilft uns, so wie es Maria geholfen hat. »Die Erde und der Himmel erwarten dein Ja, o reinste Jungfrau.« Das sind Worte des hl. Bernhard, berühmte, herrliche Worte. Sie erwarten dein Ja, Maria. Sie erwarten dein Ja, Mutter, die gebären soll; sie erwarten dein Ja, Mensch, der du eine persönliche, familiäre soziale Verantwortung übernehmen sollst; sie erwarten dein Ja, du, der du in diesem Seminar dazu berufen bist, Priester zu werden. Dein Ja. Dieses reife Ja, als Frucht der Verbindung zweier Faktoren: der Gnade – du hast Gnade gefunden – und deiner Kräfte – ich bin bereit zur Zusammenarbeit, ich bin bereit zur Selbsthingabe. Das ist die Antwort Mariens; das ist die Antwort einer Mutter; das ist die Antwort eines jungen Menschen: ein Ja für das ganze Leben. Heute fürchtet man sich bisweilen, eine für das ganze Leben verpflichtende Verantwortung zu übernehmen, nicht nur im Priestertum, sondern auch in der Ehe. Dieses Ja für das ganze Leben ist dem Menschen angemessen. Zunächst entspricht es dem Maß seiner Würde als Person; und dann ist es seinen Kräften und seinem Bemühen angemessen. Es bedarf der Treue, um das Ja ein ganzes Leben lang durchzuhalten.

Ich werde dich nicht verlassen, sagen Mann und Frau zueinander im ersten Augenblick ihrer Ehe. Und so

spricht der Seminarist und dann der Priester am Tage seiner Weihe: ich werde dich nicht verlassen!
An Päpstliches Römisches Priesterseminar, Rom, 25. 3. 1982; OR 15–16/82

Ich brauche mich mit euch nicht bei den besorgniserregenden Aspekten der Situation der öffentlichen Moral, nicht nur in Italien, sondern in vielen Ländern, aufzuhalten. Diese Situation kann man in zwei Grundfeststellungen zusammenfassen: der ständige und systematische Angriff auf die moralischen Prinzipien einerseits und anderseits die häufig als Werkzeug spekulativer Absichten auftretende Taktik, Antriebe und Modelle zur Korruption besonders der Jugendlichen und Heranwachsenden zu vermehren.
Die Grundursachen dafür, daß dieses Stadium der organisierten und gebilligten Permissivität erreicht wurde, sind vor allem in einer Krise des Denkens, in einer Krise der metaphysischen Ordnung zu suchen: wenn die Gottesidee zurückgewiesen oder verdunkelt wird, verfälscht sich die Sicht der ganzen Wirklichkeit und besonders des Menschen. Die moderne Kultur, die – wie wir alle wissen – von Strömungen agnostischen und atheistischen Denkens durchzogen ist, ist bei einem »ideologischen« und daher einem »ethischen Pluralismus« gelandet, der oft reiner Relativismus ist und an den Rand der sittlichen Anarchie reichen kann. Wenn einmal die Auffassung vom Menschen verwirrt und entstellt ist, wird auch die Vorstellung von seinem Leben, seinem Handeln und seinem sittlichen Verhalten verwirrt und entstellt.
Wenn wir wirklich Förderer der menschlichen Persönlichkeit und Würde sein wollen, müssen wir im Menschen ein »Sein« erkennen, das kraft eines höheren Gesetzes ein »sein müssen« beansprucht: das vom in-

neren Sinn des Bewußtseins bezeugte Naturgesetz. Dieses Gesetz ist nichts Zufälliges, sondern wohnt unserer Natur inne und bestimmt den unumgänglichen Rhythmus ihrer Entwicklung und Vervollkommnung; ein ungeschriebenes, aber gelebtes Gesetz: »Non scripta, sed nata lex«; jenes Gesetz, das der hl. Paulus auch bei den nicht vom Licht der göttlichen Offenbarung erleuchteten Heiden erkennt, wenn er sagt, daß sie sich selbst Gesetz sind, »ipsi sibi sunt lex« (vgl. *Röm* 2, 14).

Sicher kann die klare und intuitive Anerkennung des natürlichen Sittengesetzes, dem von der Achtung der Wirklichkeit »Mensch« her unüberschreitbare Grenzen auferlegt sind, in den Herzen entstellt und erschüttert werden. Die Leugnung oder auch nur die mangelnde Bejahung Gottes als Schöpfer, Ordner und Richter des Menschen hat den moralischen Subjektivismus, die Verwirrung über den Begriff von »Gut« und »Böse« zur Folge; automatisch gehen die sicheren Modelle der Sittlichkeit verloren.

Die Gottesfrage in ihrer Allgemeinheit reicht nicht aus, um die Inhalte der Moral in absoluter Weise zu bestimmen. Im Augenblick der konkreten Entscheidungen führen die verschiedenen Auffassungen über das Göttliche logischerweise zu verschiedenen Typen von Moral.

Geschult von dem Glauben, den wir kennen, müssen wir sagen, daß allein Jesus Christus, der Verkünder des Vaters, das sichere, weil göttliche Vorbild der Sittlichkeit ist; er ist das wahre Licht des menschlichen Gewissens: »Ich bin das Licht der Welt. Wer mir nachfolgt, wird nicht in der Finsternis umhergehen« (*Joh* 8, 12). Bei Betrachtung der Situation der öffentlichen Moral müßte man sagen, daß die Menschen »die Finsternis mehr liebten als das Licht« (*Joh* 3, 19), daß ein dichter Nebel die menschliche Gesellschaft in ihren

verschiedenen Gliedern und Komponenten einhüllt. Das läßt an das Gleichnis vom Unkraut unter dem Weizen denken: im Bereich der Geschichte sät der Menschenfeind weiter in großem Ausmaß das Böse.
Was muß also die Haltung des Katholiken in der gegenwärtigen ernsten Lage sein? Sie verweist ihn zunächst auf seine besondere Verantwortung, Licht der Welt, Salz der Erde, Sauerteig der Masse zu sein: »Damit die Menschen eure guten Werke sehen – hat Jesus gesagt – und euren Vater im Himmel preisen« (*Mt* 5, 16).
Es obliegt ihm vor allem, die streng persönliche Pflicht, einen erleuchteten, klaren und festen Glauben zum Reifen zu bringen, damit sich echt christliche Gewissen bilden. Das ist möglich durch eine vollständige, überdachte und innerlich aufgenommene religiöse Kultur, die Träger einer tiefen Überzeugung sein sollte. Daraus wachsen eine feine moralische Sensibilität, der Sinn für Disziplin und Abtötung, das Bedürfnis nach sittlicher Redlichkeit auf jedem Gebiet des Handelns und schließlich ein tiefes Innenleben, das von den Sakramenten und vom Gebet genährt wird, weil unsere Moral ihrem Ursprung und ihren Zielen nach übernatürlich ist.
Für den Katholiken besteht sodann eine Verantwortung von öffentlicher und sozialer Bedeutung. Denn man weiß zu gut, daß der Verfall der Sittlichkeit den Verfall der Gesellschaft nach sich zieht, weil er deren Voraussetzungen und auch jenes Minimum an Rechtsordnung untergräbt, das nicht auf Ethik verzichten kann. Es ist daher Pflicht der nachdenklichen und ehrenhaften Menschen, diesen Zusammenbruch der Grundpfeiler eines geordneten zivilen Zusammenlebens aufzuhalten.
In diesem Zusammenhang müssen sowohl die Katholiken wie alle Menschen guten Willens erleuchteten

Mut beweisen und von den Verantwortlichen der Öffentlichkeit größeres Einfühlungsvermögen, energischere Verteidigung und anspruchsvollere Wertung jenes unabdingbaren Gemeinguts verlangen, das die Ehrenhaftigkeit des öffentlichen sittlichen Verhaltens ist. Der Verfall der Sittlichkeit ist ein Verfall der Zivilisation, denn es besteht ein kausaler Zusammenhang zwischen dem oft gewollten Nachgeben gegenüber der öffentlichen Zügellosigkeit und der Ausbreitung abnormer Erscheinungen, wie Gewalt, Verbrechen, Mißtrauen in die Gesetzlichkeit und mangelnde Kontrolle der unvernünftigsten Impulse. Mehr als jede andere Staatsform verlangt die Demokratie kluges Verantwortungsgefühl, Selbstdisziplin, Redlichkeit und Maß in jedem Ausdruck und jeder sozialen Beziehung.

An euch, die ihr katholischen Gruppen angehört, die sich vornehmen, ihre Bemühungen um den Schutz jenes gemeinsamen Gutes, das die Reinheit der öffentlichen Moral darstellt, klug zu koordinieren, richte ich – zum Abschluß dieser Überlegungen – die Aufforderung des hl. Paulus an die Galater, eine Aufforderung, die für die Christen aller Zeiten gültig ist: »Wenn wir aus dem Geist leben, dann wollen wir dem Geist auch folgen« (*Gal* 5, 25), der folgende Früchte bringt: »Liebe, Freude, Friede, Langmut, Freundlichkeit, Güte, Treue, Sanftmut und Selbstbeherrschung; dem allen widerspricht das Gesetz nicht« (*ebd.* 22–23).
An Kongreß »Zur Verteidigung der Moral des Menschen«, Rom, 29. 11. 1982; OR 1/83

Die Familie, von Gott eingesetzt, um Grund- und Lebenszelle der menschlichen Gesellschaft zu sein, wurde von Christus, dem Erlöser, der es nicht unter seiner Würde gehalten hat, in der Familie von Nazaret zur

Welt zu kommen, so sehr geehrt, daß die Ehe, die innige Gemeinschaft der ehelichen Liebe und des Lebens, der die Familie entspringt, von ihm zur Würde des Sakraments erhoben wurde, um so wirksam den mystischen Liebesbund zwischen Christus und der Kirche anzuzeigen (vgl. *Gaudium et spes,* Nr. 48).
Aus diesem Grund hat das Zweite Vatikanische Konzil die Familie als »Hauskirche« bezeichnet (*Lumen gentium,* Nr. 11; vgl. auch *Apostolicam actuositatem,* Nr. 11) und machte mit dieser Lehre deutlich, zu welcher besonderen Rolle im gesamten Heilsplan die Familie berufen ist und wie gewichtig somit die Aufgabe ist, die die Familienmitglieder, je nach ihrer Sendung, zu erfüllen verpflichtet sind, nämlich das dreifache prophetische, priesterliche und königliche Amt, das Christus der Kirche anvertraut hat.
Man braucht sich also nicht zu wundern, daß die Kirche, die sich im Lauf der Jahrhunderte immer der Familie und ihrer Probleme angenommen hat, heute, wo sowohl die Mittel, die Familie zu fördern, als auch die Gefahren aller Art, die sie bedrohen, gewachsen sind, mit noch mehr Aufmerksamkeit und Sorge auf die Familie blickt.
Ein bezeichnendes Zeugnis dieser Sorge ist der von meinem großen Vorgänger seligen Angedenkens, Papst Paul VI., unternommene Schritt, der am 11. Januar 1973 die Errichtung eines eigenen Komitees für die Familie dekretierte, dem die Aufgabe obliegen sollte, in pastoraler Sicht die geistlichen, moralischen und sozialen Probleme der Familie zu untersuchen. Dieses Komitee war also als Organ für Studien und pastorale Forschungen im Dienst der Sendung der Kirche und im besonderen des Hl. Stuhls gedacht.
Mit dem Motu proprio *Apostolatus peragendi* wurde verfügt, daß das Komitee für die Familie, wenn auch unter Wahrung seiner eigenen Struktur und Obliegen-

heiten, dem Päpstlichen Rat für die Laien unterstehen solle.
Ein aufmerksames Überdenken der Erfahrung dieser Jahre, vor allem aber die Notwendigkeit, den Erwartungen des christlichen Volkes, wie sie von den Bischöfen der ganzen Welt gesammelt und auf der letzten Bischofssynode über die Familie vorgetragen wurden, angemessener zu entsprechen, gaben Veranlassung, dem Komitee für die Familie ein neues Gesicht und eine eigene Struktur zu geben, damit es der spezifischen Problematik der Familie, was die Seelsorge und apostolische Arbeit betrifft, auf diesem neuralgischen Sektor des menschlichen Lebens hilfreich begegnen könne.
Nachdem alles wohl überlegt und der Rat sowohl meiner ehrwürdigen Brüder, der Herren Kardinäle, auf der im November 1979 abgehaltenen Sondersitzung, als auch der Bischofssynode und einiger Experten eingeholt worden war, wird folgendes bestimmt:
I. Es wird der Päpstliche Rat für die Familie gegründet, der an die Stelle des Komitees für die Familie tritt, das damit zu bestehen aufhört.
II. Den Vorsitz dieses Rates führt ein Kardinal, dem ein Präsidial-Komitee zur Seite steht, dem einige Bischöfe aus verschiedenen Kontinenten angehören, außerdem der Sekretär eben dieses Päpstlichen Rates für die Familie und der Vizepräsident des Päpstlichen Rates für die Laien. Der Kardinal-Präsident wird von einem Sekretär und einem Untersekretär unterstützt.
Eine entsprechende Zahl von Offizialen, darunter vor allem Experten in Familienfragen, werden die Amtsgeschäfte führen.
III. Mitglieder des Päpstlichen Rates werden Männer und Frauen aus dem Laienstand, vor allem Ehepaare, aus allen Teilen der Welt und verschiedenen Lebens- und Kulturbereichen sein. Sie werden vom Papst er-

nannt und sollen wenigstens einmal im Jahr zu einer Vollversammlung zusammenkommen.

IV. Der Päpstliche Rat bedient sich der Mitarbeit von Konsultoren, die Experten in verschiedenen Disziplinen, besonders in Familienfragen, sind. Zu Konsultoren können auch Priester und Ordensleute berufen werden.

Die Konsultoren bilden den Konsult, der die Aufgabe hat, sich in Ratschlägen und Stellungnahmen zu den vom Präsidenten und den Mitgliedern vorgelegten Fragen zu äußern. Sie können entweder einzeln oder gemeinsam bei periodischen Zusammenkünften gehört werden.

V. Zuständigkeit: Der Päpstliche Rat für die Familie fördert unter Anwendung der Lehre und der Absicht des kirchlichen Lehramtes die Familienpastoral und das spezifische Apostolat im Familienbereich, indem es die Lehre und die Weisungen der zuständigen Instanzen des kirchlichen Lehramtes zur Anwendung bringt, damit die christlichen Familien die erzieherische, missionarische und apostolische Sendung erfüllen können, zu der sie berufen sind.

Im besonderen:

a) sorgt der Päpstliche Rat dafür, daß den Bischöfen, den Bischofskonferenzen und ihren leitenden Organen für Familienpastoral im Geiste des Dienstes und der Zusammenarbeit und unter Achtung ihrer eigenen Tätigkeit Informationen mitgeteilt und Erfahrungen ausgetauscht werden, die einer gezielten Familienpastoral dienlich sind;

b) er sorgt für die Verbreitung der Lehre der Kirche über die Probleme der Familie, damit diese in ihrer Gesamtheit bekannt und dem christlichen Volk sowohl in der Katechese als auch der wissenschaftlichen Darstellung korrekt vorgetragen werden kann;

c) er fördert und koordiniert die pastoralen Bemühungen für eine verantwortete Elternschaft im Sinn der Lehren der Kirche;

d) er regt die Ausarbeitung von Studien über die Spiritualität von Ehe und Familie an;

e) er ermutigt, unterstützt und koordiniert die Bemühungen zur Verteidigung des menschlichen Lebens in seinem ganzen Daseinsverlauf vom Augenblick der Empfängnis an;

f) er fördert auch durch theologische und pastoralwissenschaftliche Fachinstitute alle Studien, die bestrebt sind, in Fragen der Familie die theologischen und die Humanwissenschaften so zu integrieren, daß die ganze Lehre der Kirche von den Menschen guten Willens immer besser verstanden wird;

g) er pflegt Beziehungen zu den Bewegungen, die, wenn auch von anderen Bekenntnissen (oder anderen Denksystemen) inspiriert, doch dem Naturgesetz und einem gesunden Humanismus dienen;

h) unter Beachtung der eigenen Kompetenz des Päpstlichen Rates für die Laien und in Zusammenarbeit mit ihm sorgt der Päpstliche Rat für die Familie für die spezifische Schulung der Laien, die sich als einzelne oder als Vereinigung im Familienapostolat engagieren; er inspiriert, unterstützt und regelt die Aktivität der nationalen und internationalen katholischen Familienorganisationen und der verschiedenen Gruppen des Laienapostolats, im besonderen des Familienapostolats. Zu diesem Zweck unterhält der Rat besondere Beziehungen zum Päpstlichen Rat für die Laien mit regelmäßigem Austausch von Informationen zwecks gemeinsamer Überlegungen und Programme;

i) den Dikasterien und Organen der Römischen Kurie bietet er seine Mitarbeit an in Fragen, die in ihren Zuständigkeitsbereich fallen, und bei Aufgaben, die in irgendeiner Weise das Leben und die pastorale Sorge der Familie berühren, und wird umgekehrt von ihnen unterstützt – speziell was die Familienkatechese, die theologische Schulung der jungen Menschen in den Seminaren und katholischen Universitäten über die Probleme der Familie, die pastoraltheologische Ausbildung der künftigen Missionare und Missionarinnen sowie der Ordensmänner und Ordensfrauen in Familienfragen, das Bemühen des Hl. Stuhls bei den zuständigen internationalen Instanzen und den einzelnen Staaten betrifft, damit die Rechte der Familie immer mehr anerkannt und verteidigt werden;

l) er fördert – durch die Päpstlichen Vertretungen – die Sammlung von Informationen über die menschliche, soziale und pastorale Situation der Familien in den verschiedenen Ländern.

VI. Besondere Normen »ad experimentum« zur praktischen Durchführung dieses Motuproprio werden, unter Berücksichtigung der Konstitution *Regimini Ecclesiae universae* und des *Regolamento Generale della Curia Romana*, den Dienstablauf des Päpstlichen Rats für die Familie in geeigneter Form regeln.

Gegeben zu Rom, bei St. Peter, am 9. Mai 1981, im 3. Jahr meines Pontifikats.

Motu Proprio zur Errichtung des Päpstlichen Rates für die Familie, Rom, 9. 5. 1981; OR 22/81

Das obengenannte Apostolische Schreiben (FC) hat unterstrichen, daß »die von der Liebe begründete und beseelte Familie eine Gemeinschaft von Personen ist: des Ehemanns und der Ehefrau, der Eltern und der Kinder, der Verwandten. Ihre erste Aufgabe ist es, die Wirklichkeit ihrer Einheit treu zu leben in dem ständigen Bemühen, eine echte Gemeinschaft von Personen zu bilden« (Nr. 18). Jedem pastoralen Wirken für die Familie muß daher die Wahrheit und das Ethos der

Gemeinschaft der Personen, der ehelichen und familiären Liebe zugrunde gelegt werden. Deshalb ist es die erste Pflicht des Päpstlichen Rates für die Familie, darauf hinzuwirken, daß diese Wahrheit und dieses Ethos immer tiefer und breiter in der Kirche bekanntgemacht und in der Familie gelebt werden, indem ihr sie gegen die unaufhörlichen Versuche, ihre Bedeutung herabzusetzen, verteidigt. Es gibt heute in dieser Hinsicht manche Dringlichkeiten, denen der Päpstliche Rat für die Familie seine besondere Aufmerksamkeit schenken sollte.
An Päpstlichen Rat für die Familie, Rom, 30. 5. 1983; OR 25/83

Was die von den Gläubigen aufgeworfenen Fragen betrifft, muß man zugeben, daß trotz des Erbarmens, das stets die Regel sein muß und das Erbarmen Gottes widerspiegelt, manche dieser Fragen und Probleme ohne befriedigende Lösung bleiben, weil es der Charakter der Probleme selbst ist, der das verhindert. Ich denke an bestimmte Fälle, die geschiedene Eheleute oder die Priester betreffen, auch an manche Situationen von konfessionsverschiedenen Ehen. In all den Fällen muß man helfen, eine vertiefte geistliche Haltung zu finden, die auf ihre Weise von der Wahrheit Zeugnis gibt. (...)
Schließlich seid ihr stets auf die Werte der Familie bedacht, die auf eine harte Probe gestellt werden, wenn die Liebe von Braut- und Ehepaaren auf der Suche nach unmittelbarem Vergnügen für sich in egoistischer Weise gelebt wird und keine grundsätzliche Hinwendung zur Person des Partners und die aus der Verbindung hervorgegangenen Kinder vorhanden ist. Ihr fühlt das dringende Bedürfnis, zu dieser Treue wie zur hochherzigen Annahme des Lebens zu erziehen.

Es wäre denn auch ein Widerspruch, den Hungernden der Welt Hilfe bringen zu wollen, würde man nicht bei sich selbst das Leben des Kindes im Mutterleib vom Augenblick der Empfängnis an oder den Wert des sich zu Ende neigenden Lebens bis zum natürlichen Tod respektieren.
Alle diese sittlichen Forderungen werden in einer Gesellschaft, der die religiösen Motive zur Ehrfurcht vor dem Menschen verloren gehen, nicht immer verstanden und angenommen; sie können sogar Widerspruch auslösen oder zu Anklagen von politischer Seite führen. Aber letzten Endes wird man zumindest den Mut der Kirche anerkennen, wenn man einmal begreift, daß sie aus ihrem Selbstverständnis heraus die Würde des Menschen, seine Freiheit und seine Hoffnung verteidigt. Dazu muß man, wie ihr wißt, die öffentliche Meinung auf die großen damit verbundenen menschlichen Anliegen aufmerksam machen. Christen dürfen diese moralischen Forderungen niemals von den Bedingungen des geistlichen Fortschritts des Menschen trennen, der als Ebenbild Gottes geschaffen und von Christus erlöst fähig ist, mit der Gnade und trotz seiner Schwächen den steilen Weg der Seligpreisungen einzuschlagen, der in der Tat der Weg des Friedens, der Freude und des Lebens ist.
An Schweizer Bischofskonferenz, Einsiedeln, 15. 6. 1984; OR 26/84

II. ZUR GESELLSCHAFTLICHEN UND KIRCHLICHEN LAGE DER FAMILIE IN UNSERER ZEIT

A. Bedeutung und Inhalt der Familienpastoral

Deshalb muß einmal mehr die Dringlichkeit der pastoralen Hilfe der Kirche zur Stützung der Familie unterstrichen werden. Jede Anstrengung muß unternommen werden, damit sich die Familienpastoral durchsetzt und entfaltet; widmet sie sich doch einem wirklich vorrangigen Bereich in der Gewißheit, daß die Evangelisierung in Zukunft großenteils von der Hauskirche abhängen wird.

Das pastorale Bemühen der Kirche beschränkt sich nicht nur auf die christlichen Familien in der Nähe, sondern kümmert sich, indem es den eigenen Horizont nach dem Maßstab des Herzens Jesu ausweitet, noch intensiver um alle Familien in ihrer Gesamtheit und vor allem um jene, die sich in einer schwierigen oder irregulären Lage befinden. Ihnen allen schenkt die Kirche ihr Wort der Wahrheit, der Güte, des Verstehens, der Hoffnung, der innigen Verbundenheit in ihren oft beklemmenden Schwierigkeiten; allen bietet sie ihre selbstlose Hilfe an, daß sie dem Ideal der Familie näherkommen, das der Schöpfer »von Anfang an« gewollt hat und das Christus durch seine erlösende Gnade erneuert hat.

Das pastorale Handeln der Kirche muß fortschreitend sein, auch in dem Sinne, daß sie mit der Familie geht und sie Schritt für Schritt auf den verschiedenen Etappen ihrer Entstehung und Entwicklung begleitet.

FC 65

Vorbemerkung

Sogleich nach seinem Amtsantritt wurde klar, welch besondere Bedeutung, welchen Stellenwert Johannes Paul II. der Familienpastoral für sein Pontifikat beizumessen gewillt war. In vielen seiner Ansprachen hebt er die Vordringlichkeit der Familienpastoral hervor, und es vergeht eigentlich keine seiner vielen Pastoralreisen, ohne daß er sich gesondert an die Familien des jeweiligen Landes wendet und auf den Konferenzen mit dem Landesepiskopat den Beschöfen die Bedeutung der Familienpastoral einschärft.

Der Hl. Vater ist sich darüber im klaren, daß ein besonderer pastoraler Schwerpunkt »Familie« nur dann erfolgreich angegangen werden kann, wenn auch die Bischöfe sich ihn zu eigen machen. Er sieht, daß es vordringlich seine Aufgabe ist, die kirchliche Lehre über die Familie, »sei es gelegen oder ungelegen«, immer wieder vorzutragen (deren pastorale Umsetzung er als Bischof und Kardinal von Krakau so vorbildlich in seiner Diözese geleistet hat), daß er aber auf den einzelnen Bischof und seine Priester angewiesen ist, damit diese Lehre auch die letzte christliche Familie erreicht und anleitet, die Lehre in Leben auszumünzen.

Dabei greift der Papst auf seinen Pastoralreisen die Probleme und anstehenden Fragen der Länder auf und legt sie – im Lichte der allgemeinen Prinzipien der Lehre gedeutet – den Bischöfen zur Lösung vor. Er wird nicht müde, immer wieder auf die Bedeutung der Familie und der kirchlichen Lehre über die Familie als Lösungsansatz für die brennenden Probleme der Familie selbst, der Gesellschaft und der Gemeinschaft der Kirche hinzuweisen.

Trotz der vielfältigen Gefährdungen der Familie erlebt er sie auf seinen Reisen in der ganzen Welt als das »Bindungsgewe-

be«, das das gesamte gesellschaftliche und kirchliche Leben zusammenhält und trägt – Familie ist gleichsam das Paradigma für den »Bindungsorganismus« (Pater Josef Kentenich), der eine gesunde Entwicklung des einzelnen und der Gesellschaft garantiert. Deshalb ist die Darlegung der kirchlichen Lehre über die Familie nicht etwas, das nur Bedeutung für die christliche Familie selbst besitzt, sondern ebenfalls für die kirchliche und nationale Gemeinschaft der Menschen: wenn der Plan Gottes, den er mit der Familie »von Anfang an« hatte, verkündet und verwirklicht wird, werden Mensch und Gemeinschaft gesunden. Deshalb ist die Lehre über die Familie keine individuelle Eigenart eines familienbegeisterten Papstes, sondern ein tragender Pfeiler der christlichen Gesellschaftslehre und -ordnung – und vor allem des christlichen Lebens.

Ich weiß, daß meine seelsorglichen Verpflichtungen die ganze Glaubensgemeinschaft einschließen. Ich möchte bei dieser Audienz ein paar grundsätzliche Überlegungen vortragen, von denen ich überzeugt bin, daß sie für jede Ortskirche von Bedeutung sind. Wenn meine Vorgänger, Paul VI. und Johannes Paul I., die Prioritäten festlegten, wählten sie Themen von äußerster Wichtigkeit, und alle ihre Mahnungen und Weisungen an die amerikanischen Bischöfe kann ich mit gutem Wissen und persönlicher Überzeugung bestätigen. So galt die Ansprache meines unmittelbaren Vorgängers beim letzten »ad-limina«-Besuch der amerikanischen Bischöfe der christlichen Familie. In den ersten Wochen meines Pontifikats hatte auch ich schon Gelegenheit, über dieses Thema zu sprechen und seine Bedeutung herauszustellen. Ja, alle diese wunderbaren christlichen Familien in Gottes Kirche sollen wissen, daß der Papst mit ihnen in Gebet, Hoffnung und Vertrauen verbunden ist. Der Papst bestärkt sie in ihrer von Christus selbst aufgetragenen Sendung, verkündet ihre Würde und segnet alle ihre Bemühungen.

Ich bin voll und ganz überzeugt, daß den Familien überall und der großen Familie der katholischen Kirche ein wirklicher Seelsorgsdienst geleistet wird, wenn die Bedeutung der Lehre im Leben der Kirche wieder stärker betont wird. In Gottes Plan bedeutet ein neues Pontifikat immer einen Neubeginn, der Hoffnungen weckt und neue Möglichkeiten zum Nachdenken, zur Umkehr, zum Gebet und zu Entschlüssen bietet.
Unter der Obhut Mariens, der Mutter Gottes und der Mutter der Kirche, möchte ich mein Pontifikat auf die stetige, echte Durchführung der Weisungen des Zweiten Vatikanischen Konzils unter dem Wirken des Heiligen Geistes festlegen.
An USA-Bischöfe, Rom, 9. 11. 1978; OR 47/78

Ihr werdet viele pastorale Themen von großer Bedeutung erörtern. Die Zeit erlaubt es mir nicht, hier auf sie näher einzugehen. Auf einige habe ich kurz Bezug nehmen können oder werde es noch tun bei meinen Begegnungen mit den Priestern, Ordensleuten, Seminaristen und Laien.
Die Themen, auf die ich euch hier aus verschiedenen Gründen hinweisen möchte, sind von besonderer Wichtigkeit. Ihr werdet es nicht unterlassen, sie zusammen mit den vielen anderen zu erwägen, die euch euer pastoraler Scharfblick aufzeigen wird.
Die Familie: Unternehmt alle Anstrengungen, um eine Familienpastoral zu haben. Tragt Sorge für diese so vordringliche Aufgabe in der Gewißheit, daß die Evangelisierung in der Zukunft zu einem großen Teil von der »Hauskirche« abhängt. Sie ist die Schule der Liebe, der Erkenntnis Gottes, der Achtung vor dem Leben, vor der Würde des Menschen. Diese Pastoral ist um so wichtiger, je größer die Gefahren sind, die die Familie bedrohen. Denkt an die Kampagnen für

die Ehescheidung, für antikonzeptionelle Praktiken und die Abtreibung, die die Gesellschaft zerstören.
An lateinamerikanische Bischöfe, Puebla (Mexiko), 28. 1. 1979; OR 5/79

Ihr wißt, daß die Konferenz von Medellin gehaltvolle und eindringliche Aussagen zum Thema Familie gemacht hat. Die Bischöfe sahen damals im Jahre 1968 in eurem ausgeprägten Familiensinn ein grundlegendes Element eurer lateinamerikanischen Kultur. Sie betonten, daß zum Wohl eurer Länder die Familien Lateinamerikas immer in drei Richtungen wirken müssen: sie sollen zum Glauben erziehen, die menschliche Person formen und Impulse für die Entwicklung geben. Sie wiesen auch auf die großen Hindernisse hin, denen die Familien bei der Erfüllung dieser dreifachen Aufgabe begegnen. Sie bezeichneten daher die Familienpastoral als eine der vordringlichen Aufgaben für die Kirche auf diesem Kontinent.

Nach Ablauf von zehn Jahren darf sich die Kirche in Lateinamerika glücklich schätzen für alles, was zum Wohl der Familie erreicht werden konnte. Sie gibt aber auch in Demut zu, wieviel noch nicht erreicht worden ist. Dabei erfährt sie, daß die Familienpastoral nicht nur nichts von ihrem vorrangigen Charakter verloren hat, sondern noch dringlicher geworden ist, weil sie heute ein wichtiges Element der Evangelisierung darstellt.

Die Kirche ist sich dessen bewußt, daß die Familie in Lateinamerika heute vor ernsten Problemen steht. Einige Länder haben in letzter Zeit die Ehescheidung in ihre Gesetzgebung aufgenommen, womit eine neue Gefahr für die Integrität der Familie entstanden ist. In der Mehrzahl eurer Länder gibt es eine alarmierende Zahl von Kindern, die in völlig unsicheren Verhältnis-

sen, d. h. in sogenannten »unvollständigen Familien« geboren werden, und doch bilden sie die Zukunft und Hoffnung dieser Nationen. In gewissen Gebieten des »Kontinents der Hoffnung« läuft diese Hoffnung sogar Gefahr, sich aufzulösen, weil sie in Familien heranwachsen soll, von denen viele kein normales Leben führen können, weil gerade sie unter den negativen Auswirkungen des Fortschritts zu leiden haben: in wahrhaft entmutigend hohem Maß ungesunde Verhältnisse, Armut und sogar Elend, Unwissenheit und Analphabetismus, unmenschliche Lebensbedingungen, chronische Unterernährung und viele andere nicht weniger traurige Übel. (...)
Auch die Kirche muß ihren Beitrag leisten, entsprechend ihrer geistlichen Sendung, das Evangelium zu verkünden und die Menschen zum Heil zu führen, was große Auswirkungen auf das Wohl der Familie hat. Was kann die Kirche tun, wenn sie ihre Bemühungen mit denen der anderen verbindet? Ich bin überzeugt, daß eure Bischöfe sich Mühe geben werden, auf diese Fragen eine entsprechende, gerechte und gültige Antwort zu geben. Ich weise darauf hin, wie wertvoll für die Familie das ist, was für sie bereits von seiten der Kirche in Lateinamerika getan wird, z. B. zur Vorbereitung der Brautleute auf die Ehe; zur Hilfe bei Ehe- und Familienkrisen, die, richtig gesteuert, sich sogar fruchtbar und bereichernd auswirken können; für die Formung jeder christlichen Familie zu einer echten »Hauskirche« im wahrsten Sinne des Wortes oder für die Hinführung vieler Familien zur Evangelisierung anderer Familien und zur Entfaltung des ganzen Reichtums des Familienlebens; für die Unterstützung unvollständiger Familien; endlich zur Anregung der Regierenden, in ihren Ländern jene Sozial- und Familienpolitik zu fördern, von der wir eben gesprochen haben. Die Konferenz von Puebla

wird diese Initiativen gewiß unterstützen und vielleicht weitere empfehlen. Freuen wir uns deshalb darüber, daß in der Geschichte Lateinamerikas der Kirche Anerkennung zu zollen ist für alles, was sie für die Familie auf diesem weiten Kontinent schon getan hat, noch tut und tun wird.
An Familien, Palafoxiano (Mexiko), 28. 1. 1979; OR 6/79

Aus der Vielzahl der Dinge, die die Mitarbeit der Laien in der Welt erfordern, die das Apostolische Mahnschreiben *Evangelii nuntiandi* – die Magna Charta der Evangelisierung – anführt, möchte ich die grundlegenden und wichtigen Bereiche der beschleunigten und unterschiedlichen Industrialisierung, Verstädterung und kulturellen Entwicklung im Leben unserer Völker herausgreifen.
Der Schutz, die Unterstützung, die Heiligung und das Apostolat der Familie müssen den katholischen Laien oberste und konsequente Pflicht sein. Die Familie als Keimzelle der Sozialstruktur, die vom Zweiten Vatikanischen Konzil als »Hauskirche« angesehen wurde, braucht die Evangelisierung, um ihr menschliches und christliches Wachstum zu fördern und Angriffe auf ihre Integrität und ihre Ziele abwehren zu können.
An Laien, Mexico-City, 29. 1. 1979; OR 7/79

Der in diesen Tagen stattfindende Kongreß für Familienpastoral betrifft einen wirklich wichtigen Aspekt des Lebens und der Verantwortung der Getauften. Seine Aktualität bestätigt sich in zweifacher Hinsicht, positiv und auch negativ. Einerseits nimmt ihr in der Tat, zumindest zum Teil, das Thema eines bedeutenden kirchlichen Ereignisses vorweg, nämlich der fünften Bischofssynode, die über »Die Rolle der christli-

chen Familie in der heutigen Welt« diskutieren wird. Anderseits zwingt schon die einfache Behauptung, daß die psychologische, gesellschaftliche und ideologische Atmosphäre die Ehe und Familie häufig störend beeinflussen, zu ernsthaftem Nachdenken.
Meine Pflicht besteht deshalb darin, jede Initiative zu loben und anzuspornen, die unternommen wird, um zunächst das Bewußtsein für die Aufgaben und dann deren praktische Verwirklichung in den wechselseitigen Beziehungen zwischen christlicher Familie und kirchlicher Gemeinschaft herauszustellen, zu entwickeln und zu fördern. Weil das von universaler Gültigkeit ist, möchte ich hier wiederholen, was ich den Bischöfen Lateinamerikas in Puebla gesagt habe: »Bemüht euch um eine echte Familienpastoral! Widmet euch dieser erstrangigen Aufgabe in der Gewißheit, daß die Evangelisierung in Zukunft großenteils von der ›Hauskirche‹ abhängen wird.« Ähnlich drückt es auch das kürzlich erschienene Dokument der Italienischen Bischofskonferenz »Evangelisierung und Ehesakrament« aus, wenn es betont, daß »die Familie nicht nur das Ziel des verantwortungsvollen Einsatzes der verschiedenen Strukturen der bürgerlichen Gesellschaft sein soll, sondern selbst verantwortlich mitarbeiten muß« (Nr. 117). Um das zu erreichen, bedarf es einer wirksamen Erziehung zur ganzen menschlichen und christlichen Reife der Eheleute und der Kinder, der einen mit den anderen.
In einer Welt, in der die Tragfähigkeit vieler Institutionen nachzulassen scheint und sich die Qualität vor allem des Lebens in der Stadt in erschütternder Weise verschlechtert, kann und muß die Familie zu einem Ort echter Freude und harmonischen Wachstums werden; und das nicht, um sich in stolzer Selbstgenügsamkeit zu isolieren, sondern um der Welt ein leuchtendes Zeugnis dafür zu geben, daß die Wiedergewin-

nung und ganzheitliche Entfaltung des Menschen möglich ist, wenn sie als Ausgangs- und Bezugspunkt die gesunde Lebenskraft der Urzelle des ganzen gesellschaftlichen und kirchlichen Gefüges hat.
Es ist also wichtig, daß die christliche Familie immer mehr zu einer Gemeinschaft der Liebe wird, die in Treue und Eintracht die unvermeidlichen täglichen Prüfungen zu überwinden erlaubt; zu einer Lebensgemeinschaft, die neuen, kostbaren Menschenwesen nach dem Ebenbild Gottes das Leben schenkt und sie voll Freude heranwachsen läßt; zu einer Gemeinschaft der Gnade, die ständig in Jesus Christus ihren eigenen Schwerpunkt und ihre Kraftquelle sieht, um das Bemühen eines jeden zu befruchten und auf dem täglichen Weg immer neue Kraft zu finden.
An Kongreß für Familienpastoral, Rom, 5. 5. 1979;
OR 32–33/79

Mit der Klarheit der Evangelien, dem Verständnis von Hirten und der Liebe Christi habt ihr das Problem der Unauflöslichkeit der Ehe berührt und hierzu zu Recht festgestellt: »Der Bund zwischen Mann und Frau, die sich in einer christlichen Ehe vereint haben, ist so unauflöslich und unwiderruflich wie Gottes Liebe für sein Volk und Christi Liebe für seine Kirche.«
Während ihr die Schönheit der Ehe herausstellt, habt ihr euch zu Recht gegen die Ideologie der Empfängnisverhütung wie auch gegen kontrazeptive Akte selbst gewandt, wie es die Enzyklika *Humanae vitae* getan hat. Und auch ich selbst bekräftige heute ausdrücklich mit der gleichen Überzeugung wie Paul VI. die Lehre dieser Enzyklika, die mein Vorgänger »kraft des Auftrages, der uns von Christus anvertraut ist« (*AAS,* 60, 1968, S. 485), verkündet hat.
Bei der Darstellung der geschlechtlichen Einheit zwi-

schen den Eheleuten als eines besonderen Ausdruckes ihres Liebesbundes habt ihr zu Recht festgestellt: »Geschlechtsverkehr ist nur innerhalb der Ehe ein moralisches und menschenwürdiges Gut, außerhalb der Ehe ist er verfehlt.«

Als »Männer mit der Botschaft der Wahrheit und der Kraft Gottes« (*2 Kor* 6, 7), als bevollmächtigte Lehrer für Gottes Gesetz und als verständnisvolle Hirten habt ihr zu Recht geschrieben: »Homosexuelle Praxis ist... im Unterschied zu homosexueller Neigung unmoralisch.« Durch die Klarheit dieser Wahrheit habt ihr ein Beispiel für die wirkliche Liebe Christi gegeben; ihr habt jene Menschen nicht getäuscht, die wegen ihrer Homosexualität schweren moralischen Problemen ausgesetzt sind, wie es der Fall gewesen wäre, wenn ihr im Namen von Verständnis und Mitgefühl oder aus irgendeinem anderen Grund bei irgendeinem Mitmenschen falsche Hoffnungen geweckt hättet. Ihr habt vielmehr brüderliche Liebe gezeigt, indem ihr die echte Würde, die echte Menschenwürde derer herausgestellt habt, die von der Kirche Christi die Führung erwarten, die aus dem Licht des Wortes Gottes kommt.

Auch gabt ihr Zeugnis von der Wahrheit und verrichtet damit einen Dienst an der ganzen Menschheit, als ihr die Lehre des Konzils: »Vom Augenblick der Empfängnis an muß das Leben mit größter Sorgfalt geschützt werden« (*Gaudium et spes,* Nr. 51), aufgegriffen und das Recht auf Leben und die Unverletzlichkeit jeden menschlichen Lebens, einschließlich des Lebens Ungeborener, bekräftigt habt. Ihr habt es klar ausgesprochen: »Solche unschuldigen, ungeborenen Kinder zu vernichten ist ein unsagbares Verbrechen... Ihr Lebensrecht muß vom Gesetz anerkannt und voll geschützt werden.«

Und ebenso wie ihr die Ungeborenen in der Wahrheit

ihrer Existenz verteidigt habt, so klar seid ihr auch für die Alten eingetreten, indem ihr festgestellt habt: »Euthanasie oder Töten aus Mitleid... ist ein schweres moralisches Übel... Ein solches Töten ist unvereinbar mit dem Respekt vor Menschenwürde und der Achtung vor dem Leben.«
An Bischöfe, Chicago (USA), 5. 10. 1979; OR 41/79

Als Hirten eurer Gläubigen verwendet ebenfalls besondere Sorge auf die Familienpastoral. Die Familie, die »Hauskirche«, möge im Rahmen der pastoralen Aufgabe Gegenstand eures ganz besonderen Interesses sein.
Gegen die Angriffe von außen, denen man heute ausgesetzt ist, stellt die unverfälschten Werte der Familie und der christlichen Ehe heraus und verteidigt sie! Nur wenn sie an diesen geistlichen und menschlichen Werten festhält, kann die Familie als wichtige Zelle der Gesellschaft und zugleich als »erster Raum der Evangelisierung« festen Bestand haben.
Da ihr mit der Situation der Familien in eurer jeweiligen Umgebung vertraut seid, wißt ihr sehr wohl um ihre Bedürfnisse und Nöte und um die Gefahren, die so manches Haus bedrohen. Laßt ihr Los nie unbeachtet und lehrt eure Priester und Mitarbeiter, bei der Evangelisierung diesen Bereich des Apostolats, der so viel Frucht bringt und aus dem so viel Gutes kommen kann, hochzuschätzen.
An peruanische Bischöfe, Rom, 20. 10. 1979; OR 46/79

Mit besonderem Interesse verfolge ich den lobenswerten Eifer, mit dem ihr die Familienpastoral organisiert habt, und blicke voll Hoffnung auf die volle Entfaltung des pastoralen Aktionsprogramms »Ehe und Familie«, das eure Bischofskonferenz – woran der Herr Erzbischof von Corrientes eben erinnerte – seit einigen Jahren mit Vorrang in allen Ortskirchen Argentiniens in Gang gesetzt hat.

Ich freue mich, daß ihr mit dieser Zielsetzung zu einer gemeinsamen Pastoral gelangen konntet, die die Apostolatsarbeit auf allen Ebenen vereinen und aufwerten kann, wenn ihr sie in harmonischer Weise für Ziele auf nationaler Ebene einsetzt. So tragt ihr auf wirksame Weise zu einem erfreulichen Ergebnis bei, das nur in Übereinstimmung der Absichten und methodischen Wege bei einem so übergreifenden Werk zustandekommen kann, wie es die Bildung und Führung der Familien im Gesamt eines wirklich christlichen Lebens ist.

Weil ich zu lateinamerikanischen Bischöfen spreche, will ich den Hinweis nicht unterlassen, daß ich in der Eröffnungsansprache der Konferenz von Puebla das Thema Familie als eine der vorrangigsten Aufgaben bezeichnet habe (IV, a). Demselben Thema widmete ich auch meine Predigt im Palafoxiano-Seminar. Was ich dort gesagt habe, empfehle ich euch zu überdenken.

Eine unerläßliche Hirtenpflicht besteht darin, die Lehre der Kirche über die Ehe und die Einrichtung der Familie zu lehren und zu verteidigen, um ihre wesentlichen Elemente, ihre Forderungen und unvergänglichen Werte zu schützen.

In eurem Volk ist, Gott sei Dank, der Sinn für die Familie noch tief verwurzelt; trotzdem dürfen wir nicht übersehen, daß die Neigung zu Laxismus und Libertinismus in der modernen Gesellschaft wachsenden Einfluß auf diesen Lebensbereich nimmt, den die Kirche mit all ihren Kräften schützen muß.

Die Ehe, auf die die Familie sich gründet, ist eine Lebens- und Liebesgemeinschaft, vom Schöpfer für das

Fortbestehen des Menschengeschlechts eingerichtet. Ihr kommt nicht nur zeitliche, sondern auch ewige Bestimmung zu (vgl. *Gaudium et spes,* Nr. 48). Bemüht euch daher, ihre Einheit und Unauflöslichkeit zu verteidigen, indem ihr auf das Familienleben den Leitgedanken der Konferenz von Puebla anwendet: Gemeinschaft und Teilnahme.

Gemeinschaft, das heißt innere Verständnis- und Liebesbereitschaft der Eltern untereinander und zwischen ihnen und den Kindern. Teilnahme meint Achtung und Hingabe in den Stunden des Glücks wie in den Augenblicken der Prüfung.

In dieser Einheit, die ihre Lebenskraft aus der Liebe schöpft, wird die Ehe zur Quelle des menschlichen Lebens und der Übereinstimmung mit Gottes Gesetzen. Das weist uns auf die Notwendigkeit hin, auf dem christlichen Verständnis der verantwortungsvollen Elternschaft zu bestehen, das in der Enzyklika *Humanae vitae* Pauls VI. umrissen ist. Zögert auch nicht, ein Grundrecht des Menschen zu verkünden: das Recht, geboren zu werden (vgl. *Eröffnungsansprache in Puebla,* III, 5).

Eine entsprechende Familienpastoral wird deshalb drei Punkte in Betracht ziehen müssen, die zur Aufgabe der lateinamerikanischen Familien gehören: »zum Glauben erziehen, die menschliche Person heranbilden und Anstöße zur Entwicklung geben« (vgl. Predigt im Palafoxiano-Seminar vom 28. Januar 1979 in Puebla).

In der Tat muß das christliche Heim die erste Glaubensschule sein. Hier öffnet die Taufgnade den Menschen der Erkenntnis und Liebe Gottes, Jesu Christi und der seligen Jungfrau. Hier darf er immer tiefer in das Erlebnis der christlichen Wahrheiten eindringen, die für Eltern und Kinder zur Richtschnur ihres Verhaltens geworden sind. Der Familienkatechese kommt

in allen Altersstufen und bei allen Erziehungsmethoden größte Bedeutung zu. Sie muß mit der christlichen Einführung schon vor der Erstkommunion beginnen und läßt sich durch gewissenhaften und verantwortungsbewußten Empfang der übrigen Sakramente in besonderer Weise entwickeln. So wird die Familie tatsächlich zur Hauskirche (vgl. *Lumen gentium,* Nr. 11; *Apostolicam actuositatem,* Nr. 11).
Mit der Heranbildung der menschlichen Person übernimmt die Familie eine einzigartige Rolle, die ihr einen gewissen sakralen Charakter gibt, mit Rechten, die sich letztlich auf die Würde der menschlichen Person gründen und deshalb immer beachtet werden müssen. Ich habe das kürzlich in meiner Ansprache an die Organisation der Amerikanischen Staaten zum Ausdruck gebracht: »Wenn wir vom Recht auf Leben, auf physische und moralische Integrität, auf Nahrung, auf Wohnung, auf Erziehung, auf Gesundheit, auf Arbeit und auf Beteiligung an der Verantwortung im Leben der Nation sprechen, sprechen wir von der menschlichen Person. Es ist der Mensch, den wir mit unserem Glauben als von Gott als sein Abbild geschaffen und für ein ewiges Ziel bestimmt erkennen« (*OR dt.* vom 26. 10. 79, S. 12). Die Familienpastoral muß also auf Verteidigung dieser Rechte bedacht sein. So trägt sie gleichzeitig dazu bei, die Familie zur echten und wirksamen Vertreterin der Entwicklung zu machen.
Anderseits ist klar, daß es zur wirksamen Arbeit in diesem Bereich ernster Bemühungen bedarf, um die tiefliegenden Ursachen zu beseitigen, die so viele störende Faktoren der Gesellschaft und folglich der Familie auslösen. Niemand kann in diesem Zusammenhang den enormen Niedergang nicht nur der moralischen Ordnung übersehen, den gewisse Situationen von klarer sozialer Ungerechtigkeit mit sich bringen

und die auch den Bereich der Arbeitsbeziehungen berühren.
Weil das zu eurem Dienstamt gehört, könnt ihr nicht umhin, die gesunde Lehre öffentlicher Sittlichkeit vorzutragen und zu verbreiten in voller Übereinstimmung mit der Sozialehre der Kirche. Wenn sie getreu und ohne irgendwelche Verdrehungen in die Praxis umgesetzt wird, kann sie erreichen, daß die Forderungen nach menschlicher Ordnung im Sinn des Evangeliums, die sie zu schützen hat, zur fruchtbaren Realität werden.
Wenn ihr zugleich mit der berechtigten Sorge für den Schutz dieser Menschenrechte die obengenannten Grundsätze hervorhebt, werdet ihr in mangelnder Achtung dieser Grundsätze die Wurzel für die Entstehung der Gewalttätigkeit entdecken.
Um, soweit ihr könnt, zur Unterbrechung dieser verhängnisvollen Spirale der Gewalt beizutragen, müßt ihr, liebe Brüder, mit allem Eifer in der Erfüllung eurer pastoralen Pflichten fortfahren, indem ihr dafür Sorge tragt, daß die Gesellschaft und die Urzelle der Gesellschaft sich in jene »Gesellschaft im Zeichen der Liebe« einfügen, die mein Vorgänger Paul VI. so sehr ersehnt hat.
Wenn die Zahl der euch zur Verfügung stehenden Mitarbeiter angesichts der Forderungen eures umfangreichen und nicht einfachen Programms unzureichend scheinen mag – trotz der jüngsten Zunahme an Berufen –, möge euch diese verheißungsvolle Konzilsaussage als Ermutigung dienen: »Die Familien, durchdrungen vom Geist des Glaubens, der Liebe und der Frömmigkeit, werden gleichsam zum ersten Seminar; sie leisten den wichtigsten Beitrag bei der Förderung der Berufe für das Priester- und Ordensleben und zu seiner Heilung im allgemeinen« (vgl. *Optatam totius*, Nr. 2).

Gott wollte uns die Heilige Familie von Nazaret als besonderes Vorbild hinstellen. Mögen Jesus, Maria und Josef eure Familienpastoral und die Aufgabe aller eurer Mitarbeiter inspirieren, begleiten und ermutigen.
An argentinische Bischöfe, Rom, 28. 10. 1979; OR 47/79

Ich möchte euch bitten, eure besondere Aufmerksamkeit darauf zu richten, die Heiligkeit der christlichen Ehe zu fördern und die Fülle des Planes Gottes im Blick auf die Familie zu verkündigen. Diese Aufgabe ist in der Tat schwer: Menschenkenntnis und Einfühlungsvermögen werden euch helfen, aber nur die göttliche Weisheit wird euch hinreichend für diesen Dienst erleuchten. Und denkt immer daran, durch die Macht des Wortes Christi und in der Einheit der Kirche Gottes werdet ihr fähig sein, euer Volk zu leiten »auf rechten Pfaden, treu seinem Namen« (*Ps* 23, 3).
An Bischöfe von Papua-Neuguinea, Rom, 23. 10. 1979; OR 51–52/79

Ohne diesen dringenden Aspekt der Glaubwürdigkeit in der kirchlichen Sendung aus dem Auge zu verlieren, fühle ich mich gedrängt, euch ein Thema vorzulegen, das heute in eurem Land aktueller denn je geworden ist und das eines besonders aufmerksamen Dienstes derer bedarf, die Lehrer und Hirten des Volkes Gottes sind.
Ich meine damit die Familie. Es ist mir durchaus bekannt, daß sie Gegenstand großer Sorge für euch ist und daß eure besondere Aufmerksamkeit ihr gilt, wißt ihr doch um die unschätzbare Gabe, die das Sakrament der Ehe für die christlichen Eheleute bedeutet: »Die christlichen Gatten endlich bezeichnen das Ge-

heimnis der Einheit und der fruchtbaren Liebe zwischen Christus und der Kirche und bekommen daran Anteil. Sie fördern sich kraft des Sakramentes gegenseitig zur Heiligung durch das eheliche Leben sowie in der Annahme und Erziehung der Kinder« (vgl. *Lumen gentium,* Nr. 11). Das Sakrament der Ehe und seine Fortdauer in der Familie leiten sich also vom Liebesbund Gottes mit der Menschheit in der Schöpfung und Erlösung her, einem Bund, der in der Kirche – der Familie des Volkes Gottes – seine Fortsetzung findet.
Bei unseren pastoralen Erwägungen über das Ehe- und Familienleben müssen wir rein äußerliche Gesichtspunkte beseite lassen, die manchmal bis zu einem gewissen Grad seinen tiefsten und eigentlichsten Sinn nicht in Betracht ziehen oder ihn trüben: die Einzigartigkeit der durch das Sakrament geheiligten Liebe. Manchmal begnügen wir uns ein wenig oberflächlich mit der Berufung auf Umfragen oder Statistiken, die vielleicht aufgrund vorgefaßter Meinungen durchgeführt wurden und die Aspekte erfassen, die sich ändern oder manipuliert werden können, die also sich wandelnde kulturelle, soziologische, politische und wirtschaftliche Situationen widerspiegeln. (...)
Vergessen wir nicht, daß jenseits dieser zahlreichen Untersuchungen und Statistiken eine große Leere bestehen bleibt; diese betrifft Personen, die in Wirklichkeit ihre persönliche Einsamkeit zugeben, ihre eigene moralische und geistliche Leere, weil sie noch nicht genügend auf den echten Sinn der Ehegemeinschaft und des Familienlebens als einer Berufung, einer fruchtbaren, einzigartigen und unwiederholbaren Erfahrung von Gemeinschaft vorbereitet wurden, die in Verbindung und Einklang mit dem ursprünglichen und ewigen Plan Gottes steht.
Es handelt sich hier um eine Berufung, aus der sich

selbstverständlich ernste Pflichten und Verantwortungen ergeben, denen man aus Liebe zu den Kindern und aus Gehorsam gegenüber dem Gesetz Gottes treu bleiben muß.
Angesichts dieser augenscheinlichen Tatsache können wir nur unsere Arbeit mit allen uns zur Verfügung stehenden Mitteln intensivieren. Wenn wir wirklich überzeugt sind von den Heilskräften der Kirche zur »Rettung der menschlichen Person«, zum »rechten Aufbau der menschlichen Gesellschaft« (*Gaudium et spes*, Nr. 3), müssen wir diese Kraft und diese Wahrheit der Familie zur Verfügung stellen und sie darin stärken, denn gerade in ihr erblickt der Mensch das Licht der Welt und wird durch das Werk der Gnade wiedergeboren. Wo es Leben gibt und wo dieses als Gabe Gottes geschätzt und geachtet wird, erleiden Familie und Gemeinschaft keine Einbuße, das moralische Gewissen erlahmt nicht, und das Alltagsleben wird nicht oberflächlich; ganz im Gegenteil, »um dem Heilsplan Gottes zu dienen«, wird die Familie die volle Bedeutung ihrer Verbundenheit mit der Vaterschaft Gottes erfassen.
Auch müssen wir aufgrund ihrer Bedeutung für die Evangelisierung die Aufgabe der Familie als Stätte der Persönlichkeitsbildung hervorheben. Die christliche Familie, von meinem verehrten Vorgänger Paul VI. als »Hauskirche« (vgl. *Evangelii nuntiandi*, Nr. 71) bezeichnet, ist das erste Terrain, das für die Aussaat des Evangeliums in Frage kommt und wo Eltern und Kinder als lebendige Zellen das Ideal des Dienstes für Gott und die Menschen in sich aufnehmen.
Frucht einer solchen dynamischen Erziehung können zweifellos viele Priester- und Ordensberufe sein, die für die Weiterführung des Dienstes an den Menschen, vor allem an den ärmsten unter ihnen, die körperlich und geistig leiden, dringend benötigt werden. Ge-

wöhnt ferner die Eltern an den Gedanken, daß die Nachfolge Christi dem Leben Fülle und Sinn gibt, ist sie doch die hochherzige Antwort auf den Ruf Gottes.
An venezolanische Bischöfe, Rom, 15. 11. 1979; OR 51–52/79

Die Erziehung der Jugend ist untrennbar verbunden mit dem rechten Funktionieren des Familienlebens. Die Familie, »Grund- und Lebenszelle der Gesellschaft«, wie das Konzil sie nannte (*Apostolicam actuositatem*, Nr. 11), ist das Reservoir des Glücks oder des Unglücks der Gesellschaft von morgen. Sie wirkt ja beständig und entscheidend sowohl in negativem wie positivem Sinn auf das Leben der jungen Menschen ein. Sie kann also aus den Gedankengängen dieser weihnachtlichen Botschaft nicht ausgeschlossen bleiben, um so weniger, als Weihnachten das Fest der christlichen Familien im reinsten Sinne ist, die sich in der einfachen, aus der wahren und tiefen Vereinigung der Herzen entspringenden Freude um die Sippe geschart haben. Die Heilige Familie, die wir am Sonntag nach Weihnachten feiern, gibt uns den Schlüssel, um alle Werte zu verstehen, die den Familien von heute verkündet werden müssen: Liebe, Hingabe, Opferbereitschaft, Keuschheit, Achtung vor dem Leben, Arbeit, Ausgeglichenheit, Fröhlichkeit. Die Ursachen der Zerrüttung dagegen, die ich erwähnt habe, finden in der Familie ihr erstes Opfer, und mit ihr überrollen sie auch die Jugend. Viele moralische Verirrungen wie auch viele Gewalttaten entstehen gerade aus der Auflösung der Familie, die leider zur Zielscheibe eines Bündnisses von zersetzenden Kräften geworden ist, die sich aller verfügbaren Mittel bedienen.
Wenn ich mich auf meinen Reisen in diesem Jahr so gut habe umschauen können, so sicher deswegen, weil die Präsenz und das Wirken der christlichen Familien

das Bindegewebe, der Zusammenhalt und die tragende Struktur des gesellschaftlichen und kirchlichen Lebens auf der ganzen Welt geblieben sind. Dafür danke ich dem Herrn und mit ihm so vielen Vätern und Müttern auf allen Breitengraden der Erde.
Ich habe auch keine Gelegenheit ausgelassen, die Persönlichkeiten, mit denen ich in diesem Jahr zusammengetroffen bin, für die Verteidigung der Werte der Familie zu interessieren – von den höchsten Vertretern des Lebens der Völker bis zu ihren diplomatischen Vertretern und den gesellschaftlichen und politischen Autoritäten. Und zugunsten der Familie und für die Lösung der verschiedenen vielschichtigen Probleme, die sie dem Gewissen und der Gesellschaft stellt, habe ich mich in meinen Ansprachen und Aufrufen unaufhörlich eingesetzt: In Mexiko bei der Predigt in Puebla de los Angeles, in Polen auf dem Jasna Góra in dem Aufruf und der Rede an die Arbeiter, dann in Nowy Targ, in Limerick in Irland und in Washington vor dem Kapitol in den Vereinigten Staaten. Ich habe auch – in dem Apostolischen Schreiben *Catechesi tradendae* (Nr. 68) – nicht den Hinweis auf das der Familie übertragene katechetische Wirken unterlassen. Und schließlich erlaube ich mir, auf die Betrachtungen hinzuweisen, die ich zur Zeit in Vorbereitung auf die der Familie gewidmete Generalversammlung der Bischofssynode im kommenden Jahr in den Generalaudienzen halte. Diese Versammlung wird eine von mir besonders erhoffte, bevorzugte Gelegenheit sein, weil sich die ganze Kirche in der Person der Vertreter ihrer nationalen Bischofskonferenzen in die Betrachtung der wunderbaren Würde der Familie, des Reichtums ihrer Werte und die Bedeutung ihrer unersetzlichen Aufgabe vertiefen wird. (...)
Wenn beim Blick auf die Zukunft auch nicht die Gründe zur Besorgnis fehlen, so sind die Anlässe zu

Vertrauen und Hoffnung doch stärker und zahlreicher. Getragen von dieser Hoffnung setzt die Kirche ihr Wirken fort. Sie bleibt Christus, seinem Evangelium und seiner Aufforderung zur Umkehr treu, denn »das Reich Gottes ist nahe« (*Mk* 1, 15). Sie wird niemals müde werden, vor Gott für die Menschheit einzutreten; niemals müde, für die Verteidigung und den Aufstieg des Menschen einzutreten und persönlich dafür zu bezahlen – des Menschen ingesamt, mit Seele und Leib. Eines jeden Menschen, vom Mutterleibe an, weil jeder Mensch Krone der Schöpfung ist (vgl. *Gen* 1, 27 ff.), weil jeder Mensch lebendiges Lob der Herrlichkeit Gottes ist (vgl. *Eph* 1, 12.14; hl. Irenäus, *Adv. Haer.* IV, 20, 7).
An Kardinäle, Rom, 22. 12. 1979; OR 2/80

Ich glaube, daß der Rat des Generalsekretariats der Bischofssynode in dieser Sitzung mit Hilfe von Fachleuten und des genannten Familienkomitees eine gute Arbeit geleistet hat. Auch ich möchte meinen Beitrag zu dieser Arbeit anbieten, da es sich um ein Thema von allergrößter Bedeutung handelt, das mir sehr am Herzen liegt. So ist es in meiner früheren pastoralen Tätigkeit gewesen, und so bleibt es auch jetzt. (...)
Die nächste Synode hat das Thema: »Die Aufgaben der christlichen Familie in der heutigen Welt.« Unsere Zeit fordert in der Tat, daß man in verständlicher und angemessener Weise die bleibende Bedeutung jener Institution voll herausstellt, die seit langem mit Recht »Hauskirche« genannt wird.
Ein bedeutender Teil der Arbeiten wird dabei der Theologie, d.h. der katholischen Lehre über die Familie gelten. Die Synode muß ja vor allem die Überzeugungen der Christen stärken. Es geht ohne Zweifel weniger darum, erneut eine systematische Darstellung

bereits wohlbekannter und hinreichend erläuterter Tatsachen zu bieten – als ob man bei Null beginnen müßte, obgleich die Kirche schon seit zweitausend Jahren davon lebt –, sondern darum, eine Sprache und jene tiefgreifenden Motivierungen zu finden, die die bleibende Lehre der Kirche so beleuchten, daß die Menschen von heute in ihrer konkreten Lebenslage erreicht und, wenn möglich, überzeugt werden. Dann wird es ihnen möglich, z. B. auf bestimmte, sich immer weiter verbreitende Tendenzen zu antworten, wie z. B. auf den Trend, eine freie Lebensgemeinschaft zu führen. Die Synode wird kein Mittel zur Beantwortung sämtlicher Probleme werden, sondern sie wird hervorheben müssen, was Nachfolge Christi in diesem Bereich bedeutet. Sie wird die Werte herausstellen müssen, ohne die die Gesellschaft blindlings in eine Sackgasse gerät; sie wird den Christen und den Menschen guten Willens helfen müssen, sich in diesen Punkten, christlichen Grundsätzen entsprechend, ein klares und überzeugtes Gewissensurteil zu bilden.
Schließlich und vor allem wird die Synode realistisch versuchen, den Familien zu helfen, diese Werte wiederzufinden bzw. zu bewahren, sie zu leben und sie Schritt für Schritt auszustrahlen. Das wird Inhalt des unmittelbar pastoralen Teils sein.
Ich begnüge mich damit, hier einige Aspekte zu unterstreichen, die mir besonders wichtig erscheinen.
1. Die Überlegungen zur christlichen Familie dürfen nicht von der Ehe absehen, denn das Ehepaar bildet die erste Form der Familie und bewahrt ihren Wert, auch wenn Kinder fehlen. Und damit kommen wir zum tiefen Sinn der Ehe, die Bund und Liebe ist; Bund und Liebe zweier Menschen, Mann und Frau, Zeichen des Bundes zwischen Christus und seiner Kirche, Zeichen der im trinitarischen Leben verwurzelten Liebe. Die Eigenarten eines solchen Bundes müssen in

aller Deutlichkeit sichtbar werden: die Einheit der Lebensgemeinschaft, die Treue zum Bund, die Dauerhaftigkeit des Ehebandes.

2. Die Familie muß als Institution gesehen werden, nicht nur in dem Sinn, daß sie ihren Platz und ihre Funktionen in Gesellschaft und Kirche hat, daß sie rechtliche Garantien für die Erfüllung ihrer Verpflichtungen, für die Beständigkeit und Ausstrahlung, die man von ihr erwartet, erhalten muß, sondern vor allem in dem Sinn, daß sie als solche den Willen der einzelnen, die spontanen Wünsche der Ehepartner sowie die Entscheidungen sozialer Körperschaften und Regierungsstellen transzendiert: die Ehe ist »eine weise Einrichtung des Schöpfers, um seinen Plan der Liebe in der Menschheit zu verwirklichen« (*Humanae vitae*, Nr. 8). Es wird gut sein, diesen institutionellen Aspekt zu vertiefen, der keine Eingrenzung der Liebe, sondern vielmehr ihre Krönung bedeutet.

3. Besondere Aufmerksamkeit wird man der Vorbereitung auf Liebe und Ehe schenken müssen, die notwendigerweise zugleich die Vorbereitung auf das Familienleben und die Verantwortlichkeiten in der Familie ist. Wie wird heutzutage eine solche Vorbereitung gewährleistet? Das ist eine ganz wesentliche Aufgabe der Seelsorge.

4. Die Priester müssen ihrerseits für das Familienapostolat vorbereitet und geschult werden, denn ein wesentlicher Teil ihrer Aufgabe besteht darin, die Laien in ihre privaten und sozialen, aber gewiß auch in ihre familiären Verantwortlichkeiten einzuweisen. Nehmen sie dieses Familienapostolat hinreichend ernst? Sind sie mit seinen komplexen Problemen vertraut? Als Seelsorger haben wir zwar nicht selber alle Probleme der Familie zu lösen, doch müssen wir für ihre Schwierigkeiten und Freuden sehr aufgeschlossen sein und bereit, ihnen zu helfen, wie der Herr es will.

5. Die Laien müssen natürlich die entsprechenden Möglichkeiten haben, sich lehrmäßig, religiös und pädagogisch für ihr Eheleben sowie für ihre Verantwortung als Väter und Mütter im Zusammenhang mit allen Problemen einer entsprechenden Kindererziehung vorzubereiten. Es geht ferner darum, ihre Einstellung gegenüber allen Mitgliedern der Familie im weiteren Sinn zu klären, denn hier muß echte Solidarität herrschen; das gilt natürlich besonders den Kranken, Behinderten und Alten gegenüber; diese erwarten von der Familie besondere Liebe und Hilfe, und sie selbst geben ihren Beitrag an Erfahrung und Liebe.
Die Formung dieser Laien ist doppelt wichtig, wenn es gilt, sie in die echt christlichen Werte einzuführen und ihnen deren Bezeugung zu ermöglichen, denn unter den heutigen Verhältnissen muß die Evangelisierung der Familie vor allem durch andere Familien erfolgen.
6. Schließlich wollen wir nicht die Seelsorge für die schwierigen Fälle vergessen: für die getrennten Familien; für Geschiedene und zivilrechtlich Wiederverheiratete, die, auch wenn sie nicht voll am sakramentalen Leben teilnehmen dürfen, in ihren religiösen Bedürfnissen Betreuung verdienen, soweit ein Apostolat für sie möglich ist; verwitwete Männer und Frauen; alleinstehende Personen mit Kindern usw.
Diese wenigen Worte lassen euch, ehrwürdige Brüder und liebe Freunde, ahnen, welches Interesse der Papst dieser Synode entgegenbringt, und welch große Hoffnungen er für die Kirche in sie setzt. Aufs lebhafteste ermuntere ich alle, die nun die letzte Vorbereitung durchzuführen haben. Ich denke dabei auch an alle künftigen Teilnehmer, die zur Vorbereitung Überlegungen anstellen und Anregungen aus ihrem christlichen Volk aufgreifen. Wir alle wollen Gott bitten, daß er die Geister erleuchtet und die Herzen bereit macht, damit die Erfahrung der Synode ein neues Wachsen

von Überzeugungen, Entschlüssen und Ermutigungen für die Heiligkeit der Familie mit sich bringt. Wir vertrauen dieses Werk der Fürbitte der Mutter Christi an, die auch die Mutter der Kirche ist.
An Rat des Generalsekretariats der Bischofssynode, Rom, 23. 2. 1980; OR 10/80

Ich möchte diese Meditation nicht beenden, ohne die Bischöfe Afrikas eindringlich zu ermutigen, trotz der bekannten Schwierigkeiten ihre Bemühungen um die »Pastoral der christlichen Familien« mit neuem Eifer und fester Hoffnung fortzusetzen. Ich weiß, daß bereits viele sich darum bemühen; ihnen gilt meine Hochachtung. Ich beglückwünsche auch die zahlreichen afrikanischen Familien, die das christliche Ideal, von dem ich gesprochen habe, schon verwirklichen, es mit der Eigenart Afrikas zu verbinden suchen und so für viele andere Beispiel und Anreiz sind. Aber ich möchte das doch betonen.
Ohne ihre Bemühungen um die menschliche und religiöse Bildung der Kinder und Erwachsenen aufzugeben, sollen die Diözesen unter Berücksichtigung des Empfindens und der Bräuche Afrikas nach und nach eine Seelsorge aufbauen, die beide Ehegatten gemeinsam einbezieht und nicht nur den einen oder den anderen Partner. Die jungen Menschen sollen immer wieder ermutigt werden, sich ernsthaft auf das Eheleben vorzubereiten, damit sie den Sinn der christlichen Ehe verstehen und reif werden für ihre Beziehung zueinander und die Verpflichtungen in Familie und Gesellschaft. Diese Zentren der Ehevorbereitung brauchen die gemeinsame Unterstützung der Diözesen und die großzügige und kompetente Mithilfe von Geistlichen, Fachexperten und geeigneten Familien, die ein wertvolles Zeugnis beibringen können. Ich lege

vor allem Nachdruck auf die Hilfe, die sich die christlichen Ehepaare gegenseitig leisten können.
Diese Familienseelsorge muß die jungen Familien auch nach ihrer Gründung begleiten. Tage der geistlichen Besinnung und Einkehr sowie Familientreffen werden den jungen Paaren auf ihrem menschlichen und christlichen Weg eine Stütze sein. Man achte bei all diesen Gelegenheiten auf die Ausgewogenheit zwischen lehrmäßiger Ausbildung und geistlicher Betreuung. Wesentlich ist dabei die Rolle der Meditation, des Gesprächs mit dem treuen Gott. In ihm empfangen die Eheleute die Gnade der Treue, an ihm begreifen und erkennen sie die Notwendigkeit schöpferischer Askese, aus der wahre Freude entsteht, hier beschließen und übernehmen sie familiäre und soziale Aufgaben, die ihren Familien Ausstrahlungskraft verleihen sollen. Es wäre zweifellos sehr nützlich, wenn sich die Familien einer Pfarrei oder einer Diözese zusammenfänden, um eine umfassende Familienbewegung ins Leben zu rufen, wobei nicht nur den christlichen Ehepaaren geholfen würde, nach dem Evangelium zu leben; gleichzeitig könnte man damit einen Beitrag leisten zur Erneuerung der Familie und sie gegen Angriffe jeder Art verteidigen, und zwar unter Berufung auf die Menschen- und Bürgerrechte. Auf diesem wichtigen Gebiet der Familienpastoral, die immer mehr den Bedürfnissen unserer Zeit und eurer Länder angepaßt werden muß, setze ich mein volles Vertrauen in eure Bischöfe, meine verehrten Brüder im Bischofsamt.
Diese Begegnung sei für euch Ausdruck des großen Interesses, das der Papst den schwerwiegenden Problemen der Familie entgegenbringt, aber auch Zeugnis seiner Zuversicht und seiner Hoffnung für eure christlichen Familien und mache euch Mut, euch hier in Afrika einzusetzen zum Wohl eurer Nationen und zur

Ehre der Kirche Christi, damit eure Familien immer mehr, gemäß dem Evangelium, Gemeinschaften »des Lebens und der Liebe« werden! Ich verspreche euch, dieses große Anliegen in mein Herz und in mein Gebet aufzunehmen. Gott, der sich in der Einheit des Vaters, des Sohnes und des Geistes als Familie offenbart hat, segne euch, und sein Segen bleibe immer bei euch!
An Familien, Kinshasa (Zaïre), 3. 5. 1980; OR 20/80

Als *Servus Servorum Dei* – als Diener der Diener Gottes – bin ich gekommen, um euch in den Prioritäten eures Dienstamtes zu bestärken. Vor allem unterstütze ich eure pastoralen Bemühungen um die Familie, die afrikanische Familie. Die große afrikanische Tradition ist so vielen Werten der Familie und dem Leben selbst treu, das seinen Ursprung in der Familie hat. Die hohe Achtung für die Familie und für das Gut, das Kinder darstellen, ist ein besonderes Geschenk Afrikas an die Welt. In der Familie lernt jede Generation diese Werte aufnehmen und weitergeben. Die gesamte Kirche schätzt alles, was ihr tut, um dieses Erbe eures Volkes zu bewahren, zu läutern und in der sakramentalen Fülle der neuen und schöpferischen Lehre Christi zu erheben. Von daher erkennen wir, wie wertvoll es ist, die christliche Familie in ihrer Beziehung zur allerheiligsten Dreifaltigkeit vorzustellen und am christlichen Ideal in seiner evangelischen Reinheit festzuhalten. Dem von Christus verkündeten göttlichen Gesetz ist das christliche Ideal der Einehe entsprungen, die die Grundlage der christlichen Familie ist. Nur eine Woche vor seinem Tod sprach mein Vorgänger Johannes Paul I. zu einer Gruppe von Bischöfen die folgenden Worte, die ich hier in Afrika für sehr bedeutungsvoll erachte: »Laßt uns niemals

müde werden, die Familie als eine Gemeinschaft der Liebe zu verkünden: die eheliche Liebe vereint die Ehepartner und zeugt neues Leben; sie ist ein Spiegel der göttlichen Liebe, sie teilt sich mit und ist, nach den Worten von *Gaudium et spes* (Nr. 48), in der Tat ein Teilhaben am Liebesbund Christi mit seiner Kirche« (*AAS* 70, 1978, S. 766; *Wort und Weisung 1978*, Teil 2, S. 74).
Seid meiner Solidarität bei der großen Aufgabe gewiß, welche die sorgfältige Vorbereitung der Jugendlichen auf die Ehe, die unablässige Verkündigung der Einheit und Unauflöslichkeit der Ehe und die erneute Aufforderung an die Gläubigen einschließt, mit Glaube und Liebe der Eheschließung nach katholischem Ritus zuzustimmen und sie zu fördern. Der Erfolg eines Pastoralprogramms dieser Art erfordert Geduld, Ausdauer und die feste Überzeugung, daß Christus gekommen ist, um »alles neu zu machen« (vgl. *Offb* 21, 5).
Ihr sollt auch wissen, daß ihr bei allen euren Bemühungen, fest geeinte Familien aufzubauen, in denen die menschliche Liebe ein Widerschein der göttlichen Liebe ist und die Erziehung der Kinder als echte Sendung aufgefaßt wird, mit der Unterstützung der gesamten Kirche rechnen könnt. Mit der Liebe und dem Einfühlungsvermögen von Hirten habt ihr richtig den Grundsatz betont, daß eine pastorale Initiative, deren doktrinäres Fundament nicht das Wort Gottes ist, einer Illusion gleichkommt. Daher habt ihr euch in echter pastoraler Liebe mit verschiedenen das Menschenleben betreffenden Problemen auseinandergesetzt und aufs neue die Lehre der Kirche im wahren Dienst am Menschen verkündet. Ihr habt zum Beispiel mit aller Klarheit auf dem fundamentalsten Recht des Menschen bestanden: dem Recht auf Leben vom Augenblick der Empfängnis an; ihr habt in eindrucksvoller

Weise neuerlich die Haltung der Kirche der Abtreibung, Sterilisierung und Empfängnisverhütung gegenüber hervorgehoben. Euer treues Festhalten an der in der Enzyklika *Humanae vitae* enthaltenen Lehre der Kirche ist der Ausdruck eures pastoralen Interesses und eurer tiefen Verbundenheit mit den wesentlichen Werten der menschlichen Person.

Jedes Bemühen, die Gesellschaft der Bedeutung der Familie gegenüber aufgeschlossen zu machen, ist ein großer Dienst an der Menschheit. Wenn die volle Würde von Eltern und Kindern verwirklicht wird und im Gebet ihren Ausdruck findet, dann wird in Kirche und Welt eine neue wohltuende Kraft wirksam. Johannes Paul I. drückte das sehr überzeugend aus, als er sagte: »Die Heiligkeit der christlichen Familie ist wirklich ein geeignetes Mittel, die von ruhiger Gelassenheit getragene Erneuerung der Kirche durchzuführen, die das Konzil so heftig ersehnte. Durch das Gebet der Familie wird die *ecclesia domestica*, die ›Hauskirche‹, Wirklichkeit und führt zur Veränderung der Welt« (*ebd.*, S. 777; *Wort und Weisung 1978*, S. 76).

Auf euch, Brüder, ruhen die Hoffnung und das Vertrauen der Universalkirche für die Verteidigung und Förderung der afrikanischen Familie, der Eltern wie der Kinder. Der Heilige Geist der Wahrheit, der so viele Werte in die Herzen der Afrikaner gesenkt hat, wird niemals ablassen, euch als Hirten beizustehen, damit durch euch die Lehre Jesu immer wirksamer in das Leben eurer Brüder und Schwestern eindringe. Wir brauchen uns nie zu fürchten, die Fülle seiner Botschaft in ihrer ganzen evangelischen Reinheit zu verkündigen, denn, so sagte ich bei anderer Gelegenheit: »Fürchten wir niemals, die Forderungen seien zu hoch für unser Volk. Es ist erlöst durch das kostbare Blut Christi; es ist sein Volk. Durch den Heiligen Geist übernimmt Jesus Christus selbst die Endverant-

wortung für die Aufnahme seines Wortes und für das Wachstum seiner Kirche. Er, Jesus Christus, wird seinem Volk weiterhin die Gnade schenken, trotz aller Schwierigkeiten, trotz aller Schwachheit den Forderungen seines Wortes zu entsprechen. Es liegt an uns, auch weiterhin die Heilsbotschaft unverkürzt und in ihrer Reinheit zu verkünden, mit Geduld, Erbarmen und der Überzeugung, daß bei Gott möglich ist, was beim Menschen unmöglich ist« (*Ansprache an die Bischöfe von Papua/Neuguinea und den Salomoninseln*, 13. Oktober 1979; *AAS 71, 1979; O.R.dt.*, Nr. 51–52 vom 21. 12. 1979).
An Bischöfe, Nairobi (Kenia), 7. 5. 1980; OR 21/80

Die Familienpastoral ist besonders wichtig; ich bin mir der schwierigen Probleme bewußt, die sie aufwirft. Ich habe davon in Kinshasa gesprochen. Es liegt an euch, an euch Bischöfen, sie auf eine Weise zu lösen in der Überzeugung, daß man, vom Evangelium ausgehend, von der jahrhundertelangen Erfahrung der Kirche, wie sie vom universalen Lehramt ausgesprochen wird, dank der geduldigen Erziehung der Eheleute, es auch afrikanischen Ehepaaren möglich machen kann, besonders intensiv das Geheimnis des Bundes zu erfahren, für den der Bund Gottes mit seinem Volk und der Bund Jesu Christi mit seiner Kirche Quelle und Symbol bleiben. Aus diesen christlichen Familien werden tiefe und dauerhafte Werte erwachsen, auch für den Glauben der Jugendlichen und für geistliche Berufe.
An Bischöfe, Abidjan (Elfenbeinküste), 11. 5. 1980; OR 22/80

Aus diesen einfachen Hinweisen ergibt sich mit aller Klarheit die Notwendigkeit, der Familie als ganzer

wieder jene vorrangige Aufmerksamkeit zu schenken, die ihr im Rahmen der Seelsorge gebührt. Eine Familienpastoral ist dringend nötig.
Es hat vielleicht, und aus verständlichen Gründen, mitunter eine übertriebene Aufteilung gegeben, es wurden zu viele Untersektoren in der Gesamtpastoral geschaffen, wobei man die Hauptaufmerksamkeit auf Alter, soziales Umfeld und verschiedene Bereiche lenkte, die sicherlich Sorge verdienten, die aber die Sorge, die der Familie als ganzer gebührt, aus dem Blick rückten oder zumindest das ihr gebührende Interesse einschränkten. Daraus ergab sich eine Vergeudung der Kräfte, und man hat vielleicht nicht die Ergebnisse erreicht, die dem Arbeitsaufwand entsprochen hätten; die Einheit der Familie, die, wie uns die Offenbarung des Alten und des Neuen Testaments bestätigt, in allen ihren Elementen heilig zu halten ist, hat darunter gelitten, die Folgen beginnen sich spürbar zu machen. Man denke zum Beispiel an die Pastoral der Eheleute im Zusammenhang mit den Schwierigkeiten, denen diese heute aufgrund des massiven Zusammenpralls mit den antichristlichen Ideologien, dem Hedonismus, der Flucht vor Verantwortung als auch wegen der Grenzen begegnet, die die Konsumgesellschaft und die wirtschaftliche Konjunktur setzen, mit schwersten persönlichen und gesellschaftlichen Folgen (Individualismus, Flucht vor Verantwortung, Geburtenbeschränkung, schwankende Zuneigungsfähigkeit, Schwierigkeit, eine institutionelle Bindung einzugehen). Man denke ferner – um ein weiteres Beispiel zu nennen – an das unermeßliche menschliche Potential an Weisheit, Erfahrung, Trost, Hilfe, das die alten Menschen darstellen, die heute leider von dem unerbittlichen Gesetz der Produktivität beiseite geschoben werden, die aber die Kirche in ihrem täglichen Wirken nicht vergessen kann und darf.

Keine Diözese kann darauf verzichten, alle Probleme, die mit dem Familienleben zusammenhängen, gründlich zu erwägen, wobei sie sich immer gegenwärtig halten muß, daß, wie das Zweite Vatikanische Konzil gesagt hat, »die Familie, in der verschiedene Generationen zusammenleben und sich gegenseitig helfen, um zu größerer Weisheit zu gelangen und die Rechte der einzelnen Personen mit den anderen Notwendigkeiten des gesellschaftlichen Lebens zu vereinbaren, das Fundament der Gesellschaft ist« (*Gaudium et spes*, Nr. 52). Und diese Tatsache verlangt eine außerordentliche Seelsorge.
An italienische Bischöfe, Rom, 29. 5. 1980; OR 26/80

Einen besonderen Platz in der Aufmerksamkeit der Kirche und des Papstes nimmt die Familie ein, die das Zweite Vatikanische Konzil als Grund- und Lebenszelle der Gesellschaft (*Apostolicam actuositatem*, Nr. 11), als Zusammenleben verschiedener Generationen (*Gaudium et spes*, Nr. 52), als Hauskirche (*Lumen gentium*, Nr. 11), als Schule des Apostolates (*Apostolicam actuositatem*, Nr. 11; 30), als erstes Seminar und Pflanzstätte der Berufe (*Optatam totius*, Nr. 2; *Ad gentes*, Nr. 19; 41) bezeichnet hat. Muß man heute nicht alle Aufmerksamkeit, die jener entspricht, welche Gott, der Vater, in Christus für die Menschheit hegt, auf diesen Lebensnerv der modernen Gesellschaft konzentrieren, der von so vielen Gefahren bedroht ist und durch die Einimpfung von Todeskeimen – die bisweilen von den Interventionen der staatlichen Gesetzgebung legalisiert werden – wie Permissivismus, freie Liebe, Legalisierung der Ehescheidung, Freigabe empfängnisverhütender Mittel, Legalisierung der Abtreibung so verwundbar geworden ist? Angst befällt einen angesichts wahrhaft tragischer Statistiken, die

dunkle Abgründe im heutigen sittlichen Verhalten sichtbar werden lassen. Die Familie ist am unmittelbarsten bedroht. Deshalb ist das Thema von grundlegender Bedeutung, das der Bischofssynode, die im kommenden Herbst zusammentritt, vorliegt – eben die Familie; die Vorbereitungen der Synode stehen vor dem Abschluß. In dieser Perspektive habe ich seit dem Sommer vergangenen Jahres die Katechese der Mittwochsaudienzen dazu verwendet, dem Volk Gottes – vom biblischen und theologischen Gesichtspunkt aus – eine umfassende Betrachtung über die Wirklichkeit der Liebe, der gegenseitigen Hingabe und Ergänzung durch die Geschlechter nach dem ursprünglichen Plan Gottes und nach der Lehre Christi, die auf den »Anfang« zurückführt, geboten.
An Kardinäle, Rom, 28. 6. 1980; OR 32–33/80

Die Gedanken, die ich euch vortrage, scheinen mir klar die Bedeutung und Notwendigkeit einer gut durchdachten, mutigen und konsequenten Familienpastoral zu unterstreichen. Als ich zur Bevölkerung der Stadt Puebla sprach, in der Predigt bei der unvergeßlichen heiligen Messe, die ich dort feierte, erinnerte ich daran, daß zahlreiche lateinamerikanische Bischöfe ohne weiteres zugeben, die Kirche habe auf diesem Gebiet noch viel zu tun. Deswegen habe ich auch bei der Eröffnung der Konferenz von Puebla die Familienpastoral als wichtige Priorität für alle eure Länder empfohlen. Das Dokument von Puebla widmet ein wichtiges Kapitel der Familie. Gebe Gott, daß unsere Aufmerksamkeit für andere Themen und Aussagen dieses Dokuments die zweifellos wichtig aber nicht ausschließlich wichtig sind, nicht zum Vorwand wird, in Zukunft der Familienpastoral weniger Aufmerksamkeit zu schenken.

Die Familienpastoral umfaßt viele Gebiete und Komplexe wie Notwendigkeiten. Eure Bischöfe sind sich dessen bewußt. Zahlreiche Laien, die in verschiedenen wichtigen und verdienstvollen Familienbewegungen engagiert sind, schenken diesen Bereichen und Belangen Aufmerksamkeit. Sicher erwartet ihr nicht, daß der Papst hier näher darauf eingeht, dazu fehlt jetzt die Zeit. Aber sollten nicht wenigstens die wichtigsten Punkte dieser Pastoral genannt werden?
Ich denke an alles das, was zur Vorbereitung auf die Ehe zu tun ist, in der Zeit vor der Eheschließung, aber warum nicht auch schon in der Jugend – in Familie, Kirche und Schule – als ernsthafte, umfassende und gründliche Erziehung zu wirklicher Liebe, die freilich mehr erfordert als die verbreitete Sexualerziehung. Ich denke an das hochherzige und mutige Bemühen, in der Gesellschaft ein für die Verwirklichung des christlichen Familienideals günstiges Klima zu schaffen, das auf den Werten der Einheit, Treue, Unauflöslichkeit und verantwortlichen Elternschaft gründet. Ich denke an die Betreuung jener Ehepaare, die aus verschiedenen Gründen und Umständen eine Krise durchmachen, die sie überstehen können, wenn man ihnen Hilfe bietet, während sie manchmal scheitern, weil solche Hilfe fehlt. Ich denke an den Beitrag, den die Christen, zumal die Laien, zur Förderung einer Sozialpolitik leisten können, die die Bedürfnisse und Werte der Familie aufgreift zur Verhinderung einer Gesetzgebung, die der Stabilität und der Ausgeglichenheit der Familie schadet. Ich denke schließlich an den unschätzbaren Wert einer Familien-Spiritualität, die ständig zu verbessern, zu fördern und zu verbreiten ist, und möchte hier erneut ein Wort der Anregung und Ermunterung für die Familienbewegungen hinzufügen, die sich dieser besonders wichtigen Aufgabe annehmen.

Im Leben und in der Lehre der Kirche fehlt es nicht an sehr wertvollen Hinweisen auf eine klare, umfassende und unerschrockene Familienseelsorge. Meine Vorgänger haben uns wertvolle Dokumente hinterlassen. Viele Bischöfe und Theologen bieten uns die Frucht ihrer Erfahrung oder ihres Denkens an. In Kürze wird sich die Bischofssynode mit den Aufgaben der christlichen Familie in der Welt von heute befassen und gewiß neue Wege zur Orientierung auf diesem schwierigen Gebiet zeigen. Aus dieser Quelle – und nicht nur an ihrem Rande oder fern von ihr, erst recht nicht im Gegensatz zu ihr – muß eine echte Familienpastoral schöpfen.
Zahllose Familien und zumal christliche Ehepaare erwarten und erbitten feste Kriterien, um ihr christliches Ideal der Treue, der Elternschaft und der Kindererziehung besser leben zu können, auch unter ungewöhnlichen Schwierigkeiten und zum Teil heroischen Anstrengungen. Niemand hat das Recht, diese Hoffnung zu verraten oder diesen Anspruch zu enttäuschen, indem er aus Furcht, Unsicherheit oder falschem Respekt die wahren Kriterien aufweicht oder Kriterien anbietet, die zweifelhaft sind oder offen von der Lehre Jesu Christi, die uns die Kirche überliefert, abweichen.
An Familien, Rio de Janeiro (Brasilien), 1. 7. 1980; OR 27/70

Es naht die Bischofssynode, die vom 26. September dieses Jahres an über die Aufgabe der christlichen Familie in der Welt von heute beraten wird. Somit wird auf der Synode ein Problem von erstrangiger Bedeutung behandelt. Über den Dienst der Kirche gegenüber der Familie hat mein Vorgänger Papst Paul VI. gesprochen (vgl. Enzyklika *Humanae vitae*, Nr. 39); zu diesem Thema hat auch das letzte Konzil Stellung bezogen, wobei es daran erinnerte, daß die Familie »das Fundament der Gesellschaft« ist (*Gaudium et spes*, Nr. 52) und, weil sie zugleich eine Art Hauskirche darstellt, die Existenz und die Entwicklung der ganzen Kirche gewährleistet: denn in der Familie werden »die neuen Bürger der menschlichen Gesellschaft geboren, die durch die Gnade des Heiligen Geistes in der Taufe zu Söhnen Gottes gemacht werden, um dem Volke Gottes im Fluß der Zeiten Dauer zu verleihen« (*Lumen gentium*, Nr. 11).

Dieses gottbezogene Bild von der Familie, die durch Jesus Christus erneuert und geheiligt worden ist, hat in unserer Zeit vielfach an Bedeutung verloren, ist verdunkelt und vielleicht auch profaniert worden (vgl. *Gaudium et spes*, Nr. 47). Wir müssen uns deshalb wieder neu auf die Worte Jesu Christi besinnen: »Am Anfang war das nicht so« (*Mt* 19, 8). Es ist notwendig, daß die Synode „aufzeigt, was es heißt, Christus im Ehe- und Familienleben nachzufolgen« (vgl. Johannes Paul II., *Ansprache an den Rat der Bischofssynode, 23. Februar 1980*).

In der Tat, die Familien müssen in unserer Zeit zu einem neuen Höhenflug aufbrechen! Sie sollen Christus nachfolgen!

Die Synode dieses Jahres ist ein Ereignis, das für das Leben der ganzen Kirche und für ihre Sendung von besonderer Bedeutung ist. Wenn diese Sendung in der Evangelisierung ihren Ausdruck findet (die das Thema der Synode von 1974 war) und sich in der katechetischen Unterweisung (Thema der Synode von 1977) konkretisiert, so bleiben diese beiden lebenswichtigen Aufgaben der Kirche durch einen grundlegenden Bezug mit der Familie verbunden. Die Sendung der Kirche richtet sich auf die Familie mit jener Liebe, die Gott selbst durch seinen Sohn in ihr geoffenbart hat; zugleich verwirklicht sich diese Sendung zu einem

großen Teil in der Familie und durch die Familie selbst. Bedenkt man die Bedeutung dieses Problems, so ist es unerläßlich, daß wir die Arbeiten der Bischofssynode dieses Jahres mit großem Interesse und dem Gebet der ganzen Kirche begleiten.
Wenn in Kürze die Bischofssynode beginnt, soll deshalb die ganze Kirche an ihren Arbeiten teilnehmen. Die ganze Kirche möge in gewissem Sinn auf der Synode anwesend sein: anwesend vor allem durch Gebet und Opfer. Alle Mitglieder der Kirche sollen für die Synode beten und geistige Opfer darbringen, um für die Väter der Synode in ihren synodalen Beratungen das Licht und den Beistand Gottes zu erbitten. Die Familie ist eine Zelle, von der jede Berufung und die verschiedenen Lebensstände in der Kirche sich herleiten. Diese wiederum sind, ihrer jeweiligen Art entsprechend, zum Dienst an der Familie gegeben, wie es Paul VI. in einer Ansprache an Priester zum Ausdruck gebracht hat: »Ihr wißt aus langer und reicher Erfahrung: Euer priesterlicher Zölibat macht euch besonders geeignet, um für die Familien auf dem Weg ihrer Heiligung wirksame Zeugen der Liebe des Herrn in der Kirche zu sein« (vgl. *Ansprache an die Mitglieder der Vereinigung »Equipes Notre Dame«, 4. Mai 1970; AAS 62, 1970, S. 435*).
In der Kirche haben wir in der Tat, wie uns der Apostel lehrt, »unterschiedliche Gaben, je nach der uns verliehenen Gnade« (*Röm* 12, 6). Und das geschieht, da wir »ein Leib in Christus« sind (*Röm* 12, 5).
Ich lade deshalb alle inständig ein, für die Synode zu beten und Opfer darzubringen. Vor allem bitte ich die Kranken um ihr Gebet und Opfer, die ja durch die Vorsehung berufen sind, in einer besonderen Weise am Opfer Christi teilzunehmen. Mit derselben Einladung wende ich mich an die beschaulichen Orden, die Christus besonders zur lebendigen Mitsorge für die Anliegen seiner Kirche ruft.

Ein herzliches Wort der Ermutigung gilt sodann den Familien. Mögen die Hauskirchen der christlichen Familien vom kommenden 26. September an zu einem Ort innigen Gebetes für die diesjährige Synode werden, die ja selbst so familiär ist und sich im Heiligen Geist mit besonderer Sorge und Liebe gerade ihnen zuwendet.

Eure Söhne und Töchter, die dem Herzen des Herrn so nahe stehen, mögen von ihm für eure Familien und für die Familien in der ganzen Welt seinen Segen erflehen.

Der Hauptgebetstag für die Synode wird Sonntag, der 12. Oktober, sein. Ich wünsche, daß man an diesem Tag in allen Diözesen, in den Pfarreien und Kirchen nach den Anweisungen der Hirten öffentliche Gebete verrichtet.

An diesem Tag sollen die ganze Kirche und alle Familien sich zum gemeinsamen Gebet vereinen. Soweit wie möglich, lade ich für diesen Tag die Vertreter der Familien der ganzen Kirche nach Rom ein, damit sie mit dem Nachfolger Petri und den Vätern der Synode zusammentreffen können und auf diese Weise die geistige Anwesenheit aller Familien der Kirche, die im Glauben und in der Liebe vereint sind, zum Ausdruck bringen.

Jede Familie empfehle ich der Heiligen Familie von Nazaret und erteile euch, ehrwürdige Brüder, liebe Söhne und Töchter, und vor allem jeder Heimstätte von Herzen meinen Apostolischen Segen.

Schreiben an die ganze Kirche, Rom, 15. 8. 1980; OR 34–35/80

Alle sind wir dankbar, daß wir diese Synode vollenden konnten: Welch einzigartiger Ausdruck der kollegialen Verantwortung der Bischöfe der ganzen Welt für die Kirche! Wir sind dankbar, denn wir konnten die Familie begreifen, wie sie wirklich in der Kirche und in der Welt unserer Zeit ist. Wir berücksichtigten dabei die verschiedenen und vielfältigen Bedingungen, unter denen sie lebt; die Traditionen, die sie – aus den verschiedenen Kulturformen hervorgehend – prägen; die Elemente eines höheren Lebensstandards, der manchmal auch schädlich für die Familie ist und dergleichen mehr. Wir sind dankbar, daß wir gläubig wiederum den ewigen Heilsplan Gottes für die Familie erforschen konnten, der sich im Geheimnis der Schöpfung manifestiert und im Blute des Erlösers, des Bräutigams der Kirche, besiegelt ist. Und schließlich sind wir deshalb dankbar, weil wir gemäß dem ewigen Ratschluß hinsichtlich des Lebens und der Liebe die Aufgaben der Familie in der Kirche und in der Welt von heute definieren konnten.

Die Frucht, welche die Synode 1980 bisher schon erbracht hat, liegt in den von der Versammlung angenommenen Propositiones, deren erste lautet: »Der Wille Gottes, der in der Pilgerschaft des Gottesvolkes zu erkennen ist. Der Sinn für den Glauben.« Diesen reichen Schatz der 43 Vorschläge nehmen wir nun als einzigartig kostbare Frucht der Synodenarbeit in Empfang. In gleicher Weise freuen wir uns darüber, daß die Synodenversammlung selbst durch Herausgabe einer Botschaft zur ganzen Kirche gesprochen hat. Diese Botschaft wird vom Generalsekretariat mit Hilfe der vatikanischen Ämter und Unterstützung der Bischofskonferenzen an alle, die es angeht, versandt werden.

Was die Synode 1980 genauestens erwogen hat und in den Propositiones verkündete, bewirkt, daß wir die christlichen und apostolischen Aufgaben der Familie in der Welt von heute begreifen, indem wir sie aus der Fülle der Lehre des Zweiten Vatikanischen Konzils ableiten. So gehen wir wirksam weiter voran, um die theoretischen und praktischen Vorschläge dieser Synode zu verwirklichen. Die Synode dieses Jahres ist eng mit den früheren Synoden verbunden und ist ihre Fortsetzung. Wir denken hier an die Synode von 1971 und besonders an die von 1977. Diese Synoden haben dazu gedient und müssen es weiter tun, das Zweite Vatikanische Konzil lebendig zu verwirklichen. Die Synoden verhelfen dazu, daß die Kirche sich in authentischer Weise selbst darstellt, wie es unter den Bedingungen unserer Zeit erforderlich ist.

Unter den Arbeiten dieser Synode ist die genaue Untersuchung der theoretischen und praktischen Fragen, welche diese in besonderer Weise erforderte, sowie die sachgerechte und klare Beurteilung hinsichtlich dieser Einzelfragen als von höchster Nützlichkeit zu bewerten. Die Synode drehte sich um zwei Schwerpunkte, nämlich die Treue zum Plan Gottes mit der Familie und die pastorale Verhaltensweise, zu der barmherzige Liebe und Achtung vor dem Menschen in seiner Ganzheitlichkeit gehört, was sein »Sein« und sein »Leben« betrifft. Unter der Menge der Interventionen, Berichte und Beschlüsse dieser Synode gibt es solche, welche die Aufmerksamkeit der Synodenväter ganz besonders erregt haben. Sie waren sich nämlich dessen bewußt, die Interpreten der Erwartungen und der Hoffnungen vieler Eheleute und Familien zu sein. Bei den weiteren Arbeiten der Synode ist es sehr nützlich, diese Fragen in Erinnerung zu behalten und die gründliche Untersuchung anzuerkennen, welche mit soviel Sorgfalt darüber angestellt wurde. Es handelt sich ja um eine Untersuchung theoretischer und praktischer Fragen, die – wenn sie auch nicht die einzigen diskutierten Fragen waren – dort doch einen besonderen Raum einnehmen, weil über sie offen und frei gesprochen wurde. Hieraus ergibt sich die Bedeutung

der Aussagen, die die Synode so klar und bestimmt zu diesen Problemen gemacht hat. Dabei war sie sich stets bewußt, daß Ehe und Familie als Geschenk der göttlichen Liebe anzusehen sind.
Schlußansprache an die 5. Vollversammlung der Bischofssynode, Rom, 25. 10. 1980; OR 44/80

Wendet euch den Ehen und Familien mit besonderer Sorgfalt und Herzlichkeit zu – die Bischofssynode, die soeben in Rom zu Ende gegangen ist, darf nicht Theorie bleiben, sondern muß sich mit Leben füllen. Die Entfremdung großer Teile der arbeitenden Bevölkerung von der Kirche, der Abstand zwischen Intellektuellen und Kirche, die Not der Frau um ihr christlich und menschlich in so veränderten Bedingungen voll angenommenes, verwirklichtes, erfülltes Wesen: diese Stichworte erweitern das Feld unseres gemeinsamen Bemühens, damit die Menschen auch morgen glauben.
An deutsche Bischöfe, Fulda, 17. 11. 1980; OR 47/80

Einer der Bereiche, die speziellen pastoralen Eifer erfordern, ist die Vorbereitung der jungen Leute auf die Ehe. Eine entsprechende katechetische Vorbereitung ist vor allem bei denjenigen geboten, die ihre Ehe mit einem Partner führen wollen, der nicht den gleichen Glauben oder die gleichen religiösen Überzeugungen hat. Bemühungen auf diesem Gebiet können die Heiligkeit der Ehe und Familie stärken. Bei jeder katechetischen Tätigkeit muß die Lehre Christi und seiner Kirche klar verkündet werden. Die Katechese darf keinen Zweifel daran lassen, daß die Gnade Christi mächtig genug ist, den Gläubigen zu höherer christlicher Vollkommenheit zu führen.
An japanische Bischöfe, Tokio, 23. 2. 1981; OR 10/81

Aber ich möchte Sie an die Bedeutung der Vorrangigkeit – deren Sie sich zweifellos bewußt sind – erinnern, die das Lehramt des Papstes und der Bischöfe der Familie gegeben haben als Ursprungsort des Menschen, Grundzelle der Gesellschaft, Wiege der Zivilisation, Gemeinschaft, berufen, Hauskirche zu sein. Und ich möchte Ihnen nahelegen, sich auf das reiche Erbe zu stützen, das uns die letzte Bischofssynode hinterlassen hat. Sie wissen, daß ich wegen des vorrangigen Charakters der Familienpastoral es als notwendig empfunden habe, den Päpstlichen Rat für die Familie zu schaffen, der ohne Zweifel auf die aktive Mitarbeit von seiten Ihres Dikasteriums zählen kann.
An Päpstlichen Rat für die Laien, Castel Gandolfo, 5. 10. 1981; OR 43/81

Die bekenntnisverschiedenen Ehen haben in den laufenden Gesprächen einen wichtigen Platz eingenommen. Es ist klar, daß eine Übereinstimmung in den Grundwahrheiten, die die christliche Ehe und das Geheimnis der Kirche berühren, den Christen die Möglichkeit gibt und in diesem Fall die Verpflichtung, gemeinsam Zeugnis von den Werten der christlichen Ehe zu geben. Eine solche Übereinstimmung ermöglicht auch ein gemeinsames Suchen nach geeigneten Mitteln, um die Gefahren zu vermeiden, denen die Ehe heute in vielen Gesellschaften begegnet, und ein gemeinsames pastorales Bemühen, um den christlichen Ehepaaren und besonders denen, die sich in Schwierigkeiten befinden, zu helfen.
Manchmal erleben diese Eheleute eine Spannung zwischen der Treue zu ihrer Kirche und der Treue zu ihrem Partner. Solchen Ehepaaren gegenüber müssen wir ein großes pastorales Einfühlungsvermögen besitzen. Paul VI., der in *Matrimonia mixta*, Nr. 14 davon

sprach, ermutigte zur Zusammenarbeit mit den Seelsorgern der anderen christlichen Kirchen.
Im Anschluß an die Bischofssynode vom vergangenen Jahr befaßt sich die katholische Kirche mit einer erneuerten Familienseelsorge; dabei darf sie die ökumenische Dimension, die die Familie notwendigerweise besitzt, nicht außer acht lassen.
An Sekretariat für Einheit der Christen, Rom, 13. 11. 1981; OR 48/81

Zum zweiten Aspekt: Die Familienpastoral verlangt ebensoviel Unterscheidungsvermögen wie Entschiedenheit. Ihr habt die verwickelte Situation der Familien im Licht der römischen Synode sorgfältig analysiert. In der gegenwärtigen Sicht bleiben viele Fälle zweifellos schwierig, und man darf zu ihrer Lösung das, was zum christlichen Sakrament der Ehe und seinen Forderungen gehört, nicht auf ein Minimum einschränken, aber keine Familie darf sich von der Kirche ausgeschlossen fühlen und unfähig, den entscheidenden Weg zur christlichen Fülle der ehelichen Liebe einzuschlagen, wie ich in meinem Apostolischen Schreiben *Familiaris consortio* betont habe. Wichtig ist vor allem, das Ideal der christlichen Familie aufleuchten zu lassen, nicht nur in der Theorie, sondern so wie es am häuslichen Herd gelebt wird. Ihr könnt nie genug für die Familienpastoral tun: Ist die Familie nicht der Ort schlechthin, wo die christlichen Tugenden – die die Katechese weiter entwickeln wird – und auch die bürgerlichen Tugenden Wurzeln fassen?
An Bischöfe, Libreville (Gabun), 19. 2. 1982; OR 10/82

Schließlich möchte ich meine pastorale Sorge für die Familie und ihre authentischen Werte mit euch teilen.

Ich bin mir bewußt, in einem Land zu sein, das im Lauf der Geschichte die Institution der Familie und ihre authentischen Werte immer für einen Grundpfeiler seiner Kultur gehalten hat. Es ist bekannt, daß im Mittelpunkt der Kultur, die Portugal über seine Grenzen hinaus bis in die neue Welt hinein, die es entdeckte, ausgestrahlt hat, immer die Liebe und die Ehrfurcht vor den Werten der Familie gestanden hat.
Wie ich es im Apostolischen Schreiben *Familiaris consortio* betonen konnte, haben diese Werte nichts an Bedeutung für die Gegenwart verloren: Der Weg zu einem vollen und christlichen Humanismus geht notwendigerweise über sie; und die Vernachlässigung dieser Werte ist sicher eine der Wurzeln der schweren moralischen Krise, die uns alle beunruhigt.
Der Umbruch, den ich oben erwähnt habe und der charakteristisch ist für die augenblickliche geschichtliche Situation Portugals, berührt in der Hauptsache die Familie. Er fordert sie heraus, damit sie ihre wahren Werte anerkennt und bestätigt und auf die falschen verzichtet, die vielleicht in sie eingedrungen sind. Er berührt sie auch empfindlich in ihrem eigentlichen Wesen: in der interpersonellen Einheit, der Liebe als Hingabe der eigenen Person, als gegenseitige Hilfe, als Vergebung und Selbstüberwindung, in der Einheit, der Stetigkeit, der Treue und der Fruchtbarkeit dieser Liebe, der Intimität und der Hochherzigkeit, der Ehrfurcht und der Liebe in der Erziehung der Kinder usw.
Ich möchte euch dazu auffordern, der Familie in eurer Sorge als Hirten und Führer immer einen vorrangigen Platz einzuräumen. Setzt eure gemeinsamen Überlegungen fort, um die Situation der Familie in den verschiedenen sozialen Schichten dieses Landes klären zu können: die großen Werte, die sie besitzt, die Übel, die sie bedrohen, und die Hilfen, die sie braucht. Und

mit der breiten Mitarbeit der verschiedenen kirchlichen Instanzen oder sogar der außerkirchlich zuständigen Instanzen geht daran, auf lange Sicht hin einen Plan auszuarbeiten, nicht nur zur Verteidigung und Rettung der Familie, sondern auch und vor allen Dingen zu ihrer positiven Förderung. Schließt in diese Familienpastoral alle Bereiche ein, von der Erziehung zur Liebe bis hin zur Hilfe, die den Familien zukommt, die in Krisen geraten, die mehr oder weniger tief und schwerwiegend sind.

Ihr wißt, wenn ihr alles in dieser Beziehung schon Verwirklichte fortsetzt, leistet ihr der Kirche im Rahmen eurer spezifischen Sendung einen großen Dienst, denn die Familien sind ja ihre lebendigen Zellen; und indirekt wird euer Dienst in diesem Bereich auch der portugiesischen Gesellschaft zum Vorteil gereichen.
An Bischöfe, Fatima (Portugal), 13. 5. 1982; OR 23/82

Auch andere Fragen, über die bei jener Gelegenheit verhandelt wurde und die den allgemeinen Bereich des Wirkens der Kirche für den Menschen in der modernen Welt betreffen, wurden günstig vorangebracht: ich möchte gern die überaus wichtige Funktion erwähnen, die der Familienpastoral zukommt; sie ist inzwischen bei der letzten Sitzungsperiode der Bischofssynode erörtert und untersucht worden; ihre Anregungen und Vorschläge wurden dann in das Apostolische Schreiben *Familiaris consortio* vom 22. November 1981 eingebracht (*AAS* 74, 1982, S. 81–191); vor allem aber ist diese Aufgabe durch ein neues Organ der Römischen Kurie sichtbar geworden, nämlich den Päpstlichen Rat für die Familie, der mit dem Motu proprio *Familia a Deo instituta* am 9. Mai vergangenen Jahres eingerichtet wurde. Erinnern möchte ich auch an die Gründung des Päpstlichen Instituts für Studien über

Ehe und Familie an der Päpstlichen Lateranuniversität, dessen volle Rechtsgestalt kürzlich von mir durch die Apostolische Konstitution *Magnum matrimonii sacramentum* vom 7. Oktober d. J. anerkannt und bestätigt wurde.
An Kardinäle, Rom, 23. 11. 1982; OR 50/82

Während ich noch einmal auf die Synode von 1980 zurückkomme, will ich auf das Dokument Bezug nehmen, das aus jener Synode hervorgegangen ist: *Familiaris consortio.* Man darf sagen, daß man das Problem der Familie bei der letzten Synode nicht nur diskutiert, studiert und sich damit auseinandergesetzt hat; man hat es gewissermaßen auch durchlitten. Und das deshalb, weil die Familie eine menschliche Wirklichkeit ist, die uns einerseits durch ihre Schönheit und Großartigkeit bezaubert, wenn man das Ideal, den göttlichen Plan von der Familie betrachtet, den wir verkündigen und unseren Brüdern und Schwestern vorstellen müssen. Auf der anderen Seite läßt uns diese Wirklichkeit, die Familie, leiden, wenn man die verschiedenen menschlichen Erfahrungen, die vielfältigen Schwierigkeiten und Konflikte betrachtet. Ich will mich nicht allzu lange bei diesem Punkt aufhalten, aber ich möchte sagen, daß das Dokument *Familiaris consortio,* das aus jener Synode hervorgegangen ist, in der Tat das Abc der Familienpastoral darstellt und eifrig gelesen und studiert werden muß. Man muß dieses Dokument lesen. Ja, ich meine, eine wirksame Familienpastoral in jeder Diözese und dann in jeder Pfarrei besteht in einer immer gründlicheren Lektüre von *Familiaris consortio.* Lektüre nicht bloß im mechanischen und verstandesmäßigen Sinn des Wortes, sondern pastorale Lektüre, Lektüre mittels einer bestimmten Aufgabe, der pastoralen Aufgabe.

Diese pastorale Aufgabe ist der Kirche anvertraut, ist uns anvertraut. Was die Familie betrifft, so ist diese Aufgabe ihr selbst übertragen, aber mit unserer Hilfe: Wir müssen der Familie helfen, sich selbst zu evangelisieren, ihr eigener Apostel, ihr eigener Katechet, ihre eigene Führerin zu sein. Das grundlegende Programm der Familienpastoral ist das: der Familie helfen, diese Aufgaben selbst zu übernehmen, ihre menschliche und christliche Identität, ihre Berufung zu entdecken. Das alles findet sich in *Familiaris consortio,* und wir müssen immer auf den verschiedenen Ebenen der Kirche von Rom, angefangen von den Zentren des Vikariats bis zu den Präfekturen, den Pfarreien und den anderen verantwortlichen Gemeinschaften –, wir müssen immer die Lehre von *Familiaris consortio* in ihrer Vollständigkeit beachten und befolgen: alle Probleme, alle moralischen Grundsätze, die sich dort finden, die gesamte dogmatische und ethische Lehre, die in diesem Dokument Ausdruck findet. Und dann müssen wir die Wege und Möglichkeiten suchen, um diese Probleme in Angriff zu nehmen: Wie können wir uns ihnen stellen und was können wir tun, um die Familie zum aktiven Träger dieses Apostolats, dieser Sendung, dieser Pastoral zu machen?

Natürlich – und das ist ein Gedanke aus *Familiaris consortio* – wird das Apostolat der Familie durch die Familie selbst erfüllt: eine Familie für die andere, jede Familie für sich selbst und jede für die anderen. Unsere Aufgabe besteht darin, das alles wachzurufen, es anzuregen und zu begleiten. In diesem Sinn können wir den Eltern, den Eheleuten, den Familiengemeinschaften helfen, diesen herrlichen Plan Gottes von der Familie tief zu leben.

An römischen Klerus, Rom, 17. 2. 1983; OR 11/83

Ihr werdet es gewiß nicht versäumen, weiterhin besonderen pastoralen Eifer der Familie zuzuwenden, die in der heutigen Zeit vielleicht mehr als andere Institutionen von dem weitreichenden, tiefgreifenden und raschen Wandel der Gesellschaft und der Kultur betroffen ist. »Die erste Verantwortung für den pastoralen Dienst an den Familien in der Diözese kommt dem Bischof zu – schrieb ich in dem Apostolischen Schreiben über die Aufgaben der christlichen Familie in der Welt von heute. Als Vater und Hirt muß er in besonderer Weise Sorge tragen für diesen Bereich der Pastoral... Ein besonderes Anliegen wird es ihm sein, dafür zu sorgen, daß seine Diözese immer mehr zu einer ›Diözesanfamilie‹ wird, Vorbild und Quelle der Hoffnung für die vielen Familien im Bistum« (*Familiaris consortio*, Nr. 73). Man wird die Familie als Institution dadurch verteidigen müssen, daß man sie in den Prinzipien des christlichen Glaubens verankert, und zwar durch eine entsprechende Vorbereitung der künftigen Eheleute, die im Rahmen der Verpflichtungen des Ehesakraments nachhaltig an ihre schwerwiegende Rechtspflicht erinnert werden sollten, ungeachtet möglicher Schwierigkeiten oder Folgen die christliche Erziehung der Kinder – persönlich oder mit Hilfe der christlichen Gemeinde – ebenso wie ihre katechetische Heranbildung sicherzustellen.
An jugoslawische Bischöfe, Rom, 18. 3. 1983; OR 18/83

Das Apostolat der Kirche hat verschiedene Formen, und es gibt viele Wege es auszuüben. Die Kirche ist aufgerufen, im Namen Jesu Christi vielfältige Dienste zu leisten. Heute möchte ich mich darauf beschränken, eurer Hirtensorge im Licht der letzten Bischofssynode einige Gedanken über die Kirche im Dienst der Familie anzuvertrauen. Gerade weil »die Zukunft

der Menschheit über die Familie geht« (*Familiaris consortio* 86), sind wir als Hirten tief von der Notwendigkeit überzeugt, die Familie zu verteidigen, ihr beizustehen und sie zu ermutigen; wir sind tief von der Notwendigkeit überzeugt, Berufung und Sendung der Familie in der modernen Welt zu verkünden.
In meinem Apostolischen Schreiben über die Familie habe ich einen besonderen Aspekt der Aufgabe der Familie in der Welt herausgestellt und gesagt, »die Familie empfängt die Sendung, die Liebe zu hüten, zu offenbaren und mitzuteilen« (Nr. 17). Diese Sendung ist innerlich mit der zentralen Botschaft der Offenbarung verbunden, nämlich der überragenden Tatsache, daß Gott sein Volk liebt und seinen Sohn zu seiner Erlösung gesandt hat. Um es mit den Worten Jesu zu sagen: »Gott hat die Welt so sehr geliebt, daß er seinen einzigen Sohn hingab, damit jeder, der an ihn glaubt, nicht zugrunde geht, sondern das ewige Leben hat. Denn Gott hat seinen Sohn nicht in die Welt gesandt, damit er die Welt richtet, sondern damit die Welt durch ihn gerettet wird« (*Joh* 3, 16–17).
Wir sind als Bischöfe nicht in der Lage, die Hindernisse für ein christliches Leben zu beseitigen; wir können nicht alle Lasten wegnehmen, die auf unseren christlichen Familien ruhen; noch weniger sind wir zu dem Versuch ermächtigt, aus der Christenheit das Kreuz zu entfernen. Wir können aber die erhabene Würde der Ehe verkünden und ihre Identität als Bild, Symbol und Ausdruck des immerwährenden und unauflöslichen Liebesbundes Gottes mit seiner Kirche. Wir können die Familie lieben und in dieser seelsorglichen Liebe ihr den einzigen Maßstab zur wirklichen Lösung der Probleme, vor denen sie steht, anbieten. Dieser Maßstab ist das Wort Gottes: das Wort in seiner ganzen Reinheit und Macht, unverkürzt und mit allen Forderungen, die es stellt – das Wort Gottes, das die Kirche vermittelt.

Die Verkündigung der Frohbotschaft von Gottes Liebe, wie sie sich in der ehelichen Liebe und im Eheleben widerspiegelt, ist einer unserer wertvollsten Beiträge für das Wohl unseres Volkes und zugleich einer der besten Wege, um ihm unsere volle Unterstützung zu beweisen und ihm weiter zu helfen, das Ehesakrament zu leben. Mit Hilfe der Gnade des Sakramentes vermögen Eheleute ihre Würde zu erfassen und werden zugleich bereit, sich ernsthaft Mühe zu geben, ihre Sendung zu leben, »die Liebe zu hüten, zu offenbaren und mitzuteilen«. Das alles aber setzt voraus, daß die Kirche weiter standhaft im Namen Jesu die christliche Familie anspricht und ständig die Identität der Familie gemäß dem Plan des Herrn herausstellt, den er in der Heiligen Schrift und der Überlieferung offenbart, mit der er durch den Heiligen Geist im Lehramt der Kirche bezeugt wird.

Als Hirten haben wir der Familie gegenüber einen Dienst der Liebe zu erfüllen, und dieser Dienst der Liebe kommt im Gebet zum Ausdruck, aber auch in Unterstützung, Ermunterung und Dienstbereitschaft. Wir müssen immer wieder die Wahrheit von Gottes Plan für die Ehe verkündigen, solange uns der Herr Kraft zum Predigen gibt. Ich erwähnte in meinem Apostolischen Schreiben auch: »Liebe zur Familie bedeutet, die ihr drohenden Gefahren und Übel wahrzunehmen und zu bekämpfen. Liebe zur Familie bedeutet ferner, an der Schaffung einer Umgebung mitzuwirken, die ihre Entfaltung begünstigt« (Nr. 86). All das bedeutet eine persönliche Aufgabe für die Bischöfe, zu der aber sämtliche Gruppen des Volkes Gottes einen ausgezeichneten Beitrag leisten können.

An kanadische Bischöfe, Rom, 28. 4. 1983; OR it. 98/83

Ich freue mich sehr über diese erste offizielle Begegnung mit euch, die ich von Herzen begrüße. In meinem Leben als Priester und Bischof war immer die Familienpastoral eine meiner brennendsten Sorgen, da ich von der Richtigkeit der markanten Feststellung des hl. Augustinus überzeugt bin, wonach die Verbindung von Mann und Frau, »quantum attinet ad genus mortalium, quoddam seminarium est civitatis« – »was das Menschengeschlecht betrifft, gleichsam die Pflanzstätte des Staates ist« (*De Civit. Dei* XV, 16, 3: *PL* 41, 459). Und zu den schönsten und tröstlichsten Erinnerungen meines priesterlichen und bischöflichen Dienstes kann ich die unzähligen Begegnungen mit den Familien zählen, um mit ihnen zu beten und mit ihnen den Sinn und die Würde der christlichen Ehe zu ergründen.

Die Tätigkeit des Päpstlichen Rates für die Familie, der gerade seine ersten Schritte tut, liegt mir darum sehr am Herzen. Ich bin der festen Überzeugung – und das ist die Überzeugung von uns allen –, daß die Zukunft der Welt über die Familie führt. Gewiß war man sich immer, auch in der Vergangenheit, der Bedeutung bewußt, die die Familie für die Zukunft der Kirche und der Gesellschaft hat. Aber heute sieht man sie klarer und schärfer, nicht so sehr wegen der Gefahren, die auf der Institution der Familie lasten und mit dem gesellschaftlichen und kulturellen Umwandlungsprozeß in Zusammenhang stehen, sondern weil neue Möglichkeiten die Familie dazu einladen, ihre Werte, ihre Notwendigkeiten, ihre Verantwortlichkeiten wiederzuentdecken.

Zudem hat die Familie einen zentralen Platz bei der Evangelisierung der Menschheit: »Die christliche Familie ist ja die erste Gemeinschaft, der es obliegt, dem heranwachsenden Menschen das Evangelium zu verkünden und ihn durch eine fortschreitende Erziehung und Glaubensunterweisung zur vollen menschlichen und christlichen Reife zu führen« (*Familiaris consortio*, Nr. 2).

Im Rahmen der Sendung der Kirche nimmt der Päpstliche Rat für die Familie einen entscheidenden Platz ein aufgrund der ihm übertragenen Aufgabe, daß er nämlich »unter Anwendung der Lehre und der Absicht des kirchlichen Lehramtes die Familienpastoral und das spezifische Apostolat im Familienbereich fördert, indem er die Lehre und die Weisungen der zuständigen Instanzen des kirchlichen Lehramtes zur Anwendung bringt, damit die christlichen Familien die erzieherische, missionarische und apostolische Sendung erfüllen können, zu der sie berufen sind« (*Motu proprio »Familia a Deo instituta« zur Errichtung des Päpstlichen Rates für die Familie*, 9. 5. 81, *AAS* 73, 1981, S. 443; *Wort und Weisung*, 1981, S. 450).

Die Familie ist – wie ich mehrmals auszuführen Gelegenheit hatte – die erste und grundlegende Schule der Menschlichkeit und des Glaubens für den Menschen und in diesem Sinne die Zelle der Gesellschaft wie der Kirche. Das ist der Grund, warum sie Recht auf Hilfe hat, damit sie ihre wichtigen Aufgaben erfüllen kann. Der Päpstliche Rat für die Familie ist das zentrale Organ der Kirche, dem dieser charakteristische Dienst an den Familien anvertraut ist.

Ihr habt sehr passend als Thema eurer ersten Vollversammlung »Die Aufgaben der christlichen Familie« gewählt, wobei ihr das Apostolische Schreiben *Familiaris consortio* (3. Teil) als Grundlage und Richtlinie für eure Arbeiten nahmt. Im Lichte des Glaubens und unter Berücksichtigung der Umstände, unter denen die Familie heute lebt, muß sich eure Aufmerksamkeit vor allem auf einige Punkte konzentrieren.

An Päpstlichen Rat für die Familie, Rom, 30. 5. 1983; OR 25/83

Ein konkreter Bereich, in dem die katholischen Laien Kubas ihre aktive Präsenz sichtbar und spürbar zum Tragen bringen sollen, ist der Bereich der Familie, der Gegenstand besonderer Aufmerksamkeit von seiten der Kirche und aller, die im Apostolat mitarbeiten, sein muß.
Die Familie ist tatsächlich noch immer ein Raum von grundlegender Bedeutung für die Kirche und für die Gesellschaft und ist heute zugleich Gegenstand einer Krise, die über eure örtlichen Grenzen hinausgeht.
Sie kann es darum nicht unterlassen, eure Fürsorge als Hirten zu gewinnen, um zu versuchen, ihr die Festigkeit, den Zusammenhalt und die innere und soziale, in ihren Zielen menschliche und christliche Dynamik zu geben, für die *Familiaris consortio* umfassende Richtlinien entworfen hat.
Das wird euch veranlassen, eure Aufmerksamkeit mit gebührendem Gewicht dem leider so häufigen Phänomen der Scheidung zuzuwenden, das seine Ursachen in der Unüberlegtheit der Eheschließung, in der mangelnden Bereitschaft zu einer dauernden Bindung, in der Trennung der Eheleute aus beruflichen Gründen, in der Wohnungsnot und anderem hat.
Zu den großen durch die Ehescheidung verursachten Schäden kommen bisweilen die hinzu, die durch die fehlende Achtung vor dem bereits empfangenen Leben hervorgerufen werden, wenn unter schwerer Verletzung der moralischen Ordnung das Leben unschuldiger Wesen gefährdet wird; und zwar sowohl im Fall verheirateter Frauen wie bei der Frucht vor- oder außerehelicher Beziehungen. Euer pastoraler Eifer und das Mitgefühl für eure am meisten gefährdeten Gläubigen werden es euch erleichtern, für diese Probleme immer bessere Abhilfemöglichkeiten zu schaffen.
Ein nicht geringes Engagement seitens eurer Diözesen, Pfarreien, Apostolatsarbeiter, Laien und Familien verdient die Glaubenserziehung der Kinder und paral-

lel dazu auch der Heranwachsenden und Jugendlichen.
Hier hat die Sendung der Familie einen wichtigen Platz, um so mehr, wenn die äußeren Verhältnisse die christliche Erziehung in anderen Bereichen nicht gestatten oder wenn die Kinder, was ihren religiösen und moralischen Horizont betrifft, möglicherweise dem Druck ausgesetzt sind.
An kubanische Bischöfe, Rom, 1. 7. 1983; OR 30–31/83

Die pastorale Herausforderung ist groß, und sie verlangt eure ständige persönliche Führung, die Mitarbeit von Priestern und Ordensleuten und den hochherzigen, hingebungsvollen Einsatz der katholischen Laienschaft, besonders der Familien. In einem so riesigen Land wie dem euren ist diese Aufgabe sehr umfassend. Aber ich lege euch noch einmal die Empfehlungen von *Familiaris consortio* ans Herz, nämlich daß die Bischofskonferenzen einen Leitfaden für Familienpastoral herausgeben sollen, in dem der Inhalt für Ehevorbereitungskurse enthalten ist, und daß Priester und Seminaristen eine Spezialvorbereitung für die seelsorgliche Arbeit mit Familien erhalten sollen. Eben deshalb wurde an der Päpstlichen Lateranuniversität ein eigenes Institut zum Studium von Ehe und Familienleben errichtet.
Ich weiß durchaus um eure vielen anderen pastoralen Verantwortlichkeiten und Sorgen, aber ich bin von meinen Pastoralreisen her tief überzeugt von der Lebenskraft des christlichen Familienlebens, selbst angesichts so vieler Spannungen und Schwierigkeiten. Ich bitte euch dringend, der Familie ganz besondere Liebe und Sorge zu erweisen, bei der Förderung des Familienlebens mit anderen zusammenzuarbeiten und eurem Volk beständig zu verkündigen, daß »die Zukunft der Menschheit über die Familie geht« (*FC* 86).

Wir können einfach nicht das moderne Streben nach übertriebenem Wohlstand und Bequemlichkeit akzeptieren, denn als Christen müssen wir die nachdrückliche Ermahnung des hl. Paulus beachten: »Gleicht euch nicht dieser Welt an« (*Röm* 12, 2). Wir müssen erkennen, daß wir in unserem Kampf, die negativen Einflüsse der modernen Gesellschaft zu überwinden, mit Christus, dem Herrn, gleichgesetzt werden, der durch sein Leiden und seinen Tod die Welt erlöst hat. So können wir unserem Volk besser die Botschaft des Zweiten Vatikanischen Konzils mitteilen, daß die Ehegatten, »Christus, dem Ursprung des Lebens, folgend, in den Freuden und Opfern ihrer Berufung durch ihre treue Liebe Zeugen jenes Liebesgeheimnisses werden, das der Herr durch seinen Tod und seine Auferstehung der Welt geoffenbart hat« (*Gaudium et spes*, Nr. 52). Ja, liebe Brüder, Ehe und Familie sind aufs engste mit dem Ostergeheimnis des Herrn Jesus verbunden. Und die menschliche eheliche Liebe bleibt für immer ein großartiger sakramentaler Ausdruck der Tatsache, daß »Christus die Kirche geliebt und sich für sie hingegeben hat« (*Eph* 5, 25). In der Kraft des Heiligen Geistes wollen wir dieses Geschenk von Gottes Wahrheit der Welt mitteilen.
Die Verkündigung dieser Wahrheit ist unser Beitrag an die Ehepaare; sie ist der Beweis unserer pastoralen Liebe für die Familien; und sie wird die Quelle einer ungeheuren Lebenskraft für die Kirche Gottes in dieser Generation und für die kommenden Generationen sein. Laßt uns mit Entschlossenheit, voll Zuversicht und Hoffnung die Frohbotschaft Christi für die eheliche Liebe und das Familienleben verkündigen. Und möge uns Maria, die Mutter Jesu, bei dieser apostolischen Aufgabe beistehen.
An Bischöfe der USA, Rom, 24. 9. 1983; OR it. 221/83

Meine Aufmerksamkeit gilt auch dem so wichtigen Bereich der Familie. Tatsächlich wollte Gott in seiner weisen Vorsehung die Familie zur ersten »Welt« des Menschen machen, zur geeignetsten Umgebung für seine Geburt, sein Wachstum und seine volle Entfaltung. Die Familie ist an sich ein so großer Wert, daß der Sohn, das Wort des Vaters, unsere Menschennatur in der Heiligen Familie annehmen wollte. Das letzte Konzil bezeichnete die Familie als »Hauskirche« (*Lumen gentium*, Nr. 11), während die Konferenz von Medellin, die Ausführungen über die Familie zusammenfassend, sagt, sie »bildet die Persönlichkeit, erzieht im Glauben und fördert die Entwicklung« (vgl. *Medellin, Dokument über Familie und Bevölkerungskunde*). Die Konferenz von Puebla wiederum bekräftigt, daß die Familie »Frucht einer Verbindung von Personen (ist), die durch eine liebevolle Berufung Gottes, des Vaters, zustandekommt« (*Puebla, 582*). Daher sagte ich selbst, daß »Gott in seinem tiefsten Geheimnis nicht Einzelner, sondern Familie ist« (*Predigt in Puebla de los Angeles, Nr. 2 vom 28. 1. 1979*).
Ich weiß, daß das Volk Costa Ricas bisher die sakramentale Ehe und die aus ihr hervorgegangene Familie hoch in Ehren gehalten hat. Ich weiß aber auch um die ernsten Gefahren, die sie in letzter Zeit bedrohen, wie die Zunahme der freien Verbindungen oder der unvollständigen Familien, die steigende Zahl von Ehescheidungen, die systematische Werbung für die Vermeidung von Nachkommenschaft, die zögernden, aber raffinierten Versuche, die Gewissen einzuschläfern, damit sie der Abtreibung oder Gesetzen zustimmen, die auf eine Rechtfertigung der Sterilisation unter Bedingungen abzielen, die für die Kirche und das christliche Gewissen unannehmbar sind.
Euch als Hirten steht es zu, allen den unermeßlichen Wert klarzumachen, den die Familie für die Kirche

und die Gesellschaft darstellt, und sie mutig gegen alles zu verteidigen – und ich weiß, daß ihr das tut –, was ihre fundamentalen Werte schwächen oder bedrohen könnte.
Wacht sorgsam darüber, daß durch die Katechese, den Religionsunterricht, die Ehevorbereitungskurse, die entsprechende Literatur und die mit Hilfe der Massenmedien entfalteten Initiativen die Wertschätzung der christlichen Familie erhalten oder wiederhergestellt wird.
Zu diesem wichtigen Ziel muß die Familienseelsorge einen wesentlichen Beitrag leisten, deren Träger eure Priester und die Bewegungen des Familienapostolats sind; ihnen spreche ich gern meine Unterstützung und Dankbarkeit aus und ermutige sie, unverzagt in der Erfüllung ihrer so fruchtbaren Aufgabe fortzufahren.
An Bischöfe von Costa Rica, Rom, 26. 1. 1984; OR 10/84

Wenn ich von den Laien spreche, muß ich auch die lebensnotwendige Zelle jeder Gemeinschaft erwähnen, die Familie. In jeder Gesellschaft von heute sind Ehe und Familienleben von sittlichen und sozialen Übeln bedroht. Und zu keiner Zeit in der Geschichte war die Stabilität und Vitalität eines christlichen Zuhause notwendiger. Als Bischöfe haben wir die große Verantwortung, den Familien und Eheleuten beizustehen. Unser besonderer Dienst ist es, die Wahrheit des Evangeliums zu verkünden, die Lehre der Kirche über Ehe und Familie in ihrer Reinheit und Unversehrtheit weiterzugeben. Wir sind es Jesus Christus schuldig, niemals daran zu zweifeln, daß die Kraft seiner Gnade im Leben seines Volkes triumphiert.
An Bischöfe, Port Moresby (Papua-Neuguinea), 8. 5. 1984; OR 20/84

Das Leben eurer Gläubigen entfaltet sich vor allem in den verschiedenen Berufen, die das soziale und wirtschaftliche Leben des Landes ausmachen, und in der Familiengemeinschaft. Beim Lesen eurer Berichte und im Gespräch mit euch habe ich erfahren, daß ihr es für notwendig haltet, diese Männer und Frauen bei ihren Verantwortlichkeiten besser zu begleiten und zu führen. Der eine oder andere von euch hebt das Eindringen eines praktischen Materialismus hervor, das Sinken oder gar Schwinden des sittlichen Bewußtseins. Mit leider beschränkten, aber vielleicht verbesserungsfähigen Mitteln – das wäre z. B. die zeitweise oder ständige Mitwirkung von Kongregationen oder Diözesen, die für Situationen wie die euren aufgeschlossen sind – könnte eure Bischofskonferenz eine Evangelisierungsarbeit leisten, die den katholischen Familien und den künftigen Familien zugute kommt, indem sie in größerem Umfang Vortragsreisen über die Probleme von Ehe, Familie, Beruf und andere Fragen durchführt, die die Christen unserer Zeit unbedingt im Lichte Christi und des Lehramts der Kirche sehen und immer wieder neu sehen müssen. Gibt es ein sichereres Mittel, um das Gewissen wieder zu wecken?
An griechische Bischöfe, Rom, 25. 6. 1984; OR 29/84

Eines der besten Ziele und eine der wertvollsten Früchte der Katechese muß die Familie, die christliche Familie, ihr Wachsen und ihre Festigung sein. Die Wichtigkeit dieses Punktes bei eurem Bemühen um Evangelisierung kann ich nicht genug hervorheben.
Das Ehesakrament, wie es die Kirche versteht und verkündet, ist ein hohes Ideal. Verschiedene Faktoren geschichtlicher, wirtschaftlicher, kultureller und seelischer Art behindern oder fördern es. Sie alle müssen

aufmerksam studiert werden, nicht um sie in müder Passivität oder Fatalismus ohne weiteres anzunehmen, sondern vielmehr als Herausforderung zur Bewußtseinsbildung, die dann zu konkret möglichen Entscheidungen und zum überlegten Handeln führt. Daher ermutigte ich euch, die Evangelisierung der Familie ebenso takt- wie achtungsvoll, jedoch zugleich tief überzeugt in Angriff zu nehmen wie die Vorbereitung auf eine christliche Ehe und die rechte Hinführung zu verantwortlicher Elternschaft entsprechend den Weisungen des Lehramtes.
Aus diesem Bemühen können sich zahlreiche Vorteile ergeben: für die Eheleute aus Venezuela und ihr christlich gestaltetes Liebesleben; für ihre Kinder; für die menschliche und sittliche Entwicklung der gesamten Gesellschaft; für die Institution Ehe selbst, der die Kirche Heiligung, Erneuerung und neue Kraft im Geist Christi anbietet; endlich – und das ist sehr wichtig – für das Wachsen guter Priester- und Ordensberufe in eurem Land, ein zentrales Problem für das Leben der Kirche in Venezuela.
An venezolanische Bischöfe, Rom, 30. 8. 1984; OR 47/84

Eine wichtige Rolle bei der Aufrechterhaltung der geistlichen Verbindung mit der Nation, bei der Bewahrung des Glaubens der Väter, der polnischen Überlieferung und Kultur spielte und spielt noch immer die katholische Familie, die bei dieser Aufgabe von den Pfarreien und Schulen unterstützt wird. Der polnischen Familie, die im Ausland lebt, gebührt Anerkennung dafür, daß sie auch in einer neuen Umwelt und unter neuen Lebensbedingungen nie den Mut verloren hat, ihre Identität zu wahren und neue Generationen im Geist der höchsten Ideale und christlichen Tugenden zu erziehen vermocht hat.

In der heutigen vom Materialismus beherrschten Welt muß sich die Familie mit zahlreichen Schwierigkeiten auseinandersetzen. Die Situation, in der sie lebt, ruft große Verwirrung im Autoritätsverständnis von Eltern und Kindern sowie bei der Weitergabe wesentlicher christlicher Werte hervor.
Liebe Landsleute, die Familie, die auf der Grundlage des sakramentalen Bundes des Mannes und der Frau entsteht, die in sich die gemeinsame Berufung zum ehelichen und familiären Leben entdeckt haben, muß Gegenstand eurer besonderen Sorge bilden. Die Familie vor den Gefahren der modernen Welt zu schützen ist eine große Aufgabe der ganzen Kirche, eine große Aufgabe der Seelsorgearbeit für die Polen im Ausland, eine große Aufgabe aller und jedes einzelnen Polen im Ausland.
Wie die Familie ist, so wird das Bild der ganzen polnischen Gemeinschaft in Kanada sein, so wird der Mensch sein, der in Kanada aus dem »polnischen Stamm« heranwächst.
An Polen, Toronto (Kanada), 14. 9. 1984; OR 40/84

B. Situation der Familie

Die Situation, in der sich die Familie befindet, weist positive und negative Aspekte auf: Die einen sind Zeichen für das in der Welt wirksame Heil in Christus, die anderen für die Ablehnung, mit der der Mensch der Liebe Gottes begegnet.
Einerseits ist man sich der persönlichen Freiheit mehr bewußt, schenkt der Qualität der zwischen-

menschlichen Beziehungen in der Ehe, der Förderung der Würde der Frau, der verantworteten Elternschaft, der Erziehung der Kinder größere Aufmerksamkeit; man weiß darüber hinaus um die Notwendigkeit der Entwicklung von Beziehungen zwischen den einzelnen Familien zu gegenseitiger spiritueller und materieller Hilfe; man entdeckt wieder neu die der Familie eigene ekklesiale Sendung und ihre Verantwortung für den Aufbau einer gerechteren Gesellschaft. Andererseits aber gibt es Anzeichen einer besorgniserregenden Verkümmerung fundamentaler Werte: eine irrige theoretische und praktische Auffassung von der gegenseitigen Unabhängigkeit der Eheleute; die schwerwiegenden Mißverständnisse hinsichtlich der Autoritätsbeziehung zwischen Eltern und Kindern; die häufigen konkreten Schwierigkeiten der Familie in der Vermittlung der Werte; die steigende Zahl der Ehescheidungen; das weit verbreitete Übel der Abtreibung; die immer häufigere Sterilisierung; das Aufkommen einer regelrechten empfängnisfeindlichen Mentalität.

An der Wurzel dieser negativen Erscheinungen findet sich oft eine Zersetzung von Begriff und Erfahrung der Freiheit, die nicht als die Fähigkeit aufgefaßt wird, den Plan Gottes für Ehe und Familie zu verwirklichen, sondern vielmehr als autonome Kraft der Selbstbehauptung – für das eigene, egoistisch verstandene Wohlergehen und nicht selten gegen die Mitmenschen.

FC 6

Vorbemerkung

Die Familie steht heute in einer Zerreißprobe, die in vielerlei Hinsichten einmalig in der bisherigen Geschichte der Menschheit ist. Zwar kennen wir aus der Geschichte (etwa zu Zeiten des Dreißigjährigen Krieges) Belastungsproben (Krankheit, materielle Not, Hunger, Unterdrückung, Krieg und gewaltsamen Tod), die schwer genug sind und die auch heute noch in weiten Teilen der Erde die Familie treffen. Aber zumindest in den Industrienationen sind es doch wesentlich neue und neuartige Belastungen, denen sich die Familie ausgesetzt sieht: Scheidung, Abtreibung, fehlende Bindungsfähigkeit, freie Lebensgemeinschaft als vermeintliche Befreiung, falsche Familiengesetzgebung, die die Familienethik zerstört und die Familienmoral untergräbt, Manipulation durch die Massenmedien, eine sich ausbreitende lebensfeindliche Haltung, »Sukzessive Polygamie« usw. Auf dem Grund dieser Bedrohungen sieht der Hl. Vater besonders zwei Gefahren als eigentliche Ursachen dieser Entwicklung: einen falschen Begriff von Freiheit (im Sinn von Bindungslosigkeit und Bindungsunfähigkeit) und den fehlenden Sinn für den sakramentalen Charakter der Ehe, wie ihn die Kirche unentwegt festhält und kündet. Auch die »Charta der Familienrechte« (1983 vom Vatikan veröffentlicht) will dem dienen und stellt den Versuch einer Dammbildung gegen die Flut dar, die gegen Ehe und Familie anstürmt. Das »soziale Netz« Familie droht zu zerreißen und dadurch den einzelnen in den Strudel entpersönlichender und destabilisierender Strömungen hineinzureißen. Die Rettung kann nur in der Rückbesinnung auf das eigentliche »Sein« von Ehe und Familie liegen.

Insofern die Weltorganisation die größte Kompetenz in allen Fragen der Kultur hat, kann die UNESCO die andere wichtige Frage nicht vernachlässigen: Was läßt sich für die Erziehung des Menschen vor allem in der Familie tun?
Welcher Status der öffentlichen Moral sichert der Familie und vor allem den Eltern die nötige moralische Autorität in dieser Zielsetzung? Welche Form der Bil-

dung, welche Formen der Gesetzgebung unterstützen diese Autorität bzw. schwächen oder zerstören sie? Die Ursachen des Erfolgs und Mißerfolgs bei der Erziehung des Menschen durch seine Familie liegen immer gleichzeitig im fundamental-schöpferischen Milieu der Kultur, das die Familie ist, und auch auf höherer Ebene, nämlich der Zuständigkeit des Staates und seiner Organe, von denen die Familie abhängig ist. Diese Probleme müssen in einem Forum, in dem sich qualifizierte Vertreter der Staaten begegnen, zum Nachdenken und zur Besorgnis führen.
Es besteht kein Zweifel, daß das erste und grundlegende kulturelle Faktum der geistig reife Mensch ist, d. h. der vollerzogene Mensch, der Mensch, der fähig ist, sich selbst und andere zu erziehen. Es besteht kein Zweifel, daß die erste und grundlegende Dimension der Kultur ihre gesunde Moral ist: also die moralische Kultur.
Gewiß, man findet in diesem Bereich zahlreiche Sonderprobleme, aber die Erfahrung zeigt, daß alles darauf hinausläuft und daß diese Fragen sich in einem klaren System wechselseitiger Abhängigkeit stellen. Ist z. B. in dem Gesamtzusammenhang des Erziehungsprozesses, der Schulerziehung im besonderen, nicht eine einseitige Abwertung der Erziehung im strengen Sinn des Wortes geschehen? Wenn man die Stellungnahmen zu diesem Phänomen wie auch das systematische Anwachsen der Erziehung betrachtet, die sich einseitig auf das bezieht, was der Mensch »hat«, ist es dann nicht so, daß der Mensch selbst sich mehr und mehr verloren geht? Dieser Trend ist eine wirkliche Selbstentfremdung der Erziehung: Statt für das zu arbeiten, was der Mensch »sein« muß, arbeitet die Erziehung einseitig für das, was der Mensch sich im Bereich des »Habens«, des »Besitzes« zunutze machen kann. Die nächste Stufe dieser Selbstentfremdung ist

es, den Menschen, indem man ihn seiner eigenen Subjektivität beraubt, daran zu gewöhnen, Objekt vielfältiger Manipulationen zu sein – ideologischer oder politischer Manipulationen, die durch die öffentliche Meinung gemacht werden; Manipulationen, die sich in Monopol oder Kontrolle, in wirtschaftlichen oder politischen Mächten und in Medien auswirken; Manipulationen schließlich, deren Lehre zufolge das Leben nichts anderes ist als typische Selbstmanipulation.
Es scheint, daß solche Gefahren in Sachen Erziehung vor allem die technisch hochentwickelten Gesellschaften bedrohen. Diese Gesellschaften stehen vor einer spezifischen Krise des Menschen. Sie besteht in einem mangelnden Vertrauen in seine eigene Humanität, in die Bedeutung des Menschseins und die Bejahung und Freude, die sich daraus ergeben und Quelle der Kreativität sind. Die zeitgenössische Zivilisation versucht, dem Menschen eine Reihe scheinbarer Imperative aufzulegen, die ihre Befürworter durch den Rückgriff auf das Prinzip der Entwicklung und des Fortschritts rechtfertigen. So z. B. wird anstelle der Achtung vor dem Leben der Imperativ gesetzt, sich das Leben vom Hals zu schaffen und es zu zerstören; an die Stelle der Liebe, die verantwortliche Gemeinschaft von Personen ist, wird der Imperativ größtmöglichen sexuellen Vergnügens außerhalb jeden Sinnes für Verantwortung gesetzt; anstelle des Primats der Wahrheit in den Handlungen wird der Primat des modischen, des subjektiven und des unmittelbaren Erfolgs gesetzt.
In alledem drückt sich indirekt ein großer, systematischer Verzicht auf einen gesunden Ehrgeiz aus: den Ehrgeiz, Mensch zu sein. Machen wir uns keine Illusionen: ein auf der Grundlage dieser falschen Imperative, dieser fundamentalen Verzichte gebildetes System kann die Zukunft des Menschen und die Zukunft der Kultur entscheiden.

Ja, man muß im Namen der künftigen Kultur verkünden, daß der Mensch das Recht hat, mehr zu »sein«.
Aus dem gleichen Grund muß man einen gesunden Primat der Familie in der gesamten Erziehungsarbeit des Menschen zu einer wirklichen Humanität fordern.
Man muß das Recht der Nation in die gleiche Linie stellen; man muß den Menschen auch zur Grundlage der Kultur und Erziehung machen.
Vor der Unesco, Paris, 2. 6. 1980; OR 23/80

Wie aber könnte man bei dieser Voraussetzung die Augen vor der schwierigen Lage verschließen, in der sich heute sehr viele eurer Familien befinden, aber auch vor den schweren Bedrohungen, die allgemein auf der Familie lasten?
Einige von diesen Gefährdungen sind sozialer Art und betreffen die unmenschlichen Verhältnisse bei Wohnung, Hygiene, Gesundheitswesen und Erziehung. Darunter leiden Millionen Familien im Inneren des Landes und in den Randgebieten der großen Städte, weil es keine Arbeit gibt oder die Löhne nicht ausreichen.
Andere Probleme sind moralischer Art und betreffen die weitgehende Auflösung der Familie, weil die menschlichen und christlichen Werte der Familie in verschiedenen Kreisen der Bevölkerung unbekannt sind oder mißachtet werden.
Wieder andere sind staatlicher Art und hängen mit der Familiengesetzgebung zusammen. In aller Welt wird diese Gesetzgebung immer permissiver und bietet jenen immer weniger Ermutigung, die sich an die Grundsätze einer höheren Familienethik halten möchten. Gebe Gott, daß es in eurem Land nicht so sei und daß hier gemäß den christlichen Grundsätzen, die eure Kultur prägen, die Gesetzgeber, wenn sie die Ge-

setze vorbereiten und verabschieden, das in Achtung vor den unerläßlichen Werten der christlichen Ethik tun, unter denen besonders der Wert des menschlichen Lebens und das unveräußerliche Recht der Eltern, Leben weiterzugeben, zu nennen ist. Andere Gefährdungen endlich sind religiöser Art. Sie hängen mit dem fehlenden Sinn für die sakramentale Dimension der Ehe im Plan Gottes zusammen.
An Familien, Rio de Janeiro (Brasilien), 1. 7. 1980; OR 27/80

Aber wir dürfen die Augen auch vor der anderen Seite nicht verschließen; die Synodenväter in Rom haben sich sehr ernst auch mit ihr befaßt; ich meine die Schwierigkeiten, denen das hohe Ideal des christlichen Familienverständnisses und Familienlebens heute ausgesetzt ist. Die moderne Industriegesellschaft hat die Lebensbedingungen für Ehe und Familie grundlegend verändert. Ehe und Familie waren früher nicht nur Lebensgemeinschaft, sondern auch Produktions- und Wirtschaftsgemeinschaft. Sie wurden aus vielen öffentlichen Funktionen verdrängt. Das öffentliche Klima ist nicht immer freundlich gegenüber Ehe und Familie. Und doch erweisen sie sich in unserer anonymen Massenzivilisation als Zufluchtsort auf der Suche nach Geborgenheit und Glück. Ehe und Familie sind wichtiger denn je: Keimzellen zur Erneuerung der Gesellschaft, Kraftquellen, aus denen das Leben menschlicher wird. Ich darf das Bild aufgreifen: Netz, das Halt und Einheit gibt und heraushebt aus den Strömungen der Tiefe.
Lassen wir nicht zu, daß dieses Netz zerreißt. Staat und Gesellschaft leiten ihren eigenen Zerfall ein, wenn sie Ehe und Familie nicht mehr wirksam fördern und schützen und andere, nichteheliche Lebensgemeinschaften ihnen gleichstellen. Alle Menschen gu-

ten Willens, besonders wir Christen, sind aufgerufen, die Würde und den Wert von Ehe und Familie neu zu entdecken und überzeugend vorzuleben. Die Kirche bietet dazu aus dem Licht des Glaubens ihren Rat und ihren geistlichen Dienst an.
An Familien, Köln, 15. 11. 1980; OR 47/80

Zu den Problemen, von denen das Herz des Menschen und infolgedessen die menschliche Umwelt, die Familie und Gesellschaft, in denen er lebt und arbeitet, heutzutage am meisten heimgesucht wird, zählt in erster Linie und ohne Frage das der ehelichen Liebe, die zwei Menschen verschiedenen Geschlechts miteinander verbindet, indem sie aus ihnen eine Lebens- und Liebesgemeinschaft macht, das heißt sie in der Ehe vereint.
In der Ehe hat die Familie ihren Ursprung, »in der – wie das Zweite Vaticanum hervorhebt – verschiedene Generationen zusammenleben und sich gegenseitig helfen, um zu größerer Weisheit zu gelangen und die Rechte der einzelnen Personen mit den anderen Notwendigkeiten des gesellschaftlichen Lebens zu vereinbaren« (*Gaudium et spes*, Nr. 52); und so ist die Familie in der Tat »das Fundament der Gesellschaft« (*ebd.*). Und das Konzil fügt hinzu: »Das Wohl der Person sowie der menschlichen und christlichen Gesellschaft ist zuinnerst mit einem Wohlergehen der Ehe- und Familiengemeinschaft verbunden« (*ebd.*, Nr. 47). Wir müssen jedoch mit demselben Konzil erkennen, daß »nicht überall die Würde dieser Institution in gleicher Klarheit erscheint. Polygamie, um sich greifende Ehescheidung, sogenannte freie Liebe und andere Entartungen entstellen diese Würde. Darüber hinaus wird die eheliche Liebe öfters durch Egoismus, bloße Genußsucht und durch unerlaubte Praktiken

gegen die Fruchtbarkeit der Ehe entweiht« (*ebd.*, Nr. 47).
Auch angesichts der großen Schwierigkeiten, die oft durch die tiefgreifenden Veränderungen der heutigen Gesellschaft hervorbrechen, offenbart die Institution der Ehe ihren unersetzlichen Wert, und die Familie bleibt auch weiterhin eine »Schule reich entfalteter Humanität« (*Gaudium et spes*, Nr. 52).
Angesichts der gefährlichen Übel, die dieses große Gut, das die Familie darstellt, heute fast überall heimsuchen, ist auch die Erarbeitung einer weltweit anerkannten Charta der Familienrechte angeregt worden, um im Interesse der Gesamtgesellschaft dieser Institution den gerechten Schutz zu gewährleisten.
An Rota Romana, Rom, 20. 2. 1981; OR 8/81

Christliche Familien Nigerias!
Mit dem Apostel Paulus sage ich euch: »Ihr seid von Gott geliebt, seid seine auserwählten Heiligen. Darum bekleidet euch mit aufrichtigem Erbarmen, mit Güte, Demut, Liebe, Geduld! Ertragt euch gegenseitig und vergebt einander« (*Kol* 3, 12–13).
Mit diesen Worten grüße ich euch als Ehemänner und Ehefrauen, Väter, Mütter und Kinder. Ich grüße euch, Familien Nigerias, und in euch grüße ich die Vergangenheit, die Gegenwart und die Zukunft des nigerianischen Volkes.
Der Papst kommt heute zu euch im Namen Christi, der für Petrus betete, damit dieser, in seinem Glauben gestärkt, seine Brüder stärken kann. Ich komme zu euch im Namen des Sohnes Gottes, der Mensch geworden ist und unter uns, in einer Menschenfamilie, lebte. Jesus ist mit den Freuden und Sorgen des Familienlebens vertraut. Er versteht die Hoffnungen und Enttäuschungen der Familie und nimmt an den Bege-

benheiten anteil, aus denen sich die Geschichte jeder Familie zusammensetzt.
Bei dieser Eucharistiefeier möchte ich die Liebe, die Einheit, das Erbarmen, die Vergebung, die Geduld, die Hoffnungen und Sehnsüchte, die Arbeit, die Leiden und Sorgen sämtlicher Familien Nigerias gleichsam sammeln, um sie unserem himmlischen Vater durch seinen Sohn Jesus Christus und in Einheit mit dem Kreuzesopfer Christi als geistliches Opfer darzubringen. Ich will mit euch und für euch beten, um Jesus zu zeigen, daß wir an die Macht der Liebe glauben, die das Übel ausmerzt und aus unseren Herzen verbannt. Es war mein Wunsch, zu euch zu kommen, um euch zur Befolgung der Weisung des hl. Paulus zu ermutigen, nämlich euch »mit der Liebe zu bekleiden«, damit der Friede Christi in euren Herzen herrsche (vgl. *Kol* 3, 14–15).
Brüder und Schwestern, eure Familien haben so viele positive und lobwürdige Werte, die auf euren Familientraditionen aufbauen. Ihr habt starke familiäre Bindungen. Kinder werden als ein Segen angesehen und sind als Krönung der Ehe erwünscht. Das System der Großfamilie schafft eine liebevolle menschliche Umgebung für die Betreuung der Waisen, der Alten und Armen.
Freilich gibt es manchen Schatten. Herkömmlicherweise hat eure Kultur Polygamie nicht ausgeschlossen, auch wenn die meisten Ehen Einehen waren und sind. Manchmal wurden die Frauen bestimmter Rechte beraubt. Und die modernen Feinde der Familie, die verwirrende Herabsetzung einiger Grundwerte wie Scheidung, Empfängnisverhütung und Abtreibung, haben euer Land nicht verschont.
Mein Appell und meine Aufforderung an euch, christliche Familien Nigerias, ist derselbe Appell und dieselbe Aufforderung, die ich in meinem jüngsten Aposto-

lischen Schreiben *Familiaris consortio* an alle christlichen Familien der Welt gerichtet habe: »Familie, werde, was du bist!«
An Familien, Onitsha (Nigeria), 13. 2. 1982; OR 10/82

Brüder und Schwestern, »in euren Herzen herrsche der Friede Christi... Das Wort Christi wohne mit seinem ganzen Reichtum bei euch« (*Kol* 3, 15.16).
Vor kurzem schrieb ich ein Apostolisches Schreiben an die gesamte katholische Kirche über die Rolle der christlichen Familie in der Welt von heute. In diesem Schreiben unterstrich ich die positiven Aspekte des heutigen Familienlebens, zu welchen gehören: ein lebendigeres Bewußtsein von der persönlichen Freiheit und größere Beachtung der zwischenmenschlichen Beziehungen in der Ehe, mehr Aufmerksamkeit für die Förderung der Würde der Frau, für verantwortliche Elternschaft, für die Erziehung der Kinder. Gleichzeitig mußte ich aber auf die negativen Erscheinungen hinweisen: der Verfall der Idee und Erfahrung der Freiheit und daraus folgender Egoismus in den menschlichen Beziehungen; ernste Mißverständnisse bezüglich der Beziehung zwischen Eltern und Kindern; die steigende Zahl von Ehescheidungen; die Geißel der Abtreibung; die weiterverbreitete Empfängnisverhütung und »lebensfeindliche« Haltung. Neben diesen zerstörerischen Kräften gibt es soziale und wirtschaftliche Verhältnisse, von denen Millionen von Menschen betroffen sind und die den Bestand und die Dauer der Ehe und des Familienlebens untergraben. Hinzukommt der kulturelle Druck gegen die Familie von seiten derer, die das Leben in der Ehe als »unnütz« und »überholt« angreifen. Das alles ist eine ernsthafte Herausforderung für die Gesellschaft und die Kirche. Wie ich damals schrieb: »Die Geschichte

ist nicht einfach ein notwendiger Fortschritt zum Besseren, sondern vielmehr ein Ereignis der Freiheit, ja ein Kampf zwischen Freiheiten, die einander widerstreiten« (*Familiaris consortio*, Nr. 6).
Liebe Ehepaare, ich spreche zu euch von den Hoffnungen und Idealen, auf die sich die christliche Sicht der Ehe und des Familienlebens stützt. Ihr werdet die Kraft finden, in eurer Liebe zu Gott und eurer Liebe zueinander und zu euren Kindern eurem Eheversprechen treu zu sein. Laßt diese Liebe den Fels sein, der sicher und fest steht in jedem Sturm und in jeder Versuchung. Welchen besseren Segen könnte der Papst euren Familien wünschen, als was der hl. Paulus den Christen von Kolossä wünschte: »Bekleidet euch mit aufrichtigem Erbarmen, mit Güte, Demut, Milde, Geduld! Ertragt euch gegenseitig und vergebt einander, wenn einer dem anderen etwas vorzuwerfen hat. Wie der Herr euch vergeben hat, so vergebt auch ihr! Vor allem aber liebt einander...« (*Kol* 3, 12–14).
Die Elternschaft bringt heute Sorgen und Schwierigkeiten mit sich ebenso wie Freuden und Genugtuungen. Eure Kinder sind euer Schatz. Sie lieben euch, auch wenn es ihnen manchmal schwerfällt, diese Liebe auszudrücken. Sie warten auf Unabhängigkeit und sträuben sich gegen alle Anpassung. Bisweilen möchten sie sämtliche Traditionen der Vergangenheit verwerfen und weisen sogar ihren Glauben zurück.
In der Familie müssen Brücken gebaut, nicht abgerissen werden; und aus der Begegnung von Erfahrung und Prüfung können sich neue Ausdrucksformen der Weisheit und Wahrheit ergeben. Ihr habt einen echten, eigenen Dienst in der Kirche. Öffnet die Türen eurer Heime und eures Herzens für alle Generationen eurer Familie.
In eurem Land gibt es viele Ehen zwischen Katholiken und anderen getauften Christen. Mitunter erfahren

diese Eheleute besondere Schwierigkeiten. Zu diesen Familien sage ich: Ihr erlebt und lebt in eurer Ehe die Hoffnungen und Schwierigkeiten des Weges zur christlichen Einheit. Gebt dieser Hoffnung im gemeinsamen Gebet, in der Einheit der Liebe Ausdruck. Ladet miteinander den Heiligen Geist der Liebe in eure Herzen und in eure Heime ein. Er wird euch dabei helfen, in gegenseitigem Vertrauen und Verständnis zu wachsen.
An Familien, York (England), 31. 5. 1982; OR 26/82

Wir haben am letzten Sonntag das Fest der Heiligen Familie von Nazaret gefeiert, des Vorbildes aller christlichen Familien.
Für die Familie stellt sich ganz allgemein die Frage: Sind die Werte der Familie im Verfall? Gewinnen die Werte der Familie wieder an Kraft? Auch hier kann unsere Antwort des Glaubens nur eine Antwort der Hoffnung und eines gesunden christlichen Optimismus sein, der die Augen nicht vor der Schwere der echten mit ihr verbundenen Probleme schließt, aber auch die Phänomene des Wachstums sieht; der aus den Schwierigkeiten, die gewisse Verfallserscheinungen liefern, die Gelegenheit zu einem entschiedenen Streben nach Heiligkeit und einem mutigen Zeugnis ergreift, auch in diesem grundlegenden Bereich des Lebens wie dem der Familie.
Generalaudienz, Rom, 29. 12. 1982; OR 1/83

Doch kann dieses kraftvolle organisatorische Leben nicht die innere religiöse Krise vergessen lassen, die sich weltweit aus dem fortschreitenden Prozeß der Säkularisierung und aus der Gottvergessenheit in der modernen Konsumgesellschaft herleitet und auch

euch und eure Priester bei der täglichen Seelsorgsarbeit in den Gemeinden vor große Schwierigkeiten stellt. Die rückläufige Zahl der sonntäglichen Kirchenbesucher, die zunehmende Zerrüttung in Ehen und Familien mit wachsenden Scheidungsquoten, das Sinken der öffentlichen Moral und die Mißachtung menschlicher Grundwerte in Staat und Gesellschaft sind nur allzu deutliche Zeichen für eine bedrohlich um sich greifende Entchristlichung des menschlichen und gesellschaftlichen Lebens. Diese stellt für die Kirche eine große Herausforderung dar, der sie nur durch eine radikale Besinnung auf ihren ureigensten Heilsauftrag wird begegnen können. Gefordert ist eine tiefgreifende innere Erneuerung der Kirche aus der Kraft des göttlichen Geistes und eine authentische Neuevangelisierung mit dem Aufruf Christi zu Umkehr und Glauben. (...)
Wir müssen umkehren vom Ich zum Du, zum Wir. Der Mensch kann sich selbst nicht finden, wenn er nicht dem Du begegnet und sich zum Mitmenschen hin öffnet. Die Unfähigkeit zu personaler Bindung, zur Treue, zum Ja ohne Grenzen und Vorbehalte ist letztlich Unfähigkeit zum eigenen Menschsein. Umkehr vom Ich zum Du besagt Umkehr zu Bindung und Treue, die auch Krisen und Schwierigkeiten überdauern und sich in Ehe und Familie, in Kirche und Gesellschaft gegenüber Gott und den Mitmenschen bewähren. Jeder trägt Verantwortung für den anderen und für das Gemeinwohl. Gleichgültigkeit, Staatsverdrossenheit und Fatalismus stehen im Gegensatz zu christlicher Weltverantwortung.
An deutsche Bischöfe, Rom, 21. 1. 1983; OR 4/83

Das alles ist die Bedeutung der Worte: »Ich will aufbrechen und zu meinem Vater gehen.« Ein Programm

unserer Hoffnung, wie es sich tiefer und zugleich einfacher nicht denken läßt! (Vgl. Enzyklika *Dives in misericordia* über das göttliche Erbarmen, Nr. 5 und 6.) Von diesem geistlichen Programm her möchte ich nun zusammen mit Euch einiges zur Umkehr im Bereich von *Familie und Gesellschaft* bedenken.
Ehe und Familie sind heute in Gefahr. Darunter leiden so viele Menschen: die Ehepartner und noch mehr ihre Kinder, letztlich aber die ganze Gesellschaft. Vor zwei Jahren habe ich aus der Erfahrung der Bischöfe der ganzen Welt die Krise der heutigen Familie so charakterisiert: Es gibt »Anzeichen einer besorgniserregenden Verkümmerung fundamentaler Werte: eine irrige ... Auffassung von der gegenseitigen Unabhängigkeit der Eheleute; die schwerwiegenden Mißverständnisse hinsichtlich der Autoritätsbeziehungen zwischen Eltern und Kindern; die häufigen konkreten Schwierigkeiten der Familie in der Vermittlung der Werte; die steigende Zahl der Ehescheidungen; das weitverbreitete Übel der Abtreibung« (Apostolisches Schreiben *Familiaris consortio*, Nr. 6). Ein Übel, zu dessen Eindämmung wir noch nicht den rechten Weg gefunden haben und das in seiner Schrecklichkeit noch viel zu wenig Menschen bewußt ist.
Die Wurzel dieser Krise scheint vor allem in einem *falschen Begriff von Freiheit* zu liegen. Eine Freiheit, »die nicht als die Fähigkeit aufgefaßt wird, den Plan Gottes für Ehe und Familie zu verwirklichen, sondern vielmehr als autonome Kraft der Selbstbehauptung – für das eigene, egoistisch verstandene Wohlergehen und nicht selten gegen die Mitmenschen« (*ebd.*). Diese negativen Entwicklungen werden noch gefördert durch eine öffentliche Meinung, die die Institution Ehe und Familie in Frage stellt und andere Formen des Zusammenlebens zu rechtfertigen sucht. Trotz der Beteuerung vieler, die Familie sei so wichtig für

die Gesellschaft, wird doch noch viel zu wenig unternommen, um sie wirklich zu schützen. Ich glaube aber, daß der entscheidende Grund für diese Krise tiefer liegt. Ehe und Familie sind in Gefahr, weil oft der Glaube und der religiöse Sinn in ihnen erstorben sind; weil Ehepartner selbst und damit auch ihre Kinder Gott gegenüber gleichgültig geworden sind.
An Familien, Wien, 11. 9. 1983; OR 37/83

Wir befinden uns heute tatsächlich in einer Situation dramatischer Spaltungen auf allen Ebenen, die die nachdenklicheren Menschen anregt, sich Gedanken über die Zukunft der Menschheit zu machen.
Der Mensch ist in seinem Inneren gespalten durch die gegensätzlichen Spannungen, die er in sich fühlt, wie die Pastoralkonstitution *Gaudium et spes* des Zweiten Vatikanischen Konzils mit äußerster Klarheit unterstrichen hat, wo sie über den Zustand des Menschen in der heutigen Welt spricht (Nr. 4–10). »Als schwacher Mensch und Sünder«, so wird dort betont, »tut er oft das, was er nicht will, und was er tun wollte, tut er nicht (vgl. *Röm* 7, 14 ff.). So leidet er an einer inneren Zwiespältigkeit, und daraus entstehen viele und schwere Zerwürfnisse auch in der Gesellschaft« (*ebd.*, Nr. 10).
Diese Spaltung spiegelt sich schmerzlich wider in der Umwelt, in der der Mensch lebt. Vor allem in der Familie, die am unmittelbarsten und spürbarsten das tiefe Unbehagen des Menschen zum Ausdruck bringt. Neben großen und unleugbaren positiven Aspekten, auf die ich in dem Apostolischen Schreiben *Familiaris consortio* hingewiesen habe, »gibt es Anzeichen einer besorgniserregenden Verkümmerung fundamentaler Werte: eine irrige theoretische und praktische Auffassung von der gegenseitigen Unabhängigkeit der Ehe-

leute; die schwerwiegenden Mißverständnisse hinsichtlich der Autoritätsbeziehung zwischen Eltern und Kindern; die häufigen konkreten Schwierigkeiten der Familien in der Vermittlung der Werte; die steigende Zahl der Ehescheidungen; das weit verbreitete Übel der Abtreibung; die immer häufigere Sterilisierung; das Aufkommen einer regelrechten empfängnisfeindlichen Mentalität« (*ebd.*, Nr. 6).
Das sind negative Elemente, die die wichtigste Lebenszelle beeinflussen, in der sich der Mensch entwickelt. Sie zeigen, wie die Krise des erlösungsbedürftigen Menschen sich in erster Linie auf die Familie auswirkt, die auch ihrerseits der Wiederherstellung der von Gott gewollten Ordnung bedarf, wenn sie ihre eigene Identität und ihre Funktion der Gewissensbildung wiederfinden will.
An Kardinäle und Mitarbeiter der Kurie, Rom, 22. 12. 1983; OR 1/84

In der heutigen Zeit ist das Leben der Völker (vielleicht vor allem in den reichen, entwickelten Staaten) von Episoden und Ereignissen geprägt, die Widerstand gegen Gott bezeugen, gegen seine Pläne zu lieben und zu heiligen, gegen seine Gebote im Bereich von Ehe und Familie.
Das Zweite Vatikanische Konzil sagt: »Jedoch nicht überall erscheint die Würde dieser Institution (Ehe und Familie) in gleicher Klarheit. Polygamie, um sich greifende Ehescheidung, sogenannte freie Liebe und andere Entartungen entstellen diese Würde. Darüber hinaus wird die eheliche Liebe öfters durch Egoismus, bloße Genußsucht und durch unerlaubte Praktiken gegen die Fruchtbarkeit der Ehe entweiht« (*Gaudium et spes*, Nr. 47).
Und das Apostolische Schreiben *Familiaris consortio*,

im Jahr 1981 als Frucht der Bischofssynode über das Thema von Ehe und Familie in der Sendung der Kirche von heute veröffentlicht, legt zunächst die positiven Aspekte der Situation dar, in der sich die Familie heute befindet; dann aber zählt es die Zeichen eines besorgniserregenden Wertverlusts einiger Grundwerte auf: »eine irrige theoretische und praktische Auffassung von der gegenseitigen Unabhängigkeit der Eheleute; die schwerwiegenden Mißverständnisse hinsichtlich der Autoritätsbeziehung zwischen Eltern und Kindern; die häufigen konkreten Schwierigkeiten der Familie in der Vermittlung der Werte; die steigende Zahl der Ehescheidungen; das weitverbreitete Übel der Abtreibung; die immer häufigere Sterilisierung; das Aufkommen einer regelrechten empfängnisfeindlichen Mentalität« (Nr. 6).
So kann man also sagen, daß die heutige Gesellschaft eine breite Welle der Entzweiung mit dem Schöpfer und dem Erlöser Jesus Christus durchzieht: die Einheit und Unauflöslichkeit der Ehe werden in Frage gestellt; die Heiligkeit und Unverletzlichkeit des menschlichen Lebens sind umstritten; über das Wesen von Freiheit, Würde und Liebe des Menschen ist man uneins.
Und man kann ebenfalls sagen, daß die Menschheit von heute, wie einst die Kinder Israels in Massa und Meriba, Gott »versuchen« und ihn auf einem wesentlichen Gebiet »auf die Probe stellen«, auch wenn sie – mehr als in anderen Epochen – »die Taten Gottes sieht«.
Die Menschheit stellt also den Herrn auf die Probe (vgl. *Ex* 17, 7); und mit dem Verhalten der einzelnen Personen, den zerbrochenen Ehen, den zerstörten Familien, den noch vor ihrer Geburt getöteten Kindern und schließlich mit ihrer permissiven Gesetzgebung und Moral scheint sie zu fragen: »Ist der Herr in unserer Mitte, ja oder nein?«

»Hört heute auf seine Stimme: Verhärtet euer Herz nicht wie in Meriba!«
Hören wir auf diese Stimme, die uns vom Kreuz und Leiden Christi her erreicht. Diese Stimme verurteilt nicht Menschen, die vielleicht enttäuscht und unglücklich sind, sondern nennt nur das Böse beim Namen.
An Familien, Rom, 25. 3. 1984; OR 14/84

Ich denke hier an zwei weitere Forderungen des Evangeliums. Zunächst die Würde des Familienlebens. »Selig, die ein reines Herz haben« (*Mt* 5, 8). Ihr verfolgt die Zerrüttung der Familie und die Krise der Ehe. Wie viele Kinder und Eltern leiden unter einer zerstörten Familie, Trennung, Scheidung! Ihr selbst habt die Gesetzgebung in diesem Punkt zu bessern versucht. Ihr wißt auch um die vielen »freien Lebensgemeinschaften«, die eine endgültige und ausschließliche Bindung der beiden Partner im Ehesakrament ablehnen oder verzögern. Ihr wißt, daß die Abtreibung weitverbreitet ist. Und viele greifen zu empfängnisverhütenden Mitteln, statt in Selbstbeherrschung und gegenseitiger einmütiger Bemühung den doppelten Zweck des ehelichen Aktes zu respektieren: Liebe und Offensein für das Leben. Zu den Ursachen dieser Übel gehören ein allgemeiner Hang zum Hedonismus; ein Vergessen Gottes; ohne Zweifel gehört dazu auch eine Unkenntnis der Theologie des Leibes, des großartigen göttlichen Plans für die eheliche Vereinigung, der Notwendigkeit einer Askese, um eine Liebe zu vertiefen, die des Mannes und der Frau wahrhaftig würdig ist, und damit dem Leben des Geistes zu entsprechen, der in den Eheleuten gegenwärtig ist. Sexualerziehung, Vorbereitung der jungen Menschen auf die Ehe und Hilfe im Familienleben sollten hier Vorrang haben. Trotz

oft leidenschaftlicher gegenteiliger Meinungen wird von der Kirche erwartet, daß sie hilft, die menschliche Liebe und die Achtung vor dem Leben zu bewahren.
An Bischöfe, Ottawa (Kanada), 20. 9. 1984; OR 41/84

Dieser dringende Aufruf zur unverkürzten Evangelisierung bezieht sich auch auf die anderen Probleme, die ihr mir selbst in euren Berichten vorgelegt habt; den Mittelpunkt eurer Sorgen bildet der sittliche Verfall in vielen Bereichen des öffentlichen Lebens.
Ich weiß, daß ihr mit großer pastoraler Sorge auf die Probleme blickt, die die Zelle der Familie und die Erziehung der Jugend beeinträchtigen: die Zunahme der wegen Scheidung, Ehebruch entzweiten Familien, der eheähnlichen Verbindungen ohne das Band der christlichen Eheschließung. (Und häufig kommt das üble Vorbild von den höchsten Schichten der Gesellschaft und übt seinen verderblichen Einfluß auf die unteren Klassen aus.) Ebenso breitet sich die Geißel der Abtreibung, der künstlichen Empfängnisverhütung, der vorehelichen Beziehungen aus; zugleich rücken die Pornographie und eine Permissivität der Sitten vor, die jedes Schamgefühl zerstören. Das alles – das braucht man wohl nicht eigens zu betonen – widerspricht dem Evangelium, der menschlichen Würde und selbst den wichtigsten Forderungen der von euren Vorfahren überkommenen Überlieferungen.
An peruanische Bischöfe, Rom, 4. 10. 1984; OR 45/84

C. Familie in ihrer Bedeutung für Gesellschaft und Kultur

Der gesellschaftliche und politische Auftrag gehört zu jener königlichen, dienenden Sendung, an der die christlichen Eheleute kraft des Ehesakramentes teilhaben. Dabei erhalten sie einen Auftrag, dem sie sich nicht entziehen können, und empfangen zugleich eine Gnade, die sie darin stützt und ermutigt.
So ist die christliche Familie dazu berufen, allen Zeugnis zu geben von einem hochherzigen und selbstlosen Einsatz für die sozialen Probleme, vorzugsweise zugunsten der Armen und Verstoßenen.

FC 47

Der gesellschaftliche Auftrag der Familie soll sich auch in Formen *politischen Handelns* äußern, das heißt, die Familien müssen als erste sich dafür einsetzen, daß die Gesetze und Einrichtungen des Staates die Rechte und Pflichten der Familie nicht nur nicht beeinträchtigen, sondern positiv stützen und verteidigen. In diesem Sinne sollen die Familien sich dessen immer mehr bewußt werden, daß in erster Linie sie selbst im Bereich der sogenannten »Familienpolitik« die Initiative ergreifen müssen; sie sollen die Verantwortung für die Veränderung der Gesellschaft übernehmen. Sonst werden die Familien die ersten Opfer jener Übel sein, die sie vorher nur gleichgültig betrachtet haben. Der Appell des

II. Vatikanischen Konzils, die individualistische Ethik zu überwinden, hat darum seine Bedeutung auch für die Familie als solche.

FC 44

Vorbemerkung

Die Familie ist die Grund- und Lebenszelle der Gesellschaft, ihr vorgegeben und nicht, wie heute bisweilen behauptet wird, von ihr hervorgebracht. Die Familie baut die Gesellschaft auf, nicht nur in dem Sinn, daß aus ihr die neue Generation hervorgeht, sondern vor allem auch durch die Werte, die sie vermittelt. Die Familie bewährt sich – oder versagt – als Schule der menschlichen Werte. Als solche bedarf sie sorgfältigen Schutzes und subsidiärer Unterstützung durch den Staat, will er nicht an seinen eigenen Fundamenten rütteln.
Die Familie hat somit dem Staat gegenüber Rechte. Weil sie vielerorts mißachtet werden, hat die Kirche eine »Charta der Familienrechte« ausgearbeitet und 1983 allen Regierungen zukommen lassen.
Den Familienrechten entsprechen Pflichten: Die Familie darf sich von ihrem positiven Beitrag zur Gesellschaft nicht dispensieren. Sie darf sich der Aufgabe nicht versagen, die kulturellen, ethischen und geistigen Werte ihrer Gesellschaft im Geist der Kirche weiter zu vermitteln. Echte Lebenszelle der Gesellschaft ist die einzelne Familie nur, insofern sie wirklich »Raum der Liebe und des Lebens« ist – Herberge der Menschlichkeit und nicht Absteigequartier des Egoismus.

Zum Schutz der Familie gegen diese Übel fordert die Kirche die Regierenden auf, zum Hauptziel ihrer Bemühungen eine kluge, weitschauende und beharrliche Sozial- und Familienpolitik zu machen aus der Einsicht heraus, daß es hier wirklich um die Zukunft – die Hoffnung – des Kontinents geht. Hinzuzufügen wäre, daß sich diese Familienpolitik nicht im unter-

schiedslosen Bemühen erschöpfen darf, um jeden Preis die Geburtenrate zu senken – was mein Vorgänger Paul VI. »die Verminderung der Zahl der zum Gastmahl des Lebens Geladenen« nannte –, denn es ist allgemein bekannt, daß für die Entwicklung ein ausgeglichenes Bevölkerungswachstum nötig ist. Es geht darum, die Kräfte zu vereinigen, um günstige Voraussetzungen für das Heranwachsen gesunder und ausgewogener Familien zu schaffen: »Vermehrung der Nahrung auf dem Tisch«, wie es wieder Paul VI. formulierte.
Über den Schutz der Familie hinaus müssen wir aber auch von der Förderung der Familie sprechen. Dazu haben viele Organe beizutragen: Regierungen und Regierungsämter, Schule, Gewerkschaften, Massenmedien, Dorfräte und Dorfgemeinschaften, endlich die verschiedenen Freiwilligenverbände, die heutzutage allenthalben entstehen.
An Familien, Palafoxiano (Mexiko), 28. 1. 1979; OR 6/79

Ihr wißt, daß sich die Diözese Rom verpflichtet hat, während dieser Fastenzeit über das Thema »Ein Heim für jede Familie« nachzudenken, um das Gewissen der Gläubigen wachzurütteln und so bei den einzelnen und in der Gemeinde geeignete Maßnahmen zu veranlassen, die eine gerechte Lösung dieses ernsten Problems fordern.
Diese Initiative soll bei allen verantwortungsbewußte, großzügige Zustimmung finden. Sie ist zudem mit Recht ein Anliegen der Behörden. Die Häuser werden für den Menschen erbaut, um seinen fundamentalen Bedürfnissen Rechnung zu tragen. Man darf also nicht diesen ihren grundlegenden Zweck für andere Ziele oder Motive mißbrauchen. In einer wirklich solidarischen Gesellschaft darf es nicht an Wohnungen

für die Familien fehlen, von denen die Zukunft eben dieser Gesellschaft abhängt.
Aber es darf auch nicht das Haus Gottes fehlen, das Haus für den Vater der Menschen und der Familien. Möge es nie geschehen, daß unsere Zivilisation einmal dem Schlagwort erliegt: »Wir brauchen Wohnungen, aber keine Kirchen!«
Das Haus ist die Wohnung des Menschen. Es ist eine notwendige Vorbedingung, damit der Mensch zur Welt kommen, aufwachsen, sich entwickeln kann, damit er arbeiten, erziehen und sich formen kann, damit die Menschen jene tiefste und grundlegendste Einheit bilden können, die »Familie« genannt wird.
Die Häuser werden für die Familien errichtet. Und in den Häusern gründen die Familien auf der Wahrheit und der Liebe. Das erste Fundament dieses Baus ist der eheliche Bund, der in den Worten des Sakraments seinen Ausdruck findet, mit welchen Bräutigam und Braut einander Verbundenheit, Liebe und eheliche Treue geloben. Auf dieses Fundament stützt sich jenes geistliche Gebäude, das immer weitergebaut werden muß. Als Eltern müssen die Eheleute unablässig, wie kluge Bauherren, ihr eigenes Leben nach dem Maß der Verbundenheit, der Liebe, der Aufrichtigkeit und der ehelichen Treue ausrichten. Sie müssen in ihren Herzen dieses Gelöbnis täglich erneuern und es bisweilen auch in Worten in Erinnerung bringen. Heute, anläßlich dieses Pastoralbesuches, lade ich sie ein, dies ganz besonders zu tun, damit dieser Pastoralbesuch der Erneuerung jenes Tempels diene, den wir alle im gekreuzigten und auferstandenen Christus bilden. Der hl. Paulus sagt, Christus ist »Gottes Kraft und Gottes Weisheit« (*1 Kor* 1, 24). Möge er eure Kraft und eure Weisheit sein, liebe Eheleute und Eltern! Möge er es für alle Familien dieser Pfarrei sein! Verzichtet nicht auf diese Kraft und Weisheit! Festigt sie

in euch! Erzieht danach eure Kinder und laßt nicht zu, daß diese Kraft und Weisheit, die Christus ist, ihnen eines Tages entrissen werde – von keinem Milieu und von keiner Institution! Laßt nicht zu, daß jemand diesen »Tempel« zerstört, den ihr in euren Kindern baut! Das ist eure Pflicht, aber es ist auch euer heiliges Recht. Es ist ein Recht, das niemand ohne einen Akt der Willkür verletzen kann.
Die Familie wird auf der Weisheit und Kraft Christi selbst errichtet, weil sie sich auf ein Sakrament stützt. Auf dem göttlichen Gesetz, das in keiner Weise durch irgendein anderes Gesetz ersetzt werden kann, wird sie auch aufgebaut und wächst sie ständig weiter. Kann etwa ein menschlicher Gesetzgeber die Gebote aufheben, an die uns heute die Lesung aus dem Buch Exodus erinnert: »Du sollst nicht töten, nicht die Ehe brechen, nicht stehlen, nicht falsch gegen einen anderen aussagen« (*Ex* 20, 13–16)? Wir alle kennen die Zehn Gebote auswendig. Die Zehn Gebote bilden die notwendige Verbindung zwischen persönlichem, familiärem und sozialem Leben der Menschen. Wenn diese Verknüpfungen fehlen, wird das Leben des Menschen unmenschlich. Daher sind Erziehung und Festigung des menschlichen Lebens auf dem Fundament dieses Gesetzes, das keiner ungestraft verletzen darf, die grundlegende Pflicht der Familie, dann der Schule und aller Institutionen.
An eine Pfarrei, Rom, 18. 3. 1979; OR 13/79

Der Appell von der Jasna Góra bleibt unser Gebet und unser Programm! Gebet und Programm für alle! Und in besondere Weise Gebet und Programm der polnischen Familien!
Die Familie ist die erste und grundlegende menschliche Gemeinschaft. Sie ist ein Raum des Lebens, der

Liebe. Das Leben ganzer Gesellschaften, Nationen und Staaten hängt davon ab, ob die Familie in ihrer Mitte ein echter Raum des Lebens und der Liebe ist. Vieles ist zu tun – und alles Menschenmögliche ist hier nicht zu viel, um für die Familie die entsprechenden Bedingungen zu schaffen. Bedingungen der Arbeit, der Wohnung, des Unterhalts, des Schutzes für das ungeborene Leben, der gesellschaftlichen Achtung der Elternschaft, der Freude an den Kindern, die zur Welt kommen, des uneingeschränkten Rechts auf Erziehung und zugleich der verschiedensten Erziehungshilfen... Ein weites, reiches Programm, von dem die Zukunft des Menschen und der Nation abhängt.

Wie sehr, liebe Landsleute, ja wie sehr verlange ich danach, daß sich in diesem Programm Tag für Tag und Jahr für Jahr der Appell von der Jasna Góra erfüllt: Das Gebet polnischer Herzen.

Wie sehr verlange ich danach, ich, der Leben, Glauben und Sprache einer polnischen Familie verdankt, daß die Familie nicht aufhöre, stark zu sein durch die Kraft Gottes; daß sie alles überwinde, was sie schwächt und zerreißt, alles, was sie daran hindert, ein wahrer Raum des Lebens und der Liebe zu sein. Darum bete ich jetzt für euch mit den Worten des Appells von der Jasna Góra. Und auch in Zukunft möchte ich so beten und immer wieder sagen: Ich bin bei Dir, gedenke Deiner und wache – damit dieses unser Rufen vor der Gottesmutter sich dort bewahrheite und sich dort erfülle, wo es am nötigsten ist; wo von der Treue zu diesen am Ende des ersten Jahrtausends ausgesprochenen Worten am meisten im neuen Jahrtausend abhängt.

Botschaft an die Polen, Jasna Góra (Polen), 6. 6. 1979; OR 25/79

Man muß wirklich dafür arbeiten und zusammenarbeiten, damit auf der Erde, die die Vorsehung zur Wohnstatt der Menschen bestimmt hat, das Heim der Familie, Symbol der Einheit und der Liebe, alles besiegt, was die Einheit und Liebe der Menschen untereinander bedroht: Haß, Grausamkeit, Zerstörung, Krieg. Damit dieses Heim, das Haus der Familie, zum Ausdruck der Sehnsüchte und des Strebens der Menschen, der Völker, der Nationen, der Menschheit werde, trotz allem, was sich ihm entgegenstellt, was es aus dem Leben der Menschen, der Nationen und der Menschheit entfernen möchte, trotz allem, was es in seinen sozialen und wirtschaftlichen, aber auch seinen sittlichen Grundfesten erschüttert; denn jedes Haus gründet sich auf das eine wie auf das andere: sei es das Haus, das sich jede Familie errichtet, sei es jenes, das sich mit der Bemühung ganzer Generationen die Völker und die Nationen errichten: das Haus der eigenen Kultur, der eigenen Geschichte; das Haus aller und das Haus jedes einzelnen.
Loreto (Italien), 8. 9. 1979; OR 37/79

Diese Eucharistiefeier richtet als Familienfeier meine Gedanken auch auf die Familien in Brasilien. Die autorisiertesten Informationen über Lateinamerika – ich denke hier an die Dokumente von Medellin und Puebla, an die Berichte, die mir von den Bischöfen und Bischofskonferenzen dieses Erdteils unterbreitet werden, aber auch an streng soziologische Studien – sagten mir, daß für euch Lateinamerikaner die Familie eine außerordentlich bedeutsame Wirklichkeit ist. Der Platz, den die Familie bei den Völkern, die sich hier im Anfangsstadium eurer Nationen begegneten, einnahm sowie der Einfluß, der sich bei der Bildung eurer lateinamerikanischen Kultur auswirkte, rechtferti-

gen diese Feststellung. Brasilien bildet hier auch keine Ausnahme, es zeigt diese Tatsachen sogar besonders deutlich. Kein Wunder, daß sich hier der Familiensinn besonders kräftig beweist, und zwar gerade in den wesentlichsten Dimensionen der familiären Wirklichkeit. Ich denke an den von Liebe und Zärtlichkeit geprägten Respekt, die Selbstlosigkeit und das Solidaritätsbewußtsein, an die Hochschätzung der engen Verbindung zur Heimat, verbunden mit dem Wunsch nach Öffnung.
Ich kann auch unmöglich zwei weitere fundamentale Eigenschaften der Familie übersehen, die euch besonders wichtig geworden sind. Die Familie war im Lauf der Jahrhunderte die große Vermittlerin kultureller, ethischer und geistiger Werte von einer Generation zur anderen. Auf religiöser und christlicher Ebene war sie sehr oft, wenn andere Wege fehlten oder extrem gefährdet waren, der einzige oder zumindest der wichtigste Weg, auf dem viele Generationen lang der Glaube von den Eltern zu den Kindern kam.
An Familien, Rio de Janeiro (Brasilien), 1. 7. 1980; OR 27/80

Die Synodenväter kamen zu einem größeren Verständnis der Reichtümer, die sich in den verschiedenen Kulturen der Völker finden, wie auch des positiven Beitrages, den jede Art von Kultur bietet, um das erhabene Geheimnis Christi tiefer zu verstehen. Sie haben darüber hinaus hervorgehoben, daß auch im Bereich von Ehe und Familie sich ein unermeßliches Feld für die theologische und pastorale Forschung eröffnet, um die Anpassung der Botschaft des Evangeliums an die Eigenschaften eines jeden Volkes besser zu fördern und um zu begreifen, auf welche Weise die Bräuche, die Traditionen, der Lebenssinn und die Seele einer jeden Kultur mit all dem in Einklang gebracht werden können, was dazu beitragen kann, die göttliche Offenbarung ins Licht zu setzen (vgl. *Ad gentes,* Nr. 22). Wenn diese Forschung nach dem Prinzip der Communio der universalen Kirche und unter Impuls der Ortsbischöfe durchgeführt wird – der Ortsbischöfe, die unter sich und mit dem Stuhl des hl. Petrus verbunden sind, »welcher der universalen Versammlung der Liebe vorsteht« (*Lumen gentium,* Nr. 13) –, dann wird sie ihre Früchte für die Familien tragen.

Schlußansprache an die 5. Vollversammlung der Bischofssynode, Rom, 25. 10. 1980; OR 44/80

Noch eine letzte Erwägung möchte ich Ihnen vorlegen. Die Menschenrechtserklärung wie auch die europäische Konvention nehmen nicht nur Bezug auf die Rechte des Menschen, sondern auch auf das Recht der Gemeinschaften, angefangen bei der Familie.
Die letzte Bischofssynode hat, wie Sie wissen, eingehend über »Die Aufgaben der christlichen Familie in der Welt von heute« beraten. Die Europäische Menschenrechtskonvention bietet ebenfalls einige wertvolle Hinweise zu diesem Thema, angefangen mit Artikel 2: »Das Recht jeder Person auf Leben wird vom Gesetz geschützt. Über niemanden darf der Tod absichtlich verhängt werden, außer im Falle der Vollstreckung eines Todesurteils, das von einem Gericht ausgesprochen wurde, und außer daß für das Verbrechen vom Gesetz diese Strafe vorgesehen ist.« Und Artikel 8 fügt hinzu: »Jede Person hat das Recht auf Achtung ihres privaten und ihres Familienlebens, ihrer Wohnung und ihrer Korrespondenz«, während Artikel 12 präzisiert: »Vom heiratsfähigen Alter an haben Mann und Frau das Recht, zu heiraten und eine Familie zu gründen gemäß den nationalen Gesetzen, die

die Ausübung dieses Rechtes regeln.« Diese drei Artikel drücken eine feste Haltung zugunsten des Lebens sowie der Autonomie und der Rechte der Familie aus und sichern eine strenge juristische Verteidigung dieser Rechte zu.

Aber hinsichtlich der Betonung des Vorrangs der Familie scheint mir wichtig, die Verfügung des Artikels 2 des Zusatzprotokolls zu unterstreichen, die folgendermaßen lautet: »Niemand darf sich des Rechts auf Unterricht und Ausbildung versagt sehen. Der Staat wird in der Ausübung der Funktionen, die er im Bereich der Erziehung und des Unterrichts übernimmt, das Recht der Eltern respektieren, daß diese Erziehung und dieser Unterricht entsprechend ihren religiösen und philosophischen Überzeugungen gewährleistet wird.« Diese Bestimmung schließt jede Einschränkung juristischer oder ökonomischer Art bzw. jeden ideologischen Druck aus, der die Eltern an der Ausübung dieses heiligen Rechtes hindern würde; und zugleich hält sie die Familie dazu an, ihre erzieherische Rolle im eigenen Bereich und in der Gesellschaft wahrzunehmen, die ihr als einer »Gesellschaft eigenen und ursprünglichen Rechts« (*Dignitatis humanae*, Nr. 5) diese ursprüngliche Aufgabe zuerkennen muß.

Die Kirche ist überzeugt, daß die Familie in eine größere Gesellschaft eingegliedert ist, für die sie offen und der gegenüber sie verantwortlich ist. Aber die Kirche bekräftigt erneut und unterstützt das Recht, das jeder Mensch auf die Gründung einer Familie und auf den Schutz seines Privatlebens hat, wie auch das Recht der Eheleute auf Nachkommenschaft und freie Wahl bei deren Anzahl, ohne Zwang seitens der staatlichen Autorität, und das Recht auf die Erziehung ihrer Kinder innerhalb der Familie (vgl. *Gaudium et spes*, Nr. 52 und 87). Die Kirche ermahnt alle Menschen, darüber zu wachen, daß »die Führung des Gemeinwesens den Bedürfnissen der Familien hinsichtlich Wohnung, Kindererziehung, Arbeitsbedingungen, sozialer Sicherheit und Steuern Rechnung trägt. In der Organisation des Aus- und Einwanderungswesens soll das Zusammenleben der Familie in jeder Weise sichergestellt sein« (*Apostolicam actuositatem*, Nr. 11). Die Förderung der Familie als erste Lebenszelle der Gesellschaft und daher als erzieherische Grundeinrichtung bzw. im gegenteiligen Fall die schrittweise Verminderung ihrer Kompetenzen und selbst der Aufgaben der Eltern hängt großenteils von dem Modell der Gesellschaft ab. Dieses ist von Ideologien beeinflußt und findet konkreten Ausdruck in gewissen modernen Gesetzgebungen, die schließlich in offenkundigem Gegensatz zu dem Buchstaben der von internationalen Dokumenten, wie der Europäischen Menschenrechtskonvention, in aller Form anerkannten Rechte des Menschen stehen.

Somit ergibt sich notwendigerweise die Pflicht, die Gesetze und die Systeme einer ständigen Überprüfung vom Gesichtspunkt der objektiven und unverletzlichen Rechte des Menschen her zu unterziehen.

Es ist schließlich zu wünschen, daß jedes Programm, jeder Plan der sozialen, wirtschaftlichen, politischen und kulturellen Entwicklung Europas immer den Menschen in seiner höchsten Würde und mit seinen unveräußerlichen Rechten als unerläßliche Grundlage echten Fortschritts an die erste Stelle setzt.

An Kolloquium über die Europäische Menschenrechtskonvention, Rom, 10. 11. 1980; OR 7/81

Somit komme ich nun zum Thema: »Die Rolle der Familie im Rahmen der Mission.« Ich habe bereits seine Beziehung zum Thema der Synode im vergangenen Jahr angedeutet, und es ist wohl überflüssig zu betonen, wie wichtig es ist. Ich werde nicht mehr ausführlich auf das Thema eingehen, denn ihr habt ja bei den Plenarsitzungen und in den Arbeitskreisen darüber diskutiert.

Hier möchte ich euch nur ein paar Gedanken über die bemerkenswerte Vielfalt im Leben der Familie mit ihren Bräuchen und Traditionen in der Welt der Mission vorlegen. Den geographisch und kulturell äußerst unterschiedlichen und einander fernstehenden Verhältnissen des Milieus entspricht eine vielschichtige und äußerst heterogene Typologie der Familiengemeinschaft. Wir Christen, als Verantwortliche für die Evangelisierung, sind nun Überbringer und Verfechter »unseres« Familientyps, der »christlichen Familie«. Das ist der Bezugspunkt, das ist das Vorbild, das es nachzuahmen gilt!

Handelt es sich vielleicht nur um ein Ideal, also um etwas Abstraktes, das sich, so schön und eindrucksvoll es auch sein mag, nicht in die gelebte Praxis übertragen läßt? Nein, sicher nicht; und aus eben diesem Grund, wegen der Dringlichkeit, dieses Ideal praktisch zu verwirklichen, tauchen heikle Probleme theologischer und pastoraler Art auf.

Der Kern der Schwierigkeiten ist leicht zu erkennen: einerseits muß man die Familie betrachten, so wie Jesus Christus sie gewollt hat; man muß ihr Fundament, die unauflösliche Einehe, sowie die unverzichtbaren Vorrechte der Treue und Fruchtbarkeit ehelicher Liebe berücksichtigen; zum anderen gilt es, sich die konkrete Form der Familie vor Augen zu halten, wie sie in dem betreffenden menschlichen Milieu und in einem bestimmten Missionsgebiet besteht. Es ist also gewissermaßen das Problem der Akkulturation, die Einfügung des Sauerteigs des Evangeliums in einen besonderen, aber bedeutsamen und wichtigen Lebensbereich.

Mitunter kann die Gegenüberstellung von Ideal und Wirklichkeit zu einer einfachen Kombination führen, wenn die ethnischen und ethischen Elemente der örtlichen Kultur sich mit den transzendenten christlichen Werten vereinen lassen. In anderen Fällen wird sie einen sachlichen Gegensatz ans Licht bringen, wo eindeutig heidnische Überlieferungen fortdauern oder weiterhin Polygamie, Verstoßung des Ehepartners und Tötung werdenden Lebens praktiziert werden. Schließlich gibt es Fälle, bei denen man eine Beziehung zwischen den strengen Forderungen der christlichen Ehe- und Familienethik und den Elementen der einheimischen Kultur für möglich hält. Sie machen eine aufmerksame Unterscheidung und dauernde kluge Wachsamkeit notwendig. In diesem dritten Fall wird vielleicht häufiger als in den anderen Fällen die den Bischöfen und Missionaren übertragene Pastoralarbeit noch heikler und schwieriger sein: sie wird sich als Kunst erleuchteter Weisheit erweisen müssen, die keine Forderung der Lehre und des Glaubens Christi, sei sie auch noch so streng, vergißt oder opfert und gleichzeitig auch die typischen und echten Reichtümer und Werte eines Volkes nicht mißachtet oder verwirft. Ich sagte, daß es sich hier darum handelt, den Begriff der Akkulturation anzuwenden: das Christentum – das wissen wir gut, weil es das Zweite Vatikanische Konzil mit aller Autorität wiederholte (vgl. *Gaudium et spes,* Nr. 42; 58; *Ad gentes,* Nr. 22) – zerstört nichts von dem, was eine Gesellschaft an Wahrem, Gerechtem und Edlen auf ihrem Weg durch die Geschichte mit Hilfe der besonderen, ihr vom Schöpfer verliehenen Fähigkeiten aufzubauen vermochte; es pflanzt vielmehr in diesen Boden, in dieses Fundament die höheren Werte ein, die sein Gründer ihm anvertraut hat. Der Ehe und der Familie – in jedem Volk von einer Vielfalt positiver natürlicher Elemente gekennzeichnet

– verkündet und bietet das Christentum das Geschenk der Erhebung auf die übernatürliche und sakramentale Ebene. Der Missionar wird daher niemals aufhören zu lehren, daß die Familie – zunächst in der Dimension der Ehepartner, dann in jener der Elternschaft – die Kirche im kleinen und die geheimnisvolle Verbindung der Kirche mit Christus darstellt.
An Kongregation für die Glaubensverbreitung, Castel Gandolfo, 16. 10. 1981; OR 45/81

In Anbetracht der Tatsache, daß außerdem die Familie »Grund- und Lebenszelle der Gesellschaft ist«, wie das Zweite Vatikanische Konzil sagt (*Apostolicam actuositatem*, Nr. 11), darf sie sich nicht auf sich selbst zurückziehen, sondern muß sich dem sozialen Milieu öffnen, das sie umgibt. So wird die Rolle deutlich, die die Familie für die Gesellschaft hat. In der Tat ist die Familie für die jungen Mitglieder die erste Schule der sozialen Tugenden, und sie ist unersetzlich. Dadurch wird die Familie das wirksamste Instrument zur Humanisierung und Personalisierung einer Gesellschaft, die Gefahr läuft, der Anonymität und Vermassung zu unterliegen und deshalb immer unmenschlicher und menschenfeindlicher zu werden mit den negativen Folgen so vieler Formen des Ausstiegs aus der Gesellschaft, wie z. B. Alkoholismus, Drogensucht bis hin zum Terrorismus.

Außerdem können und müssen sich die Familien, einzeln oder im Verband, vielfältigen gesellschaftlichen Aufgaben widmen, vor allem im Dienst an den Armen, und ihr gesellschaftlicher Auftrag soll sich auch in Formen politischen Handelns äußern. Mit anderen Worten, die Familien müssen sich als erste dafür einsetzen, daß die Gesetze und Einrichtungen des Staates die Rechte und Pflichten der Familie nicht nur nicht

beeinträchtigen, sondern sie positiv stützen und verteidigen. In diesem Sinne müssen sich die Familien dessen immer mehr bewußt werden, daß in erster Linie sie selbst im Bereich der »Familienpolitik« die Initiative ergreifen müssen und die Verantwortung für die Veränderung der Gesellschaft übernehmen. Ebenso sind sie aufgerufen, an einer neuen internationalen Ordnung mitzuwirken.
Auf der anderen Seite muß die Gesellschaft begreifen, daß sie im Dienst der Familie steht. Die Familie und die Gesellschaft haben eine komplementäre Aufgabe bei der Verteidigung und Förderung des Wohles aller Menschen und jedes Menschen.
Ich bin sicher, daß Sie sämtlichen Rechten der Familie, die die Synodenväter angeführt haben und deren Vertiefung sich der Hl. Stuhl vorgenommen hat, indem er eine »Charta der Rechte der Familie« ausarbeitet, um sie den beteiligten Kreisen und den Autoritäten der verschiedenen Staaten sowie den zuständigen internationalen Organisationen vorzulegen, besondere Aufmerksamkeit geschenkt haben.
Wie Sie sehen, will die Kirche damit, daß sie der Familie ihre Aufmerksamkeit widmet, ihre Rechte schützt und die Würde ihrer Mitglieder zu fördern sucht, nicht nur dem Menschen – dem Hauptgegenstand ihrer Sorge –, sondern ebenso dem geordneten Fortschritt, der Wohlfahrt und dem Frieden der verschiedenen Nationen einen positiven Beitrag anbieten. Man darf in der Tat nicht meinen, daß ein Volk in würdiger Weise wachsen kann, und noch weniger, daß Gott weiter seinen Segen über es ausschüttet – denn »wenn nicht der Herr das Haus baut, müht sich jeder umsonst, der daran baut; wenn nicht der Herr die Stadt bewacht, wacht der Wächter umsonst« (*Ps* 127, 1) –, wenn die Grundrechte des Mannes und der Frau mit Füßen getreten werden, wenn das Leben im

Mutterschoß ausgelöscht wird, wenn ein blinder, verantwortungsloser Permissivismus akzeptiert, daß die geistigen und sittlichen Werte, ohne die nicht nur die Familien, sondern ebenso die Nationen auseinanderbrechen, an der Basis untergraben werden.
In diesem wahrhaft bedeutsamen Punkt appelliere ich an Ihr Empfinden; und ich spreche den Wunsch aus, daß in allen Ihren Ländern bei Verfügungen rechtlicher und sozialer Ordnung und Planung die Sorge für das Wohl der *familiaris consortio*, das heißt der »Familiengemeinschaft«, die das kostbarste Gut des Menschen darstellt, Priorität haben möge.
An diplomatisches Corps, Rom, 16. 1. 1982; OR 6/82

Und wenn wir nun die Familien Nigerias fragen: Was ist euer besonderer Beitrag für euer Land? Dann sage ich wiederum: Werdet, was ihr seid, »die Grund- und Lebenszelle der Gesellschaft... In der Familie wachsen ja die Bürger heran, und dort finden sie auch ihre erste Schule für jene sozialen Tugenden, die das Leben und die Entwicklung der Gesellschaft von innen her tragen und gestalten« (*Familiaris consortio*, Nr. 42). Die Familie ist es, die jeden Mann und jede Frau aus der Anonymität herausholt und ihnen ihre persönliche Würde bewußt macht, indem sie sie mit tiefen menschlichen Erfahrungen bereichert und sie in ihrer Einzigartigkeit in die Gesellschaft hineinstellt.
Brüder und Schwestern, wenn ihr euer Land liebt, dann liebt euer Familienleben! Wenn ihr eine Gesellschaft vermeiden wollt, die Gefahr läuft, in zunehmendem Maße entpersönlicht und genormt und somit unmenschlich und menschenunwürdig zu werden, dann stärkt die Strukturen des Familienlebens! Liebt eure Familien! Achtet sie!
Und ihr, junge Leute, bereitet euch durch Gebet,

Selbstdisziplin, gegenseitige Achtung und Keuschheit auf die Ehe vor. Denn die volle und echte Selbsthingabe kann nur in bleibender ehelicher Liebe erfolgen.
An Familien, Onitsha (Nigeria), 13. 2. 1982; OR 10/82

»Fürchte dich nicht, Abram, ich bin dein Schild, dein Lohn wird sehr groß sein! Abram antwortete: Herr, mein Herr, was willst du mir schon geben? Ich gehe doch kinderlos dahin, und Erbe meines Hauses ist Elieser aus Damaskus. Und Abram sagte: Du hast mir ja keinen Nachkommen gegeben; also wird mich mein Haussklave beerben. Da erging das Wort des Herrn an ihn: Nicht er wird dich beerben, sondern dein leiblicher Sohn wird Erbe sein. Er führte ihn hinaus und sprach: Sieh doch zum Himmel hinauf und zähl die Sterne, wenn du sie zählen kannst! Und er sprach zu ihm: So zahlreich werden deine Nachkommen sein!« (*Gen 15, 1–5*).
Die wunderbare Geschichte Abrahams, des »Vaters unseres Glaubens«, die die Lesung der heutigen Liturgie in Erinnerung ruft, stellt zwei wesentliche Wahrheiten heraus. Ihnen sollen unsere Aufmerksamkeit und unser Gebet während dieser Eucharistiefeier gelten.
Die erste Wahrheit ist, daß die Zukunft des Menschen auf der Erde an die Familie gebunden ist. Die zweite ist, daß der göttliche Heilsplan und die Heilsgeschichte durch die Familie hindurchgeht.
Zu einem »Familientreffen« – einem Treffen der Familie der Kinder Gottes – sind wir zusammengekommen, um das eucharistische Opfer zu feiern und diese Wahrheiten zu vertiefen.
Gestattet mir, daß ich an erster Stelle die portugiesischen Familien grüße, die hier von einer großen Zahl von Eheleuten und Familien der Stadt und Erzdiözese

Braga und verschiedener Gegenden Portugals vertreten werden. Ich bin gekommen, um hier ein Wort der Ermutigung zu sagen, die wesentlichen Werte der Ehe in besonderer Weise herauszustellen.

Ein Grußwort möchte ich auch an die Bewegungen und Organisationen richten, die im Bereich der Familie arbeiten, vor allem solche kirchlichen Charakters, die sich einsetzen bei der Ehevorbereitung, andere bei der Vertiefung der Ehespiritualität, andere bei der Lösung der Probleme, die im Schoß der Familie selbst entstehen. Ich möchte sie ermutigen, diese solide, weite und gut artikulierte Familienpastoral weiterzuführen, die vielen portugiesischen Heimen zum Wohl gereicht.

Mögen die Familien dieses Landes sich in der Liebe und in der Reinheit als Abbild der Liebe Christi zu seiner Kirche (vgl. *Eph* 5, 25) festigen und so weiterhin die Sendung erfüllen, die Gott ihnen anvertraut hat. Laßt uns in diesem Sinne bei dieser Eucharistiefeier beten in der Überzeugung, daß auch für Portugal die Zukunft über die Familie geht (vgl. *Familiaris consortio*, Schluß).

In der Familie wurzelt und von der Familie ist mehr als von anderen Gesellschaften, Institutionen oder Umfeldern die Zukunft des Menschen abhängig. Diese wesentliche Wahrheit ergab sich aus dem Gespräch Abrahams mit Gott, das wir vor einigen Augenblicken in dieser eindrucksvollen Passage der *Genesis* gehört haben.

»Dein Lohn wird sehr groß sein«, so versprach der Herr seinem Freund, »Herr, mein Herr, was willst du mir schon geben? Ich gehe doch kinderlos dahin«, so fragte Abraham mit einer gewissen Skepsis (*Gen* 15, 2). Dieser trostlosen Niedergeschlagenheit Abrahams folgte seine Freude, als »zu der Zeit, die Gott angegeben hatte« (*Gen* 21, 2), Sara ihm ein Sohn schenkte.

Die Zukunft des Menschen ist vor allem der Mensch selbst. Es ist der Mensch, der aus dem Menschen geboren wird: von einem Vater und einer Mutter, von einem Mann und einer Frau. Darum entscheidet sich die Zukunft des Menschen in der Familie.
Die Ehe ist das Fundament der Familie, so wie die Familie das Endziel der Ehe ist. Es ist unmöglich, die eine von der anderen zu trennen. Man muß sie zusammen im Licht der Zukunft des Menschen betrachten. Das ist eine offensichtliche Wahrheit, und dennoch ist sie eine bedrohte Wahrheit. Aus vielerlei Gründen neigt die Menschheit dazu, ihre eigene gegenwärtige und zukünftige Existenz mehr nach Kategorien der Produktivität, d. h. nach Kategorien von Mitteln, als in der Dimension des dem Menschen entsprechenden Ziels zu werten.
Verschiedene Gegebenheiten scheinen ein solches Denken zu erklären und zu rechtfertigen. Man kann sogar sagen, daß der Mensch so denkt »mit Rücksicht auf den Menschen«, weil er besorgt ist, seine Existenz auf Erden zu sichern. Soviel läßt sich in dieser Hinsicht aus den augenblicklichen Veröffentlichungen auf den Gebieten der Demographie oder der Wirtschaft herauslesen.
Dennoch begehen wir beim Nachdenken über den Menschen und über seine Zukunft auf der Erde einen wesentlichen Fehler, wenn wir von Kategorien seiner Produktivität und der Produkte, die er auf der Erde herstellt, ausgehen. Der Mensch ist dann nicht mehr der wesentliche und erste Wert. Er ist nicht mehr Ziel, sondern Mittel.
So weicht unser Denken vom Denken des Schöpfers ab, der den Menschen als einziges Geschöpf um seiner selbst willen geschaffen hat (vgl. *Gaudium et spes*, Nr. 24).
Und gerade in diesem Punkt ist die Aufgabe der Fami-

lie und ihre Berufung unersetzlich. Auch die Familie möchte von ihrem Wesen her den Menschen um seiner selbst willen in den Mittelpunkt stellen; sie formt sich als Gemeinschaft von Personen um des Menschen willen: des konkreten Menschen, der immer einzig und unwiederholbar ist, Mann, Frau, Vater, Mutter, Sohn und Tochter.
Darum ist die Familie in der Atmosphäre unserer gegenwärtigen Welt – vor allen Dingen der »reichen Welt«, der Welt der hohen materiellen Kultur – bedroht. Sie bleibt dennoch die Quelle der Hoffnung für die Welt. Trotz allem wird in ihr die Zukunft des Menschen entschieden; und gestattet mir, präziser zu sagen, des Menschen in Portugal, der sich dafür einsetzt, die Fundamente zu vertiefen, auf denen Fortschritt, Gleichgewicht, Eintracht und Frieden gründen.
»Sieh doch zum Himmel hinauf und zähl die Sterne, wenn du sie zählen kannst... So zahlreich werden deine Nachkommen sein« (*Gen* 15, 5), spricht der Herr zu Abraham. Der Sohn, der geboren werden soll, wird der Anfang der Familie und des Geschlechtes sein, der Gründer des Stammes und des Volkes.
Der Mensch ist nicht dazu bestimmt, allein zu sein. Er kann nicht bestehen auf der Erde, wenn er allein ist. Er ist dazu berufen, sein Leben in Gemeinschaft zu verbringen. Darum kommen Gemeinschaften zustande, die erste und fundamentalste von ihnen ist eben die Familie. Und durch diese Gemeinschaften, von denen die erste die Familie ist, wächst der Mensch und reift er als Mensch heran. Der Mensch, der in der ehelichen Gemeinschaft zwischen Mann und Frau zur Welt kommt, verdankt also seine Erziehung der Familie.
Die Erziehung zielt dahin, die tiefste Bedeutung dieses Wortes zu verwirklichen, den Menschen zu »ver-

menschlichen«. Der Mensch, der vom ersten Augenblick seiner Empfängnis im Mutterschoß Mensch ist, lernt nach und nach »Mensch zu sein«; und dieses wesentliche Lernen ist mit der Erziehung identisch. Der Mensch ist die Zukunft der Familie und der ganzen Menschheit, aber seine Zukunft ist unlöslich mit der Erziehung verbunden.
Die Familie hat das erste und grundlegende Recht zu erziehen, aber sie hat auch die erste und grundlegende Pflicht zu erziehen. In Erfüllung dieser wesentlichen Pflicht, die mit ihrer Berufung eng verbunden ist, nährt sich die Familie von den Quellen des großen Schatzes der Menschheit, der die Kultur ist; und, genauer noch, die Kultur des Umfeldes, in dem sie wurzelt.
So wird der Mensch Erbe der Vergangenheit, die sich in ihm nach und nach umwandelt in Zukunft: nicht nur in die Zukunft der eigenen Familie, sondern auch die Zukunft des eigenen Volkes und der ganzen Menschheit.
Parallel mit diesem normalen Zyklus der Familie, der Geburt und Erziehung des Menschen, verläuft organisch der göttliche Heilsplan, der von Anfang an auf den Menschen zugeschnitten ist mit dem ehelichen Bund und der – nach dem Sündenfall – in Jesus Christus bestätigt und erneuert wurde. In Jesus Christus erreicht der göttliche Heilsplan seine Vollendung.
Liebe Brüder und Schwestern! Mein Wunsch ginge dahin, daß ich in dem Augenblick, da ich euch diese allgemein gültigen Prinzipien in Erinnerung rufe, nichts anderes tun mußte, als Gott zu danken und mich mit den portugiesischen Familien zu freuen, weil diese Wahrheiten von ihnen beachtet und angewandt werden:
– die Prinzipien, die den Menschen in den Mittelpunkt der Institution Familie stellen;

– die Verpflichtungen und die praktischen Weisungen hinsichtlich der Rolle der Kultur und der Aufgabe der Erziehung.

Aber angesichts der raschen Verbreitung sozialer Ereignisse, die die Mentalität und das Verhalten der lebendigen Zellen unserer Gesellschaft und der Menschen beeinflussen, kann ich nicht umhin, hier an das menschliche und christliche Gewissen zu appellieren, denn die große Sache der Familie steht im Mittelpunkt des Interesses aller; ich appelliere an die Einsatzbereitschaft der für die Kultur unmittelbar Verantwortlichen, vor allen Dingen für die sogenannte »Massenkultur«, der für die Erziehung Verantwortlichen, der Pastoralarbeiter; schließlich möchte ich mich an alle wenden, die dazu beitragen können, der Ehe und Familie günstige Lebensbedingungen zu erhalten; diese haben ja mit der Gabe, Leben weiterzugeben, die schwere Pflicht, ihre Kinder zu erziehen.

Und ihr, liebe Familienväter und -mütter, die ihr euch bewußt seid, daß euer Heim die erste Schule ist, in der die Kinder, die Gott euch geschenkt hat, die menschlichen Werte erlernen, seid ihr euch auch der anderen großen Pflicht bewußt, die euch auferlegt wurde? Daß ihr alles tut und auch alles fordert, damit eure Kinder sich im Leben harmonisch entwickeln, damit sie wachsen können und getragen werden von einer menschlichen und christlichen Ausbildung? »Die Kirche« begrüßt darum »jene weltlichen Autoritäten und Gemeinwesen, die dem Pluralismus der heutigen Gesellschaft Rechnung tragen, für die gebührende religiöse Freiheit sorgen und so den Familien dazu verhelfen, daß ihren Kindern in allen Schulen eine Erziehung nach den sittlichen und religiösen Grundsätzen der Familie erteilt werden kann« (*Gravissimum educationis*, Nr. 7).

An Familien, Sameiro (Portugal), 15. 5. 1982; OR 23/82

Den öffentlichen Autoritäten und allen Männern und Frauen guten Willens sage ich: Hegt eure Familien! Schützt ihre Rechte. Unterstützt die Familie durch eure Gesetze und eure Verwaltung. Verschafft in eurer Politik der Stimme der Familie Gehör. Die Zukunft eurer Gesellschaft, die Zukunft der Menschheit führt über die Familie.

Meine Brüder und Schwestern in Christus, die ihr nun im Begriff seid, die Versprechen eures Hochzeitstages zu erneuern: mögen eure Worte noch einmal der Wahrheit in eurem Herzen Ausdruck geben und mögen sie treue Liebe in euren Familien hervorrufen. Laßt eure Familien wirklich Gemeinschaft der Liebe sein! Laßt diese Liebe andere Menschen in der Nähe und Ferne erreichen. Macht, daß diese Liebe insbesondere die einsamen und bedrückten Menschen in eurer Nachbarschaft erreicht, die Armen und alle, die am Rande der Gesellschaft leben. Auf diese Weise werdet ihr eure Gesellschaft in Frieden aufbauen, denn Frieden erfordert Vertrauen, und Vertrauen ist das Kind der Liebe, und die Liebe wird in der Wiege der Familie geboren.

An Familien, York (England), 31. 5. 1982; OR 26/82

In diesem Zusammenhang kommt dem wirksamen Schutz und der Förderung der Familie, des »Ursprungs und Fundaments der menschlichen Gesellschaft«, wie das Konzil sie nennt (*Apost. act.*, Nr. 11), eine außerordentliche Bedeutung zu. Aus derselben Überzeugung stellt auch die Verfassung Ihres Landes die Ehe und Familie »unter den besonderen Schutz der staatlichen Ordnung« (Art. 6). Denn es gibt in der heutigen Gesellschaft kaum etwas, was zugleich so zukunftsweisend und so bedroht ist wie diese ursprünglichste der menschlichen Gemeinschaften. Dasselbe

gilt in zunehmendem Maße für das menschliche Leben selbst. Möge der Auftrag Ihrer Verfassung zur Sicherung und Förderung der Familie voll zur Ausführung gelangen und das Leben als das höchste dem Menschen anvertraute irdische Gut wieder neu die ihm gebührende uneingeschränkte Achtung erfahren. Es ist mein aufrichtiger Wunsch, daß die Initiative »Wähle das Leben«, die die deutsche Kirche in diesen Wochen in Ihrem Land begonnen hat, möglichst viele ermutigt, im privaten und öffentlichen Bereich das menschliche Leben zu schützen und zu fördern.
An den deutschen Bundespräsidenten, Rom, 28. 10. 1982; OR 45/82

Außerdem kann ich, auch wenn es das Programm der zur Zeit stattfindenden Konferenz überschreitet, eine so wichtige Gelegenheit nicht vorübergehen lassen, ohne Ihre Sensibilität als Gesetzgeber und politische Führer auf die Grundwerte der Familie und ihrer Aufgaben in der Gesellschaft hinzuweisen. Diese müssen auch in Formen politischen Handelns zum Ausdruck kommen, wie ich in dem Apostolischen Schreiben *Familiaris consortio* (Nr. 44) in Erinnerung gerufen habe. Mit anderen Worten, die Familien müssen die ersten sein, die darüber wachen, daß die Gesetze und Einrichtungen des Staates nicht nur die Rechte und Pflichten der Familie nicht verletzen, sondern sie stützen und positiv verteidigen. Betrachten Sie diese vorrangige Aufgabe der Familien nicht als eine Einmischung in die öffentliche Macht auf die Gefahr hin, ihre Autorität zu verringern, denn dann wäre der Zusammenhang mit den wiederholten Appellen zur Beteiligung und zur Initiative nicht mehr gegeben.
Sie wissen, wie sehr die katholische Kirche für ihren Teil die Werte der Familie, wie die eheliche Treue,

den Sinn der Sexualität und die Forderungen wahrhaft zwischenmenschlicher Beziehungen, die Würde der Frau, das Geschenk und die Achtung des Lebens, das Erziehungsrecht der Eltern und ihre Erziehungspflicht, in allen Ländern unaufhörlich verteidigt, bewahrt und fördert. Wenn die Kirche soviel Energie darauf verwendet, das zu bekunden, und durch die Vermittlung ihrer Priester und Laien so viele Initiativen auf diesem Gebiet entfaltet, dann deshalb, weil sie großen Wert auf die Heiligkeit der Ehe für das Leben der Christen und den Fortschritt der Kirche legt und davon überzeugt ist, daß das ebenso wesentlich für die Gesellschaft ist, deren Lebenszelle die Familie ist. Die Kirche wünscht, daß die verschiedenen Verantwortlichen, vor allem die Gesetzgeber, mit ihr die Größe dieses Einsatzes für die Zukunft der Gesellschaft begreifen.

An Interparlamentarische Union, Rom, 18. 9. 1982; OR 46/92

Und Marguerite Bourgeoys hielt es nicht für weniger unentbehrlich, den Grund für solide und gesunde Familien zu legen. Sie sollte damit zur Lösung eines für diesen Ort und für diese Zeit ganz spezifischen Problems beitragen. Den Männern, die als Soldaten oder Siedler in dieses Land der neuen Welt gekommen waren, fehlte es für die Realisierung eines Zentrums der Glaubensverkündigung in Ville-Marie, das sich von anderen Kolonisierungen unterscheiden sollte, an guten Ehefrauen. Marguerite Bourgeoys ließ möglichst kräftige und tugendhafte Mädchen aus Frankreich suchen und ihnen ihr erzieherisches Können zuteil werden. Sie wachte über sie wie eine Mutter mit Liebe und Vertrauen, sie nahm sie in ihr Haus auf, um sie auf die Rolle zuverlässiger, christlicher, gebildeter, fleißiger und ausstrahlender Ehefrauen und Mütter vorzubereiten. Gleichzeitig war sie diesen rauhen Männern behilflich, verständnisvolle Ehegatten und gute Väter zu werden.

Aber dabei machte sie nicht Halt. Wenn die Familien gegründet waren, gewährte sie ihnen weiterhin die notwendige materielle Unterstützung im Falle von Not oder Krankheit und sorgte dafür, daß vor allem den Frauen Gelegenheit zur Erholung, zur gemeinsamen Freundschaft geboten wurde, damit sie in ihrer Entschlußkraft gestärkt und erneuert wurden, bot ihnen Gelegenheiten zur Vertiefung der Spiritualität, unter denen sie Einkehrtage oder auch Zusammenkünfte nennt.

Kurz, das, was man heute mit den Methoden, Institutionen und Vereinigungen unserer Zeit für eine qualifizierte Erziehung, Ehevorbereitung, Familienberatung und -hilfe zu tun sucht, scheint in anderer Form im Geist und den Initiativen der Marguerite Bourgeoys bereits im Keim vorhanden zu sein. Für die Christen bedeutet es eine große Freude und Ermutigung, wenn das, was die letzte Synode über die Familie gesagt hat und was ich im vergangenen Jahr in dem Apostolischen Schreiben *Familiaris consortio* der Kirche unterbreitet habe, entschlossen in die Tat umgesetzt wird. Könnte doch die gesamte heutige Gesellschaft auf der Ebene ihrer höchsten zivilen Instanzen auch davon überzeugt werden, daß sich keine langfristige Lösung finden läßt, wenn man nicht der Familie ihren zentralen Platz und die Bedingungen für ihre Stabilität und ihre Entfaltung zurückgibt; daß man, wenn eine Familie eine Krise durchmacht, nicht von ihr abläßt, und dies nicht, um sie zu kritisieren und zurückzuweisen – das fürchtete unsere Heilige –, sondern um sie zu fördern, ihr Vertrauen zu stärken und ihr bei der Erfüllung ihrer Aufgaben zu helfen, ohne ihre Eigendynamik verdrängen zu wollen.

Und vergessen wir nicht, daß Marguerite Bourgeoys in ihrem erstaunlichen Werk von ihrer Verehrung für die Heilige Familie getragen wurde und sie inmitten ärgster Schwierigkeiten – »Sorgen und Mühen« – den Familien mit der Liebe gedient hat, die vom Heiligen Geist kommt.
Heiligsprechung, Rom, 31. 10. 1982; OR 46/82

Was die dritte Dringlichkeit betrifft, so bezieht sie sich auf die Aufgabe der Familie gegenüber der bürgerlichen Gesellschaft und gegenüber der Kirche. Hinsichtlich des ersten Punktes muß die Familie vor jedem Versuch geschützt werden, ihren Raum im menschlichen Leben willkürlich einzuschränken. Wie ich bereits gesagt habe, ist sie die erste Schule der Formung des Menschen. Die bürgerliche Gesellschaft findet darum in der Familie – wenn sie deren ganze Wahrheit erkennt – eine der wichtigsten Instanzen für den Aufbau der Zivilisation. Was sodann die Beziehungen zur Kirche, anders gesagt, die kirchliche Sendung der Familie betrifft, gilt es, die Eheleute immer stärker zu der Verantwortung zu erziehen, die sie kraft des Ehesakramentes haben, nämlich in der ihnen eigenen Weise den Leib Christi aufzubauen.
An Päpstlichen Rat für die Familie, Rom, 30. 5. 1983; OR 25/83

Die christliche Familie hat auch die Pflicht, an der Entwicklung der Gesellschaft teilzunehmen. Als Bischöfe in den Vereinigten Staaten habt ihr eine lange Geschichte eines hingebungsvollen Dienstes an Familien mit besonderen Bedürfnissen, insbesondere durch die Organe eures Sozialdienstes. Eure Diözesanorgane haben auch eine besondere Sorge für die Armen,

für rassische, ethnische und kulturelle Minderheiten bewiesen. Aber wie die Bischofssynode von 1980 dringend forderte und wie auch in *Familiaris consortio* betont wurde, muß sich »der gesellschaftliche Auftrag der Familie auch in Formen politischen Handelns äußern, das heißt, die Familien müssen als erste sich dafür einsetzen, daß die Gesetze und Einrichtungen des Staates die Rechte und Pflichten der Familie nicht nur nicht beeinträchtigen, sondern positiv stützen und verteidigen« (Nr. 44). Eure Bischofskonferenz hat diese Rolle gewissenhaft gefördert: durch ihre Aktion für das Leben und besonders durch das jährliche »Programm der Achtung vor dem Leben«, das für das laufende Jahr in der kommenden Woche beginnt.
An Bischöfe der USA, Rom, 24. 9. 1983; OR it. 221/83

Das während dieses Kongresses zur Sprache gebrachte Thema – Familie und Gesellschaft – soll einen ganzen Komplex von Überlegungen, die Sie bereits über andere Aspekte angestellt haben, fortsetzen und ergänzen; es ist im übrigen schon an und für sich sehr umfangreich. Ich überlasse es Ihnen, es zu vertiefen und daraus präzise Richtlinien für Ihr aktives Vorgehen zu gewinnen. Sie wollen, wie Sie sagen, Ihr soziales Engagement verstärken und auf diese Weise in die Lage kommen, einer größeren Zahl von Familien bei der Erziehung ihrer Kinder zu helfen, indem Sie zunächst nach einer persönlichen Besserung und einer objektiveren Kenntnis Ihrer eigenen Kinder streben und sich der Notwendigkeit bewußt werden, sich auch der Kinder der anderen anzunehmen.
In erster Linie geht es hier darum, von dem ursprünglichen und grundlegenden Platz der Familie sowohl in der Gesellschaft als auch in der Kirche überzeugt zu sein. Sie müssen immer wieder miteinander die Worte

des Evangeliums und die Lehre der Kirche hören, die die Identität der Familie, ihre inneren Kraftquellen, die Bedeutung ihrer Sendung in der Stadt der Menschen und in der Stadt Gottes offenbaren (vgl. *Familiaris consortio,* Nr. 86) (...)
Ja, einerseits steht die Gesellschaft im Dienst der Familie, die sie achten und fördern muß als eine »Gesellschaft, die ihr eigenes, maßgebendes Recht besitzt«, ohne sich an ihre Stelle zu setzen und ohne in ihre Verantwortlichkeiten oder in die Initiativen der Familienverbände einzugreifen. Auf diesem Gebiet muß sie noch mehr als auf anderen eine Rolle der Subsidiarität spielen.
So haben – um nur einige bezeichnende Beispiele zu nennen – jene, die eine Familie gründen wollen, das Recht, von der Gesellschaft zu erwarten, daß ihnen dafür moralisch, erzieherisch, sozial und wirtschaftlich günstige Verhältnisse geboten werden. Insbesondere muß der institutionelle Wert der Ehe von den Behörden unterstützt werden.
Die Familie hat das Recht auf Unterstützung seitens der Gesellschaft, um die Last und Verantwortung tragen zu können, die das In-die-Welt-Setzen und die Erziehung der Kinder darstellen; besonders die kinderreichen Familien haben das Recht auf eine angemessene Hilfe.
Die Waisen und die Kinder, die auf den Beistand ihrer Eltern oder Vormünder verzichten müssen, sollen einen besonderen Schutz von seiten der Gesellschaft genießen; in diesem Fall muß der Staat durch seine Gesetzgebung die Aufnahme dieser Kinder in dazu geeignete Familien erleichtern.
Was die Erziehung angeht, so haben die Eltern – die die ersten und wichtigsten Erzieher ihrer Kinder bleiben – das Recht, die Kinder entsprechend ihren moralischen und religiösen Überzeugungen zu erziehen

und daher die Schulen oder andere dazu notwendige Institutionen frei zu wählen.
Durch eine gerechte Verteilung der staatlichen Finanzmittel sollen sie von der Gesellschaft die notwendige Hilfe und Unterstützung erhalten. Die religiöse und sittliche sowie die sexuelle Erziehung müssen immer unter ihrer aufmerksamen Führung erfolgen.
Anderseits haben die Familien das Recht und die Pflicht, ihre soziale Funktion beim Aufbau der Gesellschaft auszuüben: das ist ein Dienst, der zur Qualität der sozialen Beziehungen und zum ethischen Klima beitragen soll, von dem die Sitten und Gewohnheiten der Allgemeinheit abhängen.
Die Familie, die ihre Sendung gegenüber ihren Mitgliedern gut erfüllt, ist schon von sich aus eine Schule der Menschlichkeit, der Brüderlichkeit, der Liebe und der Gemeinschaft, die Staatsbürger darauf vorbereitet, das zu üben, was ich die soziale Liebe nenne, und zwar dadurch, daß sie notwendigerweise Aufgeschlossenheit, Geist der Zusammenarbeit, Gerechtigkeit, Solidarität, Frieden und auch Mut zum Eintreten für ihre Überzeugungen einschließt.
Dann haben wir die Zusammenarbeit zwischen Eltern und Erziehern im Rahmen der Schule oder der Freizeitgestaltung, woran sich die christlichen Familien auf fruchtbare Weise beteiligen können.
Ich denke ferner an die Ausarbeitung familienpolitischer Maßnahmen, an alles, was die rechtliche und soziale Stellung der Familie im allgemeinen und die Hilfe betrifft, die den materiell oder moralisch benachteiligten Familien geleistet werden muß. Die Familien und vor allem die Familienverbände haben da einen ganz wichtigen Beitrag zu leisten; dessen sind Sie sich ja gewiß voll bewußt.
Wie könnte man zudem den immer größeren Einfluß der Mittel der sozialen Kommunikation – Presse,

Werbung, Rundfunk, Fernsehen, Kino – übersehen, um sämtliche Werte der Familie in einer Weise darzustellen, die die Würde der Sitten, die eheliche Liebe, ihre Vorbereitung, die Ehe als Institution begünstigt? Hier gilt es nicht nur über das zu wachen, was leider die Krise der Familie zu verstärken droht, sondern auch einen positiven Beitrag zu erbringen: die Familien, die das Ideal der Ehe im Lichte des christlichen Glaubens zu leben versuchen, müssen davon in den Medien klar Zeugnis geben und selbst darauf Einfluß nehmen, daß Artikel oder Bildfolgen dem Rechnung tragen.

Schließlich müssen Sie mit klarem Blick die Situationen prüfen, die im Zusammenhang mit der heutigen Kultur auftreten, müssen prüfen, was an ihnen schwach oder gefährlich ist und was eine Chance oder eine Erwartung darstellt. So werden Sie in der Lage sein, einen echten Dialog mit jenen aufzunehmen, die zur Herausbildung der Sitten beitragen, die Ihnen zufallende Verantwortung auszuüben, geeignete, realistische und wirksame Abhilfen vorzuschlagen und vor allem unaufhörlich Zeugnis für eine christliche Familienauffassung abzulegen, die kennen und schätzen zu lernen unsere Gesellschaft dringend nötig hat. Das Apostolische Schreiben *Evangelii nuntiandi* sprach von der Evangelisierung der Kulturen; die Familie ist mehr denn je eine Wirklichkeit, die es zu evangelisieren gilt.

An Familienkongreß, Rom, 7. 11. 1983; OR 49/83

Die Eheleute leisten einen wichtigen Beitrag zur Einheit und Stabilität der Gesellschaft, indem sie ihr Versprechen lebenslänglicher Treue erfüllen und für die hochherzige Liebe Christi zu seiner Braut, der Kirche, Zeugnis ablegen. Die im Glauben und im Gebet ver-

einte christliche Familie ist eine Schule, wo gegenseitiges Verzeihen, Geduld und Liebe gelehrt werden. In der Familie werden die Kinder darauf vorbereitet, ihren Anteil am Leben und an der Sendung der Kirche zu übernehmen.
An Klerus und Laien, Port Moresby (Papua-Neuguinea), 8. 5. 1984; OR 20/84

Die Kirche beschäftigt sich gründlich mit dem Problem der katholischen Erziehung der Jugend und verlangt in besonderer Weise Freiheit und Gleichheit für die katholischen Schulen, weil sie von der Überzeugung geleitet wird, daß sie ein Recht der christlichen Familien sind, wie viele Aussagen des Lehramtes des Stuhls Petri wiederholt unterstrichen haben. Wenn die Kirche so sehr auf diesem Recht besteht, dann deshalb, weil sie gerade die Familien im Auge hat, denen die Pflicht der christlichen Erziehung der Kinder grundlegend und ontologisch obliegt. Die Eltern sind die ersten Erzieher ihrer Kinder, ja, im Dienst der Glaubensvermittlung sind sie »die ersten Katecheten ihrer Kinder«, wie ich im Wiener Stephansdom gesagt habe (12. September 1983; *OR dt.*, 23. 9. 83, S. 6). Die ihrer Natur nach von Gott gewollte Familie ist die erste und natürliche Erziehungsgemeinschaft für den Menschen, der in die Welt eintritt. Sie muß daher ohne jede Diskriminierung von irgendeiner staatlichen Gewalt die Freiheit genießen können, für ihre Kinder den Schultyp zu wählen, der mit ihren Überzeugungen übereinstimmt; noch darf sie durch allzu drückende wirtschaftliche Belastungen behindert werden, weil alle Bürger auch und vor allem auf diesem Gebiet wirklich gleich sind. Das Zweite Vatikanische Konzil hat in der Erklärung über die Religionsfreiheit ausdrücklich gesagt: »Einer jeden Familie, die ja eine Gesellschaft eigenen und ursprünglichen Rechtes ist, steht das Recht zu, ihr häusliches religiöses Leben unter der Leitung der Eltern in Freiheit zu ordnen. Die Eltern haben das Recht, die Art der religiösen Erziehung ihrer Kinder gemäß ihrer eigenen religiösen Überzeugung zu bestimmen. Daher muß von seiten der staatlichen Gewalt das Recht der Eltern anerkannt werden, in wahrer Freiheit Schulen und andere Erziehungseinrichtungen zu wählen, und aufgrund dieser Wahlfreiheit dürfen ihnen weder direkt noch indirekt irgendwelche ungerechten Lasten auferlegt werden« (*Dignitatis humanae*, Nr. 5).

In der Ausübung des Rechts, für die eigenen Kinder den Schultyp zu wählen, der den eigenen religiösen Überzeugungen entspricht, darf die Familie in keiner Weise behindert, sondern muß vom Staat gefördert werden, der nicht nur die Pflicht hat, die Rechte der christlichen Eltern, die in jeder Hinsicht seine Bürger sind, nicht zu verletzen, sondern auch zum Wohl der Familie beizutragen (vgl. *Gaudium et spes*, Nr. 52).

Die Kirche wird niemals müde werden, diese Prinzipien zu unterstützen, die von kristallklarer Folgerichtigkeit und Klarheit sind, die aber, wenn sie angefeindet werden oder unbeachtet bleiben, das zivile und soziale Zusammenleben schwächen können, das auf die Achtung der Grundfreiheiten der Mitglieder gegründet ist, die die Gesellschaft bilden und deren wichtigster Kern die Familie ist.

Ich empfinde es daher am Vortag des Festes der hll. Petrus und Paulus, der Lehrer und Säulen des Glaubens, als meine Pflicht, von hier aus an die ganze Kirche die Aufforderung zu richten, jegliche Anstrengung zu unternehmen, um die Strukturen der katholischen Schule leistungsfähig zu erhalten; im besonderen mögen sich die Bischöfe, die Priester und vor allem jene hochverdienten männlichen und weiblichen

Ordenskongregationen verantwortlich fühlen, die, wie es von ihren heiligen Gründern und Gründerinnen entsprechend ihrem eigenen Erziehungscharisma gewollt war, diesen großen, unvergleichlichen Dienst an der Kirche mit größtem Einsatz wie ihren Augapfel schützen müssen. Und darüber hinaus wende ich mich an die Lehrer, an die in der katholischen Schule tätigen Laien, die Eltern, die lieben Schüler und Schülerinnen, damit sie die Zugehörigkeit zu diesen Schulen als eine große Ehre empfinden. Alle Glieder der Kirche müssen sich verpflichtet fühlen, das hohe Ansehen dieser Schulen, auch wenn es Opfer kostet, zu erhalten, überzeugt von der wichtigen Rolle, die sie für die Zukunft der verschiedenen kirchlichen und zivilen Gemeinschaften spielen.
An Kardinäle und Mitarbeiter der Kurie, Rom, 28. 6. 1984; OR 28/84

Liebe Söhne und Töchter Puerto Ricos! Die Mutter der Göttlichen Vorsehung ist in besonderer Weise in eurer Gemeinschaft gegenwärtig. Sie zeigt euch Christus, den Herrn, und wiederholt die Worte von Kana in Galiläa: »Was er euch sagt, das tut.«
Was will sie uns heute sagen? Einer der Bereiche, auf den ihre Muttersorge sich richtet, ist ohne Zweifel die Familie. Die große Hochachtung für diese ist eines der Elemente eures religiös-kulturellen Erbes. Die Familie gibt die kulturellen, ethischen, bürgerlichen, spirituellen und religiösen Werte für die Entfaltung ihrer Mitglieder und der Gesellschaft weiter. In ihr unterstützen die verschiedenen Generationen einander in ihrem Wachstum und in der Abstimmung ihrer Rechte mit den Bedürfnissen der Mitmenschen. Deswegen muß sie ein intensiv nach dem Evangelium gestalteter Lebenskreis sein, damit sie durchdrungen ist von den

christlichen Werten und das Beispiel des Lebens der Heiligen Familie widerspiegelt.

Die Öffnung gegenüber anderen Gesellschaftsformen muß auch immer dazu dienen, eure eigene zu bereichern. Ihr dürft jedoch nicht zulassen, daß Auffassungen, die eurem Glauben und eurer Eigenart als Volk fremd sind, die Familie dadurch zerstören, daß sie die Einheit und Unauflöslichkeit der Ehe attackieren. Rettet die treue und dauerhafte Liebe! Und überwindet die Scheidungsmentalität der Gesellschaft.

Erinnert euch auch daran, daß »das Leben von der Empfängnis an mit höchster Sorgfalt zu schützen ist; Abtreibung und Tötung des Kindes sind verabscheuungswürdige Verbrechen«, wie das jüngste Konzil gelehrt hat (*Gaudium et spes*, Nr. 51). Kein menschliches Gesetz kann daher die Abtreibung moralisch rechtfertigen. Ebensowenig sind vom sittlichen Standpunkt her die Maßnahmen der Behörden zulässig, die die verantwortungsbewußte Freiheit der Eltern bei der Entscheidung über die Zahl ihrer Kinder einschränken.

San Juan (Puerto Rico), 12. 10. 1984; OR 45/84

III. EHE UND FAMILIE IN DER KIRCHE

A. Ehetheologie

1. Ehe als Sakrament

Die Gemeinschaft zwischen Gott und den Menschen findet ihre endgültige Erfüllung in Jesus Christus, dem liebenden Bräutigam, der sich hingibt als Erlöser der Menschheit und sie als seinen Leib mit sich vereint.
Er offenbart die Urwahrheit über die Ehe, die Wahrheit des »Anfangs«, und macht den Menschen fähig, sie vollends zu verwirklichen, indem er ihn von seiner Herzenshärte befreit.
Diese Offenbarung gelangt zur endgültigen Vollendung in der Liebesgabe, die das göttliche Wort der Menschheit macht, indem es die menschliche Natur annimmt, und im Opfer, mit dem Jesus Christus sich am Kreuz für seine Braut, die Kirche, darbringt. In diesem Opfer wird der Plan vollständig enthüllt, den Gott dem Menschsein des Mannes und der Frau seit ihrer Schöpfung eingeprägt hat; die Ehe der Getauften wird so zum Realsymbol des neuen und ewigen Bundes, der im Blut Christi geschlossen wurde. Der Geist, den der Herr ausgießt, macht das Herz neu und befähigt Mann und Frau, einander zu lieben, wie Christus uns geliebt hat. Die eheliche Liebe erreicht dadurch jene Fülle, auf die sie von innen her ausgerichtet ist, die übernatürliche Gattenliebe, in welcher die Vermählten auf die

ihnen eigene und spezifische Art an der sich am Kreuz schenkenden Liebe Christi teilnehmen und sie zu leben berufen sind.

FC 13

Vorbemerkung

Die Ehe steht seit der Erschaffung der Welt in einem besonderen Licht. Als unauflösliche Gemeinschaft soll sie nach Gottes Plan Zeichen seiner eigenen Liebe sein – einmal der Liebe, die in der Dreifaltigkeit selbst flutet, dann aber auch der Liebe Gottes zum Menschen, seiner immer wieder erneuerten Bundesliebe. Als Liebesgemeinschaft, die unter diesem Anspruch steht, ist die Ehe zugleich zur Weitergabe des Lebens berufen.
Christus bestätigt diesen Plan Gottes von Anfang an und gibt ihm durch die Erhebung der Ehe zum Sakrament eine neue Dimension: christliche Ehe ist seitdem auch noch Zeichen der Liebe Christi zu seiner Kirche.
So ist die Ehe eine Gnadengabe aus der Kraft des Heiligen Geistes. Sie ist aufgerufen, als »Dreibund« mit Christus diese Wahrheit – der ehelichen und elterlichen Liebe entsprechend Gottes Plan – zum Maß ihres Lebens zu machen.
In unserer Zeit, die sich – vom Pluralismus geprägt – schwer tut mit gültigen Aussagen, schwer tut mit »der Wahrheit«, ist es ein Geschenk, daß dieser Papst immer wieder so klare Aussagen zum Wesen der christlichen Ehe macht, die Kernzelle der christlichen Familie ist. Die Mittwochskatechesen in Band 1 und 2 von »Communio personarum« sind dem gewidmet, aber auch viele andere Ansprachen des Papstes. Gerade für das Thema »Sakramentalität der Ehe« lohnt e sich, auch andere Kapitel dieses Bandes (etwa »Hauskirche«, »Grundwerte« u. a.) vergleichend herauszuziehen, weil der Papst in fast allen Ansprachen, in denen er auf Ehe zu sprechen kommt, auch über ihre Sakramentalität spricht oder sie wenigstens erwähnt. Es geht ihm darum, möglichst vielen Eheleuten zu helfen, die Glaubenswahrheiten über ihren Stand als Realitäten zu erkennen und zu leben. »Familie, werde, was du bist!« (FC 17)

In dieses Kapitel ist die Ansprache des Papstes an Familien in Madrid vollständig aufgenommen, sozusagen als Muster und Beispiel der Ansprachen, die er in anderen Ländern in großer Intensität an Familien richtete. Anhand dieser Ansprache ist besonders gut nachzuvollziehen, daß die Sakramentalität der Ehe das Fundament der Familie ist und welche Folgerungen sich für das praktische Leben daraus ergeben. Mit großer Wärme kündet hier der Papst den Plan Gottes für Ehe und Familie. Er gibt den spanischen Familien so etwas wie ein kurzgefaßtes Ehekompendium an die Hand, eine Kurzfassung, – auf ihre Probleme zugeschnitten – von »Familiaris consortio«.

Man hat sehr schön und tiefgehend gesagt, unser Gott sei in seinem tiefsten Geheimnis nicht einzelner, sondern Familie, weil er in sich selber Vaterschaft, Sohnschaft und Liebe, die das Wesentliche einer Familie ist, darstellt. Diese Liebe innerhalb der Familie Gottes ist der Heilige Geist. Das Thema Familie ist daher der Lehre vom Heiligen Geist nicht fremd. Erlaubt also, daß der Papst euch zum Thema Familie einiges sagt, zumal es auch die Bischöfe in diesen Tagen gewiß beschäftigen wird.
An Familien, Palafoxiano (Mexiko), 28. 1. 1979; OR 6/79

Liebe Brautleute!
Binnen kurzem sprecht ihr die Worte des Ehegelöbnisses, das euch vor Gott und der Kirche zu Eheleuten in Christus macht. Es sind knappe Sätze (ihr kennt sie sicher schon auswendig), aber ihre Bedeutung, ihr spezifisches Gewicht, ihre verbindende Kraft sind außerordentlich groß. Indem ihr euch gegenseitig Liebe und eheliche Treue versprecht, bekräftigt ihr nicht nur das, wovon jetzt eure jungen Herzen Zeugnis geben, sondern legt zur gleichen Zeit das Fundament für den Bau des Hauses eurer gemeinsamen Zukunft. Der

Mensch muß auf der Erde wohnen, und um hier zu wohnen, braucht er nicht nur ein Haus aus irdischem Material, er muß heute zu dem materiellen auch ein geistliches Fundament legen. Eheliche Liebe und Treue bilden das Fundament, auf das allein die eheliche Gemeinschaft bauen kann, das Fundament, auf dem die geistliche Wohnung der künftigen Familie aufbauen kann.
Wir alle, die wir hier versammelt sind, messen den Worten, die ihr bald sprecht, große Bedeutung bei. Wir wissen, welchen Wert diese Worte haben, für euch persönlich und gleichzeitig für die Kirche und die Gesellschaft.
Eines wünschen wir euch an diesem Tag und bitten Gott vor allem darum, daß eben diese Worte den Grundsatz eures ganzen Lebens bilden: daß ihr sie mit Gottes Hilfe in eurem Leben verwirklichen könnt, indem ihr gegenseitig das feierliche Gelöbnis haltet, das ihr heute vor Gott austauscht.
Möge Christus immer mit euch sein. Verliert ihn nie aus euren Augen. Sucht ihn in Gedanken, im Herzen und im Gebet, damit er eure junge Liebe zu den großen Aufgaben hinführe, für die ihr heute die Verantwortung übernehmt. Und neue Menschen – eure Kinder, die künftige Frucht eurer Verbindung – mögen Zeugnis davon ablegen, daß ihr getreu den ewigen Liebesplan des Schöpfers selber erfüllt habt, und mit eurer Hilfe den Weg zu Christus und seiner Kirche finden. Auf diese Weise sagt ihr Gott Dank für die Liebe, die er in euren Herzen geweckt hat und die ihr heute durch seine Güte in diesem großen Sakrament ausdrücken und bestätigen könnt.
Trauung, Rom, 25. 2. 1979, OR 9/79

Und warum ist das zölibatäre Priestertum ein Schatz? Wollen wir mit dieser Auffassung etwa den Wert der Ehe und die Berufung zum Familienleben abwerten? Oder unterliegen wir vielleicht der manichäischen Verachtung des menschlichen Leibes und seiner Funktionen? Wollen wir etwa irgendwie die Liebe herabmindern, die Mann und Frau zur Ehe und zur leiblichen Einheit in der Ehe führt, so daß sie »ein Fleisch« werden? Wie sollte es für uns möglich sein, so zu denken und zu argumentieren, wo wir doch wissen, glauben und mit dem hl. Paulus verkünden, daß die Ehe ein »großes Geheimnis« ist im Hinblick auf Christus und die Kirche? Doch entspricht keines der Motive, mit denen man uns zuweilen davon zu »überzeugen« sucht, daß der Zölibat nicht mehr angebracht sei, der Wahrheit, die die Kirche verkündet und im Leben durch die Verpflichtung zu verwirklichen sucht, die alle Priester vor ihrer heiligen Weihe übernehmen. Das wesentliche, eigentliche und angemessene Motiv findet sich in der Wahrheit, die Christus verkündet hat, als er von der Ehelosigkeit um des Himmelreiches willen sprach, und die der hl. Paulus herausstellt, wenn er schreibt, daß in der Kirche jeder »seine Gnadengabe« hat. Der Zölibat ist eine solche Gnadengabe des Geistes. Eine ähnliche, wenn auch andere Gnadengabe ist in dem großen Geheimnis des Ehesakramentes enthalten, in der Berufung zu wahrer und treuer ehelicher Liebe, die auf leibliche Nachkommenschaft ausgerichtet ist. Alle wissen, wie grundlegend diese Gnadengabe für den Aufbau der großen Gemeinschaft der Kirche, des Volkes Gottes, ist. Wenn aber diese Gemeinschaft ihrer Berufung in Jesus Christus voll entsprechen will, so muß in ihr notwendig auch in entsprechendem Maße die andere Gnadengabe, nämlich die Gnade des Zölibates »um des Himmelreiches willen«, verwirklicht werden.

Vielleicht ist es gut, hier mit einigem Grund darauf hinzuweisen, daß die Verpflichtung zur ehelichen Treue, wie sie sich aus dem Ehesakrament ergibt, in ihrem Vollzug ähnliche Pflichten mit sich bringt und zuweilen für die verheirateten Männer und Frauen zu ähnlichen Prüfungen und Erfahrungen führt, so daß auch sie in dieser »Feuerprobe« den Wert ihrer Liebe erweisen müssen. Die Liebe ist ja in all ihren Dimensionen nicht nur Gabe, sondern auch Aufgabe. Fügen wir schließlich noch hinzu, daß unsere Brüder und Schwestern im Ehestand mit Recht von uns Priestern und Seelsorgern ein gutes Beispiel und das Zeugnis der Treue zum Beruf bis in den Tod hinein erwarten. Es ist die Treue zur Berufung, die wir im Weihesakrament so wie sie im Sakrament der Ehe übernommen haben. Auch in diesem Zusammenhang und in diesem Sinne müssen wir unser Dienst-Priestertum als dem allgemeinen Priestertum zugeordnet betrachten, das allen Gläubigen eigen ist, den Laien und besonders jenen, die in der Ehe leben und eine Familie bilden. So tragen wir zum »Aufbau des Leibes Christi« bei.
An Priester, Rom, 8. 4. 1979, OR 15–16/79

Für Christen ist es zunächst wichtig, die Debatte mit dem theologischen Aspekt der Familie zu beginnen und dann über die sakramentale Wirklichkeit der Ehe nachzudenken. Die Sakramentalität kann nur im Licht der Heilsgeschichte verstanden werden. Diese Geschichte aber stellt sich zunächst als Geschichte des Bundes und der Gemeinschaft zwischen Jahwe und Israel dar, dann zwischen Jesus Christus und der Kirche in der Zeit, in der die Kirche den eschatologischen Bund erwartet. So sagt auch das Konzil: »So begegnet nun der Erlöser der Menschen und der Bräutigam der

Kirche durch das Sakrament der Ehe den christlichen Gatten« (*Gaudium et spes*, Nr. 48). Diese Ehe ist daher zugleich Gedenken, Verwirklichung und Prophetie der Geschichte des Bundes. »Sie ist ein großes Geheimnis«, sagt der hl. Paulus. Christliche Ehegatten beginnen, wenn sie heiraten, nicht nur ihr eigenes Wagnis, auch wenn sie die Ehe im Sinne der Heiligung und Sendung begreifen; sie beginnen ein Wagnis, das sie in verantwortlicher Weise in das große Geschehen der universalen Heilsgeschichte hineinnimmt. Sie ist Gedenken: das Sakrament schenkt ihnen Gnade und verpflichtet sie, der großen Werke Gottes zu gedenken und sie vor ihren Kindern zu bezeugen; sie ist Verwirklichung: sie schenkt ihnen Gnade und verpflichtet sie, hier und jetzt gegenüber sich und ihren Kindern die Forderungen einer verzeihenden und erlösenden Liebe in die Tat umzusetzen; sie ist Prophetie: das Sakrament schenkt ihnen Gnade und verpflichtet sie, die Hoffnung auf die künftige Begegnung mit Christus zu leben und zu bezeugen.
Gewiß, jedes Sakrament bringt eine Teilnahme an der hochherzigen Liebe Christi zu seiner Kirche mit sich. Aber in der Ehe sind Weise und Inhalt dieser Teilnahme von besonderer Art. Die Eheleute nehmen als Paar, zu zweit, soweit daran teil, daß die erste und unmittelbare Wirkung der Ehe (res et sacramentum) nicht die übernatürliche Gnade selbst ist, sondern der christliche Ehebund, eine typisch christliche Gemeinschaft zu zweit, weil sie das Geheimnis der Menschwerdung Christi und das Geheimnis seines Bundes darstellt. Und auch der Inhalt der Teilhabe am Leben Christi ist von besonderer Art: die eheliche Liebe bringt eine Totalität mit sich, die sämtliche Komponenten der Person enthält – Appell des Körpers und des Instinkts, Macht des Gefühls und der Affektivität, Erwartungen des Geistes und des Willens; sie zielt ei-

ne tief persönliche Einheit an, die über das Einswerden in einem Fleisch hinaus ein Herz und eine Seele werden will; sie fordert die Unauflöslichkeit und Treue in der ehelichen Hingabe, und sie öffnet sich der Fruchtbarkeit (vgl. *Humanae vitae*, Nr. 9). Mit einem Wort, es handelt sich um die normalen Merkmale jeder natürlichen ehelichen Liebe, aber mit einer neuen Bedeutung, die diese nicht nur läutert und festigt, sondern zum Ausdruck wirklich christlicher Werte erhebt. Das ist die Perspektive, auf die die christlichen Eheleute zugehen müssen: dort liegt ihre Größe, ihre Kraft, ihr Anspruch, aber auch ihre Freude.
An C.L.E.R., Rom, 3. 11. 1979; OR 1/80

Liebe christliche Eheleute, Familienväter und Mütter!
Ergriffenheit und Freude erfüllen mich, den Oberhirten der Weltkirche, weil mir die Gnade zuteil wird, zum ersten Mal mit afrikanischen Familien – und für sie – über ihre besondere Berufung nachzudenken: die christliche Ehe. Möge Gott – der sich als »Einer in drei Personen« offenbart hat – uns während dieser Betrachtung beistehen! Es ist ein wunderbares Thema, doch die Wirklichkeit ist schwierig! Die christliche Ehe kann mit einem hohen Berg verglichen werden, der die Ehegatten in die unmittelbare Nähe Gottes stellt, dessen Besteigung aber viel Zeit und Mühe kostet. Aber ist das ein Grund, ein solches Ziel aufzugeben oder sich mit weniger zu begnügen? Verwirklicht sich die menschliche Person in ihrer Fülle nicht gerade durch moralische und geistige Anstrengung? Beherrscht sie nicht gerade dadurch das Universum, mehr als durch Rekordleistungen der Technik und Raumfahrt, so bewunderungswürdig diese auch sein mögen?

Miteinander wollen wir nach den Ursprüngen der Ehe fragen und versuchen, die Rolle, die sie für die Eheleute, die Kinder, für Gesellschaft und Kirche spielt, besser zu beurteilen. Auch wollen wir uns gemeinsam um eine immer wirksamere Familienseelsorge bemühen.
Die ganze Welt kennt den Schöpfungsbericht, mit dem die Bibel beginnt. Es wird dort gesagt, daß Gott den Menschen nach seinem Abbild als Mann und Frau erschaffen hat. Das überrascht zunächst. Um Gott ähnlich zu sein, muß die Menschheit ein Paar aus zwei Personen sein, die aufeinander zugehen, zwei Personen, in vollkommener Liebe zur Einheit verbunden. Diese Zuneigung und diese Liebe macht sie Gott ähnlich, der die Liebe selbst ist, die vollkommene Einheit der drei Personen. Nie ist die Herrlichkeit der menschlichen Liebe schöner besungen worden als auf den ersten Seiten der Bibel: »Und der Mensch sprach: Das endlich ist Gebein von meinem Gebein und Fleisch von meinem Fleisch... Darum verläßt der Mann Vater und Mutter und bindet sich an seine Frau, und sie werden ein Fleisch« (*Gen* 2, 23–24). In Anlehnung an ein Wort des heiligen Papstes Leo sage ich euch deshalb: »Christliche Eheleute, erkennt eure erhabene Würde!«
Diese Hinwendung zu den Ursprüngen enthüllt uns ferner, daß das erste Menschenpaar im Plan Gottes monogam war. Auch das überrascht uns, weil ja die Kulturen zur Zeit, da die biblischen Berichte Gestalt annahmen, von diesem Vorbild im allgemeinen weit entfernt waren. Die Einehe, die nicht westlichen, sondern semitischen Ursprungs ist, erscheint als der Ausdruck einer zwischenmenschlichen Beziehung, in der einer den anderen als ebenbürtige und gleichwertige Person anerkennt. Dieses monogame und personale Verständnis des menschlichen Paares beruht auf gött-

licher Offenbarung und bedarf immer weiterer Vertiefung.
Doch diese Geschichte, die zu Beginn des Menschengeschlechts so lichtvoll beginnt, wird zum Drama des Bruches zwischen dem eben erschaffenen Paar und dem Schöpfer. Das ist der Sündenfall. Dennoch sollte dieser Bruch der Anlaß zu einer neuerlichen Bekundung der Liebe Gottes werden. Gott, der oft, z. B. in den Psalmen und von den Propheten, mit einem unendlich treuen Ehegatten verglichen wird, erneuerte unaufhörlich seinen Bund mit der eigensinnigen und sündhaften Menschheit. Diese wiederholten Bundesschlüsse fanden in dem endgültigen Bund ihren Höhepunkt, den Gott in seinem Sohne schloß, der sich für die Kirche und die Welt hingab. Der hl. Paulus scheut sich nicht, diesen Bund Christi mit der Kirche als Symbol und Vorbild für den Bund zwischen Mann und Frau (vgl. *Eph* 5, 25) darzustellen, die als Gatten in unlösbarer Weise miteinander verbunden sind.
Das ist die Lehre vom Adel der christlichen Ehe. Sie schenkt Licht und Kraft bei der Verwirklichung der ehelichen und familiären Berufung zum Wohl der Ehegatten selbst, ihrer Kinder, der Gesllschaft, in der sie leben, und der Kirche Christi. Die afrikanischen Überlieferungen können, wenn sie klug angewendet werden, ihren Beitrag leisten beim Aufbau der christlichen Familien in Afrika; ich denke besonders an all die positiven Werte des Familiensinns, der in der afrikanischen Seele so tief verankert ist. Diese vielfältigen Werte verdienen es, auch von den sogenannten fortschrittlichen Zivilisationen eingehend bedacht zu werden: Der Ernst des Eheversprechens nach einem langen Weg der Vorbereitung; der Vorrang der Weitergabe des Lebens, damit verbunden die Bedeutung, die der Mutter und den Kindern zukommt; das Gesetz der Solidarität zwischen den verschwägerten Familien,

das sich vor allem zugunsten der alten Menschen, der Witwen und Waisen auswirkt; eine Art der Mitverantwortung für Unterhalt und Erziehung der Kinder, die psychologische Spannungen vermindern hilft; die Verehrung der Ahnen und der Verstorbenen, die die Treue gegenüber den Traditionen fördert. Das heikle Problem besteht freilich darin, diesen von den Vorfahren ererbten Schatz sich zu eigen zu machen, da man ihn im Hinblick auf die jetzt in Afrika entstehende Gesellschaft umgestalten und neu einordnen muß. Auf alle Fälle aber müssen die Christen ihre Ehe – über die verschiedenen Zeiten und Umstände hinweg – im Anschluß an Christus leben, der alle Menschen und die ganze Wirklichkeit des menschlichen Lebens befreit und erlöst hat. »Alles, was ihr in Worten und Werken tut, geschehe im Namen Jesu, des Herrn«, sagt uns der hl. Paulus (*Kol* 3. 17).

Dadurch, daß sie Christus ähnlich werden, der sich aus Liebe für seine Kirche hingegeben hat, erreichen die Ehegatten Tag für Tag jene Liebe, von welcher das Evangelium spricht – »Liebt mich, wie ich euch geliebt habe« –, d. h. die vollkommene und unauflösliche Vereinigung auf allen Ebenen. Die christlichen Eheleute haben gelobt, alles, was sie sind und haben, miteinander zu teilen. Das ist der kühnste und zugleich der wunderbarste Vertrag, den es gibt!

Die Vereinigung ihrer Körper, die von Gott selbst als Ausdruck ihrer noch tieferen geistigen und seelischen Gemeinschaft gewollt ist und die gleicherweise mit Ehrfurcht und mit zärtlicher Liebe vollzogen wird, erneuert den Schwung und die jugendliche Kraft ihres feierlichen Gelöbnisses, ihres ersten Jawortes.

Die Vereinigung ihrer Charaktere: Ein Wesen lieben, das heißt, es so lieben, wie es ist, es so lieben, daß man gegen des anderen Schwächen und Fehler die entsprechenden Tugenden setzt, zum Beispiel Ruhe und Ge-

duld, wenn es dem anderen daran offenkundig mangelt.
Die Vereinigung der Herzen: Es sind unzählige Nuancen, durch welche sich die Liebe des Mannes von jener der Frau unterscheidet. Keiner der Partner darf verlangen, so geliebt zu werden, wie er liebt. Es ist wichtig, daß beide auf versteckte Vorwürfe verzichten, die die Herzen trennen, und sich, wenn der Augenblick gekommen ist, von dieser Last befreien. Einigend wirkt der Austausch der Freuden und noch mehr der Leiden. Aber genauso festigt sich die Einigung der Herzen in der gemeinsamen Liebe für die Kinder.
Die Einheit des Geistes und des Willens: Die Ehegatten sind zwar zwei selbständige Personen, sind aber verbunden für ihren gegenseitigen Dienst, für den Dienst an ihrer Familie, in ihrer Umwelt, für ihren Dienst an Gott. Die wesenhafte Übereinstimmung muß sich in der Bestimmung und Verwirklichung gemeinsamer Ziele kundtun. Der willensstarke Partner muß dem anderen beistehen, ihn bisweilen ergänzen, in einfühlender Weise ihn ermuntern und antreiben.
Schließlich die Verbundenheit der Seelen, die ihrerseits mit Gott verbunden sind: Jeder Ehepartner muß sich Zeiten des Alleinseins mit Gott vorbehalten, des Gesprächs »von Herzen zu Herzen«, wo die Aufmerksamkeit nicht dem Ehepartner gilt. Dieses unentbehrliche personale Leben der Selle mit Gott schließt den gemeinschaftlichen Charakter des ganzen Ehe- und Familienlebens keineswegs aus. Im Gegenteil, es spornt die christlichen Eheleute an, miteinander Gott zu suchen, miteinander seinen Willen zu entdecken und ihn im konkreten Leben mit Gottes Licht und Kraft zu erfüllen.
An Familien, Kinshasa (Zaire), 3. 5. 1980; OR 20/80

Wir sind »ein Leib in Christus, als einzelne aber sind wir Glieder« (*Röm* 12, 5), lehrt uns Paulus in der zweiten Lesung der heutigen Liturgie. Wenn die Synode auch, ihrer Natur zufolge, eine Sonderform der Tätigkeit des Bischofskollegiums ist, bedürfen wir doch im Rahmen dieser Versammlung besonders der Anwesenheit und des Zeugnisses unserer lieben Brüder und Schwestern, die die christlichen Familien der ganzen Welt vertreten. »Wir haben unterschiedliche Gaben, je nach der uns verliehenen Gnade« (*Röm* 12, 6). Und gerade bei dieser Versammlung, deren Thema die christliche Familie und ihre Aufgaben ist, benötigen wir die Anwesenheit und das Zeugnis jener, deren »Gaben«, die ihnen zu der Gnade des Ehesakramentes verliehen wurden, Gaben des Lebens und der Berufung zur Ehe und zum Familienleben sind.
Wir werden euch dafür dankbar sein, liebe Brüder und Schwestern, wenn ihr während der Arbeiten der Synode, denen wir uns nach unserer Verantwortung als Bischöfe und Hirten widmen, diese Gaben eures Standes und eurer Berufung mit uns teilt, zumindest durch das Zeugnis eurer Anwesenheit und auch eurer Erfahrung, die in der Heiligkeit dieses großen Sakraments verankert ist, dessen ihr teilhaftig seid, eben des Ehesakraments.
Eröffnung der 5. Vollversammlung der Bischofssynode, Rom, 26. 9. 1980; OR 40/80

Die heutigen Lesungen sprechen davon, wie Gott in seinem ewigen Heilsplan die Grundaufgabe der Familie – nämlich das Geschenk des Lebens, das die Eltern, Mann und Frau, ihren Kinder, d. h. jedem neuen menschlichen Wesen, geben – mit der Berufung zur Liebe verbunden hat, mit der Teilhabe an der Liebe, die von Gott ausgeht, denn er ist die Liebe. Ja: »Gott ist die Liebe« (*1 Joh* 4, 8).

Denn als Gott, wie wir im Buch *Genesis* lesen, den Menschen nach seinem Bild und Gleichnis schuf (vgl. 1, 2) und ihn aus Liebe ins Dasein rief, berief er ihn gleichzeitig zur Liebe. Und da Gott die Liebe ist und der Mensch als Gottes Ebenbild geschaffen ist, muß man schließen, daß die Berufung zur Liebe sozusagen organisch diesem Abbild eingeschrieben worden ist, d. h. dem Menschsein dessen, den Gott als Mann und Frau erschuf.

Im Licht dieser Grundwahrheit über den Menschen, der Gottes Ebenbild ist, lesen wir also erneut die Worte, die im Anfang an Mann und Frau gerichtet wurden: »Seid fruchtbar und vermehrt euch, bevölkert die Erde, unterwerft sie euch« (*Gen* 1, 28).

Es sind Worte des Segens. Alle Geschöpfe empfingen den Segen des Schöpfers, doch in den Worten, die über den Menschen, Mann und Frau, gesprochen wurden, bestätigte dieser Segen ein doppeltes Geschenk: das Geschenk des Lebens und das Geschenk der Liebe.

Von diesem doppelten Geschenk des Schöpfers nimmt die Familie ihren Anfang. Das Sakrament, das in der Geschichte der Menschheit und damit zugleich in der Geschichte des Heils über sie entscheidet, ist das Sakrament der Ehe. Auf den Grund der Aufgaben zurückkommen, die die Familie in jeder Epoche – auch in der unsern – zu erfüllen hat, bedeutet, auf dieses Sakrament zurückkommen, von dem der hl. Paulus schreibt, daß es groß ist »in bezug auf Christus und auf die Kirche« (*Eph* 5, 32).

Während der Synode versuchen wir Bischöfe Tag für Tag das zu tun in der Besinnung und im Gedankenaustausch, geleitet vom Licht des Heiligen Geistes und von unserer pastoralen Sorge. Heute möchten wir es in besonderer Weise hier in Gemeinschaft mit den Eheleuten tun, die in ihrer besonderen Berufung die

Aufgaben der christlichen Familie in der Kirche und in der Welt von heute ausdrücken. Wir möchten mit euch, geliebte Brüder und Schwestern, das Bewußtsein dieses Sakramentes erneuern, aus dem die christliche Familie entspringt und aufgrund dessen sie sich entwickelt. Wir möchten die göttlichen und zugleich menschlichen Kräfte wieder wachrufen, die in ihm enthalten sind. Wir möchten in gewissem Sinn uns in den ewigen Plan des Schöpfers und Erlösers hineinversetzen und das Geheimnis des Lebens mit dem Geheimnis der Liebe verbinden, wie er es verbunden hat, damit beide zusammenwirken und sich untrennbar eines mit dem andern verbindet.
»Was aber Gott verbunden hat, das darf der Mensch nicht trennen« (*Mt* 19. 6). In diesem »darf nicht trennen« ist die wesentliche Größe der Ehe und zugleich die ethische Festigkeit der Familie enthalten.
Heute bitten wir um diese Größe und Würde für alle Eheleute in der Welt, wir bitten um die sakramentale Kraft und den moralischen Zusammenhalt für alle Familien. Und wir erbitten es zum Wohl des Menschen! Zum Wohl eines jeden Menschen. Der Mensch hat keinen anderen Weg zur Menschlichkeit als allein die Familie. Und die Familie muß an den Anfang jeder Sorge um das Wohl des Menschen gestellt werden, an den Anfang eines jeden Bemühens, daß unsere menschliche Welt immer menschlicher wird. Niemand kann sich dieser Sorge entziehen, keine Gesellschaft, kein Volk, kein System, weder Staat noch Kirche, noch der einzelne.
Die Liebe, die Mann und Frau als Eheleute und Eltern eint, ist Geschenk und Gebot zugleich. Daß die Liebe ein Geschenk ist, sagt uns vor allem die zweite Lesung heute mit den Worten des Johannesbriefes: »Nicht darin besteht die Liebe, daß wir Gott geliebt haben, sondern daß er uns geliebt und seinen Sohn als Sühne für unsere Sünden gesandt hat« (*1 Joh* 4, 10 f.).

So ist die Liebe Geschenk: »Die Liebe ist aus Gott, und jeder, der liebt, stammt von Gott und erkennt Gott« (*1 Joh* 4, 7). Und zugleich ist die Liebe ein Gebot, sie ist das größte Gebot. Gott schenkt sie dem Menschen, er gibt sie ihm als Aufgabe. Er fordert sie vom Menschen. Auf die Frage nach dem Hauptgebot antwortet Christus: »Du sollst... lieben...« (*Mt* 22, 37).
Dieses Gebot ist der Grund der ganzen sittlichen Ordnung. Es ist wirklich das Hauptgebot, das Schlüsselgebot. Es in der Familie erfüllen bedeutet, auf das Geschenk der Liebe antworten, das die Eheleute im ehelichen Bund empfangen: »Wenn Gott uns so geliebt hat, müssen auch wir einander lieben« (*1 Joh* 4, 11).
Das Liebesgebot erfüllen bedeutet, alle Aufgaben der christlichen Familie verwirklichen. Diese lassen sich zusammenfassen in der ehelichen Treue und Redlichkeit, der verantworteten Elternschaft und Kindererziehung. Die »Kirche im Kleinen«, die »Hauskirche«, ist die Familie, die im Geist des Liebesgebots lebt und darin ihre Wahrheit, ihre tägliche Mühe und Sorge, ihre geistige Schönheit und ihre Stärke.
Das Liebesgebot hat seine innere Struktur: »Du sollst den Herrn, deinen Gott, lieben mit ganzen Herzen, mit ganzer Seele und mit all deinen Gedanken... Du sollst deinen Nächsten lieben wie dich selbst« (*Mt* 22, 37.39).
Diese Struktur des Hauptgebotes entspricht der Wirklichkeit der Liebe. Wenn Gott über alles geliebt wird, dann liebt auch der Mensch – und wird geliebt – mit der Fülle der ihm zugänglichen Liebe. Wenn man diese untrennbare Struktur zerstört, von der das Gebot Christi spricht, so löst sich die Liebe des Menschen von ihrer tiefsten Wurzel und geht der Fülle und Wahrheit verlustig, die für sie wesentlich sind.
Wir beten für alle christlichen Familien, für alle Fami-

lien in der Welt um diese Fülle und Wahrheit der Liebe, auf die uns das Hauptgebot Christi hinweist.
Bald vollzieht sich in unserer großen Gemeinschaft die Erneuerung des Eheversprechens. Wunderbar sind diese Worte, welche die Eheleute bei der Feier des Ehesakramentes als die eigentlichen Spender dieses Sakramentes sprechen:
»Ich nehme dich an als meine Frau (als meinen Mann) und verspreche dir Treue in guten und in bösen Tagen, in Gesundheit und in Krankheit. Ich will dich lieben, achten und ehren, solange ich lebe.«
Dieses Versprechen, gegeben »im Namen des Vaters und des Sohnes und des Heiligen Geistes«, richtet sich zugleich als Gebet an Gott, der die Liebe ist und der am Ende alle im endgültigen Bund der Gemeinschaft der Heiligen vereinen möchte.
In dem Augenblick, liebe Eheleute, in dem ihr also diese Worte gesprochen habt – in verschiedenen Sprachen, an verschiedenen Orten der Welt, in verschiedenen Jahren, Monaten und Tagen – habt ihr das heilige Sakrament eures Lebens, eurer Ehe, eurer Familie gespendet, das Sakrament, in dem sich die Liebe Gottes zum Menschen, die Liebe Christi zur Kirche widerspiegelt.
Heute kehrt ihr in Gedanken und im Herzen, im Glauben, in der Hoffnung und in der Liebe zu diesem großen Augenblick zurück. Und ihr erneuert in eurem Innersten das, was den wesentlichsten Inhalt des Ehesakramentes ausmacht, seine tägliche Wirklichkeit. Ihr erneuert den Bund von Mann und Frau. Vor dem Gott des Bundes erneuert ihr den Bund, durchwirkt vom Geschenk der Liebe und vom Geschenk des Lebens.
Tut es in Gemeinschaft mit der ganzen Kirche, in Gemeinschaft mit allen christlichen Familien in der Kirche und mit allen Familien in der ganzen Welt. Eure

Gedanken und euer Gebet seien zugleich den schwierigen Situationen nahe, die in diesen Tagen und Wochen den Bischöfen der Synode vor Augen treten und immer wieder deren pastorale Sorge wecken. In diesem tiefen und demütigen Akt, durch den ihr die Gnade des Ehesakramentes erneuern wollt, wird der glühende Wunsch nach Leben und Heiligkeit spürbar, der unermüdlich im Herzen der Kirche pulsiert und der sich im Zeugnis jeder christlichen Familie beweist, die dem ewigen Bund mit dem Gott der Liebe treu ist.
Und so sollt ihr aushalten. Dieser Tag werde ein neuer Anfang für euer Zeugnis und eure Sendung. Er werde zum Licht, das das Dunkel der heutigen Welt durchdringt.
So sollt ihr aushalten. Vertraut darauf: »Wenn wir einander lieben, bleibt Gott in uns, und seine Liebe ist in uns vollendet« (*1 Joh* 4, 12). Amen.
An Familien, Rom, 12. 10. 1980; OR 43/80

Liebe Brüder und Schwestern in Christus! Die jahrhundertealte Verehrung des Jesuskindes hier in Cebu veranlaßt mich, zu euch heute über die Familie zu sprechen. Das Jesuskind wurde von der Jungfrau Maria geboren und lebte in einer Familie. In der Familie von Nazaret begann Jesus die Sendung, die der Vater ihm anvertraut hatte. »Denn uns ist ein Kind geboren, ein Sohn ist uns geschenkt« (*Jes* 9, 5). In ihm begann eine neue Zeit, in ihm wurde die Welt neu geschaffen, in ihm wurde der Menschheit neues Leben angeboten, ein in und durch Christus erlöstes Leben.
Weil es der Wille des Schöpfers ist, daß das Leben seinen Ursprung hat in der Liebe eines Mannes und einer Frau, die sich zu einem Bund gegenseitigen Austausches in der Ehe verbinden, und weil Christus diese

Vereinigung der Gatten zur Würde eines Sakramentes erhoben hat, müssen wir die Familie, ihre Natur und ihre Aufgabe im hellen Licht unsere christlichen Glaubens sehen. Mit berechtigtem Stolz können wir feststellen, daß alles, was die Kirche heute über Ehe und Familie lehrt, ihre beständige Lehre war in Treue zu Christus. Die katholische Kirche hat konsequent gelehrt – und ich wiederhole es hier mit der Überzeugung, die von meinem Amt als oberster Hirte und Lehrer herkommt –, daß Gott die Ehe eingesetzt hat, daß die Ehe ein Bund der Liebe zwischen Mann und Frau ist, daß das Mann und Frau einende Band nach Gottes Willen unauflöslich ist, daß die Ehe zwischen Christen ein Sakrament ist, Sinnbild der Einheit zwischen Christus und seiner Kriche, daß endlich die Ehe für die Weitergabe menschlichen Lebens offen sein muß.

Als Jesus umherzog, lehrte und heilte, wollten ihm eines Tages die Pharisäer mit einer Frage über die Ehe auf die Probe stellen. Jesus antwortete klar und fest. Er bekräftigte, was die Heilige Schrift schon gesagt hatte: »Am Anfang der Schöpfung hat Gott sie als Mann und Frau geschaffen. Darum wird der Mann Vater und Mutter verlassen und sich an seine Frau binden, und die beiden werden ein Fleisch sein. Sie sind also nicht mehr zwei, sondern eins. Was aber Gott verbunden hat, das darf der Mensch nicht trennen« (*Mk* 10, 6–9).

Indem Gott sie als Mann und Frau schuf, bestimmte er, daß die Geschlechter sich gegenseitig ergänzen, denn der Mann verläßt Vater und Mutter, um sich an seine Frau zu binden in jener Liebesvereinigung, die alle Ebenen der menschlichen Existenz durchdringt. Dieser Liebesbund befähigt Mann und Frau, gemeinsam zu wachsen und für ihre Kinder angemessen zu sorgen. Der Bund, durch den sie eins werden, kann

von keiner menschlichen Autorität gelöst werden, denn er steht für immer im Dienst der Kinder und der Eheleute selbst. Daher ist die Liebe zwischen Mann und Frau in der Ehe eine treue und zugleich fruchtbare Liebe. Es ist eine heilige Liebe, denn sie stellt sakramental den Liebesbund zwischen Christus und der Kirche dar, wie der hl. Paulus an die Epheser schrieb: »Dies ist ein tiefes Geheimnis; ich beziehe es auf Christus und die Kirche« (*Eph* 5, 32). (...)
Wenn die Kirche euch das Ideal der christlichen Ehe und der christlichen Familie vor Augen stellt, wenn sie darauf besteht, daß die Liebe von Mann und Frau und die Liebe der Eltern von Hochherzigkeit gekennzeichnet sein soll, dann weiß sie, daß heute viele Faktoren das Familienleben in Gefahr bringen und das Herz des Menschen in Versuchung führen. Die egoistische Vergnügungssucht, die sexuelle Freizügigkeit und die Angst vor einer dauerhaften Bindung sind zerstörende Kräfte. Als gute Mutter steht die Kirche aber ihren Kindern in schwierigen Zeiten zur Seite. Sie steht den Ehepaaren bei, die Schwierigkeiten haben, sich an ihre Lehre zu halten. Mit Liebe und Verständnis für die menschliche Schwäche, aber auch mit Verständnis für die Kraft der Gnade Christi im menschlichen Herzen ruft die Kirche ihre Kinder ständig zu Höherem auf. Sie mahnt sie, sich der in der Taufe empfangenen Würde und des Geschenks der sakramentalen Gnade bewußt zu sein, die sie eben deswegen empfangen haben, damit sie Christi hingeopferte Liebe in ihrem Leben sichtbar machen können, ihre eigene Liebe in einem treuen und unauflöslichen Bund entfalten und auf das Geschenk der Elternschaft hochherzig antworten. Das Zweite Vatikanische Konzil hat erklärt: »Echte eheliche Liebe wird in die göttliche Liebe aufgenommen und durch die erlösende Kraft Christi und die Heilsvermittlung der Kirche gelenkt und berei-

chert, damit die Ehegatten wirksam zu Gott hingeführt werden und in ihrer hohen Aufgabe als Vater und Mutter unterstützt und gefestigt werden« (*Gaudium et spes,* Nr. 48). Euch alle, christliche Ehepaare, Brautleute und Eltern, lade ich ein: geht euren Weg mit Christus! Nur er kann euch die Würde des Bundes offenbaren, den ihr geschlossen habt. Er verleiht eurer ehelichen Liebe einen unermeßlichen Wert. Nur er, Jesus Christus, kann in euch unermeßlich mehr vollbringen, als ihr erbitten oder euch vorstellen könnt (vgl. *Eph* 3, 20).
An Familien, Cebu City (Philippinen), 19. 2. 1981; OR 9/81

In eurem Familienleben nehmt ihr teil am Geheimnis der Liebe Gottes und am Geschenk seines Lebens: dieses Geheimnis ist groß! (...)
Nach dem Frieden, der von Gott kommt, und der Vitalität der Ortskirche komme ich auf den dritten Aspekt der Frohbotschaft zu sprechen. Es gibt nämlich einen Platz, wo die Kirche ihren bevorzugten Ausdruck finden soll: das ist die Familie. Das Zweite Vatikanische Konzil zögerte nicht, die christliche Familie als »Hauskirche«, als Kirche im Kleinen, zu bezeichnen.
Die von den Ahnen ererbten Bräuche in Gabun wie in vielen afrikanischen Ländern prägen noch zutiefst das Wohl der Familien. Sie haben ihnen eine ganze Reihe von Werten in die Wiege gelegt, die für die christlichen Eheleute sehr kostbar sein können; insbesondere verhindern sie, daß sich das Ehepaar auf eine allzu individualistische Sicht beschränkt, weil sie die Eheleute zur Solidarität mit den Familien des Partners verpflichten: diese können ihren Teil zur Gründung der neuen Familien beitragen und bleiben dafür aufgeschlossen, ihr weiterhin bei der Erziehung der Kinder

oder bei auftretenden Prüfungen Hilfe zu leisten. In dem Maße, wie eine derartige Praxis die Stabilität und Einheit der Ehepaare fördert und den Brautleuten die Freiheit ihrer Einwilligung und der persönlichen Verpflichtung läßt, kann sich die Kirche darüber nur freuen.

Das, was die Kirche die Christen zu verstehen bittet, ist die unvergleichliche Würde der Verbindung von Mann und Frau im ursprünglichen Plan Gottes und der Sinn des christlichen Ehesakraments: dieses hat zum Ziel, den Bund der Ehegatten zu erheben nach dem Beispiel des Liebesbundes zwischen Christus und seiner Kirche, sie teilnehmen zu lassen an der Dynamik des Paschamysteriums des Erlösers und so ihr ganzes Leben als Ehegatten zu heiligen und ihm eine Ausstrahlung zu verleihen, die auf sie selbst, auf ihre Kinder, auf das Leben der Kirche und der Gesellschaft zurückfällt.

Es fehlt mir die Zeit, hier zu wiederholen, was ich vor kaum zwei Jahren den christlichen Familien von Kinshasa ausführlich dargelegt habe, was die Bischöfe der ganzen Welt auf der Synode im Herbst 1980 bezeugten und was ich selbst für die ganze Kirche in meinem jüngsten Apostolischen Schreiben schriftlich niedergelegt habe. Ich verlasse mich auf eure Bischöfe, daß sie euch die konkreten Möglichkeiten geben, euch mit dem Wesen der christlichen Ehe vertraut zu machen und schon jetzt danach zu leben.

Denkt zum Beispiel an die wahre eheliche Liebe, Quelle und Kraft einer unauflöslichen Gemeinschaft, deren Treue an die unterschütterliche Treue Gottes zu seinem Bund mit den Menschen erinnert. Denkt an die Sorge, die die Kirche dafür tragen muß, daß der Mensch – insbesondere die Frau – weder als »Lustobjekt« noch als bloßes Mittel der Fruchtbarkeit behandelt wird, sondern daß sie verdient, um ihrer selbst willen vom Gatten geliebt zu werden, auch wenn sie bedauerlicherweise die Heimsuchung der Unfruchtbarkeit erlebt. Denkt außerdem an die Werte der Achtung, Rücksichtnahme, Verzeihung, des Erbarmens, deren christliches Verständnis die Ehe bereichert. Denkt an die Würde der Vater- und Mutterschaft, in der die Eheleute zu Mitarbeitern des Schöpfergottes werden, weil sie das Leben schenken, und an ihre gemeinsame Pflicht, die Kinder, die sie in die Welt gesetzt haben, zur affektiven und geistigen Reife zu erziehen.

Um all das zu schützen, erinnert die Kirche an die Forderungen, die gewiß ernsten Forderungen, die ihren Grund im Evangelium haben und die Anstrengungen und eine Umkehr des Herzens notwendig machen. Aber sie will, daß die Christen zuerst als Ehesakrament als eine Gnade erkennen. Sie umarmt diejenigen mit Erbarmen, die Schwierigkeiten haben, dem voll zu entsprechen, und will nicht den »erzieherischen Weg des Wachsens« behindern, der die Eheleute weiterführen soll, »zu einer reicheren Kenntnis und einer volleren Einbeziehung dieses Geheimnisses in ihr Leben« (*Familiaris consortio*, Nr. 9).
An Familien, Libreville (Gabun), 19. 2. 1982; OR 11/82

Die erste Wahrheit über die Familie, die soeben dargestellt wurde, wird durch das Ereignis der Darstellung Jesu im Tempel ins Licht gerückt, das Ereignis, das wir eben im Bericht des hl. Lukas gehört haben. Vergegenwärtigen wir uns, was geschah: Nach dem Gesetz des Alten Testaments wird ein Kind vierzig Tage nach seiner Geburt in den Tempel gebracht. Maria brachte ihr Kind in den Tempel, um sich dem gesetzlich festgelegten Ritus der Reinigung der Mutter, die empfangen hat, zu unterwerfen. Mit ihr geht auch

Josef zum Tempel, um das bei solchen Gelegenheiten vorgeschriebene Opfer darzubringen. Das Kind, das in der Nacht von Betlehem geboren wurde, das Kind Mariens, wurde so des geistlichen Erbes Israels, seines Volkes, teilhaftig.
Gleichzeitig brachte dieses Kind ein anderes geistiges Erbe mit: das Erbe der ewigen Liebe des Vaters, der »die Welt so sehr geliebt (hat), daß er seinen einzigen Sohn hingab, damit jeder, der an ihn glaubt, nicht zugrundegeht, sondern das ewige Leben hat« (vgl. *Joh* 3, 16).
Mit Jesus Christus wird das göttliche Erbe des ewigen Lebens nicht nur in das Leben Israels, sondern auch in das Leben der ganzen Menschheit aufgenommen. Diese Wirklichkeit kommt in den prophetischen Worten zum Ausdruck, die Simeon, als er das Kind erblickte, spricht: »Nun läßt du, Herr, deinen Knecht, wie du gesagt, in Frieden scheiden. Denn meine Augen haben das Heil gesehen, das du vor allen Völkern bereitet hast, ein Licht, das die Heiden erleuchtet und Herrlichkeit für dein Volk Israel« (*Lk* 2, 29–32).
Derselbe Simeon deutet in seinen inspirierten und prophetischen Worten an, daß es zugleich ein schwieriges Erbe ist, das man empfängt. Er sagt zur Mutter des Neugeborenen: »Dieser ist dazu bestimmt, daß in Israel viele durch ihn zu Fall kommen und viele aufgerichtet werden, und er wird ein Zeichen sein, dem widersprochen wird. Dadurch sollen die Gedanken vieler Menschen offenbar werden. Dir selbst aber wird ein Schwert durch die Seele dringen« (*Lk* 2, 34).
Die göttliche Gabe des Bundes und der Gnade sind von Anfang an mit der Familie verbunden. Darum ist die Ehe in einem gewissen Sinn von Anfang an Sakrament, als Symbol der künftigen Menschwerdung des Wortes Gottes, Sakrament, das Christus im Wort des

Evangeliums und im Geheimnis seiner Erlösung bestätigt und zugleich erneuert hat.
In der Kraft des Heiligen Geistes schließen Mann und Frau miteinander den Ehebund, der durch göttlichen Beschluß »von Anfang an« unlösbar ist. Diese Unauflöslichkeit wurzelt in der natürlichen Ergänzung von Mann und Frau, und sie wird durch die gegenseitige Verpflichtung persönlicher Ganzhingabe besiegelt und für das Wohl der Kinder gefordert. Im Licht des Glaubens wird auch ihr letzter Sinn erkenntlich. Er besteht darin, Frucht, Zeichen und Anspruch der absolut treuen Liebe zu sein, »die Gott dem Menschen, die Christus seiner Kirche entgegenbringt«. Mit diesen Worten habe ich die traditionelle Lehre der Kirche in dem Apostolischen Schreiben *Familiaris consortio* (vgl. Nr. 20) neu dargelegt, um der Bitte der Bischöfe aus allen Teilen der Erde zu entsprechen, die bei der Synode in Rom die Probleme der christlichen Familie in der heutigen Welt studierten.
Sicher stimmt diese Lehre nicht mit dem Denken so vieler unserer Zeitgenossen überein, die es für unmöglich halten, eine Verpflichtung zur Treue für das ganze Leben auf sich zu nehmen. Die Synodenväter waren sich bewußt, daß die aktuellen, ideologischen Strömungen ihrem Denken entgegengesetzt sind. Sie erklärten dennoch, daß es spezifische Aufgabe der Kirche ist, »die Frohbotschaft von der Endgültigkeit jener ehelichen Liebe einzuprägen, die ihr Fundament und ihre Kraft aus Jesus Christus hat« (*ebd.*, Nr. 20), und sie erklärten, daß eine solche Sendung nicht allein von der Hierarchie übernommen werden kann; auch ihr, christliche Eheleute, seid dazu berufen, in der Welt ein immer neues Zeichen zu setzen »für die unerschütterliche Treue, mit der Gott in Jesus Christus alle Menschen und jeden Menschen liebt« (*ebd.*).
An Familien, Sameiro (Portugal), 15. 5. 1982; OR 23/82

Die Ehe ist ein heiliges Sakrament. Diejenigen, die im Namen des Herrn Jesus getauft wurden, werden auch in seinem Namen getraut. Ihre Liebe ist Teilhabe an der Liebe Gottes. Er ist ihre Quelle. Der Ehebund der christlichen Paare, der heute erneuert und gesegnet wird, ist das irdische Abbild des Wunders Gottes, der liebenden, lebenspendenden Gemeinschaft der drei Personen in dem einen Gott, und des Bundes Gottes in Christus mit der Kirche.
An Familien, York (England), 31. 5. 1982; OR 26/82

Liebe Brüder und Schwestern! Eheleute und Eltern!
Erlaubt mir, daß ich, dem in der heutigen Liturgie verkündeten Gotteswort folgend, euch an den Augenblick erinnere, in dem ihr durch das Sakrament der Kirche vor Gott und vor den Menschen Mann und Frau geworden seid. In einem so bedeutenden Augenblick hat die Kirche vor allem den Heiligen Geist feierlich auf euch herabgerufen, damit er entsprechend der Verheißung, die die Apostel von Christus empfangen haben, bei euch bleibe: »Der Beistand aber, der Heilige Geist, den der Vater in meinem Namen senden wird, der wird euch alles lehren und euch an alles erinnern, was ich euch gesagt habe« (*Joh* 14, 26).
Er bringt die Liebe und den Frieden mit sich, und darum sagt Christus: »Frieden hinterlasse ich euch, meinen Frieden gebe ich euch; nicht einen Frieden, wie die Welt ihn gibt, gebe ich euch« (*Joh* 14, 27).
Er, der Heilige Geist, ist der Geist der Stärke, und eben deshalb sagt Christus: »Euer Herz beunruhige sich nicht und verzage nicht« (*Joh* 14, 27).
So seid ihr also durch die Anrufung des Heiligen Geistes und kraft des Sakraments der Kirche Mann und Frau geworden – und in diesem Sakrament werdet ihr

während der Tage, Wochen und Jahre eures Lebens bleiben. In diesem Sakrament werdet ihr, Eheleute, zu Eltern und bildet die grundlegende, aus Eltern und Kindern bestehende menschliche und christliche Gemeinschaft, eine Gemeinschaft des Lebens und der Liebe. Heute wende ich mich vor allem an euch; ich will mit euch beten, euch segnen und euch neu in der Gnade bestärken, an der ihr durch das Ehesakrament teilhabt.

Vor dem sichtbaren Verlassen dieser Welt hat Christus uns seinen Geist verheißen und geschenkt, damit wir seine Worte nicht vergessen. Wir wurden dem Geist anvertraut, damit die Worte des Herrn in bezug auf die Ehe immer im Herzen jedes Mannes und jeder Frau bleiben, die in der Ehe miteinander verbunden sind. Heute ist diese Präsenz des Geistes nötiger denn je: eine Präsenz, die den traditionellen Sinn für die Familie unter euch weiterhin stärken möge. Sie lasse euch zutiefst und voll Glück die ständige Anregung erfahren, Ehe und Familienleben nach den Worten und der Gabe Christi auszurichten.

Auch dieser innere Impuls des Geistes erweist sich heute als notwendiger denn je. Ihr christlichen Eheleute sollt ja mit seiner Hilfe ein christlich ausgerichtetes Familienleben führen, auch wenn ihr in einer Umwelt lebt, in der die Regeln des christlichen Lebens nicht gebührende Beachtung bzw. im gesellschaftlichen Leben und in den für den häuslichen Bereich leicht zugänglichen Massenmedien nicht den entsprechenden Widerhall finden. Ihr müßt mit der Dynamik eures Glaubens jedem möglichen Gegendruck standhalten und ihn überwinden, müßt imstande sein, zwischen Gut und Böse zu unterscheiden und dürft nicht müde werden, den Geboten des Herrn, an die der Geist euch durch das Lehramt der Kirche ständig erinnert, den gebührenden Gehorsam zu erweisen.

Als Jesus, unser Herr, von der Ehe sprach, nahm er Bezug auf den »Anfang«, das heißt auf den ursprünglichen Plan Gottes, auf die Wahrheit von der Ehe (vgl. *Mt* 19, 8).
Nach diesem Plan ist die Ehe eine unauflösliche Gemeinschaft der Liebe. »Diese innige Vereinigung als gegenseitiges Sichschenken zweier Personen wie auch das Wohl der Kinder verlangen die unbedingte Treue der Gatten und fordern ihre unauflösliche Einheit« (*Gaudium et spes,* Nr. 48). Deshalb steht jeder Angriff auf die Unauflöslichkeit der Ehe zugleich im Gegensatz zum ursprünglichen Plan Gottes und auch im Gegensatz zur Würde und zur Wahrheit der ehelichen Liebe. Man kann also verstehen, daß der Herr, wenn er eine für alle gültige Norm verkündigt, lehrt, daß es dem Menschen nicht gestattet ist zu trennen, was Gott verbunden hat (vgl. *Mt* 19, 6).
Mit eurem Vertrauen in den Geist, der euch ständig an all das erinnert, was Christus uns gesagt hat, seid ihr, christliche Eheleute, aufgerufen, Zeugnis zu geben von den Worten Christi. »Was Gott verbunden hat, das darf der Mensch nicht trennen.«
Ihr seid aufgerufen, vor den anderen die innere Fülle eurer treuen und beständigen Verbundenheit zu leben, auch angesichts gesetzlicher Bestimmungen, die in andere Richtung weisen können. So werdet ihr zum Wohl der Institution Familie beitragen; und ihr werdet – im Gegensatz zu dem, was mancher denken mag – den Beweis dafür liefern, daß Mann und Frau die Fähigkeit besitzen, einander sich für immer zu schenken und daß die wahre Vorstellung von Freiheit kein Hindernis ist für eine freiwillige und immerwährende Hingabe. Deshalb wiederhole ich für euch, was ich in dem Apostolischen Schreiben *Familiaris consortio* gesagt habe: »Den unschätzbaren Wert der Unauflöslichkeit und der ehelichen Treue zu bezeugen ist eine

der wichtigsten und dringlichsten Pflichten der christlichen Ehepaare in unserer Zeit« (Nr. 20).
Außerdem ist nach dem Plan Gottes die Ehe eine unauflösliche Gemeinschaft der Liebe, hingeordnet auf das Leben, das ein Fortbestehen und eine Erfüllung für die Ehegatten ist. Es besteht eine untrennbare Beziehung zwischen der ehelichen Liebe und der Weitergabe des Lebens, aufgrund welcher – wie Paul VI. lehrte – »jeder eheliche Akt offen bleiben muß für die Weitergabe des Lebens« (*Humanae vitae*, Nr. 11, *AAS* 60, 1968, 448).
Hingegen – so schrieb ich in dem Apostolischen Schreiben *Familiaris consortio* – »während die geschlechtliche Vereinigung ihrer ganzen Natur nach ein vorbehaltloses gegenseitiges Sichschenken der Gatten zum Ausdruck bringt, wird sie durch die Empfängnisverhütung zu einer objektiv widersprüchlichen Gebärde, zu einem Sich-nicht-ganz-Schenken. So kommt zur aktiven Zurückweisung der Offenheit für das Leben auch die Verfälschung der inneren Wahrheit ehelicher Liebe« (Nr. 32).
Aber es gibt noch einen anderen, schwerer wiegenden und grundlegenden Aspekt, der sich auf die eheliche Liebe als Quelle des Lebens bezieht: ich spreche von der absoluten Achtung vor dem menschlichen Leben, die keine Person und keine Institution, sei sie privat oder öffentlich, ignorieren darf. Wer der unschuldigsten und schwächsten menschlichen Person, der menschlichen Person, die bereits empfangen, aber noch nicht geboren wurde, den Schutz verweigern würde, beginge daher eine schwere Verletzung der moralischen Ordnung. Der Tod eines Unschuldigen läßt sich niemals rechtfertigen. Das Fundament der Gesellschaft wäre bedroht.
Welchen Sinn hätte es, von der Würde des Menschen, von seinen Grundrechten zu reden, wenn man einen

Unschuldigen nicht schützt oder sogar die Mittel bzw. private oder öffentliche Dienste zur Zerstörung ungeschützten menschlichen Lebens liefert? Liebe Eheleute! Christus hat euch seinem Geist anvertraut, damit ihr seine Worte nicht vergeßt. In diesem Sinn sind seine Worte sehr ernst: »Hütet euch davor, einen von diesen Kleinen zu verachten! Denn ich sage euch: Ihre Engel im Himmel sehen stets das Angesicht meines himmlischen Vaters« (*Mt* 18, 10). Er wollte zum ersten Mal von einem Kind erkannt werden, das noch im Schoße seiner Mutter lebte, ein Kind, das sich freute und vor Freude über seine Anwesenheit im Mutterleib aufhüpfte.

Euer Dienst am Leben beschränkt sich aber nicht auf seine physische Weitergabe. Ihr seid die ersten Erzieher eurer Kinder. Wie das Zweite Vatikanische Konzil lehrt, »haben die Eltern, da sie ihren Kindern das Leben schenkten, die überaus schwere Verpflichtung zur Kindererziehung. Daher müssen sie als die ersten und bevorzugten Erzieher ihrer Kinder anerkannt werden. Ihr Erziehungswirken ist so entscheidend, daß es dort, wo es fehlt, kaum zu ersetzen ist« (*Gravissimum educationis*, Nr. 3).

Da es sich um eine auf die ursprüngliche Berufung der Ehegatten gegründete Verpflichtung handelt, am Schöpfungswerk Gottes teilzuhaben, steht ihnen das entsprechende Recht zu, ihre Kinder zu erziehen. Seinem Ursprung nach ist es eine vorrangige Verpflichtung und ein vorrangiges Recht im Vergleich zur erzieherischen Aufgabe anderer; es ist unersetzlich und unveräußerlich, das heißt, es läßt sich nicht vollständig an andere abgeben, noch können andere es sich aneignen.

Es besteht kein Zweifel, daß im Erziehungsbereich der öffentlichen, staatlichen Autorität Rechte und Pflichten zufallen, insofern die Erziehung dem Ge-

meinwohl dienen soll. Der Staat kann jedoch nicht die Eltern ersetzen, denn seine Aufgabe besteht darin, ihnen zu helfen, damit sie ihr Recht und ihre Pflicht der Erziehung ihrer Kinder entsprechend ihren moralischen und religiösen Überzeugungen erfüllen können.
Die staatliche Autorität spielt in diesem Bereich eine unterstützende Rolle und verzichtet keineswegs auf ihre Rechte, wenn sie den Dienst der Eltern achtet; im Gegenteil, darin besteht gerade ihre Größe: die freie Ausübung der erzieherischen Rechte zu verteidigen und zu fördern. Deshalb heißt es in eurer Verfassung, daß »die staatliche Macht das Recht der Eltern gewährleistet, daß ihre Kinder die religiöse und moralische Erziehung erhalten, die in Übereinstimmung mit ihren eigenen Überzeugungen steht« (vgl. Art. 27, 3).
Konkret muß das Recht der Eltern auf religiöse Erziehung ihrer Kinder besonders gewährleistet sein. In der Tat ist einerseits die religiöse Erziehung die Erfüllung und das Fundament jeder Erziehung, die – wie wiederum eure Verfassung sagt – »die volle Entfaltung der menschlichen Persönlichkeit« zum Ziel hat (*ebd.* 2). Anderseits würde das Recht auf religiöse Freiheit großenteils entkräftet werden, wenn die Eltern nicht die Garantie hätten, daß ihre Kinder in jeder Schule, die sie besuchen, auch in der staatlichen, Religionsunterricht und religiöse Erziehung erhalten.
Liebe Brüder und Schwestern! Liebe Eheleute und Eltern! Ich habe einige wesentliche Punkte des Planes Gottes bezüglich der Ehe in Erinnerung gerufen, damit ihr in eurem Herzen leichter auf die Worte hören könnt, die Christus an euch richtet und an die euch der Geist ständig erinnert.
»Das Gesetz Gottes ist vollkommen, es stärkt die Seelen..., es macht den Einfachen weise. Die Gebote des

Herrn sind gerecht.« Das Gesetz des Herrn, das euer Ehe- und Familienleben lenken muß, ist der einzige Weg des Lebens und des Friedens. Es ist die Schule der wahren Weisheit: »Wer es beachtet, wird reiche Frucht bringen.« Doch es genügt nicht, das Gesetz, auf dem Ehe und Familie aufgebaut ist, als gerecht anzuerkennen. Wer erkennt nicht seine eigene Alltagserfahrung, wenn er den hl. Paulus sagen hört: »Denn in meinem Innern freue ich mich am Gesetz Gottes, ich sehe aber ein anderes Gesetz in meinen Gliedern, das mit dem Gesetz meiner Vernunft im Streit liegt« (*Röm* 7, 22–23)?

Es bedarf einer ständigen Umkehr des Herzens, einer dauernden Offenheit des menschlichen Geistes, damit jedes Leben sich mit dem von der Autorität des Gesetzes gehüteten Gut identifiziert. Darum haben wir in der heutigen Liturgie aus dem Munde des Propheten Ezechiel die folgenden Worte vernommen: »Ich schenke euch ein neues Herz und gebe euch einen neuen Geist. Ich nehme das Herz von Stein aus eurer Brust und gebe euch ein Herz von Fleisch. Ich lege meinen Geist in euch hinein und bewirke, daß ihr nach meinen Gesetzen lebt und meine Gebote achtet und erfüllt« (*Ez* 36, 26–27).

Der Geist schreibt in eure Herzen das Gesetz Gottes über die Ehe. Es steht nicht nur draußen geschrieben: in der Heiligen Schrift, in den Dokumenten der Überlieferung und des Lehramtes der Kirche. Es steht auch in euch geschrieben. Es ist der Neue und Ewige Bund, von dem der Prophet spricht, der an die Stelle des Alten Bundes tritt und dem ursprünglichen Bund mit der schöpferischen Weisheit, der in das Menschsein jedes Mannes und jeder Frau eingeschrieben ist, seinen anfänglichen Glanz wiedergibt. Es ist der Bund im Geist, von dem der hl. Thomas sagt, daß »das Neue Gesetz die Gnade des Heiligen Geistes selbst ist«.

Das Leben der Ehegatten, die Berufung der Eltern erfordert ein fortgesetztes und dauerndes Zusammenwirken mit der Gnade des Geistes, die euch durch das Sakrament der Ehe geschenkt worden ist, damit sie ständig Frucht bringt und nicht wegen unseres Kleinmutes, unserer Untreue oder Gleichgültigkeit erlischt.

In der Kirche Spaniens gibt es zahlreiche Bewegungen für Familienspiritualität. Ihre Aufgabe ist es, ihren Mitgliedern zu helfen, daß sie der Gnade des Ehesakraments treu sein und ihre Ehe- und Familiengemeinschaft nach dem Plan Gottes verwirklichen können, und diesen schützt das Gesetz, das der Geist in das Herz der Eheleute eingeschrieben hat. Mit dieser Zielsetzung muß sich ferner stets die umfassendere Aufgabe der Zusammenarbeit verbinden, um die kirchliche Gemeinschaft in echter Weise zu verwirklichen. In diesem Sinne muß alle apostolische Tätigkeit die von der Kirche herausgegebenen pastoralen Kriterien anzupassen und in die Praxis umzusetzen wissen, denen jeder Mitarbeiter der Seelsorge treu sein muß.

Wenn die Eheleute in der Wahrheit des Planes Gottes bezüglich der Ehe ihren Weg gehen, kommt es zu jener Einheit des Geistes und der Gemeinschaft in der Liebe, von der der hl. Paulus zu den Christen von Philippi spricht.

Ich mache mir jetzt die Worte des Apostels zu eigen: »Tut nichts aus Ehrgeiz und nichts aus Prahlerei. Sondern in Demut schätze einer den andern höher ein als sich selbst. Jeder achte nicht nur auf das eigene Wohl, sondern auch auf das des anderen« (*Phil* 2, 3-4).

Ja, der Gatte soll nicht nur seine eigenen Interessen suchen, sondern auch die seiner Frau und sie die ihres Gatten; die Eltern sollen die Interessen ihrer Kinder suchen und diese ihrerseits die Interessen ihrer Eltern.

Die Familie ist die einzige Gemeinschaft, in der jeder Mensch »um seiner selbst willen geliebt wird« aufgrund dessen, was er ist, und nicht dessen, was er hat. Die Grundnorm der ehelichen Gemeinschaft ist nicht die des eigenen Nutzens und der eigenen Befriedigung. Der andere wird nicht um des Nutzens und der Befriedigung willen geliebt, die er verschafft: er wird geliebt als der, der er ist und um seiner selbst willen. Die Grundnorm ist also die personalistische Norm; jede Person (die Person des Gatten, der Ehefrau, der Kinder, der Eltern) wird in ihrer Würde als solcher bestätigt und um ihrer selbst willen geliebt.

Die Achtung dieser Grundregel erklärt, wie der Apostel lehrt, daß nichts aus Ehrgeiz oder Prahlerei getan wird, sondern in Demut, aus Liebe. Und diese Liebe, die sich den anderen öffnet, bewirkt, daß die Familienmitglieder echte Diener der »Hauskirche« sind, in der jeder auf das Wohl und das Glück des anderen bedacht ist und wo alle und jeder die Liebe dadurch verwirklichen, daß sie sich eifrig um dieses Wohl und dieses Glück bemühen.

Ihr begreift, warum die Kirche auf die Ehe und die Familie als einen Bereich blickt, den es mit allem nur möglichen Einsatz zu pflegen gilt. Wie großartig ist die Wahrheit der Berufung und des Ehe- und Familienlebens nach den Worten Christi und nach dem Vorbild der Heiligen Familie! Seien wir diesen Worten und diesem Vorbild treu! Zugleich kommt darin die wahre Liebe zu Christus zum Ausdruck, die Liebe, von der er im heutigen Evangelium spricht: »Wenn jemand mich liebt, wird er an meinem Wort festhalten; mein Vater wird ihn lieben, und wir werden zu ihm kommen und bei ihm wohnen... Und das Wort, das ihr hört, stammt nicht von mir, sondern vom Vater, der mich gesandt hat« (*Joh* 14, 23–24).

Liebe Brüder und Schwestern! Ehemänner und Ehe-

frauen! Väter und Mütter! Familien des edlen Spanien, der Nation und der Kirche! Bewahrt in eurem Leben die Lehren des Vaters, die euch der Sohn verkündet hat. Bewahrt diese heiligen Lehren mit der Kraft des Heiligen Geistes, der euch im Sakrament der Ehe geschenkt worden ist.
Der Vater, der im Geist zu euch gekommen ist, möge in euren Familien durch dieses Sakrament wohnen, zusammen mit Christus, seinem ewigen Sohn. Durch diese spanischen Familien möge der große göttliche Heilsplan am Menschen auf Erden weitergeführt werden. Amen.
An Familien, Madrid (Spanien), 2. 11. 1982; OR 47/82

Die Eucharistiefeier versammelt heute viele christliche Familien Panamas, die auch diejenigen der anderen Länder Mittelamerikas, Belizes und Haitis vertreten. Zu ihnen komme ich auf dieser apostolischen Pilgerreise, um die Frohbotschaft des Planes Gottes hinsichtlich der Familie zu verkünden, die für die Kirche und für die Gesellschaft von so großer Bedeutung ist.
Jede Eucharistie erneuert diesen Liebesbund Christi mit seiner Kirche, den der hl. Paulus als Vorbild der ehelichen Liebe der Christen hinstellt (vgl. *Eph* 5, 25.29.32). Bei dieser Messe, die euch vielleicht den Tag eurer Trauung in Erinnerung bringt, möchte ich gern, daß ihr euer Versprechen zu gegenseitiger Treue in der Gnade der christlichen Ehe erneuert.
Der Ehebund ist ein Geheimnis von tiefer Transzendenz; er ist ein ursprünglicher Plan des Schöpfers, den er der zerbrechlichen menschlichen Freiheit anvertraut hat.
Die Lesung aus dem Buch Genesis hat uns auf ideale Art zur Quelle des Geheimnisses des Lebens und der

ehelichen Liebe geführt: »Laßt uns Menschen machen als unser Abbild nach unserer Gestalt... Gott schuf also den Menschen als sein Abbild; als Abbild Gottes schuf er ihn. Als Mann und Weib schuf er sie« (*Gen* 1, 26–27).
Gott erschafft den Mann und die Frau als sein Abbild und schreibt ihnen das Geheimnis der fruchtbaren Liebe ein, das seinen Ursprung in Gott selbst hat. Der Geschlechtsunterschied erlaubt die Ergänzung und fruchtbare Vereinigung der Personen: »Seid fruchtbar und vermehrt euch, bevölkert die Erde und unterwerft sie euch« (*Gen* 1, 28).
Gott hat dem Menschen getraut; er hat ihm die Quelle des Lebens anvertraut; er hat den Mann und die Frau dazu berufen, an seinem Schöpfungswerk mitzuarbeiten. Er hat in das menschliche Bewußtsein für immer seinen Wunsch, sein Verlangen nach Fruchtbarkeit im Rahmen einer ausschließlichen und festen Verbindung eingeprägt: »Darum verläßt der Mann Vater und Mutter und bindet sich an seine Frau, und sie werden ein Fleisch« (*Gen* 2, 24). (...)
Der hl. Apostel Paulus hat uns an die Quelle und das Vorbild dieser ehelichen Liebe erinnert, die sich in gegenseitige Innigkeit und liebevolle gegenseitige Sorge der Ehepartner verwandelt: »Dies ist ein tiefes Geheimnis, ich beziehe es auf Christus und die Kirche. Was euch angeht, so liebe jeder von euch seine Frau wie sich selbst, die Frau aber ehre den Mann« (*Eph* 5, 32–33).
Während sie den Blick fest auf Christus gerichtet haben, erstarkt die Liebe und Zuneigung der Eheleute in diesem geheimnisvollen Heilsplan der Gnade. »Keiner hat je seinen Leib gehaßt, sondern er nährt und pflegt ihn, wie auch Christus die Kirche« (*Eph* 5, 29). (...)
So lernen die Eheleute, sich mit wahrer Liebe anzuschauen, die in der Sorge, Rücksicht und Aufmerk-

samkeit für den anderen zum Ausdruck kommt. Sie erkennen, daß jeder von ihnen durch eine persönliche Beziehung mit Gott verbunden ist, und beide sind durch die Gegenwart Christi und die Gnade des Geistes verbunden, um füreinander zu leben, in einem Heilsplan des Lebens, der sich in Hingabe an die Kinder verwandeln und ein Weg der Heiligung in der Familie sein soll. Daher wurde bereits in der christlichen Antike diese Dimension der Gnade dadurch angedeutet, daß man Christus inmitten der Ehegatten darstellte.
An Familien, Panama, 5. 3. 1983; OR 11/83

»Laßt uns Menschen machen als unser Abbild, uns ähnlich... Gott schuf also den Menschen als sein Abbild; als Abbild Gottes schuf er ihn. Als Mann und Frau schuf er sie« (*Gen 1, 26–27*).
Liebe Brüder und Schwestern! Spender des Sakraments, durch das ihr heute zu Ehegatten in Jesus Christus werdet! Ich heiße euch herzlich willkommen und begrüße euch als Pilger des Heiligen Jubeljahres der Erlösung.
Gemeinsam richten wir den Blick auf das ewige Werk des Schöpfers, das in der geschaffenen Welt von Generation zu Generation fortdauert.
Dieses Werk ist jeder Mensch: Mann und Frau, geschaffen als Abbild Gottes. Jeder von euch ist Ausdruck der ewigen Liebe.
Wir haben daher – nach der Lesung aus dem Buch *Genesis* – mit Recht den Antwortpsalm gesungen: »Unser Gott ist groß in der Liebe.«
Die Liebe Gottes offenbart sich in dem, was der Mensch im Schöpfungswerk ist: Mann und Frau. Gott der Schöpfer »sah« als erster, daß »alles, was er gemacht hatte, sehr gut war« (*Gen 1, 31*).

Heute richten wir den Blick auf den ewigen Plan des Schöpfers, der in das Werk der Schöpfung des Menschen – des Mannes und der Frau – das ewige Sakrament eingeschrieben hat. Dieses Sakrament, die Ehe, wird heute zu eurer Rolle und Aufgabe.
Heute erfüllt ihr das Wort des Schöpfers: »Darum verläßt der Mann Vater und Mutter und bindet sich an seine Frau, und sie werden ein Fleisch« (*Gen* 2, 24).
Heute werdet ihr vor Gott und vor den Menschen »ein Fleisch« – und diese Vereinigung hat ihren Ursprung in der Liebe.
Gott, der »groß ist in der Liebe«, nimmt euch an, so wie er jene beiden ersten – Mann und Frau – annahm, die er als sein Abbild geschaffen hatte.
Heute werdet ihr durch das Sakrament zu Mit-Wirkern des Schöpfers und zu Mit-Verwaltern des Schöpfungswerkes. Ihr seid aufgerufen, die Erde zu bevölkern und sie euch zu unterwerfen (vgl. *Gen* 1, 28).
Eure Berufung und eure Verantwortung sind groß.
Der Schöpfer beruft euch als Ehegatten zur Elternschaft: zur verantwortlichen Elternschaft.
In der Ehe die Aufgabe der verantwortlichen Elternschaft übernehmen heißt, bewußt am Werk des Schöpfers mitzuwirken. Es heißt, das Geheimnis des Lebens mit größter Hochachtung zu behandeln. Sich in »Werk und Wahrheit« zur Heiligkeit und Unverletzlichkeit des menschlichen Lebens bekennen, zu dessen Spendern ihr in diesem Sakrament werdet. Das bedeutet auch, daß ihr die rhythmischen Phasen der menschlichen Fruchtbarkeit beachtet und diesem Rhythmus gemäß eure Elternschaft plant.
Das alles gehört zur bewußten Mitarbeit am Werk des Schöpfers.
Der Schöpfergott ist zugleich Vater. In ihm findet ihr das höchste Vorbild eurer Berufung. Denn als Ehegatten sollt ihr auch Eltern werden: Vater und Mutter.

Der Schöpfergott als Vater nimmt euch heute in Jesus Christus an. Die Ehe – als Sakrament der Schöpfung – wird in Jesus Christus zum Sakrament des Neuen Bundes.
Der Vater nimmt euch heute in seinem von Ewigkeit her geliebten Sohn als Söhne und Töchter an, er läßt euch an jener Liebe teilhaben, mit der Christus die Kirche geliebt hat: »Christus hat die Kirche geliebt und sich für sie hingegeben« (*Eph* 5, 25). Auf diese Liebe nimmt der Verfasser des Epheserbriefes Bezug, wenn er schreibt: »Ihr Männer, liebt eure Frauen, wie Christus die Kirche geliebt und sich für sie hingegeben hat« (*ebd.*).
Ihr seid also zur Liebe berufen. Ihr könnt nur dann »ein Fleisch« werden, wenn in euch die Liebe wirksam ist, die ein Geschenk Gottes ist.
Als »ein Fleisch« könnt ihr nur dann Spender des Sakramentes der Schöpfung werden, wenn ihr bereit seid, mit Worten, mit dem Herzen und in der Tat zu wiederholen: Gott ist Liebe; wir lieben einander, wie Gott uns geliebt hat.
Liebe Brüder und Schwestern! Ihr spürt selber, daß dieser sakramentale Bund der Seelen und Leiber, den ihr heute schließt, nur in der Liebe gefestigt werden kann. In jener Liebe, die von Gott kommt...
Sie ist in das Herz des Menschen eingeschrieben – und zugleich ist sie größer als dieses Herz. Sie muß größer sein, damit sie andauern kann, auch wenn das menschliche Herz enttäuscht.
Ja: Für den ewigen Vater ergibt sich der sakramentale Bund der Eheleute nicht nur aus dem Schöpfungswerk, sondern auch aus jener Liebe, mit der Christus jeden von euch geliebt hat, als »er sich hingegeben hat« (*Eph* 5, 25).
Christus selbst steht heute vor euch, liebe Brautleute und »Spender des großen Sakramentes«, und sagt:

»Wie mich der Vater geliebt hat, so habe auch ich euch geliebt. Bleibt in meiner Liebe!« (*Joh* 15, 9).
Das sagt Christus. Und das ist zugleich der große Wunsch, den die Kirche an diesem festlichen Tag an euch richten kann:
Bleibt in Seiner Liebe!
Eure Liebe höre nie auf, aus jener Liebe zu schöpfen, mit der Er geliebt hat. Dann wird eure Liebe niemals erlöschen. Sie wird euch niemals enttäuschen. Es wird sich euch jene Tiefe und Reife enthüllen, die der Berufung als Ehegatten und Eltern entspricht: verantwortliche Verwalter des Schöpfungswerkes und Mitarbeiter des Schöpfers und ewigen Vaters zu sein.
»Dies habe ich euch gesagt – fügt Christus hinzu –, damit meine Freude in euch ist und damit eure Freude vollkommen wird« (*Joh* 15, 11).
Die Kirche wünscht euch heute diese Freude!
Wir nehmen am Heiligen Jubeljahr der Erlösung durch die Sakramente der Kirche teil. Heute empfangt ihr, liebe Brautleute aus Italien und verschiedenen anderen Ländern, an diesem ehrwürdigen Ort, in der Petersbasilika, das Ehesakrament als Frucht der Erlösung Christi, die in der Kirche bleibend weiterbesteht. Und gleichzeitig seid ihr Verwalter dieses Sakraments, indem ihr es euch gegenseitig spendet: der Mann der Frau und die Frau dem Mann.
Ausdruck dafür sind die Worte des Eheversprechens, das ihr einander gebt.
Das Sakrament trägt die Gnade in sich, die unser menschliches Leben in Gott festigt und es ständig auf Gott ausrichtet. Auf dem geistlichen und übernatürlichen Fundament der göttlichen Gnade basiert der Weg eurer Erlösung, der durch die Errichtung der Ehe- und Familiengemeinschaft führt. Und darum spricht in der zweiten Lesung der hl. Paulus mit den folgenden Worten aus dem Römerbrief zu uns: »An-

gesichts des Erbarmens Gottes ermahne ich euch, meine Brüder, euch selbst als lebendiges und heiliges Opfer darzubringen, das Gott gefällt; das ist für euch der wahre und angemessene Gottesdienst. Gleicht euch nicht dieser Welt an, sondern wandelt euch und erneuert euer Denken, damit ihr prüfen und erkennen könnt, was der Wille Gottes ist: was ihm gefällt, was gut und vollkommen ist« (*Röm* 12, 1–2).
Und dann gibt der Apostel zahlreiche Weisungen, die von großer Bedeutung für die Errichtung der Ehe- und Familiengemeinschaft sind:
»Eure Liebe sei ohne Heuchelei. Verabscheut das Böse, haltet fest am Guten! Seid einander in brüderlicher Liebe zugetan, übertrefft euch in gegenseitiger Achtung! Laßt nicht nach in eurem Eifer, laßt euch vom Geist entflammen und dient dem Herrn! Seid fröhlich in der Hoffnung, geduldig in der Bedrängnis, beharrlich im Gebet! Helft den Heiligen, wenn sie in Not sind; gewährt jederzeit Gastfreundschaft! Segnet eure Verfolger; segnet sie, verflucht sie nicht! Freut euch mit den Fröhlichen und weint mit den Weinenden! Seid untereinander eines Sinnes; strebt nicht hoch hinaus, sondern bleibt demütig! Haltet euch nicht selbst für weise! Vergeltet niemand Böses mit Bösem! Seid allen Menschen gegenüber auf Gutes bedacht!« (*Röm* 12, 9–17).
Brüder und Schwestern! Die Gnade des Ehesakramentes wird euch heute aus der Fülle der Erlösung Christi gewährt, damit ihr an ihr mitwirkt.
Durch euer Mitwirken wird die Ehe- und Familiengemeinschaft aufgebaut, auf sie stützt sich die unauflösliche Bindung und Einheit, die ihr euch heute gegenseitig versprecht.
Wendet euch – im Gebet und in eurem Verhalten – unaufhörlich an diese sakramentale Gnade. Wendet euch insbesondere an sie, wenn ihr auf eurem Weg Schwierigkeiten und Prüfungen begegnet.

Christus will bei euch sein, immer!
In diesen Wochen findet hier die Bischofssynode über das Thema »Versöhnung und Buße im Sendungsauftrag der Kirche« statt. Vor drei Jahren – 1980 – hat die Bischofssynode sich mit dem Thema »Die Aufgaben der christlichen Familie in der heutigen Welt« beschäftigt.
Das Ergebnis dieser Arbeit war das Apostolische Schreiben Familiaris consortio, das ich bei dieser Gelegenheit jedem Brautpaar überreichen möchte.
Trauung, Rom, 9. 10. 1983; OR 41/83

Ich möchte euch zur Quelle des lebendigen Wassers bitten, die Jesus Christus ist, der Erlöser der Welt; Jesus Christus, der göttliche Bräutigam der Kirche, seiner Braut auf Erden. Dieser Bund bräutlicher Liebe, an dem christliche Eheleute teilhaben, gehört zum inneren Wesen des Erlösungsgeheimnisses, er ist ein »großes Geheimnis« in Christus und in seiner Kirche.
Als Bischof von Rom möchte ich heute in besonderer Weise die hier anwesenden Eheleute und Familien – und durch sie alle Eheleute und Familien in der Kirche und Welt – dazu auffordern,
– im Licht des Geheimnisses der Erlösung die Würde und Größe ihrer Berufung als Eheleute und Eltern neu zu bedenken und
– aus der Kraft dieses göttlichen Geheimnisses die Gnade des Ehesakraments zu erneuern.
Öffnet eure Herzen und beugt euch nieder zur Quelle des lebendigen Wassers, das für das ewige Leben hervorsprudelt!
Die Ehe ist ein großes Sakrament, das Mann und Frau als Spender der gegenseitigen Liebe und als Mitwirkende des Schöpfers bei der Weitergabe des Lebens heiligt.

Diesem sakramentalen Bund der Eheleute entspringt dank der erlösenden Kraft Christi die Quelle des lebendigen Wassers, so wie es einst dem Felsen in der Wüste entsprang. Dieses Wasser, das für das ewige Leben hervorsprudelt.
Christus bittet die samaritische Frau um Wasser aus dem Jakobsbrunnen, und dann, während er zu ihr vom Wasser des Lebens spricht, antwortet die Frau: »Gib mir dieses Wasser!« (*Joh* 4, 15). (...)
Jesus spricht mit einer samaritischen Frau, einer mehrmals geschiedenen Frau, einer Ehebrecherin. Aber indirekt spricht er auch mit jedem dieser Männer, die trotz des »im Anfang« von Gott gegebenen Gebotes sie zur Frau genommen hatten, obwohl sie bereits die Frau eines anderen war.
Im Gespräch mit dieser Frau – der vielleicht Unrecht geschehen war – ist Jesus voller Liebe und Verständnis. Trotzdem dringt er bis zur Wahrheit selbst vor, berührt das Gewissen. Das Gewissen ist die Stimme der Wahrheit. Jesus führt die samaritische Frau zur Wahrheit über jene Liebe, die Mann und Frau in der Ehe verbinden sollte.
Die Enzyklika *Humanae vitae* (vgl. Nr. 9) betont, daß diese Liebe, die eheliche Liebe, vor allem eine volle menschliche Liebe ist, das will sagen: sinnenhaft und geistig; sie ist nicht einfach Austausch von Instinkt und Gefühl, sondern auch und vorrangig ein Akt des freien Willens. Sie ist weiter eine totale Liebe, eine Form ganz besonderer persönlicher Freundschaft, in der die Eheleute hochherzig alles miteinander teilen, ohne unzulässige Vorbehalte und egoistische Berechnungen. Sie ist auch treue und ausschließliche Liebe bis zum Tod; Treue, die manchmal schwerfallen kann, die aber – zweifelsohne – immer noch möglich, edel und verdienstvoll ist. Und schließlich ist sie eine fruchtbare Liebe, die sich nicht gänzlich in der Ge-

meinschaft zwischen den Eheleuten erschöpft, sondern im Hervorbringen neuen Lebens zur Fortdauer bestimmt ist. Das ist die Wahrheit über die eheliche Liebe, wie es das kirchliche Lehramt für unsere Zeit beschreibt.
Und Jesus sagt, daß der Mensch nur in der Wahrheit ein wahrer Beter vor Gott ist. Nur in der Wahrheit der ehelichen Liebe beten Mann und Frau zu Gott »in Geist und Wahrheit«.
Liebe Brüder und Schwestern! Übertragen wir das Gespräch zwischen Christus und der samaritischen Frau in die Dimension unserer Zeit. Stellen wir es in den Mittelpunkt unserer eucharistischen Gemeinschaft.
Was heißt das: die Gnade des Ehesakramentes erneuern? Das heißt: die Wahrheit der ehelichen und elterlichen Liebe wiederzufinden, die ihren Ursprung in Gott, dem Schöpfer, und ihr endgültiges sakramentales Siegel im Erlöser der Welt hat. Es bedeutet: diese Wahrheit aufzunehmen; sie im Herzen und im Gewissen anzunehmen; sie zum Maß des Lebens zu machen!
Liebe Eheleute, welche Kraft hat diese Wahrheit in eurem Leben? Am Tag eurer Eheschließung habt ihr euch gegenseitig eine wahre und totale Liebe versprochen ohne Grenzen und Vorbehalte. Wollt ihr heute diese Wahrheit neu entdecken, die Reinheit jener Liebe? Ihr könnt es, wenn ihr die Gnade zu finden versteht, die Gott euch stets im Sakrament anbietet. Diese Gnade könnt ihr Tag für Tag finden, wenn ihr gläubig zu beten versteht. Gemeinsam im Kreis der Familie beten, das ist der Auftrag, den der Papst euch bei dieser Jubiläumsfeier gibt. Dank eines eifrigen, innigen Gebetes werdet ihr nie die Wahrheit über eure Liebe verlieren.
Die Kirche lehrt diese Wahrheit von Generation zu Generation. Sie lehrt sie in unserer Zeit mittels der

Dokumente *Casti conubii, Gaudium et spes, Humanae vitae, Familiaris consortio.*
Dies ist eine anspruchsvolle Wahrheit, so wie das ganze Evangelium anspruchsvoll ist. Was sie jedoch fordert, dient dem Wohl des Menschen, dem rechtverstandenen Wohl des Menschen. Es dient seiner Würde, seiner Liebe. Es dient der Verherrlichung Gottes: Denn es ist die Ehre Gottes, wenn der Mensch aus der Wahrheit und Liebe lebt.
»Die Liebe Gottes ist ausgegossen in unsere Herzen durch den Heiligen Geist, der uns gegeben ist« (*Röm* 5, 5). Darüber spricht uns das Geheimnis der Erlösung. Darüber spricht uns das Jubiläumsjahr der Erlösung. »Gott aber hat seine Liebe zu uns darin erwiesen, daß Christus für uns gestorben ist« (*ebd., v.* 8.).
Machen wir uns auf zu dieser Liebe wie zu einer Quelle lebendigen Wassers. Wir sind hier am Grab des hl. Petrus versammelt: Ehemänner und Ehefrauen, Eltern und Kinder, Brautleute, Familien, wir alle, die wir den Vater im Geist und in der Wahrheit anbeten wollen.
Wir alle wollen die Versuchung besiegen, mit der die heutige Welt den Schöpfer und den Erlöser »versucht«, ihn »auf die Probe stellt«, indem sie sagt: »Der Herr ist mitten unter uns, ja oder nein?« Sind wir sein Sakrament in Jesus Christus? Oder sind die einzige Dimension und der einzige Sinn unseres Lebens das Zeitliche, das Weltliche und die ungehemmte Freiheit des sinnlichen Menschen? Wir wollen diese Versuchung besiegen. Tag für Tag, Jahr für Jahr, das ganze Leben über. Wir wollen sie aus der Kraft Christi besiegen: mit der Liebe, mit der er uns geliebt hat. Wir wollen – durch ihn, mit ihm und in ihm – den Vater in Geist und Wahrheit anbeten.
Die Liebe Gottes ist in unsere Herzen ausgegossen durch den Geist, der uns im Sakrament der Kirche gegeben worden ist.

Beten wir zusammen für den Sieg unserer Liebe in einem jeden von uns: in jedem Ehepaar, in jeder Familie. Von diesem Sieg hängt die Zukunft der ganzen Menschheitsfamilie ab. Die Kirche bittet unaufhörlich darum, indem sie betet, wie wir es während der Bischofssynode im Jahr 1980 im Blick auf die Aufgaben der christlichen Familie in der Welt von heute getan haben:
Gott, von dir kommt alle Vaterschaft im Himmel und auf Erden...
An Familien, Rom, 25. 3. 1984; OR 14/84

2. Ehe als unauflösliche Gemeinschaft

Es ist eine Grundpflicht der Kirche, mit Nachdruck – wie es die Väter der Synode getan haben – die Lehre von der Unauflöslichkeit der Ehe erneut zu betonen. Denen, die es in unseren Tagen für schwierig oder geradezu unmöglich halten, sich für das ganze Leben an einen Menschen zu binden, und denen, die sich von einer kulturellen Strömung mitreißen lassen, die die Unauflöslichkeit der Ehe ablehnt und die Verpflichtung der Gatten zur Treue offen verlacht, muß sie die Frohbotschaft von der Endgültigkeit jener ehelichen Liebe einprägen, die ihr Fundament und ihre Kraft in Jesus Christus hat.
Verwurzelt in der personalen Ganzhingabe der Ehegatten und vom Wohl der Kinder gefordert, findet die Unauflöslichkeit der Ehe ihre letzte

Wahrheit in dem Plan, den Gott in seiner Offenbarung kundgetan hat: Er will und schenkt die Unauflöslichkeit der Ehe als Frucht, Zeichen und Anspruch der absolut treuen Liebe, die Gott dem Menschen, die Christus seiner Kirche entgegenbringt.

FC 20

Vorbemerkung

Nicht alle Einzelfragen, die die Ehe betreffen, schneidet Papst Johannes Paul II. so oft und so ausführlich an wie die nach der Unauflöslichkeit der Ehe. Wie die Frage nach »Ehe und Leben« so ist diese Frage nach »Ehe und lebenslanger Treue« Ziel unzähliger Angriffe von innerhalb und außerhalb der Kirche. Darum geht der Papst darauf ein – vor Eheleuten selbst, aber auch vor dem vatikanischen Gremium, das den Schutz der Unauflöslichkeit gewährleisten soll, der Rota.
Bindung oder Treue »auf Zeit« oder gar mit Klauseln widerspricht sowohl der Würde der Person als auch dem ausdrücklichen Auftrag Gottes. So steht die eheliche Bindung nicht dem Gutdünken der Eheleute selbst zur Disposition und noch viel weniger dem Zugriff irgendwelcher staatlicher Instanzen.
Tatsache ist aber das Scheitern vieler Ehen. Dieses Schicksal in Treue zu Christi Wort durchzutragen, hilft den Betroffenen, auch dann in der Liebe Christi zu bleiben. Die Seelsorge für Menschen, Ehepaare und Familien in diesen Notlagen gehört zu den Dringlichkeiten der Pastoral heute. Hier und im Hinblick auf die wiederverheirateten Geschiedenen, die ja Mitglieder der Kirche sind und bleiben, tun sich einer lebensnahen geistlichen Begleitung der konkreten Menschen noch weite Felder auf.
Bei der Suche nach neuen Wegen in diesem Bereich sollen – so fordert der Papst – die Pastoral und auch die Ehegerichte die Hilfe der Humanwissenschaften in Anspruch nehmen.

Unser Herr Jesus Christus selbst bestand auf der wesentlichen Unauflöslichkeit der Ehe. Seine Kirche kann es nicht zulassen, daß seine Lehre in diesem Punkt verdunkelt wird. Sie würde ihrem Meister untreu, würde sie nicht, wie er es tat, darauf bestehen, daß jeder, der sich von seinem Ehepartner scheiden läßt und einen anderen heiratet, Ehebruch begeht (*Mk* 10, 11–12). Der untrennbare Bund zwischen Mann und Frau ist ein großes Geheimnis oder sakramentales Zeichen in bezug auf Christus und seine Kirche. Durch die Bewahrung dieses Zeichens in seiner ganzen Deutlichkeit werden wir am besten die Liebe bekunden, die es ausdrückt; die übernatürliche Liebe, die Christus und seine Kirche vereint, die den Erlöser mit denen verbindet, die er erlöst.
An kanadische Bischöfe, Rom, 17. 11. 1978; OR 48/78

Die Treue zur Berufung, die beständige Verfügbarkeit für den »königlichen Dienst« hat eine besondere Bedeutung in diesem vielfältigen Bauwerk, vor allem für die Aufgaben, die den stärksten Einsatz fordern und größeren Einfluß haben auf das Leben unseres Nächsten und der ganzen Gesellschaft. Durch die Treue zur eigenen Berufung müssen sich die Eheleute auszeichnen, wie es sich aus der Unauflöslichkeit der sakramentalen Ehe ergibt. Eine ähnliche Treue zur eigenen Berufung muß die Priester kennzeichnen aufgrund des unauslöschlichen Charakters, den das Sakrament der Weihe ihrem Herzen einprägt. Indem wir dieses Sakrament empfangen, verpflichten wir uns in der lateinischen Kirche bewußt und freiwillig zu einem Leben im Zölibat; deswegen muß jeder von uns mit Hilfe der Gnade Gottes alles, was möglich ist, tun, um für dieses Geschenk dankbar zu sein und dieser für immer übernommenen Bindung treu bleiben. Dies

ist nicht anders als bei den Eheleuten, die mit all ihren Kräften danach streben müssen, den Ehebund aufrechtzuerhalten, mit diesem Zeugnis der Liebe die Gemeinschaft der Familie zu gründen und neue Generationen von Menschen zu erziehen, die ebenfalls imstande sind, ihr ganzes Leben der eigenen Berufung zu weihen, das heißt jenem »königlichen Dienst«, dessen Beispiel und schönstes Modell uns von Jesus Christus gegeben worden ist.
»Redemptor hominis«, Rom, 4. 3. 1979; OR 12/79

Die Einheit hat ihre tiefen Wurzeln im Leben der Nation – so wie sie dank des hl. Stanislaus in schwerer Zeit polnischer Geschichte Wurzel faßte – dann, wenn das menschliche Leben auf verschiedenen Ebenen zur Gerechtigkeit und Liebe herausgefordert wird. Eine erste solche Ebene ist die Familie. Ich möchte heute gemeinsam mit euch – meine lieben Landsleute – um die Einheit aller polnischen Familien beten. Diese Einheit nimmt ihren Anfang im Sakrament der Ehe, in jenen feierlichen Gelöbnissen, mit denen sich Mann und Frau für ein ganzes Leben binden, indem sie die sakramentalen Worte wiederholen: »Vor Gottes Angesicht nehme ich dich an.« Diese Einheit folgt aus der Liebe sowie aus dem wechselseitigen Vertrauen, und ihre Frucht und ihr Lohn sind die Liebe und das Vertrauen der Kinder zu ihren Eltern. Dieses Band des Geistes ist das stärkste Fundament der Einheit. Wehe, wenn sie zwischen den Ehegatten oder auch zwischen Eltern und Kindern ihre Kraft verliert und zerbröckelt. Eingedenk des Bösen, das die Zerrissenheit der Familie mit sich bringt, bitten wir heute darum, daß sie all dem nicht nachgibt, was die Einheit zerstört, daß sie ein wahrer »Sitz der Gerechtigkeit und Liebe« sei.
An Pilger aus Niederschlesien, Tschenstochau (Polen), 5. 6. 1979; OR 24/79

Allen sage ich: Ehrt und schützt eure Familien und euer Familienleben, denn die Familie ist das erste Feld christlichen Wirkens für die irischen Laien, der Ort, wo eure »königliche Priesterschaft« vor allem ausgeübt wird. Die christliche Familie war in der Vergangenheit Irlands größte geistige Quelle. Moderne Verhältnisse und soziale Umwandlungen haben neue Modelle und für das Familienleben bzw. die christliche Ehe neue Schwierigkeiten gebracht. Ich möchte euch sagen: Laßt euch nicht entmutigen! Folgt nicht dem Trend, wonach eine fest gefügte Familie als überholt anzusehen sei. Die christliche Familie ist für die Kirche und für die Gesellschaft heute bedeutender denn je.

Es stimmt, daß die Beständigkeit und Heiligkeit der Ehe durch neue Ideen und durch manche Bestrebungen bedroht sind. Die Scheidung, aus welchen Gründen auch zugelassen, ist immer leichter zu erlangen und wird mit der Zeit zu einem normalen Bestandteil des Lebens. Schon allein die Möglichkeit der Scheidung im bürgerlichen Gesetz macht feste, beständige Ehen für jedermann immer schwieriger. Möge Irland immer vor der modernen Welt Zeugnis geben von seiner traditionellen Bindung an die Heiligkeit und Unauflöslichkeit des ehelichen Bandes! Möge der Ire stets durch persönliche Verpflichtung und positive soziale und gesetzliche Maßnahmen die Ehe stützen!

An Familien, Limerick (Irland), 1. 10. 1979; OR 42/79

Auf euer eigentliches Gebiet bezogen heißt das, daß bei allen kirchlichen Prozessen immer, von der Prozeßeröffnung bis zur Urteilsverkündigung, die Wahrheit das Fundament, die Mutter und das Gesetz der Gerechtigkeit sein muß. Und da der Gegenstand eurer Tätigkeit zum überwiegenden Teil »die Ungültigkeit

bzw. Gültigkeit der Ehe« ist – wie der hochwürdige Herr Dekan soeben ausgeführt hat –, schien es mir angebracht, bei dieser unserer Begegnung einige Überlegungen den Ehenichtigkeitsverfahren zu widmen.
Unmittelbares Ziel solcher Prozesse ist es festzustellen, ob Fakten vorhanden sind oder nicht, die nach natürlichem, göttlichem und kirchlichem Recht die Eheschließung ungültig machen, so daß man zu einem wahren und gerechten Urteil über die behauptete Nichtigkeit des Ehebandes kommen kann.
Der kirchliche Richter muß daher feststellen, ob die geschlossene Ehe eine wahre Ehe war. Er ist also an die Wahrheit gebunden, die er mit Pflichteifer, Demut und Liebe zu erforschen sucht.
Und diese Wahrheit wird diejenigen »frei machen« (vgl. *Joh* 8, 32), die sich an die Kirche wenden, verunsichert von tragischen Situationen und vor allem von dem Zweifel, ob jene lebendige und die ganze Persönlichkeit zweier Menschen erfassende Wirklichkeit, die die Ehe darstellt, besteht oder nicht.
Um die Grenzen des Irrtums bei der Erfüllung eines so wertvollen und heiklen Dienstes, wie es der von euch ausgeführte ist, soweit als möglich einzuschränken, hat die Kirche eine Verfahrensordnung ausgearbeitet, die in der Absicht, die objektive Wahrheit festzustellen, einerseits die größte Gewähr für den einzelnen bei der Aufrechterhaltung seiner Rechte leistet und andererseits das göttliche Gebot entsprechend achtet: »Was Gott verbunden hat, das darf der Mensch nicht trennen« (*Mk* 10, 9).
Sämtliche Akten der kirchlichen Rechtsprechung, von der Anklageschrift bis zu den Verteidigungsschriften, können und müssen Quelle der Wahrheit sein; besonders aber müssen das die Prozeßakten sein – und unter diesen die Untersuchungsakten –, denn Ziel und

Zweck der Untersuchung ist es, die Beweise für die Wahrheit des behaupteten Tatbestandes zu sammeln, damit der Richter auf dieser Grundlage ein gerechtes Urteil fällen kann.

Zu diesem Zweck werden auf Vorladung des Richters die Ehepartner, die Zeugen und gegebenenfalls auch Gutachter auftreten, um vernommen zu werden. Der Eid, die Wahrheit zu sagen – er wird von allen diesen Personen verlangt –, steht in engem Zusammenhang mit der Zielsetzung der Untersuchung: es geht nicht darum, einen nie dagewesenen Vorgang zu erfinden, sondern darum, einen Tatbestand, der in der Vergangenheit existierte und vielleicht noch gegenwärtig fortdauert, klar herauszuarbeiten und geltend zu machen. Ohne Zweifel wird jede dieser Personen »ihre« Wahrheit sagen, die normalerweise die objektive Wahrheit oder ein Teil von ihr sein wird, aber oft von verschiedenen Gesichtspunkten aus betrachtet, vom eigenen Temperament gefärbt, vielleicht auch verzerrt oder mit Irrtum gemischt; doch in jedem Fall werden alle redlich handeln müssen, ohne die Wahrheit zu verraten, die sie für die objektive halten, noch ihr eigenes Gewissen.

Alexander III. bemerkte im 12. Jahrhundert: »Es geschieht häufig, daß sich korrupte Zeugen um Geld leicht zu einer falschen Aussage verleiten lassen« (c. 10, X, *De praesumptionibus,* II, 23; ed. Richter-Friedberg, II, 355). Leider sind auch heute die Zeugen gegen die Verletzung ihrer Pflichten nicht immun. Deshalb hat Pius XII. in einer Ansprache über die Einheit von Ziel und Handeln bei den Eheprozessen nicht nur die Zeugen, sondern alle Teilnehmer am Prozeß ermahnt, nicht von der Wahrheit abzuweichen: »Niemals sollen sich bei den Eheprozessen vor den kirchlichen Gerichten Täuschungen, Meineide, Zeugenbeeinflussungen oder Betrügereien irgendwel-

cher Art zutragen!« (*Ansprache an die S. R. Rota*, 2. Oktober 1944, in: *AAS* 36, 1944, 282).
Sollte das dennoch eintreten, so wären die Untersuchungsakten natürlich keine klare Quelle der Wahrheit, da sie die Richter trotz deren moralischer Unantastbarkeit und ihres aufrichtigen Bemühens, die Wahrheit herauszufinden, zur Verkündigung eines irrigen Urteils führen könnten.
Nach Abschluß der Untersuchung beginnt für die einzelnen Richter, die die Sache entscheiden müssen, der mühsamste und heikelste Abschnitt des Prozesses. Jeder muß, wenn möglich, zur moralischen Gewißheit über die Wahrheit oder das Bestehen des Tatbestandes gelangen, denn diese Gewißheit ist das unerläßliche Erfordernis, damit der Richter das Urteil fällen kann; zuerst fällt er es sozusagen in seinem Herzen und dann, wenn er seine Stimme bei der Sitzung des Richterkollegiums abgibt.
Der Richter muß diese Gewißheit »aus den Akten und dem Beweismaterial« gewinnen. Vor allem *ex actis*, da man annehmen muß, daß die Akten Quelle der Wahrheit sind. Der Vorschrift Innozenz' III. folgend, muß der Richter deshalb »alles erforschen« (»Der Richter muß... bis zur Urteilsverkündigung alles erforschen«; in c. 10, X, *De fide instrumentorum*, II, 22; ed. Richter-Friedberg, II, 352), das heißt er muß die Akten sorgfältig untersuchen, damit ihm nichts entgeht. Sodann *ex probatis*, aus dem Beweismaterial, denn der Richter darf sich nicht darauf beschränken, bloßen Behauptungen Glauben zu schenken; er muß sich vor Augen halten, daß im Laufe der Untersuchung die objektive Wahrheit von Schatten verdunkelt worden sein könnte, die aus verschiedenen Gründen aufgetreten sein mögen: das Vergessen mancher Tatsachen, ihre subjektive Deutung, die Fahrlässigkeit, mitunter auch List und Trug. Der Richter muß also mit kritischem Sinn

handeln. Eine harte Aufgabe, weil die Irrtümer in großer Zahl auftreten können, während es hingegen nur eine einzige Wahrheit gibt. Es gilt also, in den Akten nach den Beweisen für die behaupteten Tatbestände zu suchen, dann die kritische Beurteilung solcher Beweise vorzunehmen und sie mit den anderen zu vergleichen, damit der wichtige Rat des hl. Gregor des Großen mit allem Ernst verwirklicht werde: »Über das, was nicht erörtert und geprüft wurde, soll kein leichtfertiges Urteil gefällt werden« (*Moralium* L. 19, c. 25, n. 46; PL 76, 126).

Als Hilfe bei dieser heiklen und wichtigen Arbeit der Richter sind die Stellungnahmen (Memoriae) der Rechtsanwälte und die Bemerkungen (Animadversiones) des Ehebandverteidigers, eventuell auch das Votum des Kirchenanwalts bestimmt. Auch sie müssen bei der Durchführung ihrer Aufgabe – erstere für die Parteien, der zweite bei der Verteidigung des Ehebündnisses, der dritte bei der Erforschung des Rechts – der Wahrheit dienen, damit die Gerechtigkeit siege.

Man muß sich jedoch vor Augen halten, daß der Zweck dieser Untersuchung nicht irgendeine Erkenntnis von der Wahrheit des Tatbestandes ist, sondern das Erlangen einer »moralischen Gewißheit«, das heißt jener sicheren Erkenntnis, die »sich auf die Beständigkeit der Gesetze und Bräuche stützt, die das menschliche Leben leiten« (Pius XII., *Ansprache an die S. R. Rota*, 1. Oktober 1942). Diese moralische Gewißheit bietet dem Richter die Gewähr, daß er die Wahrheit über den Tatbestand gefunden hat, den er zu beurteilen hat, also die Wahrheit, die Fundament, Mutter und Gesetz der Gerechtigkeit ist und die ihm somit die Sicherheit gibt, daß er – von daher – ein gerechtes Urteil zu fällen imstande ist. Das ist der Grund, warum das Gesetz vom Richter diese Gewißheit verlangt, damit ihm die Urteilsfällung erlaubt ist (can. 1869, par. 1).

Pius XII, erklärte, indem er sich vor allem die jüngste Entwicklung der Wissenschaft und der Rechtsprechung zunutze machte, in authentischer Weise den kirchenrechtlichen Begriff der »moralischen Gewißheit« in seiner Ansprache an euren Gerichtshof am 1. Oktober 1942 (*AAS* 34, 1942, 339–343). Hier nun die Worte, die unser Thema betreffen:
»Zwischen der absoluten Gewißheit und der Schein-Gewißheit oder Wahrscheinlichkeit als den beiden Extremen steht jene ›moralische Gewißheit‹, um die es sich bei den eurem Forum unterbreiteten Fragen gewöhnlich handelt... Sie ist positiv gekennzeichnet dadurch, daß sie jeden begründeten oder berechtigten Zweifel ausschließt und sich, so betrachtet, wesentlich von der erwähnten Schein-Gewißheit unterscheidet; negativ läßt sie die absolute Möglichkeit des Gegenteils bestehen und unterscheidet sich damit von der absoluten Gewißheit. Die Gewißheit, von der wir hier sprechen, ist für die Verkündigung eines Urteils notwendig und ausreichend« (*ebd.*, S. 339–340, Nr. 1).
Demzufolge ist es keinem Richter gestattet, ein Urteil zugunsten der Annullierung einer Ehe zu fällen, wenn er nicht zuerst die moralische Gewißheit über die tatsächliche Ungültigkeit derselben erlangt hat. Die bloße Wahrscheinlichkeit reicht für die Entscheidung eines Falles nicht aus. Für jedes Nachgeben in dieser Hinsicht würde das gelten, was sehr richtig von den anderen Gesetzen gesagt wurde, die die Ehe betreffen: Jede Lockerung hat eine zwingende Dynamik in sich, »wodurch, wenn es der Sitte gefällt, der Duldung der Ehescheidung in der Kirche, wenn auch unter verdecktem Namen, der Weg geebnet wird« (*Brief des Kardinalpräfekten des Rates für die öffentlichen Angelegenheiten der Kirche an den Vorsitzenden der US-Bischofskonferenz, 20. Juni 1973*).
Die dem Richter übertragene Verwaltung der Gerech-

tigkeit ist ein Dienst an der Wahrheit und zugleich ist sie Ausübung einer Aufgabe, die zur öffentlichen Ordnung gehört. Denn dem Richter ist das Gesetz »zu rationaler und vorschriftsmäßiger Anwendung« gegeben (Paul VI., *Ansprache an die S. R. Rota, 31. Januar 1974; AAS* 66, 1974, 87, deutsch: *Wort und Weisung 1974*, S. 206).

Es gilt daher, daß die klagende Partei sich zu ihren Gunsten auf ein Gesetz berufen kann, welches in dem angeführten Tatbestand ein nach natürlichem oder göttlichem, positivem oder kanonischem Recht ausreichendes Motiv für die Nichtigerklärung der Ehe anerkennt; durch dieses Gesetz wird man den Weg von der Wahrheit des Tatbestandes zur Gerechtigkeit, d. h. zur Anerkennung dessen, was anerkannt werden muß, gehen.

Schwerwiegend und vielfältig sind somit die Verpflichtungen des Richters gegenüber dem Gesetz. Ich weise nur auf die erste und bedeutsamste hin, die übrigens alle anderen einschließt: die Treue! Treue zum Gesetz, zum göttlichen, natürlichen und positiven Gesetz, zum kanonischen Gesetz im materiellen Recht und im Prozeßverfahren.

Die für die Gerechtigkeit und den Prozeß typische Objektivität, die bei der Untersuchung des Tatbestandes im Festhalten an der Wahrheit konkrete Gestalt annimmt, wird in der Erforschung des Rechts in die Treue umgesetzt; Begriffe, die offensichtlich eng miteinander verwandt sind. Die Treue des Richters zum Gesetz soll ihn dazu bringen, sich so in dieses einzufühlen, daß man berechtigterweise sagen kann – wie M. T. Cicero schrieb –, der Richter selbst ist das Gesetz, das spricht: »magistratum legem esse loquentem« (*De legibus*, L. 3, n. I, 2; ed. G. Bud, Paris 1959, S. 82). Diese gleiche Treue wird den Richter anspornen, jene Reihe von Fähigkeiten zu erwerben, die er für die Ausübung seiner anderen Pflichten gegenüber dem Gesetz braucht: Weisheit, um das Gesetz zu verstehen; Wissen, um es zu erklären; Eifer, es zu verteidigen; Klugheit, um es in seinem Geist, in seinem Sinn über die »nackte Schale der Worte« hinaus auszulegen; Besonnenheit und christliche Ausgewogenheit, um es anzuwenden.

Es ist für mich Anlaß zum Trost, daß ich feststellen konnte, wie groß eure Treue zum Gesetz der Kirche unter den schwierigen Umständen der letzten Jahre gewesen ist, als die Werte des ehelichen Lebens, die vom Zweiten Vatikanischen Konzil mit Recht besonders herausgestellt worden waren, und der Fortschritt der Humanwissenschaften, vor allem der Psychologie und der Psychiatrie, bei eurem Gerichtshof neue Tatbestände und neue, nicht immer korrekte Formulierungen der Klagegründe zusammenströmen ließen. Es war euer Verdienst, nach einer ernsthaften und vorsichtigen Vertiefung der Konzilslehre und der genannten Wissenschaften Rechtsdarlegungen auszuarbeiten, wobei ihr eure Verpflichtungen gegenüber dem Gesetz in hervorragender Weise verwirklicht habt, indem ihr das Wahre vom Falschen getrennt und Klärung gebracht habt, wo Verwirrung herrschte, so daß ihr z. B. einige Tatbestände, die als neuartig vorgelegt wurden, auf das grundlegende Kapitel des Konsensmangels zurückgeführt habt. Auf diese Weise habt ihr auch die großartige Lehre meines Vorgängers Papst Paul VI. über den Konsens, das Jawort als Wesen der Eheschließung, bekräftigt (vgl. *Ansprache an die S. R. Rota, 9. Februar 1976*, AAS 68, 1976, 204–208; deutsch: *Wort und Weisung 1976*, S. 184–188).

Diese Treue wird euch Richtern außerdem ermöglichen, auf die euch vorgelegten Fragen eine klare und respektvolle Antwort zu geben – wie es euer Dienst an der Wahrheit erfordert: wenn die Ehe ungültig ist und das erklärt wird, sind die beiden Partner frei, das heißt, es wird anerkannt, daß sie niemals wirklich verbunden waren; wenn die Ehe gültig ist und das erklärt wird, heißt das, die Ehegatten haben eine Ehe geschlossen, die sie für das ganze Leben verpflichtet und ihnen die besondere Gnade verliehen hat, in ihrer Gemeinschaft, die sie in voller Verantwortung und Freiheit eingegangen sind, ihre Lebensaufgabe zu verwirklichen.

Die eine und unauflösliche Ehe ist als menschliche Wirklichkeit nicht etwas Mechanisches oder Statisches. Ihr gutes Gelingen hängt von dem freien Zusammenwirken der Ehegatten mit der Gnade Gottes ab, von ihrer Antwort auf seinen Plan der Liebe. Sollte aufgrund des fehlenden Zusammenwirkens mit dieser göttlichen Gnade der Ehebund ohne Frucht geblieben sein, dann können und müssen die Ehepartner die ihnen im Sakrament zugesicherte Gnade Gottes zurückgewinnen und ihr Bemühen um eine Liebe wiederbeleben, die nicht allein aus Gefühls- und Gemütsregungen besteht, sondern auch und vor allem aus freier und freiwilliger, uneingeschränkter und unwiderruflicher gegenseitiger Hingabe.

Das ist der Beitrag, der von euch Richtern im Dienst an jener menschlichen und übernatürlichen Wirklichkeit gefordert wird, an jener so bedeutenden, aber heutzutage auch so sehr bedrohten Wirklichkeit, die die Familie ist.

An Rota, Rom, 4. 2. 1980; OR 10/80

Wenn die Synode von der pastoralen Aufgabe bezüglich der wiederverheirateten Geschiedenen spricht, lobt sie die Eheleute, die auch trotz großer Schwierigkeiten in ihrem Leben von der Unauflöslichkeit der

Ehe Zeugnis ablegen; in ihrem Leben sieht man ein wertvolles Zeugnis der Treue zu jener Liebe, welche in Christus ihre Kraft und ihr Fundament findet. Zudem bekräftigen die Synodenväter erneut die Unauflöslichkeit der Ehe und die Praxis der Kirche, die gegen die Vorschrift wiederverheirateten Geschiedenen nicht zur Eucharistie zuzulassen; sie ermahnen die Oberhirten und die ganze christliche Gemeinde, den genannten Brüdern und Schwestern zu helfen, damit sie sich nicht von der Kirche getrennt fühlen, sondern wissen, daß sie durch die Taufe am Leben der Kirche teilnehmen können und sollen: durch das Gebet, das Hören des Wortes Gottes, die Teilnahme an der Gemeindemesse, die Förderung der Liebe und Gerechtigkeit.

Gleichwohl darf man nicht verneinen, daß diese Personen im gegebenen Fall das Sakrament der Buße empfangen können und dann auch die heilige Kommunion, nämlich wenn sie eine Lebensform wählen, die mit der Unauflöslichkeit der Ehe nicht in Widerstreit liegt; dies geschieht, wenn Mann und Frau sich zwar nicht trennen können, sich aber verpflichten, völlig enthaltsam zu leben, d. h. sich der Akte zu enthalten, welche Eheleuten vorbehalten sind, und wenn die Gefahr des Anstoßes nicht gegeben ist.

Auch bei fehlender sakramentaler Versöhnung mit Gott dürfen sie allerdings nicht auf das Gebet, die Buße und die Ausübung der Nächstenliebe verzichten, damit sie doch die Gnade der Bekehrung und des Heiles erlangen. Es ist gut, wenn die Kirche für sie betet, sie im Glauben stützt und in der Hoffnung stärkt und sich so als liebende Mutter zeigt.

Schlußansprache an die 5. Vollversammlung der Bischofssynode, Rom, 25. 10. 1980; OR 44/80

Ehe und Familie sind zutiefst verknüpft mit der personalen Würde des Menschen. Sie entspringen nicht nur dem Trieb und der Leidenschaft, auch nicht allein dem Gefühl; sie entspringen vor allem einem Entschluß des freien Willens, einer personalen Liebe, durch die die Gatten nicht nur ein Fleisch, sondern auch ein Herz und eine Seele werden. Die leibliche und sexuelle Gemeinschaft ist etwas Großes und Schönes. Sie ist aber nur dann voll menschenwürdig, wenn sie in eine personale, von der bürgerlichen und kirchlichen Gemeinschaft anerkannte Bindung integriert ist. Volle Geschlechtsgemeinschaft zwischen Mann und Frau hat darum ihren legitimen Ort allein innerhalb der ausschließlichen und endgültigen personalen Treuebindung in der Ehe. Die Endgültigkeit der ehelichen Treue, die heute vielen nicht mehr verständlich erscheinen will, ist ebenfalls ein Ausdruck der unbedingten Würde des Menschen. Man kann nicht nur auf Probe leben, man kann nicht nur auf Probe sterben. Man kann nicht nur auf Probe lieben, nur auf Probe und Zeit einen Menschen annehmen.
An Familien, Köln, 15. 11. 1980; OR 47/80

Die Kirche hat in ihrem Kompetenzbereich stets versucht, die Familie auch durch eine angemessene Gesetzgebung zu schützen, sie zu fördern und ihr mit verschiedenen pastoralen Initiativen zu helfen. Ich habe bereits die letzte Bischofssynode angeführt. Doch ist bekannt, daß die Kirche bereits von den ersten Anfängen ihres Lehramtes an, gestärkt durch das Wort des Evangeliums (vgl. *Mt* 19, 5; 5, 32), immer das Gebot Jesu über die Einheit und Unauflöslichkeit der Ehe gelehrt und ausdrücklich bekräftigt hat; denn ohne sie kann es keine echte Familie, keine gesunde und wirkliche Lebenszelle der Gesellschaft geben. Entgegen der griechisch-römischen und jüdischen Praxis, die die Scheidung sehr leicht machte, erklärte schon der Apostel Paulus: »Den Verheirateten gebiete nicht ich, sondern der Herr: Die Frau soll sich vom Mann nicht trennen... und der Mann darf die Frau nicht verstoßen« (*1 Kor 7*, 10–11). Es folgte die Predigt der Väter, die angesichts der zunehmenden Verbreitung der Scheidungen mit allem Nachdruck geltend machten, daß die Ehe nach dem Willen Gottes unauflöslich sei.

Die Achtung der von Gott gewollten Gesetze für die Begegnung zwischen Mann und Frau und die Fortdauer ihrer Vereinigung war also das neue Element, das das Christentum in die Einrichtung der Ehe einführte. Die Ehe – so wird es später das Zweite Vatikanische Konzil formulieren – als »innige Gemeinschaft des Lebens und der Liebe, vom Schöpfer begründet und mit eigenen Gesetzen geschützt, wird durch den Ehebund, d. h. durch ein unwiderrufliches personales Einverständnis, gestiftet. So entsteht durch den personal freien Akt, in dem sich die Eheleute gegenseitig schenken und annehmen, eine nach göttlicher Ordnung feste Institution, und zwar auch gegenüber der Gesellschaft« (*Gaudium et spes*, Nr. 48).

Von dieser Lehre ließ sich schon bald die Seelsorge leiten, das Verhalten christlicher Eheleute, die Ehemoral und die Rechtsordnung. Und die katechetische und seelsorgliche Tätigkeit der Kirche, die durch das Zeugnis der christlichen Familie Zustimmung und Bestätigung fand, brachte sogar Änderungen in die römische Gesetzgebung ein, die seit Justinian die Ehescheidung *sine causa* (ohne Grund) nicht mehr zuließ und nach und nach die Institution der christlichen Ehe annahm. Für die Gesellschaft war das eine große Errungenschaft, da die Kirche, die der Frau und der Ehe ihre Würde wiedergegeben hatte, dazu beitrug, das Beste der griechisch-römischen Kultur zu retten.

In der gegenwärtigen gesellschaftlichen Situation stellt sich der Kirche wiederum die ursprüngliche Bemühung in Lehre und Praxis, als gesetzgeberische und juridische Aufgabe.

Das Wohl der Person und der Familie, innerhalb der der einzelne großenteils seine Würde verwirklicht, wie auch das Wohl der Gesellschaft erfordern, daß die Kirche heute noch mehr als in der jüngsten Vergangenheit die Institution der Ehe und Familie besonders schützt.

Der pastorale Einsatz, der auch von der letzten Bischofssynode gefordert wurde, müßte sich als vergeblich erweisen, wenn er nicht Hand in Hand mit einer entsprechenden gesetzgeberischen und juridischen Tätigkeit ginge. Zum Trost für alle Bischöfe und Seelsorger können wir sagen, daß die neue Kodifizierung des Kirchenrechts in seine klugen Rechtsnormen all das übernommen hat, was das letzte Ökumenische Konzil zugunsten der Ehe und Familie formuliert hat. Was auf der letzten Bischofssynode über die alarmierende Zunahme von Eheprozessen bei den kirchlichen Gerichten zu hören war, wird gewiß bei der Revision des C. I. C. hier berücksichtigt werden. Ebenso darf man sicher sein, daß die Bischöfe – gleichsam als Antwort auf die Forderungen der Synode – mit wachsendem pastoralem Einsatz die entsprechende Vorbereitung der Brautleute auf Hochzeit und Ehe fördern werden. Die Festigkeit des Ehebundes und das glückliche Fortbestehen der Familiengemeinschaft hängen schließlich nicht zum geringsten von der Vorbereitung ab, welche die Brautleute ihrer Hochzeit vorausgehen ließen. Anderseits müßte freilich eine solche Ehevorbereitung von Ehenichtigkeitserklärungen negativ beeinflußt werden, wenn diese allzu leicht zu erreichen wären. Wenn zu den Übeln der Scheidung gehört, daß die Trauung keine so ernste und verpflichtende

Sache ist, bis hin zu der Erscheinung, daß sie heutzutage bei vielen Jugendlichen nicht mehr gebührend geachtet wird, dann ist zu fürchten, daß in dieser existentiellen und psychologischen Sicht auch die Ehenichtigkeitserklärungen gefällt werden, wenn sich schnellfertige und übereilte Urteile häufen sollten. »Deshalb darf es sich der kirchliche Richter – so mahnte bereits mein ehrwürdiger Vorgänger Pius XII. – nicht leicht machen, eine Ehe für ungültig zu erklären, sondern er muß alles tun, um das gültig zu machen, was den Ehevertrag ungültig gemacht haben könnte, vor allem wenn die Umstände des jeweiligen Falles ihm das raten.« Und zur Erklärung dieser Mahnung hatte er vorausgeschickt: »Was die Ehenichtigkeitserklärungen betrifft, muß jeder wissen, daß die Kirche wachsam und weit davon entfernt ist, sie zu fördern. Denn wenn Ruhe, Stabilität und Sicherheit des menschlichen Umgangs im allgemeinen erfordern, daß Verträge nicht leichtfertig für ungültig erklärt werden, so gilt das um so mehr für einen Vertrag von solcher Bedeutung, wie es die Ehe ist, deren Festigkeit und Stabilität vom Gemeinwohl der Gesellschaft und vom privaten Wohl der Ehegatten und der Nachkommenschaft gefordert werden und dessen Würde als Sakrament es verbietet, daß das, was heilig und sakramental ist, leichtfertig der Gefahr der Entwürdigung ausgesetzt wird« (*Ansprache an die Sacra Romana Rota vom 3. 10. 1941, AAS 1941*, S. 223–224). Zur Abwendung dieser Gefahr trägt der Oberste Gerichtshof der Apostolischen Signatur durch seine weise und kluge Überwachung in lobenswerter Weise bei. Als nicht weniger gut ist mir die juridische Tätigkeit des Tribunals der Sacra Romana Rota bekannt. Mit der Wachsamkeit des ersten und der gesunden Rechtsprechung des zweiten muß eine ebenso kluge und verantwortliche Arbeit der unteren Gerichtshöfe einhergehen.

Zum notwendigen Schutz der Familie tragen in nicht geringem Maße die Diözesan- und Regionalgerichte bei, wenn sie sich aufmerksam und bereitwillig an die Weisungen des Hl. Stuhls, die ständige Rechtsprechung der Rota und die getreue Anwendung der schon kodifizierten wesentlichen oder verfahrensrechtlichen Normen halten, statt an mutmaßliche oder wahrscheinliche Neuerungen oder Interpretationen, die im Kirchenrecht keine objektive Entsprechung haben und von keiner qualifizierten Rechtsprechung gebilligt werden. Denn jede Rechtsneuerung, ob substantiell oder verfahrensrechtlich, die nicht der Rechtsprechung oder Praxis der Tribunale und Dikasterien des Hl. Stuhls entspricht, ist in der Tat eine Vermessenheit. Wir müssen davon überzeugt sein, daß eine ruhige, aufmerksame, überlegte, vollständige und erschöpfende Prüfung der Eheprozesse die volle Übereinstimmung mit der rechten Lehre der Kirche, mit dem Kirchenrecht und mit der gültigen kanonischen Rechtsprechung erfordert, wie sie vor allem durch den Beitrag der Sacra Romana Rota zur Reife gelangt ist; das alles ist – wie schon Paul VI. zu Ihnen sagte – als »weises Mittel« anzusehen, »das einem Schienenweg gleicht, dessen Achse eben die Suche nach der objektiven Wahrheit ist und dessen Endpunkt die richtige Wahrnehmung der Gerechtigkeit darstellt« (Paul VI. am 28. Januar 1978; *Wort und Weisung im Jahr 1978*, S. 110).

Bei dieser Suche müssen alle Mitglieder des kirchlichen Gerichtshofes – jeder mit dem gebührenden Respekt für die eigene Rolle und die des anderen – ständig und gewissenhaft darauf achten, ob ein freies und gültiges Eheversprechen zustandegekommen ist, immer zusammen mit der ebenso steten und gewissenhaften Sorge um den Schutz des Ehesakraments. Zur objektiven Wahrheitsfindung, d. h. der Erkenntnis, ob ein gültig geschlossener Ehebund besteht oder nicht, tragen sowohl die Beachtung der Probleme der Person als auch die Beachtung der Gesetze bei, die aufgrund des natürlichen wie des göttlichen oder des positiven Kirchenrechts dem gültigen Vollzug der Ehe und ihrem Fortbestand zugrundeliegen. Die kirchliche Gerechtigkeit, die wir nach der schönen Formulierung des hl. Gregor des Großen in zutreffender Weise die priesterliche nennen, ergibt sich aus der Gesamtheit aller im Prozeß vorgebrachten und im Lichte der Lehre und des Rechts der Kirche gewissenhaft gewerteten Beweise und mit Hilfe der qualifizierten Rechtsprechung. Das wird zum Wohl der Familie gefordert, wobei man sich vor Augen halten muß, daß jeder gesetzliche Schutz der Familie stets dem Schutz der Person dient, während die einseitige Sorge für das Individuum der menschlichen Person selbst und nicht nur der Ehe und Familie, die Güter der Person und der Gesellschaft sind, zum Schaden gereichen kann. Und in dieser Perspektive sind die Vorschriften des geltenden kirchlichen Eherechts zu sehen.

In der Botschaft der Synode an die christlichen Familien wird unterstrichen, was für ein großes Gut die Familie, vor allem die christliche Familie für die menschliche Person darstellt und verwirklicht. Die Familie »soll ihren Gliedern beistehen, auf daß sie zu aktiven Mitträgern der Heilsgeschichte und zu lebendigen Zeichen des Liebesplanes Gottes für die Welt werden« (Nr. 8; *OR dt.*, 31. 10. 1980, S. 6). Auch die Rechtsprechung muß, um kirchliche Rechtsprechung zu sein, sich diese – nicht nur natürliche, sondern auch übernatürliche – Wirklichkeit der Ehe und der Familie, die in der Ehe ihren Ursprung hat, vor Augen halten. Natur und Gnade enthüllen uns, wenn auch in verschiedener Weise und in verschiedenem Maße, einen göttlichen Plan über die Ehe und Familie, der im-

mer beachtet, geschützt und, entsprechend den jeweiligen Aufgaben der verschiedenen Aktivitäten der Kirche, gefördert wird, damit er in weitestem Umfang von der menschlichen Gesellschaft angenommen werden kann.
Die Kirche kann und muß daher auch mit ihrem Recht und der Ausübung ihrer *potestas iudicialis*, ihrer Gerichtsgewalt, die Werte der Ehe und Familie schützen, um den Menschen zu fördern und seine Würde zu heben.
Die Tätigkeit kirchlicher Ehegerichte nach dem Maß der Gesetzgebung wird der menschlichen Person bei der Suche nach der objektiven Wahrheit und ihrer Bestätigung helfen müssen, damit die Person den Plan der Liebe, den Gott ihr anvertraut und aufgetragen hat, zu erkennen, zu leben und zu verwirklichen vermag.
Die Aufforderung, die das Zweite Vatikanische Konzil an alle, vor allem aber an diejenigen gerichtet hat, »die einen Einfluß auf Gemeinden und gesellschaftliche Gruppen haben«, bezieht in verantwortlicher Weise daher auch die Dienste der kirchlichen Ehegerichte ein, damit auch sie im Dienst an der Wahrheit und in der guten Verwaltung der Gerechtigkeit »zum Wohl der Ehe und Familie« zusammenarbeiten (vgl. *Gaudium et spes*, Nr. 52).
An Rota, Rom, 21. 1. 1981; OR 8/81

Jedem Menschen, auch dem- oder derjenigen, die sich der Tatsache einer gescheiterten Ehe stellen müssen: Gott hört nicht auf, die zu lieben, die sich getrennt haben, auch die nicht, die eine neue, unerlaubte Verbindung eingegangen sind. Er begleitet weiterhin solche Menschen mit der bleibenden Treue seiner Liebe. Er weist unentwegt hin auf die Heiligkeit des verletz-

ten Gesetzes, und zugleich fordert er dazu auf, die Hoffnung nicht aufzugeben.
Als Widerschein der Liebe Gottes schließt auch die Kirche die getrennten und wiederverheirateten Eheleute nicht von ihrer pastoralen Sorge aus: ganz im Gegenteil, sie stellt ihnen die Heilsmittel zur Verfügung. Sie hält zwar an der Praxis fest, die in der Heiligen Schrift begründet ist, solche Menschen nicht zur eucharistischen Gemeinschaft zuzulassen, weil ihre konkrete Lebenssituation objektiv dem entgegengesetzt ist, was die Eucharistie bedeutet und wirkt. Aber die Kirche fordert sie dazu auf, das Gotteswort zu hören, die heilige Messe zu besuchen, im Gebet und in den Werken der Liebe auszuharren, ihre Kinder im christlichen Glauben zu erziehen, den Geist und die Werke der Buße zu pflegen, um auf diese Weise die Gnade Gottes auf sich herabzuflehen und sich auf ihren Empfang vorzubereiten (vgl. *Familiaris consortio,* Nr. 84).
Die Kirche ist sich dessen bewußt, daß sie mit dieser Lehre in der Welt »Zeichen des Widerspruchs« ist. Die prophetischen Worte, die Simeon angesichts des Kindes gesprochen hat, können auf Christus in seinem Leben und auch auf die Kirche in ihrer Geschichte angewandt werden. So oft sind Christus und sein Evangelium und die Kirche »zum Zeichen des Widerspruchs« geworden. Vor allen Dingen im Hinblick auf das, was im Menschen nicht »von Gott« ist, sondern von der Welt oder sogar vom Fürsten der Finsternis.
Selbst wenn er das Übel bei seinem Namen nennt und ihm entschieden Widerstand leistet, kommt Christus immer der menschlichen Schwäche entgegen. Er sucht das verlorene Schaf. Er heilt die Wunden der Seelen. Er tröstet den Menschen mit seinem Kreuz. Das Evangelium enthält keine Forderungen, denen der

Mensch mit der Gnade Gottes und mit seinem eigenen Willen nicht entsprechen kann. Ganz im Gegenteil, die Forderungen des Evangeliums haben das Wohl des Menschen zum Ziel, seine wahre Würde.
An Familien, Sameiro (Portugal), 15. 5. 1982; OR 23/82

In der Ehe verpflichten sich Mann und Frau gegenseitig zu einem unzerbrechlichen Bündnis totaler wechselseitiger Selbsthingabe. Die Ehe ist eine vollkommene Einheit der Liebe. Liebe, die nicht eine vorübergehende Gefühlsaufwallung oder zeitweilige Verliebtheit ist, sondern die verantwortliche und freie Entscheidung, sich »in guten und schlechten Zeiten« vollständig an den Partner zu binden. Sie ist die Selbsthingabe an den anderen. Sie ist eine Liebe, die vor den Augen der ganzen Welt kundgetan werden soll. Sie ist bedingungslos.
Zu solcher Liebe fähig sein erfordert sorgfältige Vorbereitung von der frühen Kindheit bis zum Hochzeitstag. Es erfordert, während sich diese Liebe entfaltet, ständige Hilfe von seiten der Kirche und der Gesellschaft.
Die Liebe des Ehemannes und der Ehefrau führt in Gottes Plan über sich selbst hinaus, neues Leben wird hervorgebracht, eine Familie entsteht. Die Familie ist eine Liebes- und Lebensgemeinschaft, ein Heim, in dem Kinder heranreifen. (...)
Wir können nicht die Tatsache übersehen, daß manche Ehen scheitern. Aber auch da ist es unsere Pflicht, den wahren Plan Gottes für jede eheliche Liebe zu verkünden und auf der Treue zu diesem Plan zu bestehen, weil wir auf die Fülle des Lebens im Himmelreich zugehen. Vergessen wir nicht, daß Gottes Liebe zu seinem Volk, die Liebe Christi zu seiner Kirche immer währt und nie zerbrechen kann. Und der Bund

zwischen einem Mann und einer Frau, die in einer christlichen Ehe miteinander verbunden sind, ist unauflöslich und unwiderruflich wie diese Liebe (vgl. *AAS* 71, 1979, S. 1224). Diese Wahrheit ist ein großer Trost für die Welt, und weil manche Ehen scheitern, besteht für die Kirche und alle ihre Mitglieder eine immer größere Notwendigkeit, diese Wahrheit getreu zu verkünden.

Christus selbst, der lebendige Quell der Gnade und des Erbarmens, ist jenen nahe, deren Ehe Prüfung, Schmerz oder Angst erfahren hat. Durch alle Zeiten haben ungezählte Eheleute aus dem Paschamysterium des Kreuzes und der Auferstehung Christi die Kraft geschöpft, ein christliches Zeugnis von der Unauflöslichkeit der christlichen Ehe zu geben – was manchmal sehr schwer fiel. Und alle Bemühungen der Christen, trotz ihrer menschlichen Schwachheit das Gesetz Gottes getreu zu bezeugen, sind nicht vergebens gewesen.

Diese Bemühungen sind die durch die Gnade bewirkte menschliche Antwort an einen Gott, der uns zuerst geliebt hat und sich für uns hingegeben hat.

Wie ich in meinem Apostolischen Schreiben *Familiaris consortio* ausführte, ist die Seelsorge an den Familien in schwierigen Situationen ein besonderes Anliegen der Kirche. Wir müssen mit Liebe – mit der Liebe Christi – diejenigen zu erreichen suchen, die den Schmerz des Versagens in der Ehe erfahren; diejenigen, die verlassen und auf sich allein gestellt eine Familie unterhalten müssen; diejenigen, deren Familienleben von tragischen Geschehnissen, geistigen oder körperlichen Krankheiten, beherrscht wird. Ich spreche allen denen meine lobende Anerkennung aus, die den leidenden Menschen, deren Ehe gescheitert ist, helfen, indem sie ihnen das Erbarmen Christi zeigen und sie der Wahrheit Christi entsprechend beraten.

An Familien, York (England), 31. 5. 1982; OR 26/82

Der hl. Jakobus empfiehlt uns in der heutigen Lesung, »seid sanftmütig und nehmt euch das Wort zu Herzen« (*Jak* 1, 21), d. h. den Glauben an Gott, der in Christus zu uns gekommen ist und uns erlöst hat. Diesen Glauben sollen wir immer mehr Frucht tragen lassen und daher seine konkreten Forderungen annehmen. Wenn wir den göttlichen Samen des Glaubens vernachlässigen und nur gewisse andere Auffassungen fördern, so erweisen sich diese über kurz oder lang als ungeeignet und ungenügend. In der Frucht dagegen, die aus dem Glauben reift, ist auch alles enthalten und veredelt, was von anderen – nicht falschen – Früchten stammt. Dies gilt besonders und beispielhaft für das Leben der Familie, der fundamentalen Zelle der Gesellschaft, die sich auf die Ehe gründet. Sie wurde nämlich von Jesus Christus zur Würde eines Sakramentes erhoben, um die Liebe der Ehegatten zu stärken und zu heiligen, die nach Gottes Willen von den Ursprüngen der Menschheit an ebenso wie der Bund, der sich daraus herleitet, unauflöslich und treu sein soll.

»Was aber Gott verbunden hat, das darf der Mensch nicht trennen« (*Mk* 10, 9). Der Ehebund kann und darf daher von keiner menschlichen Autorität angetastet werden, und dies gilt von der Ehe sowohl unter ihrem natürlichen wie auch unter ihrem sakramentalen Aspekt.

Aus diesen Gründen kann die Kirche ihre Lehre über die Ehe und die Familie weder ändern noch verharmlosen. Sie bedauert jeden Angriff sowohl auf die Einheit der Ehe, als auch auf ihre Unauflöslichkeit, wie es bei der Ehescheidung geschieht.

San Marino (Italien), 29. 8. 1982; OR 37/82

Die Worte des Herrn, die wir im Evangelium gelesen haben, bestätigen den ursprünglichen Segen des Schöpfers über die Ehe: »Darum wird der Mann Vater und Mutter verlassen und sich an seine Frau binden, und die zwei werden ein Fleisch sein. Sie sind also nicht mehr zwei, sondern eins. Was aber Gott verbunden hat, das darf der Mensch nicht trennen« (Mt 19, 5–6).
Diese Lehre des Meisters in bezug auf die Ehe wurde von der frühen Christengemeinde als eine Treueverpflichtung zu Christus inmitten der Verirrungen einer heidnischen Umwelt aufgenommen. Die Formulierung Jesu ist feierlich und kategorisch: »Was aber Gott verbunden hat, das darf der Mensch nicht trennen« (Mt 19, 6). Worte, die für jede rechtlich geschlossene Ehe gelten, besonders zwischen den Christen, für die die Ehe ein Sakrament ist.
Was Gott verbunden hat, das darf der Mensch nicht trennen. Die Zivilbehörde kann nicht, darf nicht trennen, was Gott mit seinem Siegel versehen hat. Auch dürfen oder können die christlichen Eheleute sich nicht trennen, die vor dem Altar einen unwiderruflichen Bund der Liebe geschlossen haben, der von Gott mit der Gnade des Sakraments bestätigt wurde.
Im Willen Christi, der sich in seinen Worten widerspiegelt, müssen wir mehr erkennen als ein äußerliches Gesetz; diese Worte enthalten den geheimnisvollen Plan Gottes im Hinblick auf die Eheleute. Die Ehe ist eine Geschichte gegenseitiger Liebe, ein Weg menschlicher und christlicher Reifung. Nur in der allmählichen Entfaltung der Personen kann sich eine Verwirklichung der Liebe vollziehen, die das gesamte Leben der Eheleute umfaßt.
Der Weg ist schwierig, aber nicht unmöglich. Und die Gnade der Ehe schließt auch die Hilfe ein, die zur Überwindung der unvermeidbaren Schwierigkeiten

nötig ist. Dagegen verletzt der Bruch des Ehebundes nicht nur das Gesetz Gottes, sondern unterbricht auch den Prozeß der Reifung, die volle Verwirklichung der Personen.

Darum ist eine gewisse Mentalität, die in die Gesellschaft eindringt und um einer bedingungslosen sexuellen Freiheit willen die Unbeständigkeit der Ehe und den Egoismus schürt, unannehmbar.

Die christliche Liebe der Eheleute hat ihr Beispiel, ihr Vorbild in Christus, der sich ganz der Kirche hingibt, und ist in sein österliches Geheimnis des Todes und der Auferstehung, des Liebesopfers, der Freude und der Hoffnung eingeschlossen.

Selbst wenn die Schwierigkeiten wachsen, besteht die Lösung nicht in der Flucht, im Bruch der Ehe, sondern im Ausharren der Eheleute. Das wißt ihr aus eigener Erfahrung, liebe Ehemänner und Ehefrauen; die eheliche Treue formt und macht reif; sie offenbart die Kräfte der christlichen Liebe; sie schafft eine neue Familie – mit der Neuheit einer Liebe, die durch Tod und Auferstehung hindurchgegangen ist; sie ist der Prüfstein einer im Vollsinn christlichen Beziehung zwischen den Eheleuten, die lernen, sich mit der Liebe Christi zu lieben; sie ist die Garantie einer stabilen Atmosphäre für die Erziehung und Ausgeglichenheit der Kinder.

An Familien, Panama, 5. 3. 1983; OR 11/83

Es ist allen bekannt, mit welchem Eifer und welcher Hartnäckigkeit die Kirche die Heiligkeit, die Würde und die Unauflöslichkeit der Ehe verteidigt, die häufig von Kulturen und Gesetzen bedroht und ausgehöhlt scheint, die die Verankerung in den tief in der menschlichen Natur wurzelnden transzendenten Werten, die das Grundgeflecht der Ehe als Institution bilden, verloren haben.

Die Kirche erfüllt diese Aufgabe durch ihr ständiges Lehramt, durch ihre Gesetze und in besonderer Weise durch das Amt ihrer Richtergewalt, die sich in Eheprozessen nicht von diesen Werten absetzen kann, die für sie ein unersetzlicher Bezugspunkt und ein sicheres Unterscheidungskriterium sind.
Aber die Sorge, die Würde und Unauflöslichkeit der Ehe zu retten, die ein Staudamm gegen die Mißbräuche und die Leichtfertigkeit ist, die häufig in dieser Sache zu beklagen sind, kann von den wirklichen und unleugbaren Fortschritten der biologischen, psychologischen, psychiatrischen und sozialen Wissenschaften nicht absehen. Sonst würde sie sich gegen den Wert stellen, den sie schützen will, nämlich die tatsächlich bestehende Ehe und nicht die bloß scheinbare, die von Anfang an nicht bestand.
Und hier muß die Ausgewogenheit und Weisheit des kirchlichen Richters glänzen: er muß das Gesetz kennen, dessen Geist er zu durchdringen und anzuwenden weiß; er muß die Hilfswissenschaften studieren, speziell die Humanwissenschaften, die eine gründlichere Kenntnis der Tatsachen und vor allem der Menschen erlauben; und schließlich, er muß das Gleichgewicht zwischen der unerläßlichen Verteidigung der Unauflöslichkeit der Ehe und der notwendigen Beachtung der komplexen menschlichen Wirklichkeit des konkreten Falles zu finden wissen. Der Richter muß unparteiisch handeln, frei von jedem Vorurteil, sei es des Willens, das Urteil zur Besserung der Mißbräuche zu benutzen, sei es der Vernachlässigung des göttlichen und kirchlichen Gesetzes und der Wahrheit durch den Versuch, ausschließlich den Forderungen einer schlecht verstandenen Pastoral entgegenzukommen.
An Rota, Rom, 26. 1. 1984; OR 12/84

B. Christliche Familie: Erziehung – Werte – Tugenden

Im Plan Gottes, des Schöpfers und Erlösers, findet die Familie nicht nur ihre »Identität«, das, was sie »ist«, sondern auch ihre »Sendung«, das, was sie »tun« kann und muß. Die Aufgaben, zu deren Erfüllung in der Geschichte die Familie von Gott berufen ist, ergeben sich aus ihrem eigenen Wesen und stellen dessen dynamische und existentielle Entfaltung dar. Jede Familie entdeckt und findet in sich selbst den unüberhörbaren Appell, der gleichzeitig ihre Würde und ihre Verantwortung angibt: Familie, »werde«, was du »bist«! Es ist also für die Familie eine Notwendigkeit, auf den »Anfang« des göttlichen Schöpfungsaktes zurückzugehen, wenn sie nicht nur ihr Wesen, sondern auch ihr geschichtliches Handeln in seiner inneren Wahrheit erkennen und verwirklichen will. Und da die Familie nach Gottes Plan als »innige Gemeinschaft des Lebens und der Liebe« gegründet ist, hat sie die Sendung, immer mehr das zu werden, was sie ist, also Gemeinschaft des Lebens und der Liebe – in einer Spannung, die wie bei jeder geschaffenen und erlösten Wirklichkeit ihre Erfüllung im Reich Gottes finden wird. In einer Perspektive sodann, welche die Grundlagen dieser Wirklichkeit voll einbezieht, muß man sagen, daß das Wesen und die Aufgaben der Familie letztlich von der Liebe her bestimmt sind. Deshalb empfängt die Familie die *Sendung, die Liebe zu hüten, zu offenbaren und mitzuteilen* als lebendigen Wi-

derschein und wirkliche Teilhabe an der Liebe Gottes zu den Menschen und an der Liebe Christi, unseres Herrn, zu seiner Braut der Kirche.
Die besonderen Aufgaben der Familie sind alle Ausdruck und konkrete Verwirklichung dieser grundlegenden Sendung. Man muß sich also tiefer in den einzigartigen Reichtum der Sendung der Familie versenken und seine mannigfachen und doch zusammengehörigen Inhalte ausloten.
In diesem Sinn – von der Liebe ausgehend und in ständiger Bezugnahme auf sie – hat die jüngste Synode vier allgemeine Aufgaben der Familie hervorgehoben:
1) die Bildung einer Gemeinschaft von Personen,
2) den Dienst am Leben,
3) die Teilnahme an der Entwicklung der Gesellschaft,
4) die Teilnahme an Leben und Sendung der Kirche.

FC 17

Vorbemerkung

Wenn der Papst sich an Familien wendet, dann ruft er ihnen ihre ureigensten Pflichten als Berufung ins Gedächtnis. Nicht Mühe und Belastung stehen dann im Vordergrund, sondern das Vertrauen, das Gott in das Tun des Menschen setzt, ein Vertrauen, das dem Menschen bei aller Bruchstückhaftigkeit seiner Erfolge doch auch Selbstvertrauen schenkt. Die Grundwerte, zu denen sich alle Teilwerte »bündeln« lassen, sind die des Lebens und der Liebe. Ehe und Familie haben sie zu verwirklichen – ja letztlich haben sie damit die Pflicht, den Menschen als solchen zu schützen.

Dabei geht es zunächst um die Eheleute selbst. In der Art, wie sie eheliche Liebe und Ehrfurcht vor dem Leben verbinden, dokumentieren sie zugleich die Achtung vor sich selbst und der Person des Ehepartners. Ihr Lebensweg soll ein Weg gemeinsamer Heiligung werden. In diesen Prozeß, diese Sendung sollen die Eheleute zunächst ihre eigenen Kinder hineinziehen, um dann als Familie in der Welt Zeugnis für Christus zu sein und Sauerteig für die Gesellschaft zu werden. Das geht nicht ohne den Mut, sich unter Umständen auch als Zeichen des Widerspruchs anfeinden zu lassen.
Sehr konkrete Lebenssituationen kommen dabei in den Blick – vor allem die Frage der außerfamiliären Kindererziehung, da manche Gesellschaften gegen die Rechte der Eltern hinsichtlich der Erziehung verstoßen.
Die Textstellen dieses Kapitels sind in engem Zusammenhang mit den Texten im Kapitel »Familie in ihrer Bedeutung für Gesellschaft und Kultur« einerseits und »Familie als Hauskirche« andererseits zu lesen.

Es ist für den Papst immer eine Freude, mit Vätern und Müttern zusammenzutreffen, die sich ihrer Verantwortung als christliche Erzieher voll bewußt sind. Mit Dankbarkeit beobachten wir, wie heute in der Kirche zahlreiche Initiativen zur Unterstützung der Familien ins Leben gerufen werden.
Ich brauche nicht auf die vorrangige Rolle hinzuweisen, welche der Familie bei der menschlichen und christlichen Erziehung zukommt. Das letzte Konzil hat erfreulicherweise in mehreren Texten den Sendungsauftrag der Eltern »als der ersten und bevorzugten Erzieher« hervorgehoben, die kaum zu ersetzen sind (Erklärung *Gravissimum educationis*, Nr. 3). Dieses Recht steht ihnen von Natur aus zu, weil sie ihren Kindern das Leben geschenkt haben; es sichert auch auf die beste Art eine harmonische Erziehung, hat doch die Eltern-Kind-Beziehung ganz spezifischen

Charakter, ebenso wie das Klima der Liebe und der Geborgenheit, das die Eltern kraft der Ausstrahlung ihrer eigenen Liebe schaffen können (vgl. *Gaudium et spes*, Nr. 52). Die meisten bürgerlichen Gesellschaftsordnungen mußten selbst die besondere und notwendige Rolle anerkennen, die den Eltern bei der ersten Erziehung zukommt. Auf internationaler Ebene hat die »Erklärung der Rechte des Kindes«, die zumindest das Zeichen einer weitgehenden Übereinstimmung ist, zugegeben, daß das Kind »soweit als möglich unter dem Schutz und der Verantwortung seiner Eltern heranwachsen muß« (Grundsatz 6). Wir möchten wünschen, daß dieses Engagement sich mehr und mehr in Taten umsetze, besonders während des internationalen Jahres des Kindes, das nun bald beginnen wird. Aber es genügt nicht, dieses Grundrecht der Eltern festzuhalten und zu verteidigen. Man muß vor allem darum bemüht sein, ihnen bei der Erfüllung dieser schwierigen Aufgabe der Erziehung in unserer heutigen Zeit zu helfen. Auf diesem Gebiet genügen der gute Wille und selbst die Liebe allein nicht. Die Eltern müssen sich mit Gottes Gnade gewisse Fähigkeiten aneignen, indem sie zuerst ihre eigenen sittlichen und religiösen Überzeugungen stärken, indem sie Vorbild sind und ihre Erfahrungen miteinander, mit anderen Eltern, mit Erziehungsexperten und mit Priestern besprechen. Es geht darum, daß die Kinder und die Heranwachsenden »angeleitet werden, die sittlichen Werte mit richtigem Gewissen zu schätzen und sie in personaler Bindung zu erfassen und Gott immer vollkommener zu erkennen und zu lieben« (*Gravissimum educationis*, Nr. 1). Diese Erziehung ihrer Urteilsfähigkeit, ihres Willens und ihres Glaubens ist ein richtiges Kunststück. Das Klima in der Familie muß von Vertrauen, Dialogbereitschaft, Festigkeit, recht verstandener Achtung vor dem nach und nach erwachen-

den Freiheitsdrang gekennzeichnet sein: alles Dinge, die eine allmähliche Hinführung zum Herrn und zu Verhaltensweisen erlauben, die schon dem Kind zur Ehre gereichen und den Erwachsenen von morgen vorbereiten. Mögen eure Kinder in euren Familien »zum ersten Mal erfahren, was gesunde menschliche Gemeinschaft und was Kirche ist« (*ebd.*, Nr. 3)! Es obliegt euch auch, die Kinder nach und nach in größere Erziehungsgemeinschaften einzuführen, als es die Familie ist. Diese muß nun ihre Heranwachsenden mit geduldiger Liebe begleiten und voll Hoffnung und ohne sich ihrer Pflichten zu entziehen mit den anderen Erziehern zusammenarbeiten. Wenn sie in ihrer christlichen Identität so gefestigt sind, daß sie in entsprechender Weise einer pluralistischen, häufig indifferenten, ihren Überzeugungen feindselig gegenüberstehenden Welt die Stirn bieten können, dann werden diese jungen Menschen einen festen Glauben erringen; sie werden der Gesellschaft dienen und zusammen mit ihren Hirten in der praktischen Anwendung der Richtlinien des Zweiten Vatikanischen Konzils aktiv am Leben der Kirche teilnehmen können.
An Internat. Familienkongreß, Rom, 30. 10. 1978;
OR 45/78

Die tiefsten Probleme des menschlichen Lebens sind mit der Familie verbunden. Sie ist die erste, grundlegende und unersetzliche Gemeinschaft. »Die Familie hat von Gott die Sendung, Grund- und Lebenszelle der Gesellschaft zu sein« (*Apostolicam actuositatem*, Nr. 11). Davon will auch die Kirche durch das Fest der Heiligen Familie in der Weihnachtsoktav besonderes Zeugnis geben. Sie will daran erinnern, daß mit der Familie die Grundwerte verbunden sind, die nicht ohne unberechenbaren Schaden für die sittliche Ordnung verletzt werden dürfen. Häufig siegen materielle Gründe und der »sozialökonomische« Gesichtspunkt über die christlichen Grundsätze und sogar die allgemeinmenschliche Sittlichkeit. Hier reicht bloßes Bedauern nicht aus. Diese Grundwerte müssen mit Hartnäckigkeit und Festigkeit verteidigt werden. Die Erfahrungen der verschiedenen Nationen in der Geschichte der Menschheit wie auch unsere heutige Erfahrung können als Argumente dienen, um diese traurige Wahrheit zu bestätigen, d. h. es ist leicht, in der elementaren Sphäre menschlichen Daseins, wo die Rolle der Familie entscheidend ist, die entscheidenden Werte zu zerstören, aber es ist viel schwerer, sie wiedereinzusetzen.

Um welche Werte geht es? Um auf diese Frage eine erschöpfende Antwort geben zu können, müßten wir die ganze Hierarchie der Werte, die sich gegenseitig bestimmen und bedingen, aufzählen. Aber um uns kurz zu fassen, sagen wir, daß es um zwei Grundwerte geht, die zwingend in den Komplex gehören, den wir »eheliche Liebe« nennen. Der erste ist der Wert der Person, der sich in der absoluten gegenseitigen Treue bis zum Tod ausdrückt: Treue des Ehemannes gegenüber der Ehefrau und der Ehefrau gegenüber dem Ehemann. Die Konsequenz dieser Bestätigung des Wertes der Person, der sich in der wechselseitigen Beziehung zwischen Ehemann und Ehefrau ausdrückt, muß die Achtung des personalen Wertes des neuen Lebens, d. h. des Kindes, vom Augenblick der Empfängnis an sein.

Die Kirche kann niemals von der Pflicht dispensieren, diese beiden mit der Berufung der Familie verbundenen Grundwerte zu verteidigen. Diese Verteidigung ist der Kirche von Christus in einer Weise anvertraut worden, die keinen Zweifel läßt. Gleichzeitig bewirkt die Selbstverständlichkeit dieser Werte – wenn man als Mensch ja dazu sagt –, daß die Kirche sich bei ihrer Verteidigung als Sachwalterin der echten Würde des Menschen betrachtet, als Sachwalterin des Wohles der Person, der Familie, der Völker. Bei allem Respekt gegenüber Andersdenkenden ist es vom objektiven und unparteiischen Standpunkt aus schwer vorstellbar, wie man zur menschlichen Würde beiträgt, wenn man die eheliche Treue preisgibt oder gestattet, daß das im Mutterschoß empfangene Leben vernichtet und zerstört wird. Konsequenterweise kann man nicht zugeben, daß Programme, die ein solches Verhalten vorschlagen, erleichtern, zulassen, dem objektiven Wohl des Menschen, dem sittlich Guten, dienen und dazu beitragen, das menschliche Leben wirklich menschlicher, wirklich menschenwürdiger zu machen, noch daß sie dem Aufbau einer besseren Gesellschaft dienen.

Der heutige Sonntag ist auch der letzte Tag im Jahr 1978. Wir sind heute zur Liturgiefeier versammelt, um Gott für alles Gute zu danken, das er uns im verflossenen Jahr geschenkt hat, das er uns hat tun lassen, aber auch um seine Vergebung zu erbitten für alles, was schlecht war und damit auch gegen seinen heiligen Willen.

Erlaubt mir, daß ich bei diesem Dank und bei dieser Bitte um Vergebung auch an die Familie denke, diesmal im weiteren Sinn des Wortes. Wie Gott Vater ist, so hat auch die Familie diesen weiteren Sinn. Er bezieht sich auf alle menschlichen Gemeinschaften, auf die Gesellschaft, die Völker, die Länder. Er bezieht sich auf die Kirche und die Menschheit.

An eine Pfarrei, Rom, 31. 12. 1978; OR 2/79

Liebe Söhne und Töchter! Der Nachfolger Petri fühlt sich hier am Altar allen Familien Lateinamerikas be-

sonders nahe. Hier ist es ja, als ob jeder Raum sich öffnete und der Papst jede einzelne Familie erreichen könnte. Jene, wo zwar Brot und Wohlstand nicht fehlen, aber vielleicht Eintracht und Freude; Häuser, wo Familien zwar bescheiden und in der Ungewißheit vor morgen leben, sich aber gegenseitig helfen und so eine zwar schwierige, aber würdige Existenz erlangen; die ärmlichen Behausungen am Rand eurer Städte, wo es viel verborgene Not gibt, wo aber dennoch die echte Freude der Armen herrscht; die bescheidenen Hütten der Landarbeiter, Eingeborenen, Auswanderer usw. Jeder einzelnen dieser Familien möchte der Papst ein besonderes Wort der Ermunterung und Hoffnung sagen können. Ihr Familien aber, die ihr einigen Wohlstand genießen könnt, verschließt euch nicht in eurem Glück, sondern öffnet euch für die anderen, um ihnen zu geben, was ihr übrig habt und den anderen fehlt. Ihr Familien, die ihr unter Armut leidet, laßt euch nicht entmutigen, betrachtet weder den Kampf als euer Ideal noch den Reichtum für den Inbegriff des Glücks, sondern bemüht euch, mit Hilfe aller anderen die schwierige Durststrecke zu überwinden, bis bessere Tage kommen. Ihr Familien, die ihr physischen oder moralischen Schmerz erleidet, die ihr Krankheit oder Elend zu tragen habt, vermehrt dieses Leid nicht noch durch Verbitterung oder Verzweiflung, sondern bemüht euch, den Schmerz durch die Hoffnung zu überwinden. All ihr Familien Lateinamerikas, seid gewiß, daß der Papst um euch weiß und euch noch besser kennenlernen möchte, weil er euch alle liebt mit väterlicher Zuneigung.
Auf dem Programm des Papstbesuches in Mexiko steht heute der Tag der Familie. Familien Lateinamerikas, nehmt also, durch eure Anwesenheit hier um den Altar oder über Radio und Fernsehen mit uns verbunden, den Besuch des Papstes auf, als hätte er jede

von euch einzeln besucht. Macht dem Papst auch die Freude, weiterzuwachsen in der Ausrichtung auf die christlichen Werte, die euch zu eigen sind, damit Lateinamerika in seinen Millionen Familien allen Grund hat, zu vertrauen und zu hoffen, zu kämpfen und aufzubauen.
An Familien, Palafoxiano (Mexiko), 28. 1. 1979; OR 6/79

Ihr sucht Halt für eure Herzen und für euer Gewissen. Ihr sucht Halt für eure Familien. Ihr wollt, daß sie beständig seien und nicht zerfallen; daß sie lebendige Herde der Liebe seien, an denen sich der Mensch täglich wärmen kann. Durch Festhalten am sakramentalen Eheband wollt ihr das Leben euren Kindern weitergeben und zusammen mit dem Leben eine menschliche und christliche Erziehung. Jeder von euch, liebe Eltern, spürt zutiefst diese große Verantwortung, die mit der Vater- und der Mutterwürde zusammenhängt. Ihr wißt, daß davon euer eigenes Heil und das Heil eurer Kinder abhängt. Was muß ich als Vater tun? Was für eine Mutter bin ich? Diese Fragen stellt ihr euch mehr als einmal. Ihr freut euch, und ich freue mich mit euch über alles, was sich in euch, euren Familien und Kindern Gutes zeigt; ich freue mich mit euch über ihre Fortschritte in der Schule, über die Entwicklung ihres jugendlichen Gewissens. Ihr wollt, daß aus ihnen wirklich »Menschen« werden. Und das hängt großenteils von dem ab, was sie sich im Elternhaus aneignen. Bei dieser Aufgabe kann euch keiner ersetzen. Die Gesellschaft, die Nation, die Kirche bauen auf den Fundamenten auf, die ihr gelegt habt.
An Familien, Torre Spaccata (Italien), 1. 4. 1979; OR 15-16/79

Und euch, Väter und Mütter, rufe ich zu: lehrt eure Kinder, wie man verzeiht; macht aus eurem Heim Stätten der Liebe und der Vergebung; macht aus euren Straßen und Nachbarschaften Zentren des Friedens und der Versöhnung. Es würde ein Verbrechen gegen die Jugend und ihre Zukunft sein, auch nur ein einziges Kind mit nichts anderem aufwachsen zu lassen als mit der Erfahrung von Gewalt und Haß.
Drogheda (Irland), 29. 9. 1979; OR 40/79

Die Evangelisierung nimmt einen unersetzbaren Platz in der Familie ein, für die ihr auch weiterhin voll Kraft und Hoffnung arbeiten müßt. In den Familien entdeckt man das Antlitz des Herrn im Gebet, die Werte des echten Humanismus erfahren eine Würdigung, und die Kirche wächst. An der Schwelle dieses Jahres habe ich gesagt: »Die tiefsten Probleme des menschlichen Lebens sind mit der Familie verbunden... Die Kirche will daran erinnern, daß mit der Familie die Grundwerte verbunden sind, die nicht ohne unberechenbaren Schaden für die sittliche Ordnung verletzt werden dürfen... Diese Grundwerte müssen mit Hartnäckigkeit und Festigkeit verteidigt werden. Häufig siegen materielle Gründe und der ›sozialökonomische‹ Gesichtspunkt über die christliche Sittlichkeit... Der erste ist der Wert der Person, der sich in der absoluten gegenseitigen Treue bis zum Tod ausdrückt... Die Konsequenz dieser Bestätigung des Wertes der Person, der sich in der wechselseitigen Beziehung zwischen Ehemann und Ehefrau ausdrückt, muß die Achtung des personalen Wertes des neuen Lebens, d. h. des Kindes, von Augenblick der Empfängnis an sein. Die Kirche kann niemals von der

Pflicht dispensieren, diese beiden mit der Berufung der Familie verbundenen Grundwerte zu verteidigen« (*Predigt am 31. Dezember 1978 in Il Gesù*).
An kolumbianische Bischöfe, Rom, 29. 10. 1979;
OR 51–52/79

Der Bund zwischen Mann und Frau, in der beschriebenen Weise betrachtet und verwirklicht, ist weit mehr als das spontane Verlangen, das die beiden eint. Die Ehe ist für sie wahrhaft Ort der Entfaltung und Heiligung. Und sie ist Quelle des Lebens! Empfinden die Afrikaner etwa nicht beispielhafte Ehrfurcht für das werdende Leben? Sie lieben zutiefst die Kinder. Sie nehmen sie mit großer Freude auf. Die christlichen Eltern sollen ihre Kinder zu einem Dasein anleiten, das in engem Bezug zu den menschlichen und christlichen Werten steht. Sie sollen ihnen vorleben, wie man tapfer und redlich sein Leben meistert und sie auf die Würde eines jeden Menschen aufmerksam machen, sie zum selbstlosen Dienst erziehen, zum Verzicht auf Willkür und Launenhaftigkeit, zum Verzeihen, zur Ehrlichkeit in allen Dingen, zu gewissenhafter Arbeit, zur gläubigen Begegnung mit dem Herrn. So führen die christlichen Eheleute ihre Kinder in das Geheimnis eines gelungenen Lebens ein, das nicht nur darin besteht, sich ein »gutes Pöstchen« zu ergattern.
Die christliche Ehe ist auch berufen, Sauerteig des moralischen Fortschritts für die Gesellschaft zu sein. Allerdings ist uns klar bewußt, wie sehr in Afrika und anderswo die Familie als natürliche und als christliche Einrichtung bedroht ist von bestimmten Gewohnheiten, von den weltweiten kulturellen Veränderungen. Könnte man nicht die moderne Familie mit einem Schifflein vergleichen, das auf dem Fluß dahinfährt und seine Fahrt inmitten wogender Wellen fortsetzt?

Ihr wißt so gut wie ich, daß Begriffe wie Treue und Unauflöslichkeit der Ehe von der öffentlichen Meinung in Frage gestellt werden. Ihr wißt auch, daß die Zerbrechlichkeit und Zerrüttung der Familien Elend und Not zur Folge haben, auch wenn die Familiensolidarität der Afrikaner versucht, wenigstens für die Kinder zu sorgen. Die christlichen Familien müssen – nach solider Vorbereitung und entsprechend unterstützt – unverzagt für die Gesundung der Familie im allgemeinen arbeiten, da sie die Keimzelle der Gesellschaft ist und eine Schule sozialer Tugenden bleiben soll. Der Staat braucht sich vor solchen Familien nicht zu fürchten, soll sie vielmehr schützen.
Die christliche Familie ist nicht nur Sauerteig der Gesellschaft, sondern auch Anwesenheit und Epiphanie Gottes in der Welt. Die Pastoralkonstitution *Gaudium et spes* (Nr. 48) enthält die bedeutsamen Abschnitte über die Ausstrahlung dieser »innigen Gemeinschaft des Lebens und der Liebe«, die zugleich die allererste kirchliche Basisgemeinschaft ist. »Daher soll die christliche Familie – entsteht sie doch aus der Ehe, die das Bild und die Teilhabe an dem Liebesbund Christi und der Kirche ist – die lebendige Gegenwart des Erlösers in der Welt und die wahre Natur der Kirche allen kundmachen sowohl durch die Liebe der Gatten, in hochherziger Fruchtbarkeit, in Einheit und Treue als auch in der bereitwilligen Zusammenarbeit aller ihrer Glieder.« Welche Würde und welche Verantwortung!
Ja, es ist ein großes Sakrament! Die Eheleute dürfen zuversichtlich sein: ihr Glaube versichert ihnen, daß sie mit diesem Sakrament die Kraft Gottes empfangen, eine Gnade, die sie während ihres ganzen Lebens begleiten wird. Sie sollen nie aufhören, aus dieser überströmenden Quelle zu schöpfen, die in ihnen ist!
An Familien, Kinshasa (Zaïre), 3. 5. 1980; OR 20/80.

Jeder von uns hat einen einmaligen Platz in der Gemeinschaft der einen universalen Kirche ganz Afrikas und der ganzen Welt. Ihr, die Laien, wenn ihr eurer Berufung zur Heiligkeit und zur Liebe folgt, dann tragt ihr eine besondere Verantwortung für die Heiligung der Welt. Durch euch muß die Frohbotschaft alle Schichten der Gesellschaft erreichen. In der Nachfolge der Heiligen Familie müßt ihr als Eltern und Kinder eine Gemeinschaft der Liebe und des Verstehens aufbauen, wo die Freuden, Hoffnungen und Sorgen des Lebens gemeinsam getragen werden, um sie im Gebet Gott aufzuopfern. Ihr Eheleute müßt das Zeichen für Gottes treue und unverbrüchliche Liebe zu seinem Volke und für die Liebe Christi zu seiner Kirche sein. Ihr habt die große Sendung, einander und euren Kindern Christus zu schenken, so seid ihr zugleich die ersten Katecheten eurer Kinder. Ich begrüße hier auch alle Katecheten, die der Kirche Gottes so hingebend dienen. Ihr jungen Leute aber, die ihr euch auf das Priestertum oder das Ordensleben vorbereitet, seid aufgerufen, an die Macht der Gnade Christi in eurem Leben zu glauben. Der Herr braucht euch, um sein Erlösungswerk unter euren Brüdern und Schwestern weiterzuführen.
Nairobi (Kenia), 6. 5. 1980; OR 21/80

In Abstimmung mit dem Thema der nächsten Bischofssynode, welche die Probleme der Familie in den veränderten Verhältnissen der modernen Zeit behandeln wird, sind wir in diesem Jahr eingeladen, unsere Aufmerksamkeit auf die Beziehungen zwischen den Massenmedien und der Familie zu lenken. Eine Erscheinung, die heute alle Familien auch in ihrem innersten Bereich berührt, ist gerade die weite Verbreitung der sozialen Kommunikationsmittel: Presse,

Film, Hörfunk und Fernsehen. Inzwischen ist kaum noch ein Haus zu finden, in welches nicht wenigstens eines dieser Medien Eingang gefunden hätte. Der Kreis der Familie, noch bis vor wenigen Jahren aus Eltern, Kindern, dem einen oder anderen Verwandten oder Hausangestellten bestehend, hat sich in einem bestimmten Sinn erweitert zu einer mehr oder weniger gewohnten »Gemeinschaft« mit Ansagern, Schauspielern, politischen Kommentatoren und Sportberichterstattern, auch mit Besuchen bedeutender und berühmter Persönlichkeiten, die den verschiedensten Berufen, geistigen Strömungen und Nationen angehören.
Dies bietet in der Tat außergewöhnliche Chancen. Dahinter verbergen sich aber auch Bedrohungen und Gefahren, die man nicht außer acht lassen kann. Die Familie leidet heute unter starken Spannungen und zunehmender Desorientierung, die das gesamte soziale Leben prägen. Geschwunden sind einige stabilisierende Faktoren, welche der Familie – dank vollständiger Gemeinsamkeit der Interessen und Bedürfnisse und eines häufig nicht einmal von der Arbeit unterbrochenen Zusammenlebens – in der Vergangenheit einen festen inneren Zusammenhalt sicherten und es ihr ermöglichten, in der Erziehung und in der Gestaltung der Beziehungen mit anderen eine entschieden vorherrschende Rolle zu spielen.
In dieser schwierigen und bisweilen sogar krisenhaften Situation kommen die sozialen Kommunikationsmittel als häufige Quelle weiterer Belastungen hinzu. Die Inhalte ihres Angebots bieten nicht selten ein verzerrtes Bild von der Natur der Familie, ihrer Gestalt und ihrer erzieherischen Aufgabe. Die Mitglieder der Familie können zur schlechten Gewohnheit verleitet werden, dem Angebot nur zerstreut und oberflächlich zu folgen, ihm gegenüber in unkritischer Passivität zu verharren, auf eine gemeinsame Auseinandersetzung

darüber und ein aufbauendes Gespräch zu verzichten. Insbesondere bergen so manche Vorstellungen über das Leben, die mit der suggestiven Kraft des Bildes, des Wortes und der Klänge angeboten werden, die Gefahr in sich, die Familie aus dem Prozeß der Wahrnehmung und Aneignung existentieller Werte zu verdrängen.
In dieser Hinsicht ist es unerläßlich, auf den zunehmenden Einfluß hinzuweisen, den die Massenmedien, insbesondere das Fernsehen, im Sozialisationsprozeß der Jugendlichen ausüben, indem sie ihnen ein Bild vom Menschen, von der Welt und den Beziehungen zu anderen darbieten, das oft zutiefst abweicht von dem, was die Familie ihnen zu vermitteln trachtet. Vielfach sind die Eltern allzu sorglos. Im allgemeinen darauf bedacht, über die Freundschaften ihrer Kinder zu wachen, lassen sie es an gleicher Aufmerksamkeit fehlen gegenüber den Vorstellungen, welche Hörfunk, Fernsehen, Schallplatten, Presse und Comics in das vermeintlich »beschützte« und »sichere« häusliche Familienleben hineintragen. So treten die Massenmedien oft schon in das Leben der Jüngsten ein ohne die notwendige orientierende Vermittlung seitens der Eltern und anderer Erzieher, die gegebenenfalls schädliche Einflüsse neutralisieren und dazu anleiten könnte, die nicht geringen positiven Beiträge, welche der harmonischen Entfaltung im Gang der Erziehung dienlich sind, in gebührender Weise schätzen zu lernen.
Es steht indes außer Zweifel, daß die sozialen Kommunikationsmittel auch eine wertvolle Quelle kultureller Bereicherung für den einzelnen und die ganze Familie darstellen. Was vor allem die Familie angeht, soll nicht übersehen werden, daß die Medien dazu beitragen können, das Gespräch und den gegenseitigen Austausch im engen Familienkreis anzuregen, seine Interessen zu erweitern und ihn auf das Problem

der großen Menschheitsfamilie hin zu öffnen. Weiter ermöglichen sie eine gewisse Teilnahme an fernen religiösen Ereignissen, was für Kranke und Verhinderte eine einzigartige Hilfe sein kann, sowie ein vertieftes Gespür für die Universalität der Kirche und ihren wirksamen Einsatz zur Lösung der Probleme, welche die Völker bedrängen. So können die sozialen Kommunikationsmittel viel dazu beitragen, die Herzen der Menschen in Sympathie, Verstehen und Brüderlichkeit einander näherzubringen. Mit Hilfe der Medien vermag sich die Familie zu öffnen auf eine deutlichere und tiefere Verbundenheit mit dem ganzen Menschengeschlecht. Diese wertvollen Möglichkeiten dürfen nicht unterschätzt werden.
Damit die Familien jedoch einen solchen Nutzen aus dem Umgang mit den Massenmedien ziehen können, ohne ihnen in tödlicher Abhängigkeit zu verfallen, ist es erforderlich, daß sie den Medien gegenüber eine aktive Haltung einnehmen und sich bemühen, ihre kritische Urteilsfähigkeit zu schärfen, daß sie nicht alles, was angeboten wird, passiv in sich aufnehmen, sondern die Inhalte zu verstehen und zu beurteilen suchen. Ferner ist es nötig, selbständig zu entscheiden, wieviel Zeit man auf den Gebrauch der Medien verwendet, wobei auch zu berücksichtigen ist, daß die Familie als solche und ihre einzelnen Mitglieder verschiedenen Tätigkeiten und Verpflichtungen nachzukommen haben.
Zusammengefaßt: es ist Aufgabe der Eltern, sich selbst und damit auch ihre Kinder dahin zu bilden, daß sie den Wert der sozialen Kommunikation verstehen, unter den verschiedenen angebotenen Inhalten auszuwählen wissen und sich nicht davon ersticken lassen, sondern verantwortlich und selbständig darauf reagieren. Wo diese Aufgabe in angemessener Weise erfüllt wird, hören die sozialen Kommunikationsmit-

tel auf, sich wie gefährliche Konkurrenten in das Leben der Familie einzudrängen und dessen fundamentale Funktionen zu stören; vielmehr bieten sie dann wertvolle Gelegenheiten zu einer vernünftigen Auseinandersetzung mit der Wirklichkeit und werden zu nützlichen Hilfen in jenem Prozeß schrittweiser menschlicher Reifung, den die Einführung der Jugendlichen in das soziale Leben erfordert.

Es ist offenkundig, daß die Familien zur Erfüllung dieser schwierigen Aufgabe in nicht geringem Maß auf den guten Willen, die Redlichkeit und das Verantwortungsbewußtsein derer zählen können müssen, die beruflich in den Medien tätig sind, nämlich der Herausgeber, Schriftsteller, Produzenten, Direktoren, Dramaturgen, Informatoren, Kommentatoren und Schauspieler – alles Berufe, in denen die Präsenz der Laien überwiegt. Ihnen allen, Männern und Frauen, möchte ich in Erinnerung rufen, was ich im vergangenen Jahr auf einer meiner Reisen gesagt habe: »Die großen Kräfte, welche die Welt prägen – Politik, Massenmedien, Wissenschaft, Technologie, Kultur, Erziehung, Industrie und Arbeit –, sind Bereiche, in denen in besonderer Weise die Laien zuständig sind, um die ihnen eigentümliche Sendung auszuüben« (*Ansprache in Limerick am 1. Oktober 1979*).

Zweifelsohne bilden die Massenmedien heute eine der großen Kräfte, welche die Welt prägen. In wachsender Zahl sind auf diesem Gebiet Menschen mit guter Begabung und bester Vorbereitung dazu berufen, hier ihr Betätigungsfeld zu finden und die ihnen eigene Berufung zu erfüllen. Die Kirche denkt an sie in aufmerksamer Verbundenheit und mit Achtung, und sie betet für sie. Wenige Berufe erfordern so viel Energie, Hingabe, Lauterkeit und Verantwortungsbewußtsein wie dieser, und es gibt wenig Berufe, die ähnlich großen Einfluß auf die Geschicke der Menschheit haben.

Alle, deren berufliche Tätigkeit mit den sozialen Kommunikationsmitteln zu tun hat, lade ich deshalb herzlich ein zur Verbundenheit mit der Kirche an diesem Tag der Reflexion und des Gebetes. Beten wir gemeinsam zu Gott, daß in unseren Brüdern das Verantwortungsbewußtsein wachse für die großen Möglichkeiten, der Menschheit zu dienen und die Geschichte der Welt zum Guten zu lenken. Beten wir, daß der Herr ihnen das Verständnis, die Weisheit und den Mut schenke, deren sie bedürfen, um ihrer schweren Verantwortung gerecht werden zu können. Beten wir, daß sie stets auf das bedacht sind, was die Leser, Hörer und Zuschauer brauchen; diese sind wie sie selbst in der Überzahl Mitglieder von Familien, mit Eltern, die nach einem arbeitsreichen Tag oft zu müde sind, um noch hinreichend wachsam sein zu können, und mit Kindern voller Vertrauen, die sehr sensibel sind und leicht Schaden nehmen können. Dies alles bedenkend und darum wissend, welche gewaltigen Einflüsse ihre Arbeit zum Guten wie zum Schlechten haben kann, werden sie es vermeiden, sich selbst und ihrer besonderen Berufung untreu zu werden.
Botschaft zum Welttag der sozialen Kommunikationsmittel, Rom, 18. 5. 1980; OR 20/80

Das Bildungsproblem war immer eng mit der Sendung der Kirche verknüpft. Im Verlauf der Jahrhunderte hat sie Schulen aller Art gegründet; sie hat die Universitäten des Mittelalters entstehen lassen, in Europa die in Paris und in Bologna, in Salamanca und Heidelberg, in Krakau und Löwen. Auch in unserer Zeit leistet sie den gleichen Beitrag überall dort, wo ihr Eingreifen auf diesem Gebiet gewünscht und geachtet wird. Es sei mir gestattet, an dieser Stelle für die katholischen Familien das Recht zu beanspruchen, das

allen Familien zusteht, nämlich ihre Kinder in Schulen erziehen zu lassen, die ihrer Weltanschauung entsprechen, und zumal das strenge Recht, als gläubige Eltern ihre Kinder nicht in den Schulen Lehrprogrammen ausgesetzt zu sehen, die vom Atheismus geprägt sind. Es handelt sich hier tatsächlich um eins der Grundrechte des Menschen und der Familie.
An UNESCO, Paris, 2. 6. 1980; OR 23/80

»Angesichts des Erbarmens Gottes ermahne ich euch, meine Brüder, euch selbst als lebendiges und heiliges Opfer darzubringen, das Gott gefällt; das ist für euch der wahre und angemessene Gottesdienst« (*Röm* 12, 1). Dieses Opfer und dieser Gottesdienst bezeugen eure Anteilnahme am königlichen Priesteramt Christi. Es kann nur dargebracht werden, indem dieser Weisung Gottes, des Schöpfers und Vaters, Folge geleistet wird. Die erste Lesung aus dem Buch *Deuteronomium* besagt: »... das Wort ist ganz nah bei dir, es ist in deinem Munde und in deinem Herzen, du kannst es halten« (*Dtn* 30, 14).
Und Christus betet für seine Jünger: »Ich bitte nicht, daß du sie aus der Welt nimmst, sondern daß du sie vor dem Bösen bewahrst. Heilige sie in der Wahrheit« (*Joh* 17, 15–19).
Das also ist der Leitweg, der vom Wort Gottes in der heutigen Liturgie aufgezeigt wird, den wir den christlichen Familien in der Kirche und in der heutigen Welt aufzeigen müssen:
– das Bewußtsein der Sendung, die ihren Ursprung nimmt aus der Heilssendung Christi selbst und sich erfüllt als besonderer Dienst;
– dieses Bewußtsein nährt sich aus dem Wort des lebendigen Gottes und der Kraft des Opfers Christi; auf diese Weise reift es zu einem Zeugnis des Lebens her-

an, das das Leben anderer prägen kann und »in der Wahrheit zu heiligen« weiß;
– dieses Bewußtsein läßt das Gute entströmen, das allein »vor dem Bösen zu bewahren« vermag. Die Aufgabe der Familie ist deshalb der Aufgabe dessen ähnlich, der im heutigen Evangelium von sich selbst sagt: »Solange ich bei ihnen war, bewahrte ich sie in deinem Namen, den du mir gegeben hast. Und ich habe sie behütet, und keiner von ihnen ging verloren...« (*Joh* 17, 12).
Ja, die Aufgabe jeder christlichen Familie ist es, die grundlegenden Prinzipien und Werte zu schützen und zu bewahren, den Menschen schlechthin zu schützen und zu bewahren!
Möge der Heilige Geist alle unsere Arbeiten während der Sitzungsperiode, die heute beginnt, leiten und führen. Es ist gut, daß wir sie aus der Mitte des Hohepriesterlichen Gebets Christi beginnen. Es ist gut, daß wir sie mit der Eucharistie beginnen.
Unsere gesamte Arbeit während der kommenden Tage ist im Grund nur ein Dienst am Menschen, an unseren Brüdern und Schwestern, an den Eheleuten, den Eltern, den Jugendlichen, den Kindern, den Generationen und Familien; an all denjenigen, denen Christus den Vater offenbart hat; an all denjenigen »aus der Welt«, die der Vater Christus gegeben hat.
»Für sie bitte ich... für alle, die du mir gegeben hast; denn sie gehören dir« (*Joh* 17, 9).
Eröffnung der 5. Vollversammlung der Bischofssynode, Rom, 26. 9. 1980; OR 40/80

Wenn wir an diese Probleme erinnert haben und an die ihnen von der Synode gegebenen Antworten, so wollen wir jedoch nicht die anderen für geringer erachten, über welche die Synode handelte.

Es sind wichtige Probleme, die sowohl auf der Ebene der Lehre als auch im pastoralen Dienst der Kirche mit großem Respekt, mit Liebe und Verständnis jenen Brüdern und Schwestern, welche auf die Kirche schauen, um ein Wort des Glaubens und der Hoffnung zu erhalten, erläutert werden müssen. In der Tat geht dies aus den vielen Eingaben dieser nützlichen und fruchtbaren Wochen hervor. Die Oberhirten mögen nach dem Beispiel der Synode mit gleicher Sorge und Entschlossenheit diese Probleme behandeln, wie sie sich in der Wirklichkeit des Ehe- und Familienlebens stellen, damit wir alle »die Wahrheit in Liebe tun«.

Wir möchten nun etwas, sozusagen als Krönung der in den letzten vier Wochen geleisteten Arbeit, hinzufügen: Niemand kann die Liebe wirken, wenn nicht in der Wahrheit. Dieses Prinzip gilt für das Leben einer jeden Familie nicht weniger als für das Leben und das Werk der Oberhirten, welche wirklich der Familie dienen wollen.

Die hauptsächlichste Frucht dieser Sitzungsperiode der Synode liegt in dem Faktum, daß die Aufgaben der christlichen Familie – deren innerstes Herz die Liebe ist – nur dann realisiert werden können, wenn diese Liebe zutiefst gelebt wird. Jeder jedoch, dem durch die Mitgliedschaft in der Kirche – sei er Laie, Priester, Ordensmann oder Ordensfrau – zur Aufgabe gestellt ist, zu dieser Aktion beizutragen, kann dies nur in der Wahrheit verwirklichen. Es ist die Wahrheit, die befreit; es ist die Wahrheit, die ordnet; es ist die Wahrheit, die den Weg zur Heiligkeit und Gerechtigkeit öffnet.

Es ist uns offenbar geworden, wieviel Liebe Christi, wieviel Nächstenliebe all denen entgegengebracht wird, die in der Kirche und in der Welt eine Familie bilden: nicht nur in der Ehe verbundenen Männern

und Frauen, sondern auch den Kindern, den Jugendlichen, den Verwitweten, den Weisen, den Alten und all denen, die in irgendeiner Weise am Leben der Familie teilnehmen. Diesen allen will die Kirche Christi Zeuge sein und bleiben wie auch gleichsam die Pforte jenes Reichtums der Fülle, worüber der hl. Paulus den Korinthern in den zu Anfang schon genannten Worten schreibt, »daß ihr an allem reich geworden seid in ihm, an aller Rede und aller Erkenntnis« (*1 Kor* 1, 5).
Schlußansprache an die 5. Vollversammlung der Bischofssynode, Rom, 25. 10. 1980; OR 44/80

Was aber könnt ihr selbst bereits tun? Beginnt mit eurer Familie! Achtet und liebt eure Ehefrau, euren Ehemann als den wichtigsten und kostbarsten Menschen von allen, die ihr kennt! Haltet ihnen eindeutig und in allem die Treue! Laßt eure Eltern und eure Kinder in gleicher Weise an dieser festen Einheit aus zuverlässiger Liebe und selbstverständlicher Solidarität teilnehmen. Dann habt ihr in eurer Familie einen kleinen, aber lebendigen und tragfähigen Kern von Gemeinschaft, ein Stück Heimat für Leib und Seele, einen Ort der Geborgenheit und der Anerkennung, der durch nichts anderes voll ersetzt werden kann. Ihr selbst habt diese Erfahrung in euren Heimatländern schon vielfältig gemacht: Wo die staatliche Verwaltung unzulänglich ist oder versagt, wo soziale Hilfsstellen noch zu wenig entwickelt sind, da gibt es immer noch die Familie, die einen Ausweg aus der Notlage finden hilft oder wenigstens die Last einer Not gemeinsam trägt. Das gleiche gilt auch hier, in eurer neuen Lebenswelt mit ihren Rätseln und Ungewißheiten.
An Gastarbeiter, Mainz, 17. 11. 1980; OR 48/80

Papst Johannes war wirklich ein Mann von Gott gesandt! Unermeßlich reich und kostbar ist das Erbe, das er uns hinterlassen hat. Aber hier, in seinem Geburtsort, wo er von der Familie die ersten Keime des Glaubens empfing, der sich dann in solch überraschender und fruchtbarer Weise entfalten sollte, möchte ich im besonderen an das erinnern und das aufgreifen, was er uns in bezug auf die Familie zu sagen hat.

Er hatte bereits vor den sie bedrohenden Gefahren gewarnt: »Dieses Heiligtum – sagte er voll innerem Schmerz – wird so vielfältig und hinterhältig bedroht. Eine manchmal unkontrollierte Propaganda bedient sich der mächtigen Mittel der Presse, des Theaters und Films und der Vergnügungen, um besonders unter der Jugend die unheilvollen Keime des sittlichen Verderbens zu verbreiten. Die Familie muß sich unbedingt dagegen zur Wehr setzen..., indem sie, wenn nötig, auch vom Zivilrecht Gebrauch macht« (*Discorsi...*, Vol. I, S. 172, 1. März 1959). Seine Lehre bleibt deshalb gültig und unvergänglich, weil daraus die Stimme der Wahrheit spricht und das, was jeder Mensch in seinem Innersten ersehnt und erwartet. Ich möchte jene Lehre in folgenden fünf Punkten zusammenfassen.

– Da ist allem voran die Heiligkeit der Familie und damit auch der Liebe und der Sexualität: »Die Familie ist ein Geschenk Gottes – sagte er –, sie schließt eine Berufung ein, die von oben kommt, mit der man nicht ein vorübergehendes Spiel treibt« (*ebd.*, Vol. III, S. 67). »In der Familie haben wir das wunderbarste und engste Zusammenwirken zwischen Gott und dem Menschen: die beiden nach dem Bild und Gleichnis Gottes geschaffenen menschlichen Personen sind nicht nur zu der großen Aufgabe berufen, das Schöpfungswerk weiterzuführen, indem sie neuen Menschenwesen, die der belebende Geist mit dem gewaltigen Prinzip des unsterblichen Lebens erfüllt, das leibliche Leben geben, sondern sie sind auch zu der noch erhabeneren Aufgabe berufen, die die erste vervollkommnet, nämlich: den Nachkommen eine menschliche und christliche Erziehung angedeihen zu lassen« (*ebd.,* Vol. II, S. 519). Wegen dieser Wesensmerkmale sollte die Ehe nach dem Willen Jesu ein Sakrament sein.

– Die Sittlichkeit der Ehe. »Lassen wir uns nicht täuschen, nicht blenden und hinters Licht führen – mahnte er mit christlicher und väterlicher Weisheit –, das Kreuz ist immer die einzige Hoffnung auf Rettung; das Gesetz Gottes ist immer da, mit seinen zehn Geboten, um die Welt daran zu erinnern, daß es nur in ihm den Schutz des Gewissens und der Familien gibt, daß sich allein auf seiner Beachtung das Geheimnis des Friedens und eines ruhigen Gewissens gründet. Wer das vergißt, schafft sich früher oder später, wenn er auch anscheinend ernsten Anstrengungen aus dem Weg geht, sein eigenes trauriges Elend« (*ebd.,* Vol. II, S. 281–282). Und bei anderer Gelegenheit fügte er hinzu: »Die Pflege der Reinheit ist die Ehre und der kostbarste Schatz der christlichen Familie« (*ebd.,* Vol. II, S. 897).

– Die Verantwortung der Familie. Papst Johannes hat Vertrauen in das Erziehungswerk der Eltern, wenn es von der göttlichen Gnade unterstützt wird. An die Mütter gewandt sagte er: »Die Stimme der Mutter, die ermuntert, auffordert, inständig bittet, prägt sich tief in die Herzen der Ihren ein und wird nicht mehr vergessen. Gott allein weiß um das Gute, das von dieser Stimme geweckt wurde, und um den Nutzen, den sie der Kirche und der menschlichen Gesellschaft erweist« (*ebd.,* Vol. II, S. 67). Und für die Väter fügte er hinzu: »In den Familien, in denen der Vater betet und einen frohen und bewußten Glauben hat, wo er selber an katechetischen Unterweisungen teilnimmt und auch seine Kinder dorthin schickt, in solchen Familien wird es nicht die Stürme und die Trostlosigkeit einer rebellischen und im Glauben gleichgültig gewordenen Jugend geben. Unser Wort will stets ein Wort der Hoffnung sein; aber wir sind gewiß, daß für manche traurige, trostlose Erscheinungen im Leben der jungen Generation die Hauptverantwortung vor allem bei jenen Eltern – besonders den Familienvätern – gesucht werden muß, die vor den schweren Verpflichtungen, die ihnen als Eltern übertragen sind, zurückschrekken« (*ebd.*, Vol. IV, S. 272).

– Das Ziel der Familie. In diesem Punkt war Papst Johannes klar und eindeutig: das Ziel, dem sie dient, ist die Heiligkeit und das Heil, und zu diesem Zweck hat Gott die Familie gewollt. In dem Brief, seinem Testament, das er vor zwanzig Jahren anläßlich seines achtzigsten Geburtstages verfaßte, sagte er, und dabei erinnerte er sich an jeden einzelnen seiner geliebten Familienangehörigen: »Was am meisten Wert hat, ist dies: sich das ewige Leben sichern, indem man auf die Güte des Herrn vertraut, der alles sieht und für alles sorgt« (3. Dezember 1961). Und in einer Erläuterung der einzelnen Rosenkranzgeheimnisse versicherte er, er bete beim dritten freudenreichen Geheimnis für die Kinder aller Völker, die in den letzten vierundzwanzig Stunden zur Welt gekommen sind (*ebd.*, Vol. IV, S. 241).

– Die Vorbildlichkeit der christlichen Familie. Papst Johannes hat christliche Eltern und Kinder wärmstens aufgefordert, Vorbilder des Glaubens und der Tugend in der modernen Welt zu sein nach dem Beispiel der Heiligen Familie: »Das Geheimnis des wahren Friedens, der gegenseitigen, ständigen Übereinstimmung, der Gelehrigkeit der Kinder und des Aufblühens guter

Gewohnheiten beruht auf der ständigen großherzigen Nachahmung der Freundlichkeit und Bescheidenheit der Familie von Nazaret« (*ebd.*, Vol. II, S. 118–119).
Papst Johannes ist sicher, daß aus diesen beispielhaften Familien trotz aller zeitbedingten Schwierigkeiten zahlreiche vorzügliche Priester- und Ordensberufe hervorgehen können.
Das ist, zusammengefaßt, die Lehre des großen und liebenswürdigen Papstes über die Familie, eine Lehre, die ganz offenkundig eine Verurteilung von Theorien und Praktiken darstellt, die gegen die Institution Familie gerichtet sind.
Die Gestalt des lächelnden und guten Papstes Johannes, die dem Herzen aller Italiener so nahe ist, möge dazu beitragen, daß in ihnen wieder jenes Erbe an Güte und Solidarität Oberhand gewinnt, das charakteristisch ist für ein Volk, das das Leben und nicht den Tod des Menschen, die Förderung und nicht die Zerstörung der Familie wünscht.
Sotto il Monte (Italien), 26. 4. 1981; OR 19/81

Die Familie kommt von Gott. Der Schöpfer hat den Liebesbund zwischen einem Mann und einer Frau eingerichtet. Er hat ihre Liebe gesegnet und ihren Bund zu einer Quelle gegenseitiger Hilfe gemacht. Er hat sie fruchtbar gemacht und ihren Fortbestand bis zum Tod angeordnet. Im Plan des Schöpfers ist die Familie eine Gemeinschaft von Personen. Deshalb beruht die Grundform des Lebens und der Liebe innerhalb der Familie auf gegenseitiger Achtung, auf der Achtung für jedes Mitglied der Familie. Ehemänner und Ehefrauen, achtet und behandelt einander mit dem größten Respekt! Eltern, respektiert die einzigartige Persönlichkeit eurer Kinder! Kinder, erweist euren Eltern gehorsamen Respekt! Alle Familienmitglieder müssen

sich angenommen und respektiert fühlen, weil sie sich
geliebt fühlen müssen. Das gilt ganz besonders für die
Alten und Kranken.
Respekt in seinem tiefsten Sinn bedeutet Treue. Respekt bedeutet gegenseitiges Annehmen, Vertrauen
und Anhänglichkeit, Geduld und wenn nötig Verzeihung jenseits und trotz persönlicher Schwierigkeiten,
die einen Mangel an Liebe niemals rechtfertigen können. Ehemänner und Ehefrauen, liebt einander! Opfert euch füreinander und für eure Kinder auf! Widersteht allen Versuchungen, euch gegenseitig zu betrügen!
An Familien, Onitsha (Nigeria), 13. 2. 1982; OR 10/82

Ihr Familienväter und -mütter, die ihr mit Freude eure
Berufung lebt, Mitarbeiter Gottes bei der Weitergabe
des Lebens zu sein, gebt euren Kindern und der Gesellschaft das Beispiel der Achtung für die religiösen
und menschlichen Werte, die in eurem Lebensbereich
mit besonderer Klarheit zum Ausdruck kommen sollen. Pflegt innerhalb und außerhalb des Hauses eine
klare Sittlichkeit, indem ihr treu die immerwährende
Einheit der Ehe bewahrt, wie sie der Herr verkündet
hat. Möge jedes eurer Heime eine echte Hauskirche
werden, wo die Werte und Haltungen klar in Erscheinung treten, welche das Apostolische Schreiben *Familiaris consortio* aufgezeigt hat.
Bata (Äquatorialguinea), 18. 2. 1982; OR 10/82

Zeigt diesen Geist durch die Aufmerksamkeit, die ihr
den entscheidenden Problemen widmet. Im Bereich
der Familie, indem ihr die Unauflöslichkeit und die
anderen Werte der Ehe lebt und verteidigt und für die
Achtung vor jedem Leben vom Augenblick der Emp-

fängnis an eintretet. In der Welt von Kultur, Erziehung und Unterricht, indem ihr für eure Kinder eine Schule wählt, in der das Brot des christlichen Glaubens vorhanden ist.
Barcelona (Spanien), 7. 11. 1982; OR 48/82

Man könnte sagen, daß die Erziehungsaufgabe dem Laien gleichsam angeboren ist. Denn sie ist aufs engste mit seinen ehelichen und familiären Verantwortlichkeiten verknüpft. In der Tat nehmen die Laien kraft ihres ersten und ursprünglichen Rechtes und der Pflicht, ihre Kinder zu erziehen, an der Sendung der Kirche teil: zu erziehen, zu evangelisieren und zu heiligen (vgl. *Gravissimum educationis*, Nr. 3; *Familiaris consortio*, Nr. 36–42). Und es gibt nicht den geringsten Zweifel, daß die Schule die Ergänzung der im Schoße der eigenen Familie erhaltenen Erziehung ist.
So sieht das die Kirche, wenn sie die Vorrangstellung der Familie in der Erziehung betont. Darum forderte ich selbst bei meinem Besuch am Sitz der UNESCO vor zweieinhalb Jahren »das Recht, das allen Familien zusteht, nämlich ihre Kinder in Schulen erziehen zu lassen, die ihrer Weltanschauung entsprechen, und zumal das strenge Recht, als gläubige Eltern ihre Kinder nicht in den Schulen Lehrprogrammen ausgesetzt zu sehen, die vom Atheismus geprägt sind« (*Ansprache am Sitz der UNESCO in Paris am 2. Juli 1980*, Nr. 18, in O. R. dt. vom 6. 6. 1980, S. 6).
Es ist jedoch logisch, daß die Eltern die Pflicht haben, im Rahmen der Familie auch den Glauben weiterzugeben, vor allem dann, wenn das in der Schule nicht in entsprechender Weise geschehen kann. Mehr noch, jeder christliche Laie muß die Verantwortung spüren, von seinem Glauben Kunde zu geben und durch sein Beispiel und sein Wort Träger dieses Glaubens in allen Bereichen zu sein.

Die Freiheit der Familien und die Lehrfreiheit im Erziehungsprozeß haben ihre Grundlage in einem natürlichen Recht des Menschen, das niemand ignorieren kann. Denn es handelt sich ja weder um ein Privileg, das beansprucht wird, noch um ein Zugeständnis des Staates, sondern um den Ausdruck und die Garantie einer Freiheit, die von dem Gesamtkomplex institutionalisierter Freiheiten nicht zu trennen ist. Helft daher als katholische Erzieher mitwirkend und ergänzend im Sendungsauftrag der Familie für die ganzheitliche Bildung der jungen Generationen mit. So helft ihr mit, ein Vaterland aus freien und für ihr Sein und Schicksal bewußt verantwortlichen Menschen aufzubauen.
An Laien, León (Nicaragua), 4. 3. 1983; OR 11/83

Doch diese Gnade soll nicht nur innerhalb der Familie zum Ausdruck kommen. Sie muß Quelle apostolischer Fruchtbarkeit sein. Ja, die christlichen Eheleute müssen der Aufgabe der Evangelisierung im besonderen Bereich der Familie offenstehen. Geläutert durch die Erfahrung, gestärkt durch die Gemeinschaft mit anderen Familien, werden sie evangelisiert und müssen ihrerseits zu Trägern der Evangelisierung der christlichen Familie werden, zu Zufluchtszentren, zu Förderern des sozialen Fortschritts.
Dazu wird man sich gewissenhaft um die Familienpastoral kümmern müssen, in der die Eheleute den Bischöfen eine großzügige und unentbehrliche Hilfe leisten. Vielfältig sind die Aufgaben, die es in dieser Familienpastoral zu verwirklichen gilt, wie ich in *Familiaris consortio* (Nr. 65–85) aufgezeigt habe.
Sehr hilfreich werden bei dieser Aufgabe die Bewegungen und Gruppen für Ehespiritualität sein können, die in diesen Ländern zahlreich und aktiv sind und die ich zu ihrer Arbeit herzlich ermutige.

Ein wichtiger Aspekt des Familienlebens ist der der Beziehung zwischen Eltern und Kindern. In der Tat müssen die Autorität und der Gehorsam, die in der christlichen Familie gelebt werden, tief geprägt sein von der Liebe Christi und ausgerichtet auf die Verwirklichung der Personen. Der hl. Paulus faßt das in einem inhaltsschweren Satz zusammen: Arbeiten, um den Willen des Herrn zu erfüllen (vgl. *Eph* 6, 1–4), das heißt, nach seinem Willen, in seiner Gegenwart, denn Er steht der Hauskirche, die die Familie ist, vor (vgl. *Lumen gentium*, Nr. 11). Nur auf dem Prüfstein der wahren Liebe lassen sich die Konflikte überwinden, die zwischen den Generationen auftreten. In der Geduld, in der Suche nach der Wahrheit können die Werte ausgebildet werden, die jene Worte ergänzen, deren Trägerin jede Generation ist.

Dazu gehört, daß entsprechend den alten Überlieferungen eurer Völker das gemeinsame Gebet nicht vernachlässigt wird, damit sie sich beständig im Guten und im Gefühl für Gott erneuert. In diesem Klima werden auch die notwendigen Berufungen zum Priestertum und zum Ordensleben gedeihen können, die Zeichen des Segens und besonderen Wohlgefallens von seiten Gottes sind.

Liebe Ehemänner und Ehefrauen! Erneuert bei dieser Eucharistiefeier euer gegenseitiges Treueversprechen. Nehmt als besonderen Dienst in der Kirche die umfassende Erziehung eurer Kinder an. Arbeitet bei der Evangelisierung der Familien mit euren Bischöfen und Priestern zusammen.

Und denkt immer daran, daß der echte Christ auch auf die Gefahr hin, zum »Zeichen des Widerspruchs« zu werden, die praktischen Optionen, die mit seinem Glauben übereinstimmen, richtig auswählen muß. Deshalb wird er nein sagen müssen zu einer nicht durch die Eheschließung geheiligten Verbindung und

zur Scheidung; er wird nein sagen zur Sterilisation, besonders dann, wenn sie irgendeiner Person oder ethnischen Gruppe mit falschen Begründungen auferlegt wird; er wird nein sagen zur Empfängnisverhütung und er wird nein sagen zum Verbrechen der Abtreibung, die das unschuldige Leben tötet.
Der Christ glaubt an das Leben und an die Liebe. Darum wird er ja sagen zur Unauflöslichkeit der ehelichen Liebe; ja zu dem in der rechtmäßig geschlossenen Ehe verantwortlich gesäten Leben; ja zum Schutz des Lebens; ja zur Stabilität der Familie; ja zum rechtmäßigen Zusammenleben, das die Gemeinschaft fördert und die ausgeglichene Erziehung der Kinder begünstigt; ja zur Unterstützung einer väterlichen und mütterlichen Liebe, die sich ergänzen und in der Bildung und Formung junger Menschen verwirklichen.
Das Ja des Schöpfers, das von den Kindern Gottes angenommen wird, ist ein Ja zum Menschen. Es entsteht aus dem Glauben an den ursprünglichen Plan Gottes. Es ist ein echter Beitrag zum Aufbau einer Gesellschaft im Zeichen der Liebe, die sich gegenüber dem egoistischen Konsumismus und des Lebens, das sich gegenüber dem Tod behauptet.
An Familien, Panama, 5. 3. 1983; OR 11/83

Noch viele andere Aspekte der Familie erfordern die Hilfe der Bischöfe und der gesamten Gemeinschaft der Kirche. Dazu gehört auch die Sendung und der Auftrag der Eheleute zur Erziehung ihrer Kinder, damit sie zur vollen menschlichen und christlichen Reife gelangen. Hier geht es erneut darum, daß wir Bischöfe Identität und Würde des Lebens in der christlichen Ehe herausstellen. In der Kraft des Heiligen Geistes müssen wir ferner in dem uns anvertrauten Volk

neues Vertrauen und neue Sicherheit wecken, damit es die Erhabenheit der ehelichen Liebe Wirklichkeit werden läßt. Wir dürfen nicht nachlassen zu verkünden, daß »die christliche Eheschließung in sich selbst ein liturgischer Akt der Gottesverherrlichung in Jesus Christus und in der Kirche« ist (FC 56).
Endlich wird gerade durch das Gebet der Familie und der ganzen Kirche die Erneuerung der christlichen Ehe Wirklichkeit werden, und zum großen Teil auch Erneuerung, Umkehr und Evangelisierung der Welt.
Ehrwürdige, liebe Brüder im Bischofsamt, setzen wir mit Nachdruck unser Vertrauen auf die Macht des auferstandenen Herrn, um in unserer Generation der Kirche den ehelichen Liebesbund zu festigen. Nehmen wir alle unsere Kräfte zusammen, um immer noch wirksamer zu verkünden, daß diese Liebe eine erlöste Liebe ist und die christliche Ehe in Wahrheit den Plan Gottes zur Vollendung des Menschen darstellt. Die Familie ist für Gott die besondere Weise, »die Liebe zu hüten, zu offenbaren und mitzuteilen«.
Möge Maria, die Mutter Jesu, euch in eurem Hirtendienst an der Familie beistehen und eure Herzen mit tiefer Freude und mit Frieden erfüllen! Durch euch richte ich meinen Gruß an alle Gläubigen eurer Ortskirchen, an euren Klerus und die Ordensleute, an die Laien und insbesondere an die christlichen Familien.
An kanadische Bischöfe, Rom, 28. 4. 1983, OR it. 98/83

Die zweite Dringlichkeit betrifft die unauflösliche Beziehung zwischen dem Dienst am Leben und dem erzieherischen Auftrag. Es ist vor allem Pflicht der Familie, den Menschen zu erziehen. In Ausübung dieser Pflicht kann sie von niemandem ersetzt werden, aber sie hat das Recht auf Hilfe von seiten aller öffentlichen und privaten Institutionen, wobei die Freiheit

der Eltern, ihre Kinder nach ihrer Überzeugung zu erziehen, respektiert werden muß.
An Päpstlichen Rat für die Familie, Rom, 30. 5. 1983;
OR 25/83

Wir schauen also durch mehr als sieben Jahrhunderte zur hl. Hedwig hin, und wir sehen in ihr ein großes Licht, das die menschlichen Dinge im Lande unserer Nachbarn – und gleichzeitig auf unserem heimatlichen Boden – erhellt. In ihrem Leben kam gleichsam die Fülle christlicher Berufung zum Ausdruck. Die hl. Hedwig hat das Evangelium zu Ende gelesen – in seiner ganzen lebensspendenden Wahrheit. In ihr gibt es keine Diskrepanz zwischen der Berufung als Witwe und Gründerin des Klosters in Trebnitz einerseits und der Berufung als Ehefrau und Mutter im Piasten-Haus der Heinrichs. Eines folgte auf das andere, und doch war das eine gleichzeitig tief in dem anderen verwurzelt. Hedwig lebte von Anfang an für Gott, sie lebte so, daß sie Gott über alles liebte, wie es das erste Gebot des Evangeliums verkündet. So lebte sie in der Ehe als Gattin und Mutter. Und als sie Witwe wurde, sah sie mit Leichtigkeit, daß diese alles übersteigende Gottesliebe jetzt zur ausschließlichen Liebe für den göttlichen Bräutigam werden konnte. Und sie folgte dieser Berufung.
Im Evangeliumsgebot der Liebe steckt nämlich die tiefste Quelle geistiger Entfaltung für jeden Menschen. Und deshalb wünsche ich auch euch allen, teure Brüder und Schwestern, meine Landsleute, die ihr hier in Breslau und in Niederschlesien dieses besondere Erbe der hl. Hedwig angetreten habt, von ganzem Herzen, daß sich euer persönliches, familiäres und gesellschaftliches Leben nach ihrem Vorbild auf das Gebot der Liebe stützt. Dies ist zugleich die tiefste Quel-

le moralischer Kultur für die Menschen und die Nationen. Von der moralischen Kultur hängt deren tatsächlicher Fortschritt ab. Der Mensch ist ein nach Bild und Gleichnis Gottes geschaffenes Wesen. Deshalb ergibt sich auch seine wirkliche Entwicklung und tatsächliche Kultur daraus, wie er dieses Bild und Gleichnis erkennt und wie dauerhaft er das eigene Menschentum nach diesem zugleich menschlichen und göttlichen Maß gestaltet. Es ist nötig, daß ihr, die ihr euch hier in Niederschlesien befindet, auf den Spuren eurer großen Patronin, der Piastenmutter, gewissermaßen auf ihren Knien das Evangelium lest, so wie es ihre leiblichen Kinder gelesen haben, so wie es Heinrich der Fromme gelesen hat, der Held von Liegnitz, und daß ihr so in euch die tiefsten Grundlagen der menschlichen und christlichen Moral festigt, die zugleich das Fundament für die Kultur einer Nation und die Bedingung für ihre Entfaltung ist.

»Das Herz ihres Mannes vertraut auf sie« (*Spr* 31, 11) – so spricht das Buch der Sprichwörter von der »tüchtigen Frau«. Es ist nötig, daß wir vor den Augen unserer Seele das Bild dieses Piastenhauses beschwören, dieser Familie, in der die hl. Hedwig Ehefrau und Mutter war. Die eheliche und familiäre Gemeinschaft baut sich auf gegenseitigem Vertrauen auf. Dies ist das grundlegende Gut wechselseitiger Beziehungen in der Familie, der wechselseitigen Beziehung der Eheleute und der wechselseitigen Beziehung zwischen Eltern und Kindern. Tiefstes Fundament dieser Beziehungen ist letztlich dieses Vertrauen, das Gott selber den Eheleuten schenkt, indem er sie erschafft und sie zum Leben in der ehelichen und familiären Gemeinschaft beruft.

Eben auf dieses sein Vertrauen gegenüber den Eltern stützte Gott die Beziehungen zwischen Kind und Eltern. »Das Herz Gottes vertraut ihnen.« Auf sein Ver

trauen, insbesondere gegenüber der Mutter, stützte Gottvater die Beziehung zwischen Kind und Mutter. »Das Herz... Gottes vertraut ihr!« Gottvater will auf diese Weise das Leben des Kindes schützen, Seinen Schatz, damit es bereits vom Augenblick der Empfängnis an der Sorge des Nächsten aller Nächsten des Kindes anvertraut sei: seiner Mutter. »Das Herz Gottes vertraut ihr.« Eine Familie ist wirklich Familie, wenn sie sich auf solchen Beziehungen aufbaut, auf wechselseitigem Vertrauen, auf wechselseitigem Glauben aneinander. Nur auf einem solchen Fundament läßt sich der Prozeß der Erziehung aufbauen, der das grundlegende Ziel der Familie und ihre erstrangige Aufgabe darstellt. In der Erfüllung dieser Aufgabe können die Eltern durch niemanden ersetzt werden – und niemandem auch ist es erlaubt, den Eltern diese ihre erstrangige Aufgabe wegzunehmen. Gleichzeitig kann man nicht genug daran gemahnen, daß die Erfüllung dieser Aufgabe bedeutende Anforderungen an die Eltern stellt. Die Eltern selber müssen gut erzogen sein, um zu erziehen – und sie selber müssen sich immerfort erziehen, um erziehen zu können. Nur unter solchen Bedingungen, bei einer solchen inneren Einstellung, kann der Prozeß der Erziehung fruchtbar sein. Wenn heute – in Niederschlesien und in ganz Polen – soviel davon abhängt, ob der Prozeß der Erziehung in der Familie fruchtbar und erfolgreich ist, dann deshalb, weil dies grundlegende Bedeutung für die Zukunft der ganzen Nation hat. Ich möchte sagen: für die polnische Staatsräson!
»Das Herz ihres Mannes vertraut auf sie«, lesen wir in der Liturgie des Festes von der hl. Hedwig. Weshalb vertraut das Herz ihres Mannes auf die Ehefrau? Weshalb vertraut das Herz der Ehefrau auf ihren Mann? Weshalb vertrauen die Herzen der Kinder auf die Eltern? Dies ist sicher der Ausdruck einer Liebe,

auf der sich in der Moral und in der Kultur alles von den grundlegenden zwischenmenschlichen Bindungen her aufbaut. Dennoch ist diese Liebe außerdem noch von der Wahrheit abhängig. Die Eheleute vertrauen deshalb aufeinander, weil sie einander glauben, weil sie sich in der Wahrheit begegnen. Die Kinder vertrauen deshalb auf die Eltern, weil sie von ihnen Wahrheit erhoffen – und sie vertrauen auf sie so weit, als sie von ihnen Wahrheit erhalten. Die Wahrheit ist also das Fundament des Vertrauens. Und die Wahrheit ist auch eine Kraft der Liebe. Anderseits ist auch die Liebe eine Kraft der Wahrheit. In der Kraft der Liebe ist der Mensch bereit, selbst die schwierigste, selbst die forderndste Wahrheit anzunehmen. So wie Fürst Heinrich bereit war, die Wahrheit anzunehmen, daß er sein Leben hingeben mußte – und seine Mutter, die hl. Hedwig, die Wahrheit über den Tod des Sohnes anzunehmen bereit war.

Es besteht auch ein unlösbares Band zwischen der Wahrheit und Liebe einerseits und der ganzen menschlichen Moral und Kultur anderseits. Man kann mit Sicherheit feststellen, daß nur in einer solchen wechselseitigen Verbindung der Mensch wirklich als Mensch leben und sich als Mensch entwickeln kann. Dies ist wichtig in jeder Dimension. Dies ist wichtig in der Dimension der Familie, dieser grundlegenden menschlichen Gemeinschaft. Aber es ist anderseits wichtig in der Dimension der ganzen, großen Gesellschaft, wie die Nation sie darstellt. Dies ist wichtig in der Dimension der einzelnen Gruppierungen, insbesondere derer, die von ihrer Natur her eine erzieherische Aufgabe haben, wie Schule oder Universität. Dies ist wichtig für alle, die die Kultur der Nation schaffen: für die Bereiche der Kunst, für die Literatur, die Musik, das Theater und die bildenden Künste. Man muß schaffen in Wahrheit und in Liebe! Man

kann der Meinung sein, daß dieses Prinzip um so weniger streng gehandhabt wird, je allgemeiner der Bereich ist. Und dennoch – man darf keinen Bereich, kein Milieu, keine Institution, keine Mittel oder Instrumente der Vermittlung und der Verbreitung geringschätzen.
Die ganze polnische Nation muß in gegenseitigem Vertrauen leben! Und dieses Vertrauen stützt sich auf Wahrheit. Ja, sie muß dieses Vertrauen im weiten Bereich ihrer gesellschaftlichen Existenz wiedererlangen. Dies ist eine grundlegende Frage. Ich zögere nicht, zu sagen, daß gerade davon – davon vor allem, von dem auf der Wahrheit aufgebauten Vertrauen – die Zukunft des Vaterlandes abhängt. Man muß Zentimeter um Zentimeter und Tag um Tag das Vertrauen errichten, das Vertrauen wiederaufbauen und das Vertrauen vertiefen! Alle Dimensionen des gesellschaftlichen Seins – sowohl die politische wie die wirtschaftliche Dimension und natürlich die kulturelle Dimension sowie jede andere – stützen sich letztlich auf diese grundlegende ethische Dimension: Wahrheit – Vertrauen – Gemeinschaft. So ist es in der Familie. So ist es auch im anderen Maßstab in der Nation und im Staat. So ist es schließlich in der ganzen Menschheitsfamilie.
Breslau (Polen), 21. 6. 1983; OR 25/83

Einen ganz besonderen Akt der Danksagung wollen wir in dieser Stunde für unsere christlichen Familien darbringen. In Verbundenheit mit seinem Sohn Jesus Christus unserem Herrn, danken wir dem Vater, »nach dem jedes Geschlecht benannt wird«. Wir danken ihm – für alle jene zahlreichen Familien überall in Kanada, deren Leben »die Schönheit und Größe der Berufung zur Liebe und zum Dienst am Leben« widerspiegelt (*Familiaris consortio*, Nr. 1).

– Für die tiefe Liebe, die christliche Eheleute in der Gemeinschaft des ehelichen Lebens einander mitteilen, so wie sie in der Welt ein ganz besonderes Bild der Liebe Gottes lebendig erhalten.
– Für das Leben gegenseitiger Treue, das von unzähligen Ehepaaren durch die Kraft der sakramentalen Gnade gelebt wird.
– Für alle jene Paare, die sich hochherzig Mühe geben, dem Plan Gottes für die menschliche Liebe so zu folgen, wie er in der Lehre der Kirche in *Humanae vitae* und *Familiaris consortio* formuliert ist; und für alle, die bei der Erziehung und Beratung der Ehepaare in der natürlichen Familienplanung behilflich sind.
– Für den großen und einzigartigen Dienst, der von Eltern geleistet wird, die dem mystischen Leib Christi neue Glieder zuführen.
– Für die Mühe, die Väter und Mütter tagaus, tagein auf die Erziehung ihrer Kinder zu christlicher Reife aufwenden.
– Für die Familien, die inmitten von Schmerz, Sorgen und wirtschaftlichem Elend ein Leben christlicher Hoffnung leben.
– Für die in Übereinstimmung mit der Lehre des Zweiten Vatikanischen Konzils übernommene Verpflichtung der Familien zur aktiven Teilnahme an der Sendung der Kirche als einer glaubenden und evangelisierenden Gemeinschaft und als Gemeinschaft im Dialog mit Gott und im Dienst des Menschen.
– Für die Bemühungen, die von christlichen Familien unternommen werden, um jungen Menschen zum Verständnis der Würde der Ehe zu verhelfen und sie auf diese Berufung entsprechend vorzubereiten.
– Für die erneuerte Verpflichtung der Kirche, die Heiligkeit und Einheit der Familie hochzuhalten und zu erklären, und für die hochherzige Liebe, mit der so viele Priester und Ordensleute ihre Kräfte für den

Aufbau und die Stärkung des Familienlebens aufwenden.
– Für die Bemühungen von Familien, die Probleme und Schwierigkeiten kennengelernt haben, aber ausharrten in der Überzeugung, daß Gottes immerwährende, unerschütterliche Liebe in dem unauflösbaren Bund ihrer eigenen sakramental geschlossenen Ehe zum Ausdruck kommt.
– Für das besondere Zeugnis für die Lehre Christi von der Unauflöslichkeit der Ehe, das von allen Eheleuten gegeben wird, die den Schmerz der Trennung, Verlassenheit oder Verstoßung erleiden.
– Für die Mitteilung der biblischen Botschaft an die christlichen Familien und für ihre Evangelisierungstätigkeit in der Nachbarschaft und am Arbeitsplatz.
– Für die zahlreichen Familien, die gemeinsam beten und in der Verehrung Gottes Kraft finden.
– Für die Familien, die das Kreuz umfangen und ihre Teilhabe am Ostergeheimnis des Herrn Jesus in christlicher Freude leben.
– Ja, wir danken und preisen Gott, unseren Vater, für alle christlichen Familien – und ihre Zahl ist geradezu Legion –, die auf jene lebenspendenden Worte seines Sohnes, Jesu Christi, hören: »So soll euer Licht vor den Menschen leuchten, damit sie eure guten Werke sehen und euren Vater im Himmel preisen« (*Mt* 5, 16).
Mögen alle christlichen Familien der Welt und mögen wir alle, jeder nach den empfangenen Gaben, auf unsere christliche Berufung antworten! Jeder von uns durch das Zeugnis seiner guten Werke. Möge jeder von uns die Aufforderung hören, unseren Vater im Himmel zu preisen, dem Herrn, unserem Gott, zu danken!
St. John's (Neufundland), 12. 9. 1984; OR 38/84

C. Familie als Subjekt der Pastoral

In dem Maße, wie die christliche Familie das Evangelium annimmt und im Glauben reift, wird sie zu einer verkündigenden Gemeinschaft. Paul VI. hat hierzu gesagt: »Die Familie muß wie die Kirche ein Raum sein, wo die Frohbotschaft weitergegeben wird und überzeugend aufleuchtet. Im Schoß einer Familie, die sich dieser Sendung bewußt ist, verkünden alle Familienmitglieder das Evangelium und empfangen es zugleich voneinander. Die Eltern vermitteln nicht nur ihren Kindern die Frohbotschaft, sondern auch die Kinder können diese ihren Eltern in besonderer Lebendigkeit wiederschenken. Eine solche Familie wirkt verkündigend auch auf viele andere Familien und auf die gesamte Umwelt, in der sie lebt.«
Wie die Synode betonte, indem sie meinen Appell von Puebla wiederholte, wird die Evangelisierung in Zukunft zu einem großen Teil von der »Hauskirche« abhängen. Diese apostolische Sendung der Familie wurzelt in der Taufe und empfängt durch die sakramentale Gnade der Ehe eine neue Kraft, die heutige Gesellschaft nach den Absichten Gottes zu heiligen und zu verändern. (...)
Die absolute Notwendigkeit einer Katechese im Rahmen der Familie ergibt sich mit besonderer Dringlichkeit in bestimmten Situationen, welche die Kirche mit Bedauern mancherorts vorfindet: »Dort, wo eine antireligiöse Gesetzgebung jede

andere Form der Glaubenserziehung zu verhindern sucht oder wo verbreiteter Unglaube oder eine uferlose Verweltlichung ein wirksames Wachstum im Glauben praktisch unmöglich machen, bleibt die sogenannte Hauskirche der einzige Ort, an dem Kinder und Jugendliche eine echte Glaubensunterweisung erhalten können.«

FC 52

Vorbemerkung

Zur Lebensführung einer katholischen Ehe und Familie in unserer weithin säkularisierten und entkirchlichten Umwelt gehören ein Mut, eine Durchhaltekraft, eine Treue und Unverzagtheit, wie sie in diesem Grad von früheren Generationen nicht gefordert wurden. Viele sehen sich ratlos dem Anpassungsdruck einer nivellierten und nivellierenden säkularisierten Massengesellschaft ausgesetzt, dem man sich nur entziehen kann durch eine in die Tiefe gehende neue Überzeugung, durch eine radikale Identifikation mit dem Leitbild der christlichen Ehe und Familie. Das aber heißt, daß die Eheleute vom betreuten Objekt selbst zum tragenden Subjekt der Pastoral werden müssen.

Noch vor wenigen Jahrzehnten waren Pastoral und Katechese fast durchgehend eine Sache der Theologen und Kleriker, die sich in der Polarität von »Hirt und Herde« niederschlug. Nun kann man die pastorale Subjekt-Werdung der Eheleute sicher nicht exklusiv verstehen (was ja einen weitgehenden Funktionsverlust der amtlichen Pastoralträger nach sich zöge), sondern vernünftigerweise nur inklusiv im Sinne eines Sowohl-als-auch. Denn es gibt ja neben den Eheleuten andere Träger und Ebenen der Pastoral (Priester, Diakone, Theologen, Laien-Fachleute wie Ärzte, Psychologen, Ehe- und Familienberater usw., sowie Gemeinde-, Jugend- und Ständepastoral), deren Leistungen und Dienste sich teilweise überlappen und durchdringen und auch den Eheleuten zugute kommen, bei denen diese also »Objekt« sind.

Zweifellos aber brauchen wir heute eine Aktivierung der Ehe-

leute und Eltern im Sinne einer Familienpastoral, die sie selbst fordert. Dies nicht einmal nur als Folge des weithin zu beobachtenden Zusammenbruchs einer funktionierenden Gemeinde- und Schulkatechese (infolge z. B. von Säkularisation, Entkonfessionalisierung, bzw. Behinderung kirchlichen Lebens in totalitären Staaten) – also aus funktionalen Erfordernissen heraus –, sondern vielmehr aus dem inneren Wesen der Ehe und Familie heraus, das in seinem sakramentalen Vollzug selbst gleichsam Heilshandeln der Kirche darstellt. Das ist der innerste Grund, weshalb der Hl. Vater bei der Visitation seiner Diözese Rom, mit der er sogleich nach der Übernahme seines Pontifikats begann, immer wieder auf Ehe und Familie verweist als den entscheidenden Raum, wo Lehre in Praxis umgesetzt wird und wo die ersehnte Erneuerung der Kirche im Geiste des Konzils sich verwirklichen soll. Auch hier greift er – als Bischof der Diözese Rom und zugleich universaler Pastor Ecclesiae – die Probleme in der gleichen Weise an wie als Hirte in Krakau: in der Verbindung von Familie und Laienapostolat auf Gemeindeebene, weil das katechetische Wirken der Familie »unersetzlich« ist.

Ihr seid gewiß von der großen Bedeutung des Themas überzeugt, das über der Synode des Jahres 1980 steht und lautet: »Die Aufgaben der christlichen Familie in der heutigen Welt.« Dieses Thema kann allerdings nicht getrennt von denen der vorangegangenen Synoden betrachtet werden, sondern verfolgt sozusagen die gleiche Richtung. Dennoch ist zu beachten, daß die Familie nicht nur »Objekt« der Evangelisierung und der Katechese ist, sondern auch und hauptsächlich ihr »tragendes Subjekt«. Das geht aus der gesamten Lehre des Zweiten Vatikanischen Konzils über das Volk Gottes und das Laienapostolat hervor. Sie ist auch der wichtigste Raum, wo diese Lehre in die Praxis umgesetzt und folglich die Erneuerung der Kirche aus dem Geist des Konzils durchgeführt wird.
An Generalsekretariat der Bischofssynode, Rom, 16. 12. 1978; OR 3/79

Ich lege großen Wert auf diese Begegnungen und habe die Absicht, sie, soweit möglich, mit den gründlicheren Visitationen, die die jeweiligen Weihbischöfe dieser Pastoralzonen vornehmen, zu koordinieren. Für sehr nützlich halte ich in diesem Zusammenhang die direkte Kontaktaufnahme mit den Gruppen des Laienapostolats in der Pfarrei. Unter diesen möchte ich besonders die von Eltern und Jugendlichen gebildeten Katechetengruppen hervorheben, deren Arbeit sich besonders in unserer Zeit, wo es an Priestern fehlt, als immer notwendiger herausstellt. Nur der Einsatz ausgewählter und gut vorbereiteter Gruppen, die es fertigbringen, auch die Familien der Kinder in jene Bemühung um die Glaubensreifung, die die Katechese ja sein soll, miteinzubeziehen, kann den ernsten Problemen, wie sie sich in einer säkularisierten Gesellschaft stellen, begegnen.
An Klerus, Rom, 2. 3. 1979; OR 11/79

Die ersten Christen der Kirche bereiteten sich lang und gründlich auf die Taufe vor. Es war dies die Zeit des Katechumenats, dessen Tradition sich noch heute in der Liturgie der Fastenzeit widerspiegelt. Diese Tradition war lebendig, als sich Erwachsene auf die Taufe vorbereiteten. In dem Maße, in dem die Kindertaufe Tradition wurde, mußte das Katechumenat in dieser Form verschwinden. Die Kinder erhielten die Taufe im Glauben der Kirche, für den die ganze Christengemeinde (die heutige Pfarrei) bürgte, an erster Stelle aber ihre eigene Familie. Die erneuerte Liturgie der Kindertaufe hebt diesen Aspekt noch stärker hervor. Eltern und Paten bekennen den Glauben, sie leisten die Taufversprechen und übernehmen die Verantwortung für die christliche Erziehung ihres Kindes.
Auf diese Weise wird das Katechumenat gewisserma-

ßen auf eine spätere Zeit verlegt, auf die Zeit des Heranwachsens; der Getaufte muß nun von seinen nächsten Verwandten und in der Pfarrgemeinde der Kirche ein lebendiges Bewußtsein jenes Glaubens erwerben, dessen Teilhaber er bereits zuvor durch die Gnade der Taufe geworden war. Es fällt schwer, diese Entwicklung als »Katechumenat« im früheren und eigentlichen Sinn des Wortes zu bezeichnen. Nichtsdestoweniger entspricht sie aber dem echten Katechumenat und muß mit demselben Ernst und demselben Eifer gefördert werden wie jene Vorbereitung, die einst der Taufe vorausging. In diesem Punkt stimmen die Aufgaben der christlichen Familie mit denen der Pfarrei überein und verbinden sich miteinander. Es ist notwendig, daß wir uns dessen bei einem Anlaß wie dem heutigen mit besonderer Klarheit und Eindringlichkeit bewußt werden.
An eine Pfarrei, Rom, 22. 4. 1979; OR 18/79

Wie ich weiß, bereiten eure Bischöfe ein Pastoralprogramm vor, das die Eltern dazu ermutigen soll, intensiver bei der religiösen Erziehung ihrer Kinder mitzuwirken, und zwar unter dem Motto: »Weitergabe des Glaubens in der Familie.« Ich vertraue darauf, daß ihr alle euch mit Begeisterung und Hochherzigkeit an diesem Programm beteiligen werdet. Den Glauben, den ihr von euren Eltern empfangen habt, an eure Kinder weiterzugeben, ist eure erste Pflicht und euer größtes elterliches Vorrecht. Das Elternhaus sollte die erste Schule der Religion sein, wie es die erste Schule des Gebetes sein sollte. Der starke geistige Einfluß Irlands auf die Weltgeschichte war in großem Maße der Gläubigkeit der irischen Familien zu verdanken, denn hier beginnt die Glaubensverkündigung, hier werden Berufe genährt. Ich appelliere deshalb an die irischen

Eltern, in ihrem Heim, unter ihren Söhnen und Töchtern, weiterhin Berufe für das Priestertum und das Ordensleben zu fördern. Durch Generationen hindurch war es der größte Wunsch jedes irischen Vaters, einen Sohn zu haben, der Priester oder Ordensmann wurde, eine Tochter, die sich dem Ordensleben weihte. Mögen dem auch in Zukunft euer Wunsch und euer Gebet gelten. Möge trotz zunehmender Möglichkeiten für Jungen und Mädchen niemals eure Wertschätzung nachlassen für das Vorrecht, daß eure Söhne und Töchter von Christus auserwählt und dazu berufen werden, alles aufzugeben und ihm zu folgen.
An Familien, Limerick (Irland), 1. 10. 1979; OR 42/79

Ein oft entscheidender Abschnitt ist jene Zeit, wo das Kleinkind von seinen Eltern und aus dem Familienmilieu die ersten Elemente der Katechese empfängt, die ihm vielleicht nur in schlichter Form den himmlischen Vater in seiner Güte und Fürsorge offenbaren, dem es sein Herz zuzuwenden lernt. Durch sehr kurze Gebete, die es zu stammeln lernt, beginnt es ein liebevolles Gespräch mit dem verborgenen Gott, dessen Wort es später hören wird. Vor christlichen Eltern können wir kaum zuviel auf dieser frühzeitigen Einführung bestehen, wo die Fähigkeiten des Kindes in ein vitales Verhältnis zu Gott integriert sind: eine Aufgabe von entscheidender Bedeutung, die große Liebe und tiefe Ehrfurcht vor dem Kind verlangt, das ein Anrecht auf eine einfache und wahre Darstellung des christlichen Glaubens hat. (...)
Das katechetische Wirken der Familie hat seine besondere Eigenart und ist in gewissem Sinn unersetzlich. Es wird daher mit Recht von der Kirche betont, besonders vom II. Vatikanischen Konzil. Diese Glaubenserziehung durch die Eltern, die schon im frühe-

sten Kindesalter beginnen muß, geschieht schon dort, wo die Mitglieder einer Familie sich gegenseitig helfen, im Glauben zu wachsen dank ihres christlichen Lebenszeugnisses, oft im stillen wirken, doch in ihrem Alltag beharrlich nach dem Evangelium leben. Diese Katechese prägt sich stärker aus, wenn im Rhythmus der Familienereignisse wie beim Sakramentenempfang, bei der Feier der großen liturgischen Feste, bei der Geburt eines Kindes oder bei einem Trauerfall in der Familie der christliche oder religiöse Sinn dieser Ereignisse sorgfältig erklärt wird. Man muß jedoch noch viel weiter gehen: christliche Eltern sollen sich Mühe geben, im Rahmen der Familie die anderswo empfangene mehr methodische Bildung der Kinder zu begleiten und aufzugreifen. Die Tatsache, daß diese Wahrheiten über die wichtigsten Fragen des Glaubens und des christlichen Lebens so in einer von Liebe und Achtung geprägten Familienatmosphäre erneut zur Sprache kommen, kann die Kinder oft entscheidend und fürs ganze Leben prägen. Die Eltern selber profitieren von der Mühe, die ihnen dies macht, denn bei einem derartigen katechetischen Gespräch ist jeder ein Empfangender und Gebender zugleich.
Die Familienkatechese geht daher jeder anderen Form der Katechese voraus, begleitet und bereichert sie. Ferner bleibt dort, wo eine antireligiöse Gesetzgebung jede andere Form der Glaubenserziehung zu verhindern sucht oder wo verbreiteter Unglaube oder uferloser Säkularismus ein wirkliches religiöses Wachstum praktisch unmöglich machen, diese »Hauskirche« der einzige Ort, wo Kinder und Jugendliche eine echte Glaubensunterweisung erhalten können. Christliche Eltern können darum nie genug tun, um sich auf diese katechetische Aufgabe an ihren eigenen Kindern vorzubereiten und ihr dann auch mit unermüdlichem Eifer gerecht zu werden. Ebenso müssen alle jene Perso-

nen und Institutionen ermutigt werden, die durch individuelle Kontakte, durch Begegnungen oder Tagungen sowie durch jede Art von pädagogischen Hilfen den Eltern die Erfüllung ihrer Aufgabe erleichtern. Sie leisten damit der Katechese einen unschätzbaren Dienst.
»*Catechesi tradendae*«, Rom, *16. 10. 1979;* OR *44/79*

Das katechetische Wirken der Familie hat seine besondere Eigenart und ist gewissermaßen unersetzlich. Die Glaubenserziehung durch die Eltern, eine Erziehung, die schon im frühesten Kindesalter beginnen muß, erfolgt bereits dort, wo die Mitglieder einer Familie sich gegenseitig helfen, durch ihr christliches Zeugnis im Glauben zu wachsen. Sie wird ausgeprägter, wenn im Zusammenhang mit den Familienereignissen – wie beim Sakramentenempfang, bei der Feier der großen liturgischen Feste, bei der Geburt eines Kindes, bei einem Trauerfall – man sich innerhalb der Familie bemüht, den religiösen Inhalt dieser Ereignisse sorgfältig zu erklären. Man muß jedoch noch weiter gehen: christliche Eltern müssen sich Mühe geben, im Rahmen der Familie die eher methodische Bildung, die die Kinder empfangen, zu begleiten und weiterzuführen. Die Familienkatechese geht daher jeder anderen Form der Katechese voraus, begleitet und bereichert sie. Christliche Eltern werden sich nie genug bemühen können, um sich auf diese katechetische Aufgabe an ihren Kindern vorzubereiten und sie mit unermüdlichem Eifer auszuführen.
Neben der Familie kann die Schule der Katechese beachtliche Möglichkeiten bieten. Ich beziehe mich dabei natürlich vor allem auf die acht katholischen Schulen in eurem Lande. Aber ich denke darüber hinaus auch an die staatliche Schule.

Ich bringe den dringenden Wunsch zum Ausdruck, daß die katholischen Eltern unter Ausnützung der von den gesetzlichen Abmachungen gebotenen Möglichkeiten für ihre Kinder Religionsunterricht in den staatlichen Schulen verlangen, damit sie in ihrer geistlichen Bildung voranschreiten können. Ich bin fest davon überzeugt, daß die dem katholischen Glauben der Jugendlichen bekundete Achtung – die in dem Zugeständnis zum Ausdruck kommt, die Erziehung im Glauben, seine Festigung, sein freies Bekenntnis und seine praktische Ausübung zuzugestehen – gewiß auch euren staatlichen Autoritäten Ehre machen wird.
Schreiben an die Kirche in Ungarn, Rom, Ostern 1980;
OR 24/80

Man kann daher mit Recht sagen, daß die Familie, als privilegierter Ort der Katechese verstanden, euren Diskussionen und Arbeiten gleichsam den Mittel- und Brennpunkt dafür bieten kann, daß die allgemeine Behandlung und Diskussion ihre innere und logische Einheit behalten. In dem richtigen Verständnis der Aufgaben der Familiengemeinschaft als »Milieu des Glaubens« – wo die Eltern mit Hilfe der sakramentalen Gnade des Ehesakraments und in ihrer Rolle als Zeugen Christi, die sie bereits mit dem Sakrament der Firmung übernommen haben, ihre so wichtige Aufgabe erfüllen – sind die Präsenz und der Fortbestand der höchsten Werte auf menschlicher und christlicher Ebene sichergestellt: die Erziehung der Kinder; ihre ständige »Herausforderung« zu einem konsequenten Lebensstil durch Beispiel und Wort; die Gewährleistung und Verteidigung einer gesunden Moral, die vom Kreis der Familie aus zu einem gemeinsamen und allgemeinen Gut der ganzen Gesellschaft wird; die Reaktion gegen die Keime ideologischer und morali-

scher Zersetzung, zu deren unheilvollem Träger unter den Heranwachsenden und der Jugend das heutige permissive Lebensmilieu wird; die Bereitschaft, das Leben anzunehmen und Apostel der Liebe zum Leben zu werden.
An italienische Bischöfe, Rom, 29. 5. 1980; OR 26/80

Vor allem die Katechese in der Familie. Die ersten Lebensjahre des Kindes bilden die Grundlage und das Fundament seiner Zukunft. Deshalb müssen die Eltern die Wichtigkeit ihrer Aufgabe in dieser Richtung begreifen. Kraft des Sakraments der Taufe und der Ehe sind sie die ersten Katecheten ihrer Kinder: Erziehen ist in der Tat die Fortsetzung des Zeugungsaktes. In diesem Alter tritt Gott in besonderer Weise »durch die Vermittlung der Familie« in das Leben des Kindes ein (*Allgemeines katechetisches Direktorium,* Nr. 79).
Die Kleinkinder und Kinder müssen am Beispiel der Eltern lernen und sehen; der Eltern, die einander lieben, Gott achten, die ersten Glaubenswahrheiten zu erklären verstehen (vgl. *Catechesi tradendae,* Nr. 36), die ein »christliches Lebenszeugnis geben«, indem sie »in ihrem Alltag beharrlich nach dem Evangelium leben« (*ebd.,* Nr. 68).
Das Zeugnis ist grundlegend. Das Wort Gottes ist in sich selbst wirksam, doch es nimmt konkreten Sinn an, wenn es in der Person, die es verkündet, Wirklichkeit wird. Das gilt besonders für die Kinder, die noch nicht in der Lage sind, zwischen der verkündeten Wahrheit und dem Leben dessen, der sie verkündet, zu unterscheiden. Für das Kleinkind besteht kein Unterschied zwischen der Mutter, die betet, und dem Gebet; ja, das Gebet besitzt eben deshalb besonderen Wert, weil es das Gebet der Mutter ist.
Möge es nicht geschehen, liebe Eltern, die ihr mir zu-

hört, daß eure Kinder die menschliche, staatsbürgerliche und berufliche Reife erlangen, während sie auf religiösem Gebiet Kleinkinder bleiben! Es ist nicht zutreffend zu behaupten, der Glaube sei eine Entscheidung, die im Erwachsenenalter getroffen wird. Die wahre Entscheidung setzt die Kenntnis voraus; und man wird sich niemals zwischen Dingen entscheiden können, die nicht weise und in geeigneter Form vorgetragen wurden.
Eltern-Katecheten, die Kirche hat Vertrauen in euch, sie erwartet viel von euch.
An Katecheten, Porto Alegre (Brasilien), 5. 7. 1980; OR 29/80

Liebe Brüder und Schwestern! Es ist in der Tat wichtig für uns zu verstehen, wie Gott uns mit Christus in Berührung bringt und uns den Frieden Christi mitteilt. Es ist lebenswichtig für die Eltern, ihren Kindern ein Glaubensverständnis und eine tiefe Einsicht in das sakramentale Leben zu vermitteln, damit jede Generation sich des Friedens Christi bewußt werden möge. Der Erfolg der Sendung der Kirche in dieser Hinsicht hängt von euch ab; er ist aufs engste verbunden mit der unersetzlichen Katechese in der Familie.
Manila (Philippinen), 19. 2. 1981; OR 9/81

In einer christlichen Gemeinschaft trägt jeder für die Familien Verantwortung. Sehr wichtig sind Programme, die auf die Familie und die Würde der Ehe ausgerichtet sind: Programme zur Vorbereitung der künftigen Eheleute und Programme für die bereits Verheirateten. Für ihre Kinder ist den Eltern eine unersetzliche Rolle aufgetragen, nicht nur als erste Erzieher zum Glauben und als Vorbilder der Tugend, sondern auch

als Beispiele treuer, ehelicher Liebe. In einer Gemeinschaft der Liebe und des Vertrauens, wie es jede Familie sein sollte, können Eltern und Kinder sowohl evangelisiert wie auch Werkzeuge der Evangelisierung werden. Ehrliche Achtung vor dem Leben und der Würde des Menschen, selbstlose Liebe und Sinn für Pflichterfüllung und Gerechtigkeit, fest im Evangelium begründet, wachsen in einer Familie, in der zwischen Eltern und Kindern gesunde Beziehungen herrschen und wo jedes Familienmitglied dem anderen zu dienen sucht. Eine Familie, in der Gebet, liebevolle Unterstützung und Bildung im Glauben ständige Anliegen sind, wird nicht nur ihren eigenen Mitgliedern, sondern auch für Kirche und Gesellschaft unvorstellbaren Nutzen bringen.
Ich bin sehr glücklich, feststellen zu können, daß im ganzen Bereich der Philippinen das Familienapostolat ein begeistertes Echo und Unterstützung gefunden hat. Ich möchte hier die Katholische Bischofskonferenz der Philippinen loben, daß sie das Jahrzehnt 1981–1990 zu einem »Jahrzehnt der Familie« erklärt und ein umfassendes Pastoralprogramm dazu ausgearbeitet hat. Von ganzem Herzen empfehle ich die verschiedenen Organisationen und Bewegungen, die in enger Zusammenarbeit mit der Hierarchie all ihren Eifer der Familie schenken. Ich ermuntere alle katholischen Erzieher, besonders aber die Eltern selber, einer entsprechenden Formung der Jugend in bezug auf die menschliche Sexualität große Aufmerksamkeit zu schenken. Sie mögen in der richtigen Sicht das Anliegen des Schöpfers von Anfang an, die erlösende Kraft Christi und den Einfluß eines echten sakramentalen Lebens darstellen. Die schwierige Verantwortung für die Sexualerziehung obliegt an erster Stelle der Familie, wo eine Atmosphäre liebevoller Ehrfurcht zu einem voll menschlichen und christlichen Verständnis

für die Bedeutung von Liebe und Leben hinführen wird.

Damit, meine Brüder und Schwestern in Christus, meine Freunde von Cebu City und den umliegenden Gebieten, verabschiede ich mich von euch. Es waren denkwürdige Augenblicke für mich, bei euch zu sein, mit euch die Lehre unseres Herrn Jesus Christus über die christliche Familie zu bedenken und zugleich eure Liebe inmitten der Familie Gottes, der Kirche, erfahren und erwidern zu dürfen. Möge das Jesuskind, das Santo Niño, euch segnen! Möge Maria, die Mutter Jesu, und der hl. Josef, ihr Bräutigam, euch und allen Familien auf den Philippinen helfen, gleich der Heiligen Familie von Nazaret Heiligkeit, Freude und Liebe auszustrahlen.

An Familien, Cebu City (Philippinen), 19. 2. 1981; OR 9/81

Unter allen Möglichkeiten, die euch für die Ausübung eines individuellen Apostolats offenstehen, nimmt die Familie einen vordringlichen Platz ein. Gerade die Familie kann der Säkularisierung der Welt wirksam entgegentreten; sie verfügt über ein ihr eigenes Charisma zur Weitergabe des Glaubens, zur Mitwirkung an der Erstevangelisierung und zu deren Entfaltung. In der Intimität der Familie bietet sich allen ihren Mitgliedern die Möglichkeit, für ihre persönliche Liebe zu Christus Zeugnis abzulegen. Die Eltern haben das Recht und die Pflicht, Katecheten ihrer Kinder zu sein; sie haben das unermeßliche Vorrecht, die ersten zu sein, die ihre Kinder beten lehren. Mit den Worten meines Vorgängers Johannes Paul I. möchte ich »die Eltern in ihrer Rolle als Erzieher ihrer Kinder ermutigen – sie sind die ersten und die besten Katecheten. Was für eine großartige und lockende Aufgabe obliegt ihnen: Sie sollen die Kinder die Liebe Gottes lehren,

sie ihnen irgendwie begreiflich machen. Und wie leicht könnten mit Gottes Gnade manche Familien die Rolle des ›primum seminarium‹, der ersten Pflanzstätte (*Optatam totius*, Nr. 2), erfüllen: Der Keim der Berufung zum Priestertum wird durch das Gebet in der Familie, durch das Beispiel des Glaubens und die Hilfe der Liebe genährt« (*Wort und Weisung im Jahr 1978*, S. 73).
An Laien, Iloilo City (Philippinen), 20. 2. 1981; OR 10/81

In dieser Hinsicht möchte ich die lebenswichtige Rolle hervorheben, die die Familie bei der Evangelisierung spielt. Die Familie ist, wie das Zweite Vatikanische Konzil uns lehrt, »eine innige Gemeinschaft des Lebens und der Liebe« (*Gaudium et spes*, Nr. 48). Ehepartner, die ihre eheliche Liebe nach dem Vorbild Christi gestalten, pflegen in ihrer Familie die christlichen Werte der Zuneigung, des Mitleids, der Geduld und des Verständnisses; diese wiederum lassen einen Lebensstil entstehen, der von sich aus die Botschaft des Evangeliums mitteilt. Diese Werte werden dann den aus dieser ehelichen Liebe geborenen Kindern vermittelt und in ihnen genährt. Auf diese Weise wird die Familie zur ersten Schule christlichen Lebens, in der die Liebe zu Christus und seiner Kirche gepflegt und seinem Ruf nach Heiligkeit Vorschub geleistet wird.
Zugleich ist die Familie der Ort, wo die notwendige Heranreifung von Priester- und Ordensberufen erfolgt. Eltern müssen auf die frühesten Anzeichen solcher Berufung achten und darum beten, daß mit Gottes Gnade ihr Sohn oder ihre Tochter in dieser Berufung ausharren. Welch größeren Segen könnte einer Familie widerfahren, als ihre Bemühungen, nach dem Evangelium zu leben, von dem Erfolg gekrönt zu se-

hen, daß eines ihrer eigenen Kinder sich zum Leben im Dienst der Verkündigung der Frohbotschaft berufen fühlt!
Guam, 23. 2. 1981; OR 10/81

Ich weiß, daß in den Diskussionen eurer Versammlung die Familie als Objekt und Subjekt der Evangelisierung einen breiten Raum einnahm. Zweifellos sind es zusätzliche, ergänzende Aspekte, die auf den doppelten Rhythmus und gleichsam den Atem einer religiö lebendigen Familie hinweisen: zu ihr kommt das Evangelium, und von ihr geht das Evangelium aus. Empfangen und geben; empfangen, um zu geben!
Wie vielsagend klingen da die Worte des Evangelisten Johannes nach der wunderbaren Heilung des Sohnes des königlichen Beamten in Kafarnaum! Dieser hatte Jesus um Hilfe angefleht und hatte bereits geglaubt, als ihm gesagt wurde, er könne gehen, sein Sohn lebe (*Joh* 4, 50); dann aber, als das Wunder aus dem Munde seiner Diener endgültig bestätigt wurde, »da wurde er gläubig mit seinem ganzen Haus« (*ebd.*, 4, 53). Ja, die Familie, die den Glauben empfangen hat, die wahrhaft christliche Familie wird gleichsam dazu bestimmt, an die anderen und die anderen Familien den Glauben, den sie durch Gottes Gnade besitzt, weiterzugeben. Die christliche Familie ist für die Glaubensverbreitung verfügbar, sie ist von sich aus missionarisch.
Ich denke, liebe Brüder und Söhne, an den Beitrag, den die christlichen Familien – wenn sie wohlgefügt und vorbildlich sind – durch ihr sittliches Verhalten zur Verkündigung des Evangeliums leisten können. Erziehen wir sie also gut; bieten wir ihnen die unerläßliche Hilfe, um sie vor den Bedrohungen und Gefahren zu schützen, auf die man heute fast überall

stößt; stärken und festigen wir sie in dem wertvollen Zeugnis für Christus und die Kirche, das sie vor der sie umgebenden Gesellschaft ablegen. Auch dort, wo die christlichen Familien nur eine kleine Minderheit inmitten einer mehrheitlich nichtchristlichen Umgebung bilden, ist das Zeugnis, das sie anderen Familien geben, unentbehrlich und von höchstem Wert. Wenn die Verkündigung des Evangeliums bei ihnen in die Tiefe gedrungen ist, werden sie selbst wie jener Sauerteig wirken, der, unter drei Scheffel Mehl gemengt, die ganze Masse aufgehen läßt (vgl. *Mt* 13, 33; *Lk* 13, 20–21).
An Kongregation für Glaubensverbreitung, Castel Gandolfo, 16. 10. 1981; OR 45/81

Bei meinem Aufruf zur Zusammenarbeit aller für das Missionswerk möchte ich mich vor allem an die christlichen Familien wenden. Unsere Zeit hat es nötig, daß die Bedeutung der Familie, ihrer Lebenskraft und ihrer Ausgeglichenheit wieder aufgewertet wird. Das gilt auf menschlicher Ebene, denn die Familie ist die Urzelle der Gesellschaft, die Grundlage ihrer tiefsten Werte. Und das gilt auch für den mystischen Leib Christi, die Kirche. Deswegen hat das Konzil der Familie den schönen Titel »Hauskirche« gegeben (*Lumen gentium*, Nr. 11). Die Evangelisierung der Familie stellt deswegen das Hauptziel der Seelsorge dar, und diese ihrerseits erreicht ihr Ziel nicht voll, wenn die christlichen Familien nicht selbst evangelisatorisch und missionarisch werden. Die Vertiefung des persönlichen spirituellen Bewußtseins bewirkt, daß jeder – Eltern und Kinder – seine eigene Rolle und seine eigene Bedeutung für das christliche Leben aller übrigen Familienmitglieder hat.
Es gibt keinen Zweifel, daß das Wirken der Familie

auf religiöser wie auf menschlicher Ebene von den Eltern abhängt, von ihrem Verantwortungsbewußtsein und von ihrer christlichen Tüchtigkeit. An sie möchte ich mich deswegen in besonderer Weise wenden. Durch ihre Worte und durch das Zeugnis ihres Lebens sind die Eltern – wie das Apostolische Schreiben *Catechesi tradendae* lehrt – die ersten Katecheten ihrer Kinder (vgl. Nr. 68).
Weltmissionssonntag, Rom, 18. 10. 1981; OR 39/81

Christliche Familien Nigerias! Eure Würde und Verantwortung als Jünger Jesu ergibt sich aus der Tatsache, daß ihr zur Heiligkeit berufen seid und dazu, der Kirche und der Welt zu helfen, heilig zu werden. Hören wir noch einmal die Worte des hl. Paulus aus der zweiten Lesung: »Das Wort Christi wohne mit seinem ganzen Reichtum bei euch. Belehrt und ermahnt einander in aller Weisheit!« (*Kol* 3, 16).
Werdet heilig durch die göttliche Gnade des Glaubens, der Hoffnung und der Liebe, durch das persönliche und das Familiengebet, durch liebendes Vertrauen in unseren himmlischen Vater, durch gutes Beispiel, durch das von den Sakramenten genährte und gestärkte Leben der Gnade. Werdet heilig, indem ihr am Leben der Kirche in euren Ortsgemeinden, Pfarreien, Diözesen voll Achtung und Liebe für eure Priester und Bischöfe teilnehmt. Werdet heilig im »Dienst der Liebe« – der Liebe zu Gott und zu euren Mitmenschen, insbesondere euren Familien. Werdet heilig und tragt dazu bei, das Leben und die vielen Tätigkeiten eurer sozialen und nationalen Gemeinschaften heilig zu machen.
An Familien, Onitsha (Nigeria), 13. 2. 1982; OR 10/82

Vor allem in der Familie werdet ihr Christus mitteilen können. Ihr werdet beispielhafte Ehemänner und -frauen sein, eine Lebens- und Liebesgemeinschaft aufbauen und als Väter und Mütter einen wirklichen Dienst durch die Erziehung eurer Kinder leisten. Durch euch wachsen dem Leib Christi Glieder zu und Anwärter auf das Priesteramt und das Ordensleben. Nigeria schaut mit Vertrauen auf euch, daß ihr sie zu guten Staatsbürgern erzieht. (...)
Ihr seid besonders in verschiedenen Initiativen zugunsten der Familie tätig. Ihr helft, Ehevorbereitungskurse für Mädchen zu organisieren und zu veranstalten. Ihr arbeitet in diözesanen Eheberatungsstellen. Ihr helft Familien, die in Schwierigkeiten sind. Ihr verteidigt das Leben in allen Altersstufen, vom Augenblick der Empfängnis an. Ich lobe euch vor allem wegen eurer festen Haltung gegenüber der Abtreibung. Abtreibung ist Mord an unschuldigen Kindern. Sie muß von der Gesellschaft verurteilt werden. Ich lobe auch eure Bemühungen, unverheirateten Müttern zu helfen und ihnen eine annehmbare Alternative für die Abtreibung anzubieten. In all dem spiegelt sich menschliches Feingefühl und die Liebe Jesu Christi und seiner Mutter.
Euer Kampf für die katholische Kindererziehung verdient starke Unterstützung. Die Religion ist der Mittelpunkt der Erziehung. Die Kirche muß in die Erziehung der Jugend einbezogen werden. Um das tun zu können, braucht sie eure Hilfe.
An Laien, Kaduna (Nigeria), 14. 2. 1982; OR 10/82

Den Familien in Gabun sage ich, wie ich in dem Apostolischen Schreiben geschrieben habe: »Familie, werde, was du bist!« (Nr. 17). Ich beglückwünsche die christlichen Familien, die bereits dieses schöne Zeug-

nis geben: es gibt eine ganze Anzahl davon in diesem Land. Und ich fordere sie auf, die anderen Familien in ihr Kielwasser hineinzuziehen – durch ein Apostolat von Ehepaar zu Ehepaar, so wie ich die ganze Kirche in Gabun auffordere, eine geeignete Familienpastoral zu fördern.
Libreville (Gabun), 19. 2. 1982; OR 11/82

Wie ihr wißt, ehrwürdige Brüder, bleibt die katechetische Jugendarbeit der Kirche meistens wirkungslos ohne die Mitarbeit der Familie. Manchmal ist diese sogar die einzige Hilfe. Deshalb ist sorgsam und dringend darauf zu achten, daß nicht nur die religiöse Festigkeit der Familie erhalten bleibt, sondern diese auch das Geschenk des Glaubens an die Kinder weitergeben kann. Von den Kindern hängt nämlich das künftige Schicksal der Kirche und der Nation ab. Von der Familie werden den Nachkommen als Erbe die Tugenden, die Güter der Seele, die lobenswerten christlichen Bräuche hinterlassen, die der kulturelle und spirituelle Besitz des litauischen Volkes sind. In dieser Zeit, in der die Familie Gefahr läuft, durch falsche Lehren entwurzelt zu werden, ist es schwer, die Unauflöslichkeit der Familie und die Heiligkeit der Ehe ganz sicherzustellen und die Menschen anzuleiten, sie als Geschenk Gottes frei und hochherzig anzunehmen. Nichtsdestoweniger muß der pastorale Eifer auch diese Dinge einschließen. Zu loben sind auch eure Initiativen gegen den Alkoholismus, der dem Menschen schweren Schaden antut und für die einzelnen wie für die Familien oft die Quelle bedauernswerten Unglücks ist. Schließlich, um auf das Problem der Berufungen zurückzukommen, möchte ich noch hinzufügen: Wenn die Familie gesund und unversehrt ist, wenn sie vom Geist des Glaubens, der Liebe und

Frömmigkeit beseelt ist, wird sie »gleichsam zum ersten Seminar«, wie das Zweite Vatikanische Konzil lehrt (*Optatam totius*, Nr. 2).
An litauische Bischöfe, Rom, 22. 4. 1983; OR 18/83

Dieser Aufbau des Leibes Christi – also das Apostolat der christlichen Eheleute – muß vor allem und vorzugsweise in der eigenen und anderen Familien geschehen. Im Schoße der Kirche ist die Familie die natürliche Umgebung, in der neue Leben zur Wiedergeburt durch die Taufe bestimmt sind. Die christlichen Eheleute haben die Aufgabe und Pflicht, Menschen vorzubereiten, die durch das Taufsakrament gereinigt und wiedergeboren werden sollen, um Glieder des mystischen Leibes zu werden. So gesehen, erhalten die Aussagen des Zweiten Vatikanischen Konzils eine sehr reiche Bedeutung: »Ohne Hintansetzung der übrigen Eheziele sind deshalb die echte Gestaltung der ehelichen Liebe und die ganze sich daraus ergebende Natur des Familienlebens dahin ausgerichtet, daß die Gatten von sich aus entschlossen und bereit sind zur Mitwirkung mit der Liebe des Schöpfers und Erlösers, der durch sie seine eigene Familie immer mehr vergrößert und bereichert. In ihrer Aufgabe, menschliches Leben weiterzugeben und zu erziehen, die als die nur ihnen zukommende Sendung zu betrachten ist, wissen sich die Eheleute als mitwirkend mit der Liebe Gottes, des Schöpfers, und gleichsam als Interpreten dieser Liebe« (*Gaudium et spes*, Nr. 50).
Die christlichen Eheleute müssen durch ihr beispielhaftes Leben den Plan Gottes bezüglich der Familie verkünden; sie müssen jeder Familie dabei helfen, sich des vielfältigen und außerordentlichen Reichtums von Werten und Aufgaben bewußt zu werden, die sie in sich trägt, damit sie sich selbst fortwährend aufbaut

und zum Aufbau der menschlichen Gesellschaft und der Kirche beiträgt.
Jedem Christen obliegt die Aufgabe, Zeugnis zu geben von der Botschaft des Evangeliums. Das Zweite Vatikanische Konzil hat betont, daß diese Aufgabe »den hohen Wert« des Ehe- und Familienstandes erkennen läßt: »Dort haben die Eheleute ihre eigene Berufung, sich gegenseitig und den Kindern den Glauben und die Liebe Christi zu bezeugen. Die christliche Familie verkündet mit lauter Stimme die gegenwärtige Wirkkraft des Gottesreiches, besonders aber auch die Hoffnung auf das selige Leben. So überführt sie durch Beispiele und Zeugnis die Welt der Sünde und erleuchtet jene, die die Wahrheit suchen« (*Lumen gentium*, Nr. 35).
Die Hoffnung, die der Mensch berechtigterweise in die Ehe und Familie setzt, findet ihre volle Verwirklichung nur durch die Annahme des Evangeliums. Das müssen die christlichen Eheleute in ihrem Leben bezeugen.
Liebe Brüder und Schwestern!
Es ist das erste Mal, daß ihr zur Vollversammlung zusammengekommen seid, und für viele von euch ist es vielleicht das erste Mal, daß ihr einander begegnet.
Die Mitglieder des Päpstlichen Rates für die Familie sind – ein einzig dastehender Fall in der Römischen Kurie – alle verheiratete Laien: ihr praktiziert bereits konkret diesen kirchlichen Dienst, von dem ich eben gesprochen habe, indem ihr euch direkt dem Nachfolger Petri zur Verfügung stellt.
Eure Mitarbeit darf sich jedoch nicht auf diese Tage der Vollversammlung beschränken: sie muß eine dauernde Mitarbeit sein. Eure Beziehungen zu den Verantwortlichen des Päpstlichen Rates dürfen nie abreißen: ihr müßt sie informieren, ihnen Initiativen vorschlagen, ihre Aufmerksamkeit auf die Probleme len-

ken, die ihr für die wichtigsten und dringendsten haltet. Ich ermutige euch zu unermüdlichem Einsatz, damit die Ziele erreicht werden, für die der Rat errichtet wurde. Bietet in euren jeweiligen Diözesen euren Bischöfen und den verschiedenen kirchlichen Bewegungen für die Familienpastoral eure hochherzige Mitarbeit an, indem ihr euch durch Dynamik und Eifer auszeichnet, und eine echte Verbindung von Zielen und Programmen zu fördern versucht.

Möge die Gottesmutter, die wir in diesem Monat Mai ganz besonders verehrt haben, euch in diesem für die Kirche so wertvollen Dienst beistehen, den ihr auch als Ehepaare erfüllt und der im Sakrament der Ehe verwurzelt ist!

Mein Apostolischer Segen begleite euch, den ich von Herzen auch euren Familien und ganz besonders euren Kindern und allen, die in eurem Apostolat mitarbeiten, erteilte.

An Päpstlichen Rat für die Familie, Rom, 30. 5. 1983;
OR 25/83

Die Familie wird mit Recht als die Hauskirche beschrieben. Als solche vermittelt sie den Glauben und das christliche Wertesystem von einer Generation auf die nächste. Eltern sind aufgerufen, sich an der Erziehung ihrer Kinder zu jungen Christen aktiv zu beteiligen. Die Familie ist auch das Zentrum der Sakramentenkatechese. Mehr und mehr werden Eltern dazu aufgerufen, eine aktive Rolle bei der Vorbereitung ihrer Kinder auf Taufe, Erstbeichte und Erstkommunion zu übernehmen. Ehepaare beteiligen sich auch an Programmen der Ehevorbereitung. All das betrifft die Rolle der Familie in ihrer Teilnahme am Leben und der Sendung der Kirche. Wir sollten mit ganzem Herzen das Gebet in der Familie und das sakramentale

Leben der Familie, das sich um die Eucharistie konzentriert, ermutigen. Denn die Lebenskraft erwächst der christlichen Familie aus ihrer Verbundenheit mit Christus im Leben der Gnade, das durch die Liturgie und das Gebet der Familie genährt wird.
An Bischöfe (USA), Rom, 24. 9. 1983; OR it. 221/83

Ihr Laien, ihr Eheleute, seid das Zeichen eines Laientums, das in immer stärkerem Maße zum Träger der Mission in der heutigen Kirche werden soll, wie es das in der Urkirche gewesen ist!
Weltmissionssonntag, Rom, 23. 10. 1983; OR 45/83

D. Familie als Urzelle der Kirche

1. Familie als Hauskirche

Zu den grundlegenden Aufgaben der christlichen Familie gehört ihr kirchlicher Auftrag: Sie ist zum Dienst am Aufbau des Reiches Gottes in der Geschichte berufen, indem sie am Leben und an der Sendung der Kirche teilnimmt.
Um die Grundlagen, Inhalte und Eigenschaften dieser Teilnahme besser zu verstehen, muß man den vielfältigen tiefen Bindungen zwischen der Kirche und der christlichen Familie nachgehen, durch die diese zu einer »Kirche im Kleinen« (*Ecclesia domestica* – Hauskirche) wird und in ihrer Weise ein lebendiges Bild und eine Vergegenwär-

tigung des Geheimnisses der Kirche in der Zeit darstellt. (...)
Die christliche Familie ihrerseits ist dem Geheimnis der Kirche so tief eingefügt, daß sie auf ihre Art an deren Heilssendung teilnimmt: Die christlichen Ehegatten und Eltern haben kraft des Sakramentes »in ihrem Lebensstand und in ihrem Wirkbereich ihre besondere Gabe im Gottesvolk«. Darum *empfangen* sie nicht nur die Liebe Christi und werden dadurch eine *erlöste* Gemeinschaft, sondern sind auch dazu berufen, diese Liebe Christi an die Mitmenschen *weiterzugeben* und so auch *erlösende* Gemeinschaft zu werden. Während die christliche Familie so Frucht und Erweis der übernatürlichen Fruchtbarkeit der Kirche ist, wird sie zugleich Symbol und Zeugin für diese Mutterschaft der Kirche, an der sie aktiv teilnimmt.

FC 49

Vorbemerkung

Die große Kirche, die Ecclesia, hat nach den Worten Papst Johannes Pauls II. mit der christlichen Familie wichtige Eigenschaften gemeinsam. Deshalb wird die Familie mit Recht Hauskirche, Ecclesiola genannt. Ecclesia und Ecclesiola sind von Gott gewollt und geplant, von Christus gegründet und zur Heilsverkündigung und -vermittlung berufen und befähigt.
Die Bezeichnung »Hauskirche« gebrauchte schon der hl. Chrysostomus, aber diese alte Tradition erwacht in unseren Tagen zu neuem Leben. Teils ist diese Aktualität vertieftem theologischen Nachdenken über das Wesen von Ehe und Familie zu verdanken, teils auch einem Funktionszuwachs, etwa in der Katechese, der durch den Rückgang von Priester- und Ordensberufen mitbedingt ist.
Die Familie ist Hauskirche, weil die Ehe Sakrament ist – darum

durchdringen sich dieses Thema und das Thema »Sakramentalität der Ehe«. Der Schwerpunkt liegt aber im einen Fall mehr auf der Ehe, im andern mehr auf der Familie, so daß die Aufteilung in zwei Gedankenkreise durchaus begründet ist. Die Kirche selbst sieht in der Familie ihr Modell und nennt sich deshalb heute auch gern »Familie Gottes«. Wie die »große« Kirche so soll sich auch die Hauskirche dadurch auszeichnen, daß sie Christus bezeugt und glaubende und verkündigende Gemeinschaft ist. So ergeben sich für beide gleiche Aspekte: Liebe, Aufmerksamkeit für den konkreten Menschen, Hinhören auf das Wort Gottes, Gemeinschaft des Gebetes, Schule des Glaubens, Mitwirkung am Heilsplan Gottes u. a.
Die Ansprache des Hl. Vaters an die Familien im Jahr der Erlösung stellt diese Wirklichkeit originell ins Licht der Versöhnung mit Gott: Wie die Gemeinschaft zwischen Christus und der Kirche aus der Versöhnung mit dem Gott des Anfangs, der Gegenwart, der Zukunft und der Ewigkeit lebt, so auch das Abbild dieser Gemeinschaft, nämlich die christliche Familie, die Hauskirche.

An wen denke ich besonders und an wen wende ich mich? Vor allem an die vielen Familien, die in dieser Pfarrgemeinde leben und ein Teil der Kirche Roms sind. Um die Pfarreien als Teil der Diözesankirche zu besuchen, müßte man sämtliche »Hauskirchen« erreichen, das heißt alle Familien: »Hauskirchen« nannten die Kirchenväter die Familien. »Macht aus eurem Haus eine Kirche«, empfahl der hl. Johannes Chrysostomos seinen Gläubigen in einer Predigt. Und am darauffolgenden Tag wiederholte er: »Als ich gestern zu euch sagte: macht aus eurem Haus eine Kirche, seid ihr in Jubel ausgebrochen und habt auf beredte Weise bekundet, wie ihr euch über diese Worte gefreut habt« (*In Genesim Serm.* VI, 2; VII, 1: *PG* 54, 607 f.; vgl. auch *Lumen gentium*, Nr. 11; *Apostolicam actuositatem*, Nr. 11). Wenn ich mich also heute als Bischof von Rom hier unter euch vor diesem Altar einfinde, dann gehe ich im Geist zu allen Familien. Viele sind sicher hier anwesend; ich grüße sie herzlich; aber mit meinen Gedanken und meinem Herzen besuche ich alle.

Allen Eheleuten und Eltern, jungen und alten, sage ich: reicht euch die Hände, wie ihr es an eurem Hochzeitstag getan habt, als ihr voll Freude das Ehesakrament empfangen habt. Stellt euch vor, daß euer Bischof heute nochmals bei euch das Jawort einholt und ihr die Worte des Eheversprechens wiederholt, daß ihr wie damals das Gelöbnis eurer Ehe ablegt.

Wißt ihr, warum ich euch daran erinnere? Weil von der Einhaltung dieser Verpflichtungen die »Hauskirche«, die Qualität und Heiligkeit der Familie, die Erziehung eurer Kinder abhängt. Das alles hat euch, liebe Eheleute, Christus an dem Tag anvertraut, an welchem er durch den Priester euer beider Leben miteinander verbunden hat, in dem Augenblick, in dem ihr die Worte gesprochen habt, die ihr nie mehr vergessen dürft: »bis zum Tod«. Wenn ihr euch ihrer besinnt, wenn ihr sie bewahrt und beachtet, meine lieben Brüder und Schwestern, seid auch ihr Apostel Christi und tragt zum Heilswerk bei (vgl. *Lumen gentium*, Nr. 35, 41; *Gaudium et spes*, Nr. 52).

An eine Pfarrei, Rom, 3. 12. 1978; OR 50/78

Jesus will, daß jeder ein Guter Hirt ist. Jeder Christ ist kraft seiner Taufe berufen, in seinem Lebensbereich selbst Guter Hirt zu sein. Als Eltern sollt ihr die Rolle des Guten Hirten gegenüber euren Kindern erfüllen, und ihr Kinder sollt mit eurer Liebe, eurem Gehorsam und vor allem mit eurem mutigen und konsequenten Glauben dabei mitwirken. Auch die Beziehungen der Ehepartner zueinander sollten von dem Vorbild des

Guten Hirten bestimmt sein, damit das Familienleben immer auf der hohen Stufe der Empfindungen und Ideale steht, die dem Willen des Schöpfers entsprechen, für den die Familie »Hauskirche« ist.
An eine Pfarrei, Rom, 6. 5. 1979; OR 21/79

Hier in Kenia möchte ich heute, so wie ich es schon viele Male getan habe, eine besondere Botschaft an die Ehepaare und Familien richten. Die Familie ist die fundamentale menschliche Gemeinschaft; sie ist die erste Zelle, die Lebenszelle jeder Gesellschaft. Daher wird die Stärke und Lebenskraft eines Landes nur so groß sein, wie die Stärke und Lebenskraft der Familie in diesem Land ist. Keine Gruppe hat größere Wirkung auf ein Land als die Familie. Keiner Gruppe kommt in der Welt von morgen eine einflußreichere Rolle zu.
Aus diesem Grund haben die christlichen Eheleute eine unersetzliche Sendung in der heutigen Welt. Die hochherzige Liebe und Treue von Mann und Frau bietet einer von Haß und Spaltung zerrissenen Welt Beständigkeit und Hoffnung. Durch die lebenslange Ausdauer in lebenspendender Liebe beweisen sie den unauflöslichen und heiligen Charakter des Ehesakraments. Und zugleich ist es die christliche Familie, die schlicht und tief die Würde und den Wert menschlichen Lebens vom Augenblick der Empfängnis an fördert.
Die christliche Familie ist auch das häusliche Heiligtum der Kirche. In einem christlichen Haus finden sich verschiedene Aspekte der ganzen Kirche: gegenseitige Liebe, Aufmerksamkeit auf das Wort Gottes und gemeinsames Gebet. Die Familie ist ein Ort, wo das Evangelium empfangen und gelebt wird, und der Ort, von wo das Evangelium ausstrahlt. So bietet die

Familie, selbst wortlos, ein tägliches Zeugnis für die Wahrheit und Gnade des Gotteswortes. Aus diesem Grund erklärte ich in meiner Enzyklika: »Die Eheleute... müssen mit allen ihren Kräften danach streben, den Ehebund aufrechtzuerhalten, mit diesem Zeugnis der Liebe die Gemeinschaft der Familie zu gründen und neue Generationen von Menschen zu erziehen, die ebenfalls imstande sind, ihr ganzes Leben der eigenen Berufung zu weihen, das heißt, jenem ›königlichen Dienst‹, dessen Beispiel und schönstes Modell uns von Jesus Christus gegeben worden ist« (*Redemptor hominis*, Nr. 21).
Liebe Brüder und Schwestern, alle Familien, die die Kirche bilden, und alle Einzelpersonen, die Familien bilden, wir alle sind aufgerufen, mit Christus zu gehen und in unserem Alltagsleben Zeugnis abzulegen für seine Wahrheit. Wenn wir das tun, können wir die Gesellschaft mit dem Sauerteig des Evangeliums durchdringen. Nur er kann sie in das Reich Christi umwandeln – das Reich der Wahrheit und des Lebens, das Reich der Heiligkeit und Gnade, das Reich der Gerechtigkeit, der Liebe und des Friedens! Amen.
Nairobi (Kenia), 7. 5. 1980; OR 21/80

Nun ein Wort zu dem Hauptthema der Vollversammlung, das in Vorbereitung auf die kommende Bischofssynode gewählt wurde: das so wichtige und dringende Thema »Aufgaben der christlichen Familie in der Welt von heute«. Wenn ich an eure Sensibilität für die besondere Verantwortung, die die Katechese verlangt, appelliert habe, dann deshalb, weil sie in der Familie ihren ersten Prüfstand, ihre hauptsächliche Bestimmung und ihren günstigsten Anwendungsbereich findet. Im übrigen habe ich mit Freude gesehen, daß sich unter den Papieren des Arbeitsdokumentes

eurer Versammlung außer Abschnitten über die heutige soziale und kulturelle Lage in bezug auf die Familie und die ihr zugehörigen Aufgaben der menschlichen und sozialen Förderung auch »die vorrangige Aufgabe der Evangelisierung« befindet. Damit, daß ihr im Bereich der Familie dem Thema der Evangelisierung Vorrang einräumt, habt ihr ins Schwarze getroffen und so bewiesen, daß die lehramtliche Sendung der Kirche sich in besonderer Weise an die Familien und alle ihre Mitglieder wendet, damit sie ihrerseits imstande sind, voll bewußt und reif jener Teilnahme am prophetischen Amt Christi zu entsprechen, die das Zweite Vatikanische Konzil als spezifische Definition der Aufgaben der katholischen Laien in ihrem christlichen Zeugnis vorgeschlagen hat (vgl. *Lumen gentium,* Nr. 35; *Apostolicam actuositatem,* Nr. 2).
Paul VI. hat diesen eigenen Charakter der Familie, der in ihrem evangelisierenden Wirken besteht, mit unvergeßlichen Akzenten herausgestellt. Die Familie, schrieb mein Vorgänger in dem Apostolischen Schreiben *Evangelii nuntiandi,* »hat sich in den verschiedenen Abschnitten der Geschichte den schönen Namen einer ›Hauskirche‹ verdient, den das Zweite Vatikanische Konzil erneut bekräftigt hat. Das bedeutet, in jeder christlichen Familie müßten sich die verschiedenen Aspekte der Gesamtkirche wiederfinden. Außerdem muß die Familie wie die Kirche ein Raum sein, wo das Evangelium ins Leben übersetzt wird und wo daher dieses Evangelium aufleuchtet. Im Schoß einer Familie, die sich dieser Sendung bewußt ist, verkünden alle Familienmitglieder das Evangelium, und es wird ihnen verkündet. Die Eltern vermitteln nicht nur ihren Kindern das Evangelium, sie können dieses gleiche Evangelium auch von ihnen empfangen, und zwar als tief gelebtes Evangelium. Eine solche Familie wirkt auch verkündigend auf zahlreiche weitere Familien und das

Milieu, zu dem sie gehört« (Nr. 71, in: *Wort und Weisung 1975*, S. 590). In Fortführung dieser klaren Gedanken habe ich selbst dann in dem bereits zitierten Dokument diese große und schöne Wahrheit bekräftigt; ich habe hinzugefügt, daß »die Familienkatechese... jeder anderen Form der Katechese vorausgeht, sie begleitet und bereichert« (*Catechesi tradendae*, Nr. 68). (...)
Im Hinblick auf die evangelisierende Funktion der Familie kann ich nicht jene Aktion zur Förderung von Berufungen außer acht lassen, die euren pastoralen Bemühungen zugrunde liegen muß: denn nur aus dem Zusammenwirken von Kirche und Familie können jene günstigen Bedingungen entstehen, durch welche die Stimme Christi, der dazu aufruft, sich ihm und den Seelen zu widmen, von der Jugend leichter gehört wird.
An italienische Bischöfe, Rom, 29. 5. 1980; OR 26/80

Erlaubt mir, daß ich in der Perspektive einer entsprechenden Gesamtpastoral einige vordringliche Probleme herausgreife, auf die ich bereits in Puebla hinwies und derer ihr euch mit großem Interesse bemächtigt habt. Ich beziehe mich hier auf die Pastoral für die Familie, die Jugend und die geistlichen Berufe.
Eine dringende Aufgabe ist es, in Lateinamerika die im Ehesakrament begründete Familie zu einer echten Hauskirche zu machen. Die Kultur der Liebe muß auf dem unersetzlichen Grundstein der Familie erbaut werden. Hoffen wir, daß die nächste Bischofssynode diese Vordringlichkeit noch deutlicher ins Licht rückt.
An CELAM, Rio de Janeiro (Brasilien), 2. 7. 1980; OR 29/80

Ich hatte bereits Gelegenheit, mich an die ganze Kirche zu wenden und der Notwendigkeit Ausdruck zu geben, von nun an die Arbeiten der Bischofssynode mit dem Gebet aller, besonders aber der Familien selbst zu begleiten, die als echte »Hauskirche« (*Lumen gentium,* Nr. 11) Heiligtümer des Gebets und eines täglich vollzogenen christlichen Lebenszeugnisses sind. Ich möchte diesen Aufruf nun hier wiederholen. Wenn die christlichen Familien die Kraft der Einheit und die Ausgewogenheit wiederfinden, die das Gebet in der Familie schenkt, dann werden alle ihre erzieherischen Fähigkeiten zutage treten. Die Hindernisse, die sich ihnen durch den Pessimismus der Umwelt und die Tendenzen zur Auflösung der Familie entgegenstellen – Resultate einer falschen Sicht der menschlichen Person und der menschlichen Sexualität –, werden so überwunden werden. Und schon darin sehe ich etwas wie eine erste Frucht der Arbeiten der Bischofssynode.

Ich möchte nach Abschluß der Synode auf den entscheidenden Beitrag des Familienkomitees, das durch die Erfahrungen der Synode bereichert wurde, zum Schutz und zur Förderung einer authentischen und anziehenden Auffassung von der Familie zählen können.

Das Vorbild der Heiligen Familie in Nazaret möge Ihnen Licht sein. Ich empfehle Ihre Anliegen der unbefleckten Jungfrau und erteile allen aus ganzem Herzen den Apostolischen Segen.

An Laienrat und Familienkomitee, Rom, 22. 9. 1980;
OR 51–52/80

Gerade aus diesem Grund, nicht nur um in der Kirche fortzubestehen und aus ihr geistliche Kraft zu schöpfen, sondern auch um Kirche in ihrer grundlegenden

Dimension zu sein als »Hauskirche«, muß sich die Familie in ganz besonderer Weise der Sendung der Kirche und ihrer Beteiligung an dieser Sendung bewußt werden.
Die gegenwärtige Synode hat die Aufgabe, allen Familien ihre Beteiligung an der Sendung der Kirche aufzuzeigen. Diese Teilhabe schließt gleichzeitig die Verwirklichung des eigentlichen Ziels der christlichen Familie in vollem Ausmaß ein. (...)
Wenn Christus vor seinem Tod an der Schwelle des Ostergeheimnisses betet: »Heiliger Vater, bewahre sie in deinem Namen, den du mir gegeben hast, damit sie eins sind wie wir« (*Joh* 17, 11), dann betet er in gewisser Weise, vielleicht in besonderer Weise auch um die Einheit der Eheleute und der Familien. Er betet um die Einheit der Jünger, um die Einheit der Kirche. Und Paulus vergleicht das Geheimnis der Kirche mit der Ehe (vgl. *Eph* 5, 21–23). Die Kirche räumt deshalb der Ehe und der Familie innerhalb ihrer Aufgaben nicht nur eine Sonderstellung ein, sie sieht im Ehesakrament in gewisser Weise auch ihr Modell. Erfüllt von der Liebe Christi, ihres Bräutigams, von seiner Liebe »bis zum Tod«, schaut die Kirche wiederum auf die Eheleute, die sich Liebe bis zum Tod geloben. Sie sieht es als ihre besondere Aufgabe an, diese Liebe, Treue und Rechtschaffenheit und alle Wohltaten, die daraus für die menschliche Person und die Gesellschaft erwachsen, zu schützen. Denn gerade die Familie verleiht der Gesellschaft das Leben. In ihr wird durch die Erziehung die Struktur der Menschheit, ja jedes Menschen auf Erden geformt.
Im heutigen Evangelium sagt der Sohn zum Vater: »Denn die Worte, die du mir gegeben hast, gab ich ihnen, und sie haben sie angenommen... und sie sind zu dem Glauben gekommen, daß du mich gesandt hast... Alles, was mein ist, ist dein, und was dein ist,

ist mein...« (*Joh* 17, 8–10). Hallt nicht in den Herzen der Generationen das Echo dieses Dialogs wider? Stellt er nicht die lebenspendende Struktur jeder Familie und durch sie jedes Menschen dar?
Fühlen wir uns nicht kraft dieser Worte besonders der Sendung Christi verbunden: Christi des Hohepriesters, des Propheten, des Königs? Gründet nicht die Familie im Herzen dieser Sendung?
Eröffnung der 5. Vollversammlung der Bischofssynode, Rom, 26. 9. 1980; OR 40/80

Liebe Brüder und Schwestern!
Große Freude erfüllt heute unsere Herzen, weil wir Gelegenheit haben, uns in einer so ungewöhnlichen und zugleich so vielsagenden Gemeinschaft zu treffen. Während die ordentliche Vollversammlung der Bischofssynode tagt, die seit 26. September über das Thema »Die Aufgaben der christlichen Familie in der heutigen Welt« berät, treffen sich heute die Familien, vor allem die Ehepaare, die schon durch ihre Gegenwart hier Zeugnis für diese Aufgaben ablegen: für die Aufgaben der christlichen Familie in der heutigen Welt.
Welch glücklicher Tag im Arbeitsablauf der Synode! Würde er fehlen, so fehlte etwas höchst Bedeutsames, etwas Wesentliches. Es wäre in der Tat nicht genug, das von der Bischofssynode aufgegriffene Thema nur zu diskutieren – sei es auch auf die kompetenteste Weise. Wir müssen vielmehr dieses Thema zum Gegenstand des Gebetes machen, und zwar zusammen mit euch. Wir müssen diesem Gebet eine eucharistische Dimension geben, es zum Altar tragen, es dem ewigen Vater darreichen, es in das Opfer Christi einschließen.
Und so grüße ich euch herzlichst, liebe Eheleute, die ihr vor dem Petersdom versammelt seid.

Ich grüße euch, liebe Eheleute, zusammen mit der ganzen Bischofssynode, die, wie ich, mit Ungeduld diesen Tag der Begegnung mit euch erwartete. Ich grüße euch und danke euch, daß ihr so zahlreich gekommen seid, nicht nur aus Rom und dem übrigen Italien, sondern auch aus verschiedenen Ländern und Kontinenten der ganzen Erde.

Liebe Ehemänner und Ehefrauen, ich grüße euch in der Liebe Jesu Christi und danke euch, daß ihr zum Petersplatz gekommen seid, einem Platz der Begegnung für die Christen der ganzen Welt in der Einheit der universalen Kirche. Ihr seid hier als Ehepaare aus Afrika, Amerika, Australien, Asien und Europa. Ihr habt euch hier versammelt und betet für das große Anliegen der christlichen Familie in der modernen Welt.

Viele von euch, liebe Eheleute, sind von weither gekommen. Je größer darum die Schwierigkeiten waren, die ihr überwunden, und die Opfer, die ihr gebracht habt, um so kostbarer und geschätzter ist eure Gegenwart in dieser Gemeinschaft, die euch mit großer Freude, brüderlicher Liebe und herzlicher Dankbarkeit aufnimmt.

»Dies ist der Tag, den der Herr gemacht hat« (*Ps* 117/118). O Tag des Herrn, in besonderer Weise hervorragend durch unser Zusammensein. Ich grüße euch, hier versammelte Eheleute! Ich danke euch von Herzen für eure Anwesenheit.

Unter den hier anwesenden Eheleuten grüße ich von Herzen auch jene aus den Ländern deutscher Sprache. Wie euch bekannt ist, habe ich von Anfang an die Notwendigkeit hervorgehoben, die Beratungen der Bischofssynode über die Aufgaben der Familie mit dem Gebet der ganzen Kirche für die Familie zu verbinden. Am heutigen Tag erreicht dieses Gebet seinen Höhepunkt. Dank eurer Anwesenheit stimmt auch die

Kirche von Rom darin ein mit einem festlichen, innigen und vertrauensvollen Gebet in der Gemeinschaft mit der ganzen Kirche. Sie empfiehlt hiermit dem himmlischen Vater durch Christus im Heiligen Geist die Aufgaben der Familie in der Welt von heute.
Und deshalb fühlt sich die Kirche heute in besonderer Weise nicht nur als Volk Gottes, sondern als echte Familie Gottes. Dieser Tag ist wirklich außerordentlich! Er ist voll der Freude und Hoffnung! Und wie notwendig ist er bei all den falschen Wegen und den Zweifeln, die uns heute begegnen. Er ist voll der Gewißheit, die aus dem ewigen Bund mit Gott kommt. Wahrhaft der Tag, den der Herr gemacht hat.

Dieser Tag erinnert mich an so viele andere meines bischöflichen Dienstes, an viele Begegnungen mit Eheleuten in den Pfarreien, die ich besuchte. Ich habe diese Treffen immer als Schlüsselpunkte der Pfarreibesuche angesehen: den Eheleuten begegnen, zusammen mit ihnen beten in den Anliegen, die ihrer Berufung entsprechen und das Ziel ihres Lebens sind. Mit ihnen eins sein in der Gemeinschaft des eucharistischen Opfers und jedes Paar, die Eltern möglichst mit ihren Kindern, segnen, um in ihnen die Gnade des Ehesakramentes zu erneuern.
Heute muß sich das gleiche in unserer Gemeinschaft vollziehen, nicht mehr im Bereich einer einzelnen Pfarrei, die von ihrem Bischof besucht wird, sondern in gewissem Sinn in den Dimensionen der universalen Gemeinde der ganzen Kirche; und dies geschieht dank eurer Gegenwart und eures Besuches, liebe Brüder und Schwestern, an den Gedächtnisstätten der Apostel hier in Rom. Wie bin ich euch dankbar, zusammen mit meinen Brüdern im Episkopat, die hier zur gegenwärtigen Sitzungsperiode der Synode versammelt sind! Wir versprechen uns viel von diesem

Tag, von dieser inneren Verbundenheit, diesem Gebet und dieser Eucharistiefeier.
An Familien, Rom, 12. 10. 1980; OR 43/80

Jesus hat seine Kirche auf die zwölf Apostel gegründet, von denen mehrere Fischer waren. Das Bild vom Netz lag so nahe. Jesus wollte sie zu Menschenfischern machen. Auch die Kirche ist ein Netz, verbunden durch den Heiligen Geist, verknüpft durch die apostolische Sendung, wirkmächtig durch die Einheit in Glaube, Leben und Liebe.
Ich denke in diesem Augenblick an das weitgespannte Netz der gesamten Weltkirche. Zugleich steht mir jede einzelne Kirche in eurem Land vor Augen, zumal die große Kirche von Köln und die benachbarten Bistümer. Und schließlich steht mir vor Augen die kleinste dieser Kirche, die »Ecclesiola«, die Hauskirche, der die jüngste Bischofssynode in Rom eine so große Aufmerksamkeit beim Thema über die »Aufgaben der christlichen Familie« geschenkt hat.
Die Familie: Hauskirche, einzigartige und unersetzliche Gemeinschaft von Personen, von der der hl. Paulus in der 2. Lesung von heute spricht. Er hat dabei natürlich die christliche Familie seiner Zeit vor Augen; was er sagt, müssen wir jedoch ebenso auf die Belange der Familien in unserer Zeit anwenden: das, was er den Ehemännern sagt, was er den Ehefrauen sagt, den Kindern und den Eltern. Und schließlich das, was er uns allen sagt: »Darum bekleidet euch mit aufrichtigem Erbarmen, mit Güte, Demut, Milde und Geduld! Ertraget euch gegenseitig und vergebt einander... vor allem aber liebt einander, denn die Liebe ist das Band, das alles zusammenhält und vollkommen macht. In eurem Herzen herrsche der Friede Christi; dazu seid ihr berufen als Glieder des einen Leibes. Seid dankbar!« (*Kol* 3, 12–15). Was für eine großartige Lektion an Ehe- und Familienspiritualität! (...)

Liebe Brüder und Schwestern! Auf der unerläßlichen Grundlage und Voraussetzung des Gesagten wollen wir uns jetzt dem tiefsten Geheimnis von Ehe und Familie zuwenden. Die Ehe ist in der Sicht unseres Glaubens ein Sakrament Jesu Christi. Eheliche Liebe und Treue sind umgriffen und getragen von Gottes Liebe und Treue in Jesus Christus. Die Kraft seines Kreuzes und seiner Auferstehung trägt und heiligt die christlichen Eheleute.

Wie die kürzliche Bischofssynode in ihrer Botschaft an die christlichen Familien in der Welt von heute hervorgehoben hat, ist die christliche Familie in besonderer Weise berufen, am Heilsplan Gottes mitzuwirken, indem sie ihren Gliedern beisteht, »auf daß sie zu aktiven Mitträgern der Heilsgeschichte und zu lebendigen Zeichen des Liebesplanes Gottes für die Welt werden« (*a.a.O.*, Nr. 8).

Als sakramental gegründete »Kirche im Kleinen« oder Hauskirche müssen Ehe und Familie eine Schule des Glaubens und ein Ort des gemeinsamen Gebets sein. Ich messe gerade dem Gebet in der Familie große Bedeutung zu. Es gibt Kraft zur Bewältigung der vielfältigen Probleme und Schwierigkeiten. In Ehe und Familie müssen die menschlichen und christlichen Grundhaltungen wachsen und reifen, ohne die Kirche und Gesellschaft nicht Bestand haben können. Hier ist der erste Ort christlichen Laienapostolates und des gemeinsamen Priestertums aller Getauften. Solche vom christlichen Geist geprägte Ehen und Familien sind auch die wahren Seminarien, das heißt Pflanzstätten für geistliche Berufe zum Priester- und Ordensstand.

Liebe Eheleute und Eltern, liebe Familien! Was könnte ich euch bei dieser heutigen eucharistischen Begegnung herzlicher wünschen als daß ihr alle und jede einzelne Familie eine solche »Hauskirche« seid, eine

Kirche im Kleinen! Daß sich bei euch das Gleichnis vom Reich Gottes verwirkliche! Daß ihr die Gegenwart des Reiches Gottes erfahrt, indem ihr selbst lebendiges »Netz« seid, das eint und trägt und Halt gibt – für euch selbst und für viele um euch herum.
Das ist mein Segenswunsch, den ich euch als euer Gast und Pilger und als Diener eures Heils ausspreche.
An Familien, Köln, 15. 11. 1980; OR 47/80

In euch grüße ich die christlichen Familien Japans, die von der Bischofssynode »Hauskirchen« genannt wurden. In der Tat bilden ja Eltern und Kinder eine Gemeinschaft der Liebe und des Verstehens, in der die Freuden und Sorgen des Lebens miteinander geteilt und wo Glaubensüberzeugungen gegeben werden, wo vor allem in demütigem Gebet Gott Ehre erwiesen wird.
An Laien, Tokio (Japan), 23. 2. 1981; OR 10/81

Von der Schwelle des Bauernhauses in Sotto il Monte, von den Hügeln eurer bergamaskischen Erde sind durch den Sohn dieser Erde – Angelo Giuseppe Roncalli –, der Papst Johannes war, die großen Perspektiven der Kirche und der Welt zu sehen. Die Perspektiven der Menschheitsfamilie, die dank der Botschaft, die vom Abendmahlssaal in Jerusalem ausgegangen ist, in dem Frieden lebt, der sich auf Wahrheit, Freiheit, Gerechtigkeit und Liebe gründet. Man sieht jenen großen Abendmahlssaal der Kirche unserer Zeit, ausgeweitet über die Menschen und Kontinente, Nationen und Völker hinweg: die Kirche in ihrer universalen Dimension.
Man sieht aber auch die Kirche in ihrer kleinsten Di-

mension: die »Hauskirche«. Papst Johannes ist dieser »Hauskirche« bis an sein Lebensende treu geblieben und kehrte immer wieder dorthin zurück, zuerst im wortwörtlichen Sinn – als Priester, als Bischof und als Kardinal-Patriarch von Venedig –, dann als Papst, freilich nur in der Erinnerung, in Gedanken und mit dem Herzen, wenn seine Angehörigen ihn besuchten.
Bei der Eucharistiefeier heute vormittag in Sotto il Monte haben wir viele seiner Worte zu diesem Thema in Erinnerung gerufen. Wir haben das Klima seiner Familie wieder ins Gedächtnis gerufen, die eine echte »Hauskirche« war. Eine Familie, die von Gebet und Arbeit, von der Eucharistie und der gegenseitigen Liebe lebte, im Geist der Opferbereitschaft, Einfachheit und Armut. War diese Familie in Sotto il Monte nicht auch ein kleiner Abendmahlssaal, in den der auferstandene Christus trat, um bei ihr zu sein und zu sagen: »Friede sei mit euch«? Es war in der Tat hier, in dieser Atmosphäre, wo Angelo Giuseppe zum ersten Mal die Worte vernahm: »Wie mich der Vater gesandt hat, so sende ich dich. Empfange den Heiligen Geist!« (vgl. *Joh* 20, 21–22). In einem solchen Klima können Priesterberufe entstehen.
Wie oft hat auch hier, in diesem Haus, Christus aus dem Mund jener einfachen Menschen, die von der Feldarbeit lebten, dasselbe Bekenntnis gehört, das er einst im Abendmahlssaal von Jerusalem aus dem Mund des Thomas gehört hatte: »Mein Herr und mein Gott« (*Joh* 20, 28). Das Wissen um die Anwesenheit des Erlösers und das Gesetz Gottes, das tief in die Herzen der Familienmitglieder eingeschrieben war, waren die Quelle des täglichen Glücks für diese trefflichen Menschen, wie es den besten Traditionen der Umgebung und der Gesellschaft, der sie angehörten, entsprach.

Liebe Brüder und Schwestern! Im Gedenken an Papst Johannes wollen wir heute die Verbindung zwischen diesen beiden Dimensionen der Kirche herstellen: jener großen, universalen, in welcher Angelo Giuseppe Roncalli in seinen letzten Lebensjahren als Nachfolger des hl. Petrus auf den römischen Stuhl berufen wurde, und jener kleinen »Hauskirche«. Die »Hauskirche«, die christliche Familie, stellt eine besondere Grundlage jener großen Kirche dar. Sie bildet auch die Grundlage des Lebens der Nationen und der Völker. Davon hat die letzte Bischofssynode Zeugnis abgelegt, und davon gibt die noch nicht von schlechter Gewohnheit verdorbene Erfahrung vieler Gesellschaften und vieler Familien unaufhörlich Zeugnis.

Gerade diese »Hauskirche« gehört zum Erbe von Papst Johannes. Sie ist ein wesentlicher Teil der Botschaft seines ganzen Lebens, der Botschaft der Wahrheit und der Liebe an die ganze Kirche und die ganze Welt, besonders aber an Italien: an dieses Land.

Diese Botschaft muß man in der Sicht der Worte des ersten Petrusbriefes wiederlesen: »Gepriesen sei der Gott und Vater unseres Herrn Jesus Christus: Er hat uns in seinem großen Erbarmen neu geboren, damit wir durch die Auferstehung Jesu Christi, von den Toten eine lebendige Hoffnung haben und das unzerstörbare, makellose und unvergängliche Erbe empfangen, das im Himmel für euch aufbewahrt ist« (*1 Petr 1, 3–4*).

Man muß aber diese Botschaft, die in besonderer Weise die Botschaft Papst Johannes' war, zugleich auch im Zusammenhang mit den Bedrohungen, den wirklichen Bedrohungen lesen, die das menschliche und christliche Erbe der Familie heimsuchen und die Grundprinzipien, auf denen die großartigste menschliche Gemeinschaft von ihren Anfängen an aufgebaut ist, aus den Angeln heben. Diese Prinzipien betreffen

in gleicher Weise die wesentlichen Grundwerte, auf die kein Programm, nicht nur das christliche, sondern auch das rein menschliche, verzichten kann.(...)
Liebe Brüder und Schwestern! Um des Gedächtnisses Johannes' XXIII. willen müssen wir alles tun, was dazu dient, die Familie, die Würde der verantworteten Elternschaft und das gegenseitige Vertrauen der Generationen untereinander zu schützen, wir müssen alles uns Mögliche tun, um unsere »Hauskirche« zu schützen, diese »Hauskirche«, in der sich der auferstandene Christus offenbart, so wie er es bei den Aposteln im Abendmahlssaal getan hat, wo er eintritt und spricht: »Friede sei mit euch!« Amen.
Bergamo (Italien), 26. 4. 1981; OR 19/81

In dem Sakrament empfangt ihr als Christen in der Tat eine neue Würde: die Würde des Ehemannes und der Ehefrau, und eine neue Sendung, nämlich die Teilnahme an der dem ganzen Gottesvolk eigenen Sendung, die sich in verschiedener Weise in die dreifache Sendung – tria munera – Christi selbst einfügt.
Diese Sendung müßt ihr mit eurem ganzen Leben erfüllen, vor allem durch euer Zeugnis. Wiederum erläutert dies das Zweite Vatikanische Konzil knapp und überzeugend: »Die echte eheliche Liebe wird höher geschätzt werden, und es wird sich eine sachgerechte öffentliche Meinung über sie bilden, wenn die christlichen Gatten durch das Zeugnis der Treue und Harmonie in dieser Liebe und durch Sorge für die Kindererziehung sich hervortun und ihre Pflicht erfüllen bei einer notwendigen kulturellen, psychologischen und sozialen Erneuerung zugunsten von Ehe und Familie« (*Gaudium et spes*, Nr. 49).
Wie sehr kommt es auf euer Zeugnis an! Wie menschlich und zugleich wie tief christlich muß es sein! Aber

eben dafür, diese wesentliche Aufgabe des Zeugnisses in Glaube und Liebe zu entfalten, besitzt ihr Eheleute ein eigenes Charisma, das vom Konzil so treffend beschrieben wurde: »Echte eheliche Liebe wird in die göttliche Liebe aufgenommen und durch die erlösende Kraft Christi und die Heilsvermittlung der Kirche gelenkt und bereichert, damit die Ehegatten wirksam zu Gott hingeführt werden und in ihrer hohen Aufgabe als Vater und Mutter unterstützt und gefestigt werden. So werden die christlichen Gatten in den Pflichten und der Würde ihres Standes durch ein eigenes Sakrament gestärkt und gleichsam geweiht. In der Kraft dieses Sakramentes erfüllen sie ihre Aufgabe in Ehe und Familie. Im Geist Christi, durch den ihr ganzes Leben mit Glaube, Hoffnung und Liebe durchdrungen wird, gelangen sie mehr und mehr zu ihrer eigenen Vervollkommnung, zur gegenseitigen Heiligung und so gemeinsam zur Verherrlichung Gottes« (*Gaudium et spes*, Nr. 48).

Mit eurem ganzen Leben, durch das Zusammenleben, durch euren Lebensstil baut ihr die Kirche in ihrer kleinsten und zugleich grundlegenden Dimension auf: die »Ecclesiola«, »Kirche im Kleinen«!

Denn auch diese kleine »Hauskirche« ist ausdrücklich von Gott gewollt, und sie wird von Christus und auf Christus gegründet: ihr wesentlicher Auftrag ist die Verkündigung des Evangeliums und die Vermittlung des ewigen Heils für ihre Glieder, und sie besitzt als innere Kraft das Licht und die Gnade des Heiligen Geistes.

Und da möchte ich heute anläßlich unserer Begegnung hier als Bischof und Hirte der Kirche erneut eure besondere Rolle in der großen Gemeinde des Gottesvolkes bestätigen. Ich möchte mich an diese kleinste Kirche, die ihr bildet, mit dem Ausdruck einer besonderen Liebe und einer besonderen Zärtlichkeit

wenden, wie er auch in dem Begriff »Ecclesiola« mitschwingt. Und ich möchte euch aufs neue der Kirche zurückgeben, dem großen göttlichen Mysterium, das sich in der Geschichte des Menschen erfüllt, dem Mysterium, in dem der Mensch sich selbst verwirklicht und seine Bestimmung und seine Berufung erfüllt.
Seid also die »Kirche«!
Baut die Kirche auf!
Ja, wie sehr hängt dieses heilige Bauen vom euch ab!
An Fokolare-Familien, Rom, 3. 5. 1981; OR 20/81

Und nun erlaubt mir, daß ich mich an euch alle wende, die ihr an dieser Begegnung teilnehmt – an alle und an jeden einzelnen. Dabei denke ich zugleich an eure Familien, an eure Kinder, an eure Söhne und Töchter, an eure Ehefrauen, an eure Mütter, an eure Kranken, an alle eure Lieben: ich weiß, welchen Platz sie in eurem Herzen einnehmen, was für einen großen Wert sie für euch verkörpern. Für sie wird eure tägliche Mühe und Arbeit zum vollen Ausdruck und natürlichen Maß eurer Liebe.
Liebt eure Familien! Ich wiederhole es: Liebt sie! Seid ihr in Freude Führer, sicheres Licht, wachsame Beschützer gegen die Keime des moralischen und sozialen Zerfalls, die leider unerbittlich zur Zersetzung so vieler Familien führen.
Weckt in euren Familien den Sinn für die sozialen Werte, für die Anforderungen und Bedürfnisse des Geistes! Das Familienleben soll Erfahrung von Gemeinschaft und Teilnahme sein. Weit davon entfernt, sich abzukapseln, ist die Familie dazu berufen, sich dem sozialen Bereich zu öffnen, um – angeregt durch den Sinn für Gerechtigkeit, die Sorge für die anderen und die Pflicht der Verantwortung für die ganze Gesellschaft – zu einem Instrument der Humanisierung

und Persönlichkeitsentfaltung zu werden, zum Dienst am Nächsten in den vielfältigen Audrucksformen der mitbrüderlichen Hilfe und der Verteidigung und des bewußten Schutzes seiner Rechte und Pflichten.
Öffnet eure Familien für Christus und seine Kirche! Nicht zufällig wurde die christliche Familie als »Hauskirche«, als »Kirche im kleinen« bezeichnet. Zu ihren fundamentalen Aufgaben gehört auch jene kirchliche Aufgabe, Christus vor der Welt zu bezeugen: »Sie ist zum Dienst am Aufbau des Reiches Gottes in der Geschichte berufen, indem sie am Leben und an der Sendung der Kirche teilnimmt« (*Familiaris consortio*, Nr. 49), und sie ist berufen, mit jedem Tag mehr zu einer glaubenden und den Glauben verkündenden Gemeinschaft zu werden, indem sie die Versuchung überwindet, ihrem Glauben ängstlich und scheu in der Zurückgezogenheit der eigenen vier Wände zu leben.
Livorno (Italien), 19. 3. 1982; OR 14/82

Wenn auch das Werk der Erziehung heute von großen Schwierigkeiten begleitet ist, müssen die christlichen Eltern mutig und vertrauensvoll ihre Kinder aufgrund der wesentlichen Werte des menschlichen Lebens formen, und sie dürfen nie vergessen, daß sie verantwortlich sind für die Hauskirche, ihre Heime; daß sie berufen sind, in den Kindern die große Kirche zu erbauen (vgl. *Familiaris consortio*, Nr. 38) und, wer weiß, sie zu erbauen durch ihre Kinder, die von Gott berufen werden. Und wenn Gott tatsächlich eure Kinder zum Dienst in seinem Reich beruft, liebe Väter und Mütter, seid hochherzig ihm gegenüber, so wie er euch gegenüber hochherzig gewesen ist.
An Familien, Sameiro (Portugal), 15. 5. 1982; OR 23/82

Die Erziehung des ganzen Menschen – die Erziehung zur Wahrheit und die Erziehung in der christlichen und polnischen Tradition – beginnt in der Familie. Der heutige Stand der öffentlichen Moral gewährleistet der Familie und insbesondere den Eltern nicht immer die notwendige Autorität, die ihnen zusteht.
Dazu tragen verschiedene Ursachen bei. Die Familie bedarf also einer besonderen pastoralen Fürsorge. Nur die Familie, die auf Gott baut, die sich ihrer christlichen Verpflichtungen bewußt ist, ist imstande, die Aufgaben der Erziehung des ganzen Menschen zu übernehmen, da, wie ich bei anderer Gelegenheit gesagt habe, »die Erziehung des Menschen sich nicht nur mit Hilfe von Institutionen, organisierten und materiellen Mitteln vollzieht, mögen diese auch ausgezeichnet sein... das Wichtigste ist immer der Mensch, der Mensch und seine moralische Autorität, die sich aus der Wahrheit seiner Prinzipien und der Übereinstimmung seiner Handlungen mit diesen Prinzipien ergibt« (*Ansprache an den Exekutivrat der UNESCO in Paris am 2. Juni 1980, Nr. 11*).
Ich erhebe heute an diesem Ort meine Stimme mit den Worten des Apostolischen Schreibens *Familiaris consortio*: »Familie, entdecke diesen unüberhörbaren Appell, der in dir selbst vorhanden ist! Familie, ›werde‹, was du ›bist‹! Vom göttlichen Wort und Sakrament als Hauskirche zusammengeführt, wird die Familie wie die große Kirche zugleich zur Mutter und Lehrerin!« (Vgl. Nr. 17, 38).
An Polen, London, 30. 5. 1982; OR 26/82

Wer seiner Taufe treu ist, heilig lebt, der Sünde widersagt, sein Kreuz mit Christus trägt und in seiner Haltung den Brüdern gegenüber die fordernde und frohe Wirklichkeit des Evangeliums zeigt, baut die Kirche auf.

Diejenigen, die, als Eheleute durch das Sakrament der Ehe verbunden, aus ihrer Familie eine Hauskirche machen zum Vorbild für alle, beständig in der Bindung sind, getreu den übernommenen Pflichten zur Einheit und Treue unter voller Achtung des Lebens vom Augenblick der Empfängnis an und deshalb das Verbrechen der Abtreibung ablehnen, diejenigen, die den Glauben durch die christliche Erziehung ihrer Kinder weitergeben, bauen die Kirche auf.
San José (Costa Rica), 3. 3. 1983; OR 10/83

Liebe Mütter und Väter, liebe Familien! Macht auch Ihr Euch auf und kehrt zurück zum Vater! Nur in Verantwortung vor Gott könnt Ihr die ganze Tiefe des Reichtums in Ehe und Familie erkennen und leben. Ich weiß, daß in Österreich viele Priester und Laien in den vergangenen Jahren versucht haben, Ehe und Familie aus christlichem Geist heraus zu erneuern. Ich weiß um Euer Bemühen, den Ehegatten zu helfen, in echter Partnerschaft zu leben; um Euer Bemühen, der Frau in Ehe und Familie, in Gesellschaft und Kirche einen ihrer Würde und Eigenart entsprechenden Platz zu geben. Ihr habt erkannt, daß die Kleinfamilie sich öffnen muß für andere, um ihnen aus der selbstgelebten Liebe spirituelle und materielle Hilfe anbieten zu können. Immer mehr Familien werden sich bewußt, daß sie Kirche im Kleinen, gleichsam Hauskirche sind. Arbeitet weiter in dieser Richtung!
An Eheleute, Wien, 11. 9. 1983; OR 37/83

Liebe Brüder und Schwestern!
Mit lebhafter Anteilnahme habe ich die Zeugnisse vernommen, die einige von euch in diese Aula eingebracht haben, und bin auch mit Interesse der Darstel-

lung einiger Seiten einer meiner früheren literarischen Arbeiten gefolgt. Während ich für diese intensiven und eindrucksvollen Stunden der Gemeinschaft, die ich heute mit euch erleben durfte, aufrichtig danke, begrüße ich euch alle sehr herzlich.
Diese Begegnung ordnet sich in besonderer Weise in das Jubiläumsjahr der Erlösung und seine Thematik ein. Ist das Heilige Jahr denn nicht ein Jahr der Umkehr und der Erlösung? Gerade die christliche Familie ist ja der Ort, an dem der Mensch eine besonders tiefe Erfahrung von dem machen soll, was Versöhntsein mit seinesgleichen dank der persönlichen Versöhnung mit Gott bedeutet. In einer Welt, die wie die unsere in dramatischer Weise durch Spannungen jeglicher Art entzweit ist, erscheint die Aufforderung zu gegenseitigem Verständnis sehr wichtig, die von den christlichen Familien ausgehen kann, in denen man in freudiger Konsequenz die täglich neue Erfahrung der Versöhnung erlebt.
Ich will daher heute für euch, christliche Eheleute, die leidenschaftliche Aufforderung des Apostels Paulus wiederholen: »Wir bitten an Christi Statt: Laßt euch mit Gott versöhnen!« (*2 Kor* 5, 20). Aus dieser Aufforderung ist tatsächlich eine dreifache Einladung herauszuhören: Laßt euch mit dem Gott des Anfangs versöhnen, das heißt, versöhnt euch mit eurer Vergangenheit! Laßt euch mit dem Gott der Hoffnung versöhnen, versöhnt euch mit eurer Zukunft! Laßt euch mit dem Gott der Liebe versöhnen, versöhnt euch mit eurer Gegenwart!
Sich mit dem Gott des Anfangs versöhnen lassen. Nicht wir haben den Anfang gesetzt. Er war es, der uns geschaffen hat. Wir müssen uns aus seiner Hand annehmen. Viele Menschen unserer Zeit sind nicht mehr bereit, diese Tatsache anzunehmen: zu sein, wie sie sind, also mit bestimmten Wesensmerkmalen, einer

bestimmten Vorgeschichte, in einer bestimmten Weltepoche, in einer bestimmten sozialen und kulturellen Situation. Ja sagen zu mir selbst; ja sagen dazu, daß Gott mich hier und jetzt, so und nicht anders, leben läßt; ja sagen zu meinen Grenzen, aber auch ja sagen zum Du, zum Nächsten, dazu, daß er von Gott so geschaffen worden ist: das alles gehört unvermeidlich zu unserem Ja zu Gott.

In der Ursünde hat der Mensch dieses Ja zu seinem Anfang zurückgezogen, indem er vom Nullpunkt aus und nicht von Gott her zu existieren versuchte. Gott aber hat sein Ja nicht zurückgezogen. Er ist der Gott des Anfangs geblieben und hat uns in Jesus Christus einen neuen Anfang geschenkt. Er hat in Jesus die menschliche Natur angenommen, er hat bis zum Äußersten die verfehlte Vergangenheit durchlitten, die der Mensch sich selbst geschaffen hatte, und teilte dessen Situation, bis er sich am Kreuz selbst von Gott verlassen fühlte. Auf diese Weise hat er die Vergangenheit besiegt und in einen neuen Anfang verwandelt.

Versöhnt leben heißt darum, das Ja, das einst uns gegenüber gesprochen wurde, annehmen und ihm treu bleiben, und es heißt, das Ja annehmen und ihm treu bleiben, das wir einst Gott gegenüber gesprochen haben. Wer den Mut hat und zuläßt, daß das Ja Gottes und das eigene Ja zu Gott stärker ist als jede negative Erfahrung, wer bereit ist, immer wieder durch die Versöhnung mit Gott und dem Nächsten sein Versagen vor diesem Ja zu überwinden, nur der wird mit dem eigenen Dasein versöhnt.

Es ist von Grund auf verfehlt zu glauben, die Verwirklichung der Person bestehe in dem Abenteuer, immer wieder von neuem beim Punkt Null zu beginnen, den Partner wechseln zu können, wann man wolle, statt – obwohl es Schwierigkeiten kostet – dem einmal gesagten Ja treu zu bleiben. Wer das Ja widerruft, das er einmal gesagt hat, wer die einmal gelobte Treue widerruft, wer die einmal geschenkte Liebe widerruft, reißt sich selbst von den Fundamenten los, in denen sein Leben verankert ist. Er hat keine Heimat mehr und wird in einen unaufhörlichen Fall hineingerissen, der im ersten Augenblick verlocken kann, aber unvermeidlich zur Selbstentfremdung, zum Verlust der eigenen Identität, zur Selbstzerstörung führt.

Die Treue zum eigenen Anfang: das bedeutet Treue zu dem Partner, den ich vor Gott angenommen habe, und Treue zu mir selbst, der ich dieses Ja gesagt habe. Treue, die davon absieht, wie ich mich entwickelt und wie weit ich mich verwirklicht habe oder nicht. Treue zum Du so, wie es ist, ungeachtet, wie sich dieses Du entwickelt hat; diese Treue ist die tragende Struktur nicht nur der Ehe und Familie, sondern des menschlichen Daseins selbst, Gewähr für die Vertrauenswürdigkeit und Ordnung, ohne die die Menschheit in den Abgrund stürzen würde.

Sodann gilt es, sich mit dem Gott der Hoffnung versöhnen zu lassen – also sich versöhnen lassen mit der eigenen Zukunft. Zahlreich sind die Fragen, die sich uns stellen: Wird die Menschheit auch morgen noch leben können, oder wird Egoismus und Ausbeutung die Lebensquellen selbst auf unserem Planeten zerstören? Wird der Geist der Versöhnung und der Liebe dem Egoismus und der Selbstbehauptung, die die Menschheit in unheilvolle Katastrophen treiben können, überlegen sein?

In einer Welt, die immer vollkommener organisiert, aber auch immer stärker manipuliert wird, in einer Wohlstands- und Konsumwelt fragt man uns, ob ein Leben hier denn überhaupt noch Sinn habe oder ob diese Welt vielmehr nur Leerlauf sei, sich selbst zerstöre und damit jeder Zukunftsperspektive verschließe.

Wer nicht mehr den Mut aufbringt, sich der Zukunft zu stellen, bringt auch nicht den Mut auf, einer neuen Zukunft Leben zu geben. Die in unserer Zeit so weitverbreitete lebensfeindliche Gesinnung – »antilifementality« – geht Hand in Hand mit dem Rückzug auf das kleine Glück des Augenblicks, auf die Abkapselung in der Freundschaft mit einem Partner, der uns wenigstens einen Augenblick lang verstehen und trösten soll. Aber so kann die Welt nicht fortschreiten, gerade auf diese Weise gefährden wir die Zukunft des Menschen, auf diese Weise verursachen wir die Rückschritte, denen wir entgehen wollen.

Wer glaubt, kann ja sagen zu einer Zukunft, die nicht allein von äußerlich gesehenen Zukunftsperspektiven abhängt – mögen sie noch so großartig sein –, denn er glaubt an jenen Gott, der uns gerade in der Katastrophe des Kreuzes die große Zukunft geöffnet hat – eine Zukunft, die uns niemand nehmen kann. Er glaubt an jenen Gott, der Jesus zwar nicht vor dem Tod bewahrt, aber von den Toten auferweckt hat; darum hat er den Mut, die endgültige Zukunft dieser Welt anzunehmen und zu gestalten. Er weiß, daß es der Mühe wert ist, jenes Maß an Liebe in diese Welt einzubringen, das eine rein rationale Berechnung unserer Zukunftsaussichten übertrifft. Nur wer an eine größere Zukunft in Gott glaubt, wird den Mut aufbringen, sich der begrenzten Zukunft der Welt zu stellen, und wird die Kraft haben, die auf dieser Zukunft lastenden Schatten zu zerstreuen.

Dort, wo wir unsere Grenzen berühren, wo wir uns begrenzt fühlen, dort steht Gott am Anfang. Vertrauen wir auf seinen immer neuen Anfang! Bauen wir seine Zukunft!

Schließlich gilt es, sich mit dem Gott der Liebe zu versöhnen, das heißt, sich mit seiner Gegenwart zu versöhnen. Viele werden sagen: Gewiß, wir wollen ja sagen zum Gott des Anfangs, wir sollen ja sagen zum Gott der Hoffnung, aber die Gegenwart zu leben, das fällt uns schwer. Hier und jetzt verstehen wir uns nicht mehr, hier und jetzt fühlen wir, wie schwierig es ist, die verlorengegangene Harmonie wiederzufinden, hier und jetzt brechen die einstigen Hoffnungen zusammen, hier und jetzt gelingt es uns nicht, den Pflichten und Forderungen nachzukommen.

Ich verstehe diese Schwierigkeiten nur zu gut. Wenn alles von euch allein abhinge, hättet ihr sicher recht. Aber ihr seid nicht allein, ihr braucht euer Leben nicht allein zu bewältigen.

Es gibt jemanden, der euren Weg mit euch teilt. Sein Name ist »Gott-mit-uns«. Er, der sich am Kreuz hingeopfert hat, der am Kreuz in die Finsternis und Verlassenheit des Todes eintauchte, ist auferstanden und erscheint, durch verschlossene Türen hindurchgehend, mitten unter seinen Jüngern und sagt zu ihnen: »Friede sei mit euch!« (vgl. *Joh* 20, 21–23). Der Gott-mit-uns, der auferstandene Christus ist mit seinem Volk auf dem Weg und in ihm mit jeder Familie, die »sich in der gegenseitigen Liebe ihrer Glieder und im gemeinsamen Gebet vor Gott als häusliches Heiligtum der Kirche erweist« (vgl. *Apostolicam actuositatem*, Nr. 11).

In diesem Zusammenhang möchte ich, daß ihr, die ihr an diesem Jubiläumstag teilnehmt, mit der tiefen Überzeugung nach Hause zurückkehrt: Wir müssen jeden Tag in der Familie beten; wir haben die vorrangige Pflicht, unsere Kinder beten zu lehren, in der festen Überzeugung, daß ein »unersetzliches Grundelement der Gebetserziehung das praktische Beispiel und lebendige Zeugnis der Eltern ist« (*Familiaris consortio*, Nr. 60, 2).

Denn die christliche Familie findet und festigt ihre Identität im Gebet. Bemüht euch, jeden Tag Zeit zu

finden für das gemeinsame Sprechen mit Gott und das gemeinsame Hören auf seine Stimme. Wie schön ist es, wenn in einer Familie am Abend auch nur ein Rosenkranzgesätz gebetet wird!
Eine Familie, die miteinander betet, bleibt miteinander verbunden: eine Familie, die betet, ist eine Familie, die rettet!
Macht euer Zuhause durch das Gebet in Gemeinschaft zu Stätten des christlichen Glaubens und der christlichen Tugend!
Liebe Ehepaare, liebe Familien, ihr habt einander die Liebe Christi versprochen, ihr gehört einander in der Liebe Christi. Das ist nicht nur bindend, das ist nicht nur ein Ideal in der Ferne, es ist dies Gegenwart. Wenn ihr im Herrn verbunden seid, wenn ihr miteinander betet, wenn ihr euch immer wieder neu seinen Händen anvertraut, wenn ihr immer wieder einander entgegengeht, um euch gegenseitig zu vergeben, wie er euch vergibt, wenn ihr im gegenwärtigen Augenblick ja zu seinem Willen sagt, wenn ihr ihn jetzt anruft und ihn bittet: Sei du stärker in uns und unter uns, als wir es sind, dann wird er sein Versprechen erfüllen und zu euch sagen: »Fürchtet euch nicht! Ich bin es« (vgl. *Mk* 6, 50). Dann wird er mitten unter euch sein (vgl. *Mt* 18, 20). Dann werdet ihr in eurer besonderen Situation das erfahren können, was er der Kirche und seinen Jüngern im allgemeinen verheißen hat: »Ich bin bei euch alle Tage bis zum Ende der Welt« (*Mt* 28, 20). Der Gott der Liebe ist bei euch. Er ist durch seinen Sohn mitten unter euch. Jesus Christus haucht euch an und vermittelt euch seinen Geist (vgl. *Joh* 20, 22), damit wir im Geist Zeugen der Erlösung sind.
Geht also euren Weg in der Liebe, von der Hoffnung gestützt. Ihr seid berufen, Hauskirchen zu sein, um das Licht der einen universalen Kirche überall hinzu-

tragen: in die unterschiedlichsten Situationen, in die Zweifel und Ängste dieser Welt. Durch euch soll das Licht einer neuen Hoffnung, die Kraft eines neuen Anfangs, die Macht der göttlichen Liebe sichtbar werden. Dann wird das ausgehende Heilige Jahr nicht zu Ende gehen, sondern eine neue Zeit eröffnen, die aus der Versöhnung lebt, die Gott uns schenkt. Mein Segen sei mit euch.
An Familien, Rom, 25. 3. 1984; OR 14/84

Liebe Brüder und Schwestern!
Nach unserer ersten Begegnung in der großen Gemeinschaft der Gläubigen bei der Generalaudienz heiße ich euch heute noch in diesem mehr familiären Rahmen herzlich willkommen. Ich grüße in euch alle Mitglieder des Schönstatt-Familienbundes und der Schönstatt-Familienliga, die sich in einer besonderen Weise dem Laien- und Familienapostolat in der Kirche verpflichtet wissen. Der Familie gilt bekanntlich heute die besondere pastorale Sorge der Kirche. Sie bildete das Thema der letzten Bischofssynode und ist auch das zentrale Anliegen des sich davon herleitenden wichtigen Apostolischen Schreibens *Familiaris consortio*.
Die Sorge um Ehe und Familie ist eine der Hauptaufgaben einer lebensnahen und zeitgemäßen Pastoral. Die Familie ist nicht nur die Urzelle der menschlichen Gemeinschaft, sondern auch der Kirche. Das II. Vatikanische Konzil hat die Familie zu Recht eine »Art Hauskirche« genannt, in der die Eltern durch Wort und Beispiel für ihre Kinder die ersten Glaubensboten sein sollen« (*Lumen gentium*, Nr. 11). Ich ermutige euch als christliche Eheleute sowie alle Familien, die ihr hier vertretet, in eurem aufrichtigen Bemühen, diesem wichtigen Apostolat im Kreise eurer eigenen Fa-

milien nach Kräften zu entsprechen und hierbei die Lehre der Kirche und ihres obersten Lehramtes als Richtlinie für euer Handeln zu nehmen.

Ohne das aufgeschlossene und engagierte Mitwirken gerade von euch Eltern ist es kaum möglich, den Glauben wirksam an die nachfolgende Generation weiterzuvermitteln. Ihr seid für eure Kinder nicht nur die ersten, sondern in den allermeisten Fällen auch die wichtigsten Glaubenszeugen. Schon von früh an spüren eure Kinder, ob ihr Wert darauf legt, in lebendiger Verbindung mit Gott zu leben; im Vertrauen auf seine Führung, in Gemeinschaft mit Jesus Christus und im Bewußtsein, daß ihr auf die Kraft und Führung des Heiligen Geistes vertraut. Schon früh spüren sie, ob ihr die Kirche liebt, den Gottesdienst und die Sakramente, vor allem, ob ihr euch ernstlich bemüht, euren Glauben auch zu leben. Viel wirksamer als eure Worte ist euer Leben!

Von einer Gesundung und Erstarkung der Familie als Pflanzstätte des religiösen Lebens dürfen wir entscheidende Impulse für eine geistige Erneuerung in der Kirche und in der Gesellschaft erwarten. Eine wirklich lebendige christliche Familie wird gleichsam von selbst in ihre Umgebung hinein apostolisch wirksam. Für die Kirche werden solche Familien, wie das II. Vatikanische Konzil überzeugt ist, dadurch sogar »zu Pflanzstätten des Laienapostolats sowie für Priester- und Ordensberufe« (*Ad gentes*, Nr. 19).

Möge der auferstandene Herr den Einsatz des internationalen Schönstattwerkes für die christliche Familie in seinen vielfältigen Vereinigungen mit seiner Gnade reichlich befruchten. Das erbitte ich euch auf die Fürsprache unserer Mutter Maria als besonderes Geschenk dieser eurer Rompilgerfahrt mit meinem

Apostolischen Segen, den ich euch und allen Mitgliedern eurer Familienbewegung von Herzen erteile.
An Schönstatt-Familien, Rom, 27. 4. 1984; OR 20/84

Bewundernswert ist das Glaubensleben in der Familie. Von den 103 heute kanonisierten Märtyrern kommen viele aus den gleichen Familien, sind blutsverwandt oder Nachkommen von Märtyrerfamilien. Das ist so, weil sie zusammen gebetet haben und zusammen im Glauben gereift sind, weil sie gelernt haben, Gott zu fürchten und zu lieben und die Menschen als Gotteskinder, die alle zu seiner Familie gehören, zu behandeln, zu achten und zu lieben. Die Familie ist die »Hauskirche«, wo die Eltern »für ihre Kinder die ersten Glaubensboten« sind und wo die Berufungen sich festigen (vgl. *Lumen gentium*, Nr. 11). Die gläubige christliche Familie ist »ein Raum, wo das Evangelium ins Leben übersetzt wird und wo daher dieses Evangelium aufleuchtet« (*Evangelii nuntiandt*, Nr. 71). Wie werdet ihr, auf den großen spirituellen und kulturellen Traditionen Asiens aufbauend, immer mehr eine Kirche betender Familien und ein Beispiel für die übrige Welt?
An nationalen Pastoralrat, Seoul (Korea), 6. 5. 1984; OR 19/84

2. Familie und Gebet

Man darf nie vergessen, daß das Gebet wesenhafter Bestandteil eines ganz und aus der Mitte gelebten Christseins ist, ja zu unserem Menschsein gehört; es ist »der erste Ausdruck der inneren Wahrheit des Menschen, die erste Bedingung der echten Freiheit des Geistes«.
Das Gebet ist daher keineswegs ein Ausweichen

vor den täglichen Anforderungen, sondern vielmehr der stärkste Antrieb für die Übernahme und volle Verwirklichung der Verantwortung, die der christlichen Familie als erster und grundlegender Zelle der menschlichen Gemeinschaft zukommt. So entspricht die wirksame Teilnahme an Leben und Sendung der Kirche in der Welt der jeweiligen Treue und Tiefe des Gebetes, mit dem sich die christliche Familie dem fruchtbaren Weinstock, Christus, dem Herrn, verbindet.
Aus der lebendigen Verbindung mit Christus durch Liturgie, Hingabe und Gebet kommt auch die Fruchtbarkeit der Familie in ihrem besonderen Dienst an der Entwicklung der menschlichen Gesellschaft, der von sich aus gewiß zu einer Umgestaltung der Welt führt.

FC 62

Vorbemerkung

Die wenigen Abschnitte aus größeren Zusammenhängen, die hier unter dem Stichwort »Familie und Gebet« zusammengefaßt sind, machen deutlich, daß das Gebet als selbstverständliche Folge des Wissens um die Bedeutung der christlichen Ehe und vor allem auch ihres sakramentalen Charakters ist. Wenn sich die Familie als Hauskirche ernst nimmt, versucht sie immer neu, auch betende, d. h. sich Gott zuwendende Gemeinschaft zu sein.
Der Hinweis auf das Familiengebet fehlt in keiner der Ansprachen des Hl. Vaters an Familien, aber selten sind ihm längere Ausführungen gewidmet, vielmehr versteht es sich ohne große Worte, daß die Familie, die sich auf Gott bezieht und seinen Plan ernst nimmt, auch mit ihm im Kontakt des Gebetes steht.
Sicher aber ist die Realität heute in unseren westlichen Gesell-

schaften nicht sehr zufriedenstellend in dieser Hinsicht: nur noch wenige Eltern beten miteinander und mit ihren Kindern, wie statistische Erhebungen zeigen (1977 waren es in Deutschland in der ersten Gruppe 6 %, in der zweiten 12 %)[1].
Beten in der Familie ist Folge eines wachen oder erwachenden Bewußtseins von der göttlichen Berufung und Sendung der Ehe und Familie. Der rapide Rückgang ehelichen und familiären Betens deutet somit auf die Dringlichkeit einer breit angelegten Familienpastoral, auf die Notwendigkeit, eine Glaubensverkündigung grundlegendster Art in den Familien zu beginnen.

Eure Häuser sollten stets Stätten des Gebets bleiben. Da ich heute diese Insel, die meinem Herzen so nahesteht, dieses Land und seine Bevölkerung, die eine solche Tröstung und Kraft für den Papst sind, verlasse, möchte ich einen Wunsch aussprechen: Möge jedes Haus in Irland ein Heim des täglichen Familiengebets bleiben oder wieder werden. Würdet ihr mir das versprechen, wäre das das größte Geschenk, welches ihr mir bereiten könntet, wenn ich eure gastfreundlichen Küsten verlasse.
An Familien, Limerick (Irland), 1. 10. 1979; OR 42/79

Gebet des Papstes für die Bischofssynode 1980

Gott, von dir kommt alle Vaterschaft im Himmel und auf Erden. Vater der Liebe und des Lebens, gib, daß jede menschliche Familie auf der Erde durch deinen Sohn Jesus Christus, der »von einer Frau geboren wurde«, und durch den Heiligen Geist, den Urquell göttlicher Liebe, für die kommenden Gernationen zu einem wahren Heiligtum des Lebens und der Liebe

---

[1] Vgl. dazu Norbert Martin: Familie und Religion. Ergebnisse einer EMNID-Spezialbefragung, Paderborn 1981, S. 38 ff., auch S. 94.

werde. Lenke durch deine Gnade das Denken und Handeln der Eltern auf das Wohl ihrer Familie und aller Familien in der Welt. Laß die Jugendlichen für ihre menschliche Entfaltung und ihr Wachsen in Wahrheit und Liebe in der Familie starken Rückhalt finden. Laß die Liebe, gefestigt durch die Gnade des Ehesakramentes, sich stärker als alle Schwäche und jegliche Krise erweisen, die unsere Familien mitunter zu bestehen haben. Gib ferner, so bitten wir dich auf die Fürsprache der Heiligen Familie von Nazaret, daß die Kirche inmitten aller Völker der Erde ihre Sendung fruchtbar erfüllen kann. Denn du bist das Leben, die Wahrheit und die Liebe in der Einheit des Sohnes und des Heiligen Geistes.
Amen.
Rom, 15. 8. 1980; OR 34–35/80

Wir beten heute an diesem geheiligten Ort der römischen Kirche als große Gemeinschaft von Familien, die von ihrer Berufung in Christus Zeugnis geben wollen.
Christus selbst hat gesagt: »... wo zwei oder drei in meinem Namen versammelt sind, da bin ich mitten unter ihnen« (*Mt* 18, 20).
Durch das Gebet in der Familiengemeinschaft laden wir Christus ein, mitten unter uns: Ehegatten, Eltern und Kinder, zu sein.
Das Gebet ist erstes Zeugnis unserer Berufung. Wir geben Christus dieses Zeugnis voreinander. Mit diesem Zeugnis werden wir einer für den andern zum Zeugen.
Durch das Gebet bauen wir die Familie, die »Hauskirche«.
Beten wir heute für jene Einheit in unseren Familien, die aus dem Gebet entsteht.

Beten wir, daß die christlichen Familien beten; daß sie viel beten. Das ist die erste Voraussetzung zur Erfüllung der Aufgaben, die Christus und die Kirche ihnen vorlegen.

»Der Engel des Herrn brachte Maria die Botschaft, und sie empfing vom Heiligen Geist.« Josef, der vom Höchsten darüber unterrichtet worden war, fürchtete sich nicht, Maria als seine Frau zu sich zu nehmen (vgl. Mt 1, 20.24). Sie empfing Jesus Christus, trug ihn in ihrem Schoß und schenkte ihn der Welt: Jesus Christus, das ewige Wort, das Fleisch geworden war.

Zum Heil der Welt nahm Gottes Sohn die menschliche Familie in Nazaret als seine an und heiligte sie. Den Großteil seines Erdenlebens lebte er in der Familie. Auf diese Weise hat er sich gewissermaßen mit jeder menschlichen Familie vereinigt und jeder das Siegel der Heiligkeit eingedrückt.

Die Familie war der Ort der Verborgenheit des Gottessohnes auf Erden. In ihr führte er sein verborgenes Leben. Aber in ihr verbarg er auch die Schätze des Lebens und der Heiligkeit.

Möge es uns durch die Arbeiten der Bischofssynode gelingen, jeder menschlichen Familie Christus deutlicher vor Augen zu stellen.

Möge es uns durch das heutige gemeinsame Gebet der Familien der ganzen Welt gelingen, die Reichtümer zu entdecken, die der Sohn Gottes in der Familie verborgen hat, als er dreißig Jahre in ihr lebte.

Im Laufe einer Synodensitzung sagte Mutter Teresa von Kalkutta zu den versammelten Bischöfen: »Gebt uns heiligmäßige Priester! Schickt uns heiligmäßige Priester als Diener Christi und Verwalter der Geheimnisse Gottes!«

Woher anders sollen solche Priester kommen als aus den Familien, die im Geist Christi leben? Damit wurde

also auf das Zeichen der Einheit und Verbundenheit zwischen der Berufung der Familie und der priesterlichen Berufung hingewiesen.
Dieser Tag soll in allen Bischöfen und Priestern der Kirche eine große Liebe für die Familie wecken!
In der ganzen Welt soll die Familienseelsorge belebt, verstärkt und vertieft werden. Die Familien sollen mit Hilfe ihrer Hirten die Wege finden, die zur Erfüllung ihrer Aufgaben in der heutigen Welt führen.
Und alle diese christlichen Familien in der ganzen Welt sollen für die Priester beten, für die Priester- und Ordensberufe, und sie mögen selbst zur »Hauskirche«, zum ersten Seminar der Berufungen werden. Die Ernte ist groß.
Vor dem Angelus, Rom, 12. 10. 1980; OR 42/80

Liebe Brüder und Schwestern der Neuen Familien!
Veni Creator Spiritus! Komm, Schöpfer Geist!
Ich grüße euch mit dieser Anrufung, die in besonderer Weise in diese österliche Zeit paßt, in der wir uns nach der Auferstehung Christi 50 Tage lang auf die Vollendung dieses Geheimnisses, das Kommen des Heiligen Geistes, vorbereiten.
Diese Anrufung paßt erst recht in dieses Jahr, in dem wir 1600 Jahre nach dem Ersten Konzil von Konstantinopel die Gedenkfeier dieses historischen Ereignisses begehen und ganz besonders unseren Glauben »an den Heiligen Geist, der Herr ist und lebendig macht« neu beleben wollen, wie ich es am 25. März in dem Brief an die Bischöfe und die ganze Kirche in Erinnerung gebracht habe.
Veni Creator Spiritus!
Ich grüße euch, Eheleute, mit dieser Anrufung, die euch an den großen Augenblick eures Lebens erinnert, als ihr vor dem Altar standet, um einander im Heili-

gen Geist eure gegenseitige eheliche Liebe, Treue und Aufrichtigkeit zu bezeugen, und durch euren Schwur beteuert habt, sie bis zum Tod zu halten: »Ich nehme dich an als meine Frau, meinen Mann und verspreche dir die Treue in guten und bösen Tagen, in Gesundheit und Krankheit. Ich will dich lieben, achten und ehren, solange ich lebe.«

Wenn die Kirche den Heiligen Geist aus diesem Anlaß besonders angerufen hat: Komm!, dann heißt das, daß es sich um etwas von wahrhaft großer Bedeutung handelt, ein »sacramentum magnum«, ein tiefes Geheimnis. Und in der Tat hat die Ehe eine Ähnlichkeit mit der Vermählung Christi mit der Kirche und mit dem Augenblick, in dem der Heilige Geist – im Brausen des Sturmes und im Leuchten der Feuerzungen – am Pfingsttag auf die Apostel herabkam. Das eheliche Jawort, jener so entscheidende Augenblick in eurem Leben, hat auch eine gewisse Ähnlichkeit mit dem einzigartigen Geschehen, das sich vollzog, als der Heilige Geist über die Jungfrau von Nazaret gekommen und »das Wort Fleisch geworden« ist (*Joh* 1, 14).

Auf diese besonderen Augenblicke nehme ich Bezug und vertraue euch, liebe Brüder und Schwestern, Eheleute der Fokolar-Bewegung, dem Heiligen Geist an, jenem Geist, mit dem der Ursprung der Schöpfung, der Ursprung der Erlösung und auch der Ursprung eurer Ehe in Christus und in der Kirche verbunden ist.

Durch das Wirken des Heiligen Geistes seid ihr eine Einheit zu zweit geworden. Die Kraft, die euch verbindet und eint, ist die Liebe. Diese eure menschliche Liebe, im Herzen und im Entschluß gereift, wurde vor dem Altar offenbar, als ihr, vom Priester zu eurer hochherzigen und endgültigen Zustimmung aufgefordert, mit eurem gegenseitigen Ja geantwortet und euch den geweihten Ring als Symbol eurer immerwährenden Treue in der Liebe geschenkt habt.

Die Liebe wächst aus der Person des Menschen, sie umfaßt Leib und Seele, sie reift im Herzen und im Willen; um menschlich zu sein, muß die Liebe die Person in ihrer physischen, psychischen und geistigen Ganzheit umfassen.

Zugleich »ist die Liebe Gottes ausgegossen in unsere Herzen durch den Heiligen Geist, der uns gegeben ist« (*Röm* 5, 3).

Seit dem Tag eurer Eheschließung durchdringen sich die göttliche und die menschliche Liebe gegenseitig. Denn die göttliche Liebe dringt in die menschliche ein und verleiht ihr eine neue Dimension: sie macht sie tief und großmütig; sie entfaltet sie bis zur Fülle, sie adelt und vergeistigt sie, sie macht sie bereit zu Opfer und Verzicht und zugleich auch fähig, als Frucht Frieden und Freude hervorzubringen.

Kraft dieser Liebe stellt ihr die Einheit in Gott dar: die »communio personarum«. Ihr stellt die Einheit der zwei dar, die in seinem Namen versammelt sind, und er ist mitten unter euch (vgl. *Mt* 18, 20).

Diese Einheit in Christus sucht in gewissem Sinn spontan ihren Ausdruck im Gebet. Die Liebe ist ja Geschenk und auch Gebot: ein Geschenk Gottes, weil er uns zuerst geliebt hat (vgl. *1 Joh* 4, 10), und das grundlegende Gebot jeder sittlichen Ordnung. Wie ich in der Predigt bei der Messe für die Familien am 12. Oktober vergangenen Jahres gesagt habe: »Das Liebesgebot erfüllen bedeutet, alle Aufgaben der christlichen Familie verwirklichen. Diese lassen sich zusammenfassen in der ehelichen Treue und Redlichkeit, der verantworteten Elternschaft und Kindererziehung. Die ›Kirche im Kleinen‹, die ›Hauskirche‹, ist die Familie, die im Geist des Liebesgebots lebt, ihre Wahrheit, ihre tägliche Mühe und Sorge, ihre geistige Schönheit und ihre Stärke« (*O. R. dt.* vom 24. 10. 1980, S. 10).

Aber um dieses Epos der Liebe und Einheit so zu leben, braucht ihr unbedingt das Gebet. In diesem Sinn wird das Gebet wirklich wesentlich für die Liebe und für die Einheit: denn das Gebet gibt Kraft, es befreit, läutert; erhebt, es hilft Licht und Rat finden, es vertieft die Achtung, die besonders die Ehegatten füreinander hegen müssen, die Achtung des Herzens, des Gewissens, des Leibes, durch den sie einander so nahe sind. Mit Recht schreibt das Zweite Vatikanische Konzil in diesem Zusammenhang: »Um die Pflichten dieser christlichen Berufung beständig zu erfüllen, ist ungewöhnliche Tugend erforderlich. Von daher müssen die Gatten, durch die Gnade zu heiligem Leben gestärkt, Festigkeit in der Liebe, Seelengröße und Opfergeist pflegen und im Gebet erbitten« (*Gaudium et spes*, Nr. 49).
Ich wünsche euch heute, daß sich in eurem Leben ständig die Begebenheit von Emmaus wiederholen möge: daß ihr Christus am Brechen des Brotes immer wieder unter euch, in euren Herzen gegenwärtig findet!
Ich empfehle euch alle, jedes Ehepaar, Christus, der euch auf eurem Weg begleiten will, so wie er die Jünger auf der Straße nach Emmaus begleitet hat. Ich vertraue euch alle Christus an, der die Herzen der Menschen kennt!
Als Jesus die Jünger zum ersten Mal aussandte, die Frohbotschaft zu verkünden, sandte er sie »jeweils zwei zusammen« aus (vgl. *Mk* 6, 7). Auch ihr werdet durch jenes großartige Sakrament, das, indem es euch zu Ehegatten macht, euch zugleich zu Zeugen des gekreuzigten und auferstandenen Christus macht, paarweise ausgesandt.
An Fokolare-Familien, Rom, 3. 5. 1981; OR 20/81

Bei diesem Wirken muß das Gebet den ersten Platz einnehmen, und man möge mir gestatten, auf diesem Punkt zu beharren. Denn das Gebet bleibt trotz der da und dort feststellbaren Erneuerung weiterhin schwierig für viele Christen, die wenig beten. Sie fragen sich: Wozu nützt das Gebet? Ist es vereinbar mit unserem modernen Leistungsdenken? Ist es nicht vielleicht etwas Klägliches, mit dem Gebet auf die materiellen und geistigen Nöte der Welt zu antworten? Gegenüber diesen Schwierigkeiten können wir unablässig darauf hinweisen, daß das Gebet untrennbar verbunden ist mit unserem Glauben an seine Liebe und seine erlösende Macht, die in der Welt wirkt. Deswegen wirkt das Gebet vor allem für uns: Herr, »stärke unseren Glauben!« (*Lk* 17, 6). Sein Ziel ist unsere innere Umkehr, wie schon der hl. Cyprian erklärte, unsere innere und äußere Verfügbarkeit, der Wille, sich dem neugestaltenden Wirken der Gnade zu öffnen. »Wenn wir sagen: ›Geheiligt werde dein Name‹, ...bitten wir, da wir in der Taufe geheiligt wurden, inständig darum, in dem zu beharren, was wir zu sein begonnen haben... ›Dein Reich komme‹: Wir bitten, daß sich das Reich Gottes in dem Sinne in uns verwirkliche, in dem wir darum flehen, daß sein Name in uns geheiligt werde... Dann fügen wir hinzu: ›Dein Wille geschehe, wie im Himmel so auf Erden‹, damit wir das tun können, was Gott will... Der Wille Gottes ist das, was Christus getan und gelehrt hat« (hl. Cyprian, *De oratione dominica*). Die Wahrhaftigkeit des Gebets bezieht auch die Wahrhaftigkeit des Lebens mit ein; das Gebet ist zugleich Ursache und Ergebnis einer Lebensführung im Lichte des Evangeliums. In diesem Sinne wird das Gebet der Eltern wie auch das der christlichen Gemeinde für die Kinder eine Einführung in die Suche nach Gott und in das Hören auf seine Einladungen sein. Das Zeugnis des Lebens gewinnt dann seinen ganzen Wert. Es führt dazu, daß die Kinder in der Familie als normale Konsequenz des Gebetes sich darin einüben, die Welt christlich, dem Evangelium gemäß, zu betrachten! Es führt auch dazu, daß sie in der Familie konkret lernen, daß es im Leben fundamentalere Sorgen gibt als das Geld, den Urlaub und das Vergnügen! Dann kann die den Kindern erteilte Erziehung sie auch öffnen für die missionarische Dynamik als einen integrierenden Teil christlichen Lebens, denn die Eltern und die anderen Erzieher werden selber durchdrungen sein von missionarischem Geist, den man vom Sinn für die Kirche nicht trennen kann. Mit ihrem Beispiel mehr noch als durch ihre Worte werden sie ihre Kinder lehren, großzügig zu den Schwächeren zu sein und ihren Glauben und ihre materiellen Güter den Kindern und Jugendlichen mitzuteilen, die Christus noch nicht kennen oder Opfer von Armut und Unwissenheit sind.

Dann werden die christlichen Eltern auch fähig werden, das Aufblühen einer missionarischen Priester- und Ordensberufung als einen der schönsten Beweise für die Echtheit der von ihnen erteilten christlichen Erziehung zu bewerten, und werden den Herrn bitten, eines ihrer Kinder zu berufen. Der missionarische Eifer zeigt sich so als ein wesentliches Element der Heiligkeit einer christlichen Familie. Wie mein verehrter Vorgänger Johannes Paul I. sagte: »Durch das Gebet der Familie wird die Ecclesia domestica, die Hauskirche, Wirklichkeit und führt zur Veränderung der Welt. Alle Bemühungen der Eltern, ihren Kindern die Liebe zu Gott einzuflößen und ihnen durch das Beispiel des Glaubens zu helfen, stellen ein wichtiges Apostolat des 20. Jahrhunderts dar« (*Ansprache an die amerikanischen Bischöfe beim ad-limina-Besuch am 21. 9. 1978; AAS 70, 1978*).
Weltmissionssonntag, Rom, 18. 10. 1981; OR 39/81

Ich lobe alle Familien, die zusammen beten. Christliche Familien Nigerias, der Papst bittet euch heute, das Gebet in der Familie, das tägliche Beten in der Familie zu verstärken: das Beten der Ehemänner und -frauen miteinander und der Eltern mit ihren Kindern. Haltet besonders am Rosenkranz fest. Betet zu Maria, der Mutter Christi und Mutter der Kirche, der Mutter der christlichen Familien. Gott wird es nicht versäumen, die Familie, die miteinander betet, im Namen seines Sohnes, unseres Herrn Jesus Christus, zu segnen.
An Familien, Onitsha (Nigeria), 13. 2. 1982; OR 10/82

Ich denke vor allem an die Intensität des geistlichen Lebens so vieler christlicher Familien, die eurer seelsorglichen Obhut anvertraut sind, die die Gnade des Glaubens bewahren, ihrer christlichen Berufung treu bleiben und die Wirksamkeit des gemeinsamen Gebets für die Heiligung ihres Ehe- und Familienlebens erkennen. Die Familie, die miteinander betet, bleibt fest im Herrn vereint. Trostreich ist die Zunahme der Zahl derer, die die heilige Eucharistie empfangen und der Sonntagsmesse beiwohnen. Darüber hinaus ist ein beachtliches religiöses Wiedererwachen bei der Jugend festzustellen, die nach einer befriedigenden Antwort auf die Frage nach dem Sinn des Lebens und den Anforderungen des Menschen im Lichte des Evangeliums sucht. Kommt den Bedürfnissen dieser jungen Menschen stets willig entgegen und nährt sie reichlich mit dem Wort Gottes, das eine Antwort bietet, die ihr Herz ganz und gar zu befriedigen vermag.
An tschecho-slowakische Bischöfe, Rom, 11. 3. 1982; OR 20/82

Die christliche Ehe ist ein Heilssakrament. Sie ist für alle Glieder einer Familie der Weg zur Heiligkeit. Darum lege ich von ganzem Herzen Nachdruck darauf, daß eure Heime Zentren des Gebets sein sollen; Heime, wo die Familien sich in der Gegenwart Gottes wohlfühlen; Heime, in welche andere eingeladen werden, um an Gastfreundschaft, Gebet und Gotteslob teilzuhaben: »Singt Gott in eurem Herzen Psalmen, Hymnen und Lieder, wie sie der Geist eingibt, denn ihr seid in Gottes Gnade. Alles, was ihr in Worten und Werken tut, geschehe im Namen Jesu, des Herrn. Durch ihn dankt Gott dem Vater!« (*Kol* 3, 16.17).
An Familien, York (England), 31. 5. 1982; OR 26/82

Christliche Familie! Werde wieder eine betende Familie! Eine Familie, die aus dem Glauben lebt. In der die Eltern erste Katecheten ihrer Kinder sind. Wo der Geist Gottes, der die Liebe ist, erlebt werden kann. Lernt vom barmherzigen Vater, einander immer wieder zu vergeben. Eltern, lernt auch von ihm, Eure Kinder in Freiheit entlassen zu können und doch allezeit für sie bereitzustehen. Schöpft aus unserem Gleichnis die Hoffnung, daß gerade der verlorene Sohn seinen Vater schließlich in einer Weise wiedergefunden hat, wie er ihn vorher nicht gekannt hatte.
An Familien, Wien, 11. 9. 1983; OR 37/83

3. Familie und Eucharistie

Die Eucharistie ist die Quelle der christlichen Ehe. Das eucharistische Opfer macht ja den Liebesbund Christi mit der Kirche gegenwärtig, der mit seinem Blut am Kreuz besiegelt wurde. In diesem Opfer des neuen und ewigen Bundes finden die christlichen Eheleute die Quelle, aus der ihr Ehebund Ursprung, innere Formung und dauernde Belebung empfängt. Als Vergegenwärtigung des Liebesopfers Christi durch die Kirche ist die Eucharistie eine Quelle der Liebe. Diese in der Eucharistie geschenkte Liebe ist das lebendige Fundament der Gemeinschaft und Sendung der christlichen Familie.

FC 57

Vorbemerkung

Alle Sakramente stehen innerlich in Beziehung zueinander. Die Sakramente der Ehe und der Eucharistie aber sind nicht nur als die den Lebensalltag der Familie prägenden Sakramente einander besonders nah, sondern auch durch ihre Aussage.
Die Eucharistie ist der Ausdruck und die immer wiederholte Erneuerung der Hingabe Christi für die Menschen, Zeichen des Neuen und Ewigen Bundes, durch den die erlöste Menschheit für die Ewigkeit Braut Christi wird. Nach der Lehre der Kirche, die in Familiaris consortio eindrucksvoll neu herausgestellt wird, besteht der Zeichencharakter des Ehesakramentes aber genau darin, den Bund Christi mit der Kirche in dieser Welt real darzustellen. »Real darzustellen« meint mehr, als einfach nur ein Symbol zu sein – diese reale Darstellung beinhaltet eine Teilnahme an der Liebe Christi selbst, so daß die sakramentale Ehe einerseits in Christus erlöste Gemeinschaft ist, andererseits

aber selbst auch die Qualität und die Sendung hat, erlösende Gemeinschaft zu werden. – Der Papst selbst fordert dazu auf, diese kostbaren Gedanken weiter auszufalten, damit sie sich vielen Eheleuten tief genug einprägen, um ihren Alltag zu formen. Das Eheleben wird dann zu einem gemeinsamen Weg, den Mann und Frau gestärkt durch den Herrn selbst im Opfermahl der Eucharistie durch alle Lebensumstände miteinander gehen und so Christi Treue, Liebe und Hingabe sichtbar machen, bis sich diese österliche Dimension in der Teilnahme an Christi Herrlichkeit vollenden wird.

Nicht oft spricht der Papst diese Dimension der Ehe in der großen Öffentlichkeit an – um so wichtiger sind für alle Eheleute die Worte, die er in Familiaris consortio und in den beiden hier abgedruckten Texten spricht. Darüber hinaus bleibt genug Anlaß, den Zusammenhang des Ehesakramentes mit der Eucharistie und den anderen Sakramenten genauer zu entfalten[1].

Liebe Brüder und Schwestern!
Ihr habt als Licht, das euch den Weg eurer Pilgerreise nach Rom erhellen soll, das Wort des Herrn gewählt: »Wenn du doch das Geschenk Gottes erkenntest!«
Ihr seid gut beraten gewesen. Diese drängende und zugleich freudige Frage durchzieht die ganze Bibel und geht uns alle an: »Wenn du doch das Geschenk Gottes erkenntest!« Wenn du, der du – von einem irdischen Durst gedrängt – zu trinken suchst, doch wüßtest, wo die unversiegbare Quelle sprudelt! Sie ist ganz nah bei dir, aber wirst du sie erkennen?
Diese Frage betrifft auch euch, christliche Eheleute. Ihr wißt das ganz genau, ihr die ihr unablässig und auf immer neuen Wegen versucht, die Quelle eurer Liebe und der euch eigenen Gnade aufzuspüren durch die Arbeit in euren Gruppen und unter der Obhut unserer Lieben Frau, der Mutter der Schönen Liebe.

---

[1] Vgl. dazu Renate und Norbert Martin: Gemeinschaft des Lebens und der Liebe. Ehe – Familie – Eucharistie, Vallendar-Schönstatt 1985.

Von Anfang an ist das Geschenk Gottes an den Menschen das des Lebens und der Liebe. Und dieses Geschenk, diese Gnade drückt sich aus in der Gnade eines Antlitzes, einer Frau, Evas, der Mutter der Lebendigen, ein zwar unvollkommenes Abbild aber dennoch ein Abbild der neuen Eva, Marias, die voll der Gnade ist. Die Freude Adams, der seine Hoffnung ganz erfüllt findet, bricht in die Worte aus: »Diese ist Bein von meinem Bein und Fleisch von meinem Fleisch« (*Gen* 2, 23). Beide jubeln über die Liebe und das gemeinsame Leben, als ihr erster Sohn geboren wird: »Ich habe einen Mann von Gott erworben!« (*Gen* 4, 1). Und dennoch ahnen sie nicht das Ausmaß und die Tiefe des Geschenkes Gottes (vgl. *Eph* 3, 18–19).

Diese Gnade, dieses Geschenk der Liebe und des Lebens ist tatsächlich nur ein erster Schritt. Der Herr will sich mit der Menschheit verbinden, sich an sie »anbinden«. Er schließt mit seinem auserwählten Volk den Bund: »Ich bin Jahwe, dein Gott, der dich aus Ägypten herausgeführt hat... Du sollst keine anderen Götter neben mir haben« (*Ex* 20, 2–3). Aber dieser Bund ist nicht einfach ein Vertrag, eine politische Allianz: der Herr, der sein Wort und sein Leben gibt, erwartet als Antwort Liebe und Zärtlichkeit. So drückt sich der Bund im Zeichen der Ehe aus. Die Propheten suchen das Geheimnis des Bundes zu ergründen in dieser stürmischen Geschichte der Treue Gottes und der Treulosigkeiten seines Volkes, manchmal sogar im Zeichen ihres ehelichen Lebens (vgl. *Os* 2, 21–22), und Jeremias geht sogar so weit, einen neuen Bund anzukündigen (31, 31).

Und tatsächlich »sandte Gott, als die Fülle der Zeiten gekommen war, seinen Sohn, geboren von einer Frau« (*Gal* 4, 4). Christus verbindet sich mit den Bedingtheiten des Menschlichen im Schoß der Jungfrau Maria.

»Das Wort ist Fleisch geworden«. Dies ist nun ein unaufhebbarer Bund, denn nie wieder wird irgendetwas den Menschen von Gott trennen können, da beide in Christus untrennbar verbunden sind (vgl. *Röm* 8, 35–39). Wieder drückt sich das Geheimnis im Begriff der Hochzeit aus: Jesus vollbringt sein erstes Zeichen bei der Hochzeit von Kana (vgl. *Joh* 2, 11); und dann verkündet das Evangelium, der wahre Bräutigam sei er (vgl. *Joh* 15, 13; 13, 1); er schließt den Bund in seinem am Kreuz vergossenen Blut und sendet der Kirche, seiner Braut, seinen Geist (*Joh* 19, 30).

So erscheint die Kirche als das Ziel des Bundes: sie wird mit den Geschenken Gottes überschüttet, sie ist die geliebte und fruchtbare Braut, die bis zum Ende der Zeiten neue Kinder hervorbringen wird. Sie wird als »universelles Sakrament des Heiles« (vgl. *Gaudium et Spes,* 45, 1 und 42, 3; vgl. auch *Lumen Gentium,* 1, 1 und 48) Schritt für Schritt durch die Verkündigung des Wortes und die Sendung der Sakramente die Menschheit dazu führen, ganz dem Geschenk Gottes entsprechend zu leben, das ihr durch seinen Bund angeboten wird.

Die Sakramente sind also die Orte der Feier und Erfüllung des Bundes. Die Eucharistie ist dies in hervorragender Weise (vgl. *Presbyterorum ordinis,* 5), aber die Ehe, die »mit der Eucharistie tief verbunden ist« (Familiaris consortio, 57), stellt eine besondere Verbindung mit dem Bund dar. Der Alte Bund hat sich im Zeichen der Menschenehe offenbart; aber die Wirklichkeit der christlichen Ehe ist wie bewohnt und verklärt durch den Neuen Bund.

In dem Apostolischen Lehrschreiben Familiaris consortio, das der christlichen Familie gewidmet ist und infolge der Synode 1980 entstand, habe ich die Notwendigkeit betont, diese Beziehung neu zu entdecken und zu vertiefen (57). Eure Pilgerfahrt nach Rom gibt

mir die Möglichkeit, hier einige Gedanken anzustoßen, die ihr dann weiter ausfalten sollt.
Die Eucharistie macht uns tatsächlich den Bund zugänglich, und zwar zugleich das Geschenk und den, der sich schenkt: sie ist das eigentliche Sakrament des Bundes, sie ist das Mysterium der Kommunion, der Einheit in der vollen Achtung beider Personen: »Wer mein Fleisch ißt, der bleibt in mir und ich in ihm« (*Joh* 6, 56). »Wie ich durch den Vater lebe, so wird auch der, der mein Fleisch ißt, durch mich leben« (*Joh* 6, 57). Die Eucharistie offenbart die Kommunion des Vaters und des Sohnes im Heiligen Geist und zieht in diese Kommunion die Gläubigen mit hinein, die dadurch auch miteinander eine Kommunion vollziehen (*I Kor* 10, 17). Im Fleisch des auferstandenen Christus vollzieht sich die Kommunion im Hl. Geist: »Wer sich mit dem Herrn verbindet, ist ein Geist mit ihm« (*1 Kor* 6, 17).
Die Verwirklichung des Bundes in der Eucharistie findet ihren Wiederhall im Ehebund. Verwirklicht nicht auch das Ehesakrament eine communio (Gemeinschaft), bei der die Einheit im Fleische hinführt zu einer Gemeinschaft im Geiste? Wie der Bund Christi so führt der Ehebund die Gatten dazu, die Treue in »Milde und Barmherzigkeit« zu leben und zugleich auch in »Gerechtigkeit und Rechtschaffenheit« (*Os* 2, 21). »Die Ehe der Getauften wird so zum Realsymbol des neuen und ewigen Bundes, der im Blut Christi geschlossen wurde. Der Geist, den der Herr ausgießt, macht das Herz neu und befähigt Mann und Frau, einander zu lieben, wie Christus uns geliebt hat« (Familiaris Consortio 13). »In diesem Opfer des neuen und ewigen Bundes finden die christlichen Eheleute die Quelle, aus der ihr Ehebund Ursprung, innere Formung und dauernde Belebung empfängt« (*FC* 57). Im Beisammensein mit dem Herrn lernen sie, sich »bis

zum Ende« zu lieben durch ihre Hingabe und Verzeihung. Und wie er selbst einen unauflöslichen Bund lebt, werden sie bei ihm auch lernen, in unverbrüchlicher Treue zu dem Wort und dem Leben, die ihnen geschenkt sind, zu leben.
Der Bund gibt nicht nur dem Leben des Ehepaares seinen inneren Sinn, sondern vollzieht sich in ihm in dem Sinn, daß er seine belebende Macht im Leben des Ehepaares entfaltet. Er formt innerlich das Leben der Eheleute: sie lieben sich nicht nur *wie* Christus geliebt hat, sondern geheimnisvoll lieben sie *mit* der Liebe Christi selbst, denn sein Geist ist ihnen geschenkt in dem Maße, in dem sie sich nach ihm formen lassen (vgl. *Gal* 2, 25; *Eph* 4, 23). In der Messe wandelt der Geist durch den Dienst des Priesters Brot und Wein in den Leib und das Blut des Herrn; in dem und durch das Ehesakrament kann der Geist die Liebe der Eheleute zur Liebe des Herrn selbst wandeln; wenn die Eheleute sich wandeln lassen, können sie mit »dem neuen Herzen« lieben, das im neuen Bund versprochen ist (vgl. *Jr* 31, 31; *FC* 20).
»Leib und Instinkt, die Kraft des Gefühls und der Affektivität, das Verlangen von Geist und Willen« (*FC* 13) – die Liebe des Menschen kann durch das Geschenk des Herrn ganz und gar durchstrahlt werden vom Urlicht der Liebe und so den neuen Bund als wahr und ewig erweisen, der in ihr aufstrahlt.
Allerdings sind wir hier weit entfernt davon, Liebe aufzufassen als rein zeitliche Übereinkunft, die auf die sofortige Befriedigung von Interessen zielt – eine Auffassung, zu der viele Zeitgenossen das Geschenk des Herrn, die Liebe, zu verkürzen neigen.
Ich habe gesagt: »Wenn die Eheleute sich wandeln lassen«, denn das Geschenk, das Gott anbietet, trifft nicht nur auf Zustimmung: seit seinem Ursprung stößt es auch auf Ablehnung und Überheblichkeit. Die im-

mer wieder aufkommenden Versuche, ein Christentum ohne Opfer zu künden, sind dem Mißerfolg geweiht: sie zerbrechen an der Realität der Sünde. Die Sendung Christi bewirkt nur durch seinen Tod und seine Auferstehung die Vollendung des Menschen. Die Eucharistie erinnert uns ohne Unterlaß daran, daß das Blut des »neuen und ewigen Bundes vergossen wurde zur Vergebung der Sünden« (*Mt* 26, 28). Der Bund ist besiegelt im Blut des Lammes.
So ist als nichts Erstaunliches dabei, daß das Ehesakrament die Eheleute zu einem Weg verpflichtet, auf dem sie das Kreuz antreffen werden: Kreuz innerhalb der Ehe. Aufgabe des Egoismus, Vergebung von Ablehnung, Schwächen, Enttäuschungen, Ertragen der Brüche, die jeder mitbringt; Kreuz, das durch die Kinder auferlegt wird, durch ihre Begrenztheiten, Krankheiten, Treulosigkeiten; Kreuz der unfruchtbaren Ehe; Kreuz, das diejenigen zu tragen haben, die wegen ihrer Treue zum Bund Spott, Ironie oder gar Verfolgung erdulden. Wir leben nicht in einer unschuldigen Welt! Die Liebe hat es wie alle menschliche Realität nötig, gerettet, erlöst zu werden. Aber der Empfang der Eucharistie hilft den Eheleuten, aus ihren Prüfungen einen Weg der communio zu machen, ein Teilnehmen am Opfer des Herrn, eine neue Art und Weise, den Bund zu leben und durch das Kreuz hindurch, durch alle Arten des Sterbens hindurch, die ihren Lebensweg bedrohen, zur Freude vorzudringen: christliche Ehe ist ein Ostern!
Das Opfer führt den Herrn zur Auferstehung und zur Sendung des Heilgen Geistes. Es endet in Danksagung und im Lob des Vaters. Das ist auch der ursprüngliche Sinn des Wortes »Eucharistie«, in dem wir »den Kelch des Lobpreises« (*1 Kor* 10, 16) nehmen. Der Segen über den Bund Adams und Evas vollendet sich im Segen über den neuen Adam und die neue

Eva. Eingetaucht in den Bund Christi und der Kirche (vgl. *Eph* 5, 25 ff.) mündet auch der Ehebund ein in Freude, Dank und Danksagung. In diesem Sinne ist jede christliche Familie dazu berufen, eine »Kirche im kleinen« zu werden, ein Ort, an dem Lobpreis und Anbetung erklingen (vgl. *Eph* 5, 19). Die Eheleute üben dort ihr allgemeines Priestertum aus. Familien der Equipes Notre Dame, ihr selbst habt dazu beigetragen, daß das gemeinsame Gebet der Eheleute wieder zu Ehren kam und ihr habt damit einen unschätzbaren Dienst geleistet. Anerkennung, Danksagung und Freude, die nicht aus Illusionen erwachsen, sondern aus der Wirklichkeit von Hingabe und Verzeihung, haben auch in der Welt eine Rolle zu spielen: festgeklammert an das, was sie sich erobert hat, steht sie in der Gefahr, den Sinn für das Schenken zu verlieren. So verschließt sie sich der Dankbarkeit, der Danksagung, die Quelle der Freude sind und vergißt, daß es nicht nur »würdig und recht«, sondern auch »heilsam« ist, Dank zu sagen.
Ich habe eben erwähnt, welchen Dienst die Equipes der Kirche mit ihrem Gebet geleistet haben. Ich lege Wert darauf, nochmals die kirchliche Dimension der ehelichen Berufung zu betonen. Der neue und ewige Bund ist »allen« angeboten (*Mt* 26, 27). So persönlich auch immer jede eucharistische Begegnung eines Christen mit dem Herrn sein mag, so betrifft sie doch immer auch den ganzen Mystischen Leib. »Die Kirche bewirkt die Eucharistie, aber die Eucharistie bewirkt auch die Kirche«. Über alle Unterschiede hinweg, Unterschiede der Rasse, der Nation, des Geschlechts, der Klasse, bringt die Eucharistie Mauern zum Einsturz, der eucharistische Leib des Herrn bildet sich seinen geheimnisvollen Leib, der die Kirche ist. Die Feier des neuen und ewigen Bundes läßt die christliche Versammlung in ihr eigentliches Sein eintreten: sie wird

selbst »Leib« im Leib des Herrn (vgl. *1 Kor* 10, 17). Aber weit entfernt davon, sie in einem trauten Hinterzimmer einzusperren, heißt die Eucharistie diese Versammlung aufbrechen bis an die Enden der Erde. Der Geist des auferstandenen Christus sichert zugleich die Kommunion und die Mission (vgl. *Apg* 1, 13; 2, 4; *Mt* 28, 18–20).

»Diese in der Eucharistie geschenkte Liebe ist das lebendige Fundament der Gemeinschaft und Sendung der christlichen Familie. Das eucharistische Brot macht aus den verschiedenen Gliedern der Familiengemeinschaft einen einzigen Leib, ...« und nährt zugleich ihre »missionarische und apostolische Dynamik« (*FC* 57). Als Sakrament des Bundes soll die häusliche Kirche sehr intensiv aus der Kommunion leben, aus der Kommunion, die sich nicht in Intimität verschließt, sondern voll der Mission öffnet. So ist die Familie als Urzelle der Kirche, die sich anderen Gemeinschaften öffnet, keineswegs eine verschlossene Kapelle. Darum müßt ihr für enge Zusammenarbeit mit euren Bischöfen und Priestern sorgen – angefangen bei den Gemeindepfarrern.

Eure Berufung, Baumeister der Kirche zu sein, beginnt mit einer großzügigen Weitergabe des Lebens (selbst in der Kirche wissen viele Eheleute nicht mehr, daß »die Kinder das vorzügliche Geschenk der Ehe« sind, *Gaudium et Spes* 50). Sie setzt sich fort in den vielfältigen Tätigkeiten, die jedes Ehepaar entsprechend seiner persönlichen Berufung ausüben kann, sei es in der Katechese, durch die Teilnahme an liturgischen Diensten oder im apostolischen Dienst in all seinen Formen. Jede Ehe lernt selbst ihre eigene Berufung immer klarer zu erkennen, indem sie ihre Neigungen, Talente und Möglichkeiten in Beziehung setzt zu den Notwendigkeiten und Aufrufen, die aus Kirche und Welt zu ihr dringen. Denn die drängenden

missionarischen Aufgaben gehen über die Grenzen der Kirche hinaus. Unsere alt gewordene Welt (*FC* 6) glaubt nicht mehr an das Leben, an die Liebe, an die Treue, an die Vergebung; sie braucht Zeichen des neuen und ewigen Bundes, die ihr wirkliche Liebe, Treue bis zum Kreuz, Lebensfreude und Kraft des Verzeihens vorleben; man muß ihr neu den Wert des gegebenen und gehaltenen Wortes vermitteln in einem Leben, das man zum Geschenk gemacht hat. Durch die eheliche Treue hindurch wird sie neu die Treue des lebendigen Gottes wahrnehmen lernen.
Schließlich kündigt die Eucharistie die Wiederkunft des Herrn an und hilft, sie – und damit die endgültige Vollendung des Bundes – vorzubereiten. Die Eucharistie ist die Nahrung für den Weg; sie bereitet auf die Zeit vor, in der sie selbst nicht mehr nötig sein wird, weil wir »ihn sehen, wie er ist« (*1 Joh* 3, 2). Sie führt uns nicht zu einer Verachtung des Zeitlichen, das vergeht, sondern läßt uns mit Zeitlichem Ewiges bereiten, verhindert aber zugleich, daß wir uns zu stark auf diese Zeit einlassen, indem sie uns immer wieder ins Gedächtnis ruft, daß wir auf dieser Erde nur Gäste sind (*Heb* 11, 9–11; *Ph* 3, 20; *1 Petr* 2, 11). Als Bundesvolk sind wir das Volk des Paschah, des Vorübergangs. Wir sind unterwegs zur Stadt Gottes, zum Himmlischen Jerusalem, wo uns die Gaben Gottes in Fülle geschenkt werden.
Diese eschatologische Perspektive der Eucharistie findet in der Ehe ihren Widerhall. Die Ehe trägt an sich das Zeichen der Vergänglichkeit: »Die Gestalt dieser Welt vergeht« (*1 Kor* 7, 31). Und dennoch ist der Leib mehr als bloß Leib, er ist Zeichen des Geistes, der in ihm wohnt (vgl. Ansprache der Generalaudienz vom 28. Juli 1982), die christliche Ehe ist mehr als nur leiblich. »Die Liebe ist mehr als nur Liebe« (Paul VI., Ansprache an die Equipes Notre Dame, 4. Mai 1970,

Nr. 6). Durch den Heiligen Geist gewandelt bringt die Liebe Ewiges hervor, denn »die Liebe vergeht nicht« (*1 Kor* 13, 8).

Echte eheliche Liebe, die von Treue und Zärtlichkeit durchdrungen ist, läßt nicht zu, daß man sich in falscher »Anbetung« an den Partner verliert, sondern sie führt über den ehelichen Bund zum Bund mit Gott, vom Bild zum Urbild. So erkennt sich die Ehe als untrennbar verbunden mit einem anderen Zeichen für den Bund: der Jungfräulichkeit »um des Himmelreiches willen« (*Mt* 19, 12; vgl. Ansprache bei der Generalaudienz am 30. 6. 82). Sie erinnert alle daran, daß das vorzüglichste Geschenk Gottes nicht ein Geschöpf ist, so liebenswert es auch immer sei, sondern der Herr selbst: »Dein Schöpfer dein Gemahl ist« (*Is* 54, 5). Der wahre Bräutigam der endgültigen Hochzeit ist Christus, und die Kirche ist die Braut (vgl. *Mt* 22, 1–14). Die gottgeweihte Jungfräulichkeit –Zeichen der Welt, die kommen wird (vgl. *FC* 16) – findet ihren Wiederhall im Herzen jeder christlichen Ehe. Sie beinhaltet nicht Angst, nicht Zurückweisung, sondern den Anruf einer größeren Liebe (vgl. Ansprache bei der Generalaudienz vom 21. 4. 1982). Es war mir wichtig, daran zu erinnern, daß in diesem Sinn »die Kirche... immer die Erhabenheit dieses Charismas über das der Ehe verteidigt« hat (*FC* 16), selbst wenn das heute kaum mehr verstanden wird. Ich sage euch damit gleichzeitig, für wie bedeutsam die Kirche ein gewisses Familienklima hält, in dem in Freiheit und Freude der Ruf vernommen werden kann, alles um Christi willen zu verlassen.

»Wenn du doch das Geschenk Gottes erkenntest!« Brüder und Schwestern, euer ganzes Eheleben wird nicht ausreichen, den ganzen Reichtum des Geschenkes auszuloten, das Gott euch mit dem Sakrament des Bundes macht. Die Kirche wird auf ihrem Erdenweg

nicht Zeit genug haben, um Gottes Geschenk auszuloten, »die Höhe und Tiefe, die Länge und Breite der Liebe Gottes, die alles Begreifen übersteigt« (*Eph* 3, 18–19). Das ist ein Grund mehr, sich daran zu binden von jetzt an – als Ehe, als Equipe, als Kirche.
Der Hinweis auf die Erwartungen, die Gott an die Ehe seiner Kinder knüpft, könnte euch jedoch belasten: wie soll man angesichts der Männer und Frauen unserer Zeit eine solche Sendung auf sich nehmen?
Ihr tut gut daran, eure Grenzen zu sehen: Demut ist der erste Schritt zur Heiligkeit. Aber ihr dürft dennoch nicht Gottes Erwartung an euch verkleinern; wie könnte die Liebe weiterbestehen, wenn man nicht an ihrem Widerschein, an ihrer Treue und Fruchtbarkeit die Heiligkeit ihrer Quelle aufleuchten sähe? »Mag die christliche Ehe auch mit einem hohen Gebirge vergleichbar sein, das die Eheleute in die unmittelbare Nachbarschaft Gottes hebt, so muß man doch auch anerkennen, daß der Aufstieg viel Zeit und Mühe fordert. Aber wäre das ein Grund dafür, das Gebirge abzutragen oder niedriger zu machen?« (Predigt in Kinshasa, 3. 5. 1980, Nr. 1).
Der Abstand, den ihr beobachtet zwischen der Erwartung des Vaters und euren armen Antworten braucht euch nicht zu lähmen, sondern soll euch noch tatkräftiger machen. Ihr wißt aus eigener Erfahrung, daß eine gute Mutter sich nicht zum Komplizen macht, wenn ihr Kind nicht essen, nicht arbeiten oder nicht lieben will! Sie hält es an, auf dem Weg des Lebens voranzugehen, sie tut dies ohne Schwäche und Härte, sondern als milde und barmherzige Forderung. Ebenfalls wißt ihr aus Erfahrung, daß ein liebender Vater seine Kinder nicht überfordert, weil sie langsam heranwachsen! In meinem apostolischen Lehrschreiben habe ich nicht von einer »Gradualität des Gesetzes« gesprochen, denn die Forderungen der Schöpfung

und der Erlösung des Leibes gehen uns alle schon heute an, sondern ich sprach von einem »erzieherischen Weg des Wachsens« (Nr. 9). Muß nicht unser ganzes christliches Leben als Weg gedacht werden?
Ich möchte euch angesichts dieser oft schwierigen Einzelfragen – der Liebe und ihrer Ausdrucksformen, ihrer Mißerfolge und Neuanfänge; der komplizierten Fragen der Empfängnisregelung (in denen es darum geht, zu ehelichen Beziehungen zu gelangen, die beherrscht sind und sowohl »die Natur als auch den Sinn des ehelichen Aktes achten« –m eine Ansprache an die Mitglieder von C.L.E.R., 3. 11. 1979 – und die immer eine unumstößliche Ehrfurcht vor dem menschlichen Leben bewahren) und auch angesichts eurer Rolle in der Kirche und in der Welt hinweisen auf das, was euch Paul VI. anläßlich seiner berühmten Ansprache an euch 1970 sagte: »Der Weg der Eheleute kennt wie jeder menschliche Lebensweg viele Abschnitte, auch schwierige und schmerzliche Phasen haben darin ihren Platz. Aber dennoch muß man laut sagen: Nie dürfen Furcht und Angst in den Herzen guten Willens Platz greifen; denn ist nicht das Evangelium letztlich eine gute Botschaft auch für die Ehe und eine Botschaft, die zwar einiges fordert, aber dafür auch um so tiefer befreit?« (Nr. 15).
Eure geistigen Kämpfe, ja sogar die Reue über eure Sünden, die ihr dem Herrn im Sakrament der Versöhnung anvertraut (vgl. *FC* 58), spielen eine wichtige Rolle: sie können euch brüderlicher machen angesichts eurer Brüder und Schwestern, die von Niederlagen aller Art heimgesucht werden – die vom Ehepartner verlassen wurden, die einsam oder aus dem Gleichgewicht geraten sind – sie können euch helfen, diese Brüder zu begleiten und wieder auf den rechten Weg zu bringen, ohne dabei etwas von der Berufung des Ehepaares zur Heiligkeit abzustreichen.

Diese letzten Überlegungen haben uns nicht abgebracht von der Eucharistie, sie führen uns im Gegenteil wieder zu ihr hin: ist nicht die Eucharistie Wegzehrung für die, die unterwegs sind? Ist sie nicht ein Zusammentreffen mit dem, der die Wahrheit und das Leben und zugleich auch der Weg ist (vgl. *Joh* 14, 6)?

Lebt also, liebe Brüder und Schwestern, im Herzen des Sakraments des Bundes, da eure Ehe genährt wird mit dem Sakrament der Eucharistie und die Eucharistie erhellt wird durch euer Ehesakrament: es geht dabei um die Zukunft der Welt. Möge all euren Begrenztheiten, all euren Schwachheiten zum Trotz euer Licht vor den Menschen leuchten. Die Menschen unserer Tage drängen sich um so viele verschmutzte Quellen! Möge euer ganzes Leben sie zum Brunnen Jakobs hinführen, möge euer Ehe- und Familienleben für sie zum Anruf werden: »Wenn du doch das Geschenk Gottes erkenntest!« Könnten sie doch an eurer Lebensart Gottes begeistertes »Ja« zur echten Liebe ablesen! Euer ganzes Leben soll sie den Ruf Christi vernehmen lassen: »Wen dürstet, der komme zu mir und wer an mich glaubt, soll bei mir trinken. Wie die Schrift sagt: aus seiner Seite fließen Ströme lebendigen Wassers« (*Joh* 7, 37–38).

Unsere Liebe Frau möge euch helfen Gottes Geschenk entgegenzunehmen und an die Menschen weiterzureichen, wie sie es getan hat!

Ich selbst gebe euch von ganzem Herzen meinen Apostolischen Segen, jeder einzelnen Ehe, allen Mitgliedern der Equipes Notre Dame, vor allem denen, die in Prüfungen leben, auch den Priestern und Ordensleuten, die euren Weg begleiten.

Ich grüße besonders die Bewegung der Jugendlichen, die den Geist der Equipes Notre Dame kennenlernen wollen. Gott möge ihnen helfen, in Treue zur Kirche

dem Beispiel ihrer Eltern zu folgen.
*Ansprache an Equipes Notre Dame, Rom, 23. 9. 1982; O. R. it.
24. 9. 1982*

Der Eucharistische Weltkongreß, der im August 1985 in Nairobi in Kenia abgehalten werden soll, stellt ein Ereignis von großer Bedeutung für die Kirche dar: sowohl wegen der großartigen Kundgebungen eucharistischer Frömmigkeit, die mit ihm einhergehen werden, als auch wegen des geistlichen Gewinns, den die Gläubigen, die aus den verschiedenen Teilen der Welt und vor allem aus den Ländern des mir so teuren Afrika dort zusammenkommen werden, hoffentlich daraus ziehen werden.
Das Thema des Kongresses: »Eucharistie und christliche Familie« ist nicht nur für die gastgebende Nation und den Kontinent sehr bedeutsam, sondern für sämtliche Glieder der Kirche in jedem Land der Welt. Es kommt daher darauf an, daß sich jeder durch Gebet und Betrachtung auf das wichtige Ereignis vorbereitet und so Herz und Sinn für die Annahme jener Gnadengaben empfänglich macht, die der Heilige Geist, den wir alle darum anflehen, bei dieser Gelegenheit in reichem Maße ausgießen wird. Ich möchte mit dieser meiner Botschaft zu einer solchen Vorbereitung beitragen, indem ich einige Gedanken anbiete, mit denen sich die einzelnen und die Gemeinden in nützlicher Weise werden befassen können.
Was uns bei der Betrachtung des eucharistischen Geheimnisses sogleich auffällt, ist, daß es seit den Anfängen der Kirche in einer Gemeinschaftsdimension gelebt und erlebt wird, wie die realen Gegebenheiten enthüllen, die von Ausdrücken wie Haus, Familie, Mahl wachgerufen werden. Es kommt einem sogleich jenes »Haus« in Erinnerung, in dem die Jünger einen

»großen Raum im Obergeschoß, der mit Polstern ausgestattet war, vorbereiteten«, damit der göttliche Meister dort mit ihnen zusammen das Paschamahl essen konnte (vgl. *Lk* 22, 7–22). Und man denkt auch an die Zeugnisse, die uns das Buch der Apostelgeschichte über die Urgemeinde bewahrt hat, deren Mitglieder »Tag für Tag einmütig im Tempel verharrten, in ihren Häusern das Brot brachen und miteinander Mahl hielten in Freude und Einfalt des Herzens« (*Apg* 2, 46). Insbesondere »am ersten Wochentag versammelten sie sich, um das Brot zu brechen«, nachdem sie das Wort des Apostels gehört hatten (vgl. *Apg* 20, 7–11), und wiederholten auf diese Weise die Handlung des Herrn beim Paschamahl in Erfüllung des von ihm ausgesprochenen Gebotes (vgl. *Lk* 22, 19). Das alles vollzieht sich in einem Klima, das man als familiär, ja geradezu häuslich bezeichnen könnte, weil diejenigen, die an dem Mysterium teilnehmen, wissen, daß sie durch ihren Glauben an Christus zu »Hausgenossen Gottes« geworden sind, wie uns der hl. Paulus in Erinnerung bringt (*Eph* 2, 11).

Die Feier der Eucharistie offenbart sich so von Anfang an als das Sakrament der brüderlichen Liebe, in dem Jesus Christus wirklich und wesenhaft gegenwärtig ist als Leib, Blut, Seele und Gottheit, um sich mit dem, der an ihn glaubt und ihn würdig empfängt, aufs innigste zu vereinigen. Es ist eine Gegenwart, die von weither kommt und die weit reicht: vom Schoß des ewigen Vaters bis zum Endziel, von der Menschwerdung bis zur eschatologischen Vollendung, auf die die Geschichte zugeht. Daran erinnert uns denn auch der hl. Paulus: »Denn sooft ihr von diesem Brot eßt und aus dem Kelch trinkt, verkündet ihr den Tod des Herrn, bis er kommt« (*1 Kor* 11, 26). In der Eucharistie dürfen also wir Erdenpilger in der Erwartung, daß der Glaube erleuchtet und die Hoffnung nährt, im voraus etwas von der Freude kosten, die dem endzeitlichen Hochzeitsmahl eigen sein wird. Auf dieses himmlische Hochzeitsmahl spielt Christus selbst beim Letzten Abendmahl an (vgl. *Lk* 22, 15–16); es ist daher recht, daß der Christ dieses Mahl im Auge hat, wenn er sich von der göttlichen Speise nährt, die seinen Hunger stillt und in ihm die Sehnsucht nach einer immer volleren Gemeinschaft mit seinem Herrn neu belebt bis zur Einsicht, »um wieviel besser es wäre, aufzubrechen und bei Christus zu sein« (vgl. *Phil* 1, 23). Die eucharistische Begegnung kündigt so die seligmachende Erfahrung der endgültigen Begegnungen im Hause des Vaters im voraus an und nimmt sie vorweg.

Die wesentlich gemeinschaftsbezogenen Dimension der Eucharistie findet ihre bevorzugte Äußerung im Kreis der Familie. Wenn in den Anfangszeiten des Christentums und auch in den ersten Jahrhunderten die Eucharistie notgedrungen häufig in Privathäusern gefeiert wurde, so hat auch in der Folge die damals wohl leichtere und spontanere Verbindung zwischen dem eucharistischen Geheimnis und jenem Heiligtum der Liebe nicht nachgelassen, die nach dem Plan des Schöpfers und Erlösers die Familie sein soll. Auch wenn mit der Entwicklung der Kirche in den folgenden Jahrhunderten die Feier der Eucharistie mit Recht vorwiegend in Gotteshäusern vorgesehen und vorgeschrieben war, die dem Gottesdienst der ganzen Kirchengemeinde als angemessenstes Abbild des mystischen Leibes Christi und der »Hausgemeinschaft Gottes« geweiht waren, hat der heilige Sinn nicht nachgelassen, den die Kirche der Familie als Lebenszelle der kirchlichen Gemeinschaft gerade in bezug auf die Eucharistie beimißt. Wir verdanken es dem Zweiten Vatikanischen Konzil, daß es diese »heilige« Wirklichkeit der Familie in ihrer ganzen evangelischen Frische

in klareres Licht gerückt hat. Die Konstitution *Lumen gentium* hat in der Familie eine Art »Hauskirche« gesehen (Nr. 11), und das Dekret hat sie »häusliches Heiligtum der Kirche« genannt (Nr. 11).
Die Tatsache, daß heute die Eucharistie im Gotteshaus gefeiert wird, wo sich die größte »Familie« der christlichen Gemeinde, besonders auf Pfarrebene, versammelt, darf also nicht daran hindern, die tiefe Bindung zu sehen, die zwischen dem Sakrament des Leibes und Blutes des Herrn und jener »Grund- und Lebenszelle der Gesellschaft« (*Apostolicam actuositatem*, Nr. 11) besteht, die die Familie darstellt. Wenn die Eucharistie in der Tat das Sakrament ist, durch das Christus den Gläubigen das Leben schenkt (vgl. *Joh* 6, 35 f.), so ist es nicht weniger wahr, daß die Familie der von Gott vorbestimmte »Ort« ist, an dem »die neuen Bürger der menschlichen Gesellschaft geboren werden, die durch die Gnade des Heiligen Geistes in der Taufe zu Söhnen Gottes gemacht werden, um dem Volk Gottes im Fluß der Zeiten Dauer zu verleihen« (*Lumen gentium*, Nr. 11). Darüber hinaus macht das eucharistische Opfer »den Liebesbund Christi mit der Kirche gegenwärtig, der mit seinem Blut am Kreuz besiegelt wurde« (*Familiaris consortio*, Nr. 57); die Ehe der Getauften, in der die christliche Familie ihren Ursprung und ihr Fundament hat, ist ihrerseits ein einzigartiges lebendiges und bedeutsames Symbol dieses Bundes. In der Eucharistiefeier, in der normalerweise die Eheschließung stattfindet, »finden die christlichen Eheleute darum die Quelle, aus der ihr Ehebund Ursprung, innere Formung und dauernde Belebung empfängt« (*Familiaris consortio*, Nr. 57).
Aus diesen höheren Gründen des Glaubens und des kirchlichen Lebens hat die christliche Familie eine besondere Berufung, Zeugin des Evangeliums in der Welt von heute zu sein. Aus der Eucharistie wird sie

die Kraft schöpfen, die ihr die Erfüllung dieser Aufgabe abverlangt. »Die Teilnahme am ›hingegebenen‹ Leib und am ›vergossenen‹ Blut wird unerschöpfliche Quelle der missionarischen und apostolischen Dynamik der christlichen Familie« (*Familiaris consortio*, Nr. 57), die, solcher Art gestärkt, »mit lauter Stimme die gegenwärtige Wirkkraft des Gottreiches, besonders aber auch die Hoffnung auf das selige Leben verkünden« kann (*Lumen gentium*, Nr. 35).
Die Familie sieht sich also hineingenommen in die größere Gemeinschaft der Kirche mit ihrer ganz spezifischen Rolle: nämlich »ein leuchtendes Zeichen der Gegenwart Christi und seiner Liebe auch für die ›Fernstehenden‹ zu sein, für die Familien, die noch nicht glauben, und für jene christlichen Familien, deren Leben dem einst empfangenen Glauben nicht mehr entspricht« (*Familiaris consortio*, Nr. 54).
Das Thema, das zu vertiefen sich der nächste Eucharistische Weltkongreß vornimmt, hat also wahrlich fundamentalen Charakter. Ich wünsche herzlich, daß dieser Kongreß einen wirksamen Augenblick im Leben der Kirche darstelle, damit die christliche Familie daraus jene Erleuchtung und jene Hilfe beziehen kann, deren sie heute besonders bedarf.
Während ich alle Völker Afrikas herzlich grüße und mein besonderes Gedenken der geliebten Nation von Kenia gilt, möchte ich die Arbeiten sowohl des Internationalen Komitees wie der Ortskirche ermutigen und zugleich die gesamte katholische Kirche zum Gebet für das gute Gelingen des Kongresses einladen. Die selige Jungfrau inspiriere und erleuchte die Organisatoren und alle Gläubigen, damit auch dank des bevorstehenden kirchlichen Ereignisses der wesentliche Wert der Eucharistie für das Heil und die Heiligung der Familie und die unerläßliche Rolle der Familie für die Evangelisierung und das Kommen des Gottesrei-

ches, das in der Eucharistie vorweggenommen wird und seinen zentralen Mittelpunkt hat, immer besser erfaßt werde.
Brief des Papstes an Präsidenten der Eucharistischen Weltkongresse, Rom, 15. 8. 1984; OR 39/84

E. Familie und Geistliche Berufung

Die Jungfräulichkeit und die Ehelosigkeit für das Reich Gottes stehen in keinerlei Widerspruch zum hohen Wert der Ehe, sondern setzen ihn voraus und bekräftigen ihn. Ehe und Jungfräulichkeit sind die beiden Weisen, das eine Geheimnis des Bundes zwischen Gott und seinem Volk darzustellen und zu leben. Ohne Achtung für die Ehe kann es auch keine gottgeweihte Jungfräulichkeit geben; wenn die menschliche Sexualität nicht als ein hoher, vom Schöpfer geschenkter Wert betrachtet wird, verliert auch der um des Himmelreiches willen geleistete Verzicht auf sie seine Bedeutung.

FC 16

Vorbemerkung

Obwohl nur wenige Texte vom Zusammenhang von Ehe und Jungfräulichkeit sprechen und diese auch nur in dem Sinn, daß eine gute Familie Mutterboden geistlicher Berufungen ist, sind sie in einem eigenen Kapitel zusammengefaßt. Der Grund dafür liegt in folgendem: In den Ansprachen an Familien und Bischöfe steht für den Papst die Erneuerung der christlichen Familie selbst im Vordergrund. Zu ihr ermutigt er. Nur vereinzelt geht er – etwa im Sinn der Kapitel 16 und 53 von Familiaris consortio – in diesen Ansprachen tiefer darauf ein, daß damit auch die Erneuerung des Priester- und Ordensstandes verbunden ist. In vielen eigenen Ansprachen wendet er sich an Ordensleute, junge Priester, Seminaristen und auch die Jugend allgemein, um den Sinn für die jungfräuliche Berufung zu wecken und zu vertiefen.

An dieser Stelle allerdings ist der Hinweis auf die Mittwochskatechesen wichtig[1]*. Über eine längere Zeit hinweg hat der Papst dort den in der bräutlichen Bedeutung des Leibes grundgelegten inneren Zusammenhang von Ehesakrament und Jungfräulichkeit um des Himmelreiches willen dargelegt und damit Anstöße für eine vertiefte Pastoral und theologische Reflexion in diesem Bereich geliefert.*

Auf der Grundlage dieser Zusammenarbeit mit den Familien und im Rahmen eines vertieften Dialogs mit den Jugendlichen muß sich die Pastoral der Berufungen entwickeln, über deren Dringlichkeit ich hier ja wohl kein Wort zu verlieren brauche. Natürlich darf man sich nicht wundern, daß diese besondere pastorale Aktion sich in einer Millionenstadt als sehr schwierig erweist. Sie könnte sich jedoch, wenn mit Methode und Eifer durchgeführt, auf lange Sicht hin in einem so vielschichtigen Tätigkeitsbereich als sehr wirksam erweisen. Ich möchte also vor allem auf der Notwendigkeit bestehen, daß die Priester den Herrn der Ernte bitten, ihnen zu helfen, durch ihr Leben und ihre Lehre selber wirksame Mittler bei diesem Werk der Förderung von geistlichen Berufen zu sein.

An Klerus, Rom, 2. 3. 1979; OR 11/79

---

[1] Johannes Paul II.: Die menschliche Liebe im göttlichen Heilsplan, Vallendar-Schönstatt 1985. Ders.: Die Erlösung des Leibes und die Sakramentalität der Ehe, Vallendar-Schönstatt 1985 (Communio personarum Bd. 1 und 2).

Aber eine ganz besondere Verbindung besteht zwischen Berufung und Familienleben: wo es eine wirksame, gute Familienpastoral gibt und es zur Regel wird, das Leben als ein Geschenk Gottes anzunehmen, findet Gottes Stimme leichter Widerhall und großzügigere Bereitschaft, gehört zu werden.
An italienische Bischöfe, Rom, 15. 5. 1979; OR 27/79

Nun möchte ich ein Wort an die Familien der Neupriester und an alle christlichen Familien Japans richten.
Tief bewegt denke ich an die Begegnung hier in Nagasaki zwischen einem frisch eingetroffenen Missionar und einer Gruppe von Menschen, die sich vergewissert hatten, daß er katholischer Priester war, und ihm dann sagten: »Jahrhundertelang haben wir auf dich gewartet.« Sie waren weit über 200 Jahre ohne Priester, Kirchen oder öffentlichen Gottesdienst geblieben. Und doch war trotz widriger Verhältnisse der christliche Glaube nicht zugrundegegangen, denn er war von Generation zu Generation in der Familie weitergegeben worden. Damit hat die christliche Familie ihre unermeßliche Wichtigkeit für die Berufung zum Christwerden erwiesen.
Die christliche Familie ist ferner in höchstem Maße lebenswichtig für die Berufung zum Priester- und Ordensstand. Die Mehrzahl dieser Berufungen werden geweckt und wachsen in echten christlichen Familien. Daher nennt das Zweite Vatikanische Konzil die Familie das »erste Seminar« (vgl. *Optatam totius,* Nr. 2).
Ich bin mir sicher, daß auch die zahlreichen Berufe in der »kleinen Herde« der katholischen Gemeinschaft in Japan in Familien entstanden und groß geworden sind, in denen der Geist des Glaubens, der Liebe und der Frömmigkeit herrschte.

Wenn ich als Nachfolger des Petrus Neupriester für euer Land weihe, ermuntere ich jede christliche Familie in Japan, eine wirkliche »Hauskirche« zu sein: ein Ort, wo man Gott dankt und lobt, ein Ort, wo sein Wort gehört und sein Gesetz befolgt wird, ein Ort, wo Glaubenserziehung geleistet, wo der Glaube gefördert und gestärkt wird, ein Ort brüderlicher Liebe und gegenseitigen Dienstes, ein Ort endlich, wo man für andere, zumal für die Armen und Notleidenden, offen ist.

Seid offen für Berufungen aus eurer Mitte. Betet, daß der Herr als Zeichen seiner besonderen Liebe eins oder auch mehrere von euren Kindern zu seinem Dienst beruft. Lebt euren Glauben mit einer Freude und einem Eifer, die solche Berufe fördern. Seid hochherzig, wenn euer Sohn oder eure Tochter, euer Bruder oder eure Schwester sich zur besonderen Nachfolge Christi entschließen. Gestattet ihm oder ihr, in ihrer Berufung zu wachsen und stark zu werden. Schenkt einer frei getroffenen Entscheidung eure volle Unterstützung.

Bei Priesterweihe, Nagasaki (Japan), 25. 2. 1981; OR 10/81

Wie ihr wißt, keimen, wachsen und reifen die Berufungen in der Familie. Sie sind fast immer Frucht des intensiven Glaubenslebens der Familie. Es ist daher notwendig, der Familie, den Empfehlungen der letzten Bischofssynode gemäß, besondere Aufmerksamkeit zuzuwenden. In den guten Familien werden Menschen heranwachsen, die zum Ferment für eine gerechtere und brüderlichere, für eine bessere Gesellschaft werden. Die Berufungen reifen in einem verantwortungsbewußten Laienstand, der seinen Glauben voll lebt und seine Rolle in der Welt, in der er lebt, wahrnimmt.

An Katecheten, Rom, 7. 1. 1982; OR 5/82

Schließlich lade ich in aufrichtigem Vertrauen alle gläubigen Familien ein, über den Sendungsauftrag nachzudenken, den sie von Gott zur Erziehung ihrer Kinder im Glauben und für ein christliches Leben erhalten haben. Das ist ein Auftrag, der auch die Verantwortung für die Lebensberufung ihrer Kinder umfaßt. »Die Kinder sollen so erzogen werden, daß sie einmal als Erwachsene, in vollem Bewußtsein ihrer Verantwortung, ihrer Berufung, auch einer geistlichen, folgen können« (GS 52). Das Zusammenwirken von Familie und Kirche auch im Bereich geistlicher Berufe ist tief verwurzelt im Geheimnis und Auftrag der christlichen Familie: »Eine Familie, die offen ist für die transzendenten Werte, die den Brüdern in Freude dient, die hochherzig und treu ihre Aufgaben erfüllt und sich Tag für Tag ihrer Teilnahme am österlichen Geheimnis des Kreuzes Christi bewußt ist, eine solche Familie wird zum ersten und besten Seminar für die Berufung zu einem dem Reiche Gottes geweihten Leben« (*Apostolisches Schreiben Familaris consortio*, Nr. 53).
Botschaft zum Weltgebetstag für geistliche Berufe, Rom, 2. 5. 1982; OR 17/82

Den christlichen Familien möchte ich schließlich den unersetzlichen Wert ihrer Arbeit und Mühe in Erinnerung rufen. Liebe christliche Eheleute und Eltern! Ihr wart Gottes Mitarbeiter bei der Schöpfung neuen Lebens. Arbeitet nun auch mit daran, daß eure Kinder den Auftrag Christi, der einem jeden anvertraut ist, entdecken und annahmen. Das ist das eindrucksvollste Zeichen der Liebe, das ihr ihnen geben könnt. Die geistliche Berufung ist nicht nur ein großes Geschenk für jene, die sie erhalten, sondern auch für die Eltern.

Angesichts einer so erhabenen Verpflichtung ermahne ich euch: Bleibt der Berufung treu, die ihr selbst im Sakrament der Ehe empfangen habt. Pflegt in euren Familien das Gebet, denn ihr braucht den Beistand Gottes, um seinen Willen zu erkennen und um ihm hochherzig zu entsprechen.
Schreiben zum Welttag der geistlichen Berufe, Rom, 11. 2. 1984; OR 19/84

F. Die Heilige Familie von Nazareth

Durch den geheimnisvollen Ratschluß Gottes hat in ihr für viele Jahre der Sohn Gottes verborgen gelebt. Sie ist deshalb Urbild und Beispiel für alle christlichen Familien. Diese Familie, einzig in der ganzen Welt, hat unerkannt und still in einer kleinen Ortschaft Palästinas gelebt; sie ist von Armut, Verfolgung und Verbannung heimgesucht worden, und sie hat auf unvergleichlich erhabene und lautere Weise Gott verherrlicht. Diese Familie wird den christlichen Familien ihre Hilfe nicht versagen, ja sie wird allen Familien in der Welt beistehen in der Treue zu ihren täglichen Pflichten, im Ertragen der Ängste und Bedrängnisse des Lebens, in der hochherzigen Zuwendung zu den Nöten der anderen, in der freudigen Erfüllung ihrer Berufung.

Möge der heilige Josef, der »Gerechte«, der unermüdliche Arbeiter, der getreue Hüter des ihm anvertrauten doppelten Schatzes, sie stets behüten, schützen und erleuchten!

Möge die Jungfrau Maria, wie sie Mutter der Kirche ist, so auch die Mutter der »Hauskirche« sein! Möge dank ihrer mütterlichen Hilfe jede christliche Familie wahrhaft eine »Kirche im kleinen« werden, in der sich das Geheimnis der Kirche widerspiegelt und gelebt wird! Sie, die Magd des Herrn, sei das Beispiel für eine demütige und hochherzige Annahme von Gottes Willen; sie, die Schmerzhafte Mutter zu Füßen des Kreuzes, lindere die Schmerzen aller, die an den Schwierigkeiten ihrer Familien leiden, und trockne ihre Tränen.

Und Christus, der Herr, der König des Alls, der König der Familien, sei wie in Kana in jedem christlichen Heim zugegen als Quelle von Licht, Freude, froher Zuversicht und Kraft. Am Fest seines Königtums bitte ich ihn, daß jede Familie hochgemut das Ihre beitrage zur Ankunft seines Reiches in dieser Welt, »Reich der Wahrheit und des Lebens, der Heiligkeit und der Gnade, der Gerechtigkeit, der Liebe und des Friedens«. Dieses Reich ist das Ziel der Geschichte.

FC 86

Vorbemerkung

Reicht es, die christliche Familie immer wieder auf die Grundwerte, die in der Familie verwirklicht werden sollen, hinzuweisen? Reicht es, ihr als Gegenbild heutiger Nöte (anhand dieser Werte) die christliche Berufung zur Ehe zu verdeutlichen? Viele Menschen erkennen sich selbst und ihre Aufgabe besser, wenn sie ein Vorbild, nicht ein Gedankengebäude, vor sich sehen. Dieses Vorbild der christlichen Familie ist die Heilige Familie von Nazaret. An ihr kann auch die Familie unserer Zeit Maß nehmen und sehen, daß und wie Schwierigkeiten mit unerschütterlichem Gottvertrauen gemeistert werden können, auch widrigste Lagen: Obdachlosigkeit, Verfolgung, Flucht, Dunkelheit der Zukunft usw. So ist die gläubige Grundhaltung Gott gegenüber der eine Zentralpunkt, den die Heilige Familie verdeutlicht – der andere ist das Geheimnis der Menschwerdung. Achtung vor Gott erweist sich als echt in der Achtung vor dem Menschen. In der Familie offenbart Christus immer neu seine Menschwerdung und zieht so jede christliche Familie in den Bannkreis seiner eigenen irdischen Familie von Nazaret hinein.

Der Sonntag in der Weihnachtsoktav, also der heutige, verbindet sich in der Liturgie mit dem Fest der Heiligen Familie: Jesus, Maria und Josef. Die Geburt eines Kindes ist immer der Anfang einer Familie. Die Geburt Jesu in Betlehem gab dieser Familie, die in der Geschichte der Menschheit einzigartig und außergewöhnlich dasteht, den Anfang. In dieser Familie kam der Sohn Gottes zur Welt, wuchs auf und wurde erzogen: er war empfangen und geboren worden von der Jungfrau-Mutter; er wurde gleichzeitig, von Anfang an, der echt väterlichen Fürsorge des Tischlers Josef aus Nazaret anvertraut, der vor dem jüdischen Gesetz der Ehemann Marias war und vor dem Heiligen Geist wert gefunden wurde, ihr Bräutigam und der väterliche Beschützer des mütterlichen Geheimnisses seiner Braut zu sein.
Die Familie von Nazaret, die die Kirche besonders in der heutigen Liturgie allen Familien vor Augen stellt, ist in der Tat das höchste Vorbild, an dem sich die Heiligkeit der Familien orientieren kann. Die Geschichte dieser Familie wird in den Evangelien in sehr gedrängter Form beschrieben. Wir erfahren nur wenige Ereignisse ihres Lebens. Trotzdem, was wir erfahren, genügt, um die wichtigsten Ereignisse im Leben

jeder Familie verfolgen zu können und jene Dimension hervortreten zu lassen, die zu jeder Familie gehört: Vater, Mutter, Eltern, Kinder. Das Evangelium zeigt uns mit großer Klarheit, welcher Art die Erziehung in der Familie sein soll: »Er kehrte mit ihnen nach Nazaret zurück und war ihnen gehorsam...« (*Lk* 2, 51). Die Kinder und die jüngere Generation brauchen diesen Gehorsam, diese »Unterwerfung«, diese Bereitschaft, die reifen Vorbilder menschlicher Verhaltensweisen in der Familie anzunehmen. Auch Jesus war in dieser Weise gehorsam. Und an dieser »Unterwerfung«, an dieser Bereitschaft des Kindes, die Beispiele menschlichen Verhaltens zu akzeptieren, müssen die Eltern ihre eigene Lebensführung messen. Das ist der empfindlichste Punkt ihrer Verantwortung als Eltern, ihrer Verantwortung gegen diesen Menschen, der zunächst klein ist und dann heranwächst und der ihnen von Gott anvertraut wurde. Sie müssen sich auch alles vor Augen halten, was im Leben der Familie von Nazaret geschah, als Jesus zwölf Jahre alt war: Sie erziehen ihr Kind nicht für sich, sondern um seiner selbst willen, für die Aufgaben, die es einmal übernehmen soll. Der zwölfjährige Jesus antwortete Maria und Josef: »Wußtet ihr nicht, daß ich im Haus meines Vaters sein muß?« (*Lk* 2, 49).
An eine Pfarrei, Rom, 31. 12. 1978; OR 2/79

Die Liturgie konzentriert unsere Aufmerksamkeit auf einen dieser Fäden, hebt eine Tatsache besonders hervor. Die Geburt des Kindes in der Nacht von Betlehem hat der Familie ihren Anfang gegeben. Deshalb ist der Sonntag in der Weihnachtsoktav das Fest der Familie von Nazaret. Sie heißt die »Heilige Familie«, weil sie der Geburt dessen ihren Ursprung verdankt, den sogar sein »Widersacher« eines Tages den »Heiligen Geist« zu nennen gezwungen war (*Mk* 1, 24). Sie heißt »Heilige Familie« wegen der Heiligkeit dessen, der geboren und zur Quelle einer einzigartigen Heiligung wurde, sowohl der Jungfrau-Mutter wie ihres Bräutigams, der von den Menschen als ihr rechtmäßiger Ehemann und als Vater des in den Tagen der Schätzung in Betlehem geborenen Kindes betrachtet wurde.

Diese Familie ist gleichzeitig eine Menschenfamilie, und deshalb wendet sich die Kirche in der Weihnachtszeit über die Heilige Familie an jede Menschenfamilie. Die Heiligkeit prägt dieser Familie, in der der Sohn Gottes zur Welt gekommen ist, einen einmaligen, unwiederholbaren, außergewöhnlichen und übernatürlichen Charakter ein. Und gleichzeitig können wir all das, was sich von jeder Menschenfamilie, von ihrer Natur, ihren Pflichten, ihren Schwierigkeiten sagen läßt, auch von dieser Heiligen Familie sagen. In der Tat, diese Heilige Familie ist wirklich arm; als Jesus geboren wird, hat sie kein Dach über dem Kopf, dann wird sie zur Flucht gezwungen, und als die Gefahr vorbei ist, bleibt sie eine Familie, die, bescheiden und arm, von ihrer Hände Arbeit lebt.

Ihre Lage ist ähnlich der vieler anderer Familien. Durch sie sind wir mit allen Familien verbunden, mit jeder Gemeinschaft von Mann und Frau, in der ein neues Menschenwesen geboren wird. Sie ist eine Familie, die nicht nur auf den Altären als Gegenstand des Lobes und der Verehrung steht, sondern sie kommt durch so viele Episoden, die wir aus den Evangelien des hl. Lukas und des hl. Mattäus kennen, in gewisser Weise allen Menschenfamilien nahe. Sie ist belastet mit den tiefen, schönen und gleichzeitig schwierigen Problemen, die das Ehe- und Familienleben mit sich bringt. Wenn wir aufmerksam lesen, was die Evangelisten (vor allem Mattäus) über die Erlebnisse Josefs und Mariens vor der Geburt Jesu schreiben, werden die oben erwähnten Probleme noch deutlicher.

Das Weihnachtsfest und mit ihm das Fest der Heiligen Familie stehen uns besonders nahe, gerade weil in ihnen die Grunddimension unseres Glaubens, d. h. das Geheimnis der Menschwerdung, der nicht weniger entscheidenden Dimension der Geschicke des Menschen begegnet. Jeder weiß, daß diese entscheidende Dimension die Familie ist und in der Familie die Kinder: Ein neuer Mensch wird empfangen und geboren, und durch Empfängnis und Geburt werden Mann und Frau, als Ehemann und Ehefrau, Vater und Mutter, Eltern. Sie gewinnen eine Würde und nehmen neue Pflichten auf sich. Diese Grundpflichten sind unter verschiedenen Gesichtspunkten von größter Wichtigkeit. Nicht nur unter dem Gesichtspunkt ihrer konkreten Familiengemeinschaft, sondern auch unter dem jeder Gemeinschaft, jeder Gesellschaft, aller Nationen, Staaten, Schulen, Berufe und Milieus. Alles hängt in erster Linie davon ab, wie Eltern und Familie ihre ersten und grundlegenden Pflichten erfüllen, von der Weise und dem Maß, mit dem sie das Geschöpf, das dank ihnen ein Menschenwesen geworden ist, lehren, »Mensch zu werden«. Hier ist die Familie unersetzlich. Man muß alles dafür tun, daß sie nicht verdrängt wird. Diese Forderung gilt nicht für das »private« Wohl der einzelnen Person, sondern auch für das Gemeinwohl aller Gesellschaften, Nationen und Staaten aller Kontinente. Die Familie steht im Mittelpunkt des Gemeinwohls in seinen verschiedenen Dimensionen eben darum, weil in ihr der Mensch empfangen und geboren wird. Man muß alles Menschenmögliche tun, damit dieses Menschenwesen von Anfang an, vom Moment seiner Empfängnis an, als ein besonderer, einzigartiger und unwiederholbarer Wert

gewollt, erwartet und erlebt wird. Es muß spüren, daß es wichtig, nützlich, willkommen und wertvoll ist, selbst wenn es irgendwie behindert oder geschädigt ist. Ja, es muß deshalb um so mehr geliebt werden.
So lehrt uns das Geheimnis der Menschwerdung. Das ist die Konsequenz aus unserem Glauben. Das ist auch die Konsequenz jedes echten Humanismus. Ich meine, daß es in der Tat nicht anders sein kann. Wir sollten darin keine Elemente des Widerspruchs finden, sondern Punkte der Begegnung, die die einfache Folge der vollen Wahrheit vom Menschen sind. Der Glaube entfernt die Gläubigen nicht von dieser Wahrheit, sondern führt sie in die Mitte der Wahrheit.
Generalaudienz, Rom, 3. 1. 1979; OR 2/79

Wenn ich an euch, die jungen Söhne und Töchter der Arbeiterfamilien, denke, dann kommt mir die Gestalt dessen in den Sinn, der im Schoße einer Handwerkerfamilie geboren wurde, der heranwuchs an Alter, Weisheit und Gnade, der von seiner Mutter den Umgang mit Menschen lernte und in dem gerechten Mann, den Gott ihm zum Vater gegeben hatte, seinen Lehrer des Lebens und der täglichen Arbeit sah. Die Kirche blickt voll Verehrung auf diese Mutter und auf diesen Mann, diesen heiligen Werkmann, der Vorbild des Menschen und Vorbild des Arbeiters zugleich ist.
Unser Herr Jesus Christus wurde von seinen rauhen, abgearbeiteten Händen gestreichelt, Händen, die von der Arbeit gezeichnet, aber auch offen für die Güte und die Not des Bruders waren. Gewährt mir Eintritt in eure Häuser, seht den Papst als euren Gast und Freund an und schenkt ihm den Trost, in euren Heimen die Eintracht und Liebe der Familie zu sehen, die nach der Mühe der täglichen Arbeit in der gegenseiti-

gen, liebevollen Anteilnahme besteht, die in der heiligen Familie herrschte. Laßt mich sehen, liebe Kinder und Jugendliche, daß ihr euch ernsthaft auf morgen vorbereitet, denn ihr – ich wiederhole es euch – seid die Hoffnung des Papstes.
(...)
Die Liebe des Papstes wendet sich auch den Müttern und Ehefrauen der Arbeiter zu, die hier anwesend sind, sowie allen, die mich über die Massenmedien hören können. Denkt an jene Jungfrau und Mutter, die es verstanden hat, in Augenblicken der Bedrängnis und Versuchung ihrem Mann ein Grund zur Freude und dem Sohn eine besorgte Führerin zu sein. Wenn ihr Sorgen habt und an Grenzen stoßt, denkt daran, daß Gott eine arme Mutter auserwählte und daß diese Mutter auch in den schwersten Stunden im Guten festblieb.
An Arbeiter, Guadalajara (Mexiko), 30. 1. 1979; OR 7/79

Die Verehrung der Gottesgebärerin ist hier, gemäß der alten und noch lebendigen Überlieferung, mit dem Haus in Nazaret verbunden. Das Haus, in dem Maria, wie das heutige Evangelium erwähnt, nach ihrer Verehelichung mit Josef wohnte. Das Haus der Heiligen Familie. Jedes Haus ist vor allem Heiligtum der Mutter. Die Kinder der menschlichen Familie müssen, wenn sie auf die Welt kommen, ein Dach über dem Kopf, ein Haus haben. Das Haus in Nazaret war jedoch nicht der Ort, wo der Sohn Mariä und Gottessohn zur Welt kam. Es ist wohl anzunehmen, daß alle Vorfahren Christi, von denen das Geschlechtsregister im heutigen Evangelium bei Mattäus spricht, unter dem Dach eines Hauses zur Welt gekommen sind. Ihm selbst aber war das nicht gegeben. Wie ein Landfremder ist er in Betlehem in einem Stall geboren.

Und er konnte nicht in das Haus in Nazaret zurückkehren, weil er vor der Grausamkeit des Herodes aus Betlehem nach Ägypten fliehen mußte; erst nach dem Tod des Königs wagte es Josef, Maria mit dem Kind in das Haus nach Nazaret zu bringen.
Von da an war jenes Haus der Ort des täglichen Lebens, der Ort des verborgenen Lebens des Messias; das Haus der Heiligen Familie. Es war der erste Tempel, die erste Kirche, von der Muttergottes mit dem Licht ihrer Mütterlichkeit erleuchtet. Sie erleuchtete dieses Haus mit ihrem Licht, das von dem großen Geheimnis der Menschwerdung, dem Geheimnis ihres Sohnes, ausging.
Im Schein dieses Lichtes entstehen in eurem Land der Sonne die Wohnstätten der Familien. Es sind sehr viele. Von den Gipfeln der Alpen, den Dolomiten, auf denen ich am 26. August beim Besuch der Geburtsstätte Papst Johannes Pauls I. war, bis nach Sizilien. Viele, viele Häuser; Wohnstätten von Familien. Und viele, viele Familien; und jede von ihnen steht durch die christliche und marianische Tradition eurer Heimat in einer bestimmten geistlichen Verbindung mit dem Licht, das vom Haus in Nazaret ausstrahlt, besonders heute: am Fest der Geburt der Mutter Christi.
Loreto (Italien), 8. 9. 1979; OR 37/79

Die Arbeit darf die Familie nicht auseinanderreißen! Wir können nicht anders als hier an jene Heilige Familie von Nazaret denken, in der das Wort, der Sohn Gottes und Mariens, sich in menschlicher Arbeit übte, unter der wachsamen und liebevollen Anleitung des hl. Josef – des Schutzpatrons der Arbeiter –, der die Vaterstelle einnahm, sowie unter den Augen der Mutter, der Unbefleckten Jungfrau, die gleichfalls beschäftigt war mit den sehr bescheidenen Aufgaben, die

die rückständigen Verhältnisse von damals den Frauen überließen. Christus wurde als Kind von den rauhen Händen eines Handwerkers liebevoll gehegt! Auch er selbst war Arbeiter in einem Mysterium der Erniedrigung, das unser Herz mit unendlichem Staunen erfüllt. Fragen wir uns, was der Sohn Gottes in seinem Leben auf Erden, in der meisten Zeit der 33 Jahre seines Lebens, gemacht hat: er leistete die Arbeit eines Arbeiters, eines Zimmermanns, eines von uns.
Warum sollte man nicht auf jene Familie blicken, in welcher die Kirche und ihre Liturgie die Beschützerin aller Familien der Welt sieht, besonders der einfachen, verborgenen, derjenigen, die in namenloser Mühe und im Schweiß ihr tägliches Brot verdienen? Sie soll es sein, Männer und Frauen von Turin, die die großen Werte euerer Hingabe, eurer Liebe, eurer Achtung vor der Familie hütet. Sie ist nicht nur die »Grund- und Lebenszelle der Gesellschaft« (*Apostolicam actuositatem*, Nr. 11), sondern vor allem »häusliches Heiligtum der Kirche« (*ebd.*), ja geradezu »Hauskirche« (*Lumen gentium*, Nr. 11); als solche hat das Konzil sie definiert; und das soll sie für euch bleiben; Schmelztiegel der Tugend. Schule der Weisheit und Geduld, das erste Heiligtum, wo man Gott lieben und Christus erkennen lernt, starkes Bollwerk gegen den Hedonismus und Indiviudalismus, warmherzige und liebevolle Aufnahmestätte für die anderen.
Sie darf dagegen kein seelenloses Ödland sein, keine zufällige Begegnung von Wegen, die nebeneinander herlaufen, kein Gästehaus oder – Gott verhüte es! – ein Biwak, wo man die Mahlzeiten einnimmt oder sich ausruht und dann jeder den anderen seinem Schicksal überläßt. Nein! Ich vertraue jede eurer Familien Jesus, Maria und Josef an, damit ihr mit ihrer Hilfe stets jene Werte bewahren könnt, die in euren Familien geboren und bewahrt worden sind und die Blüte des zivilen

Lebens eurer Stadt in geradezu beneidenswerter Weise gefestigt haben! Und ich wiederhole noch einmal: ich habe über die Familie gesprochen, ich habe in einer christlichen, theologischen Sprache gesprochen; doch ich frage mich, ich frage alle, ob die Grundwerte, von denen man spricht, um die es geht, um die man besorgt ist, nicht uns alle verbinden. Wer dürfte von der menschlichen Familie nicht verlangen, daß sie eine wahre Familie ist, eine echte Gemeinschaft, wo man den Menschen liebt, wo man jeden liebt, eben weil er Mensch ist, jenes einmalige, unwiederholbare Wesen, das eine Person ist? Wir alle sind in der Verteidigung dieser Werte und im Versuch, sie zu fördern, miteinander verbunden. Wir sind alle eins. Es sind die menschlichen Faktoren, die uns einen, und wenn ich in meiner apostolischen Sprache von diesen Werten spreche, so bin ich überzeugt, daß mich alle verstehen. Daß alle die wahre Bedeutung, die tiefe menschliche Bedeutung dieser Sorge, dieses Verlangens, dieses Wunsches verstehen, die ich allen, ganz Turin, jeder turinesischen Familie und eurer ganzen Stadt hinterlassen möchte. Danke, danke allen für den Beifall, mit dem ihr euer Ja zum Leben sprecht. Danke!
Turin (Italien), 13. 4. 1980; OR 17/80

Die christliche Familie, die bereits als Missionarin handelt, wenn sie ihre Kinder der Kirche zur Taufe darbietet, muß den Dienst der Evangelisierung und Katechese fortsetzen, indem sie ihre Kinder vom zartesten Alter an in missionarischem Bewußtsein und im Geist kirchlicher Zusammenarbeit erzieht. Die Pflege der missionarischen Berufung in den Söhnen und Töchtern von seiten der Eltern wird die beste Mitarbeit an der göttlichen Berufung sein. Und wie oft führt dieses wachsende missionarische Bewußtsein der

christlichen Familie sie dazu, durch zeitliche Dienste je nach ihren Möglichkeiten direkt missionarisch tätig zu werden.
Christliche Familien! Vergleicht euch mit dem Vorbild der Heiligen Familie, die behutsam und sorgfältig die stufenweise sich offenbarende Äußerung der Heils-, wir können sagen der missionarischen Sendung Jesu förderte. Und nehmt euch auch ein Beispiel an der erhebenden Handlungsweise der Eltern Xavers, besonders seiner Mutter, die es fertigbrachten, ihre Familie zu einer vorbildlichen Hauskirche zu machen. Die Gewohnheiten jener Familie spiegeln eine tiefgehende Beachtung des Glaubenslebens wider, verbunden mit einer betonten Verehrung für die Heiligste Dreifaltigkeit, für das Leiden und Sterben Christi und die Gottesmutter.
Dem Beispiel der Familie Xavers folgend, sind die Familien dieser Kirche des hl. Fermin bis vor kurzem ein fruchtbares Reservoir für Preister-, Ordens- und Missionsberufe gewesen. Geliebte Familien von Navarra! Ihr müßt ein so erhabenes Erbe der Tugend und des Dienstes an der Kirche und an der Menschheit zurückgewinnen und eifersüchtig hüten!
Javier (Spanien), 6. 11. 1982; OR 48/82

»Dann kehrte er mit ihnen nach Nazaret zurück und war ihnen gehorsam. Seine Mutter bewahrte alles, was geschehen war, in ihrem Herzen« (*Lk* 2, 51). Das Geheimnis der Geburt des Herrn verbirgt in sich das Evangelium von der Familie. Und heute enthüllt und verkündet es dieses in besonderer Weise.
Der Sonntag in der Weihnachtsoktav ist der Verehrung der Heiligen Familie: Jesus, Maria und Josef, geweiht.
Durch dieses göttliche Geheimnis betrachten wir heu-

te jede Menschenfamilie als kleine Hauskirche, in der die tiefsten menschlichen Werte hochgehalten werden: die Werte des Lebens und der Liebe, aus denen die Menschlichkeit aller Menschen wächst und sich entwickelt.
Die Worte des Lukasevangeliums sprechen von den Grundgesetzen dieser Entwicklung. Da ist Jesus, der nach Nazaret zurückkehrt und Maria und Josef gehorcht. Dieser »Gehorsam« ist ein kindlicher Gehorsam, aber zugleich eine gehorsame Öffnung für die Menschlichkeit, die man immer lernen muß, vor allem in der Familie. Die Eltern müssen sich so verhalten, daß ihre Kinder in ihnen ein lebendiges Beispiel reifer Menschlichkeit finden – und auf dieser Grundlage ihre eigene menschliche und christliche Reife entwickeln können. So heißt es in der Tat in den letzten Worten des heutigen Evangeliums: »Jesus aber wuchs heran, und seine Weisheit nahm zu, und er fand Gefallen bei Gott und den Menschen« (*Lk* 2, 51).
Diesem ersten Gesetz der Entwicklung des Menschen in der Familie entspricht ein zweites. Der Evangelist sagt: »Seine Mutter bewahrte alles, was geschehen war in ihrem Herzen« (*Lk* 2, 51).
Damit sich die Persönlichkeit in der Familie entfalten kann, ist eine große Sensibilität gegenüber den anderen notwendig. Zunächst die der Mutter und des Vaters gegenüber dem Kind, aber auch die Sensibilität, die man in allen gegenseitigen Beziehungen einander schuldet. Diese gesunde Sensibilität schafft ein Klima der Liebe, in dem sich der Mensch entwickelt. Wie eine Pflanze Licht und Wärme zu ihrer Entwicklung braucht, so braucht der Mensch Liebe.
Heute wollen wir beim Angelus für alle Familien der Welt beten – besonders für die, die sich in Schwierigkeiten befinden. Beten wir für die Heiligkeit des Familienlebens. Beten wir darum, daß das Apostolische

Schreiben *Familaris consortio,* die Frucht der letzten Bischofssynode, der Sache der Familie in Kirche und Welt gute Dienste leiste.
Vor dem Angelus, Rom, 26. 12. 1982; OR 53/82

»Es war notwendig für das Menschengeschlecht, daß Gott Mensch würde – sagt der hl. Thomas – um die Würde der menschlichen Natur zu zeigen. In der Menschwerdung wollte Gott seine Liebe zu den Menschen offenbaren, um sie so zu veranlassen, sich Gott nicht aus Furcht vor dem Tod..., sondern aus Liebe zu seiner Barmherzigkeit zu unterwerfen« (*Compendium Theologiae,* 201).
Sie bedeutet die Erneuerung der Familie, die in Betlehem und in Nazaret das vollkommene Beispiel für ihr eigenes Leben und die Anregung und Kraft für den täglichen Heroismus findet, zu dem sie berufen ist. Die kürzlich vom Hl. Stuhl herausgegebene »Charta der Familie« hat hervorgehoben, daß »die Familie, die viel mehr ist als eine bloße juridische, soziale und ökonomische Einheit, eine Gemeinschaft der Liebe und der Solidarität bildet, die in einzigartiger Weise geeignet ist, kulturelle, ethische, soziale, geistige und religiöse Werte zu lehren und zu übermitteln, wie sie wesentlich sind für die Entwicklung und das Wohlergehen ihrer eigenen Mitglieder und der ganzen Gesellschaft« (*Charta der Familienrechte,* 22. Oktober 1983, Präambel, E. in: O. R. dt. Nr. 48 vom 2. 12. 1983, S. 1). Und diese Liebe und diese Solidarität finden im Geschehen der Weihnacht eine Anregung von Kraft und Milde, das ideale Milieu, die höchste Rechtfertigung.
An Kardinäle und Mitarbeiter der Röm. Kurie, Rom 22. 12. 1983; OR 1/84

IV. DIE FAMILIE UND DAS LEBEN

A. Würde des Lebens und Elternschaft

Aber die Kirche ist fest überzeugt, daß das menschliche Leben, auch das schwache und leidende, immer ein herrliches Geschenk der göttlichen Güte ist. Gegen Pessimismus und Egoismus, die die Welt verdunkeln, steht die Kirche auf der Seite des Lebens; in jedem menschlichen Leben weiß sie den Glanz jenes »Ja«, jenes »Amen« zu entdecken, das Christus selbst ist. Dem »Nein«, das in die Welt einbricht und einwirkt, setzt sie dieses lebendige »Ja« entgegen und verteidigt so den Menschen und die Welt vor denen, die das Leben bekämpfen und ersticken.
Die Kirche ist berufen, aufs neue und mit klarerer und festerer Überzeugung allen ihre Entschlossenheit zu zeigen, das menschliche Leben, ganz gleich, in welcher Lage und in welchem Stadium der Entwicklung es sich befindet, mit allen Mitteln zu fördern und gegen alle Angriffe zu verteidigen.
Deshalb verurteilt die Kirche als schwere Beleidigung der menschlichen Würde und der Gerechtigkeit alle Aktivitäten von Regierungen oder anderen öffentlichen Autoritäten, die in irgendeiner Weise die Freiheit der Ehegatten, über Nachkommenschaft zu entscheiden, zu beschränken versuchen.

FC 30

Vorbemerkung

Mit aller Schärfe stellt sich in diesem ausgehenden 20. Jahrhundert die Frage, was das menschliche Leben ist. Je nach der Antwort auf diese Frage steht das Leben dem manipulierenden Zugriff des Menschen offen oder läßt ihn als sittlich nicht zu rechtfertigen erscheinen.
Die Lehre der Kirche, von Papst Johannes Paul II. bei jeder Gelegenheit vorgetragen, hat hier eindeutig Position bezogen: das Leben des Menschen ist Geschenk Gottes, unantastbar und heilig, weil der Mensch als Ebenbild Gottes von ihm erschaffen ist. Die Kirche hält (im Gegensatz zu einigen Theologen) daran fest, daß die Seele des Menschen bei der Zeugung von Gott erschaffen wird und damit der Mensch nicht nur in seiner genetischen Einmaligkeit von der Empfängnis an festgelegt ist, sondern Person ist aufgrund dieses auf ihn allein gerichteten Schöpfungsaktes Gottes. Um die Fragen, die durch diese wenigen Bemerkungen angedeutet sind, wird in unserer Zeit gerungen wie noch nie zuvor.
Für den Papst steht aufgrund der Lehre der Kirche, seiner vertieften anthropologischen Studien und der neuesten Ergebnisse medizinisch-biologischer Forschung fest, daß derjenige, der irgendwo zwischen der Verborgenheit des Mutterschoßes und dem von Gott bestimmten Ende das Menschenleben zerstörend antastet, sich damit an der sittlichen Ordnung vergreift. Der Begriff der Person, ihre Würde und ihr Wert stehen auf dem Spiel. Dieser Wert ist in unserer heutigen Gesellschaft verschleiert, so daß dem Mißbrauch des Menschen von seinen ersten Anfängen an Tür und Tor geöffnet ist. Was machbar ist, wird auch gemacht, und oft genug wird dazu auch von katholischen Theologen in Abweichung von klaren Aussagen des Lehramts ein Ja gesagt. So erscheint der Papst manchmal als einsamer Verfechter des Glaubens an die Unantastbarkeit der personalen menschlichen Würde, die, im Hinblick auf die in diesem Kapitel betroffenen Themen, zu radikaler Ablehnung von Empfängnisverhütung, Abtreibung, Euthanasie, Trennung der Lebensweitergabe vom normalen ehelichen Leben (in-vitro-Fertilisation, Embryo-Transfer, homologe und heterologe Insemination etc.) führt. Dem Ja zur Person in ihrer Einmaligkeit und ihrem direkten

Gottbezug entspricht das radikale Nein zu Pessimismus und Selbstsucht.
Hier wird besonders deutlich, wie ernst der Papst den Auftrag nimmt zu lehren, zu mahnen und auch zurechtzuweisen – sei es gelegen oder ungelegen. Es geht ihm um den Menschen: Der Mensch ist »der Weg der Kirche« (Redemptor hominis, 14) und Christus, der Gottmensch, das Urbild des Menschen, ist »der Weg, die Wahrheit und das Leben« (Joh 14, 6).

Wie in Nazaret, so ist in jeder Familie Gott gegenwärtig und reiht sich in die Geschichte der Menschen ein. Die Familie als Verbindung zwischen Mann und Frau zielt ihrem Wesen nach auf die Zeugung von Nachkommen, die in ihrem Leben eine sorgfältige Erziehungsarbeit verlangen, sowohl in ihrem körperlichen Wachstum wie in geistiger und sittlicher Hinsicht. Die Familie ist vor allem die bevorzugte Stätte und das Heiligtum, wo sich das ganze einmalige und tiefe Leben jeder einzelnen, unnachahmlichen menschlichen Person entfaltet. Der Familie obliegen also bestimmte Grundpflichten, deren hochherzige Ausübung die verantwortlichen Träger der Familie zu direkten Mitarbeitern Gottes bei der Schöpfung neuer Menschen machen muß.
Generalaudienz, Rom, 10. 1. 1979; OR 2/79

Mit diesem Wunsch verbindet sich ein weiterer. Der Schöpfer hat dem Menschen die Erde anvertraut, damit er »sie sich unterwerfe« – und auf dieses Herrschen des Menschen über die Erde gründet sich das fundamentale Recht des Menschen auf Leben. Dieses Recht ist eng mit der Berufung des Menschen zur Familie und zur Zeugung von Nachkommenschaft verbunden. »Darum verläßt der Mann Vater und Mutter

und bindet sich an seine Frau und sie werden ein Fleisch« (*Gen* 2, 24). Und so wie die Erde nach der Fügung des Schöpfers Frucht trägt, so wird diese Liebesbindung zweier Personen, des Mannes und der Frau, fruchtbar in neuem menschlichen Leben. Diese lebenweckende Einheit der Personen machte der Schöpfer zum ersten Sakrament, und der Erlöser hat dieses ursprüngliche Sakrament der Liebe und des Lebens bestätigt und ihm eine neue Würde verliehen, indem er ihm das Siegel seiner Heiligkeit einprägte. Das Recht des Menschen auf Leben ist nach dem Willen des Schöpfers und kraft des Kreuzes Christi an eine sakramentale und unauflösliche Ehe gebunden.
Ich wünsche euch daher bei Gelegenheit meines Besuches, liebe Landsleute, daß dieses heilige Recht weiterhin das Leben auf polnischem Boden prägt: hier in der Vortatra, in den Vorkarpaten und überall. Man sagt mit Recht, die Familie sei die Urzelle des gesellschaftlichen Lebens. Sie ist die grundlegende menschliche Gemeinschaft. Wie die Familie, so die Nation, denn von der Familie hängt der Mensch ab. Ich wünsche euch, daß ihr durch gesunde Familien stark seid. Eine in Gott starke Familie. Ich wünsche weiter und bete darum, daß die polnische Familie Leben zeugt und dem heiligen Recht auf Leben treu bleibt. Wenn man das Recht des Menschen auf Leben im Mutterschoß verletzt, dann tastet man indirekt die gesamte sittliche Ordnung an, die doch der Sicherung der unantastbaren Güter des Menschen dienen soll. Unter diesen ist das Leben das erste Gut. Die Kirche verteidigt das Recht auf Leben nicht nur mit Rücksicht auf die Majestät des Schöpfers, der der erste Geber dieses Lebens ist, sondern auch aus Respekt vor dem Gut des Menschen.
Novy Targ (Polen), 8. 6. 1979; OR 25/79

Liebe Brüder und Schwestern in Christus!
Im Gespräch mit seinen Hörern sah sich Jesus eines Tages dem Angriff einiger Pharisäer ausgesetzt, die ihn dahin bringen wollten, ihre üblichen Ansichten über die Natur der Ehe zu billigen. Jesus antwortete, indem er erneut die Lehre der Schrift bekräftigte: »Am Anfang der Schöpfung aber hat Gott sie als Mann und Frau erschaffen. Darum wird der Mann Vater und Mutter verlassen, und die zwei werden ein Fleisch sein. Sie sind nicht mehr zwei, sondern eins. Was aber Gott verbunden hat, das darf der Mensch nicht trennen« (*Mk* 10, 6–9).
Im Markusevangelium schließt sich unmittelbar die eine Szene an, die uns allen vertraut ist. Sie zeigt uns, wie Jesus ungehalten wird, als er sieht, wie seine Jünger versuchen, die Leute zu hindern, ihre Kinder zu ihm zu bringen. Er sagt: »Laßt die Kinder zu mir kommen, hindert sie nicht daran! Denn Menschen wie ihnen gehört das Reich Gottes... Und er nahm die Kinder in seine Arme; dann legte er ihnen die Hände auf und segnete sie« (*Mk* 10, 14–16). Mit diesen Lesungen fordert die Liturgie des heutigen Tages uns dazu auf, über die Natur der Ehe, die Familie und den Wert des Lebens nachzudenken – drei Themen, die eng zusammengehören.
Ich möchte euch um so lieber dazu einladen, über Gottes Wort, wie es uns heute von der Kirche vorgestellt wird, nachzudenken, weil die Bischöfe der ganzen Welt über die Praxis des Ehe- und Familienlebens in den verschiedenen Diözesen und Nationen beraten. Die Bischöfe tun das in Vorbereitung auf die nächste Weltsynode der Bischöfe, deren Thema lautet: »Die Aufgaben der christlichen Familie in der Welt von heute.« Eure eigenen Bischöfe haben das nächste Jahr zu einem Jahr des Studiums, der Planung und der pastoralen Erneuerung in Fragen der Familie erklärt.

Aus einer Vielfalt von Gründen steigt in der ganzen Welt das Interesse an der Ehe, dem Familienleben und dem Wert allen menschlichen Lebens.

Am heutigen Sonntag beginnt das Jahresprogramm »Achtet das Leben«, mit dem die Kirche in den Vereinigten Staaten ihre Überzeugung von der Unantastbarkeit menschlichen Lebens in allen seinen Phasen erneut unterstreichen möchte. Wir wollen also alle gemeinsam unsere Achtung vor dem Wert des menschlichen Lebens erneuern, wobei wir auch daran denken, daß Christus alle Menschenleben erlöst hat.

Ich zögere nicht, vor euch und der ganzen Welt zu erklären, daß jedes Menschenleben – vom Augenblick der Empfängnis an und durch alle folgenden Phasen – geheiligt ist, weil menschliches Leben als Bild und Gleichnis Gottes geschaffen ist. Es gibt nichts, was die Größe und Würde einer menschlichen Person übertreffen könnte. Menschliches Leben ist nicht irgendeine Idee oder Abstraktion; menschliches Leben ist die konkrete Wirklichkeit eines Wesens, das lebt, handelt, wächst und sich entwickelt; menschliches Leben ist die konkrete Wirklichkeit eines Wesens, das zur Liebe und zum Dienst an der Menschheit fähig ist.

Laßt mich wiederholen, was ich bei meiner Pilgerfahrt in meine Heimat sagte: »Wenn man das Recht des Menschen auf Leben im Mutterschoß verletzt, dann tastet man indirekt die gesamte sittliche Ordnung an, die doch der Sicherung der unantastbaren Güter des Menschen dienen soll. Unter diesen ist das Leben das erste Gut. Die Kirche verteidigt das Recht auf Leben nicht nur mit Rücksicht auf die Majestät des Schöpfers, der der erste Geber dieses Lebens ist, sondern auch aus Respekt vor dem fundamentalen Gut des Menschen« (*Ansprache in Nowy Targ vom 8. Juni 1979, O. R. dt., Nr. 25/79*).

Menschliches Leben ist kostbar, weil es ein Geschenk

Gottes ist, dessen Liebe keine Grenzen kennt; wenn Gott Leben schenkt, dann für immer. Leben ist auch deshalb kostbar, weil es Ausdruck und Frucht der Liebe ist. Darum sollte Leben aus der Ehe entspringen, und die Ehe wie die Liebe der Eltern zueinander sollten von selbstloser Hingabe gekennzeichnet sein. Die große Gefahr für das Familienleben in einer Gesellschaft, deren Idole Wohlleben, Bequemlichkeit und Unabhängigkeit sind, liegt darin, daß die Menschen ihre Herzen verschließen und egoistisch werden. Die Furcht vor der Übernahme bleibender Aufgaben und Verpflichtungen kann die gegenseitige Liebe zwischen Mann und Frau umkehren in Eigenliebe, so daß beide Partner dann nur sich selbst lieben und nebeneinander herlaufen, bis sie sich schließlich trennen.

Durch das Ehesakrament wird einem Mann und einer Frau, die in der Taufe zu Gliedern Christi geworden sind und daher die Pflicht haben, in ihrem Leben christliches Verhalten zu bekunden, die Hilfe zugesichert, die sie für die Entfaltung ihrer Liebe in einer treuen und unauflöslichen Verbindung und für ihre hochherzige Antwort auf das Geschenk der Elternschaft benötigen. Das Zweite Vatikanische Konzil hat das klar ausgesprochen: Durch dieses Sakrament wird Christus selbst im Leben der Eheleute gegenwärtig und begleitet sie, damit sie immer einander und ihre Kinder lieben, wie Christus seine Kirche geliebt hat, indem er sich für sie hingab (vgl. *Gaudium et spes*, Nr. 48; vgl. *Eph* 5, 25).

Damit eine christliche Ehe das umfassende Wohl und die Entwicklung der Eheleute fördern kann, muß sie immer wieder vom Geist des Evangeliums inspiriert werden und offensein für neues Leben – das neue Leben, das gegeben und großzügig angenommen werden soll. Die Eheleute sind auch dazu berufen, ein Klima in der Familie zu schaffen, in dem die Kinder glück-

lich sein und ein vollgültiges, menschliches und christliches Leben führen können.
Ein frohes Familienleben zu führen, verlangt von den Eltern wie von den Kindern viel. Jedes Familienmitglied muß in besonderer Weise zum Diener der anderen werden und ihre Lasten mittragen (vgl. *Gal* 6, 2; *Phil* 2, 2). Ein jeder muß sich nicht nur um sein eigenes, sondern auch um das Leben der übrigen Familienmitglieder kümmern: um ihre Bedürfnisse, ihre Hoffnungen, ihre Ideale. Die Entscheidung über die Zahl der Kinder und die Opfer, die dafür zu bringen sind, sollte nicht nur mit Rücksicht auf die Vermehrung des Wohlstands und die Erhaltung eines sorgenlosen Daseins gefällt werden. Wenn Eltern dieses Problem vor Gott tragen und in der sakramentalen Gnade, geführt von der Lehre der Kirche, darüber nachdenken, werden sie erkennen, daß es gewiß weniger wichtig ist, ihren Kindern einen bestimmten Komfort oder materielle Vorteile zu verschaffen, als sie der Existenz von Geschwistern zu berauben, die ihnen beim Reifen als Menschen und bei der Wahrnehmung der Schönheit des Lebens in allen seinen Phasen und seiner ganzen Vielfalt helfen können.
Wenn Eltern die Pflichten und Möglichkeiten, die dieses herrliche Sakrament mit sich bringt, wirklich erkannt haben, können sie nicht anders, als in den Hymnus Mariens auf den Schöpfer des Lebens einzustimmen, auf Gott, der sie zu seinen Mitarbeitern gewählt hat.
Alle Menschen sollten jeden Menschen wegen seiner Einmaligkeit als Geschöpf Gottes achten, das aufgrund der Menschwerdung und des universalen Heilsplans dazu berufen ist, Bruder oder Schwester Christi zu sein. Für uns gründet sich die Heiligkeit menschlichen Lebens auf diese Voraussetzungen. Und auf dieselben Voraussetzungen gründet sich unsere Achtung

vor dem Leben, allem menschlichen Lebens. Daraus erklären sich unsere Bemühungen, menschliches Leben gegen jeden Einfluß oder jede Handlung zu verteidigen, die es bedroht oder schwächt, wie auch unser Bemühen, jedes Leben in allen seinen Aspekten menschlicher zu machen.

Wir werden daher immer, wenn menschliches Leben bedroht ist, unsere Stimme erheben. Wenn die Heiligkeit des Lebens vor der Geburt angegriffen wird, werden wir aufstehen und erklären, daß niemandem die Vollmacht zustehe, ungeborenes Leben zu töten. Wenn ein Kind als Last bezeichnet oder nur als Mittel zur Befriedigung eines emotionellen Bedürfnisses betrachtet wird, werden wir uns erheben und darauf bestehen, daß jedes Kind ein einmaliges, unwiederholbares Geschenk Gottes ist und das Recht auf eine liebende, geeinte Familie hat. Wenn die Einrichtung der Ehe menschlicher Selbstsucht überlassen oder zu einer profanen, unverbindlichen Einrichtung verkürzt wird, die sich leicht lösen läßt, werden wir aufstehen und die Unauflöslichkeit des Ehebandes bekräftigen. Wenn der Wert der Familie durch sozialen oder wirtschaftlichen Druck bedroht ist, werden wir aufstehen und bekräftigen, daß die Familie »notwendig ist, nicht nur für das persönliche Wohl jedes Menschen, sondern auch für das Gemeinwohl jeder Gesellschaft, jeder Nation und jedes Staates« (*Ansprache Generalaudienz 3. 1. 1979*). Wenn Freiheit dazu mißbraucht wird, die Schwachen zu beherrschen, natürliche Rohstoffe und Energie zu vergeuden und dem Menschen fundamentale Bedürfnisse zu verweigern, werden wir aufstehen und erneut die Forderungen nach Gerechtigkeit und sozialer Liebe bekräftigen. Wenn die Kranken, die Alten und die Sterbenden der Einsamkeit überlassen bleiben, werden wir aufstehen und erklären, daß sie Liebe, Fürsorge und Achtung verdienen.

Ich mache die Worte Pauls VI. an die amerikanischen Bischöfe vom vergangenen Jahr zu den meinigen: »Wir sind darüber hinaus überzeugt, daß alle gegenwärtig zum Schutz der Menschenrechte unternommenen Anstrengungen dem Leben selbst zugute kommen. Alles, was darauf abzielt, die gesetzliche oder tatsächliche Diskriminierung aus Gründen der ›Rasse, Herkunft, Hautfarbe, Kultur, des Geschlechts oder der Religion‹ (*Octogesima adveniens*, Nr. 16) zu beseitigen, ist ein Dienst am Leben. Wenn die Rechte der Minderheiten gefestigt werden, wenn geistig oder körperlich Behinderte Hilfe erhalten, wenn auch den Randgruppen der Gesellschaft Gehör geschenkt wird, dann kommt das in all diesen Bereichen einer Förderung der Würde, der Fülle und Heiligkeit menschlichen Lebens gleich... Jeder Beitrag zur Besserung des moralischen Klimas der Gesellschaft und zur Ablehnung des Permissivismus und Hedonismus sowie jede Unterstützung der Familie, die die Quelle neuen Lebens ist, halten in der Tat die Werte des Lebens aufrecht« (Paul VI., *Ansprache an amerikanische Bischöfe vom 26. Mai 1978, O.R. dt., Nr. 27/78*).
Es bleibt noch viel zu tun, um jenen zu helfen, deren Leben verwundet ist, und jenen wieder Hoffnung zu geben, die Angst vor dem Leben haben. Es gehört Mut dazu, dem Druck falscher Parolen standzuhalten, die höchste Würde allen Lebens zu verkünden und zu verlangen, daß die Gesellschaft selbst dieses Leben schützt. Ein großer Amerikaner, Thomas Jefferson, hat einmal gesagt: »Die Sorge für das menschliche Leben und Glück, aber nicht seine Zerstörung ist das eigentliche und einzig legitime Ziel einer guten Regierung« (31. März 1809). Ich möchte daher allen Gliedern der katholischen Kirche und der übrigen christlichen Kirchen, allen Männern und Frauen des jüdisch-christlichen Erbes sowie allen Menschen gu-

ten Willens, die sich in der gemeinsamen Hingabe für die Verteidigung des Lebens in seiner ganzen Fülle und für die Förderung der Menschenrechte zusammentun, mein Lob aussprechen.
Unsere Feier des Lebens bildet einen Teil der Feier der Eucharistie. Unser Herr und Erlöser ist durch seinen Tod und seine Auferstehung für uns zum »Brot des Lebens« und zum Unterpfand des ewigen Lebens geworden. In ihm finden wir den Mut, die Ausdauer und die Erfindungsgabe, die wir brauchen, um das Leben innerhalb unserer Familien und überall in der Welt zu fördern und zu verteidigen.
Washington (USA), 7. 10. 1979; OR 43/79

Der »Dienst am Leben und an der Familie« war und ist die eigentliche Daseinsberechtigung dieses Berufes, wie ihr passenderweise im Thema des Kongresses betont habt; und eben in diesem vorzüglichen Dienst ist das Geheimnis seiner Größe zu suchen. Euch fällt die Aufgabe zu, fürsorglich über den wunderbaren und geheimnisvollen Prozeß der Entstehung menschlichen Lebens im Mutterschoß zu wachen, um seine richtige Entwicklung zu verfolgen und den glücklichen Ausgang, das Zur-Welt-Kommen des neuen Geschöpfes, hilfreich zu fördern. Ihr seid somit die Hüterinnen des menschlichen Lebens, das sich in der Welt erneuert, indem ihr mit dem frischen Lächeln des Neugeborenen die Freude (vgl. *Joh* 16, 21) und Hoffnung auf eine bessere Zukunft bringt.
Es ist deshalb notwendig, daß jede von euch in sich selbst das klare Bewußtsein vom hohen Wert des menschlichen Lebens pflegt: im Bereich der gesamten sichtbaren Schöpfung ist es ein einzigartiger Wert. Der Herr hat ja in der Tat alles andere auf Erden für den Menschen geschaffen; der Mensch hingegen ist –

wie das Zweite Vatikanische Konzil bekräftigt hat – »die einzige von Gott um ihrer selbst willen gewollte Kreatur« (*Gaudium et spes*, Nr. 24).
Dies bedeutet, daß der Mensch, was sein Sein und Wesen betrifft, nicht in irgendeinem Geschöpf, sondern allein in Gott seine letzte Bestimmung finden kann. Das ist der tiefe Sinn der bekannten Bibelstelle, wonach »Gott den Menschen als sein Abbild schuf... Als Mann und Frau schuf er sie« (*Gen* 1, 27); und daran will man auch erinnern, wenn man hervorhebt, daß menschliches Leben heilig ist. Der Mensch als ein mit Intelligenz und freiem Willen ausgestattetes Wesen empfängt sein Recht auf Leben unmittelbar von Gott, dessen Abbild er ist, nicht von den Eltern noch von irgendeiner Gesellschaft oder menschlichen Macht. Gott allein kann also über dieses sein einzigartiges Geschenk »verfügen«: »Ich bin da, nur ich, und kein Gott tritt mir entgegen. Ich bin es, der tötet und der lebendig macht. Ich habe verwundet, ich werde wieder heilen. Niemand kann mir etwas aus der Hand reißen« (*Dtn* 32, 39).
Der Mensch besitzt das Leben also wie ein Geschenk, als dessen Herr er sich jedoch nicht betrachten darf; daher darf er nicht meinen, er habe die letzte Entscheidung über sein eigenes oder über das Leben eines anderen. Das Alte Testament formuliert diese Schlußfolgerung in einem der Zehn Gebote: »Du sollst nicht töten« (*Ex* 20, 13) und kurz darauf noch ausführlicher: »Wer unschuldig und im Recht ist, den bring nicht um sein Leben, denn ich spreche den Schuldigen nicht frei« (*Ex* 23, 7). Im Neuen Testament bekräftigt Christus dieses Gebot als Vorbedingung für die »Erlangung des Lebens« (vgl. *Mt* 19, 18); aber – und das ist bezeichnend – er erwähnt unmittelbar danach das Gebot, das in sich jeden Aspekt der sittlichen Norm zusammenfaßt und zur Erfüllung bringt, nämlich das

Gebot der Liebe (vgl. *Mt* 19, 19). Nur wer liebt, vermag die Forderungen, die aus der Achtung für das Leben des Nächsten erwachsen, bis ins Letzte anzunehmen.
In diesem Zusammenhang erinnert ihr euch gewiß an die Worte Christi in der Bergpredigt: dort kommt Jesus in geradezu polemischer Form auf das »du sollst nicht töten« des Alten Testaments zurück und sieht darin einen Ausdruck der »unzureichenden« Gerechtigkeit der Schriftgelehrten und Pharisäer (vgl. *Mt* 5, 20). Er fordert dazu auf, tiefer in sich selbst hineinzublicken, um Wurzeln des Bösen zu erkennen, aus denen jede Gewaltanwendung gegen das Leben erwächst. Schuldig ist nicht nur derjenige, der einen anderen tötet, sondern auch jeder, der übelwollende Gedanken hegt und in Beleidigungen gegen den Nächsten ausbricht (vgl. *Mt* 5, 21 ff.). Es gibt eine Gewalt mit Worten, die den Boden bereitet und das Entstehen psychologischer Voraussetzungen für den Ausbruch der physischen Gewalt begünstigt.
Wer das Leben achten und sich hochherzig in seinen Dienst stellen will, muß in sich selbst Feinfühligkeit und Verständnis für den anderen, Anteilnahme an seinem Leben, menschliche Solidarität, mit einem Wort: Gefühle aufrichtiger Liebe pflegen. Der Glaubende hat es dabei leichter, denn er weiß in jedem Menschen einen Bruder zu erkennen (vgl. *Mt* 23, 8), mit dem Christus sich so identifiziert, daß er das, was für jenen getan wird, als für sich selbst getan ansieht (vgl. *Mt* 25, 40.45).
Mensch ist auch das noch ungeborene Kind. Ja, wenn das besondere Vorrecht der Identifizierung mit Christus darin besteht, zu »den Geringsten« (vgl. *Mt* 25, 40) zu gehören, wie sollte man dann nicht eine Gegenwart Christi erst recht in dem im Werden begriffenen Menschenwesen sehen, das unter allen an-

deren Menschen in der Tat das kleinste und wehrloseste ist, bar jeden Mittels zur Verteidigung, ja selbst der Stimme, um gegen die Verletzung und Mißachtung seiner elementarsten Rechte Einspruch zu erheben?

Es ist eure Aufgabe, vor allem die Liebe und die Achtung zu bezeugen, die ihr in eurem Herzen für das menschliche Leben nährt; es im gegebenen Fall mutig zu verteidigen; euch zu weigern, an seiner unmittelbaren Tötung mitzuwirken. Keine menschliche Verfügung kann eine in sich böse Handlung rechtfertigen, noch viel weniger kann euch irgend jemand zur Zustimmung zwingen. Das Gesetz leitet seinen verpflichtenden Wert ab von der Funktion, die es – in Treue gegenüber dem göttlichen Gesetz – im Dienst des Gemeinwohls entfaltet; und dieses ist in dem Maß gegeben, wie es das Wohl der Person fördert. Einem Gesetz jedoch, das in direktem Gegensatz zum Wohl der Person steht, ja das die Person als solche nicht anerkennt, da es ihr Recht auf Leben unterdrückt, einem solchen Gesetz kann der Christ nur seine höfliche, aber bestimmte Weigerung entgegensetzen, eingedenk der Worte des Apostels Petrus vor dem Hohen Rat: »Man muß Gott mehr gehorchen als den Menschen« (*Apg* 5, 29).

Euer Einsatz beschränkt sich jedoch nicht auf diese sozusagen negative Funktion. Er umfaßt eine Fülle positiver Aufgaben von großer Bedeutung. An euch liegt es, im Herzen der Eltern das Verlangen nach dem neuen, aus ihrer Liebe erblühten Leben und die Freude darüber zu festigen; ihnen zu helfen, es in christlicher Sicht zu betrachten und in eurem eigenen Verhalten zu zeigen, daß ihr das im Mutterschoß gewachsene Kind als ein Geschenk und einen Segen Gottes anseht (vgl. *Ps* 126, 3; 127, 3 ff.). Eure Aufgabe ist es auch, der Mutter zur Seite zu stehen und in

ihr das Bewußtsein vom Adel ihrer Sendung wiederzubeleben und dadurch den Widerstand gegenüber möglichen Einflüssen menschlicher Kleinmütigkeit zu stärken. Euch schließlich steht es zu, für eine gesunde und glückliche Geburt des Kindes zu sorgen.
Wie könnte man, wenn man euren Dienst am Leben in einem weiteren Rahmen sieht, den wichtigen Beitrag an Rat und praktischer Orientierung unerwähnt lassen, den ihr den einzelnen Ehepaaren geben könnt, die unter Achtung der von Gott eingesetzten Ordnung eine verantwortungsbewußte Elternschaft verwirklichen wollen? Auch für euch gelten die Worte meines Vorgängers Paul VI., mit denen er alle, die im Gesundheitswesen tätig sind, aufgefordert hat, »weiterhin und unter allen Umständen die vom Glauben und von der rechten Vernunft inspirierten Lösungen zu fördern« und sich »um die Überzeugung und die Achtung dieser Lösungen in ihrem Arbeitsbereich« zu bemühen (*Humanae vitae*, Nr. 27).
An Hebammen, Rom, 26. 1. 1980; OR 8/80

Das Evangelium ist die Botschaft des Lebens. Dem ganzen Christentum und allem, was es enthält, ist der Sinn für den Wert des Lebens und die Achtung vor dem Leben tief eingeprägt. Die Liebe des Schöpfergottes offenbart sich darin, daß er Spender des Lebens ist. Die Liebe Gottes, des Schöpfers und Vaters, offenbart sich darin, daß der nach seinem Bild und Abbild als Mann und Frau geschaffene Mensch von Gott von Anfang an zu seinem Mitarbeiter gemacht wird, zum Mitarbeiter des Schöpfers bei dem Werk, Leben zu schenken. Mit dieser Aufgabe ist die besondere Würde des Menschen verbunden: die Würde der Fortpflanzung, die Würde des Vaters und der Mutter, die in der ganzen menschlichen Lebensordnung im Leben

des einzelnen und der Gemeinschaft grundlegende und unersetzliche Würde.
Das Problem der Bejahung des menschlichen Lebens vom ersten Augenblick seiner Empfängnis an und, wenn nötig, auch das Problem der Verteidigung dieses Lebens ist aufs engste mit der grundlegenden Seinsordnung des Menschen als Einzelmensch und als soziales Wesen verbunden, für den das erste und eigentliche Lebensmilieu nur das einer echten menschlichen Familie sein kann.
Es ist daher notwendig, sich ausdrücklich zum menschlichen Leben vom ersten Augenblick der Empfängnis im Mutterschoß an zu bekennen, und ebenso notwendig ist die Verteidigung dieses Lebens, wenn es in irgendeiner Weise (auch von der Gesellschaft!) bedroht ist; das ist notwendig und unerläßlich, weil es sich hier letzten Endes um die Treue zur Menschheit selbst, um die Treue zur Würde des Menschen handelt.
Diese Würde gilt es von Anfang an anzuerkennen. Wenn sie bereits im Schoß der Frau, im Mutterschoß zerstört wird, wird es schwer sein, sie später in den vielen menschlichen Lebensbereichen und im Zusammenleben zu verteidigen. In der Tat, wie kann man von Menschenrechten sprechen, wenn man dieses Urrecht verletzt? Viele sprechen heute über die Würde des Menschen, haben aber dann keine Bedenken, menschliches Leben mit Füßen zu treten, wenn dieses sich schwach und schutzlos an der Schwelle des Lebens zeigt. Ist das nicht ein offenkundiger Widerspruch? Wir dürfen nicht müde werden, es immer wieder zu betonen: Das Recht auf Leben ist ein Grundrecht des Menschen, ein Recht der Person, das von Anfang an verpflichtende Geltung hat.
Gott hat die Welt so sehr geliebt, daß er seinen einzigen Sohn hingab, damit jeder, der an ihn glaubt, das ewige Leben hat...

Und Gott hat die menschliche Mutterschaft, die Mutterschaft einer Frau – der Jungfrau von Nazaret, durch die er der Welt seinen eingeborenen Sohn geben konnte –, so sehr geliebt, daß in diesem Licht jede menschliche Mutterschaft eine außergewöhnliche Dimension annimmt. Sie ist heilig.
Heilig ist das Leben. Und heilig ist die Mutterschaft jeder Mutter.
Daraus ergibt sich das Problem der Bejahung des Lebens. Das Problem der Verteidigung des Lebens vom Mutterschoß an ist für alle, die Christus bekennen, eine Glaubens- und eine Gewissensfrage.
Und eine Gewissensfrage ist es auch für die anderen, für alle Menschen ohne Ausnahme: und zwar auf Grund ihres Menschseins.
Hier vor der hl. Katharina von Siena, der Schutzpatronin Italiens, richte ich zusammen mit euch die glühende Bitte an Gott, daß in dieser Nation, die sich stets durch ihre große Liebe zur Familie und zum Kind ausgezeichnet hat, diese Kraft des Glaubens und des Gewissens wiedererstehen und Ausdruck finden möge. Ich bitte Gott, daß diese Nation nicht ihr grundlegendes Erbe vergeude: das Erbe des Lebens und das Erbe verantwortlicher Liebe, das im Dienst am Leben vor Gott und vor den Menschen Ausdruck findet. Möge Italien dieses Erbe nicht vergeuden, sondern es durch die wirksame Förderung des Menschen auf allen Ebenen hochhalten und es in einen positiven und vollen, auch gesetzlichen Schutz seiner unveräußerlichen Rechte umsetzen, deren erstes und wichtigstes das Recht auf Leben ist und bleibt. »Laßt uns nicht die großen Werke Gottes vergessen.«
Siena (Italien), 14. 9. 1980; OR 39/80

Aus diesen Gründen wird die Kirche ihre Lehre über Ehe und Familie niemals aufgeben oder ändern. Aus diesen Gründen verurteilt die Kirche jeden Versuch, durch die Praxis der Polygamie die Einheit der Ehe zu zerstören, ferner auch jeden Versuch, den Ehebund durch Scheidung zu lösen. Aus diesen Gründen hält die Kirche auch klar daran fest, daß die Ehe für die Weitergabe menschlichen Lebens offen sein muß. Gott wollte den Liebesbund von Mann und Frau zur Quelle neuen Lebens machen. Er wollte seine eigene Schöpferkraft mit Ehemännern und Ehefrauen teilen, indem er ihnen die Zeugungskraft schenkte. Gott wünscht, daß diese ungeheure Fähigkeit, neues menschliches Leben zu zeugen, in Freiheit und Liebe von den Brautleuten angenommen wird, die sich frei entscheiden, die Ehe zu schließen. Die Elternschaft besitzt eine ganz besondere Würde, die von Gott selbst kommt. Ich meinerseits schulde es meinem Apostolischen Amt, so klar und nachdrücklich wie möglich zu bekräftigen, was die Kirche Christi in diesem Punkt lehrt, und ferner erneut mit Nachdruck ihre Verurteilung der künstlichen Empfängsniverhütung und Abtreibung zu unterstreichen.

Ja, jedes menschliche Leben ist heilig, vom Augenblick der Empfängnis an und alle folgenden Entwicklungsphasen hindurch, denn es ist nach Gottes Bild und Gleichnis geschaffen. Menschliches Leben ist kostbar, weil es ein Geschenk Gottes ist, dessen Liebe keine Grenzen kennt; und wenn Gott Leben schenkt, dann schenkt er es für immer. Wer immer versucht, menschliches Leben im Mutterschoß zu töten, der verletzt nicht nur die Unantastbarkeit eines lebenden, wachsenden und sich entwickelnden Menschen und widersetzt sich damit Gott; er richtet sich auch gegen die Gesellschaft, indem er die Achtung vor jedem menschlichen Leben untergräbt. Ich möchte hier wie-

derholen, was ich beim Besuch meiner Heimat gesagt habe: »Wenn man das Recht des Menschen auf Leben im Mutterschoß verletzt, dann stellt man sich damit indirekt gegen die gesamte sittliche Ordnung, die doch der Sicherung der unantastbaren Güter des Menschen dienen soll. Unter diesen ist das Leben das erste Gut. Die Kirche verteidigt das Recht auf Leben nicht nur mit Rücksicht auf die Majestät des Schöpfers, der der erste Geber dieses Lebens ist, sondern auch aus Respekt vor dem fundamentalen Gut des Menschen« (*Ansprache vom 8. Juni 1979*).
An Familien, Cebu City (Philippinen), 19. 2. 1981; OR 4/81

Der erste dieser Werte ist die treue Liebe der Ehegatten als Quelle ihres gegenseitigen Vertrauens und auch des Vertrauens der Kinder ihnen gegenüber. Auf dieses Vertrauen stützt sich wie auf einen Felsen das ganze feine innere Gefüge der Familie, der ganze »Aufbau der Seelen«, der mit einer reifen Menschlichkeit auf die jüngeren Generationen ausstrahlt.
Der zweite Grundwert ist der Respekt vor dem Leben vom Augenblick seiner Empfängnis im Mutterschoß an.
In diesem Zusammenhang erstehe vor der ganzen Kirche und besonders vor dieser Nation, in der er das Licht der Welt erblickt hat, die Gestalt von Papst Johannes, des »guten Papstes« Angelo Giuseppe Roncalli;
– sie erstehe mit der ganzen Wahrheit seiner evangelischen Botschaft, die zugleich eine zutiefst menschliche Botschaft ist. Er, der so von Sorge für das wahre Wohl seiner Heimat, für das wahre Wohl jeder Nation und jedes Menschen erfüllt war;
– er erstehe vor uns und sei unter uns gegenwärtig.
Erlaubt mir daher, daß ich vor ihm – vor seiner Ge-

stalt – die Worte wiederhole, die ich am fünften Fastensonntag gesprochen habe:
»In unserer Zeit wird in der Tat der Wert des Lebens zunehmend bedroht. Diese Bedrohung, die sich besonders in einer von technischem Fortschritt und materialistischer Zivilisation geprägten Wohlstandsgesellschaft bemerkbar macht, stellt die menschliche Glaubwürdigkeit eben jenes Fortschritts in Frage. Das menschliche Leben unterdrücken heißt immer, daß der Mensch das Vertrauen in den Wert seines Daseins verloren hat; daß er in sich, in seiner Erkenntnis, in seinem Gewissen und Willen, jenen ersten und grundlegenden Wert zerstört hat.
Gott sagt: ›Du sollst nicht töten!‹ (*Ex* 20, 13). Und dieses Gebot ist zugleich Grundprinzip und Norm der in das Gewissen jedes Menschen eingeschriebenen sittlichen Ordnung.
Wenn die Tötung des Menschen, der noch im Mutterschoß ruht, legalisiert wird, dann begibt man sich eben dadurch auf die schiefe Bahn mit unabsehbaren moralischen Konsequenzen. Wenn es erlaubt ist, einem menschlichen Wesen das Leben zu nehmen, wenn es noch ganz schwach und völlig von der Mutter, den Eltern, vom menschlichen Gewissensbereich abhängig ist, dann tötet man nicht nur einen unschuldigen Menschen, sondern auch das Gewissen. Und niemand weiß, wie breit und wie schnell sich der Kreis der Zerstörung des Gewissens ausweitet, des Gewissens, auf das sich menschlich betrachtet der Sinn der Kultur und des menschlichen Fortschritts an erster Stelle gründet.
Wenn wir das Recht, dem noch ungeborenen Menschen das Geschenk des Lebens zu nehmen, akzeptieren, kann es dann noch gelingen, das Recht des Menschen auf Leben in jeder anderen Situation zu verteidigen? Kann es uns noch gelingen, den Prozeß der

Unterdrückung des menschlichen Gewissens einzudämmen?« (*O. R. dt.* vom 10. 4. 1981, S. 3).
Papst Johannes! Diese Worte habe ich am Sonntag, 5. April, gesprochen und wiederhole sie heute hier, auf deinem Heimatboden. Sie wurden mir eingegeben von der Liebe zum Menschen, von jener Liebe, deren Quelle die Liebe ist, mit welcher derjenige den Menschen umfängt, der ihn geschaffen und erlöst hat: der gekreuzigte und auferstandene Christus. Sie wurden eingegeben von dem Sinn für die besondere Würde, die jeder Mensch besitzt, vom Augenblick der Empfängnis bis zum Tod.
Papst Johannes! Diese Worte wurden eingegeben von der Liebe und Achtung für diese Nation, deren Sohn du gewesen bist, so wie ich Sohn meiner Nation bin. Und als Sohn meiner polnischen Heimat möchte ich die Liebe, die du für sie gehabt hast, erwidern, indem ich Italien diene, so wie ich auf Grund der von dir ererbten Sendung auf dem Stuhl Petri jeder Gesellschaft, jeder Nation, jedem Menschen dienen möchte. Denn der Mensch ist »der Weg der Kirche« (vgl. *Redemptor hominis,* Nr. 14), so wie Christus für jeden Menschen in der Kirche »der Weg, die Wahrheit und das Leben« ist (*Joh 14, 6*).
Bergamo (Italien), 26. 4. 1981; OR 19/81

Im Ehesakrament seid ihr als Mann und Frau dazu berufen, Vater und Mutter, Eltern zu werden.
Was für eine Berufung und was für eine Würde! Aber auch wieviel Verantwortung!
Ich möchte die treffendsten Worte gebrauchen, um der Schönheit dieser Würde und der Größe der Berufung Ausdruck zu verleihen, an der ihr durch die Macht des Heiligen Geistes teilhabt, wenn ihr als »ein Fleisch« eure Verfügbarkeit als Eltern kundtut und so

dem neuen Geschöpft einen Platz in eurem Leben gebt. Neuen menschlichen Personen!
Jenes »neue Wesen« wird euer Kind sein, euer Sohn oder eure Tochter: Fleisch von eurem Fleisch, Gebein von eurem Gebein (vgl. *Gen 2, 23*). Das Beste, was ihr an Leib und Seele habt, sollt ihr weitergeben! Zeugen heißt zugleich erziehen; und erziehen bedeutet zeugen. Das Leibliche und das Geistige in der menschlichen Person durchdringen einander, und deshalb durchdringen sich auch gegenseitig die beiden großen Dimensionen der Elternschaft: Zeugung und Erziehung.
Erziehen hat eine vielfältige Bedeutung! Ihr wißt selbst, wie zahlreich die Aufgaben dieses großen, langen, geduldigen Prozesses sind, durch den ihr jene, die ihr als Eltern geboren habt, menschliches Verhalten lehrt. Und da in dieses Menschsein die Gotteskindschaft eingefügt wurde, müssen wir diese Person, die leiblich von den Eltern und im Hinblick auf den Geist von Gott geboren wurde, in die Fülle des Lebens einführen, jene Fülle, die sie durch den Heiligen Geist vom Vater im Sohn, in Christus, besitzt.
Auch in diesem Zusammenhang lohnt es sich, die Worte des Zweiten Vatikanums zu lesen: »Die wahre Erziehung erstrebt die Bildung der menschlichen Person in Hinordnung auf ihr letztes Ziel, zugleich aber auch auf das Wohl der Gemeinschaften, deren Glied der Mensch ist und an deren Aufgaben er als Erwachsener einmal Anteil erhalten soll. Unter Verwertung der Fortschritte der psychologischen, der pädagogischen und der didaktischen Wissenschaft sollen also die Kinder und Jugendlichen in der harmonischen Entfaltung ihrer körperlichen, sittlichen und geistigen Anlagen so gefördert werden, daß sie allmählich ein tieferes Verantwortungsbewußtsein erwerben für ihr eigenes Leben und seine im steten Streben zu leistende

Entfaltung und für das Wachsen in der wahren Freiheit, in der tapferen und beharrlichen Überwindung der widerstreitenden Kräfte. Nach den jeweiligen Altersstufen sollen sie durch eine positive und kluge Geschlechtserziehung unterwiesen werden. Außerdem müssen sie für die Teilnahme am gesellschaftlichen Leben so geformt werden, daß sie, versehen mit dem notwendigen und geeigneten Rüstzeug, sich in die verschiedenen Gruppen der menschlichen Gemeinschaft tätig einzugliedern vermögen, dem Gespräch mit anderen sich öffnen und bereitwillig für das Allgemeinwohl eintreten« (*Gravissimum educationis,* Nr. 1; vgl. Nr. 3).
O wie glühend möchte ich diese eure Aufgabe als Eltern, eure menschliche Vater- und Mutterschaft, dem Ewigen Vater empfehlen! Bleibt ihm mit Christus verbunden! Sprecht durch das Wirken des Heiligen Geistes immer wieder das Wort »Abba«, »Vater«, und betet das Vaterunser, um unaufhörlich von Gott selber zu lernen, was es bedeutet, Vater bzw. Mutter zu sein; was es bedeutet, den himmlischen Vater zu vertreten und seine Würde in sich zu tragen!
Euch, die ihr – als Väter und Mütter – dazu berufen seid, am Werk des Schöpfers selbst mitzuarbeiten, empfehle ich dem Vater!
Die Elternwürde wirft ein entscheidendes Licht auf das, was ihr als Gatten einander seid; sie erleuchtet eure Liebe, die sich durch den Leib und die Seele verwirklicht. Denn ihr seid zu einer ganz besonderen Liebe berufen.
Auch bei diesem so wichtigen und heiklen Thema halten wir uns an die Weisung des Zweiten Vatikanischen Konzils. »Eine solche Liebe – lesen wir in *Gaudium et spes* –, die Menschliches und Göttliches in sich eint, führt die Gatten zur freien gegenseitigen Übereignung ihrer selbst, die sich in zarter Zuneigung und in der

Tat bewährt, und durchdringt ihr ganzes Leben; ja gerade durch ihre Selbstlosigkeit in Leben und Tun verwirklicht sie sich und wächst. Sie ist viel mehr als bloß eine erotische Anziehung, die, egoistisch gewollt, nur zu schnell wieder erbärmlich vergeht« (Nr. 49).
Und weiter wird unterstrichen, daß »die geschlechtliche Anlage des Menschen und seine menschliche Zeugungsfähigkeit in wunderbarer Weise all das überragen, was es Entsprechendes auf niedrigeren Stufen des Lebens gibt. Deshalb sind auch die dem ehelichen Leben eigenen Akte, die entsprechend der wahren menschlichen Würde gestaltet sind, zu achten und zu ehren. Wo es sich um den Ausgleich zwischen ehelicher Liebe und verantwortlicher Weitergabe des Lebens handelt, ... wird das nicht möglich sein ohne aufrichtigen Willen zur Übung der Tugend ehelicher Keuschheit« (Nr. 51).
Diese Liebe gilt es mit Beharrlichkeit zu lernen. Es gilt, ihre echten Zeichen zu unterscheiden. Es gilt, ihre innere Wahrheit zu schützen. Ihr wißt gut, daß alles, was die Kirche in ihrem – um es so zu nennen – »Katechismus der ehelichen Liebe« lehrt, genau das zum Ziel hat: jene innere Wahrheit der Liebe, zu welcher ihr als Gatten aufgerufen seid.
Diese Liebe muß unaufhörlich gelernt werden. Sie muß geduldig und auf den Knien gelernt werden. Nach und nach entdeckt man die ganze tiefe Schönheit dieser Einheit zweier Menschen. Diese Schönheit ist geistiger, nicht bloß sinnlicher Natur. Und die Schönheit der ehelichen Einheit ist zugleich die »Einheit im Leib«. Doch das Leibliche im Menschen schöpft aus dem Geist seine eigentliche Schönheit, sein Licht, seine Wahrheit.
An Fokolare-Familien, Rom, 3. 5. 1981; OR 20/81

Der Mensch ist auch für Sie das letzte Glied der wissenschaftlichen Forschung, und zwar der ganze Mensch, Geist und Leib, auch wenn das unmittelbare Objekt der Wissenschaften, die Sie vertreten, der Leib mit allen seinen Organen und Geweben ist. Der menschliche Leib ist nicht unabhängig vom Geist, genauso wie der Geist nicht unabhängig vom Leib ist wegen der tiefen Einheit und wechselseitigen Beziehung, die zwischen ihnen besteht.

Die wesenhafte Einheit zwischen Geist und Leib und indirekt mit dem Kosmos ist so wesentlich, daß jede menschliche Tätigkeit, auch die geistigste, irgendwie von der leiblichen Situation durchdrungen und gefärbt wird; zugleich muß umgekehrt der Leib vom Geist geleitet und zu seinem Endziel geführt werden. Es besteht kein Zweifel, daß die geistigen Tätigkeiten des Menschen vom Zentrum der Person des einzelnen ausgehen, das vom Leib, mit dem der Geist wesenhaft verbunden ist, prädisponiert wird. Daher die große Bedeutung der Naturwissenschaften, die das Wissen um die physische Gegebenheit und Wirksamkeit fördern, für das Leben des Geistes.

Infolgedessen habe ich keinen Grund wegen der biologischen Experimente beunruhigt zu sein, die von Wissenschaftlern durchgeführt werden, die wie Sie eine tiefe Achtung vor der menschlichen Person haben, denn ich bin sicher, daß sie zum Gesamtwohl des Menschen beitragen werden. Anderseits verurteile ich ausdrücklich und offiziell experimentelle Eingriffe am menschlichen Embryo, da ein Menschenwesen vom Augenblick der Zeugung bis zum Tod für keinen wie immer gearteten Zweck mißbraucht werden darf. Denn wie das Zweite Vatikanische Konzil lehrt, ist der Mensch »auf Erden die einzige von Gott um ihrer selbst willen gewollte Kreatur« (*Gaudium et spes,* Nr. 24). Wertschätzung verdient die Initiative jener Wis-

senschaftler, die ihre Mißbilligung von Experimenten, die die menschliche Freiheit verletzen, zum Ausdruck gebracht haben, und ich lobe diejenigen, die sich mit voller Achtung vor der Würde und Freiheit des Menschen darum bemüht haben, Richtlinien und Begrenzungen für Experimente am Menschen aufzustellen.
Die Art des Experimentierens, über die Sie diskutiert haben, gilt einer breiteren Kenntnis der intimsten Lebensmechanismen mittels künstlicher Modelle, wie die Züchtung von Gewebsarten, und des Experiments an einigen genetisch ausgewählten Tierarten. Darüber hinaus haben Sie auf Experimente hingewiesen, die an Tierembryos durchgeführt werden, was Sie besser erkennen läßt, wie sich Zellenunterschiede feststellen lassen.
Es muß hervorgehoben werden, daß neue Techniken, wie die Züchtung von Zellen und Geweben, eine beachtliche Entwicklung genommen haben, die einen sehr bedeutsamen Fortschritt in den biologischen Wissenschaften erlaubt; und diese Techniken ergänzen auch das Tierexperiment. Natürlich stehen Tiere im Dienst des Menschen und können daher Gegenstand von Experimenten sein. Dennoch müssen sie als Geschöpfe Gottes behandelt werden, die dazu bestimmt sind, dem Wohl des Menschen zu dienen, aber nicht von ihm mißhandelt zu werden. Darum entspricht die Verringerung der Tierversuche, die nach und nach immer entbehrlicher wurden, dem Plan und Wohl der ganzen Schöpfung.
Mit Befriedigung habe ich gesehen, daß Sie unter den Themen Ihrer Studienwoche die Aufmerksamkeit auf »in-vitro«-Experimente konzentrieren, die Ergebnisse für die Behandlung von Krankheiten erbracht haben, die mit Chromosomenschäden zusammenhängen.
In Bezug auf Ihre Tätigkeit darf man auch hoffen, daß die neuen Techniken zur Abänderung des Genko-

dex in besonderen Fällen von Gen- und Chromosomenerkrankungen für die Mehrheit der von solchen Krankheiten befallenen Menschen einen Grund zur Hoffnung darstellen.
Es ist auch daran zu denken, daß durch Genverpflanzungen spezifische Krankheiten geheilt werden können, wie z. B. die sogenannte Sichelzellen-Anämie, die in vielen Ländern Personen derselben ethnischen Herkunft befällt. Ebenso muß daran erinnert werden, daß sich manche Erbkrankheiten durch den Fortschritt in biologischen Versuchen vermeiden lassen.
Die Forschung der modernen Biologie gibt Anlaß zur Hoffnung, daß die Verpflanzung und Veränderung von Genen den Zustand derjenigen zu verbessern vermag, die von Chromosomenerkrankungen betroffen sind; auf diese Weise können die kleinsten und schwächsten menschlichen Wesen noch im Mutterleib oder unmittelbar nach der Geburt behandelt werden.
An Akademie der Wissenschaften, Rom, 23. 10. 1982; OR 51–52 /82

Christus sagt von sich, daß er gekommen ist, daß die Menschen »das Leben haben und es in Fülle haben« (*Joh* 10, 10). Deshalb ist auch unsere Sendung in seiner Nachfolge ein Dienst am Leben. Dieser unser Auftrag als Bischöfe, als Kirche erhält gerade in der Welt von heute eine ganz spezielle Aktualität und Dringlichkeit, wie ihr selbst es von seiten eurer Bischofskonferenz in den vergangenen Monaten deutlich zum Ausdruck gebracht habt. Mit Freude und Zustimmung habe ich von der Initiative vernommen, die ihr gemeinsam mit den Kräften des Laienapostolates in eurem Land ergriffen und unter das biblische Leitwort gestellt habt: »Wähle das Leben!« (*Dtn* 30, 19). Alle Kräfte in Kirche und Gesellschaft sollen mobilisiert werden, um die heute den Menschen insgesamt bedrohende Feindlichkeit dem Leben gegenüber, den mangelnden Mut zum eigenen Leben und zur Weitergabe des Lebens durch ein neues Ja zum Leben zu überwinden. Die verhängnisvollen praktischen wie theoretischen Irrtümer, die das Leben als beliebig verfügbares Gut des einzelnen oder der Gesellschaft betrachten, sollen als unverträglich mit der Würde des Menschen von möglichst vielen Mitchristen und Bürgern durchschaut und auf eine eindeutigere Achtung vor dem Menschenleben hin korrigiert werden.

»Wähle das Leben!« Wählt zwischen Tod und Leben, die euch vorgelegt sind! Diese Entscheidungsfrage, die den Israeliten vor dem Einzug ins Gelobte Land gestellt wurde, ist auch uns und den uns anvertrauten Menschen gestellt angesichts des beschwerlichen Weges in die Zukunft. Dieser Weg – das muß unsere tiefste Überzeugung und unser klares Bekenntnis sein – führt nur dann nicht ins Leere, nur dann nicht in die Irre, wenn wir ihn in der Nachfolge dessen gehen, der allein von sich sagen durfte: »Ich bin der Weg, die Wahrheit und das Leben!« (*Joh* 14, 6). Leben ist nur möglich im Vertrauen auf das göttliche Erbarmen, das größer und stärker ist als alles, was uns die Hoffnung und den Mut zum Leben nehmen will. Nur in Christus erhält das Leben des Menschen seinen wahren Sinn und kann es zu seiner Fülle gelangen.

»Wähle das Leben!« Dieser Entscheidungsruf richtet unseren Blick auch auf einige brennende Einzelprobleme des heutigen sozialen Lebens, aus denen ich jetzt nur auf drei besonders eingehen möchte. An erster Stelle steht hier zweifellos die fortwährende Aufgabe, junge Männer und Frauen dafür zu motivieren, in einer verantwortlich gestalteten Ehe und Familie die Würde des Menschen auch in deren konkretem Vollzug aufleuchten zu lassen und das Leben zu beja-

hen. Indem sie das Ja zueinander wählen, beginnen sie miteinander einen Weg in die Zukunft, der in letzter Konsequenz das kleine Glück nur zu zweit übersteigt und zur Bejahung des Lebens auch in eigenen Kindern führen müßte. Versucht, den Menschen wieder Auge und Herz dafür zu öffnen, daß kein noch so wertvolles und attraktives Konsumgut an das Glück heranreichen kann, das die tägliche Begegnung und Auseinandersetzung mit der geheimnisvollen Welt eines Kindes als einer heranwachsenden Person demjenigen schenken kann, der gelernt hat, diese Werte zu sehen und sich über sie zu freuen.
Dabei dürfen wir auch nicht jene Ehepaare übersehen, die ungewollt kinderlos bleiben. Auch ihnen gilt – wenn auch in einer speziellen Weise – der Aufruf: »Wähle das Leben!« »Die leibliche Unfruchtbarkeit kann«, wie ich im Apostolischen Schreiben *Familiaris consortio* betont habe, »den Gatten Anlaß zu anderen wichtigen Diensten am menschlichen Leben sein, wie Adoption, verschiedene Formen erzieherischer Tätigkeit, Hilfe für andere Familien, für arme oder behinderte Kinder« (Nr. 14).
An deutsche Bischöfe, Rom, 14. 1. 1983; OR 3/83

Gestatten Sie mir, über einige Punkte zu sprechen, die mir wichtig scheinen. Die Überzeugungen, für die ich Ihnen gegenüber eintrete, sind die der katholischen Kirche, zu deren universalem Hirtenamt ich berufen wurde. Für uns ist der Mensch ein als Bild Gottes geschaffenes Wesen, das von Christus erlöst wurde und zur Unsterblichkeit bestimmt ist. Diese Überzeugungen stimmen, das hoffe ich, mit denen jener Gläubigen überein, die die Bibel als Wort Gottes betrachten. Weil sie uns jedoch zu größtem Respekt vor dem Menschen auffordern, bin ich sicher, daß sie die Zu-

stimmung aller Menschen guten Willens finden, die sich über die Situation des Menschen Gedanken machen und ihn um jeden Preis vor allem bewahren wollen, was sein Leben, seine Würde und seine Freiheit bedroht.
In erster Linie Respekt vor dem Leben. Es gibt keine Gläubigen oder Ungläubigen, die sich weigern könnten, das menschliche Leben zu respektieren und sich zu seiner Verteidigung und Rettung verpflichtet zu fühlen, und das vor allem dann, wenn es noch keine Stimme hat, um seine Rechte zu beanspruchen. Mögen alle Ärzte dem Eid des Hippokrates treu sein, den sie bei ihrem Doktorat ablegen! In der gleichen Linie liegt, was der Weltärztebund 1948 in Genf als Eidesformel angenommen hat: »Ich werde absoluten Respekt vor dem menschlichen Leben haben, von seiner Empfängnis an und selbst unter Bedrohung, und ich werde mich weigern, meine medizinischen Kenntnisse gegen die Gesetze der Menschheit zu verwenden.« Ich hoffe, daß diese feierliche Verpflichtung auf jeden Fall Richtlinie der Ärzte bleibt. Es geht hier um ihre Ehre. Es geht um das Vertrauen, das sie verdienen. Es geht um ihr Gewissen, wie immer auch die vom bürgerlichen Gesetz zugelassenen Freiheiten aussehen mögen, z. B. auf dem Gebiet der Abtreibung oder der Euthanasie. Was man von Ihnen erwartet, ist, daß Sie das Übel bekämpfen, alles, was gegen das Leben ist, ohne jedoch das Leben als solches zu opfern, ist es doch das höchste Gut und im übrigen nicht unser Eigentum. Gott allein ist Herr über das menschliche Leben und seine Unversehrtheit.
Ein zweiter Punkt, auf den ich Sie hinweise, ist die Einheit des menschlichen Wesens: es ist wichtig, das technische Problem, das die Behandlung einer bestimmten Krankheit mit sich bringt, nicht unabhängig von der Person des Kranken zu sehen, die in ihrer

ganzen Dimension Achtung verdient. Hier ist es angebracht, daran zu erinnern, daß die medizinische Wissenschaft zur Spezialisierung auf den verschiedenen Gebieten neigt. Der Arzt von gestern war vor allem praktischer Arzt. Sein Blick war sogleich auf die Gesamtheit der Organe und der Körperfunktionen gerichtet. Anderseits waren ihm die Familie des Patienten, dessen Milieu und dessen Lebensgeschichte besser bekannt. Die Entwicklung ist unausweichlich; sie tendiert zur Spezialisierung der Studien und zur Komplikation des gesellschaftlichen Lebens. Sie müssen sich aber unablässig darum bemühen, die tiefe Einheit des Menschen im offensichtlichen Zusammenspiel all seiner Körperfunktionen, aber auch in der Einheit der leiblichen, affektiven, intellektuellen und spirituellen Dimension zu berücksichtigen. Am 3. Oktober 1982 lud ich die in Rom versammelten katholischen Ärzte ein, stets auf den Menschen als Person und die Erfordernisse, die seiner Würde entspringen, Bezug zu nehmen.
Die ganzheitliche Perspektive, in der – das ist wichtig! – das einzelne medizinische Problem gesehen werden muß, könnte nicht nur in bezug auf den Einzelmenschen, sondern in analogem Sinn auch auf die Gesellschaft verstanden werden, wo die Möglichkeit des Einander-Ergänzens es gestattet, Lösungen für Probleme zu finden, die auf individueller Ebene unlösbar sind. Es genügt, hier an eine bestimmte Behinderung, nämlich die unheilbare körperliche Unfruchtbarkeit zu denken, die manche Ehepaare durch Adoption oder die Sorge um die Kinder anderer überwinden.
Der dritte Punkt, den ich hier behandeln möchte, wurde mir durch ein sehr wichtiges Thema nahegelegt, das Sie im Lauf Ihrer Generalversammlung in Venedig behandelt haben: die Rechte des Menschen angesichts bestimmter neuer Möglichkeiten, über die

die Medizin insbesondere im Bereich der genetischen Manipulation verfügt und die das moralische Gewissen jedes Menschen vor ernste Probleme stellen. Wie läßt sich überhaupt eine solche Manipulation mit der Auffassung in Einklang bringen, die den Menschen als ein mit angeborener Würde und unantastbarer Autonomie ausgestattetes Wesen betrachtet?
Ein ausschließlich therapeutischer Eingriff, dessen Zweck die Heilung verschiedener Krankheiten ist – wie etwa jener, die auf Mißbildungen der Chromosomen zurückzuführen sind –, kann grundsätzlich als wünschenswert betrachtet werden, vorausgesetzt, daß er auf eine Förderung des persönlichen Wohles des Menschen abzielt, ohne seine Integrität zu verletzen oder seine Lebensbedingungen zu verschlechtern. Ein solcher Eingriff entspricht ja in seiner Logik der Tradition der christlichen Moral, wie ich vor der Päpstlichen Akademie der Wissenschaften am 23. Oktober 1982 ausführte (in: *O. R. dt. 1982/Nr. 51–52, S. 11*)
Hier erweitert sich aber die Frage, ist es doch von größtem Interesse zu wissen, ob ein Eingriff im genetischen Bereich, der die Grenzen der Therapie im eigentlichen Sinn des Wortes übersteigt, ebenfalls als moralisch zulässig betrachtet werden kann. Soll das der Fall sein, so müssen verschiedene Bedingungen eingehalten und bestimmte Voraussetzungen angenommen werden. Gestatten Sie mir, an einige davon zu erinnern.
Die biologische Natur jedes Menschen ist unantastbar, insofern sie die persönliche Identität des Einzelmenschen im Lauf seines ganzen Lebens darstellt. Jeder Mensch besteht in seiner unbedingten Einmaligkeit nicht nur aus Geist, sondern auch aus Leib. So berührt man im Leib und durch den Leib die Person als solche in ihrer konkreten Wirklichkeit. Die Würde des Menschen achten, kommt infolgedessen der Be-

wahrung seiner Identität »corpore et anima unus« gleich, wie das Zweite Vatikanische Konzil (*Gaudium et spes,* Nr. 14, Par. 1) sagt. Von dieser anthropologischen Auffassung ausgehend, muß man die grundlegenden Kriterien finden, die die Entscheidung zu Eingriffen bestimmen, die nicht ausschließlich therapeutischer Art sind, wie z. B. solche, die eine Verbesserung der biologischen Beschaffenheit des Menschen zum Ziel haben.

Eingriffe solcher Art dürfen insbesondere nicht die Quellen des menschlichen Lebens berühren, d. h. die Fortpflanzung, die nicht nur an die biologische, sondern auch an die spirituelle Vereinigung der durch die Ehe gebundenen Eltern geknüpft ist. Die Fortpflanzung muß demnach die fundamentale Würde der Menschen und die gemeinsame biologische Natur respektieren, die der Freiheit zugrunde liegt, indem sie Manipulationen vermeidet, deren Ziel eine Änderung des genetischen Erbes und die Schaffung andersartiger Menschengruppen ist, womit man Gefahr läuft, in der Gesellschaft neue Randgruppen hervorzubringen.

Im übrigen dürfen die grundlegenden Haltungen, die den besagten Eingriffen zugrunde liegen, nicht einer rassistischen und materialistischen Mentalität entspringen, die auf ein in Wirklichkeit einschränkendes menschliches Wohl hingeordnet ist. Die Würde des Menschen übersteigt seine biologischen Komponenten.

Die genetische Manipulation wird dann willkürlich und unberechtigt, wenn sie das Leben zum Objekt herabmindert und vergißt, daß sie mit einem menschlichen Subjekt zu tun hat, das mit achtenswerter Intelligenz und Freiheit begabt ist, möge sie auch begrenzt sein; oder wenn sie dieses menschliche Subjekt im Hinblick auf Kriterien behandelt, die nicht auf der Gesamtwirklichkeit der menschlichen Person beruhen

und die Gefahr mit sich bringen, deren Würde zu verletzen. In diesem Fall wird der Mensch der Willkür eines anderen ausgesetzt und seiner Autonomie beraubt.
Der wissenschaftliche und technische Fortschritt, wie immer er auch geartet sei, muß daher den moralischen Werten, die einen Schutz für die Würde der menschlichen Person darstellen, größten Respekt entgegenbringen. Und weil in der medizinischen Wertordnung das Leben das höchste und radikalste Gut des Menschen darstellt, ist ein grundlegendes Prinzip erforderlich: zuerst muß jede Schädigung vermieden werden, dann kann man forschen und nach dem Guten streben.
Ehrlich gesagt, ist der Ausdruck »genetische Manipulation« zweideutig und muß Gegenstand echten moralischen Unterscheidungswillens sein, bezieht er sich doch einerseits auf die abenteuerlichen Versuche, die, ich weiß nicht, was für einen Übermenschen hervorbringen sollten, während er anderseits auch positive Versuche einschließt, die die Korrektur von Anomalien – wie etwa bestimmter Erbkrankheiten – zum Ziel haben, ganz zu schweigen von den nützlichen Anwendungen in der Tier- und Pflanzenbiologie, die der Lebensmittelproduktion dienen. Was diese Fälle betrifft, so beginnt man, von »genetischer Chirurgie« zu sprechen, um besser zum Ausdruck zu bringen, daß der Arzt nicht eingreift, um die Natur zu ändern, sondern um ihr bei der Entfaltung ihrer selbst behilflich zu sein, ihrer selbst als einem von Gott gewollten Geschöpf. Mit seiner Arbeit auf diesem selbstverständlich heiklen Gebiet entspricht der Forscher dem Plan Gottes. Gott wollte, daß der Mensch König der Schöpfung sei. Ihnen, die Sie Chirurgen, Laborärzte und praktische Ärzte sind, erweist Gott die Ehre, mit allen Kräften ihres Verstandes am Werk der Schöp-

fung mitarbeiten zu dürfen, das am ersten Tag der Welt seinen Anfang genommen hat. Man kann den gewaltigen Fortschritt, den die Medizin in diesem Sinn im 19. und 20. Jahrhundert gemacht hat, nur bestaunen. Sie sehen jedoch, daß es mehr denn je nötig geworden ist, die Trennung zwischen Wissenschaft und Ethik zu überwinden und ihre tiefe Einheit wiederzufinden. Sie beschäftigen sich mit dem Menschen, dessen Würde eben durch die Ethik geschützt wird.
An Weltärztebund, Rom, 29. 10. 1983; OR 5/84

Gern heiße ich Sie heute hier willkommen, um Ihnen einige Gedanken zur kommenden Weltkonferenz 1984 für Bevölkerungsfragen vorzutragen, zu deren Generalsekretär Sie bestimmt worden sind. Die Konferenz wird im August dieses Jahres in Mexico City stattfinden und bietet Gelegenheit zu neuer Überprüfung zahlreicher wichtiger Fragen, die mit dem Anwachsen oder Abnehmen der Bevölkerung ca. 10 Jahre nach der Weltbevölkerungskonferenz von 1974 verbunden sind. Der Hl. Stuhl hat im Laufe dieser Jahre die Diskussion der Bevölkerungsfragen verfolgt und die Auswirkungen der demographischen Faktoren auf die gesamte Menschheitsfamilie studiert. Offensichtlich ist die weltweite Bevölkerungssituation sehr vielschichtig und auch von Gebiet zu Gebiet verschieden. Hinter den demographischen Daten stehen zahlreiche miteinander verknüpfte Fragen zur Verbesserung der Lebensverhältnisse, die dahin zielen, daß die Menschen in Würde, Gerechtigkeit und Frieden leben und dann ihr gottgegebenes Recht, Familien zu gründen und Kinder zu gebären und aufzuziehen, wahrnehmen können, um damit ihrer ewigen Bestimmung, der Vereinigung mit dem liebenden Gott, der sie geschaffen hat, zu entsprechen. Die katholische Kirche wertet es also positiv, wenn die Verbesserung von Erziehungssystemen und der Gesundheitsfürsorge angestrebt wird. Sie erkennt die Aufgaben der beteiligten Personen an, die den Menschen größere Chancen zur aktiven Beteiligung am Entwicklungsprozeß und beim Aufbau eines neuen weltweiten Wirtschaftssystems auf der Grundlage von Gerechtigkeit und Gleichheit bieten möchten.

Die Kirche erkennt ferner die Aufgabe der Regierenden sowie der internationalen Gemeinschaft an, das Bevölkerungsproblem im Kontext und im Hinblick auf das Gemeinwohl der einzelnen Nationen und der gesamten Menschheitsfamilie verantwortungsvoll zu studieren und in Angriff zu nehmen (*Populorum progressio*, Nr. 37). Doch darf Bevölkerungspolitik Menschen nicht einfach als Nummern oder lediglich unter wirtschaftlichen Aspekten oder mit sonst einem Vorurteil betrachten. Sie muß vielmehr Würde und Grundrechte der menschlichen Person und der Familie anerkennen und fördern.

Die Würde der menschlichen Person – jeder einzelnen Person – ihre Einmaligkeit und Fähigkeit, einen Beitrag zum Wohl der Gesellschaft zu leisten, sind für die Kirche von erstrangiger Bedeutung, wenn sie sich an Gesprächen über Bevölkerungsfragen beteiligt. Die Kirche glaubt nämlich, daß die Würde des Menschen in der Tatsache der Erschaffung jeder Person durch Gott gründet, darin, daß wir durch Christus erlöst sind und daß wir nach dem Plan Gottes uns ewig mit Gott freuen sollen. Die Kirche muß daher stets Zeichen und Hüterin des transzendenten Charakters der menschlichen Person sein (vgl. *Gaudium et spes*, Nr. 76) und denen Hoffnung geben, die sonst daran verzweifeln könnten, daß es etwas Besseres gibt, als ihr gegenwärtiges Los. Diese Überzeugung der Kirche wird von anderen geteilt und stimmt mit den innersten

Wünschen des menschlichen Herzens überein. Sie antwortet zugleich auf die tiefsten Sehnsüchte der menschlichen Person. Die Würde der Person ist ferner ein Wert von globaler Wichtigkeit, den Menschen verschiedener religiöser, kultureller und nationaler Herkunft teilen. Diese Betonung des Wertes der Person verlangt Achtung vor dem menschlichen Leben, das immer ein herrliches Geschenk der Güte Gottes ist. Gegen Pessimismus und Selbstsucht, die einen Schatten auf die Welt werfen, tritt die Kirche für das Leben ein und ruft zu immer stärkerem Bemühen um die Änderung von Situationen auf, die den Wert und die entsprechende Freude am menschlichen Leben gefährden oder vermindern. Ich nehme daher die Worte meines Apostolischen Schreibens *Familiaris consortio* wieder auf, die das gemeinsame Denken der Bischofssynode 1980 über die Familie in der Welt von heute widerspiegeln:
»Die Kirche ist berufen, aufs neue und mit klarerer und festerer Überzeugung allen ihre Entschlossenheit zu zeigen, das menschliche Leben, ganz gleich in welcher Lage und in welchem Stadium der Entwicklung es sich befindet, mit allen Mitteln zu fördern und gegen alle Angriffe zu verteidigen.
Deshalb verurteilt die Kirche als schwere Beleidigung der menschlichen Würde und der Gerechtigkeit alle Aktivitäten von Regierungen oder anderen öffentlichen Autoritäten, die in irgendeiner Weise die Freiheit der Ehegatten über Nachkommenschaft zu entscheiden, zu beschränken versuchen. Dementsprechend ist jede gewaltsame Maßnahme dieser Autoritäten zugunsten der Empfängnisverhütung oder gar der Sterilisation und der Abtreibung völlig zu verurteilen und mit aller Kraft zurückzuweisen. Auf die gleiche Weise ist die Tatsache als schweres Unrecht zu bezeichnen, daß in den internationalen Beziehungen die Wirt-

schaftshilfe zur Förderung der unterentwickelten Völker von Programmen zur Empfängnisverhütung, Sterilisation und Abtreibung abhängig gemacht wird« (Nr. 30).

Die Erfahrungen und Tendenzen der letzten Jahre zeigen klar die weithin negativen Auswirkungen der Programme zur Empfängnisverhütung. Diese Programme haben die sexuelle Freizügigkeit gesteigert und unverantwortliches Verhalten gefördert mit schweren Folgen vor allem für die Erziehung der Jugend und die Würde der Frau. Selbst der Begriff »verantwortliche Elternschaft« und Familienplanung wurde mißachtet durch die Verteilung von empfängnisverhütenden Mitteln an Heranwachsende. Außerdem ist man von den Programmen zur Empfängnisverhütung oftmals zur Praxis der Sterilisierung und Abtreibung übergegangen, die von Regierungen und internationalen Organisationen finanziert werden.

Die Kirche unterstreicht die Bedeutung der Familie, denn diese ist »die natürliche und grundlegende Gruppeneinheit der Gesellschaft und hat ein Recht auf Schutz durch Gesellschaft und Staat« (vgl. *Allgemeine Erklärung der Menschenrechte*, 16, 3). Auf Bitten der internationalen Bischofssynode hat der Hl. Stuhl selbst eine Charta der Familienrechte erstellt, in der er »alle Staaten und internationalen Organisationen, alle interessierten Institutionen und Personen dringend bittet, die Achtung vor diesen Rechten zu fördern und ihre tatsächliche Beachtung und Einhaltung zu gewährleisten« *(Präambel)*. In diesem Dokument wird die Familie anerkannt als »eine Gemeinschaft der Liebe und der Solidarität..., die in einzigartiger Weise geeignet ist, kulturelle, ethische, soziale, geistige und religiöse Werte zu lehren und zu übermitteln, wie sie wesentlich sind für die Entwicklung und das Wohlergehen ihrer eigenen Mitglieder und der ganzen Gesellschaft« (*Präambel*, E). Die Familie ist in Wahrheit eine Gemeinschaft von in Liebe miteinander verbundenen Personen, die sich umeinander sorgen und in Vergangenheit und Zukunft füreinander einstehen. Während die nächsten Mitglieder der Familie die Eheleute und ihre Kinder sind, bleibt die Erhaltung des Bewußtseins wichtig, das die Familie als Gemeinschaft sieht, in der die verschiedenen Generationen zusammentreffen, und deren Kraft darin liegt, einen Ort der Identität und Sicherheit für Verwandte und jene zu bieten, die ihr angegliedert sind.

Die Familie spielt eine einzigartige und unersetzliche Rolle bei der Weitergabe des Geschenks des Lebens und im Bereitstellen der besten Umgebung für die Erziehung der Kinder und ihre Einführung in die Gesellschaft. Die Familie ist der Ort, wo das Kind vom Augenblick der Empfängnis an und während seines ganzen Wachstums- und Entwicklungsprozesses geliebt und angenommen wird. Unsicherheit über die Zukunft darf unsere Hoffnung und Freude an Kindern nicht vermindern. Heute mehr als je zuvor müssen wir unseren Glauben an den Wert des Kindes bekräftigen und daran, daß die Kinder von heute ihren Beitrag für die ganze Menschheitsfamilie leisten können. Vor der Vollversammlung der Vereinten Nationen habe ich gesagt: »...Ich möchte vor den versammelten Vertretern so vieler Nationen der Welt der Freude Ausdruck geben, die für jeden von uns die Kinder bedeuten, der Frühling des Lebens, der Anfang der zukünftigen Geschichte eines jeden hier vertretenen Vaterlandes. Kein Land der Welt, kein politisches System kann anders an seine eigene Zukunft denken als nur mit dem Blick auf diese neuen Generationen, die von ihren Eltern das vielfältige Erbe an Werten, Verpflichtungen und Hoffnungen der Nation, zu der sie gehören, zusammen mit dem Erbe der

gesamten Menschheitsfamilie übernehmen. Die Sorge für das Kind noch vor seiner Geburt, vom ersten Augenblick seiner Empfängnis an, und dann in den Jahren der Kindheit und Jugendzeit ist die erste und grundlegende Probe für das Verhältnis des Menschen zum Menschen« (*Ansprache vom 2. Oktober 1979, Nr. 21*).
Und doch wissen wir alle, daß die Entscheidung der Eheleute zur Elternschaft nicht immer leicht ist und oft Opfer erfordert. Die Kirche ist sich dessen realistisch bewußt, und ihre Lehre über verantwortliche Elternschaft richtet sich an die Eheleute – denn sie allein haben das Recht auf Weitergabe des Lebens – und will ihnen helfen bei ihrer Entscheidung, die frei, überlegt und beiderseitig sein muß in bezug auf den zu planenden Zeitpunkt und die Anzahl der Geburten. Diese Entscheidung sollte – verbunden mit Gebet – in der hochherzigen Wertschätzung ihrer Mitwirkung mit Gott beim Schöpfungswerk gründen sowie in ihrer Verantwortung sich selbst, ihren Kindern, der Familie und der Gesellschaft gegenüber. Diese Entscheidung muß sich auf sittlich vertretbare Methoden der Zeitwahl oder Geburtenbeschränkung stützen, worüber die Kirche zu sprechen berechtigt und verpflichtet ist. Anderseits bleibt es Aufgabe der Regierungen und internationalen Organisationen, den Eheleuten durch den Aufbau einer sozialwirtschaftlichen Ordnung zu helfen, die das Familienleben begünstigt, ferner durch das Angebot zuverlässiger Informationen über die demographische Lage, so daß Ehepaare ihre Pflichten und Möglichkeiten richtig orientieren können.
Besondere Aufmerksamkeit muß der Rolle der Frau in der Gesellschaft von heute gelten. Die Verbesserung des Status der Frau ist wichtig. Wir dürfen hier nicht den Beitrag übersehen, den Frauen im Haushalt und

in ihrer einzigartigen Fähigkeit, den Säugling zu nähren und das Kind in der frühesten Phase der Erziehung zu leiten, leisten. Dieser besondere Beitrag der Frauen wird oft mißachtet oder verringert zugunsten wirtschaftlicher Überlegungen oder Arbeitsmöglichkeiten, manchmal sogar, um die Zahl der Kinder zu vermindern. Ständiges Bemühen muß hier sicherstellen, daß die Frau voll in die Gesellschaft integriert ist, indem man ihre wichtige soziale Aufgabe als Mutter gebührend anerkennt. Dazu sollte auch die Gesundheitsfürsorge für Mutter und Kind gehören, echte Müttererholung und Zuschüsse zum Familieneinkommen.

Die Kirche denkt ferner an die von UNFPA geförderte Initiativen zugunsten des alten Menschen. In den meisten Ländern nimmt die Zahl der alten Menschen zu. Ihre Bedürfnisse werden aber oft übersehen, auch der Beitrag, den sie für die Gesellschaft leisten. Sie bringen Erfahrung, Weisheit und besondere Geduld für die Lösung menschlicher Probleme ein und können und sollen daher aktive Mitglieder der heutigen Gesellschaft sein.

Viel Aufmerksamkeit findet das Verhältnis von Bevölkerung und Entwicklung. Dabei wird weithin anerkannt, daß Bevölkerungspolitik nur ein Teil der umfassenden Entwicklungsstrategie ist. Wieder betont die Kirche, daß bei dieser Entwicklungsstrategie die Bedürfnisse der Familie erstrangige Aufmerksamkeit finden sollen, daß die Familien ermutigt werden müssen, ihre Verantwortung für die Umwandlung der Gesellschaft zu übernehmen und aktive Teilnehmer am Entwicklungsprozeß zu werden. Dabei sollte freilich Entwicklung mehr einschließen als das Streben nach materiellen Gütern. Sie sollte breiter angelegt sein und die geistigen wie die materiellen Bedürfnisse der Einzelperson und der ganzen Gesellschaft umfassen. Mit

einem Wort: Entwicklungsstrategie muß sich gründen auf einer gerechten weltweiten sozialwirtschaftlichen Ordnung, die eine ausgewogene Verteilung der geschaffenen Güter anstrebt, verantwortungsbewußte Haushaltung gegenüber der Umwelt und den Bodenschätzen, dazu Sinn für moralische Verantwortung und Zusammenarbeit der Nationen, damit Frieden, Sicherheit und wirtschaftliche Stabilität für alle erreichbar werden. Vor allem darf Entwicklung nicht nur als Bevölkerungskontrolle verstanden werden, und Regierungen oder internationale Organisationen dürfen Entwicklungshilfe nicht von der Erreichung der Ziele der Familienplanung abhängig machen.
Hier möchte ich mich nun an Sie, Herr Generalsekretär, wenden, und durch Sie an alle Teilnehmer der internationalen Konferenz 1984 für Bevölkerungsfragen, daß Sie die Bevölkerungsfragen mit neuem Vertrauen in die menschliche Person und in die Kraft moralischer und geistiger Werte aufgreifen, Werte, die zur echten Lösung der menschlichen Probleme unserer Tage beitragen können. Möge Gott Ihnen bei der Erfüllung dieser wichtigen Aufgabe beistehen.
An Generalsekretär der Weltkonferenz für Bevölkerungsfragen, Rom, 7. 6. 1984; OR 31/84

Das Leitwort eures Katholikentages ist auch eine Herausforderung. Eure Gesellschaft darf mit Recht von einem Katholikentag – dies hat die bewegte Geschichte der Katholikentage bewiesen – auch ein klares und vielleicht unbequemes Wort zu drängenden Fragen erwarten. Mit großer Freude und innerer Zustimmung habe ich die Initiative der deutschen Katholiken »Wähle das Leben« verfolgt. Ihr geht es darum, das Bewußtsein und die Bereitschaft dafür in Kirche und Öffentlichkeit zu wecken. Immer mehr verbreitet sich

die Mentalität, die dem Leben resigniert oder gar feindlich gegenübersteht, nicht wenigen fehlt der Mut zum eigenen Leben und zur Weitergabe des Lebens. Diese Mentalität muß durch ein neues Ja zum Leben überwunden werden! Die Kirche steht auf der Seite des Lebens. Laßt nicht nach in eurem anfänglichen Elan. Seht zu, daß ihr zu einem Sprachrohr für die vielen werdet, die nicht sprechen können oder dürfen, für die, deren Freiheit verletzt, deren elementare Menschenrechte unterdrückt, deren Leben bedroht oder zerstört wird. Scheut nicht zurück vor der unbequemen Aufgabe, Anwalt des Lebens – auch des ungeborenen – zu sein. Bezeugt zugleich in Wort und Tat die Frohe Botschaft vom ganzen, vom ewigen Leben und von den höheren Werten des Menschen: der Würde seiner Person und ihren unveräußerlichen Grundrechten. Euer Eintreten für das Leben wird um so überzeugender sein, je mehr ihr bei der Lösung konkreter Zukunftsfragen eures Landes auch im sozialen Bereich und durch politisches Engagement Wegweiser und Bahnbrecher seid: Ich erinnere an die gezielte Förderung der Familie angesichts ihrer ständig wachsenden Belastungen; ich erinnere an das bedrängende Problem der Arbeitslosigkeit, vor allem vieler Jugendlicher; ich erinnere an die konkrete Solidarität nicht nur mit den Fernsten – euer Beitrag für die Länder und Kirchen der Dritten Welt ist beispielhaft –, sondern auch für eure Nächsten, etwa für eure ausländischen Mitbürger. Ihr wolltet mit eurer Initiative ja bewußt die ganze Breite des Lebensschutzes heute miteinbeziehen.
Botschaft an deutschen Katholikentag, Rom, 8. 7. 1984; OR 28/84

Das von euch gewählte Thema des diesjährigen Sommerkurses, »Der Wert des Lebens«, ist von großer

Wichtigkeit. Ihr habt Gelegenheit gehabt, seine religiösen, ethischen, psychologischen und sozialen Aspekte zu untersuchen und habt hervorgehoben, daß das Leben in jeder Entwicklungsstufe und unter allen Umständen seinen Wert behält. So hat sich auch gezeigt, wie zum großen Teil vom solidarischen Einsatz aller die Möglichkeit für jeden abhängt, seinem Leben einen Sinn zu geben, auch wenn es durch Krankheit erschwert ist oder vom Alter, dem unvermeidlichen Vorspiel zum geheimnisvollen »Hinübergehen« im Tod. Ihr habt euch u. a. auch mit dem heute sehr aktuellen Problem der Euthanasie auseinandergesetzt und es im Zusammenhang mit den Forderungen betrachtet, die sich aus der Unantastbarkeit des menschlichen Lebens ergeben.

Diese Unantastbarkeit ist die logische Folge der christlichen Lebensauffassung von der Herrschaft Gottes über Leben und Tod und der Zugehörigkeit des Menschen zu Christus im Leben wie im Tod (vgl. *Röm* 14, 8). Das ist eine ausdrückliche Lehre der Bibel, sie wiederholt sich von den ersten Seiten der Genesis an, vom »Du sollst nicht töten« der Zehn Gebote (*Ex* 20, 13 u. *Dtn* 5, 17) bis hin zum ersten Brief des Johannes (vgl. 3, 11–15). Einmütig bezeugt auch die Tradition der Väter diese Lehre, schon in der ältesten Schrift, der Didachè; sie wird weiter bestätigt durch das Strafverfahren, das schon seit seinen Anfängen Mord als eine der schwersten Sünden gebrandmarkt hat, und in unserer Zeit wurde sie wiederholt bekräftigt und weiterentwickelt durch das Päpstliche Lehramt, Konzilsdokumente und Hirtenbriefe.

Im Licht dieser Lehren muß der Gläubige ein immer stärkeres Bewußtsein von der Unantastbarkeit jedes unschuldigen menschlichen Lebens entwickeln und unbeugsame Festigkeit zeigen gegenüber dem Druck und den Einflüssen der Umgebung und der dominierenden Kultur. Er muß mit Überzeugung jedem Versuch zur Legalisierung der Euthanasie entgegenwirken und auch den Kampf gegen die Abtreibung fortsetzen.

Doch angesichts einer zunehmenden sozialen Anerkennung der Euthanasie scheint das eigentliche Problem, das bewältigt werden muß, ein anderes zu sein. Wie sich schon in bezug auf die Abtreibung gezeigt hat, bleibt eine moralische Verurteilung der Euthanasie ungehört und unverständlich bei denjenigen, die, manchmal unbewußt, ganz und gar von einer Lebensauffassung erfüllt sind, die mit der christlichen Botschaft, ja sogar mit der recht verstandenen Würde des Menschen unverträglich ist.

Zum Beweis braucht man sich nur einige der gängigsten negativen Eigenschaften einer Kultur vor Augen zu halten, die von der Transzendenz absieht:
– die Gewohnheit, nach eigener Willkür über keimendes menschliches Leben zu verfügen;
– die Tendenz, das eigene Leben nur in dem Maß zu schätzen, wie es Wohlstand und Vergnügen bietet;
– die Bewertung des materiellen Wohlstandes und Komforts als höchste Güter und die dementsprechende Einschätzung des Leidens als absolutes Übel, das um jeden Preis und mit allen Mitteln zu verhüten ist;
– die Auffassung vom Tod als absolutes Ende eines Lebens, das noch Genüsse hätte bieten können, oder als Befreiung von einem Leben, das für sinnlos gehalten wird, weil sein Weiterbestehen mit Schmerzen verbunden gewesen wäre.

All das geht meistens Hand in Hand mit der Überzeugung, daß der Mensch von Gott absehen kann, daß er nur vor sich selbst verantwortlich ist und vor den Gesetzen der Gesellschaft, die aus freien Stücken verfügt worden sind.

Es ist leicht verständlich, daß gerade da, wo diese Einstellungen im Leben einzelner und sozialer Gruppen Fuß gefaßt haben, es paradoxerweise logisch und »human« erscheinen kann, dem eigenen oder einem anderen Leben ein »sanftes« Ende zu setzen, wenn dieses Leben nur noch Leid und schwere Behinderung bieten könnte. Aber in Wirklichkeit ist dieser Gedanke absurd und unmenschlich.

Die Aufgabe, die sich der christlichen Gemeinschaft in diesem sozio-kulturellen Kontext stellt, ist mehr als eine bloße Verurteilung der Euthanasie oder der einfache Versuch, eine eventuelle Legalisierung zu verhindern. Das Grundproblem ist vor allem, wie man den Menschen unserer Zeit helfen könnte, die Unmenschlichkeit einiger Aspekte der dominierenden Kultur zu erkennen und die von ihr verschleierten, wahren Werte wiederzuentdecken.

Daß nun die Euthanasie sich neben der Abtreibung als eine weitere Annäherung an den Tod abzeichnet, muß als dramatischer Aufruf an alle Gläubigen und Menschen guten Willens gesehen werden, mit allen Mitteln und auf allen Ebenen eine von wirklicher Kultur geprägte Entscheidung für den Fortschritt unserer Gesellschaft zu treffen.

Besondere Bedeutung gewinnt deshalb die Anwesenheit und das entschlossene Handeln der Katholiken in allen großen nationalen und internationalen Zentren, in denen höchst wichtige Entscheidungen für die Entwicklung der Gesellschaft gefällt werden. Das gleiche gilt für den weiten Bereich der sozialen Kommunikationsmittel, deren Bedeutung im Zusammenhang mit der öffentlichen Meinungsbildung wohl nicht mehr betont werden muß.

Aber nicht weniger wichtig und nowendig ist es, in allen das Bewußtsein zu stärken, daß jeder, wenn auch nur durch seinen Lebensstil, dazu beiträgt, entweder die christliche Lebensauffassung zu festigen oder eine andere zu schaffen.

Es ist daher dringend notwendig, denjenigen, die von der Kirche durch Wort und Tat angesprochen werden können, Hilfe zu geben,
— damit sie sich der Kluft zwischen Glaube und Leben bewußt werden, die als Folge einer unkritischen Übernahme von hedonistischen, konsumistischen und ähnlichen Auffassungen entstanden ist, die einem bestimmten Lebensstil unterliegen;
— damit sie die echt christliche Hoffnung gegenüber dem Leben, dem Leid und dem Tod entdecken und die wahre Wertordnung des Lebens als Berufung und Sendung, für die jeder vor Gott verantwortlich ist;
— damit sie auf diesen Auffassungen die eigene, die familiäre und die berufliche Existenz neu aufbauen und nicht fürchten, mit ihrer christlichen Überzeugung gegen den Strom zu schwimmen.
Daraus folgt: das Problem der Euthanasie ermutigt und fordert mit dramatischer Notwendigkeit einen ernsthaften und beständigen Einsatz für eine wirkliche Erneuerung des wahren christlichen Sinns. Weiteres Zögern und weitere Nachlässigkeit könnten zur Tötung einer unschätzbaren Anzahl von Menschenleben führen, zu einem weiteren schweren und in fortschreitendem Maße unmenschlichen Verfall der ganzen Gesellschaft und menschlichen Gemeinschaft.
Schließlich ist noch hinzuzufügen, daß der Hauptträger dieses ganzen Einsatzes nichts anderes als die Familie sein kann. Das wird vor allem von dem Gedanken bestätigt, daß die Familie Hauptträger der evangelisierenden Mission der Kirche (vgl. *Familiaris consortio*, Nr. 65) und der Zukunft der Menschheit ist (*ebd.*, 86). Hinzu kommen spezifische Gründe in bezug auf das Problem der Euthanasie und des Einsatzes, der von seiten der christlichen Gemeinschaft für eine Lösung gefordert ist. Gerade die alten Menschen sind ja dem Risiko ausgesetzt, Opfer der Euthanasie

zu werden, vor allem wenn sie gebrechlich und pflegebedürftig sind. Andererseits hat gerade die Familie die Möglichkeit, sie in Liebe aufzunehmen (*Familiaris consortio*, Nr. 27). Haltungen, die in bezug auf Leben, Leiden und Tod den oben beschriebenen entgegengesetzt sind, die also nicht der Euthanasie den Boden bereiten, können sich für gewöhnlich nur auf der Grundlage einer entsprechenden Erziehung in der Familie entwickeln.

Man kann also zusammenfassend sagen, daß eine wirksame Belebung der christlichen Botschaft vom Wert des Lebens, eines jeden menschlichen Lebens, auch wenn es schwer behindert, vom Alter geschwächt oder vom Leiden ausgehöhlt ist, hauptsächlich über die Familie erreicht werden kann.

An Tagung der Universität »Sacro Cuore«, Castel Gandolfo, 6. 9. 1984; OR 47/84

B. Abtreibung

Deshalb verurteilt die Kirche als schwere Beleidigung der menschlichen Würde und der Gerechtigkeit alle Aktivitäten von Regierungen oder anderen öffentlichen Autoritäten, die in irgendeiner Weise die Freiheit der Ehegatten, über Nachkommenschaft zu entscheiden, zu beschränken versuchen. Dementsprechend ist jede gewaltsame Maßnahme dieser Autoritäten zugunsten der Empfängnisverhütung oder gar der Sterilisation und der Abtreibung völlig zu verurteilen und mit aller Kraft zurückzuweisen. Auf die gleiche Weise ist die Tatsache als schweres Unrecht zu bezeichnen, daß in den internationalen Beziehungen die Wirtschaftshilfe zur Förderung der unterentwickelten Völker von Programmen zur Empfängnisverhütung, Sterilisation und Abtreibung abhängig gemacht wird.

FC 30

Vorbemerkung

Abtreibung ist ein verwerfliches Unrecht. Über diese Aussage besteht in der Kirche Übereinstimmung. Kein Mensch hat das Recht, einem anderen Menschen das Leben zu nehmen – zumal nicht dem wehrlosesten und schwächsten.
Dennoch ist das Übel der Abtreibung weit verbreitet, auch in katholischen Ländern. Darum läßt der Papst keine seiner Ansprachen an Eheleute (besonders bei seinen Reisen) und Bischöfe vergehen, ohne entschieden auf die Unantastbarkeit allen menschlichen Lebens hinzuweisen. Oft sind es nur kurze Passagen, die sich deshalb verstreut in vielen Texten dieses Buches wiederfinden. Die Intensität seines Anliegens, das Leben zu schützen, kommt so an vielen Stellen zum Ausdruck. Da in diesem Punkt die Lehre der Kirche in der Weltöffentlichkeit klar ist, erübrigen sich längere lehrmäßige Aussagen; der Schwerpunkt liegt auf immer wiederholten, meist kurzen Appellen, die den Menschen ihre Verantwortung vor Augen stellen. Das trifft übrigens auch auf das Schreiben Familiaris consortio zu, in dem es um die Darstellung des richtigen christlichen Lebens geht und Fehlformen, wie z. B. die Abtreibung, wohl genannt, aber nicht weiter behandelt zu werden brauchen. Die Stärkung richtigen Verhaltens dämmt falsches Handeln ein.

Erlaubt mir, daß ich eure Aufmerksamkeit auf Beispiele lenke, die im allgemeinen wenig bekannt sind, aber von großer, ja bisweilen heroischer Tapferkeit

zeugen. Ich denke zum Beispiel an eine Frau, Mutter einer bereits kinderreichen Familie, der viele »den Rat geben«, ein neues, in ihrem Schoß bereits empfangenes Leben zu beseitigen, indem sie den »Eingriff« des Schwangerschaftsabbruchs vornehmen läßt. Sie aber antwortet fest und standhaft: »Nein!« Natürlich weiß sie um alle Schwierigkeiten, die dieses Nein mit sich bringt, Schwierigkeiten für sie, für ihren Mann, für die ganze Familie, und dennoch antwortet sie: »Nein!« Das neue Menschenleben in ihrem Schoß ist ein zu großer, zu heiliger Wert, als daß sie solchem Drängen nachgeben könnte.
Generalaudienz, Rom 15. 11. 1978; OR 47/78

Und noch eine Sache. In der Weihnachtsnacht fand die Mutter, als die Stunde der Geburt kam, kein Dach über sich. Sie fand nicht die Bedingungen, unter denen sich normalerweise das große göttliche und zugleich menschliche Geheimnis der Menschengeburt vollzieht.
Erlaubt mir, daß ich mich der Logik des Glaubens und eines konsequenten Humanismus bediene. Die Sache, von der ich spreche, schreit zum Himmel, sie ist eine dauernde Herausforderung an den einzelnen und an alle, vielleicht gerade in unserer Zeit, in der der werdenden Mutter häufig ein großer Beweis sittlicher Konsequenz abverlangt wird. In der Tat kann das, was man euphemistisch »Schwangerschaftsunterbrechung« statt »-abbruch« nennt, nicht wie andere echt menschliche Vorgänge gewertet werden, die nicht vom Sittengesetz und Gewissen berührt werden. Zu dieser Sache könnten die Beichtväter, was nicht geht, sicher aber die Eheberater sehr viel sagen.
Folglich darf man die werdende Mutter nicht allein lassen mit ihren Zweifeln, Schwierigkeiten, Versu-

chungen. Wir müssen ihr zur Seite stehen, damit sie genügend Mut und Vertrauen findet, damit sich ihr Gewissen nicht beschwert, damit das entscheidende Band der Achtung des Menschen vor dem Menschen nicht zerstört wird. In der Tat ist das eine Bindung, die im Moment der Empfängnis beginnt und die uns alle in gewisser Weise verpflichtet, jeder werdenden Mutter beizustehen. Wir müssen ihr jede nur mögliche Hilfe anbieten.
Schauen wir als Kirche und Menschen auf Maria, die Jungfrau-Mutter, und versuchen wir, besser zu verstehen, welche Verantwortung für jeden Menschen, der auf der Erde geboren wird, Weihnachten mit sich bringt. Beenden wir jetzt diese Betrachtung, aber wir werden mehr als nur einmal darauf zurückkommen müssen.
Generalaudienz, Rom, 3. 1. 1979; OR 2/79

Mit großem Verantwortungsbewußtsein für das Schicksal der Nation hebt der polnische Episkopat immer auch in seinen Pastoralprogrammen das ganze System sittlicher Bedrohung hervor, mit denen der Mensch unserer Zeit, der Mensch einer modernen Zivilisation, zu kämpfen hat. Diese Bedrohungen betreffen gleicherweise das persönliche wie das soziale Leben; insbesondere aber belasten sie die Familie und die Erziehung der Jugend. Man muß Ehe und Familie vor der Sünde bewahren, vor der schweren Sünde gegen das keimende Leben. Bekanntlich sind die Begleitumstände dieser Sünde eine Hypothek, die auf dem gesamten sittlichen Leben der Gesellschaft lasten, und ihre Folgen bedrohen die Zukunft der Nation.
An polnische Bischöfe, Tschenstochau, 5. 6. 1979; OR 24/79

Die Achtung vor dem einmal empfangenen menschlichen Leben gehört in besonderer Weise zu den Überzeugungen, die klar beleuchtet und gestärkt werden müssen. Es gibt einen Punkt, wo die Verantwortung von Mann und Frau sie veranlassen muß, das menschliche Wesen, das sie gezeugt haben und das auszulöschen sie kein Recht haben, anzunehmen und zu schützen. Das ist ein Bereich, in dem das Umfeld, Gesellschaft, Ärzte, Eheberater, Gesetzgeber, die Pflicht haben, es den Ehepartnern möglich zu machen, trotz aller Schwierigkeiten diese Verantwortung wahrzunehmen, im Sinne der Achtung des menschlichen Lebens und der Hilfeleistung in schwierigen Fällen. Das ist ein Punkt, zu dem sich die Kirche in allen Ländern übereinstimmend geäußert hat, so daß er nicht besonders hervorgehoben werden muß. Die Legalisierung der Abtreibung kann verhängnisvollerweise dazu führen, diese Achtung und diese Verantwortung gegenüber dem menschlichen Leben nicht mehr zu empfinden und leichthin einen schweren Fehler zu begehen. Und man muß hinzufügen, daß auch die allgemeine Verbreitung der künstlichen Empfängsniverhütung zur Abtreibung hinführt, denn diese beiden Methoden wachsen, wenn auch auf verschiedener Ebene, aus der gleichen Furcht vor dem Kind, der Verweigerung des Lebens, des Mangels an Achtung vor dem Akt oder der Frucht der Vereinigung, so wie sie der Schöpfer der Natur zwischen Mann und Frau gewollt hat. Diejenigen, die diese Probleme gründlich studieren, wissen das gut – im Gegensatz zu dem, was gewisse Redeweisen oder gewisse umlaufende Meinungen glauben machen. Ihr verdient Lob für das, was ihr tut und tun werdet, um in der Achtung vor dem Leben die Gewissen zu bilden.
An C. L. E. R., Rom, 3. 11. 1979; OR 1/80

Doch wieder muß ich feierlich betonen: Das Leben des Menschen ist heilig vom ersten Aufkeimen unter dem Herzen der Mutter, vom Augenblick der Empfängnis an. Wie könnte ich vergessen, daß gerade in diesem dem Kinde gewidmeten Jahr die Zahl der im Mutterleib getöteten Leben schreckenerregende Höhen erreicht hat? Das ist ein lautloses Massenopfer, das nicht nur uns Männer der Kirche, uns christliche Männer und Frauen auf der ganzen Welt, sondern auch die in der öffentlichen Verantwortung Stehenden und um die Zukunft der Völker Besorgten nicht gleichgültig lassen darf. Im Namen des »in Maria lebenden« Jesus, den sie in ihrem Schoß in eine gleichgültige und feindliche Welt getragen hat – in Betlehem weigerte man sich, sie aufzunehmen, und im Palast des Königs Herodes plante man seinen Tod –, im Namen jenes Kindes, das Gott und Mensch war, beschwöre ich alle, die sich der unaufgebbaren Würde dieser noch nicht geborenen Menschen bewußt sind, eine des Menschen würdigere Haltung einzunehmen, damit diese dunkle Zeit, die das Gewissen des Menschen mit Finsternis zu umhüllen droht, endlich überwunden werden kann.
An Kardinäle, Rom, 22. 12. 1979; OR 2/80

Vor allem in der Familie, die das Zweite Vatikanische Konzil so schön »Hauskirche« genannt hat (*AAS* 11), muß ein Damm gegen die Gefahren errichtet werden, die dieses Heiligtum zu entweihen und seine heiligen Fundamente zu verwüsten drohen. Ich denke hier an den Hedonismus, der die Liebe zwischen den Ehegatten und zu ihren Kindern schwinden läßt, der zu ehelicher Untreue, zur Ehescheidung und zur Abtreibung führt. Ich fühle die schwere Verpflichtung, euch als Gläubige aufzufordern, eure Aufmerksamkeit vor al-

lem auf den letzten Punkt zu richten: Man darf Leben nicht vernichten, man darf es nicht verweigern, weil es ein Geschenk Gottes ist. Es erreichen uns schreckliche Nachrichten über den traurigen Rekord, der auf diesem Gebiet erzielt wurde. Der hl. Bernhardin fand flammende Worte gegen dieses Übel (*Fastenpredigten in Florenz*, 1425; *Predigten auf dem Campo in Siena*, 1427; *Predigt XXXIX*). Auch ich erhebe als Stellvertreter dessen, der das Leben der Welt ist, meine armselige Stimme zur Verteidigung derer, die keine Stimme haben und nie eine haben werden: Es ist nicht erlaubt, Leben im Mutterschoß zu töten! Die katholischen Laien Italiens erinnern sich gewiß an die Aufforderung ihrer Bischöfe, sich dafür einzusetzen, »daß das derzeitige Gesetz, weil es moralisch unannehmbar ist, überwunden wird durch Normen, die voll und ganz dem Recht auf Leben entsprechen« (*Pastorale Weisung des Ständigen Rates der Italienischen Bischofskonferenz* vom 8. Dezember 1978).
Am Vorabend der Bischofssynode, die sich mit den Nöten, Sorgen und Problemen der Familie beschäftigen wird, tut eine ebenso feste wie hochherzige Entschlossenheit aller not, damit Gott weiter alle christlichen Familien segnet und sie zu Leuchttürmen und Brennpunkten der Liebe macht.
L'Aquila (Italien), 30. 8. 1980; OR 37/80

Mit großem Nachdruck möchte ich euch heute in diesem Zusammenhang nur dies eine besonders in Erinnerung rufen: Die Tötung ungeborenen Lebens ist kein legitimes Mittel der Familienplanung. Ich wiederhole, was ich am 31. Mai dieses Jahres den Arbeitern in der Pariser Vorstadt Saint-Denis gesagt habe: »Das erste Recht des Menschen ist das Recht auf Leben. Wir müssen dieses Recht und diesen Wert verteidigen.

Andernfalls würde die ganze Logik des Glaubens an den Menschen, das ganze Programm eines wahrhaft menschlichen Fortschritts erschüttert werden und in sich zusammenbrechen.« Es geht in der Tat darum, dem Leben zu dienen.
An Familien, Köln, 15. 11. 1980; OR 47/80

In unserer Zeit wird in der Tat der Wert des Lebens zunehmend bedroht. Diese Drohung, die sich besonders in einer von technischem Fortschritt und von materialistischer Zivilisation geprägten Wohlstandsgesellschaft bemerkbar macht, stellt die menschliche Glaubwürdigkeit eben jenes Fortschritts in Frage.
Wenn wir nämlich tatsächlich das Recht auf Leben, das Geschenk des Lebens, durch das Recht ersetzen, den unschuldigen, wehrlosen Menschen des Lebens zu berauben, dann dürfen wir nicht daran zweifeln, daß inmitten all der technischen und materiellen Werte, nach denen wir den Fortschritt und die Zivilisation messen, der wesentliche und grundlegende Wert, der ja der rechtmäßige Grund und Maßstab des wahren Fortschritts ist, zerstört wird: der Wert des menschlichen Lebens, das heißt der Wert der Existenz des Menschen, da ja Leben für die Lebenden Sein bedeutet – »vivere est viventibus esse«.
Das menschliche Leben unterdrücken heißt immer, daß der Mensch das Vertrauen in den Wert seines Daseins verloren hat; daß er in sich, in seiner Erkenntnis, in seinem Gewissen und Willen, jenen ersten und grundlegenden Wert zerstört hat.
Gott sagt: »Du sollst nicht töten!« (*Ex* 20, 13). Und dieses Gebot ist zugleich Grundprinzip und Norm der in das Gewissen jedes Menschen eingeschriebenen sittlichen Ordnung.
Wenn die Tötung des Menschen, der noch im Mutter-

schoß ruht, legalisiert wird, dann begibt man sich eben dadurch auf die schiefe Bahn mit unabsehbaren moralischen Konsequenzen. Wenn es erlaubt ist, einem menschlichen Wesen das Leben zu nehmen, wenn es noch ganz schwach und völlig von der Mutter, den Eltern, vom menschlichen Gewissensbereich abhängig ist, dann tötet man nicht nur einen unschuldigen Menschen, sondern auch das Gewissen. Und niemand weiß, wie breit und wie schnell sich der Kreis der Zerstörung des Gewissens ausweitet, des Gewissens, auf das sich menschlich betrachtet der Sinn der Kultur und des menschlichen Fortschritts an erster Stelle gründet.

Jene, die meinen und behaupten, dies sei ein privates Problem und es gelte, in diesem Fall das streng persönliche Recht auf Entscheidung zu verteidigen, denken und sagen nicht die ganze Wahrheit. Das Problem der Verantwortung für das im Mutterschoß empfangene Leben ist ein vorherrschend soziales Problem und zugleich ein Problem, das jeden einzelnen und alle angeht. Es liegt in der ethischen Kultur jeder Gesellschaft begründet. Von ihm hängt die Zukunft der Menschen und der Gesellschaften ab. Wenn wir das Recht, dem noch ungeborenen Menschen das Geschenk des Lebens zu nehmen, akzeptieren, kann es uns dann noch gelingen, das Recht des Menschen auf Leben in jeder anderen Situation zu verteidigen? Kann es uns noch gelingen, den Prozeß der Unterdrückung des menschlichen Gewissens einzudämmen?

Die Fastenzeit stellt eine Herausforderung dar. Im Lichte des Ostergeheimnisses, dem wir uns nähern, während wir immer tiefer in die Betrachtung des Leidens und des Todes Christi eindringen, muß das Gewissen wieder erwachen und die Verteidigung des Rechtes auf Leben und der Verantwortung für das Leben übernehmen, die zugleich Verantwortung für den

Menschen bis in die Wurzeln seines Daseins und seiner Berufung ist. Es ist notwendig, daß hierfür auch mehr gebetet wird, denn es handelt sich um ein äußerst dringendes Problem im Hinblick auf die Würde des Menschen wie auch auf eine Zukunft, die seiner würdig ist.
Erinnern wir uns, daß Gott spricht: *Nolo mortem!* »Ich will nicht den Tod!«
Vor Angelus, Rom, 5. 4. 1981; OR 15/81

So dienen die Menschen, gerade die ärmsten und bedürftigsten, alle jene Männer und Frauen, die sich in der Welt für die Verteidigung des Lebens einsetzen, dem leiblichen und seelischen Leben: die Missionare und Missionarinnen, Schwestern, Ärzte, Krankenpfleger, Erzieher, Techniker. Es genügt, stellvertretend für alle eine zu nennen, die wir alle kennen: Mutter Teresa von Kalkutta, deren Stimme sich zur Verteidigung des Lebens der Ungeborenen nicht nur in Indien erhebt, sondern auch an den verschiedensten anderen Orten der Erde. In Japan sagte sie kürzlich: »Jedes Kind, das durch Abtreibung getötet wird, ist ein Zeichen großer Armut, denn jedes Menschenleben ist wichtig und von besonderer Art für Gott.«
Liebe Brüder und Schwestern! Erheben wir unsere Herzen im Gebet zur Mutter des Erlösers, indem wir sie einladen zur österlichen Freude, wie wir es in dieser Jahreszeit tun. Und beten wir zugleich zur heiligsten aller Mütter für jede Mutter auf dieser Erde und für jedes Kind, das in ihrem Schoß geboren werden soll.
Beten wir für die Mütter, deren Gewissen aufs schwerste bedroht ist, wenn sie zustimmen, daß ihrem Kind das Leben genommen wird... Christus hat gesagt: »Wenn die Frau gebären soll, ist sie bekümmert,

weil ihre Stunde da ist; aber wenn sie das Kind geboren hat, denkt sie nicht mehr an ihre Not aus Freude darüber, daß ein Mensch zur Welt gekommen ist« (*Joh* 16, 21). Beten wir für eine solche Freude am Leben, auch wenn dieses Leben durch Leid und inneren Kampf erkauft wurde. Beten wir für die Freude des Gewissens, »damit sie das Leben haben und es in Fülle haben« (*Joh* 10, 10).
Vor Regina Coeli, Rom, 10. 5. 1981; OR 20/81

Liebe Brüder und Schwestern! An diesem Abend, an dem wir das Leben feiern, sind wir uns der vielen Bedrohungen des Lebens bewußt, die in unserer technisierten Gesellschaft existieren. Von unberechenbarer Gefahr für die gesamte Menschheit ist die Zahl der Abtreibungen in der heutigen Gesellschaft. Dieses unaussprechliche Verbrechen gegen das menschliche Leben, das das Leben schon von seinem Anfang an ablehnt und tötet, setzt den Maßstab für die Verachtung der Verneinung und der Beseitigung des Lebens Erwachsener und für den Angriff auf das Leben der Gesellschaft. Wenn die Schwachen schon vom Augenblick der Empfängnis an verwundbar sind, sind sie auch im Alter verwundbar, und sie sind angesichts der Gewalt eines Angreifenden und der Macht von Atomwaffen verwundbar.
Aber es gibt einen Weg für die Menschheit, der eigenen Tyrannei zu entrinnen und das Gericht Gottes abzuwenden. Angesichts dieser Übel, die das Leben in unserer heutigen Zeit bedrohen, muß die Menschheit wieder in der Praxis die Heiligkeit menschlichen Lebens als wertvolles Geschenk des liebenden Schöpfers verkünden – als ein Geschenk, das angenommen, respektiert und geschützt werden muß: »Gegen Pessimismus und Egoismus, die die Welt verdunkeln, steht

die Kirche auf der Seite des Lebens: in jedem menschlichen Leben weiß sie den Glanz jenes ›Ja‹, jenes ›Amen‹, zu entdecken, das Christus selbst ist« (*Familiaris consortio*, Nr. 30).

Die Kirche verkündet den Plan Gottes für jedes menschliche Leben, Gottes Plan für die Liebe, die Leben zeugt, und Gottes Plan für die Familie, die als Lebensgemeinschaft die Sendung hat, »die Liebe zu hüten, zu offenbaren und mitzuteilen« (*Familiaris consortio*, Nr. 17). Dieser Plan Gottes wurde in das Mann- und Frausein hineingelegt und verleiht ihrer ehelichen Gemeinschaft eine zweifache Dimension – jener Gemeinschaft, die der Ausdruck einer innigen Gemeinschaft der Liebe und des Lebens ebenso wie der Bereitschaft zur Elternschaft sein muß. Aufgrund der von Gott gewollten unzertrennlichen Verbindung der einenden und der fortpflanzenden Bedeutung des Eheaktes verkündet die Kirche, daß volle Selbsthingabe in der Ehe nur möglich ist, wenn diese beiden Elemente nicht künstlich getrennt werden (vgl. *Familiaris consortio*, Nr. 32). Im Plan Gottes ist die Achtung vor der Bedeutung des Leibes und der Bereitschaft, Leben zu empfangen, eine notwendige Voraussetzung, die volle Würde der menschlichen Person, die volle Würde des menschlichen Lebens zu gewährleisten.

Man muß das Leben von der Empfängnis an gegen alles schützen, durch das es bedroht wird, wie Hunger und Krieg; man muß es heilen von dem, was es schwächt oder schändet, wie Krankheit und Exzesse durch Alkohol und Drogen; man muß es vor Verfall schützen, wie Gewalttaten, unmenschliche Lebensbedingungen, unwürdige Arbeitsbedingungen und andere Dinge solcher Art.

Wir sind aufgerufen, gegen die Diebe unserer Zeit, die nur kommen, »um zu stehlen, zu schlachten und zu vernichten« (*Joh* 10, 10), mit den Waffen der

Wahrheit, der Gerechtigkeit und der Liebe zu kämpfen. Stehen wir fest im Glauben: wir glauben, daß Christus bereits den entscheidenden Sieg über Sünde und Tod durch sein Kreuz und seine Auferstehung errungen hat und daß er uns durch den Glauben das Leben in seinem Namen schenkt.
Heute abend, in dieser Feier des Lebens, richten wir unseren Blick auf die gnadenreiche Jungfrau Maria, die Mutter Gottes und Mutter der Kirche. Sie hat den Retter, der das Leben der Welt ist, geboren; sie ist in dieser Feier des Lebens bei uns. Sie ist bei uns in all unseren Bemühungen, das Leben zu hüten, es zu heilen, zu verbessern und gegen alles zu verteidigen, was es verwunden, schwächen oder zerstören könnte. Sie ist bei uns in unserem Streben, Christus, dem guten Hirten, der uns zum ewigen Leben führt, zu folgen.
An Jugend, Alte, Behinderte, Vancouver (Kanada), 18. 9. 1984; OR 40/84

Gleichzeitig möchte ich zusammen mit allen Männern und Frauen guten Willens noch einmal das Recht auf Leben verkünden und einen erneuten Appell an alle richten, das Recht des ungeborenen Lebens zu respektieren. Wir müssen die Tatsache zugeben, daß in nicht wenigen Gesellschaften die Abtreibung sozial angenommen und rasch zu praktizieren ist. Die Abtreibung wird als rasche Antwort auf viele Probleme dargestellt: die Probleme unerwünschter Schwangerschaft, die Probleme unverheirateter schwangerer Frauen, die Probleme einer rapid wachsenden Bevölkerung, die Probleme der Armen. Die Gesellschaft erlaubt nicht nur die Tötung ungeborener Menschenwesen, sondern sie versucht sogar oft, diese Tötung zu rechtfertigen. Wenn der Respekt vor dem menschlichen Leben systematisch verweigert oder abgelehnt

wird, wird die Würde jedes menschlichen Wesens und die Heiligkeit jedes menschlichen Lebens verletzt.
An Regierung, Ottawa (Kanada), 19. 9. 1984; OR 40/84

C. **Verantwortliche Elternschaft und natürliche Empfängnisregelung**

Angesichts einer Kultur, welche die wahre Bedeutung der menschlichen Sexualität schwer entstellt oder sogar völlig verliert, weil sie diese aus ihrem wesentlichen Bezug auf die Person löst, empfindet die Kirche ihren Auftrag, die Sexualität als Wert und Aufgabe der ganzen Person, die als Mann und Frau nach dem Bild Gottes geschaffen wurde, darzustellen, immer dringender und unersetzlicher. (...)
Ausgehend von dieser »ganzheitlichen Sicht des Menschen und seiner Berufung, seiner natürlichen und irdischen wie auch seiner übernatürlichen und ewigen Berufung«, hat Paul VI. betont, daß die Lehre der Kirche »beruht auf der untrennbaren Verbindung der zweifachen Bedeutung des ehelichen Aktes, die von Gott gewollt ist und die der Mensch nicht eigenmächtig aufheben kann, nämlich die liebende Vereinigung und die Fortpflanzung«.
Wenn die Ehegatten durch Empfängnisverhütung diese beiden Sinngehalte, die der Schöpfergott dem Wesen von Mann und Frau und der Dynamik ihrer sexuellen Vereinigung einge-

schrieben hat, auseinanderreißen, liefern sie den Plan Gottes ihrer Willkür aus; sie »manipulieren« und erniedrigen die menschliche Sexualität – und damit sich und den Ehepartner –, weil sie ihr den Charakter der *Ganz*hingabe nehmen. (...)
Im Licht der Erfahrung so vieler Ehepaare und der Ergebnisse der verschiedenen Humanwissenschaften kann und muß die Theologie den *anthropologischen und gleichzeitig moralischen Unterschied* erarbeiten und vertiefen, der zwischen der Empfängnisverhütung und dem Rückgriff auf die Zeitwahl besteht. Es handelt sich um einen Unterschied, der größer und tiefer ist, als man gewöhnlich meint, und der letzten Endes mit zwei sich gegenseitig ausschließenden Vorstellungen von Person und menschlicher Sexualität verknüpft ist.

FC 32

Vorbemerkung

Heutzutage wird wohl in jeder gesunden Ehe die Fruchtbarkeit irgendwann zu einem Problem. Die Gründe hierfür sind vielschichtig und wurden oft dargestellt.
Die kirchliche Lehre trägt der in unserem Jahrhundert wesentlich detaillierteren Kenntnis der menschlichen Zeugungsvorgänge Rechnung und leitet aus theologischen und anthropologischen Begründungen ihre Weisungen an Eheleute ab: Sie haben in Verantwortung vor Gott und angesichts ihrer Lebensumstände über die Zahl ihrer Kinder nachzudenken, und wenn sie zu dem Schluß kommen, jetzt oder auf Dauer keine weiteren Kinder verantworten zu sollen, können sie eine Empfängnis vermeiden, indem sie bei ihrem ehelichen Beisammensein die fruchtbaren Zeiten im Zyklus der Frau aussparen. Sie verwirklichen dann in verantwortlicher Elternschaft eine »Natürliche Empfängnis-

regelung«, *die Gottes weise Anlagen in der menschlichen Natur respektiert, sozusagen dem Schöpfer gegenüber Gehorsam übt. Dabei erleben die Eheleute durch die Erfahrung der gemeinsamen Selbstbeherrschung eine beglückende Bereicherung für ihre Personen und ihre Gemeinschaft.*
*Kontrazeption hingegen (d. h. alle künstlichen Methoden von Empfängnis*verhütung*) enthält in sich* objektiv *(also auch dann, wenn die Eheleute in bestem Wollen sich dessen nicht bewußt sind) eine gegen Gott (als Schöpfer und Vater, der das Leben schenkt, aber auch die Gesetze der Mitwirkung des Menschen festgelegt hat im rhythmischen Wechsel von Fruchtbarkeit und Unfruchtbarkeit) und eine gegen den Partner (Weigerung, dem andern trotz behaupteter Ganzhingabe, das ganze Gut der eigenen Fraulichkeit oder Männlichkeit zu schenken oder diese anzunehmen) gerichtete Komponente. Darum ist Empfängnisverhütung sittlich abzulehnen. Sie ist Ungehorsam gegen Gott und Mißachtung der menschlichen Würde.*
Diesen Zusammenhang zu begreifen ist bei der heutigen Mentalität schwer. Daraus erklärt sich der Widerstand, den diese kirchliche Lehre erfährt, die in »Humanae vitae« niedergelegt ist und in »Familiaris consortio« ohne Abstriche wiederholt wird.
Papst Johannes Paul II. sieht aber die Verkündigung dieser Zusammenhänge (in die noch viele andere Faktoren – z. B. ökonomische Interessen der Pharmaindustrie, fragwürdige Argumente mancher Bevölkerungswissenschaftler u. a. – hineinspielen) als seine »unaufschiebbare Sendung« an (Anspr. 22. 12. 80). Es ist aufschlußreich zu verfolgen, wie er dieser Sendung zu genügen versucht. In Ansprachen an Familien – bei seinen Reisen etwa – spricht er manchmal nur zurückhaltend davon, zwar klar, aber nicht moralisierend und detailliert, aus Rücksicht darauf, daß die wenigsten der Zuhörer seiner Argumentation folgen können. Er vermeidet Provokation.
In unmißverständlicher Offenheit spricht er vor Gremien, die mit diesen Fragen zu tun haben. Dort begründet er, fordert zu verstärkten Bemühungen auf und zeigt durch sein Detailwissen, wie genau er sich mit diesen Problemen befaßt. Es geht, wie er sagt, um die Wahrheit, die nicht im Belieben der Kirche steht und die deshalb auch nicht durch permissive Pastoral verwischt

werden darf. Die Wahrhaftigkeit des sakramentalen Lebens der Ehe steht auf dem Spiel. Hier muß durch die Erarbeitung einer noch detaillierteren Theologie und Philosophie vom Leben und von der Weitergabe des Lebens (s. Anspr. 15. 1. 81) nach und nach wieder das Erkenntnisorgan des Menschen unserer Zeit für das Leben und die Verantwortung bei seiner Weitergabe gestärkt werden.
Der Papst ist sich der Größe der zu leistenden Anstrengung bewußt. Nicht zuletzt deshalb hat er als kirchliche Hilfsorgane dafür den Päpstlichen Rat für die Familie und das Institut für Studien über Ehe und Familie gegründet. Die Römische Bischofsynode 1980, Familiaris consortio, die Mittwochskatechesen (vor allem ihr letzter Teil, der sich detailliert mit dem Thema dieses Kapitels befaßt)[1] und die immer wiederholte Thematisierung dieser Fragen vor den Bischöfen aller Erdteile sind weitere Meilensteine des pastoralen Weges, den der Papst hier geht.

Achtet vor allem die wunderbare Würde und Gnade des Ehesakraments hoch! Bereitet euch ernsthaft darauf vor. Glaubt an die geistliche Macht, die dieses Sakrament Jesu Christi euch schenkt, um die eheliche Verbindung zu stärken und alle Krisen und Probleme des Zusammenlebens zu bewältigen. Eheleute müssen an die Macht des Sakraments, das sie heiligt, glauben; sie müssen an die Berufung glauben, durch ihre Ehe Zeugnis zu geben von der Macht der Liebe Christi. Wahre Liebe und die Gnade Gottes werden die Ehe niemals zu egozentrischen Beziehungen zweier Individuen werden lassen, die Seite an Seite nur ihren eigenen Interessen leben.
Bei diesem Punkt möchte ich mich besonders an alle irischen Eltern wenden. Die Ehe muß offen sein für das Kind. Eine hochherzige Bereitschaft, Kinder von

---

[1] Vgl. Johannes Paul II.: Die Erlösung des Leibes und die Sakramentalität der Ehe, a. a. O., S. 292–336, (Communio personarium Bd. 2).

Gott anzunehmen als das Geschenk ihrer Liebe, ist das Merkmal des christlichen Ehepaares. Achtet den von Gott gegebenen Lebenszyklus! Diese Achtung gehört zu unserer Achtung Gott selbst gegenüber, der Mann und Frau geschaffen hat, nach seinem Abbild, indem er seine eigene lebenspendende Liebe sich widerspiegeln ließ in den Mustern ihres Sexualverhaltens.

Daher sage ich allen: Habt eine absolute und heilige Achtung vor der Heiligkeit des menschlichen Lebens vom ersten Augenblick seiner Empfängnis an. Die Abtreibung ist, wie das Konzil sagt, »ein verabscheuungswürdiges Verbrechen« (*Gaudium et spes,* Nr. 51). Ungeborenes Leben zu irgendeinem Zeitpunkt nach der Empfängnis zu zerstören, muß zur Untergrabung der ganzen moralischen Ordnung führen, die der eigentliche Hüter des Wohls des Menschen ist. Die Verteidigung der absoluten Unverletzlichkeit ungeborenen Lebens ist Teil der Verteidigung menschlicher Rechte und menschlicher Würde. Möge Irland niemals schwach werden in dem Zeugnis, daß es vor Europa und vor der ganzen Welt für die Würde und Heiligkeit jedes Menschenlebens von der Empfängnis bis zum Tod gibt!

An Familien, Limerick (Irland), 1. 10. 1979; OR 42/79

Liebe Freunde!
Ich bin sehr glücklich, hier mit den Mitgliedern des »Centre de Liaison des Equipes de Recherche« (C.L.E.R.) zusammenzutreffen. Im Familienapostolat, welches das Konzilsdekret *Apostolicam actuositatem* so eindringlich unterstrichen hat (Nr. 11), habt ihr bereits vor dem Zweiten Vatikanischen Konzil eine Pionierrolle gespielt. Und jetzt spielen eure Gruppen, in denen Ärzte, Psychologen, Eheberater, Erzieher ihre

Fähigkeiten und christlichen Überzeugungen gemeinsam einsetzen, eine sehr anerkennenswerte Rolle beim Studium der Fragen der Geburtenregelung und Fruchtbarkeit, vor allem aber um den Familien in allen Ehe- und Familienfragen konkret zu helfen und um in gutem Sinn zur Sexualerziehung der Jugend beizutragen. Ihr habt euch Vertrauen in die Kirche und ihr Lehramt bewahrt, weil ihr wißt, daß die Zusammenarbeit mit ihr euch nicht enttäuschen wird. Eure Pilgerfahrt bietet Gelegenheit, dem Herrn zu danken, über die geleistete Arbeit nachzudenken, um sie mutig und frei weiterzuführen, eure Verbindung zur Kirche, der ihr dienen wollt, besonders in einem Augenblick enger zu knüpfen, wo diese sich auf die Bischofssynode über die Aufgaben der christlichen Familie vorbereitet. Mit dem Dank der Kirche bringe ich euch meine Glückwünsche und meine lebhafte Ermutigung zum Ausdruck.

Zugleich darf ich auch die Mitglieder des Verwaltungsrates der Internationalen Föderation der Familienaktion (FIDAP oder IFFLP) begrüßen, die eben in Rom zusammen mit den Mitgliedern und Beratern unseres Familienkomitees ihre Jahrestagung abhalten. Eure Förderation führt neben den großen internationalen Organisationen eine ähnliche Arbeit durch, an der C.L.E.R. dankbaren Anteil nimmt: die Erforschung und Förderung natürlicher Methoden der Familienplanung und der Erziehung zur Familie. Ich freue mich über die Ernsthaftigkeit und Ausweitung eurer Tätigkeit und eure Zusammenarbeit mit der Pastoral der katholischen Kirche in diesen Bereichen.

Vor euch braucht der Papst nicht ausführliche Überlegungen über Dinge anzustellen, die längst Gegenstand eurer festen Überzeugungen sind. Ich hatte in letzter Zeit schon wiederholt Gelegenheit, über Familienprobleme zu sprechen, zum Beispiel vor den Laien

im irischen Limerick, vor den amerikanischen Bischöfen, vor den zur Messe versammelten Familien auf dem Kapitol-Platz in Washington. Ich möchte jedoch einige wichtige Aspekte herausstellen. (...)
Unter diesem Gesichtspunkt muß auch ihre verantwortliche Elternschaft betrachtet werden. Auf diesem Gebiet können die Gatten, die Eltern, einer Reihe von Problemen begegnen, die ohne eine tiefe Liebe, eine Liebe, die auch das Bemühen um Enthaltsamkeit einschließt, nicht gelöst werden können. Diese beiden Tugenden, Liebe und Enthaltsamkeit, wenden sich an eine gemeinsame Entscheidung der Ehegatten und ihren Willen, sich selbst der Lehre des Glaubens, den Weisungen der Kirche zu unterwerfen. Was dieses weite Thema angeht, will ich mich mit drei Bemerkungen begnügen.
Zunächst: Mit der Lehre der Kirche, wie sie vom Lehramt, vom Konzil, von meinen Vorgängern – ich denke vor allem an die Enzyklika *Humanae vitae* Pauls VI., an seine Ansprache an die Equipes Notre Dame vom 4. Mai 1970, an seine zahlreichen anderen Interventionen – mit aller Klarheit dargelegt wurde, läßt sich nicht betrügen. Am Ideal der gezügelten Natur und Zweckbestimmung des ehelichen Aktes respektierenden Beziehungen der Ehegatten muß man unaufhörlich festhalten und darf daraus keine mehr oder weniger weitgehende, mehr oder weniger eingestandene Konzession an das Prinzip und die Praxis der Empfängnisverhütung machen. Gott ruft die Eheleute zur Heiligung der Ehe auf: zu ihrem eigenen Wohl und zum Wert ihres Zeugnisses.
So sicher dieser Punkt durch den Gehorsam gegen die Kirche feststeht – es gereicht euch zur Ehre, daran unter allen Umständen festzuhalten –, ist es nicht weniger wichtig, den christlichen und den anderen Ehepaaren dabei zu helfen, ihre eigenen Überzeugungen zu

festigen, indem sie mit ihnen nach den tiefmenschlichen Gründen für ein solches Handeln suchen. Es ist gut, wenn sie einsehen, wie sehr diese natürliche Ethik einer richtig verstandenen Anthropologie entspricht, und so die Fallstricke permissiver Meinungen oder Gesetze vermeiden und selbst in jeder möglichen Weise zur Aufklärung der öffentlichen Meinung beitragen. Viele Überlegungen können zur Ausbildung gesunder Überzeugungen beitragen, die dem Gehorsam des Christen oder der Haltung der Menschen guten Willens zu Hilfe kommen. Ich weiß, daß das auch ein wichtiger Teil eurer Erziehungsaufgabe ist. Was soll man zum Beispiel in einer Zeit, wo so viele Umweltschützer die Achtung der Natur verlangen, von einer wahren Invasion künstlicher Methoden und Mittel in diesem eminent persönlichen Bereich denken? Deutet es nicht auf den Verfall menschlichen Adels hin, wenn Techniken an die Stelle von Selbstbeherrschung, Selbstverzicht dem anderen zuliebe und gemeinsamem Bemühen der Ehegatten treten? Sieht man denn nicht, daß die Natur des Menschen der Sittlichkeit untergeordnet ist? Hat man die ganze Tragweite einer unaufhörlich betonten Kinderfeindlichkeit auf die Psyche der Eltern, wenn sie den natürlichen Wunsch nach einem Kind haben, wie auf die Zukunft der Gesellschaft erwogen? Und was soll man von einer Sexualerziehung der Jugend halten, die diese nicht vor der Suche nach einem ungebundenen, selbstsüchtigen Vergnügen, losgelöst von verantwortlicher ehelicher Liebe und Zeugung, warnt? Ja, es braucht geeignete Wege, um zur wahren Liebe zu erziehen, um zu vermeiden, daß durch trügerische und falsche Vorstellungen in diesem entscheidenden Punkt die sittliche und geistige Haltung der menschlichen Gemeinschaft herabsinkt. (...)
Schließlich: Es muß alles aufgeboten werden, was den

Ehepaaren konkret dabei helfen kann, ihre Elternschaft verantwortungsbewußt zu leben, und hier ist euer Beitrag unersetzlich. Die wissenschaftlichen Untersuchungen, die ihr durchführt und bekanntmacht, um zu einer genaueren Kenntnis des weiblichen Zyklus zu gelangen und eine zufriedenstellendere Anwendung der natürlichen Methoden der Geburtenregelung zu ermöglichen, verdienen es, daß sie noch bekannter werden, daß man dazu ermutigt und sie wirksam zur Anwendung vorschlägt. Es freut mich zu wissen, daß eine wachsende Zahl von Personen und Organisationen auf internationaler Ebene die Bemühungen um eine natürliche Geburtenregelung würdigen. An diese Männer der Wissenschaft, an diese Ärzte, an diese Fachleute richten sich all meine Wünsche und meine Ermutigung, denn es geht um das Wohl der Familie und der Gesellschaft in der berechtigten Sorge, die menschliche Fruchtbarkeit mit den gegebenen Möglichkeiten in Einklang zu bringen; und vorausgesetzt, daß immer an die Tugenden der Liebe und der Enthaltsamkeit appelliert wird, kommt es zu einem Fortschritt der menschlichen Selbstdisziplin, die dem Plan des Schöpfers entspricht.
Ich ermutige auch alle qualifizierten Laien, alle, die als Berater, Professoren oder Erzieher mitwirken, den Ehepaaren zu helfen, ihre eheliche Liebe und elterliche Verantwortung in würdiger Weise zu leben und die jungen Menschen darauf vorzubereiten.
Jedem einzelnen von euch, euren Mitarbeitern, euren Familien, euren lieben Kindern die Versicherung meines Gebets für euer großartiges Apostolat und meinen väterlichen Apostolischen Segen!
An C. L. E. R., Rom, 3. 11. 1979; OR 1/80

In unserem Amt im Dienst des Lebens sind wir aufgerufen, die Fülle der Wahrheit zu bezeugen, für die wir einstehen, so daß alle den Standpunkt der katholischen Kirche über die absolute Unantastbarkeit menschlichen Lebens vom Augenblick der Empfängnis an kennen. Deshalb verkünden wir mit tiefer Überzeugung, daß jede vorsätzliche Zerstörung menschlichen Lebens durch Abtreibung, aus welchem Grund immer diese vorgenommen wird, nicht mit Gottes Gebot übereinstimmt, daß sie außerhalb der Befugnis jedes einzelnen und jeder Gruppe liegt und daß sie nicht dem wahren menschlichen Fortschritt dienen kann.
In der Frage der Lehre der Kirche zur Geburtenregelung sind wir angehalten, in Einheit mit der ganzen Kirche die anspruchsvolle, aber erhabene Lehre zu bekennen, wie sie in der Enzyklika *Humanae vitae* niedergelegt ist, die mein Vorgänger Paul VI. »kraft des uns von Christus anvertrauen Auftrages« (*AAS* 60, 1968, S. 485) veröffentlichte. Besonders in dieser Hinsicht müssen wir uns der Tatsache bewußt sein, daß Gottes Weisheit menschliche Berechnung aufhebt und seine Gnade im Leben der Menschen mächtig ist. Es ist wichtig, uns des direkten Einflusses Christi auf die Glieder seines Leibes in allen Bereichen moralischer Forderungen bewußt zu werden. Anläßlich des »ad-limina«-Besuches einer anderen Gruppe von Bischöfen bezog ich mich auf diesen Grundsatz, für den es viele Anwendungen gibt: »Laßt uns niemals fürchten, die Herausforderung für unser Volk sei zu groß: sie wurden vom kostbaren Blut Christi erlöst; sie sind sein Volk. Durch den Heiligen Geist behält sich Jesus Christus die Letztverantwortung für die Annahme seines Wortes und für das Wachstum seiner Kirche vor. Er, Jesus Christus, ist es, der seinem Volk weiterhin die Gnade gewähren wird, trotz aller Schwierigkeiten, trotz aller Schwäche den Anforderungen seines Wor-

tes zu entsprechen. Und an uns liegt es, weiterhin die Heilsbotschaft unverkürzt und rein zu verkündigen mit Geduld und Verständnis und in der Überzeugung, daß, was beim Menschen unmöglich ist, bei Gott möglich ist. Wir selbst gehören nur zu einer Generation der Heilsgeschichte, aber ›Jesus Christus ist derselbe gestern, heute und in Ewigkeit‹ (*Hebr* 13, 8). Er vermag uns in der Tat beizustehen, wenn wir die Kraft seiner Gnade, die Macht seines Wortes und die Wirksamkeit seiner Verdienste anerkennen« (*AAS* 71, 1979, S. 1423 f.).
An indonesische Bischöfe, Rom, 7. 6. 1980; OR 31/80

Die Synodenväter waren sich der großen Schwierigkeiten bewußt, welche viele Eheleute in ihrem Gewissen angesichts der moralischen Gesetze über Weitergabe und Schutz des menschlichen Lebens fühlen.
Überzeugt davon, daß diese göttliche Vorschrift auch Heilszusage und Gnade mit sich bringt, haben die Synodenväter offen die Gültigkeit und die sichere Wahrheit der in der Enzyklika *Humanae vitae* enthaltenen prophetischen Botschaft erneuert; einer Botschaft, die von tiefem Sinn erfüllt ist und den heutigen Zeitumständen genau entspricht.
Die Synode hat auch die Theologen aufgefordert, ihre Kräfte dem hierarchischen Lehramt beizustellen, um die biblischen Fundamente und die »personalistischen« Gründe dieser Lehre klarer ins Licht zu stellen, auf daß die ganze Lehre der Kirche allen Menschen guten Willens einsichtiger werde und ihr Verständnis täglich vertieft wird.
An die Ehe- und Familienseelsorger gewandt, wiesen die Synodenväter jegliche Doppelgleisigkeit oder Dichotnomie ab zwischen einer Pädagogik, die eine gewisse Gradualität in der Verwirklichung des Planes

Gottes ansetzt, und anderseits der Lehre der Kirche mit allen ihren Konsequenzen, in welchen das Gebot beschlossen ist, nach eben dieser Lehre zu leben. Es geht nicht darum, die Lehre als reines Ideal, das in der Zukunft zu erreichen sei, aufzufassen, sondern als ein Gebot Christi, die Schwierigkeiten je neu zu überwinden.

Ein »gradueller Prozeß« kann nur in dem Falle angenommen werden, wo jemand mit aufrichtigem Herzen das göttliche Gebot beachtet und die Güter sucht, die von eben diesem Gebot geschützt und gefördert werden. Daher kann das sogenannte »Gesetz der Gradualität« oder der stufenweise Weg nicht mit einer »Gradualität des Gesetzes« gleichgesetzt werden, als wenn es wirkliche Abstufungen und verschiedene Weisen der Vorschrift im göttlichen Gesetz gäbe, je nach Menschen und Situation verschieden. Alle Eheleute sind nach dem göttlichen Plan zur Heiligkeit in der Ehe berufen. Diese hehre Berufung verwirklicht sich, insofern die menschliche Person fähig ist, auf das göttliche Gebot ruhigen Sinnes im Vertrauen auf die Gnade Gottes und den eigenen Willen zu antworten. Wenn also die einzelnen Eheleute nicht das gleiche religiöse Empfinden entwickeln, so genügt es nicht, sich einfach passiv und leicht den Umständen anzupassen, sondern sie müssen versuchen, sich mit Geduld und Ausdauer im gemeinsamen Willen der Treue zu einer christlichen Ehe zu finden.
Schlußansprache an die 5. Vollversammlung der Bischofssynode, Rom, 25. 10. 1980; OR 44/80

So ist die Ehe auf Dauer, auf Zukunft ausgerichtet. Sie schaut über sich hinaus. Die Ehe ist der einzig angemessene Ort für die Zeugung und Erziehung von Kindern. Darum ist eheliche Liebe ihrem Wesen nach

auch auf Fruchtbarkeit ausgerichtet. In dieser Aufgabe, menschliches Leben weiterzugeben, sind die Ehegatten Mitwirkende mit der Liebe Gottes, des Schöpfers. Ich weiß, daß auch hier in der heutigen Gesellschaft die Schwierigkeiten groß sind. Belastungen zumal der Frau, enge Wohnungen, wirtschaftliche, gesundheitliche Probleme, oft sogar ausgesprochene Benachteiligung kinderreicher Familien stehen einem größeren Kinderreichtum im Wege. Ich appelliere an alle Verantwortlichen, an alle Kräfte der Gesellschaft: Tut alles, um Abhilfe zu schaffen. Ich appelliere vor allem aber an euer Gewissen und an eure persönliche Verantwortung, liebe Brüder und Schwestern. In eurem Gewissen müßt ihr im Angesicht Gottes die Entscheidung über die Zahl eurer Kinder fällen.
Als Eheleute seid ihr aufgerufen zu einer verantwortlichen Elternschaft. Diese aber meint eine solche Familienplanung, die die ethischen Normen und Kriterien beobachtet, wie es auch von der letzten Bischofssynode unterstrichen worden ist.
An Familien, Köln, 15. 11. 1980; OR 47/80

Der Mensch findet über sein noch so hohes geistiges oder soziales Wirken hinaus seine volle Entwicklung, seine ganzheitliche Verwirklichung und seinen unersetzlichen Reichtum in der Familie. Hier steht tatsächlich mehr als in jedem anderen Lebensbereich das Schicksal des Menschen auf dem Spiel. Deshalb widmet die Kirche der großartigen Wirklichkeit der Familie ihre wärmste und sorgsamste Aufmerksamkeit. In unserem Herzen als Hirten klingt noch außerordentlich lebhaft die Erinnerung an die Tage der 5. Vollversammlung der Bischofssynode nach, die ja dem großen – nicht nur für die Kirche, sondern auch für die ganze Menschheit –, lebenswichtigen Problem der Familie gewidmet war. Die von den Bischöfen mit gesundem Realismus und väterlicher Sorge aufgegriffenen Probleme waren zahlreich, und die verschiedenen Bischofskonferenzen machten sich zu deren Vertretern, indem sie die Situation in ihrem jeweiligen Teil der Welt darlegten. Wie ich zum Abschluß der Synode zusammengefaßt habe, drehte sich diese »um zwei Schwerpunkte, nämlich die Treue zum Plan Gottes mit der Familie und die pastorale Verhaltensweise, zu der barmherzige Liebe und Achtung vor dem Menschen in seiner Ganzheitlichkeit gehört, was sein ›Sein‹ und sein ›Leben‹ betrifft« (*O. R. dt.*, Nr. 44 vom 31. Oktober 1980). Bekräftigt wurden also die Grundsätze der Ehemoral, auf denen die Familie als Institution gründet, und zwar gemäß den Leitlinien, die Paul VI. in seiner Enzyklika *Humanae vitae* herausgestellt hat. Zugleich hielten sich die Bischöfe mit dem Herzen von Hirten und Vätern die Schwierigkeiten, Nöte und zuweilen dramatischen Verhältnisse zahlreicher Familien vor Augen, die ihre Treue zum Evangelium voll wahren und die ewigen Normen der natürlichen Ethik nicht übertreten wollten, ganz abgesehen vom unverjährbaren Gesetz Gottes, das im Herzen des Menschen eingeschrieben ist.

Die Familie erfährt heute vielleicht die schärfste Zuspitzung einer Krise ohnegleichen, die aus dem Zusammenströmen permissiver Einstellungen und Theorien erwuchs, die im Namen einer angeblichen Autonomie des Menschen den vom Schöpfergott gegebenen Auftrag an den Menschen selbst leugnen, den Auftrag, der im Plan der Weitergabe des Lebens besteht (vgl. *Gen* 1, 28). Diesen Plan habe ich so vollständig wie möglich im Verlauf des ganzen Jahres und schon seit Sommer 1979 gerade im Hinblick auf die Synode und im Rahmen der Lehre zu erklären versucht. Das Gesetz Gottes erhebt den Menschen und

demütigt ihn keineswegs. Es ruft ihn zu einzigartiger Mitarbeit mit Gott bei der Sendung und Freude der verantworteten Vater- und Mutterschaft. Angesichts der Mißachtung des Lebens als höchstem Wert, bis zur Billigung der Tötung menschlichen Lebens im Mutterschoß, angesichts der heutigen vielfachen Auflösung der Einheit der Familie als der einzigen Garantie für eine vollständige Heranbildung der Kinder und Jugendlichen, angesichts der Herabwürdigung der reinen und lauteren Liebe, angesichts eines zügellosen Hedonismus und der Pornographie gilt es, die Heiligkeit der Ehe, den Wert der Familie und die Unverletzlichkeit menschlichen Lebens hochzuhalten. Ich werde nicht aufhören, diese unaufschiebbare Sendung zu erfüllen, und benütze dazu meine Reisen, meine Begegnungen, Audienzen und Botschaften an Personen, Institutionen, Verbände und Fachleute, die sich um die Zukunft der Familie sorgen, sie zum Gegenstand ihres Studiums und ihres Handelns machen. Noch einmal bitte ich Gott mit den Worten des Gebetes, das ich aus Anlaß der Synode gesprochen habe: »Laß die Liebe, bestärkt durch die Gnade des Ehesakramentes, stärker sein als alle Schwächen und Krisen, die unsere Familien zuweilen durchmachen müssen... Laß Deine Kirche auf die Fürbitte der hl. Familie von Nazaret unter allen Nationen der Erde fruchtbar ihre Sendung erfüllen, für die Familie und durch die Familie.«
An Kardinäle, Rom, 22. 12. 1980; OR 2/81

Ihr Kongreß findet nicht lange nach der jüngsten Bischofssynode statt, welche sich vornahm, »die Aufgaben der christlichen Familie in der modernen Welt gemäß dem ewigen Ratschluß hinsichtlich des Lebens und der Liebe« zu bestimmen (*Ansprache zum Abschluß der 5. Vollversammlung der Bischofssynode*, Nr. 3, vom 5. Oktober 1980; *O. R. dt.* vom 31. 10. 80, S. 4).

Bezüglich der Achtung vor dem menschlichen Leben, die das Hauptthema Ihrer Überlegungen bildete, hat die Synode »offen die Gültigkeit und die sichere Wahrheit der in der Enzyklika *Humanae vitae* enthaltenen prophetischen Botschaft erneuert; einer Botschaft, die von tiefem Sinn erfüllt ist und den heutigen Zeitumständen genau entspricht«. Und zugleich hat die Synode auch die Theologen aufgefordert, »die biblischen Fundamente und ›personalistischen‹ Gründe dieser Lehre klarer ins Licht zu stellen, auf daß die ganze Lehre der Kirche allen Menschen guten Willens einsichtiger werde und ihr Verständnis täglich vertieft wird« (*ebd.,* Nr. 8).
Ich finde es wirklich ermutigend, Sie hier zu diesem Kongreß versammelt zu sehen, der auf einen ähnlichen Familienkongreß der beiden Amerika folgt. Sie stellen eine Gruppe von Experten auf verschiedenen Gebieten und aus ganz verschiedenen Berufen dar: Bischöfe und Theologen, Philosophen und Mediziner sowie zahlreiche Ordensleute und Laien, die in dem Bereich arbeiten, und Sie sind zusammengekommen, um die beste Weise zu suchen, wie die fruchtbringende Lehre Christi in den Dienst der Eheleute gestellt werden kann, die aus der authentischen Sicht der menschlichen Person und menschlicher Sexualität heraus leben möchten. (...)
Das Programm Ihres Kongresses habe ich sorgfältig studiert. Ich möchte Ihnen die Worte in Erinnerung rufen, die ich kürzlich gerade über die Fragen, die Sie beraten, an die Mitglieder des Kardinalskollegiums gerichtet habe. Sie fassen mein Pastoralprogramm, soweit es die Familie betrifft, zusammen, ein Thema, dem heute Vorrang zukommen muß, wenn die Kirche unserer zerrütteten Welt einen echten Dienst erweisen soll. Ich wiederhole diese Worte heute vor Ihnen als den Vertretern der Familien Afrikas und Europas:

»Angesichts der Mißachtung des Lebens als höchstem Wert, bis zur Billigung der Tötung menschlichen Lebens im Mutterschoß, angesichts der heutigen vielfachen Auflösung der Einheit der Familie als der einzigen Garantie für eine vollständige Heranbildung der Kinder und Jugendlichen, angesichts der Herabwürdigung der reinen und lauteren Liebe, angesichts eines zügellosen Hedonismus und der Pornographie gilt es, die Heiligkeit der Ehe, den Wert der Familie und die Unverletzlichkeit menschlichen Lebens hochzuhalten. Ich werde nicht aufhören, diese unaufschiebbare Sendung zu erfüllen« (*Ansprache an das Kardinalskollegium*, 22. Dezember 1980; *O. R. dt.* vom 9. 1. 1981, S. 8).
Diese Botschaft habe ich anläßlich meiner Pastoralreisen unter den Völkern Afrikas und Europas klar ausgesprochen. Es ist die Botschaft, die ich an jeden einzelnen von Ihnen richte, die Sie zwar aus verschiedenen Teilen dieser beiden Kontinente kommen, aber eins sind in dem Wunsch, der wahren Lehre Christi über die Familie und über das menschliche Leben zu folgen. Ihr Beitrag zur Entwicklung Ihrer Kultur, Ihrer Gesellschaft und Ihrer Nation hängt großenteils davon ab, wie Sie Ihre Berufung als Familie leben und in welchem Maße Sie anderen Familien helfen, es ebenso zu tun. Diesen Punkt betonte ich, als ich zu den Familien von Kenia sprach und sagte: »Die Stärke und Lebenskraft eines Landes wird nur so groß sein, wie die Stärke und Lebenskraft der Familie in diesem Land ist... Aus diesem Grund haben die christlichen Eheleute eine unersetzliche Sendung in der heutigen Welt. Die hochherzige Liebe und Treue von Mann und Frau bietet einer von Haß und Spaltung zerrissenen Welt Beständigkeit und Hoffnung. Durch die lebenslange Ausdauer in lebenspendender Liebe beweisen sie den unauflöslichen und heiligen Charakter des

Ehesakraments. Und zugleich ist es die christliche Familie, die schlicht und tief die Würde und den Wert menschlichen Lebens vom Augenblick der Empfängnis an fördert« (*Predigt im Uhuru Park,* Nairobi, 7. Mai 1980; O. R. dt. vom 23. 5. 1980, S. 7).
Nur in diesem weitreichenden Zusammenhang des Planes Gottes hinsichtlich der Familie und der Zeugung neuen Lebens kann man die speziellere Frage der Geburtenregelung erwägen. Die Weisheit des Schöpfers hat die menschliche Sexualität mit großen Werten und einer besonderen Würde ausgestattet (vgl. *Gaudium et spes,* Nr. 49). Die Berufung christlicher Eheleute besteht darin, diese Werte in ihrem Leben zu verwirklichen.
Was heute vielleicht am dringendsten gefordert wäre, ist die Entwicklung einer authentischen Philosophie vom Leben und von der Weitergabe des Lebens, die wirklich als *pro-creatio,* das heißt Entdeckung des Schöpferplanes Gottes und Zusammenarbeit mit ihm zu verstehen ist.
Gottes Plan hat den menschlichen Organismus mit Strukturen und Funktionen ausgestattet, die den Eheleuten helfen sollen, zu einer verantwortlichen Elternschaft zu gelangen. »In der Tat – davon zeugt die Erfahrung – folgt nicht jedem ehelichen Akt neues Leben. Gott hat in seiner Weisheit Naturgesetze und regelmäßig wiederkehrende Perioden der Fruchtbarkeit festgelegt, die von selbst eine Trennung in der Aufeinanderfolge von Geburten bewirken« (*Humanae vitae,* Nr. 11).
Der Plan des Schöpfers ist nicht nur dem menschlichen Körper, sondern auch dem menschlichen Geist eingeprägt. Wie schmerzlich ist es, feststellen zu müssen, daß der Geist so vieler Männer und Frauen von diesem göttlichen Plan abgewichen ist! So viele Männer und Frauen unserer Zeit sehen in neuem Leben ei-

ne Bedrohung und etwas zu Fürchtendes; andere wollen, berauscht von den technischen Möglichkeiten, die der wissenschaftliche Fortschritt bietet, den Prozeß der Weitergabe des Lebens manipulieren und sind, da sie einzig und allein den subjektiven Kriterien persönlicher Befriedigung folgen, selbst zur Tötung eben empfangenen Lebens bereit.

Die christliche Sicht und Haltung muß eine ganz andere sein: inspiriert von objektiven sittlichen Normen, die sich auf eine authentische und ganzheitliche Betrachtung der menschlichen Person gründen, empfindet der Christ tiefe Ehrfurcht vor allen Gesetzen, die Gott dem Körper und dem Geist des Menschen aufgeprägt hat. Ihre Aufgabe als christliche Experten besteht nun darin, diese Gesetze aufzuspüren, besser zu verstehen, ihren Wert zu schätzen und den Eheleuten wie allen Männern und Frauen guten Willens zu helfen, daß sie die Fähigkeit zur Weitergabe des Lebens – von Gott ihnen anvertraut, um seinem Plan entsprechend davon Gebrauch zu machen – richtig erkennen und würdigen.

In diesem tiefen Zusammenhang von Gottes Plan für die Ehe und der Berufung zum ehelichen Leben wird sich Ihre Aufgabe niemals auf eine Frage der Empfehlung der einen oder anderen biologischen Methode beschränken und schon gar nicht in der Verwässerung der eindeutigen Forderung des unendlichen Gottes bestehen. Ihre Aufgabe ist es vielmehr, im Hinblick auf die besondere Situation jedes Ehepaares herauszufinden, welche Methode oder Kombination von Methoden ihnen am besten hilft, dem Anruf Gottes so, wie es sein soll, zu entsprechen.

Vor allem ist es Ihre Aufgabe, die Männer und Frauen unserer Zeit zu jener Gemeinschaft des Lebens, der Liebe und der Gnade zu führen, die das kostbare Ideal einer christlichen Ehe bildet und die wesentliche

Untrennbarkeit der die Vereinigung und Zeugung betreffenden Aspekte des ehelichen Aktes hochhält.
In seiner Enzyklika *Humanae vitae,* auf die man sich während der jüngsten Synode so oft als auf eine »prophetische Enzyklika« berief, hat Paul VI. bemerkt, er glaube, »daß die Menschen unserer Zeit in besonderer Weise dazu fähig sind, den tief einsichtigen und humanen Charakter dieses Grundsatzes zu erfassen« (*Humanae vitae,* Nr. 12). Als Apostel menschlichen Lebens haben wir die Aufgabe, den Männern und Frauen unserer Zeit dabei zu helfen, durch eine solide und konsequente Lebenskatechese zu dieser authenischen Sicht zu gelangen.
Ich rufe auf Sie alle in Ihren Bemühungen die Gnade und Kraft unseres Herrn Jesus Christus herab.
An Familienkongreß Afrika und Europa, Rom, 15. 1. 1981; OR 6/81

Sodann muß, immer im Zusammenhang mit dem Dienst am Menschen, an die äußerst ernste Verantwortlichkeit für die Weitergabe des menschlichen Lebens erinnert werden. Die Kirche ist sich der Schwierigkeiten bewußt, die die heutige soziale und kulturelle Lage dieser Sendung des Menschen in den Weg legt, obgleich sie weiß, wie dringend und unersetzlich diese ist. Aber ich wiederhole es noch einmal, »die Kirche steht auf der Seite des Lebens«. Dieser Plan wird leider bedroht von den Gefahren, die dem wissenschaftlichen Fortschritt innewohnen, von der Verbreitung einer geradezu lebensfeindlichen Haltung und von Regierungsmaßnahmen, die die Freiheit der Eheleute, über Nachkommenschaft zu entscheiden, zu beschränken versuchen sowie von der Diskriminierung bei der Vergabe der internationalen Subventionen, die manchmal von Programmen abhängig gemacht werden, die die Empfängnisverhütung fördern.

In gleicher Weise muß ich mit Nachdruck an das Recht und die Pflicht der Eheleute erinnern, sich der Erziehung ihrer Kinder anzunehmen, indem sie sich für eine Erziehung entscheiden, die ihrem Glauben entspricht. Staat und Kirche sind verpflichtet, den Familien jede nur mögliche Hilfe zu gewähren, damit sie ihre Erziehungsaufgaben dementsprechend ausüben können. Alle, die in der Gesellschaft für die Schulen verantwortlich sind, dürfen niemals vergessen, daß die Eltern von Gott selbst zu den ersten und wichtigsten Erziehern der Kinder bestimmt wurden und daß ihr Recht absolut unveräußerlich ist.
An diplomatisches Corps, Rom, 16. 1. 1982; OR 6/82

Da die Liebe der Ehegatten in einzigartiger Weise am Leben Gottes selbst teilhat, sollte sie für neues Leben wirklich und selbstlos offen sein. Sie sollte offen sein für alle, deren Leben von Nöten der einen oder anderen Art beeinträchtigt oder bedroht wird. Christliche Familien Nigerias, laßt euer Beispiel vor der ganzen Welt leuchten. Setzt euch ein für das Leben! Findet euch nicht mit einer lebensfeindlichen Haltung ab, an deren Wurzel sich oft »eine Zersetzung von Begriff und Erfahrung der Freiheit findet, die nicht als die Fähigkeit aufgefaßt wird, den Plan Gottes für Ehe und Familie zu verwirklichen, sondern vielmehr als autonome Kraft der Selbstbehauptung – für das eigene, egoistisch verstandene Wohlergehen und nicht selten gegen die Mitmenschen« (*Familiaris consortio,* Nr. 6). Ihr werdet eurem Land, der Kirche und der ganzen Menschheit einen großen Dienst erweisen, wenn ihr auf jede nur mögliche Weise versucht, die Liebe zum Kind zu schützen, die zu eurer Kultur und euren Familienüberlieferungen gehört. Liebt eure Kinder, so wie Maria und Josef Jesus geliebt, beschützt und erzogen haben.

Ich weiß, daß in eurem Land kinderlose Ehepaare ein schweres Kreuz zu tragen haben, ein Kreuz, das mit Mut durch das ganze Leben betragen werden muß. Ehepaaren, die keine eigenen Kinder haben können, möchte ich sagen: von Gott werdet ihr keineswegs weniger geliebt; eure Liebe zueinander ist vollkommen und fruchtbar, wenn sie offen ist für andere, für die Bedürfnisse des Apostolats, für die Nöte der Armen, für die Not der Waisen, für die Bedürfnisse und Erfordernisse der Welt. (...)
Ich bin glücklich, von der hervorragenden Arbeit zu hören, die von der »Pro-Life Association of Nigeria« (PLAN) für eine verantwortete Elternschaft in Übereinstimmung mit den Lehren der Kirche geleistet wird. Ich freue mich auch, von euren Eheschulungsprogrammen zu erfahren. Gott segne diese Initiativen!
An Familien, Onitsha (Nigeria), 13. 2. 1982; OR 10/82

Die Sicht der Ehe und der Familie, nach der ihr euch ausrichten sollt, liebe Brüder und Schwestern, muß geprägt werden von dem Licht, das Christus gebracht hat. Diese Sicht muß Frucht eines lebendigen Lebens sein.
»Aufgrund des Glaubens gehorchte Abraham dem Ruf, wegzuziehen in ein Land, das er zum Erbe erhalten sollte; und er zog weg, ohne zu wissen, wohin er kommen würde« (*Hebr* 11, 8).
Dieser göttliche Ruf, den Abraham eines Tages vernommen hat, ist auch an jeden von uns gerichtet, an erster Stelle durch die Taufe. Durch die Taufe sind wir dazu berufen, Miterben der göttlichen Verheißung zu sein und unser Leben als eine Pilgerfahrt in das verheißene Land oder in die ewige Stadt, deren Architekt und Erbauer Gott selber ist, zu betrachten. Ihr wißt, daß die Kirche von dieser Lebensauffassung

aus sich ständig darum bemüht, zu verkünden, daß die Rechte des Menschen den Rechten Gottes, des höchsten Herrn, untergeordnet sind; und unter diesen Rechten nimmt das Recht auf Leben immer den ersten Rang ein. In der Ehe sind Mann und Frau dazu berufen, den Schatz des Lebens anderen Menschen weiterzugeben durch eine menschlich verantwortete Vater- und Mutterschaft.
In der Folge der vom Zweiten Vatikanischen Konzil bestätigten Normen und der Enzyklika *Humanae vitae* und in der Absicht, die Meinung der Synodenväter während der letzten Synode festzuhalten, habe ich in dem kürzlich herausgegebenen Apostolischen Schreiben *Familiaris consortio* wieder in Erinnerung gerufen, daß es zu den Grundrechten der Eltern gehört zu bestimmen, wie viele Kinder sie haben möchten und gleichzeitig das Notwendige für ihren Unterhalt und eine würdige Erziehung zu erhalten. Darum verurteilt die Kirche als eine schwere Verletzung der menschlichen Würde und der Gerechtigkeit alles, was die Freiheit der Eheleute im Hinblick auf die Weitergabe des Lebens und die Erziehung der Kinder in irgendeiner Weise beeinträchtigt.
Ich fühlte mich dazu verpflichtet, auch eine »lebensfeindliche Haltung« zu verurteilen, die das heutige Denken mehr und mehr durchdringt.
Gott sagt jedem Menschen: Nimm das Leben, das du selber empfangen hast, an! Er sagt es durch seine Gebote und durch die Stimme der Kirche; er sagt es uns direkt durch die Stimme des menschlichen Gewissens, eine mächtige Stimme, die nicht überhört werden darf trotz anderslautender Stimmen, trotz all dem, was man unternimmt, um die Stimme des Gewissens zum Schweigen zu bringen.
Der zugleich leibliche und geistliche Charakter der ehelichen Vereinigung, die immer von der persönli-

chen Liebe getragen werden muß, muß dazu führen, die Sexualität zu achten und zu fördern »in ihrer echten und voll menschlichen Dimension und sie niemals als Objekt zu ›benutzen‹, damit die personale Einheit von Leib und Seele nicht aufgelöst und so die Schöpfung Gottes in ihrer intimsten Verflechtung von Natur und Person nicht verletzt wird« (*ebd.* 32).
Die Verantwortung bei der Zeugung menschlichen Lebens – des Lebens, das in einer Familie zur Welt kommen soll – ist groß vor Gott!
Mit Hilfe der Mitwirkung der Eltern an der Schöpfertätigkeit möchte Gott Vater jedesmal neu einen neuen Nachkommen des Menschgeschlechts ins Leben rufen. Er möchte auch ihn dazu bringen, Miterbe der göttlichen Verheißung zu werden und sich aufzumachen auf den Weg in das Land, das in Jesus Christus allen Menschen verheißen wurde. Die Familie ist der Ort der göttlichen Berufung des Menschen. Die christlichen Eheleute und Eltern müssen sich dieser Verantwortung bewußt sein, und sie müssen nach bestem Willen zur göttlichen Berufung dieses neuen Menschen beitragen, indem sie ihm eine christliche Erziehung schenken, vor allen Dingen jene »Katechese«, die das Vorbild des Lebens ist. Auch die Berufe, die zur Verwirklichung der Heilssendung der Kirche unerläßlich sind, wachsen in christlichen Familien, der Wiege künftiger Priester, Ordensleute, Missionare und Apostel!
An Familien, Sameiro (Portugal), 15. 5. 1982; OR 23/82

Wir wissen gut, daß es für den Menschen nicht leicht ist, den Willen Gottes voll zu erkennen, und noch weniger leicht, wegen der inneren Schranken des Menschen und der schweren Wunden, die die Sünde in uns hinterlassen hat, diesen Willen zu erfüllen. Jesus, der

Sohn des lebendigen Gottes (vgl. *Mt* 16, 16), der im Schoße Mariens Mensch geworden ist, kam in die Welt, um uns den Willen Gottes zu lehren, uns die tiefsten Wahrheiten über die menschliche Existenz zu offenbaren und uns – durch seinen Tod und seine Auferstehung, an denen wir durch den Glauben und die Sakramente teilhaben können – die Kraft zu geben, nach dieser Lehre zu leben. Darin besteht der neue »Weg«, die neue Lebensform, die er gebracht hat und die die Kirche ohne Vorbehalte annehmen will und muß, wie »die Stadt auf dem Berge« zu sein, wie das Licht, das in der Finsternis leuchtet und den Menschen den Weg zum wahren Ziel ihres Lebens weist, wo sie die Freude, die Einheit und den wahren Frieden erfahren können.

In dieser Sicht muß die Bedeutung der Arbeit, die ihr vollbringt, bewertet werden. Denn insbesondere in bezug auf die Familie und ihre spezifischen Aufgaben hat man den Weg aus dem Blick verloren, den der Herr für den Menschen will und der der Weg des Heils ist. Vom Materialismus – der nur nach dem irdischen Wohlstand und dem ständig wachsenden Besitz an Konsumgütern strebt – und Naturalismus – der den Bezug auf Gott und die transzendenten Werte ausschließt – gekennzeichnete Entwicklungen tendieren dahin, besonders in den wirtschaftlich hochentwickelten Ländern den Sinngehalt der Familie zu entleeren, und stürzen sie in eine gefährliche Krise. Viele junge Leute, die die Orientierung verloren haben, bringen es heute nicht mehr fertig, die Bedeutung der Einrichtung der Ehe einzusehen, und erfahren ihre Liebe im Zeichen der Vorläufigkeit und Unfruchtbarkeit. Viele Familien vermögen nicht, die Pflicht einer verantwortlichen Elternschaft, wie sie vom Zweiten Vatikanischen Konzil gelehrt wurde, in die Tat umzusetzen.

Die Kirche jedoch glaubt an die Familie. Sie weiß, daß die Familie »auch heute noch beträchtliche Energien entfaltet, die imstande sind, den Menschen seiner Anonymität, der Vermassung und der Entpersönlichung zu entreißen« (vgl. *Familiaris consortio,* Nr. 43), wohin die moderne Entwicklung oft treibt. Die Kirche muß die Aufgabe übernehmen, Überzeugungen zu wecken und auf allen Gebieten konkrete Hilfen anzubieten (vgl. *Familiaris consortio,* Nr. 35), wo die Familie am meisten gefährdet ist. Das gilt insbesondere für den Bereich der Geburtenregelung, der für die heutigen Familien zu einem der heikelsten und dringendsten Probleme geworden ist. Und auf diesem Gebiet leistet ihr eine hervorragende Arbeit. Darum danke ich euch und ermutige euch, eure Bemühungen fortzusetzen, die eine konkrete und wirksame Antwort auf alles darstellen, was ich in *Familiaris consortio* geschrieben habe: »...die Kirche kann nicht umhin, erneut mit Nachdruck an die Verantwortung all derer zu appellieren – Ärzte, Experten, Eheberater, Erzieher, Ehepaare –, die den Eheleuten wirksam helfen können, ihre Liebe in der Beachtung der Struktur und der Ziele des ehelichen Aktes zu verwirklichen, der diese Liebe zum Ausdruck bringt. Das bedeutet einen umfassenderen, entschlosseneren und systematischeren Einsatz dafür, daß die natürlichen Methoden der Geburtenregelung bekannt, geschätzt und angewandt werden« (*Familiaris consortio,* Nr. 35).
Wir stehen vor einer unermeßlichen Aufgabe: in zunehmendem Maße überschwemmen empfängnisverhütende Mittel die Welt, und zwar mit Hilfe der großen ökonomischen Möglichkeiten, die sich an verwerflichen Motiven inspirieren, denen jede Achtung vor dem Menschen und seinen tiefsten Werten fehlt. Die Kirche ist mutig als Verteidigerin der menschlichen Liebe, des Lebens und der sittlichen Werte auf-

getreten, die sich mit ihr verbinden. Es gibt beherzte und fähige Wissenschaftler, die mit Geduld und fachlicher Zuständigkeit langsam Wege entdecken, die sich auf die möglichst gewissenhafte und genaue Beobachtung der Eigenschaften menschlicher Sexualität stützen und sich als mit den Forderungen der ehelichen Keuschheit vereinbar erweisen und ein harmonisches und ruhiges eheliches Zusammenleben fördern können, wobei auch die grundlegenden Prinzipien der Kirche beachtet werden.

Der Arbeit der Erforschung, Vervollkommnung und Verbreitung der natürlichen Methoden der Familienplanung kommt daher große Bedeutung zu. Ich will darum allen, die auf diesem Gebiet tätig sind, ein Wort der Ermutigung sagen und sie auffordern, nicht aufzuhören mit ihren Untersuchungen. Die verschiedenen Gruppen, die sich dieser edlen Arbeit widmen, müssen die Arbeit der anderen zu würdigen wissen und gegenseitig ihre Erfahrungen und Ergebnisse austauschen, wobei Spannungen und Unstimmigkeiten, die ein so wichtiges und so schwieriges Werk bedrohen könnten, unbedingt zu vermeiden sind. Da die kulturellen, rassischen und persönlichen Gegebenheiten der Ehepaare sich sehr voneinander unterscheiden, ist es providentiell, daß verschiedene Methoden bestehen, die die Möglichkeit bieten, den jeweiligen Situationen besser entsprechen zu können. Auch aus diesem Grund ist es gut, daß die Fachleute auf diesem Gebiet mehrere dieser Methoden kennen, um, wenn nötig, die für ein bestimmtes Ehepaar geeignetste empfehlen oder auch lehren zu können. Die Kirche dankt euch durch mein Wort für die Arbeit, die ihr vollbringt, und ermutigt euch, sie fortzusetzen. Ohne sich irgendeine Methode besonders zu eigen zu machen, beschränkt sie sich darauf, die diesbezüglichen Grundprinzipien zu verkünden und auf möglichst

wirksame Weise alle zu ermutigen, die mit Hochherzigkeit und in Treue zu den Prinzipien daran arbeiten, daß diese Prinzipien konkret zur Verwirklichung gelangen können.
Nach und nach wird durch die stille Arbeit einzelner Personen und durch das lebendige Zeugnis von Ehepaaren und Familien, welche die Freude einer hochherzigen und für das Leben offenen christlichen Liebe erfahren, die neue Menschheit aufgebaut, zu der uns der Herr als sein Volk berufen hat und nach der sich alle Menschen – auch ohne es zu wissen – sehnen.
An Kurs »Natürliche Familienplanung«, Rom, 3. 7. 1982; OR 30/82

Die Kirche betont ferner mit aller Klarheit, daß die Ehe von ihrer Natur her offen sein muß für die Weitergabe menschlichen Lebens, wenn die Vorsehung es schenken will, und daß sie es in jedem Fall vom Augenblick der Empfängnis an zu achten hat. Hier liegt die erhabene Aufgabe, die Gott den Eheleuten anvertraut hat, nämlich die, Leben zu zeugen. Diese Aufgabe bringt höchste Verantwortung mit sich, zugleich aber auch eine unermeßliche Würde, die Gott selber garantiert.
San Marino (Italien), 29. 8. 1982; OR 37/82

Gerade im Zusammenhang mit der Sendung der Familie, »die Liebe zu hüten, zu offenbaren und mitzuteilen«, sind wir Bischöfe ständig aufgerufen, so klar, getreu und wirksam wie möglich die Lehre der Kirche über die Ehe als Lebens- und Liebesgemeinschaft, als unteilbare Einheit und als unauflösliche Gemeinschaft vorzutragen. Uns ist es aufgetragen, die Mitarbeit der ganzen Kirche anzuregen und zu ermuntern – ferner

den Beitrag anderer Männer und Frauen guten Willens – um die Familie auf ihrem täglichen Pilgerweg zum Vater hin zu unterstützen, ihr in ihren Problemen beizustehen und sie in ihren christlichen Überzeugungen zu festigen.
Dieses vereinte Bemühen hat sich weiterhin gezeigt und verdient weitere Ermutigung in der Frage der Familienplanung. Wie ich in Familiaris Consortio erwähnte, nimmt die Kirche mit Genugtuung die von der wissenschaftlichen Forschung bereits erzielten Ergebnisse zur Kenntnis, fühlt sich aber dennoch veranlaßt, »mit Nachdruck an die Verantwortung all derer zu appellieren – Ärzte, Experten, Eheberater, Erzieher, Ehepaare – die den Eheleuten wirksam helfen können, ihre Liebe in der Beachtung der Struktur und der Ziele des ehelichen Aktes zu verwirklichen, der diese Liebe zum Ausdruck bringt« (35). Vom pastoralen Standpunkt aus verdient das Bemühen der Bischöfe, den Ehepaaren zu helfen, wenn sie sich Mühe geben, ihrer menschlichen und christlichen Berufung zur ehelichen Liebe voll nachzuleben, die tiefe Dankbarkeit und Anerkennung der ganzen Kirche. Der Eifer des Bischofs aber wird immer die Mitarbeit und das Vertrauen der Gemeinschaft der Kirche wecken.
An kanadische Bischöfe, Rom, 28. 4. 1983; O.R. it. 98/83

Die erste dieser Dringlichkeiten betrifft die unauflösbare Beziehung zwischen ehelicher Liebe und Dienst am Leben. Es ist absolut notwendig, daß sich die Seelsorge der christlichen Gemeinden völlig an die Lehre der Enzyklika *Humanae vitae* und des Apostolischen Schreibens *Familiaris consortio* hält. Es wäre ein schwerwiegender Irrtum, einen Gegensatz herstellen zu wollen zwischen den pastoralen Erfordernissen und der kirchlichen Lehre, denn der erste Dienst, den

die Kirche in bezug auf den Menschen zu erfüllen hat, ist, ihm die Wahrheit zu sagen, bei der sie weder Urheberin noch Schiedsrichterin ist. Es gibt also da ein weites Feld für die pastoralen Bemühungen, vor allem was die Vorbereitung junger Menschen auf die Ehe betrifft.
An Päpstlichen Rat für die Familie, Rom, 30. 5. 1983;
OR 25/83

Sucht aber mit gleichem Ernst nach Wegen, um eine vor Gott verantwortete Elternschaft zu leben, die objektiven Kriterien entspricht, wie sie das kirchliche Lehramt in Gemeinschaft mit dem Nachfolger Petri weltweit vorlegt. Ich erinnere dabei besonders an das kürzliche Apostolische Schreiben *Familiaris consortio,* das die Weisung der Enzyklika *Humanae vitae* bekräftigt.
An Eheleute, Wien, 11. 9. 1983; OR 37/83

Meine Lieben!
Voll Freude empfange ich euch zum Abschluß eurer wichtigen Tagung. Während ich euch herzlich begrüße, möchte ich den Organisatoren des Studienseminars meine lebhafte Genugtuung für die nützliche Initiative aussprechen, die euch zusammengeführt hat, um über einen der wesentlichen Punkte der christlichen Lehre über die Ehe nachzudenken. Ihr habt in diesen Tagen versucht, die Gründe für das zu entdekken, was Paul VI. in der Enzyklika *Humanae vitae* gelehrt und was ich selbst in dem Apostolischen Schreiben *Familiaris consortio* wieder aufgegriffen habe.
Die Vertiefung der Gründe für diese Lehre ist eine der dringendsten Aufgaben und Pflichten für jeden, der Ethik unterrichtet oder in der Familienpastoral tätig

ist. Denn es genügt nicht, daß diese Lehre treu und vollständig vorgelegt wird, sondern man muß sich darüber hinaus bemühen, ihre tiefsten Gründe aufzuzeigen.

Diese sind vor allem theologischer Art. Am Anfang jeder menschlichen Person steht ein Schöpfungsakt Gottes: kein Mensch kommt zufällig zum Leben; er ist immer das Endziel der schöpferischen Liebe Gottes. Aus dieser grundlegenden Glaubens- und Verstandeswahrheit ergibt sich, daß die der menschlichen Sexualität eingeschriebene Zeugungsfähigkeit – in ihrer tiefsten Wahrheit – ein Zusammenwirken mit der Schöpfungskraft Gottes ist. Wenn daher die Ehegatten durch Empfängnisverhütung ihrem ehelichen Geschlechtsleben die Möglichkeit, neues Leben zu zeugen, nehmen, maßen sie sich eine Macht an, die allein Gott zusteht: die Macht, in letzter Instanz über die Geburt eines Menschen zu entscheiden. Sie maßen sich an, nicht mehr Mitwirkende an der Schöpfungskraft Gottes zu sein, sondern selbst in letzter Instanz über menschliches Leben zu entscheiden. So gesehen, muß die Empfängnisverhütung objektiv als zutiefst unerlaubt beurteilt werden, so daß sie niemals und mit keiner Begründung gerechtfertigt werden kann. Wird das Gegenteil gedacht oder ausgesprochen, so heißt das, es könne im menschlichen Leben Situationen geben, in denen es erlaubt sei, Gott nicht als Gott anzuerkennen.

Sodann gibt es anthropologische Gründe. Die Lehre von *Humanae vitae* und *Familiaris consortio* läßt sich im Rahmen der Wahrheit vom Menschen rechtfertigen: Diese Wahrheit liegt dieser Lehre zugrunde.

»Die unlösbare Verknüpfung, von der die Enzyklika spricht – der beiden Sinngehalte, liebende Vereinigung und Fortpflanzung, die beide dem ehelichen Akt innewohnen« –, läßt uns erkennen, daß der Körper konstitutiver Bestandteil des Menschen ist, daß er zum Sein der Person gehört und nicht zu ihrem Besitz. In dem Akt, in dem die eheliche Liebe ihren Ausdruck findet, sind die Ehegatten aufgerufen, sich selbst gegenseitig zu schenken: nichts von dem, was ihr Personsein ausmacht, darf von dieser schenkenden Hingabe ausgeschlossen werden. Hören wir in diesem Zusammenhang einen Text des Zweiten Vatikanums, der das mit besonderer Tiefe formuliert: »Diese eigentümlich menschliche Liebe geht in frei bejahter Neigung von Person zu Person, umgreift das Wohl der ganzen Person... Eine solche Liebe, die Menschliches und Göttliches in sich eint, führt die Gatten zur freien gegenseitigen Übereignung ihrer selbst...« (*Gaudium et spes,* Nr. 49). »Von Person zu Person«: diese so schlichten Worte bringen die ganze Wahrheit der ehelichen Liebe zum Ausdruck, die Liebe zwischen zwei Menschen. Eine Liebe, die sich ganz auf die Person, auf das Wohl der Person konzentriert, das heißt auf das Gut, das das Personsein ist. Dieses Gut ist es, das die Gatten sich gegenseitig schenken. Der Akt der Empfängnisverhütung führt zu einer wesentlichen Einschränkung dieses gegenseitigen Schenkens und ist Ausdruck der objektiven Verweigerung, dem anderen das ganze Gut der eigenen Fraulichkeit bzw. Männlichkeit zu schenken. Mit einem Wort: die Empfängnisverhütung widerspricht der Wahrheit der ehelichen Liebe.

Man darf freilich nicht die Schwierigkeiten übersehen, denen die Eheleute begegnen, wenn sie dem Gesetz Gottes treu sein wollen. Eben diese Schwierigkeiten waren Gegenstand eurer Überlegungen. Es muß alles nur Mögliche getan werden, um den Eheleuten entsprechend zu helfen.

Vor allem ist unbedingt zu vermeiden, daß Gottes Gesetz je nach den verschiedenen Situationen, in denen sich die Ehegatten befinden, »abgestuft« wird. Das Moralgesetz enthüllt uns Gottes Plan bezüglich der Ehe, das ganze Gut der ehelichen Liebe. Einen solchen Plan verkürzen zu wollen, ist ein Mangel an Ehrfurcht vor der Würde des Menschen. Gottes Gesetz ist Ausdruck der Forderungen der Wahrheit über die menschliche Person: jene Ordnung der göttlichen Weisheit, »die uns – wie der hl. Augustinus sagt –, wenn wir in diesem Leben an ihr festhalten, zu Gott führen wird, und wenn wir im Leben nicht an ihr festhalten, werden wir nicht zu Gott gelangen« (*De Ordine* 1, 9, 27: *CSEL* 63, 139).

Mag man sich in der Tat fragen, ob die Verwirrung zwischen der »Gradualität des Gesetzes« und dem »Gesetz der Gradualität« sich nicht auch aus einer ungenügenden Achtung vor dem Gesetz Gottes erklären läßt. Man ist der Meinung, daß sich dieses Gesetz nicht für jeden Menschen, für jede Situation eigne, und will es darum durch eine Ordnung ersetzen, die sich von der göttlichen unterscheidet.

In der christlichen Ethik gibt es eine zentrale Wahrheit, die an dieser Stelle erwähnt werden muß. Vor einigen Tagen lasen wir am Fest Mariae Geburt im Stundengebet: »Das Gesetz wurde von der Gnade zum Leben erweckt und in einem harmonischen und fruchtbaren Werk in ihren Dienst gestellt. Jeder der beiden bewahrte ihre Wesensmerkmale unverändert und unverworren. Doch das Gesetz, das zuvor eine drückende Last und Tyrannei darstellte, wurde durch Gott zu einer leichten Last und zur Quelle der Freiheit« (hl. Andreas von Kreta, *Predigten*, I: *PG* 97, 806).

Der Geist, der den Glaubenden geschenkt wurde, schreibt das Gesetz Gottes in unser Herz, so daß es nicht nur von außen geboten, sondern auch und vor allem innerlich geschenkt ist. Zu meinen, es gebe

Situationen, in denen es den Ehegatten tatsächlich nicht möglich sei, allen Forderungen der Wahrheit von der ehelichen Liebe treu zu sein, heißt, das Gnadengeschehen zu vergessen, das den Neuen Bund kennzeichnet: die Gnade des Heiligen Geistes ermöglicht, was dem allein seinen Kräften überlassenen Menschen unmöglich ist. Es ist daher notwendig, die Eheleute in ihrem geistlichen Leben zu stärken, sie zum häufigen Empfang der Sakramente der Beichte und der Eucharistie und zu neuer Rückkehr, zu ständiger Umkehr zur Wahrheit der ehelichen Liebe aufzufordern.
Jeder Getaufte, also auch die Ehegatten, ist zur Heiligkeit berufen, wie das Zweite Vatikanische Konzil gelehrt hat (vgl. *Lumen gentium*, Nr. 39): »In den verschiedenen Verhältnissen und Aufgaben des Lebens wird die eine Heiligkeit von allen entfaltet, die sich vom Geist Gottes leiten lassen und, der Stimme des Vaters gehorsam, Gott den Vater im Geist und in der Wahrheit anbeten und dem armen, demütigen, das Kreuz tragenden Christus folgen und so der Teilnahme an seiner Herrlichkeit würdig werden« (*ebd.*, Nr. 41). Wir alle, Eheleute eingeschlossen, sind zur Heiligkeit berufen, und diese Berufung kann auch Heroismus verlangen. Das darf man nicht vergessen.
Meine Lieben, die Betrachtung, die ihr in diesen Tagen angestellt habt, muß weitergeführt und immer weiter vertieft werden, um zu einer immer besseren Einsicht in jene Wahrheit der ehelichen Liebe zu gelangen, die das kostbarste Gut der Ehe darstellt. Nehmt hochherzig diese Verpflichtung auf euch. Bei eurer Arbeit begleite euch der Apostolische Segen, den ich euch aus ganzem Herzen erteile.
An Tagung über Verantwortliche Elternschaft, Castel Gandolfo, 17. 9. 1983; OR 39/83

In der Pastoralkonstitution *Gaudium et spes* stellen die Bischöfe des Zweiten Vatikanischen Konzils fest, daß »das Wohl der Person sowie der menschlichen und christlichen Gesellschaft zuinnerst mit einem Wohlergehen der Ehe- und Familiengemeinschaft verbunden ist« (Nr. 47). Wir alle sind uns mancher moderner Entwicklungen bewußt, die die Stabilität, wenn nicht gar das Entstehen der Familie zu bedrohen scheinen: eine Schwerpunktsverlagerung hin zum Wohlergehen des einzelnen, das über das Wohlergehen der Familie als sozialer Grundzelle der Gesellschaft gestellt wird, wachsende Scheidungsraten, sexuelle Permissivität, die Behauptung, daß Alternativformen Ehe und Familie ersetzen könnten.
Angesichts dieser Standpunkte und Haltungen haben wir den wichtigen Auftrag, die Frohbotschaft Christi über die eheliche Liebe, die Identität und den Wert der Familie und die Bedeutung ihrer Sendung in der Kirche und in der Welt zu verkünden. Deshalb betonte ich in *Familiaris consortio,* daß der Bischof in besonderer Weise Sorge für die Familie tragen müsse: »Dafür muß er Interesse, Fürsorge und Zeit aufbringen sowie Personal und Sachmittel einsetzen. Insbesondere ist jedoch sein persönlicher Einsatz für die Familien gefordert sowie für alle jene, die ihm in den verschiedenen Strukturen der Diözese beim pastoralen Dienst an den Familien helfen« (Nr. 73).
Diese pastorale Verantwortung beruht auf der Tatsache, daß das christliche Familienleben sich auf das Sakrament der Ehe gründet, die »ureigenste Quelle und Hilfe zur Heiligung für die Gatten und die christlichen Familien« (Nr. 56). Es ist unsere Sache, zusammen mit unseren Priestern den Gläubigen den Reichtum der christlichen Lehre über das Ehesakrament darzustellen. Diese Lehre ist, wenn sie richtig erläutert wird, mächtig und wirksam, stellt sie doch den

Bund Gottes mit seinem Volk und die Verbundenheit Christi mit der Kirche dar. Es ist für christliche Ehepaare äußerst wichtig, sich der göttlichen Wahrheit bewußt zu sein, daß sie in ihrer durch die sakramental geschlossene Ehe erhabenen und geheiligten menschlichen Liebe jetzt »das Geheimnis der Einheit und der fruchtbaren Liebe zwischen Christus und der Kirche bezeichnen und daran Anteil bekommen« (*Lumen gentium*, Nr. 11).

Da die christliche Ehe Ausdruck für die Beziehung zwischen Christus und der Kirche ist, besitzt sie die Eigenschaften der Einheit, Dauer, Unauflöslichkeit, Treue und Fruchtbarkeit. Mit den Worten des Zweiten Vatikanischen Konzils verkünden wir: »Die innige Gemeinschaft des Lebens und der Liebe in der Ehe, vom Schöpfer begründet und mit eigenen Gesetzen geschützt, wird durch den Ehebund, d. h. durch ein unwiderrufliches personales Einverständnis, gestiftet. So entsteht durch den personal freien Akt, in dem sich die Eheleute gegenseitig schenken und annehmen, eine nach göttlicher Ordnung feste Institution, und zwar auch gegenüber der Gesellschaft« (*Gaudium et spes*, Nr. 48).

Die wichtige Verantwortung der Ehepaare wird in *Gaudium et spes* und in *Humanae vitae* in Begriffen wie »Entwicklung der ehelichen Liebe« und »Anstreben einer verantwortungsbewußten Elternschaft« beschrieben. Grundlegend für die eheliche Beziehung ist die besondere Liebe zwischen einem Mann und einer Frau, die sich die Ehegatten einander schenken. Die Kirche verkündet diese eheliche Liebe als in hohem Maße menschliche Liebe, die das Wohl der ganzen Person einbezieht und beide, Mann und Frau, in ihrem christlichen Leben bereichert und adelt. Diese Liebe schafft eine besondere Einheit zwischen einem Mann und einer Frau, die der Einheit zwischen Chri-

stus und seiner Kirche gleicht. *Gaudium et spes* versichert uns, daß echte eheliche Liebe in die göttliche Liebe aufgenommen und durch die erlösende Kraft Christi und die Heilsvermittlung der Kirche beeinflußt wird. Die Folge ist, daß die Ehegatten zu Gott hingeführt und in ihrer hohen Aufgabe als Vater und Mutter unterstützt und gefestigt werden (vgl. Nr. 48).
Ehe ist auch auf den Aufbau einer Familie ausgerichtet. Die Ehegatten teilen mit Gott die Fortsetzung des Schöpfungswerkes. Eheliche Liebe wurzelt in der göttlichen Liebe und ist als schöpferisch und lebenserhaltend zu verstehen. Durch die Vereinigung von Seele und Leib erfüllen die Ehepaare ihre Zeugungsaufgabe, indem sie ihren Kindern Leben, Liebe und ein Gefühl der Sicherheit schenken.
Ihren Kindern das Leben zu schenken und ihnen durch die Erziehung zur Reife zu verhelfen, gehört zu den wichtigsten Vorrechten und Verantwortlichkeiten verheirateter Paare. Wie wir wissen, freuen sich Ehepaare normalerweise auf die Elternschaft; manchmal aber werden sie durch die sozialen Verhältnisse, durch persönliche Umstände oder gar durch die Unfähigkeit, neues Leben zu zeugen, an der Erreichung ihrer Hoffnungen gehindert. Aber die Kirche ermutigt die Ehepaare, hochherzig und hoffnungsfroh zu sein und sich bewußt zu machen, daß Elternschaft ein besonderes Vorrecht darstellt und daß jedes Kind Zeugnis ablegt von der Liebe der Eheleute zueinander, von ihrer Hochherzigkeit und ihrer Offenheit gegenüber Gott. Sie müssen dazu ermutigt werden, das Kind als eine Bereicherung ihrer Ehe und als ein Geschenk Gottes an sie selbst und ihre anderen Kinder anzusehen.
Ehepaare sollten mit Besonnenheit und im Gebet ihre Entscheidungen über den Abstand der Geburten und die Größe ihrer Familie treffen. Bei diesen Überlegungen müssen sie auf die Lehre der Kirche über den ge-

gebenen Zusammenhang zwischen den vereinigenden und den zeugenden Dimensionen des ehelichen Aktes achten (vgl. *Humanae vitae*, Nr. 12). Ehepaare müssen dringend dazu aufgefordert werden, jede Handlung zu unterlassen, die ein bereits empfangenes Leben bedroht, die ihre Zeugungskraft verleugnet oder unterdrückt oder die Unversehrtheit des ehelichen Aktes verletzt.

Als Bischöfe seid ihr zusammen mit euren Priestern und anderen im Familienapostolat Tätigen aufgerufen, den Ehepaaren dabei behilflich zu sein, die Gründe für die Lehre der Kirche über die menschliche Sexualität kennenzulernen und zu verstehen. Diese Lehre kann nur im Lichte von Gottes Plan für die menschliche Liebe und Ehe im Bezug auf Schöpfung und Erlösung verstanden werden. Wir wollen unserem Volk immer wieder die erhebende und ermutigende Versicherung menschlicher Liebe vorlegen, indem wir ihnen sagen, daß »Gott der Menschennatur des Mannes und der Frau die Berufung und daher auch die Fähigkeit und die Verantwortung zu Liebe und Gemeinschaft einprägt. Die Liebe ist demnach die grundlegende und naturgemäße Berufung jedes Menschen« (*Familiaris consortio*, Nr. 11).

Um jede Trivialisierung oder Entweihung der Sexualität zu vermeiden, müssen wir also lehren, daß die Sexualität über den rein biologischen Bereich hinausgeht und das innerste Sein des Menschen, der menschlichen Person als solcher betrifft. Sexuelle Liebe ist nur dann wahrhaft menschlich, wenn sie einen Wesensbestandteil der Liebe bildet, durch welche ein Mann und eine Frau sich bis zum Tod völlig einander binden. Diese völlige Selbsthingabe ist nur in der Ehe möglich.

Diese Lehre, die sich auf das Verständnis der Kirche von der Würde der menschlichen Person und auf die

Tatsache stützt, daß Geschlecht und Sexualität ein Geschenk Gottes ist, muß den verheirateten und den verlobten Paaren, ja der ganzen Kirche mitgeteilt werden. Diese Lehre muß jeder Sexualerziehung zugrunde gelegt werden. Sie muß den Eltern bekannt gemacht werden, denen die Hauptverantwortung für die Erziehung ihrer Kinder obliegt, und ebenso den Pfarrern und Religionslehrern, die in der Erfüllung dieser Verantwortung mit den Eltern zusammenarbeiten.
Ein besonderer und wichtiger Teil eures Dienstes an den Familien betrifft die natürliche Familienplanung. Die Zahl der Ehepaare, die von den natürlichen Methoden erfolgreich Gebrauch machen, ist ständig im Steigen begriffen. Aber es bedarf noch einer wesentlich einvernehmlicheren Anstrengung. Wie in *Familiaris consortio* festgestellt wurde, »muß die kirchliche Gemeinschaft zur gegenwärtigen Zeit die Aufgabe übernehmen, Überzeugungen zu wecken und denen konkrete Hilfen anzubieten, die ihre Vater- und Mutterschaft in einer wirklich verantwortlichen Weise leben wollen... Das bedeutet einen umfassenderen, entschlosseneren und systematischeren Einsatz dafür, daß die natürlichen Methoden der Geburtenregelung bekannt, geschätzt und angewandt werden« (Nr. 35).
Diejenigen Ehepaare, die sich für die natürlichen Methoden entscheiden, erkennen den tiefen anthropologischen wie moralischen Unterschied zwischen künstlicher Empfängnisverhütung und natürlicher Familienplanung. Sie können freilich auf Schwierigkeiten stoßen; ja, sie machen nicht selten eine Art von »Bekehrung«, von geistiger Wandlung durch, wenn sie mit dem Gebrauch der natürlichen Methoden vertraut werden, und sie bedürfen sachkundiger Anleitung, Ermutigung und pastoraler Beratung und Unterstützung. Wir müssen sehr viel Einfühlungsvermögen aufbringen für ihr inneres Ringen und die Schwierigkei-

ten, die sie durchmachen. Wir müssen sie dazu ermutigen, ihre Bemühungen hochherzig, voll Vertrauen und Hoffnung fortzuführen. Als Bischöfe haben wir das Charisma und die pastorale Verantwortung, unserem Volk den einzigartigen Einfluß bewußt zu machen, den die Gnade des Ehesakraments auf jeden Aspekt des ehelichen Lebens, einschließlich der Sexualität, hat (vgl. *FC,* Nr. 33). Die Lehre der Kirche Christi ist nicht nur Licht und Kraft für das Volk Gottes, sie erhebt auch ihre Herzen in Fröhlichkeit und Hoffnung.
Eure Bischofskonferenz hat ein eigenes Programm festgelegt, um die Bemühungen in den verschiedenen Diözesen auszuweiten und zu koordinieren. Doch der Erfolg einer solchen Bemühung erfordert das ständige pastorale Interesse und die Unterstützung jedes Bischofs in seiner Diözese, und ich bin euch zutiefst dankbar für alles, was ihr in diesem wichtigen Apostolat leistet.
An Bischöfe (USA), Rom, 24. 9. 1983;
O. R. it. 221/83

Liebe Priester!
Mit Freude empfange ich euch in dieser Spezialaudienz, die es mit erlaubt, euch, die ihr am Priestertum Christi Anteil habt wie ich, meine tiefe Zuneigung auszusprechen und euch zu sagen, wie hoch ich die pastorale Arbeit einschätze, der ihr eure beste Kraft schenkt.
Ihr widmet euer Apostolat in besonderer Weise dem Dienst an der Familie, weil ihr zu Recht überzeugt seid, daß jede Hilfe, die man dieser Urzelle der menschlichen Gesellschaft anbietet, sich in ihren Wirkungen vervielfacht. Denn diese Hilfe kommt allen Mitgliedern der Familie zugute und wirkt weit in

die Zukunft hinein, weil sie durch die Erziehung von den Eltern weitergegeben wird an die Kinder und Kindeskinder.

Gerne bestärke ich euch in dieser Überzeugung und ermutige euch, mit eurem Tun fortzufahren, das sicher vom Segen Gottes begleitet ist. Er ist ja der Schöpfer der Familiengemeinschaft und wurde, als die »Fülle der Zeiten gekommen war« (*Gal* 4, 4), ihr weiser Erlöser.

Dieses Treffen findet statt im Rahmen des Kongresses, den das »Zentrum für Studien und Forschungen über natürliche Familienplanung« an der Universität Sacro Cuore und das »Institut für Studien über Ehe und Familie« der Lateranuniversität über das wichtige Thema der verantwortlichen Elternschaft veranstalten. Bei dieser Gelegenheit möchte ich einiges zum Thema sagen und zwar vor allem vom pastoralen Standpunkt aus.

Kürzlich habe ich bei der Jubiläumsfeier für die Priester gesagt: »Öffnen wir immer weiter die Augen – den Blick der Seele –, um besser zu verstehen, was es heißt, Sünden zu vergeben und die Gewissen der Menschen mit dem unendlich heiligen Gott zu versöhnen, mit dem Gott der Wahrheit und der Liebe« (Predigt am 24. 2. 1984, Nr. 4). Das Gewissen mit dem Gott der Wahrheit und der Liebe versöhnen: das ist euer Dienst, immer, aber doch in besonderer Weise, wenn ihr euer Priestertum in den Dienst der Eheleute stellt.

In diesen Tagen war es euer Ziel, die wissenschaftlichen, philosophischen und theologischen Begründungen der verantwortlichen Elternschaft zu entdecken und zu vertiefen – und zwar, genauer gesagt, wie sie das Lehramt darlegt, vor allem die Enzyklika *Humanae vitae* und das Apostolische Lehrschreiben *Familiaris consortio* mit dem Ziel, das Gewissen der Eheleute mit dem Gott der Wahrheit und der Liebe zu versöhnen. Wann ist denn das menschliche Gewissen »versöhnt«, wann ist es in tiefem Frieden? Wenn es *in der Wahrheit* ist! Und die beiden oben zitierten Dokumente haben getreu der Tradition der Kirche *die Wahrheit* über die eheliche Liebe gelehrt, die der Kern der Personengemeinschaft ist.

Was bedeutet das: »die Gewissen der Eheleute mit der *Wahrheit* ihrer ehelichen Liebe versöhnen«? Als seine Zeitgenossen Christus fragten, ob es recht sei, daß der Ehemann seine Frau aus der Ehe entläßt, antwortete er, indem er sich auf »den Anfang« berief, das heißt auf den *Plan Gottes von Anfang an* mit der Ehe. Auch ihr, die ihr als Priester *im Namen Christi* wirkt, müßt den Eheleuten zeigen, daß die Lehre der Kirche über die verantwortliche Elternschaft nichts anderes ist als dieser Plan von Anfang an, den der Schöpfer in das Menschsein des Mannes und der Frau, die heiraten, hineingelegt hat und den der Erlöser durch sein Kommen wiederhergestellt hat. Die Moralnorm, die von *Humanae vitae* und *Familiaris consortio* gelehrt wird, verteidigt die umfassende Wahrheit der ehelichen Liebe, denn sie drückt die *unausweichlichen* Forderungen dieser Liebe aus.

Ihr könnt sicher sein: wenn eure Lehre dem kirchlichen Lehramt treu ist, dann lehrt ihr nicht etwas, was Mann und Frau nicht verstehen könnten. Das gilt auch für den Mann und die Frau von heute. Die Lehre, die durch euch an ihr Ohr kommt, ist schon vorher ihrem Herzen eingeschrieben. Mann und Frau brauchen aber Hilfe, um diese »Inschrift des Herzens« von Grund auf lesen zu können. Und beweist ihr nicht durch euer Bemühen, in diesen drei Tagen die Begründungen des kirchlichen Lehramtes besser zu verstehen, daß ihr versucht, immer deutlicher die Wege zu erkennen, auf denen ihr die Eheleute *zur tiefen*

Wahrheit über sich selbst und über ihre eheliche Liebe führen wollt?

Das Gewissen der Eheleute mit dem Gott der Wahrheit und Liebe versöhnen: das Gewissen der Eheleute ist wahrhaft versöhnt, wenn sie die ganze Wahrheit über ihre eheliche Liebe entdeckt und angenommen haben. So schreibt denn auch der hl. Augustinus: »beata quippe vita est gaudium de veritate. Hoc est enim gaudium de te, qui Veritas es« (*Bekenntnisse* 10, 23, 33; CSEL 33/1, 252).

Ihr wißt sehr gut, daß die Treue von seiten der Priester – sagen wir ruhig auch: der Kirche – zu dieser Wahrheit und den daraus folgenden Moralnormen, die *Humanae vitae* und *Familiaris consortio* lehren, oft mit einem hohen Preis bezahlt werden muß. Man wird oft ausgelacht, der Verständnislosigkeit und Härte beschuldigt und Schlimmeres. Das ist, wie wir wohl wissen, das Schicksal jedes Zeugen für die Wahrheit. Hören wir nochmals ein Zitat des hl. Augustinus: »Aber wieso bewirkt die Wahrheit Haß?« fragt der hl. Kirchenlehrer und antwortet: »In Wirklichkeit ist die Wahrheitsliebe so, daß – wenn man etwas anderes liebt – man behauptet, dieser Gegenstand der Liebe sei die Wahrheit; und wie man nicht getäuscht werden will, so verabscheut man es, klar gemacht zu bekommen, daß man sich selbst getäuscht hat. Und so kommt man dazu, die Wahrheit zu hassen: aus Liebe zu dem, was man selbst für die Wahrheit hält. Man liebt es, glanzvoll dazustehen, man haßt es, etwas zurücknehmen zu müssen« (*Bekenntnisse* 10, 23, 34; a.a.O., 253).

Bleibt mit schlichter und demütiger Festigkeit dem kirchlichen Lehramt treu in einem Punkt von so entscheidender Bedeutung für das Schicksal des Menschen.

Es besteht eine *echte* Schwierigkeit für die Versöhnung des Gewissens der Eheleute mit dem Gott der Wahrheit und der Liebe; sie ist von ganz anderer Art als die eben genannte.

Die Versöhnung wird nicht schon dadurch vollzogen, daß die Eheleute nur die Wahrheit ihrer ehelichen Liebe erkennen lernen: es ist unumgänglich, daß sie in ihrer Freiheit *die Wahrheit auch verwirklichen, tun*. Die Schwierigkeit liegt darin, daß das *Herz* von Mann und Frau von der Begierde ergriffen ist: und die Begierde drängt die Freiheit dazu, den rechtmäßigen Forderungen der ehelichen Liebe nicht zuzustimmen. Es wäre ein unverzeihlicher Fehler, daraus zu schließen, daß die von der Kirche gelehrte Norm für sich genommen nur ein »Ideal« ist, das folglich angepaßt, proportioniert, in – wie man sagt – konkrete Schritte zerlegt werden müsse, die dem Menschen angemessen seien: und das gemäß einer »Güterabwägung« hinsichtlich der fraglichen Werte. Was aber sind die konkreten dem Menschen gemäßen Schritte? Und von welchem Menschen spricht man da? Vom Menschen, der von seiner Begierde beherrscht wird, oder vom Menschen, der von Christus erlöst wurde? Denn darum handelt es sich hier: um die *Realität* der Erlösung durch Christus.

Christus hat uns erlöst! Das bedeutet: er hat uns die *Möglichkeit* gegeben, die *vollständige* Wahrheit unsres Seins zu verwirklichen; er hat unsere Freiheit aus der Herrschaft der Begierde befreit. Und wenn der erlöste Mensch weiterhin sündigt, dann nicht, weil das erlösende Tun Christi mangelhaft wäre, sondern weil der *Wille* des Menschen sich der Gnade entzieht, die aus diesem Tun Christi entspringt. Die Anforderung Gottes ist mit Sicherheit dem menschlichen Vermögen angemessen: allerdings dem Vermögen des Menschen, dem der Heilige Geist verliehen ist; des Menschen, der zwar in Sünde fallen, aber doch immer Verzeihung erlangen und sich der Gegenwart des Geistes erfreuen kann.

Die Versöhnung des Gewissens der Eheleute mit dem Gott der Wahrheit und der Liebe ist abhängig von der Vergebung der Sünden: von dem demütigen Bekenntnis, daß wir uns nicht angemessen verhalten, sozusagen nicht Maß genommen haben an der Wahrheit und an ihren Erfordernissen – und nicht ablassen von der stolzen Anpassung der Wahrheit und ihrer Forderungen an das, was *wir* als wahr und gut definieren. Gestern haben wir im Stundengebet gelesen: »Nicht derjenige deiner Knechte zeigt, daß er gut ist, der von dir zu hören vorgibt, was er selbst will, sondern jener, der das will, was er von dir hört« (*Augustinus, Bekenntnisse*, 10, 26, 37; a.a.O., 255).

Unsere pastorale Liebe zu den Eheleuten besteht darin, daß wir immer bereit sind, ihnen im Sakrament der Wiederversöhnung die Vergebung der Sünden anzubieten, und nicht darin, vor ihren Augen die Größe und Würde ihrer ehelichen Liebe herabzumindern.

»Öffnen wir immer weiter die Augen – den Blick der Seele –, um besser zu verstehen, was es heißt, Sünden zu vergeben und die Gewissen der Menschen mit dem unendlich heiligen Gott zu versöhnen, mit dem Gott der Wahrheit und der Liebe«.

Die Eheleute bedürfen dieses tiefen Blickes unserer priesterlichen Seele; die ganze Kirche bedarf seiner. Dann können die Eheleute und die ganze Kirche den Vater unseres Herrn Jesus Christus loben: sie werden nicht aufhören zu staunen und nie genug haben von der Betrachtung jener Liebe und jener Wahrheit, mit der ihr die Gewissen der Eheleute versöhnt.

Von Herzen gebe ich euch meinen Apostolischen Segen und erbitte eurem Dienst die tröstliche Fülle der Gaben der Weisheit und Nächstenliebe.

An Teilnehmer eines Seminars über Verantwortliche Elternschaft, Rom, 1. 3. 1984; O. R. it. 52/84

Liebe Freunde in Christus,
mit großer Freude begrüße ich herzlich beide Gruppen, die in dieser Audienz anwesend sind. Ich heiße willkommen die Teilnehmer des Internationalen Kongresses über die Philosophie und Theologie der Verantwortlichen Elternschaft, den das Päpstliche Institut für Studien über Ehe und Familie ausgerichtet hat, und ich heiße ebenfalls willkommen alle, die teilnehmen am zweiten Internationalen Kongreß über Verantwortliche Elternschaft, der organisiert wird vom Zentrum für Studien und Forschungen über Natürliche Empfängnisregelung an der katholischen Universität Saero Cuore. Ich freue mich sehr darüber, daß ihr heute hierher gekommen seid, um miteinander der Welt ein Zeugnis davon zu geben, wie wichtig der Gegenstand eurer Studien ist. Es ist für eure Person und für euer christliches Leben ehrenvoll, was ihr an gemeinsamen Anstrengungen und Entdeckungen leistet bei der Zusammenarbeit im Dienst an der Wahrheit und dem Wohlergehen der Menschheit. Die Kirche ist euch *in höchstem Maße dankbar* für das, was ihr tut.
Während dieser Tage eures Kongresses habt ihr einen Dialog zwischen Naturwissenschaft, Ethik und Theologie geführt über einen Gegenstand von allergrößter Bedeutung: *die Verantwortliche Elternschaft.* Dieser Dialog entspricht einem dringenden Bedürfnis unserer Zeit, das auch von den Wissenschaftlern selbst erkannt wird: es ist das Bedürfnis, daß die wissenschaftliche Erkenntnis und ihre Anwendung von innen her von der Ethik gelenkt werden. Diese »Lenkung durch die Ethik« schmälert selbstverständlich keineswegs die erkenntnistheoretische Unabhängigkeit wissenschaftlicher Erkenntnis. Vielmehr hilft sie der Wissenschaft, ihre tiefste Berufung zu erfüllen: der menschlichen Person zu dienen. Alle Erkenntnis der *Wahrheit* – einschließlich naturwissenschaftlicher Wahrheit – ist ein

Gut für die menschliche Person und für die ganze Menschheit. Wie ihr aber wißt, kann die naturwissenschaftlich erkannte Wahrheit vom Menschen in seiner Freiheit zu Zwecken *benutzt* werden, die dem menschlichen Wohl entgegengesetzt sind – einem Wohl, das der *Ethik* bekannt ist. Wenn in einer Gesellschaft die Wissenschaft von der Ethik getrennt wird, ist der Mensch dauernd schweren Risiken ausgesetzt. Die Liebe zur menschlichen Person resultiert aus der Vision der Wahrheit, Würde und unvergleichlichen Kostbarkeit des Menschen. Diese Wahrheit und Würde sind *ewig*, denn die Person ist berufen zur seligen Anschauung Gottes selbst.

Ihr, die Wissenschaftler, die hier anwesend sind, habt eure Forschung auf einen ganz präzisen Punkt gerichtet: *Kenntnis der fruchtbaren und unfruchtbaren Zeiten* des weiblichen Zyklus mit dem Ziel, diagnostische Möglichkeiten zu finden, diese Zeiten mit Gewißheit zu unterscheiden.

Was ich gerade vorher gesagt habe, findet hier eine wichtige Anwendung. Denn diese Kenntnis und die mit ihr verbundenen Methoden können auch *benutzt* werden für moralisch nicht zu billigende Absichten. Genau an diesem Punkt muß der Dialog mit der Ethik und Theologie einsetzen. Aufgrund eurer Studien und eures Hintergrundes seid ihr hervorragend geeignet, hierzu einen ganz besonderen Beitrag zu leisten.

Die philosophische und theologische Ethik greift die *naturwissenschaftlichen Erkenntnisse* so auf, daß sie *der Weg* werden können, auf dem der Mensch in seiner Freiheit verantwortlich seine Fruchtbarkeit zu verwirklichen vermag. Nur auf diesem Weg bringen Ehepaare, die über das notwendige Wissen verfügen, eine »Harmonisierung« aller Dimensionen ihres Menschseins zustande und bewahren zugleich die *ganze* Wahrheit ihrer ehelichen Liebe. Ihr nehmt gewiß

wahr, wie hier jeder einzelne von euch – sei er Naturwissenschaftler, Philosoph oder Theologe – entsprechend seiner jeweiligen Kompetenz dasselbe Ziel vor Augen hat: den moralischen Wert der Verantwortlichen Elternschaft. Jeder ergänzt hier den andern entsprechend einer genauen Wertordnung.
Eure Erfahrungen in diesen Tagen müssen weitergeführt werden. Die Lehre der *Natürlichen Methoden* ist in höchstem Maße lebensnotwendig für das Wohlergehen so vieler Eheleute als Menschen und als Christen und darf folglich nie etwas nur Technisches sein. Sie muß verwurzelt sein in wahrer Menschenkenntnis und einem umfassenden Menschenbild.
Ihr habt mit Recht in euren beiden Kongressen den anthropologischen Überlegungen viel Zeit gewidmet – sowohl aus philosophischer als auch aus theologischer Sicht. Denn letztlich führen alle Themen, die ihr erörtert habt, zu der Frage hin: *Was ist der Mensch?* Was ist der Mensch in seiner Einheit als Person, in der Wahrheit seines Gottbezugs, angesichts des Gutes der ehelichen Gemeinschaft? Wenn die Antwort auf diese Frage verdunkelt wird, wird die Ethik der Ehe ihrer Grundlage beraubt. Andererseits ist die ganze Wahrheit über die Schöpfung und Erlösung ein Licht von unerhörter Strahlkraft, das die Ethik der Ehe in eine ganz eigene Perspektive rückt.
Eure Arbeit vollzieht sich im Dienst an der menschlichen Person und zwar in einer Gesellschaft, die oftmals die Frage: Was ist gut? durch die Frage: Was ist nützlich? ersetzt hat. Setzt eure Arbeit in großer Einheit untereinander und mit Mut fort, denn die Wahrheit und das Gute sind *stärker* als der Irrtum und das Böse.
Ich möchte die Aufmerksamkeit besonders auf die *pastoralen Implikationen* eurer Studien über Verantwortliche Elternschaft und eure Bemühungen um Verbrei-

tung der Natürlichen Methoden lenken. Theologische Studien sind hier grundlegend wichtig, denn »die konkrete pastorale Führung der Kirche (muß) stets mit ihrer Lehre verbunden sein und darf niemals von ihr getrennt werden« (*Familiaris consortio, 33*). Ja, diese Studien lassen immer klarer erkennen, daß Natürliche Empfängnisregelung *kein Selbstzweck* ist, sondern nur eine der vielen Dimensionen kirchlicher Ehepastoral. Theologische Reflexionen sind auch ein großer Gewinn für die vielen Ehepaare, die großzügig ihre Kraft und Zeit einsetzen – und das oftmals unter persönlichen Opfern – für die Unterweisung in den Natürlichen Methoden. Diese Ehepaare vollziehen nicht einfach private Handlungen, sondern ihr Tun ist in der Verbindung mit dem Tun der Hirten der Kirche *ein Teil der pastoralen Verantwortung der Kirche,* Überzeugungen zu wecken und praktische Hilfe zu bieten, damit alle Ehepaare ihre Elternschaft in wahrhaft christlicher und verantwortlicher Weise leben können (vgl. *Familiaris consortio, 35*). Verbreitung und Lehre der Natürlichen Methoden ist somit ein wahrhaft pastorales Tun und fördert die Zusammenarbeit zwischen Priestern und Ordensleuten, Spezialisten und Ehepaaren, die zudem eng mit dem Ortsbischof zusammenwirken müssen, der sie stützen und ihnen helfen soll. Ich möchte euch dringend bitten, bei all eurer Arbeit mit den Ehepaaren stets deren Treue zur Kirche, die Opfer, die sie so bereitwillig bringen, wenn sie die Botschaft Christi in ihrer und durch ihre eheliche Liebe und ihr Familienleben verkünden, *mit besonderer Sorgfalt* im Auge zu behalten. Die Kirche behauptet nicht, Verantwortliche Elternschaft sei leicht. Aber *die Gnade des Ehesakraments* verleiht christlichen Eheleuten die Bereitschaft und die Fähigkeit, ihre Verpflichtungen in Treue und Freude zu leben. Zugleich schenkt die Anwendung der Natürlichen Empfängnisregelung dem Ehepaar Offenheit für das Leben, das wahrhaftig ein herrliches Geschenk der Güte Gottes ist. Sie hilft ihm auch, seine eheliche Beziehung zu vertiefen und sich in der ehelichen Gemeinschaft näherzukommen – eine Nähe, die das ganze Leben hindurch andauert.

Wir dürfen davon überzeugt sein, daß es von Gottes Vorsehung so gewollt ist, daß es mehrere Methoden der Natürlichen Empfängnisregelung gibt, so daß den Bedürfnissen unterschiedlicher Ehepaare Rechnung getragen wird. Die Kirche empfiehlt nicht eine einzige dieser Methoden, sondern drängt darauf, daß alle zugänglich gemacht und als gut erachtet werden. Der Hauptgrund für die Anerkennung als Natürliche Methode ist nicht einfach die biologische Wirksamkeit oder Verläßlichkeit sondern die Vereinbarkeit mit *einer christlichen Sicht der Sexualität*, die Ausdruck der ehelichen Liebe ist. Denn die Geschlechtlichkeit spiegelt das innerste Sein der menschlichen Person als solcher wider und sie wird wahrhaft menschlich nur dann vollzogen, wenn sie ein *integraler Bestandteil der Liebe* ist, mit der Mann und Frau sich *gänzlich und bis zum Tod* einander schenken (vgl. *Familiaris consortio*, 11).

Für dieses pastorale Wirken ist es dann also wichtig, daß die verschiedenen Gruppen, die Natürliche Empfängnisregelung verbreiten, zusammenwirken und sich ihre Forschungen und Studien gegenseitig mitteilen, um so auch Zeugnis für die Einheit zu geben im Ziel und im Engagement. Dann kann die Kirche auch wirksamer die Werte der Natürlichen Methoden darstellen und der kräftigen Förderung von Kontrazeption, Sterilisation und Abtreibung entgegentreten, die wir oft in unserer Welt antreffen. Das Herz all dieser Arbeit für die Natürliche Empfängnisregelung muß das christliche Menschenbild und die Überzeugung

sein, daß Ehepaare mit Gottes Hilfe und durch die Beachtung der Natürlichen Methode *wirklich* zu einer Vertiefung und Stärkung ihrer ehelichen Einheit *gelangen können*. Ihre Einheit, ihre gegenseitige Achtung und ihre Selbstbeherrschung verwirklichen sich im Vollzug der Natürlichen Empfängnisregelung.
Nochmals danke ich euch für alles, was ihr auf diesem Gebiet der Natürlichen Empfängnisregelung und überall da leistet, wo es darum geht, allgemeine Haltungen zu fördern, die ihrerseits wieder die Erziehung der Jugend zur Liebesfähigkeit positiv beeinflussen. *Das Wohlergehen von Familie und Gesellschaft* hängt maßgeblich von euren Bemühungen und Erfolgen ab.
Ich empfehle euch alle Maria, der Mutter des menschgewordenen Wortes und bitte sie, euch zu helfen bei eurem Einsatz für das Leben und bei eurem Dienst an der wahren Liebe.
Ansprache an zwei Kongresse über Ehe, Familie und Fruchtbarkeit, Rom, 8. 6. 1984; O.R. engl. 18. 6. 84.

D. Frau und Mutterschaft

Zweifellos rechtfertigen die gleiche Würde und Verantwortlichkeit von Mann und Frau voll den Zugang der Frau zu öffentlichen Aufgaben. Anderseits verlangt die wirkliche Förderung der Frau auch, daß der Wert ihrer mütterlichen und familiären Aufgabe im Vergleich mit allen öffentlichen Aufgaben und allen anderen Berufen klare Anerkennung finde. Übrigens müssen solche Aufgaben und Berufe sich gegenseitig integrieren, soll die gesellschaftliche und kulturelle Entwicklung wahrhaft und voll menschlich sein. (...) Es ist aber klar, daß dies alles für die Frau nicht den Verzicht auf ihre Fraulichkeit noch die Nachahmung des Männlichen bedeutet, sondern die Fülle der wahren fraulichen Menschlichkeit, wie sie sich innerhalb wie außerhalb der Familie in ihrem Tun ausdrücken muß, wobei übrigens die Verschiedenartigkeit der Bräuche und Kulturen auf diesem Gebiet zu beachten ist.

FC 23

Vorbemerkung

Öfters widmet der Papst der Mutterschaft eigene Worte. Die Bedeutung der Mutterschaft geht weit über den Kreis der Kleinfamilie, der privaten Sphäre hinaus, garantiert sie doch – recht erkannt und gelebt – das Leben und die Würde des Individuums und ist damit zugleich ein unersetzlicher Eckpfeiler aller Kultur. Im innerlich – gleich unter welchen Nöten oftmals – gesprochenen Ja zum neuen Menschen wird das grundlegende Ja der Menschheit zum Menschsein gesprochen. Der hier geleistete Glaube an den Menschen bereitet zum Einsatz der eigenen Person für die neue Person.

Die Fähigkeit zu diesem Ja ist das besondere Charisma der Frau. Sie soll es als mütterlicher, weiblicher Mensch nicht nur in das private familiäre Leben, sondern auch in die Öffentlichkeit einbringen. Spricht sie statt dessen ein Nein, dann stirbt das Leben in ihr und um sie herum und sie verpaßt die nur von ihr leistbare Form der Mitgestaltung der Welt. Mithin verkümmert die Kultur selbst.

Wenn auch in den hier vorliegenden Texten auf die Zeitsituation nicht näher eingegangen wird, so ist doch klar, daß der Papst die Gefahr der Verkümmerung des Menschen durch die Abwendung der Frau von sich selbst deutlich wahrnimmt – am krassesten anhand des Problems der Abtreibung. Die Welt wird in dem Maße unbewohnbarer, ist kein Zuhause mehr, in dem Mütter sich weigern, erster Ort des Menschseins, ja das Zuhause selbst zu sein (s. Anspr. 9. 11. 1982).

Die Mutterschaft ist ein bevorzugtes, vielleicht das häufigste Thema für den schöpferischen menschlichen Geist. Sie ist ein entscheidendes Element im Denken vieler Menschen. Sie ist der Schlüsselpunkt menschlicher Kultur. Mutterschaft: großartige, herrliche, grundlegende menschliche Wirklichkeit, von Anfang an mit dem Namen des Schöpfers selber benannt. Wiederaufgenommen im Geheimnis der Geburt Gottes in der Zeit. In diesem Geheimnis ist sie beschlossen, mit ihm untrennbar verbunden.

In den ersten Tagen meines Amtes auf dem römischen Stuhl Petri hatte ich die Freude, einem Mann zu begegnen, der mir seit jener ersten Begegnung besonders nahe gekommen ist. Versteht, bitte, wenn ich den Namen dieser Persönlichkeit nicht nenne: es handelt sich um eine hohe Persönlichkeit, die im italienischen Volk große Autorität genießt und deren Worte am letzten Tag des vergangenen Jahres auch ich mit dankbarer Aufmerksamkeit gehört habe. Es waren einfache, tiefe Worte, erfüllt von der Sorge um das Wohl des Menschen, des Vaterlandes und der gesamten Menschheit, ganz besonders aber der Jugend. Mein hochverehrter Gesprächspartner möge mir vergeben, wenn ich zwar nicht seinen Namen nenne, doch mir erlaube, auf die Worte Bezug zu nehmen, die ich bei jener ersten Begegnung aus seinem Munde gehört habe. Sie galten der Mutter: seiner Mutter. Nach einem langen Leben, nach so vielen Jahren der Erfahrung, des politischen und sozialen Kampfes gedachte er seiner Mutter als derjenigen, der er außer dem Leben auch alles das verdankt, was den Anfang und die Gestaltung seiner geistigen Entwicklung bedeutet. Ich habe diese Worte mit tiefer Bewegung vernommen, sie in Erinnerung behalten und werde sie nie wieder vergessen. Sie waren für mich zugleich Botschaft und Anruf.

Ich spreche hier nicht von meiner Mutter, denn ich habe sie allzufrüh verloren; doch ich weiß, daß ich ihr dasselbe verdanke, was mein verehrter Gesprächspartner auf so schlichte Weise zum Ausdruck gebracht hat. Deshalb nehme ich mir die Freiheit, mich auf das von ihm Gehörte zu beziehen.

Ich spreche heute davon, um das weiterzuführen, was ich vor einer Woche angekündigt habe. Damals sagte ich, daß wir jeder werdenden Mutter beistehen müssen; daß wir die Mutterschaft und das große mit ihr verbundene Ereignis der Empfängnis und Geburt eines Menschen, das immer am Anfang der menschlichen Erziehung steht, mit ganz besonderer Fürsorge umgeben müssen. Die Erziehung gründet sich auf das Vertrauen zu jener, die das Leben geschenkt hat. Dieses Vertrauen darf niemals gefährdet werden. In der Weihnachtszeit stellt uns die Kirche die Mutterschaft Mariens vor das geistige Auge; dasselbe tut sie am ersten Tag des neuen Jahres. Sie tut dies auch, um die Würde jeder Mutter herauszustellen, um zu erläutern und daran zu erinnern, welche Bedeutung der Mutterschaft nicht nur im Leben jedes einzelnen Menschen, sondern auch in der gesamten menschlichen Kultur kommt. Sie ist eine ewige und auch eine zeitliche Berufung. »Die Mutter, die alles versteht und mit ihrem Herzen jeden von uns umfängt«: diese Worte stammen aus einem Lied, das die Jugendlichen in Polen singen und das mir in diesem Augenblick in den Sinn kommt; in dem Lied heißt es, daß heute die Welt ganz besonders nach jener Mutterschaft »hungert und dürstet«, die »leiblich« und »geistlich« die Berufung der Frau ist, so wie sie es für Maria war.

Man muß alles tun, damit die Würde dieser herrlichen Berufung in der inneren Einstellung der neuen Generationen nicht zerstört wird; damit die Autorität der Familie wie auch im sozialen und öffentlichen Leben und in unserer ganzen Zivilisation keine Einbuße erleidet: in unserer gesamten modernen Gesetzgebung, in der Organisation der Arbeit, im Pressewesen, in der Kultur des täglichen Lebens, in Erziehung und Studium, in jedem Lebensbereich.
Dies ist ein entscheidendes Kriterium.
Wir müssen alles tun, damit der Frau Liebe und Verehrung zuteil wird. Wir müssen alles tun, damit die Kinder, die Familie und die Gesellschaft in ihr jene Würde sehen, die Christus in ihr erblickt hat.
»Mater genitrix, spes nostra!«
Generalaudienz, Rom, 10. 1. 1979; OR 3/79

In einer so beschaffenen Gesellschaft hat die Kirche eine ganz bestimmte Funktion, die sie erhalten hat, »damit sie aufbaue, nicht damit sie niederreiße« (2 Kor 13, 10), das heißt, sie soll ein geordnetes und vollkommenes Wachstum begünstigen bis zu ihrer vollen Reife. In diesem heiklen, aber entscheidenden Prozeß hat die Kirche den Frauen einen wichtigen Beitrag zugedacht. Sie erwartet von ihnen einen Einsatz und ein unzweideutiges Zeugnis zugunsten all dessen, was die wahre Würde des Menschen, seinen Erfolg im persönlichen und im Bereich der Gemeinschaft und daher sein tiefstes Glück begründet und ausmacht. Die Frauen haben nämlich von Gott ein eigenes, ihnen angeborenes Charisma erhalten, eine hochempfindliche Feinfühligkeit, einen ausgeprägten Sinn für das Maß und für die konkrete Wirklichkeit und eine sorgende Liebe für das, was noch im Keimen und Wachsen ist und daher besonderer Sorge und Pflege bedarf. Das alles sind Eigenschaften, die darauf ausgerichtet sind, das menschliche Wachstum zu fördern. Und darum bitte ich euch, diese kostbaren Eigenschaften aus der privaten Sphäre in die öffentliche und soziale Sphäre zu tragen und das mit weisem Verantwortungsbewußtsein zu tun: gleicht die Mängel anderer aus, berichtigt Entgleisungen, ermutigt und fördert jene, die für Gemeinnutz und Gemeinwohl arbeiten.

Mir will scheinen, daß sich euer Einsatz in zwei verschiedenen, einander ergänzenden Bereichen entfalten könnte. An erster Stelle steht die Welt der Frau selbst, die eines gesunden, ausgewogenen, umfassenden Vorbildes bedarf. Es geht darum, berechtigte Ansprüche geltend zu machen, damit jede Frau menschlich und beruflich, ohne Furcht und Diskriminierung den ihr gebührenden Platz in der Gesellschaft finden kann. Doch muß man sich auch davor hüten, zunächst ganz berechtigte Forderungen und Vorschläge nach und nach zu verbitterter Polemik oder willkürlichen, unsachgerechten Ansprüchen entarten zu lassen. Es ist nicht erlaubt, dort, wo der Schöpfer die menschlich höchste Harmonie vorgesehen und gewollt hat, Elemente der Zerstörung einzuführen.

Zweitens habt ihr auch eine Aufgabe in dem weiten Bereich der Gesellschaft zu vollbringen, was die Stellungnahme gegenüber ihrer allgemeinen Aufgabe, besonders hinsichtlich der Probleme der Familie, betrifft. Diesbezüglich bin ich froh über eure Sorge und eure Haltung hinsichtlich der Problematik der Vorbereitung auf die Ehe und der Verteidigung des Lebens vom Augenblick der Empfängnis an, und das sowohl in der sittlichen Haltung, die vor allem bei der Erziehung der jungen Generation so großen Einfluß hat, als auch in der Gesetzgebung. Das Gesetz soll ja nicht ein bloßes Aufzeigen dessen sein, was vorfällt, sondern vielmehr ein Modell und Ansporn für das, was

erfüllt werden muß. Die Kirche ist zutiefst davon überzeugt, daß die Weisheit einer Gesetzgebung sich in höchstem Maße dort erweist, wo man ganz energisch die Verteidigung der Schwächsten und am meisten Ausgelieferten vom ersten Augenblick ihres Lebens an übernimmt. Deshalb kann jedes Nachgeben in diesem Bereich nur zum Schaden der Menschenwürde selbst geschehen. Außerdem muß man sich, auch aus Achtung und Liebe gegenüber allen, vor kompromittierenden Haltungen der Nachgiebigkeit gegenüber ideologischen Strömungen hüten, die zum christlichen Glauben im Widerspruch stehen.
Zu den schwächsten Mitgliedern der Gesellschaft gehören auch die Kinder, die Kranken, die Alten, die Arbeitslosen, die Menschen, die jeder Kultur entbehren, und ganz allgemein jene, die verschiedenen Formen der Ausbeutung und Gewalttätigkeit ausgesetzt sind. Jede Initiative, die ihr in diesen Bereichen unternehmt und verwirklicht, verdient natürlich Aufmerksamkeit und Unterstützung. Eines ist sicher: auch im öffentlichen Leben gibt es eine christliche Konsequenz; wer Christ ist, muß es immer sein, auf allen Ebenen, ohne Schwanken, ohne Nachgeben; in seinem Handeln und nicht nur dem Namen nach.
Ich meinerseits ermutige euch und fordere euch nachdrücklich auf, auf eurem Weg weiterzugehen, der in einem zeitnahen und verantwortungsvollen Dienst an der italienischen Gesellschaft besteht: sowohl auf der Ebene einer weisen Bewußtseinsbildung der öffentlichen Meinung als auch und vor allem im Bereich einer konkreten menschlichen Förderung auf kulturellem, sozialem und fürsorglichem Gebiet. Seid stets Trägerinnen einer Würde, die nicht Anmaßung ist; einer Liebe, die sich nichts vergibt; eines Friedens, der nicht Resignation ist. Möge euer Einsatz stets von inneren Überzeugungen ausgehen, die festverwurzelt sind und

mit Freude gelebt werden. Seid vor allem selbst, einzeln wie als Gemeinschaft, lebendiges Vorbild, auf das man hinweisen kann, ein glaubwürdiges Vorbild der Frau, die in sich verwirklicht oder zumindest zu verwirklichen sich bemüht, was die menschliche Natur und die christliche Offenbarung in diesem Zusammenhang als bestes zu bieten haben.
Diesen wirklich herzlichen Wünschen füge ich gern meinen Apostolischen Segen an als Ausdruck meines Wohlwollens und als Zeichen der Gnade und des Trostes für euch, für die Mitglieder eures Zentrums und für alle italienischen Frauen.
An Frauen, Rom, 7. 12. 1979; OR 51–52/79

Die gut ausgebildeten Katecheten mögen ihren Dienst in der Glaubensunterweisung fortsetzen, und die Animateure der kleinen Gemeinschaften in Wohnvierteln mögen wissen, daß ohne sie eine wichtige Hilfe fehlen würde. Ich denke auch an die Verantwortung der Väter und Mütter: ist nicht jede christliche Familie wie ein »häusliches Heiligtum der Kirche« (Dekret *Apostolicam actuositatem*, Nr. 11)? Und ich erlaube mir, hier die besondere Aufgabe der Mütter zu betonen: die Frau hat die wunderbare Sendung, das Leben zu schenken, das keimende Leben zu tragen, und in Afrika trägt sie ihr Kind noch eine lange Zeit voll Zärtlichkeit und nährt es mit Hingabe! Möge sie aber auch nicht vergessen, das Herz ihrer Kinder für die Liebe Gottes, für das Leben Christi zu öffnen: das ist eine grundlegende Unterweisung, die nur schwer ersetzt werden kann. Es gibt noch manche andere Dienste in der christlichen Gemeinschaft: in der Erziehung und in der Gesundheits- und Sozialfürsorge. Dies ist auch eine Aufgabe für die Jugendlichen.
Abidjan (Elfenbeinküste), 10. 5. 1980; OR 22/80

Ich möchte vor allem der Mutterschaft und dem Glauben an den Menschen, den sie einschließt, Ehre erweisen. Ich möchte sodann der Arbeit des Menschen Ehre erweisen, dieser Arbeit, durch welche der Mensch für das Leben der Seinigen, vor allem seiner Familie sorgt – die Familie hat daher grundlegende Rechte; dieser Arbeit, durch welche der Mensch seine Berufung zur Liebe verwirklicht, denn die Welt der menschlichen Arbeit ist auf der moralischen Kraft, auf der Liebe aufgebaut. Die Liebe muß die Gerechtigkeit und den Kampf für die Gerechtigkeit inspirieren.
Der Mutterschaft Ehre erweisen heißt, den Menschen in seiner vollen Wahrheit und in seiner vollen Würde annehmen, und das vom ersten Augenblick seines Daseins an. Der Anfang des Menschen ist im Herzen seiner Mutter.
Bei dieser großen Versammlung, an welcher vor allem die Arbeiter teilnehmen, möchte ich jeden Mann, jede Frau grüßen auf Grund der großen Würde, die er und sie seit dem ersten Augenblick ihres Daseins im Herzen ihrer Mutter besitzen. Alles, was wir sind, nimmt hier seinen Anfang.
Das erste Maß der Würde des Menschen, die erste Vorbedingung für die Achtung der unverletzlichen Rechte der menschlichen Person ist die Ehre, die der Mutter gebührt. Es ist die Hochhaltung der Mutterschaft. Wir können den Menschen nicht von seinem menschlichen Anfang trennen. Heute, wo wir soviel über die biologischen Mechanismen gelernt haben, die in ihren jeweiligen Bereichen diesen Anfang bestimmen, müssen wir mit um so lebendigerer Gewissenhaftigkeit und mit um so glühenderer Überzeugung den menschlichen – zutiefst menschlichen – Anfang jedes Menschen als Grundwert und Grundlage aller seiner Rechte verkünden. Das erste Recht des Menschen ist das Recht auf Leben. Wir müssen dieses Recht und

diesen Wert verteidigen. Andernfalls würde die ganze Logik des Glaubens an den Menschen, das ganze Programm eines wahrhaft menschlichen Fortschritts erschüttert werden und in sich zusammenstürzen.
An der Schwelle des Hauses des Zacharias sagt Elisabeth zu Maria: Gesegnet bist du, die du geglaubt hast (vgl. *Lk* 1, 45). Erweisen wir der Mutterschaft Ehre, weil in ihr der Glaube an den Menschen zum Ausdruck kommt. Ich empfinde es als eine zusätzliche Freude, das am Vorabend des Festes zu tun, das alle französischen Familien den Müttern widmen. Der Akt des Glaubens an den Menschen ist die Tatsache, daß seine Eltern ihm das Leben schenken. Die Mutter trägt ihn in ihrem Schoß und ist bereit, alle Schmerzen der Niederkunft zu ertragen; dadurch verkündet sie mit ihrem ganzen Ich als Frau, mit ihrem ganzen Ich als Mutter ihren Glauben an den Menschen. Sie legt Zeugnis ab für den Wert, der in ihr ist und der sie zugleich übersteigt, für den Wert dessen, was noch unbekannt, eben erst empfangen und noch im Schoße seiner Mutter verborgen, geboren werden und sich der Welt als Kind seiner Eltern, als Bestätigung ihres Menschseins, als Frucht ihrer Liebe, als Zukunft der Familie kundtun soll: der Familie im engsten Sinne und zugleich der gesamten Menschheitsfamilie.
Dieses Kind wird vielleicht schwach, schwer erziehbar, ja vielleicht sogar geistig behindert sein. So geschieht es manchmal. Mutterschaft bedeutet immer Schmerzen – die Liebe wird mit Leiden bezahlt, und es kommt vor, daß diese Liebe noch größer sein muß als selbst der Geburtsschmerz. Dieser Schmerz kann sich auf das ganze Leben des Kindes erstrecken. Der Wert des Menschseins wird auch durch die Kinder und durch die Menschen bestätigt, bei denen eine Verzögerung und Behinderung der Entwicklung und manchmal ein schmerzlicher Verfall eintritt...

Das ist ein Grund mehr zu sagen, daß es nicht genügt, den Menschen nach allen biophysiologischen Kriterien zu bestimmen, und daß man von Anfang an an den Menschen glauben muß.
Selig bist du, Maria, die du geglaubt hast! Er, den du unter deinem Herzen trägst als die Frucht deines Leibes, wird in der Nacht von Betlehem zur Welt kommen. Er wird dann den Menschen das Evangelium verkünden und das Kreuz besteigen. Denn dafür ist er in die Welt gekommen, um Zeugnis zu geben von der Wahrheit. In ihm wird die Wahrheit vom Menschen, das Geheimnis des Menschen, seine letzte und höchste Berufung bis ins letzte offenkundig werden: die Berufung jedes Menschen, auch des Menschen, dessen Menschsein vielleicht keine vollkommene und normale Entwicklung erreicht; jedes Menschen, ohne Berücksichtigung seiner Qualifikation und seines Intelligenzgrades, seiner Empfindungsfähigkeit oder körperlichen Leistungsfähigkeit, sondern aufgrund seines Menschseins, der Tatsache, daß er Mensch ist. Denn, dank seinem Menschsein ist er Abbild und Ebenbild des unendlichen Gottes. (...)
An Arbeiter und Zuwanderer, Paris, 31. 5. 1980; OR 24/80

Die Synode hat in geeigneten und überzeugenden Worten mit Ehrerbietung und Dankbarkeit von der Frau gesprochen, von ihrer Würde und Berufung als Tochter Gottes, als Ehefrau und als Mutter. Unter Zurückweisung all dessen, was ihre menschliche Würde verletzt, stellte die Synode die Würde der Mutter in helles Licht. Aus diesem Grund erklärte die Synode, die menschliche Gesellschaft müsse derart verfaßt sein, daß die Frauen aufgrund von wirtschaftlichen Motiven nicht zur Arbeit außerhalb des Hauses gezwungen werden, sozusagen noch ein Berufsleben

führen müssen; vielmehr ist es nötig, daß die Familie entsprechend leben kann, auch wenn die Mutter sich ihr völlig und ausschließlich widmet.
Schlußansprache an die 5. Vollversammlung der Bischofssynode, Rom, 25. 10. 1980; OR 44/80

Durch das Wirken des Heiligen Geistes ist Gott im Schoß Mariens Mensch geworden. Erweisen wir ihr daher besonders Verehrung und hören wir gleichzeitig nicht auf, ihrem mütterlichen Herzen alle menschlichen Probleme anzuvertrauen. Insbesondere empfehlen wir ihr alle Mütter, Schwestern und Töchter der ganzen Erde.
»Intercede ... pro devoto femineo sexu, sentiant omnes Tuum iuvamen, quicumque celebrant Tuam sanctam Sollemnitatem« – »Tritt für die frommen Frauen ein; mögen alle, die dein hohes Fest feiern, deine Hilfe erfahren.«
So betet die Kirche, indem sie der Muttergottes in besonderer Weise alle Frauen empfiehlt.
Dieses Gebet soll uns – noch immer in Verbindung mit dem 90. Jahrestag der Veröffentlichung von *Rerum novarum* – helfen, heute nur kurz ein wichtiges Problem zu berühren, das in unserer Zeit besondere Bedeutung erlangt hat: das Problem der Frauenarbeit.
Das Problem der Rechtsgleichheit zwischen Mann und Frau wird durch eine Sozialgesetzgebung gelöst, welche die Gleichheit der arbeitenden Männer und der arbeitenden Frauen anerkennt und zugleich, wie *Pacem in terris* schreibt, für die Frauen »das Recht auf Arbeitsbedingungen« schützt, »die mit den Anforderungen und mit ihren Pflichten als Ehefrauen und Mütter vereinbar sind« (Nr. 10). Es gilt, eine Gesellschaft aufzubauen, in der die Frau sich der Erziehung ihrer Kinder widmen kann, die die Träger der Gesell-

schaft von morgen sind. Die Kirche ist für diesen Punkt empfänglich, und, wie ich zum Abschluß der Bischofssynode im Oktober gesagt habe, es muß dafür gesorgt werden, daß »die Familie auch dann standesgemäß leben kann, wenn sich die Mutter ausschließlich ihr widmet«.

Das bedeutet nicht den Ausschluß der Frau aus der Welt der Arbeit und des gesellschaftlichen und öffentlichen Wirkens. Ja, allen Frauen sage ich erneut: »Tragt mit euren guten Anregungen bei zur Umwandlung der Gesellschaft... Leistet euren von eurem religiösen Empfinden erleuchteten Beitrag all denen, die euch leiten, und auch den höchsten Autoritäten« (*Ansprache im Jalisco-Stadion von Guadalajara am 30. 1. 1979;* in OR dt. *vom 16. 2. 1979, S. 11*).

In der Enzyklika *Laborem exercens* hatte ich bereits Gelegenheit, mich klar zu diesem Thema zu äußern. Aber einige Punkte dieses Dokumentes sollten erneut bekräftigt werden, vor allem die personale Dimension der Arbeit. Denn »die menschliche Arbeit hat nicht nur mit der Wirtschaft zu tun, sondern betrifft auch und vor allem personale Werte« (Nr. 15). »Der ganze Arbeitsprozeß muß so organisiert und angepaßt werden, daß die Erfordernisse der Person und ihrer Lebensweise, vor allem ihres häuslichen Lebens, gebührende Beachtung finden, wobei dem Alter und Geschlecht eines jeden Rechnung zu tragen ist« (Nr. 19). »Die wahre Aufwertung der Frau erfordert eine Arbeitsordnung, die so strukturiert ist, daß sie diese Aufwertung nicht mit dem Aufgeben ihrer Eigenheit bezahlen muß und zum Schaden der Familie, wo ihr als Mutter eine unersetzliche Rolle zukommt« (*ebd.*). In einer Gesellschaft, die gerecht und menschlich sein will, ist es unerläßlich, daß die geistigen und materiellen Bedürfnisse der Person in der Rangordnung der Werte den ersten Platz einnehmen. Es ist daher zu

wünschen, daß es auch im Hinblick auf das gleiche Recht auf Arbeit für Mann und Frau jeder Mutter ermöglicht wird, »sich ohne Behinderung ihrer freien Entscheidung, ohne psychologische oder praktische Diskriminierung und ohne Benachteiligung gegenüber ihren Kolleginnen der Pflege und Erziehung ihrer Kinder je nach den verschiedenen Bedürfnissen ihres Alters zu widmen« (*ebd.*).
Die Kirche erkennt lobend den besonderen, notwendigen, unersetzlichen Beitrag an, den die Frau vor allem heute zur Förderung des Gemeinwohls in der öffentlichen Ordnung und im Arbeitsbereich geben kann und tatsächlich gibt. Sie, die vom Schöpfer mit einer angeborenen eigenen Gabe tiefer Einfühlung und einem feinen Sinn für Wirklichkeitsnähe und Maß ausgestattet wurde, ist dazu aufgerufen, mit dem Mann gemeinsam zur Entwicklung einer gerechteren und menschlicheren Gesellschaft beizutragen. Ich möchte daher heute mit einem Wort lebhafter Ermutigung noch einmal alle Frauen auffordern, die Ausübung ihrer wertvollen Eigenschaften von der Privatsphäre auf den öffentlichen und gesellschaftlichen Bereich auszudehnen, und zwar in klugem Verantwortungsbewußtsein (vgl. *Ansprache vor dem XIX. Nationalkongreß von CIF, 7. Dezember 1979, Nr. 2*).
All das vor Augen – die Würde der Frau, ihre mütterliche und zugleich gesellschaftliche Berufung, die Verantwortung für die Arbeit, die sie in verschiedenen Bereichen übernimmt –, wollen wir nicht aufhören, die Muttergottes zu bitten: »Tritt für die frommen Frauen ein; mögen alle deine Hilfe erfahren!«
Vor Angelus, Rom, 6. 12. 1981; OR 50/81

Meine Gedanken gehen jetzt zu den Familienangehörigen, die erleben, wie einer von ihnen – der Ehemann, die älteren Söhne – manchmal für lange Zeit den häuslichen Herd verlassen muß. Daß die Mutter immer eine unersetzliche Figur ist, zeigt sich in besonderem Maß hier, wo sie ihre große Würde und ihren hohen sozialen Wert unter Beweis stellt. Das Herz der Mutter ist immer das Herz des häuslichen Herdes. In Situationen, wie ich sie gerade aufzeige, ist sie gewissermaßen das Zuhause selbst. Dank der Mutter, die zugleich Mutter- und Vaterstelle vertritt, bleibt die Kontinuität des häuslichen Herdes erhalten, wird die Erziehung der Kinder garantiert, ist für die gesamte Familie das Warten auf die Rückkehr des Vaters erträglicher.

Frauen, die ihr mir zuhört und die ihr euch in einer solchen von mir aufgezeigten Lage befindet, seid stolz auf eure Mutterschaft. Bleibt eurer Aufgabe treu. Sucht in Gott die Kraft für die große Aufgabe, die euch gestellt ist. Und wenn der Ehemann zurückkehrt oder wenn ihr erneut mit ihm zusammen seid, dann kehrt die Herzensliebe hervor. Überwindet die nie fehlenden Schwierigkeiten, und habt als einziges Ziel den Dienst an Gott und den anderen.

Und ihr Kinder, insbesondere wenn ihr die älteren seid, helft euren Müttern bei dieser Aufgabe mit kindlicher Liebe, mit Familiensinn, mit christlichem Geist.

An Seeleute, Santiago de Compostela (Spanien), 9. 11. 1982; OR 49/82

E. Familie und Kind

In der Familie als einer Gemeinschaft von Personen muß dem Kind ganz besondere Aufmerksamkeit geschenkt werden, in tiefem Gespür für seine personale Würde, in großer Achtung und selbstlosem Dienst für seine Rechte. Das gilt für jedes Kind, gewinnt aber eine besondere Dringlichkeit, wenn das Kind noch klein und hilflos ist, krank, leidend oder behindert. (...)
Kein Land der Welt, kein politisches System kann anders an seine eigene Zukunft denken als mit dem Blick auf diese neuen Generationen, die von ihren Eltern das vielfältige Erbe an Werten, Verpflichtungen und Hoffnungen der Nation, der sie angehören, zusammen mit dem Erbe der gesamten Menschheitsfamilie übernehmen. An der Sorge für das Kind noch vor seiner Geburt, vom ersten Augenblick seiner Empfängnis an, und dann in den Jahren der Kindheit und der Jugendzeit erkennt man zuerst und grundlegend das Verhältnis des Menschen zum Menschen.

FC 26

Vorbemerkung

Von der Familie sprechen heißt immer: zugleich vom Kind sprechen – ohne Kind keine Familie! Dennoch ist es gerechtfertigt, das Kind selbst zum Thema zu machen, wie es auch der Papst verschiedentlich tut.
Die Ansatzpunkte sind verschieden. Einmal geht es mehr um die prinzipielle Wahrheit, daß im Kind das Menschsein, das Leben selbst bejaht wird und damit indirekt auch der Geber des Le-

bens, Gott. Die Einstellung zum Kind gibt Aufschluß über die Selbsterkenntnis einer Gesellschaft und ihren Gottbezug.
Zum anderen geht es beim Thema Kind auch um viele praktische Fragen, die – abgesehen von der Grundfrage nach dem Recht auf Leben selbst – z. B. die Bereiche der häuslichen und schulischen Erziehung betreffen.
In die von der Kirche erstellte Charta der Familienrechte sind auch die Rechte des Kindes integriert. Es ist das dringende Anliegen des Papstes, daß die Katholiken die Förderung nach Achtung der Menschenwürde, die dem Kind nicht weniger eignet als dem Erwachsenen, in den Alltag und ebenso in die Politik voll einbringen.

Im Rahmen des Internationalen Jahres des Kindes wollten Sie Initiativen ergreifen und selbst die Lage bestimmter Gruppen benachteiligter Kinder studieren, um dann, wie ich annehme, Ihre Leser auf die Probleme dieser Kinder aufmerksam zu machen.
Der Hl. Stuhl begnügt sich nicht damit, mit Interesse und Sympathie die wertvollen Initiativen zu verfolgen, die in diesem Jahr unternommen werden. Er ist bereit, alles zu fördern, was zum wirklichen Wohl der Kinder geplant und realisiert wird, denn es geht um eine große Bevölkerungsgruppe, einen beachtlichen Teil der Menschheit, der besonderen Schutzes und besonderer Förderung bedarf, die sich aus seiner prekären Lage ergeben.
Erfreulicherweise ist die Kirche nicht die einzige Institution, die diesem Bedürfnis entgegenkommt; aber es stimmt, daß sie die materielle, affektive, erzieherische und geistliche Hilfe für das Kind immer als einen wichtigen Teil ihrer Sendung angesehen hat. Wenn sie so handelte, betrachtete sie, ohne deshalb immer den neueren Begriff »Rechte des Kindes« anzuwenden, tatsächlich das Kind nicht als nutzbares Individuum, nicht als Objekt, sondern als Subjekt mit unveräußer-

lichen Rechten, als eine Persönlichkeit, die zu ihrer Entfaltung geboren wird, die einen eigenen Wert, eine einmalige Bestimmung besitzt. Man fände kein Ende, wollte man die Werke aufzählen, die das Christentum zu diesem Zweck geschaffen hat. Das ist nur natürlich, hat doch Christus selbst das Kind in den Mittelpunkt des Gottesreiches gestellt: »Laßt die Kinder und hindert sie nicht daran, zu mir zu kommen! Denn Menschen wie ihnen gehört das Himmelreich« (*Mt* 19, 14). Und gelten diese Worte Christi, die er im Namen der Menschen gesprochen hat, die in Not sind und uns zum Gericht werden, nicht besonders für das notleidende Kind: »Ich war hungrig, und ihr habt mir zu essen gegeben...; ich war nackt, und ihr habt mich bekleidet...; ich war krank, und ihr habt mich besucht« (*Mt* 25, 35–36)? Hunger nach Brot, Hunger nach Liebe, Hunger nach Unterweisung... Ja, die Kirche wünscht sich immer stärker an diesem Einsatz zugunsten der Kinder zu beteiligen und ihn zu erweitern.

Vor allem aber möchte die Kirche zur Gewissensbildung der Menschen beitragen, die öffentliche Meinung für die Grundrechte des Kindes sensibilisieren, deren Förderung Ihnen am Herzen liegt. Die von der Vollversammlung der Vereinten Nationen vor 20 Jahren angenommene »Erklärung der Rechte des Kindes« bringt bereits eine beachtliche Übereinstimmung über eine Reihe wichtiger Grundsätze zum Ausdruck, von deren Anwendung allüberall man aber noch weit entfernt ist.

Nach Meinung des Hl. Stuhls kann man von den Rechten des Kindes schon vom Zeitpunkt seiner Empfängnis an sprechen, besonders vom Recht auf Leben, denn wie die Erfahrung immer mehr zeigt, braucht das Kind faktisch und juridisch schon vor seiner Geburt einen besonderen Schutz.

Man könnte auch auf dem Recht des Kindes bestehen, in einer wirklichen Familie geboren zu werden, denn es ist wesentlich, daß es von Anfang an die vereinte Sorge der in unauflöslicher Ehe verbundenen Eltern, des Vaters und der Mutter, genießt.
Das Kind muß in seiner Familie aufgezogen und erzogen werden, wobei die Eltern seine »ersten und bevorzugten Erzieher« sein sollen, eine Rolle, die »dort, wo sie fehlt, kaum zu ersetzen ist« (Konzilserklärung über die Erziehung, *Gravissimum educationis,* Nr. 3). Dazu ist ein Klima der Liebe und moralischen wie materiellen Sicherheit erforderlich, das die Seele des Kindes braucht; man muß hinzufügen, daß die Zeugung den Grund zu diesem natürlichen Recht legt, das »eine ernste Verpflichtung« ist (*ebd.*). Auch das Bestehen weiterer Familienbande, zu den Geschwistern, zu den Großeltern, zu anderen nahen Verwandten, ist ein wichtiges – heuzutage gern vernachlässigtes – Element für das harmonische innere Gleichgewicht des Kindes. In der Erziehung, zu der außer den Eltern die Schule und andere Einrichtungen der Gesellschaft beitragen, muß das Kind die Möglichkeit finden, »sich auf körperlichem, intellektuellem, moralischem, geistlichem und sozialem Gebiet unter den Bedingungen der Freiheit und Würde in gesunder und normaler Weise zu entwickeln«, wie es im zweiten Grundsatz der »Erklärung der Rechte des Kindes« heißt. Was diesen Punkt betrifft, so hat das Kind auch das Recht auf Wahrheit in einem Unterricht, der den sittlichen Grundwerten Rechnung trägt und eine geistliche Erziehung ermöglicht, die der Religionszugehörigkeit des Kindes, der mit Recht von seinen Eltern gewünschten Orientierung und den Forderungen nach recht verstandener Gewissensfreiheit, auf die hin der junge Mensch in seiner Kindheit und Jugend vorbereitet und erzogen werden muß, entspricht. Es ist klar, daß die Kirche in

diesem Punkt ihre eigene Verantwortung geltend machen möchte.

Von den Rechten des Kindes sprechen heißt in Wahrheit von den Pflichten der Eltern und Erzieher sprechen, die im Dienst des Kindes und seiner höheren Interessen stehen. Aber das heranwachsende Kind muß auch selbst an seiner Entwicklung Anteil haben, indem man ihm Verantwortung überträgt, die seinen Fähigkeiten entspricht; und man darf es auch nicht unterlassen, mit dem Kind über seine Pflichten gegenüber anderen und der Gesellschaft zu sprechen.

Das sind einige Überlegungen zu den Zielen, die Sie sich gesetzt haben und die vorzutragen Sie mir Gelegenheit geben. Das ist das Ideal, nach dem es zum besten Wohl der Kinder und zur Ehre unserer Zivilisation zu streben gilt. Ich weiß, daß Sie Ihre Aufmerksamkeit vor allem den Kindern zuwenden, deren Grundrechte noch keineswegs anerkannt sind, und zwar in Ihren wie in den Ländern anderer Kontinente. Journalisten Europas, zögern Sie also nicht, ihre Blicke auf die Zonen der Erde zu richten, die weniger begünstigt sind als Europa! Ich bitte Gott, er möge Ihre Anteilnahme an diesen Kindern erleuchten und stärken!

An Kommission Jahr des Kindes, Rom, 13. 1. 1979; OR 10/79

Das Thema, auf das ich eure Aufmerksamkeit lenken möchte, schließt ja gerade eine Einladung zum Vertrauen und zur Hoffnung ein, weil es sich auf die Kinder bezieht. Ich behandle es um so lieber, als es bereits von meinem geliebten Vorgänger Paul VI. für diesen Anlaß gewählt worden war. Im Hinblick auf das von den Vereinten Nationen im Jahr 1979 veranstaltete »Internationale Jahr des Kindes« ist es angebracht, über die besonderen Bedürfnisse dieser breiten

Schicht von »Empfängern« – nämlich der Kinder – nachzudenken und an die daraus folgende Verantwortung der Erwachsenen, besonders der in den Medien Schaffenden, zu erinnern, die die Bildung oder leider auch Ver-Bildung der jungen Generation in so starkem Maße beeinflussen können. Daraus wird der ganze Ernst und die Vielschichtigkeit des Themas klar: »Der Dienst der sozialen Kommunikationsmittel für den Schutz und die Entfaltung des Kindes in Familie und Gesellschaft.«
Ohne dieses Thema in seinen verschiedenen Aspekten erschöpfend behandeln zu wollen, möchte ich auf das hinweisen, was das Kind von den Kommunikationsmitteln erwartet und worauf es ein Recht hat. Fasziniert und der Welt und den Erwachsenen schutzlos ausgeliefert, sind Kinder von Natur aus bereit, alles anzunehmen, was ihnen geboten wird, mag dies nun gut oder schlecht sein. Das wißt ihr, die ihr hauptberuflich im Kommunikationsbereich arbeitet, besonders aber ihr, die ihr bei den audiovisuellen Medien beschäftigt seid, nur zu gut. Die Kinder werden vom Bildschirm wie von der Leinwand gefesselt, folgen jeder dargestellten Handlung und erfassen früher und besser als jeder andere die darin ausgedrückten Gefühle und Gemütsbewegungen.
Wie weiches Wachs, auf dem der leichteste Druck eine Spur hinterläßt, so ist die Seele der Kinder jedem Reiz ausgesetzt, der ihre Erfindungsgabe, ihre Phantasie, ihr Gefühl und ihr Unterbewußtsein anregt. In diesem Alter dringen bekanntlich die Eindrücke tiefer in die Psyche des menschlichen Wesens und beeinflussen entscheidend und oft mit bleibender Wirkung die späteren Beziehungen zum eigenen Ich, zu den Mitmenschen und zur Umwelt. Eben aus der Erkenntnis heraus, wie empfindlich diese erste Lebensphase ist, hatte bereits die heidnische Weisheit die bekannte

pädagogische Weisung abgeleitet: »Maxima debetur puero reverentia« – »Dem Kind gebührt die größte Achtung!« Und im selben Licht stellt sich in ihrer durchaus begründeten Strenge die Mahnung Christi dar: »Wer einen von diesen Kleinen, die an mich glauben, zum Bösen verleitet, für den wäre es besser, wenn man ihn mit einem Mühlstein um den Hals im tiefen Meer versenken würde« (*Mt* 18, 6). Und bestimmt sind unter den »Kleinen« im Sinne des Evangeliums auch und besonders die Kinder zu verstehen.
Das Beispiel Christi muß Richtschnur sein für den Gläubigen, der sein Leben nach dem Geist des Evangeliums ausrichten will. Und Jesus erscheint uns nun als derjenige, der die Kinder liebevoll aufnimmt (vgl. *Mk* 10, 16), der ihren spontanen Wunsch, zu ihm zu kommen, verteidigt (vgl. *Mk* 10, 14), der ihre typische Zutraulichkeit und Einfachheit lobt, weil sie das Himmelreich verdient (vgl. *Mt* 18, 3–4), der ihre Reinheit des Herzens unterstreicht, die ihnen so leicht die Erfahrung Gottes ermöglicht (vgl. *Mt* 18, 10). Er zögert nicht, eine überraschende Gleichsetzung auszusprechen: »Wer ein solches Kind um meinetwillen aufnimmt, der nimmt mich auf« (*Mt* 18, 5). Erst vor kurzem habe ich geschrieben: »Der Herr identifiziert sich mit der Welt der Kinder... Jesus versetzt die Kinder in keine Abhängigkeit, er nützt die Kinder nicht aus. Er ruft sie, und er läßt sie in seinen Heilsplan für die Welt eintreten« (vgl. *Botschaft an den Präsidenten des Päpstlichen Kindermissionswerkes, OR dt., Nr. 19 vom 11. 5. 1979*).
Was für eine Haltung sollen also verantwortungsbewußte Christen und vor allem die Eltern und die Mitarbeiter der Massenmedien, die sich ihrer Verpflichtung gegenüber dem Kind bewußt sind, einnehmen? Sie werden sich vor allem um das menschliche Wachstum des Kindes bemühen müssen: Die Forderung,

dem Kind gegenüber eine »neutrale« Stellung einzunehmen und es einfach »aufwachsen« zu lassen, ist nur dem Anschein nach Achtung seiner Persönlichkeit; in Wirklichkeit verbirgt sich darunter eine Haltung gefährlicher Interesselosigkeit.
Eine derartige Gleichgültigkeit gegenüber den Kindern darf man nicht dulden; denn das Kind braucht Hilfe bei seiner Entwicklung zur Reife. Das Kind trägt in seinem Herzen einen großen Reichtum an Leben; es ist jedoch allein nicht imstande, die Anrufe, die es in sich selbst vernimmt, richtig einzuordnen. Daher haben die Erwachsenen – die Eltern, die Erzieher, die bei den Kommunikationsmitteln Tätigen – die Pflicht und sind auch dazu in der Lage, sie dem Kind zu erklären. Ist etwa nicht jedes Kind irgendwie dem kleinen Samuel ähnlich, von dem die Heilige Schrift berichtet? Unfähig, den Anruf Gottes zu deuten, bat er seinen Lehrer um Hilfe, und dieser antwortete ihm zuerst: »Ich habe dich nicht gerufen. Geh wieder schlafen« (*1 Sam* 3, 5.6). Werden wir eine solche Haltung einnehmen, die den inneren Antrieb und die besten Berufungen unterdrückt und erstickt? Oder werden wir imstande sein, sie dem Kind begreiflich zu machen, wie es schließlich der Priester Eli bei Samuel tat: »Wenn er dich noch einmal ruft, dann antworte: Rede, Herr! Dein Diener hört« (*Ebd.,* 3, 9)?
Die Möglichkeiten und Mittel, die ihr Erwachsenen dafür besitzt, sind gewaltig: Ihr seid in der Lage, den Geist der Kinder zu wecken oder ihn einzuschläfern und – Gott verhüte es! – in nicht wiedergutzumachender Weise zu vergiften. Man muß dahin wirken, daß das Kind, auch dank eurer nicht unterdrückenden, sondern immer aufbauenden und anregenden Erziehung, die umfangreichen Möglichkeiten der Selbstverwirklichung erfaßt, die ihm gestatten, sich schöpferisch in die Welt einzugliedern. Besonders ihr, die ihr

in den Massenmedien arbeitet, unterstützt das Kind bei seiner Erkenntnissuche, indem ihr Freizeit- und Kulturprogramme vorbereitet, in denen es Antwort auf die Suche nach seiner Identität und nach seinem schrittweisen „Eintritt" in die menschliche Gemeinschaft finden kann! Wichtig ist außerdem auch, daß das Kind in euren Programmen nicht nur Statist ist, der müde, illusionslose und apathische Zuschauer oder Hörer erfreuen und bewegen soll, sondern Hauptfigur, die auf die junge Generation beispielhaft wirkt.

Ich weiß sehr wohl, daß ich euch mit meiner Aufforderung zu dieser menschlichen und im ursprünglichen Sinne des künstlerischen Schaffens poetischen Anstrengung zugleich bitte, auf eine kalkulierte Planung, die auf höchste »Einschaltquoten« und unmittelbaren Erfolg abzielt, zu verzichten. Ist das echte Kunstwerk nicht etwa jenes, das sich ohne ehrgeiziges Erfolgsstreben durchsetzt und aus echter Fähigkeit und eindeutiger beruflicher Reife entsteht? Und laßt es in euren Programmen – darum bitte ich euch als Bruder – nicht an Gelegenheiten des geistlichen und religiösen Anrufs an das Herz der Kinder fehlen; dies soll eine vertrauensvolle Einladung zur Mitarbeit euerseits an der geistlichen Aufgabe der Kirche sein.

In gleicher Weise wende ich mich an euch, Eltern und Erzieher, an euch, Katecheten und Verantwortliche der verschiedenen kirchlichen Vereinigungen, damit ihr das Problem des Gebrauchs der Mittel der sozialen Kommunikation in bezug auf die Kinder als eine Angelegenheit von grundlegender Bedeutung verantwortungsbewußt betrachtet, und zwar nicht nur im Hinblick auf eine gute Erziehung der Kinder, die diese über die Entwicklung ihres kritischen Sinnes und – man könnte sagen – ihrer Selbstdisziplin bei der Auswahl der Programme hinaus auch wirklich auf

menschlicher Ebene fördert, sondern auch im Hinblick auf die Entwicklung des Gefüges der Gesellschaft in Rechtschaffenheit, Wahrheit und Brüderlichkeit.
Liebe Brüder und Söhne! Die Kindheit ist nicht ein beliebiger Abschnitt des menschlichen Lebens, von dem man sich künstlich loslösen kann. Wie ein Kind Fleisch vom Fleische seiner Eltern ist, so ist die Gesamtheit der Kinder lebendiger Teil der Gesellschaft. Deshalb steht in der Kindheit das Schicksal des ganzen Lebens, des Lebens der Kinder und unseres Lebens, also des Lebens aller, auf dem Spiel. Laßt uns also den Kindern dienen, indem wir das Leben aufwerten und uns »für das Leben in all seinen Entwicklungsstufen entscheiden«. Und wir werden den Kindern helfen, wenn wir ihren so empfindlichen und sensiblen Augen und Herzen das zeigen, was es im Leben an Edelstem und Höchstem gibt.
Wenn ich den Blick auf dieses Ideal richte, kommt es mir vor, als begegnete ich dem zärtlichen Antlitz der Mutter Jesu, die in ihrer totalen Hingabe an den Dienst für ihren göttlichen Sohn »alles in ihrem Herzen bewahrte« (*Lk* 2, 51). Im Lichte ihres Vorbildes erweise ich euch meine Hochachtung zu dem Auftrag, der euch allen im pädagogischen Bereich gegeben ist, und im Vertrauen darauf, daß ihr diesen Auftrag mit der Liebe erfüllt, die seiner Würde entspricht, segne ich euch von Herzen.
Botschaft zum Welttag der sozialen Kommunikationsmittel, Rom, 23. 5. 1979; OR 22/79

Die Organisation der Vereinten Nationen hat das Jahr 1979 zum »Jahr des Kindes« erklärt. Ich möchte deshalb vor den versammelten Vertretern so vieler Nationen der Welt der Freude Ausdruck geben, die für je-

den von uns die Kinder bedeuten, der Frühling des Lebens, der Anfang der zukünftigen Geschichte eines jeden hier vertretenen Vaterlandes. Kein Land der Welt, kein politisches System kann anders an seine eigene Zukunft denken als nur mit dem Blick auf diese neuen Generationen, die von ihren Eltern das vielfältige Erbe an Werten, Verpflichtungen und Hoffnungen der Nation, zu der sie gehören, zusammen mit dem Erbe der gesamten Menschheitsfamilie übernehmen. Die Sorge für das Kind noch vor seiner Geburt, vom ersten Augenblick seiner Empfängnis an, und dann in den Jahren der Kindheit und der Jugendzeit ist die erste und grundlegende Probe für das Verhältnis des Menschen zum Menschen.
Was könnte man also einer jeden Nation und der ganzen Menschheit sowie allen Kindern der Welt Besseres wünschen als jene schönere Zukunft, in der die Achtung der Menschenrechte voll und ganz zur Wirklichkeit wird nach den Maßstäben des kommenden Jahres 2000?
Bei einer solchen Sicht müssen wir uns allerdings fragen, ob über dieser neuen Generation die Bedrohung der allgemeinen Vernichtung noch weiter zunehmen wird, für die die Mittel in der Hand der heutigen Staaten und vor allem der größeren Mächte der Erde bereitliegen. Müssen sie vielleicht von uns wie ein unausweichliches Erbe den Rüstungswettlauf übernehmen? Wie könnten wir ihnen diesen hemmungslosen Wettlauf erklären? Die Alten pflegten zu sagen: »Wenn du den Frieden willst, bereite den Krieg vor.« Kann unsere Epoche aber noch daran glauben, daß die schwindelerregende Spirale der Aufrüstung dem Frieden in der Welt dient? Während man die Bedrohung durch einen möglichen Feind anführt, denkt man etwa daran, sich seinerseits ein Drohmittel in Reserve zu halten, um sich mit Hilfe des eigenen Vorrats

an Vernichtungskraft behaupten zu können? Auch hier ist es wieder der dem Menschen dienende Sinn des Friedens, der daran ist, sich aufzulösen zugunsten von immer neuen möglichen Imperialismen.
Es drängt uns darum, von hier aus unseren Kindern, den Kindern aller Nationen der Erde in feierlicher Form zu wünschen, daß es niemals so weit komme. Und unablässig bete ich jeden Tag zu Gott, daß er uns in seiner Barmherzigkeit vor einem solch schrecklichen Tag bewahre.
An UNO, New York, 2. 10. 1979; OR 40/79

Jenes Kind, das in Betlehem geboren wurde, soll zu uns deshalb am Ende dieses Jahres und am Beginn eines neuen von den Rechten eines jeden Kindes sprechen, von seiner Würde, von seiner Bedeutung für unser Leben: das Leben einer jeden Familie und Nation, das Leben der ganzen Menschheit.
Das Kind ist immer eine neue Offenbarung des Lebens, das dem Menschen vom Schöpfer geschenkt wird. Es ist eine neue Bekräftigung des Bildes und Gleichnisses Gottes, das er von Anfang an dem Menschen eingeprägt hat.
Das Kind ist ferner ständiger Prüfstein unserer Treue zu uns selbst und unserer Treue zur Menschheit. Es ist eine Probe auf unsere Achtung vor dem Geheimnis des Lebens, in das der Schöpfer vom ersten Augenblick der Empfängnis die Zeichen seines Bildes und Gleichnisses eingeprägt hat.
Die Würde des Kindes fordert von seiten der Eltern und der Gesellschaft ein waches, verantwortungsbewußtes Gewissen. Denn das Kind ist jener neuralgische Punkt, wo sich die sittliche Haltung der Familie und folglich der ganzen Nation und Gesellschaft festigt oder auflöst. Die Würde des Kindes fordert

größte Verantwortung von seiten der Eltern und auch die größte soziale Verantwortung in jedem Bereich. (...)
Halten wir noch einmal vor der Krippe inne und sagen wir, während wir uns zu jenem neugeborenen Kind hinwenden, allen Kindern dieser Erde:
Ihr seid unsere Liebe, ihr seid unsere Zukunft! Wir wollen euch das Beste übergeben, was wir besitzen. Wir wollen euch eine bessere und gerechtere Welt überlassen: eine Welt menschlicher Brüderlichkeit und des Friedens.
Wir wollen euch die Frucht der Arbeit aller Generationen und das Erbe aller Kulturen überantworten.
Wir wollen an euch vor allem jenes kostbare Erbe, jenes unerschöpfliche Geschenk weiterreichen, das uns Menschen das neugeborene Kind von Betlehem gebracht hat!
Kommt alle zu ihm! Alle Kinder der ganzen Menschheitsfamilie! Singt in allen Sprachen und in allen Dialekten! Singt dem neugeborenen Kind! Verkündet die Freude!
Verkündet die große Freude! Die Freude eures Festes. Und nun möchte ich, indem ich besonders der Kinder gedenke, die an so vielen Orten der Erde leben, den weihnachtlichen Segenswunsch an euch richten: »Christus natus est nobis, venite adoremus!«
Weihnachtsbotschaft, Rom, 25. 12. 1979; OR 1/80

Als ich vor etwas mehr als vier Jahren die Ehre hatte, vor der 34. Vollversammlung der Vereinten Nationen zu sprechen, stellte ich die Frage: »Was könnte man also einer jeden Nation und der ganzen Menschheit sowie allen Kindern der Welt Besseres wünschen als jene schönere Zukunft, in der die Achtung der Menschenrechte voll und ganz zur Wirklichkeit wird nach den Maßstäben des kommenden Jahres zweitausend?«

(*Ansprache vor der UNO-Vollversammlung, 2. 10. 1979, Nr. 21 in OR dt. vom 5. 10. 1979, S. 10*).
Sorge für das Kind ist Sorge für jene schönere Zukunft, von der ich vor der Vollversammlung sprach. Was in der Kindheit und in der Sorge für das Kind auf dem Spiel steht, ist das Schicksal der Person, des Lebens und der Existenz des Menschen. Das Kind ist ein Zeichen des Geheimnisses des Lebens und ein Prüffeld der Echtheit unserer Achtung vor dem Geheimnis des Lebens. Jedes Kind ist gewissermaßen ein Zeichen der Hoffnung der Menschheit. Er oder sie ist ein Zeichen der von der Liebe der Eltern geforderten und zum Ausdruck gebrachten Hoffnung; ein Zeichen der Hoffnungen einer Nation und eines Volkes.
Das Kind stellt für die Kirche ein besonderes Zeichen dar. Sorge für das Kind ist in der Tat mit der grundlegenden Sendung der Kirche verknüpft. Wie ich in meinem Apostolischen Schreiben *Familiaris consortio,* über die Rolle der christlichen Familie in der Welt von heute, in Erinnerung brachte, ist die Kirche »berufen, in der Geschichte das Beispiel und Gebot Christi kundzutun und immer neu in Erinnerung zu bringen, der das Kind in die Mitte des Gottesreiches stellen wollte: ›Laßt die Kinder zu mir kommen: ... Denn Menschen wie ihnen gehört das Reich Gottes‹ (*Lk* 18, 16)« (Nr. 26). Ja, Christus geht soweit, sich mit den Kindern zu identifizieren: »Wer ein solches Kind um meinetwillen aufnimmt, der nimmt mich auf« (*Mt* 18, 5). Jedes einzelne Kind auf dieser Welt ist ein lebendiges Zeichen jenes Geheimnisses des Lebens und der Hoffnung, das in Jesus Christus offenbar wurde. Darum hat die Kirche immer die Meinung vertreten, daß jeder Energieaufwand zugunsten einer wahren Entwicklung und Entfaltung des Kindes eine unschätzbare Anlage für eine bessere Zukunft der ganzen Gesellschaft darstellt.

Während man Trost empfinden mag über das zunehmende Bewußtsein der öffentlichen Meinung von der Notwendigkeit, für das Wohl der Kinder immer großzügiger und immer rascher Mittel bereitzustellen, bleibt doch die Tatsache bestehen, daß die Lage so vieler Kinder in der heutigen Welt äußerst kritisch ist. Es ist sicher einer der größten Skandale unserer Gesellschaft mit ihrem großartigen Fortschritt, den sie in Technologie und Wissenschaft zu erzielen vermochte, daß gerade unter denjenigen, die am ärgsten leiden, so viele Kinder sind. Und noch trauriger ist es festzustellen, daß solche Kinder – und besonders die ärmsten unter ihnen – oft die ersten sind, die vom Wirtschaftsrückgang und seinen Folgen betroffen werden. Die schockierenden Mißverhältnisse, die in unserer Gesellschaft bestehen, spiegeln sich besonders in unseren Kindern wider: während in einem Teil unserer Welt ihre wichtigsten menschlichen Bedürfnisse nicht erfüllt werden können, werden in anderen Regionen Kinder vom frühesten Alter an in eine Gesellschaft eingegliedert, die auf Verbrauch, Besitz, ja Verschwendung beruht.

Eine solche Situation ist eine Herausforderung an das Gewissen jedes Mannes und jeder Frau in unserer Welt, jeder Nation und besonders all jener, die in der internationalen Gemeinschaft Verantwortung tragen. Die Forderungen des Gewissens lassen sich nicht durch vage Versprechungen und noch viel weniger durch die politische Ausnutzung menschlichen Leides beantworten. Die kritische Situation des Leidens der Schwächsten unserer Brüder und Schwestern verlangt rasche und gemeinsame Anstrengungen, um für alle unsere Kinder eine bessere Zukunft, auf die sie ein Recht haben, sicherzustellen.

Die Sorge der Kirche um die Kinder ergibt sich auch aus der Tatsache, daß die Kirche auf der Seite des Lebens steht. Die Kirche betrachtet es als vorrangigen Aspekt ihrer Sendung in der heutigen Welt, den Wert jeder einzelnen menschlichen Person zu verkünden, besonders jener, die am wenigsten in der Lage sind, sich selbst zu schützen. Darum wird die Kirche niemals aufhören, ihre prophetische Stimme zu erheben, um zu verkünden, daß menschliches Leben vom Augenblick der Empfängnis an geachtet und geschützt werden muß.

Muß man in den sich wandelnden demographischen Tendenzen zahlreicher hochentwickelter Länder nicht eine veränderte Einstellung gegenüber dem Kind und damit gegenüber dem Leben selbst erkennen? Ist es vielleicht möglich, daß manche Leute in ihrem Wunsch, ihre Kinder sollten möglichst viel haben, diese Kinder einiger grundlegender, positiver Elemente dessen berauben, was eine echte menschliche Person sein soll? Ist nicht eine gewisse Angst vor dem Kind zu spüren, eine Angst vor den Ansprüchen der Liebe und menschlicher Hochherzigkeit, die die Zeugung und Erziehung eines Kindes an die Eltern stellen? Gehören Liebe, Hochherzigkeit und Selbsthingabe nicht zu den edelsten Elementen des Lebens selbst? Die lebensfeindliche Gesinnung, die in der heutigen Gesellschaft auftaucht, ist sehr oft ein Zeichen dafür, daß die Menschen den Glauben an das Leben, den Blick für die grundlegenden Elemente der menschlichen Bestimmung verloren haben.

Es besteht tatsächlich die Gefahr, zu Lösungen Zuflucht zu nehmen, die scheinbar kurzfristige Ergebnisse zeitigen, aber, da solche Lösungen nicht auf einem ganzheitlichen Bild der Person beruhen, nicht nur nicht zu der gewünschten Lösung, sondern zu einer weiteren Selbstentfremdung des Menschen führen werden.

Ein Beispiel für eine falsche Antwort auf die kritische

Lage der Kinder wäre zweifellos die Ergreifung politischer Maßnahmen, die auf eine Schwächung der Familie als Institution hinausliefen, und das besonders in den Entwicklungsländern, wo das traditionelle Familiensystem mit menschlicher Weisheit durchtränkt ist und von tiefen sittlichen Werten genährt wird.
Die Kirche ist überzeugt, daß eine der entscheidendsten Antworten auf die Situation des Kindes in der heutigen Welt durch die Kräftigung und Stärkung der Familie als Institution und durch politische Maßnahmen zustande kommen wird, die den Familien die Ausübung der eigenen unersetzlichen Rolle ermöglichen wird.
Erst kürzlich legte der Hl. Stuhl der internationalen Gemeinschaft eine »Charta der Familienrechte« vor, ein Dokument, das von vielen Bischöfen aus der ganzen Welt während der 1980 im Vatikan abgehaltenen Bischofssynode gefordert worden war. Dieses Dokument weist ganz klar auf die Bereiche hin, in denen Familienrechte ignoriert und untergraben werden. Aber es ist vor allem ein Dokument, das anschaulich das Vertrauen darlegt, das die Kirche in die Familie hat, jene natürliche Liebes- und Lebensgemeinschaft, die in einzigartiger Weise mit der Aufgabe der Weitergabe des Lebens und der liebevollen Sorge und Entwicklung der menschlichen Person, besonders in den frühesten Jahren, betraut ist.
Ein gesundes Familienleben wird in hohem Maße zur Stabilität der Gesellschaft beitragen. Es wird die Gewähr dafür sein, daß Kinder eine harmonische Erziehung erhalten, in der ihre Bedürfnisse gleichmäßig berücksichtigt werden. Sie sind sich, wie ich weiß, sehr wohl des entscheidenden Beitrags bewußt, den die Familien bei der Gesundheitsfürsorge, bei der Gesundheitserziehung und bei der Krankheitsbekämpfung in den Entwicklungsländern leisten können. Die Liebe

und Stabilität, die ein starkes, unverfälschtes Familienleben auf physischer, kultureller und moralischer Ebene zu bieten vermag, müssen auch als ein wichtiger Faktor bei der Reaktion auf die neuen Krankheitsformen angesehen werden, die in zunehmendem Maße die Kinder der hochentwickelten Länder befallen.
Unter Bezugnahme auf die Familie kann ich nicht den wichtigen Aspekt der Rolle der Mutterschaft und die Notwendigkeit übergehen, daß Müttern während der Schwangerschaft und eine angemessene Zeit danach jeder notwendige soziale Schutz und Beistand gewährt wird. Ein wesentliches Element jeder Politik zum Schutz des Kindes ist, für die tatsächliche Nähe der Mutter an der Seite ihrer kleinen Kinder zu sorgen und zu garantieren, daß Mütter auf die wirksame Ausübung ihrer Rolle im Bereich der Ernährung und der Gesundheitserziehung vorbereitet werden. Der Hl. Stuhl trat wiederholt für eine geeignete persönliche und soziale Besserstellung der Frauen ein, um die Würde der Frauen und die Verbesserung der Lebensqualität für die kommenden Generationen zu gewährleisten. Politische Maßnahmen, deren Ziel es ist, den Müttern bei der wirksamen und befriedigenden Erfüllung ihrer Aufgabe beizustehen, beruhen auf dem Prinzip, der Hausarbeit der Mütter wegen ihres Wertes für die Familie und die Gesellschaft entsprechende Anerkennung zuteil werden zu lassen.
Eben weil die Kirche den großen Wert der Familie erkennt, fühlt sie sich allen jenen Kindern besonders nahe, die nicht die Freude hatten, in einer gesunden und vollständigen Familie aufzuwachsen. Wie ich in *Familiaris consortio* ausführte: »Es gibt sehr viele Menschen in der Welt, die sich unglücklicherweise auf überhaupt keine Familie im eigentlichen Sinn dieses Wortes beziehen können. Weite Bereiche der Menschheit leben in größter Armut, wo das wahllose Zusammenleben

der Geschlechter, die Wohnungsnot, die Unordnung und mangelnde Festigkeit in den Beziehungen zueinander sowie das Fehlen jeglicher Kultur es praktisch unmöglich machen, von einer wahren Familie zu reden. Sodann gibt es Menschen, die aus verschiedenen Gründen in der Welt allein geblieben sind« (Nr. 85).
Neben allen Anstrengungen, die wir unternehmen müssen, um den Familien bei der wirksameren Ausübung ihrer Rolle behilflich zu sein, ist es dringend geboten, den Kindern unmittelbare Aufmerksamkeit zu widmen, die das Familienleben entbehren müssen. Ich appelliere besonders an andere Familien, ihrer Berufung zur Gastfreundschaft zu entsprechen und den Kindern, die vorübergehend oder ständig Obhut brauchen, ihre Türen zu öffnen. Und zugleich wiederhole ich meinen Appell an die Behörden, für eine Gesetzgebung zu sorgen, die es geeigneten Familien ermöglicht, Kinder zu adoptieren oder eine Zeitlang für sie Sorge zu tragen. Eine solche Gesetzgebung sollte zugleich die natürlichen Rechte der Eltern, auch im religiösen Bereich, respektieren. Es gilt auch, darauf zu achten, daß sämtliche Mißbräuche auf diesem Gebiet, sowohl auf nationaler wie auf internationaler Ebene, die Kinder und ihre Bedürfnisse ausnutzen, beseitigt werden.
Herr Direktor, Sie sollen wissen und nicht im geringsten daran zweifeln, daß alle, die ehrlich für eine schönere Zukunft für alle Kinder der Welt arbeiten, in der Kirche und dem Apostolischen Stuhl einen zuverlässigen Verbündeten finden. Ich erbitte Gottes Segen für Ihre Arbeit und die Arbeit aller Institutionen und Einzelpersonen, die auf so vielfältige Weise sicherzustellen versuchen, daß das Geschenk von Gottes Leben, an dem jedes Kind teilhat, sich in reichster Weise zum Wohl der ganzen Familie entwickeln und entfalten kann.
An UNICEF-Tagung, Rom, 26. 4. 1984; OR 25/84

Es ist das erstemal in der Geschichte von UNICEF, daß Vertreter aller nationalen Komitees sich versammelt haben, um über ihre Aufgabe und Sendung nachzudenken. Ich bin besonders glücklich, jeden von Ihnen zu grüßen, weil – was auch immer Ihr persönlicher Hindergrund oder Ihr Herkunftsland sein mag – die erste Inspiration, die Sie in diesen Tagen zusammengeführt hat, die aufrichtige Sorge und das Interesse für ein besseres Leben und eine bessere Zukunft für alle Kinder auf unserer Welt ist.
Bei dieser edlen Aufgabe werden Sie immer die Unterstützung der katholischen Kirche in jedem Teil der Welt finden. Das kann gar nicht anders sein bei einer Kirche, die ihren Sendungsauftrag von Jesus Christus empfängt, der sich selbst mit den Kleinsten und Geringsten identifiziert, wenn er sagt: »Und wer ein solches Kind um meinetwillen aufnimmt, der nimmt mich auf« (*Mt* 18, 5).
Die Nationalkomitees, die Sie hier vertreten, sind Zeichen der Sorge und Angst vieler unserer Mitmenschen – Männer, Frauen und natürlich vieler Kinder – um die unglücklichen Kinder auf dieser Welt. Einer der ursprünglichsten Aspekte der Struktur von UNICEF ist ihre Erkenntnis, daß die Aufgabe, erfolgreich für das Wohl der Kinder überall in der Welt tätig zu sein, nicht von einer zentralen internationalen Stelle aus, sozusagen isoliert, wahrgenommen werden kann, sondern den Beitrag und die Teilnahme breiter Kreise der Bürger vieler Länder erfordert. Nur auf diese Weise ist es möglich, den Sinn für die tieferen Dimensionen der bestehenden Probleme zu wecken und jenes echte Netz menschlicher Solidarität entstehen zu lassen, das nötig ist, damit diese Probleme insgesamt eine Lösung finden.
UNICEF war ursprünglich als ein Notfonds errichtet worden, aber wenn auch das Wort »Not« aus dem Ti-

tel entfernt worden ist, bleibt die Tatsache bestehen, daß die Lage vieler Kinder in allen Teilen der Welt tragischer ist als je. Denn neben Situationen in manchen Teilen der Welt, wo es Kindern an den physischen Grundvoraussetzungen zum Überleben mangelt, tauchen für die Kinder in anderen Teilen der Welt aufgrund einer moralischen und kulturellen Krise neue Formen des Leidens auf. Das führt dazu, daß Kinder auf jene selbstlose Liebe verzichten müssen, die von ihren Eltern zu empfangen sie ein Recht haben und ohne die sie niemals Glück und Entfaltung für ihre Person finden werden. Ich denke zum Beispiel an das Leid, das durch die Auswirkungen der Zerrüttung so vieler Familien verursacht wird.
Unsere Gesellschaft im ausgehenden 20. Jahrhundert fällt ein Urteil über sich selbst, wenn trotz des ganzen technischen und medizinischen Fortschritts und des Fortschritts in den Kommunikationsmitteln noch immer jeden Tag so viele der schwächsten Glieder unserer Gesellschaft leiden und sterben, weil sie der einfachsten, grundlegenden Mittel entbehren, die ihnen tatsächlich verfügbar gemacht werden könnten. Und trotz dieser Tatsache, die dank der modernen Kommunikationsmittel wohl jedem bewußt sein muß, leben und vermitteln noch immer viele Männer und Frauen einen Lebensstil, der auf einem egozentrischen Konsumismus, auf übermäßigem Besitz und selbst auf der Verschwendung der Reserven der Erde beruht.
Wenn wir das Problem eingehender betrachten, sehen wir, daß die Situation, in der so viele Kinder der grundlegenden Mittel zum Überleben beraubt werden, in Zusammenhang steht mit einer auf sich selbst bezogenen Lebensanschauung, die Selbsthingabe und Solidarität verhindert. Eine der großen Gewissenskrisen der modernen Gesellschaft ist die Mißachtung des Geheimnisses und der Heiligkeit des Geschenks des

Lebens, das allzuleicht in einer Weise manipuliert wird, die das wahre Wesen und die besondere Bestimmung der menschlichen Person nicht respektiert oder es sogar wagt, das Leben in dem Augenblick, in dem es am schutzlosesten ist, auszulöschen.
Ich appelliere heute an Sie, die Sie als Vertreter der echten Besorgnisse vieler Menschen auf unserer Welt nach Rom gekommen sind, als ein grundlegendes Element Ihrer Arbeit zum Wohl der Kinder die Aufgabe anzusehen, die Gewissen zur Hochschätzung des Wertes eines jeden Menschenlebens und insbesondere des schutzlosesten Lebens zu erziehen.
Sie erkennen wohl, daß – ohne die Dringlichkeit von Programmen zu unterschätzen, die auf die Sicherstellung des Überlebens der Kinder abzielen – Ihre Aufgabe weiter führen muß, nämlich zu dem Ziel, allen Kindern der Welt die Voraussetzungen für eine echte physische, sittliche und geistliche Entwicklung vom Beginn ihres Lebens an zu bieten.
In diesem Zusammenhang ist die Rolle der Familie und insbesondere der Mütter von höchster Bedeutung. Sie wissen, daß die spätere menschliche Entwicklung des Kindes mit der Gesundheit der Mutter zusammenhängt, vom Augenblick der Empfängnis an, während der Schwangerschaft und der ersten Lebensjahre des Kindes. Sie wissen um den Wert einer gefestigten und liebevollen Einbindung in die Familie, in der Vater und Mutter, Geschwister und Verwandte dem Kind helfen, seine personale, kulturelle und religiöse Identität zu gewinnen.
Es ist unmöglich, sich um das Wohl des Kindes zu bemühen, ohne gleichzeitig in der vordersten Linie derer zu stehen, die für die Familie arbeiten, die den Familien helfen, ihre Kraftreserven für die Formung reifer Menschen zu erkennen, die die Stärke der Gesellschaft von morgen sein werden.

Vor einem Jahr legte der Hl. Stuhl der internationalen Gemeinschaft und allen, die sich mit dem Auftrag der Familie in der heutigen Welt beschäftigen, eine *Charta der Familienrechte* vor, die die Stärkung des Bewußtseins von der unersetzlichen Rolle und Stellung der Familie zum Ziel hatte, der Familie, »die viel mehr ist als eine bloße juristische, soziale und ökonomische Einheit, die eine Gemeinschaft der Liebe und der Solidarität bildet, die in einzigartiger Weise geeignet ist, kulturelle, ethische, soziale, geistige und religiöse Werte zu lehren und zu übermitteln, wie sie wesentlich sind für die Entwicklung und das Wohlergehen ihrer eigenen Mitglieder und der ganzen Gesellschaft« (Präambel E; in *OR dt.*, *2. 12. 83*, *S. 1*). Eine Vergewaltigung der Familienrechte, eine Politik, die zur Schwächung der Institution der Familie führt, kann nicht zu wahrem menschlichem und kulturellem Fortschritt führen.

Menschliche Probleme sind nur durch ganzheitliche menschliche Lösungen zu beheben. Geringeres vorzuschlagen würde bedeuten, unsere Mitmenschen als Wesen zu behandeln, die eine geringere Würde besitzen als wir selbst. Für Sie, bei Ihrer Arbeit, würde das Ignorieren religiöser Werte, die tatsächlich zum Erbe aller Völker der Welt gehören, die volle Entwicklung des Kindes unmöglich machen und es zu einer neuen Form der Armut verurteilen.

Ihre Aufgabe schließt ein, besonders den Menschen der Entwicklungsvölker die dringend benötigte materielle Hilfe zu bringen. Man darf jedoch niemals übersehen, daß diese Völker trotz ihrer materiellen Armut einen Reichtum an kulturellen Werten besitzen, was menschliche Solidarität, Liebe und Leben und besonders was das Kind betrifft. Das Wohl der Menschheit verlangt, daß diese Werte nicht nur geachtet, sondern auch gestärkt und anerkannt werden als Wegweiser

für die vielen, die den Blick für die tieferen Werte des Lebens selbst verlieren, weil sie nur mehr nach dem materiellen Fortschritt als Ziel an sich trachten.
Mit diesen Überlegungen, die aus dem christlichen Verständnis von Leben entspringen, das vor allem ein Geschenk Gottes ist, der Leben und Liebe ist, flehe ich Gottes Segen auf Ihre Arbeit und Organisationen, auf Sie und Ihre Familien herab.
Botschaft an UNICEF, Rom, 16. 10. 1984; OR 2/85

F. Jugend

Die religiöse Formung der jungen Leute muß im geeigneten Augenblick und entsprechend den verschiedenen konkreten Notwendigkeiten durch eine Vorbereitung auf ein Leben zu zweit ergänzt werden, welche die Ehe als eine personale Beziehung von Mann und Frau darstellt, die ständig weiterentwickelt werden muß, und so dazu anregt, die Fragen ehelicher Sexualität und verantwortlicher Elternschaft zu vertiefen, zusammen mit den damit verbundenen Grundkenntnissen von Medizin und Biologie, welche ferner als Voraussetzung für ein gutes Familienleben richtige Methoden der Kindererziehung vermittelt und auch dazu anleitet, sich die Grundlagen für einen geregelten Unterhalt der Familie zu beschaffen wie feste Arbeit, ausreichende finanzielle Mittel, Geschick im Verwalten, Kenntnisse in der Hauswirtschaft.

FC 66

Vorbemerkung

Wenn der Hl. Vater sich an die Jugend wendet – und wie oft tut er das! –, dann wird sein Reden immer besonders warm und herzlich. Die Jugend spürt das und dankt es ihm mit einer manchmal geradezu irrationalen und enthusiastischen Begeisterung. Selbst wenn er von ihr Schweres – etwa in moralischer Hinsicht wie in diesen Texten, wo er von der Ehe usw. spricht – fordert, jubeln die Jugendlichen ihm zu. Sie spüren intuitiv, daß hier jemand zu ihnen spricht, der sie nicht manipulieren will, sondern der ihnen mit großer Liebe die Wahrheit sagt. Und die Liebe läßt auch hohe Forderungen als annehmbar und zumutbar erscheinen, wenn sie als übereinstimmend mit der innersten Wahrheit des Menschen erfahren und erspürt werden.
Aus seiner pastoralen Erfahrung weiß der Papst, wie wichtig eine gute Ehevorbereitung ist. Der innerste Kern einer begeisternden Vorbereitung auf die Ehe ist für ihn die Überzeugung, daß die Ehe als Sakrament eine Form der Christusnachfolge darstellt, weshalb er das griffige Bild vom Salz der Erde und vom Licht der Welt auch auf die katholische Ehe anwendet. Die eheliche Liebe darf weder auf eine Anbetung noch auf eine Verachtung des Leibes hinauslaufen, sondern auf seine Beherrschung, also auf Selbstbeherrschung des Menschen und auf seine Läuterung. Eheliche Liebe ist keine instinktmäßige Zuneigung, sondern sie umfaßt Herz, Wille und Verstand, wobei insbesondere die bewußte Willensentscheidung zur Hingabe der ganzen Person an den andern die Freiheit des Menschen ausmacht und verwirklicht und so dem innersten Anspruch des Personalen gerecht wird. Ehe ist somit weit entfernt von Selbstsucht oder Jagd nach Vergnügen, sondern sie ist eine lebendige Zelle des Reiches Gottes und ein »Strahlungszentrum der Liebe Christi« (Joh. Paul II. in Österreich).

Denkt darüber nach, die ihr in euren noch jungen Herzen spürt, wie notwendig es ist, daß die Liebe in den Herzen wächst; die ihr nach einer Ausdrucksform für diese Liebe in eurem Leben sucht. Es gibt einige, die diesen Ausdruck in der ausschließlichen Hingabe

ihrer selbst an Gott finden. Die meisten von euch finden den Ausdruck dieser Liebe in der Ehe, im Familienleben. Bereitet euch gut darauf vor. Denkt daran, daß die Liebe ein edles Gefühl und ein Geschenk des Herzens ist, aber zugleich eine große Aufgabe, die für den anderen Teil, für sie oder für ihn, übernommen werden muß. Christus erwartet von euch diese Liebe. Er will bei euch sein, wenn sie in euren Herzen Gestalt annimmt und wenn sie im sakramentalen Versprechen reift. Und auch später, immer.
An Universitätsstudenten, Rom, 5. 4. 1979; OR 18/79

Meine lieben, jungen Leute! Habt keine Angst vor ehrlichem Bemühen und ehrlicher Arbeit! Habt keine Angst vor der Wahrheit! Mit der Hilfe Christi und durch das Gebet könnt ihr auf seinen Ruf antworten, könnt ihr Versuchungen, modischen Launen und jeder Form von Massenmanipulation widerstehen. Öffnet eure Herzen für den Christus des Evangeliums – für seine Liebe, seine Wahrheit und seine Freude. Geht nicht traurig weg!
Und zuletzt möchte ich noch allen, die mir heute abend zuhören, folgendes sagen: der Grund meiner Mission, meiner Reise durch die Vereinigten Staaten ist es, euch zu sagen, einem jeden – jung und alt gleichermaßen – im Namen Christi zu sagen: »Komm und folge mir nach!«
Folgt Christus! Wenn ihr verheiratet seid: teilt eure Liebe und eure Sorgen miteinander; achtet die menschliche Würde eures Partners; nehmt voll Freude das Leben an, das Gott durch euch schenkt; macht um eurer Kinder wegen eure Ehe zu einem festen, sicheren Band.
Folgt Christus! Alle, die ihr allein seid oder euch auf die Ehe vorbereitet: folgt Christus! Alle, Junge und

Alte: folgt Christus! Alle, die ihr krank oder alt seid, leidet oder Schmerzen habt, alle, die ihr euch nach Heilung, nach Liebe, nach einem Freund sehnt: folgt Christus!
An Jugend, Boston (USA), 1. 10. 1979; OR 41/79

Das menschliche Dasein ist ein körperliches Sein. Diese so einfache Behauptung hat schwerwiegende Folgen. So materiell der Körper auch sein mag, so ist er doch nicht ein Gegenstand unter anderen, ein Objekt unter anderen Objekten. Vor allem ist er jemand in dem Sinn, daß er Erscheinung der Person ist, ein Mittel der Anwesenheit vor den anderen, der Kommunikation, des äußerst mannigfaltigen Ausdrucks. Der Körper ist ein Wort, eine Sprache. Ein Wunder und ein Wagnis zugleich! Junge Leute, Jungen und Mädchen, habt größte Achtung vor eurem Körper und vor dem der anderen! Euer Körper soll eurem tiefsten Ich dienen! Eure Gebärden, eure Blicke seien stets der Widerschein eurer Seele! Anbetung des Körpers? Nein, niemals! Verachtung des Körpers? Das schon gar nicht. Beherrschung des Körpers! Ja! Läuterung des Körpers! Das noch mehr! Nicht selten könnt ihr diese so schöne Transparenz der Seele bei Männern und Frauen in der täglichen Erfüllung ihrer menschlichen Aufgaben bewundern. Denkt an den Studenten oder den Sportler, die alle ihre physischen Kräfte in den Dienst ihres jeweiligen Ideals stellen. Denkt an den Vater und die Mutter, in deren Zügen die tiefe Freude der Vater- und der Mutterschaft aufstrahlt, wenn sie sich über das Kind beugen. Denkt an den Musiker oder den Schauspieler: er identifiziert sich mit den Komponisten oder Autoren, die er lebendig werden läßt. Blickt auf den Trappisten oder den Kartäuser, auf die Karmelitin oder die Klarissin, die voll-

kommen der Kontemplation hingegeben sind und Gott aufscheinen lassen. (...)
Auch auf diesem Gebiet gilt es, wie bei den vorangegangenen, klar zu sehen. Welchen Gebrauch auch immer die Menschen davon machen mögen, das Herz – Symbol der Freundschaft und der Liebe – hat ebenfalls seine Gesetze, seine Ethik. Beim harmonischen Aufbau eurer Persönlichkeit dem Herzen seinen Platz einräumen hat nichts mit Gefühlsduselei noch mit Sentimentalität zu tun. Herz heißt Öffnung des ganzen Seins für die Existenz der anderen, die Fähigkeit, sie zu erfassen, sie zu verstehen. Solch eine echte und tiefe Sensibilität macht verwundbar. Deshalb sind manche versucht, sich davon loszusagen, und verhärten sich.
Lieben heißt also seinem Wesen nach sich den anderen hingeben. Weit entfernt davon, eine instinktive Zuneigung zu sein, ist die Liebe eine bewußte Willensentscheidung, auf die anderen zuzugehen. Um wirklich lieben zu können, muß man sich von vielen Dingen und vor allem von sich selbst losmachen, muß man unentgeltlich geben und lieben bis ans Ende. Diese Selbstentäußerung – ein Werk, das lange Zeit beansprucht – ist mühsam und erhebend. Sie ist die Quelle des inneren Gleichgewichts. Sie ist das Geheimnis des Glücks. (...)
Ich habe von den Werten des Körpers, des Geistes und des Herzens gesprochen. Aber dabei habe ich eine wesentliche Dimension durchblicken lassen, ohne die der Mensch zum Gefangenen seiner selbst oder der anderen wird: ich meine die Öffnung auf Gott hin. Ja, ohne Gott verliert der Mensch den Schlüssel zu sich selbst, er verliert den Schlüssel zu seiner eigenen Geschichte. Denn seit der Schöpfung trägt er die Ebenbildlichkeit mit Gott in sich. Sie bleibt als unausgesprochenes Verlangen und unbewußtes Bedürfnis in

ihm, trotz der Sünde. Der Mensch ist dazu bestimmt, mit Gott zu leben. Auch hier offenbart sich Christus als unser Weg. Aber dieses Geheimnis verlangt vielleicht eine größere Aufmerksamkeit von uns.
Jesus Christus, der Mensch gewordene Sohn Gottes, hat all das, was den Wert unserer menschlichen Natur, Körper, Geist und Herz, ausmacht, in einer völlig freien, vom Siegel der Wahrheit geprägten und von Liebe erfüllten Beziehung zu den anderen gelebt. Sein ganzes Leben und seine Worte haben diese Freiheit, diese Wahrheit, diese Liebe und besonders die freiwillige Hingabe seines Lebens für die Menschen offenkundig gemacht.
An Jugend, Paris, 1. 6. 1980; OR 25/80

Liebe Freunde, Brüder und Schwestern in unserm Herrn Jesus Christus!
Ich konnte euch nicht abreisen lassen, ohne euch noch einmal zu begegnen, ohne wenigstens einige Augenblicke mit euch zusammenzusein. Ich möchte euch erneut versichern, daß ich euch in Liebe verbunden bin und daß ich meine Hoffnung und mein Vertrauen auf euch und auf alle Jugendlichen Irlands setze. Euch gehört die Zukunft, und ihr seid gerade in einem Alter, in dem ihr wichtige Entscheidungen für eure eigene Zukunft und die Zukunft anderer trefft.
Gerard und Mona haben sich heute einander und für alle Zukunft versprochen, und ich wünsche ihnen reichen Segen für ihr gemeinsames Leben. Ich weiß, daß auch ihr ihnen alles denkbare Glück wünscht. Wir wünschen, daß sie mit Gottes Hilfe immer das feierliche Versprechen in die Praxis umsetzen können, das sie heute vor unserm Herrn und vor der Kirche abgelegt haben. Und diese Wünsche, die euren und die meinen, gelten auch allen anderen unter euch, die in

den kommenden Jahren das gleiche Eheversprechen abgeben werden.

Es gibt nur wenige so sehr die Zukunft bestimmende Entscheidungen, die sich mit der Verpflichtung vergleichen ließen, die man in der Eheschließung eingeht. Wenn ihr Liebe, Treue und Tugend in der Ehe versprecht, dann bekräftigt ihr nicht nur das, was im Augenblick in euren jungen Herzen lebt: ihr legt vielmehr das Fundament für eine lebenslange Partnerschaft und für eine Familie; die Zukunft der Kirche und der bürgerlichen Gesellschaft wird weithin von dem abhängen, das auf diesem Fundament aufgebaut wird.

In Limerick sagte ich: »Wahre Liebe und die Gnade Gottes werden die Ehe niemals zu einer egozentrischen Beziehung zweier Menschen werden lassen.« Wahre Liebe will sich mitteilen. Sie sucht nicht sich selbst. Sie sichert den vollsten Respekt vor der persönlichen Würde anderer, vor der Unantastbarkeit jedes menschlichen Lebens und der Heiligkeit des Abbildes, das Gott der menschlichen Natur eingeprägt hat, als er den Menschen schuf, als Mann und Frau, und menschlichen Wesen die Aufgabe anvertraute, beim göttlichen Schöpfungswerk mitzuwirken.

Ich möchte euch allen versichern, daß es mit Hilfe der Gnade Gottes wahre Liebe ist, die für euch, für eure künftigen Familien, für euer Land und für die Kirche die Zukunft bestimmt. Wahre Liebe, nicht Selbstsucht oder die Jagd nach Vergnügen. Ihr seid das Salz der Erde, das Licht der Welt. Was nützt aber Salz, wenn es schal geworden ist? Und was nützt das Licht, wenn es zu wenig leuchtet? Ich wünsche, ihr möchtet alle bestes Salz und hellstes Licht für die Zukunft sein. Ich möchte, daß ihr die Welt mehr nach Gottes Willen gestaltet. Ich zähle auf euch, daß ihr dies tut. Ich vertraue auf euch.

Nehmt diese meine Worte mit zu euren Freunden in Irland. Sagt ihnen, daß ich auf euch alle vertraue, daß ich euch alle liebe. Möge Christus immer euer innerer Antrieb und eure Kraft sein, und möge die Fürbitte seiner Mutter euch beistehen bei allem was ihr tut. Go raibh Críost ár dTiarna libh i gcónaí.
An irische Jugendliche, Castel Gandolfo, 26. 8. 1981; OR 37/81

Natürlich möchte ich nach Mariazell ganz besonders Euch mitnehmen, liebe Schülerinnen und Schüler. Ich möchte Maria sagen können, daß Euer Herz offen ist für jeden Anruf ihres Sohnes, so wie sie es wünscht: »Was er euch sagt, das tut« (*Joh* 2, 5). Laßt Euch auf ihn ein! Er braucht Euch: Euren Schwung, Eure Ideen, Eure Kraft, ja das auch, vor allem aber Euer hoffnungsfrohes, junges Herz. Laßt Euch auf ihn ein! Mag er Euch dann in die Ehe, in eine geistliche Gemeinschaft oder ins Priestertum führen – überall seid Ihr Kirche; aber laßt es *ihn* entscheiden!
Er braucht Ehen, die sich als lebendige Zellen seines Reiches verstehen, als Strahlungszentrum seiner Liebe.
Er braucht Menschen, an deren Lebensform sichtbar wird, daß *er* die letzte Sehnsucht unseres Herzens ist und der letzte Inhalt jeder Gemeinschaft.
An Jugend, Wien, 13. 9. 1983; OR 38/83

Liebe Kinder von Korea!
Es ist mir eine Freude, euch heute zu begrüßen und euch eine besondere Botschaft zum Tag der Kinder anzuvertrauen.
Ich will mit euch über die Liebe sprechen, die Liebe, für die ihr geschaffen wurdet, die Liebe, nach der sich jeder von euch sehnt.

Einer der Jünger Jesu, genannt Johannes, der Evangelist, schrieb den ersten Christen in einem Brief, daß »die Liebe aus Gott ist« und daß »Gott die Liebe ist« (*1 Joh* 4, 7, 8). Gott, der die Liebe ist und der uns so sehr geliebt hat, hat uns tatsächlich an seinem Leben Anteil nehmen lassen, gerade so wie ein Vater das Leben mit seinen Kindern teilt. Und Gott will von uns, daß wir ihn für die Liebe und das Leben, das er uns geschenkt hat, wieder lieben. Gott ist unser Vater, und er will von uns, daß wir ihn wie seine Kinder lieben.
Aber Gott will auch, daß wir unseren Nächsten lieben. Das ist der Sinn unseres Lebens: Gott und den Nächsten zu lieben – unsere Eltern zu lieben, unsere Brüder und Schwestern, unsere Verwandten und Freunde, alle unsere Mitmenschen, auch jene, die uns vielleicht verletzt oder beleidigt haben. Unseren Nächsten lieben heißt, für die anderen zu leben, eine helfende Hand auszustrecken, Dienste zu leisten, wenn notwendig, gerecht zu sein, aufrichtig und ehrlich, freundlich, wahrhaftig und gütig. Unseren Nächsten lieben heißt mitzuhelfen, eine bessere Welt zu bauen.
Wir tun dies nicht so sehr durch Worte als vielmehr durch unsere Taten, denn Taten sprechen lauter als Worte. Das hat der hl. Johannes gemeint, als er schrieb: »Meine Kinder, wir wollen nicht mit Wort und Zunge lieben, sondern in Tat und Wahrheit« (*1 Joh* 3, 18).
Liebe Kinder von Korea! Alle Kinder der Welt, alle Menschen der Welt verdienen eure Liebe, unabhängig von ihrer Nationalität, ihrem Geschlecht, ihrer Religion oder Rasse; gleich, ob sie stark oder schwach, reich oder arm, gesund oder krank sind. Lieben heißt, an andere Menschen zu denken, andere Menschen anzuerkennen, vom eigenen Wege abzugehen, um ihnen zu helfen, ihnen zu dienen und sie zu ermutigen. Die

Welt und ihre guten Dinge mit anderen teilen auf die gleiche Art, wie sie Gott mit uns geteilt hat. Wenn ihr den Nächsten liebt, werdet ihr den Sinn des Lebens entdecken, in Wirklichkeit aber den Spender des Lebens, den Schöpfer der Welt, den Gott und Vater von uns allen.
Und wenn ihr Christen seid, liebe Kinder, dann habt ihr einen besonderen Grund zur Liebe: um Jesus gleich zu werden, der Gottes ewiger Sohn ist, der Sohn, der Mensch geworden ist, um sein Leben für uns am Kreuz hinzugeben aus Liebe, um uns zu helfen, den Sinn der Liebe zu verstehen, um auch uns lieben zu lehren.
Und heute schenke ich, Johannes Paul II., als der Stellvertreter Jesu und als Bischof von Rom meine Liebe jedem Jungen und jedem Mädchen in Korea, jedem ohne Unterschied. Ich verkünde eure Menschenwürde als Kinder Gottes, die geschaffen wurden, um für immer an Gottes Liebe Anteil zu haben. Ich verkünde eure Rechte, wie klein oder hilflos ihr auch sein mögt, und ich verkünde eure Pflichten, die mit euren Rechten Hand in Hand gehen und die ihr aufgerufen seid, aus Liebe zu erfüllen, um die Rechte der anderen zu schützen. Ich liebe besonders jedes Kind, das leidet, das allein ist, verlassen, besonders jene, die niemand liebt und für die niemand sorgt. Liebe Kinder, ich schenke euch die ganze Liebe meines Herzens!
Ich will auch all jene ermutigen, die für euch eine Welt des Friedens schaffen wollen, in der ihr leben könnt, jene, die für eure Gesundheit sorgen, die euch lehren, die mit euch über Gott sprechen. Ich bin im Geist euren Eltern verbunden, die euch das Geschenk Gottes, das Leben, gegeben haben und die die ersten sind, die euch den Sinn der Liebe lehren. Heute verbinde ich meine Liebe mit der ihrigen, und zusammen verbinden wir unsere Liebe mit der Liebe Gottes, der uns geliebt hat und will, daß auch wir lieben.

Liebe Kinder von Korea! Eure Zukunft und das Schicksal dieses Landes hängt außer von Gott von eurer Bereitschaft zur Liebe ab. Dies ist meine Botschaft für heute und für die kommenden Jahre, meine Botschaft der Liebe: »Liebe Brüder, wir wollen einander lieben, denn die Liebe ist aus Gott« (*1 Joh* 4, 7).
An Kinder in Korea, 4. 5. 1984; OR 19/84

Auf einen letzten Punkt möchte ich noch eingehen, der euch besonders interessiert. Das sind eure Fragen zur Ehe und zur Liebe zwischen Mann und Frau und zur ehelichen Liebe.
Als ich eure Briefe las, war ich beeindruckt von dem vielen Leid, das sie zum Ausdruck bringen. Zu viele von euch leiden unter dem Zusammenbruch des Familienlebens, unter Trennung oder Ehescheidung; und ihr seid so tief verwundet, daß ihr sogar die Frage stellt, ob eine treue und dauernde Liebe wirklich möglich sei.
Es ist nicht unsere Sache, über jene zu urteilen, die durch den Umbruch der Moral und der Gesellschaft verletzt wurden. Aber ich möchte euch sagen: zweifelt nicht; ihr könnt ein Heim auf dem Felsen der Treue bauen, denn ihr könnt voll auf die Treue Gottes zählen, der Liebe ist.
Bereitet euch auf dieses lohnende und echte Engagement der Ehe vor; wehrt euch gegen falsche Illusionen, und verwechselt nicht vorzeitige Lusterfahrung mit bewußter, entschlossener Selbsthingabe für immer in der Liebe. Wenn ihr als Mann und Frau euer Leben verbindet, so entscheidet euch, dies in völliger Selbstlosigkeit zu tun, indem ihr das Wohl des anderen vor euer eigenes stellt und wirklich gemeinsam beschließt, euer Leben zu verbinden und das Wohl eurer Kinder zu sichern. Bereitet euch vor auf dieses einzigartige

Engagement, das der menschlichen Liebe würdig ist, auf dieses Engagement der Ehe, mit dem ihr etwas aufbaut, was die Hingabe unseres ganzen Lebens verdient und fordert. Und auch dazu mögen euch die Worte Christi erleuchten: »Es gibt keine größere Liebe, als wenn einer sein Leben für seine Freunde hingibt« (*Joh* 15, 13).
An Jugend, Montreal (Kanada), 11. 9. 1984; OR 39/84

G. Ehevorbereitung

Zu dieser Ehevorbereitung in ihren verschiedenen Phasen, die wir nur in großen Linien angedeutet und beschrieben haben, sollen sich die christliche Familie und die gesamte kirchliche Gemeinschaft aufgerufen fühlen. Es ist zu wünschen, daß die Bischofskonferenzen, die ja an geeigneten Initiativen interessiert sind, um den zukünftigen Brautleuten zu helfen, sich ihrer Lebenswahl ernsthafter bewußt zu werden, und den Seelsorgern Hilfen in die Hand zu geben, um deren hinreichende innere Einstellung wahrzunehmen, dafür sorgen, daß ein *Leitfaden für Familienpastoral* herausgegeben wird. Darin soll vor allem das Mindestmaß an Inhalt, Dauer und Methode für Ehevorbereitungskurse festgelegt werden, wobei ein Gleichgewicht zwischen den verschiedenen die Ehe betreffenden Aspekten der Lehre und Pädagogik, des Rechts und der Medizin herrschen und diese so dargestellt werden sollten, daß sich die Ehekandidaten über die verstandesmäßige Durchdringung hinaus motiviert sehen, am Leben der kirchlichen Gemeinschaft aktiv teilzunehmen.

FC 66

Vorbemerkung

Eines der dringlichsten pastoralen Probleme ist heute die Ehevorbereitung. Auf sie weist der Papst in vielen Ansprachen hin. Da es sich allerdings meistens um Erwähnungen handelt, wurden diese Hinweise in den anderen Kontexten belassen und an dieser Stelle nur die programmatische Ansprache aufgenommen, die der Papst bei der jährlichen Vollversammlung 1984 dem Päpstlichen Rat für die Familie hielt. Diese seine Ausführungen stecken den Rahmen für die Unterweisung der jungen Generation über die christliche Ehe ab. Der Papst faßt hier zusammen, was er auch schon in Familiaris consortio gesagt hat und was von den einzelnen Bischofskonferenzen für die jeweilige Landessituation in praktische Programme umgesetzt werden soll. Ziel dieser Programme ist, den jungen Menschen den Blick dafür zu öffnen, daß und inwiefern Ehe und Familie im ganz konkreten Alltag Berufung und Heilsweg sind.

Das Thema, das euch während dieser Generalversammlung beschäftigte, war – nach eingehender Überprüfung der verschiedenen Situationen in den Ortskirchen – die Vorbereitung auf die christliche Ehe.
Es ist dies ein äußerst wichtiges und dringliches Thema. Mehrmals habe ich meine Überzeugung zum Ausdruck gebracht, daß »die Zukunft der Menschheit über die Familie« geht (vgl. *Familiaris consortio*, Nr. 68). Man kann jedoch noch weiter gehen und behaupten, daß die Zukunft der Familie über ihre entsprechende Vorbereitung geht. Wir berühren hier ei-

nen Wert und eine Notwendigkeit, die nicht nur die zur Ehe berufenen Jugendlichen, sondern auch die gesamte kirchliche und bürgerliche Gemeinschaft betreffen. Man denke insbesondere an den Reichtum, den die Kirche – und nicht nur sie – von jenen empfängt, die sich auf die Ehe vorbereiten: die Frische und Begeisterung, die Freude an der Schönheit, der Wunsch nach einem offenen Dialog und die Hoffnung auf die Zukunft sind eine Gabe für alle und ein Aufruf an die bereits Verheirateten, ja geradezu eine Einladung, zum Ursprung ihrer Wahl, zum »Frühling« ihrer Liebe zurückzukehren.

Das Apostolische Schreiben *Familiaris consortio* geht ausdrücklich und ausführlich auf das Thema der Ehevorbereitung in ihren verschiedenen Etappen – fernere, nähere und unmittelbare Vorbereitung – ein und hebt die Bedeutung der Familie für die Vorbereitung der Kinder auf das Ehesakrament hervor. In ihr wird der erste und tiefste Grund für jene psychologische und moralische Haltung gelegt, die später das Eheleben möglich macht, indem sie die zukünftigen Partner auf die Übernahme der Verantwortungen vorbereitet, die das Ehesakrament mit sich bringt. Eure Antworten auf dem Fragebogen, der euch während der Vorbereitung der Vollversammlung zugesandt worden war, bekräftigen diese Überzeugung, indem sie hervorheben, daß die beste, fernere Vorbereitung auf eine spätere Ehe der Kinder ein vorbildliches christliches Familienleben ist, in dem das gelebte Zeugnis der Ehepartner ein wesentliches Element darstellt. Das Familienleben, von der entsprechenden Unterweisung durch die Eltern erhellt, stellt die beste Vorbereitung der Kinder auf das Leben und somit auch auf die Ehe dar.

Mit dem Heranwachsen treten die Kinder in eine ganz besonders wichtige, heikle und schwierige Erziehungsphase ein. Das notwendige Erringen ihrer Iden-

tität führt die Heranwachsenden zu einer Selbstbehauptung, die nicht selten von der Versuchung begleitet ist, die Autorität der Eltern in Frage zu stellen und sich vom Familienleben zu distanzieren, das bisher ihr fast ausschließlicher Lebensbereich war. Gerade in diese Zeit fällt die faszinierende Entdeckung des anderen Geschlechts, und gleichzeitig verstärkt sich der Einfluß der außerfamiliären Elemente im Leben des Reifenden, insbesondere jener der Mittel der sozialen Kommunikation, der Freundesgruppen und der Schule. All das erschwert die Erziehung seitens der Eltern, verringert aber deshalb nicht ihre Bedeutung, ist sie doch nunmehr vor allem der Anziehungskraft des Beispiels und des diskreten Einflusses einer klugen Haltung anvertraut, die eine tiefe Beziehung zum Jugendlichen pflegen muß, in Form und Stil seinem Alter und den persönlichen Wesensmerkmalen angepaßt.
Indem sie ihm die notwendige Zeit und Aufmerksamkeit widmen, werden die Eltern ihn ihr treues, ausdauerndes Wohlwollen spüren lassen, das seine Person und seine Freiheit achtet und stets hilfs- und aufnahmebereit ist, besonders in schwierigen Stunden.
In der Reifezeit üben, wie gesagt, außerfamiliäre Elemente auf die Entwicklung der Jugendlichen einen ganz besonders nachhaltigen Einfluß aus. Ich beziehe mich hier ganz besonders auf die Schule und auf die Mittel der sozialen Kommunikation. In beiden Bereichen muß der Päpstliche Rat für die Familie Impulse geben, um den Familien bei der Erfüllung der wesentlichen Aufgabe, die die Erziehung der Kinder insbesondere zur Liebe darstellt, wirksame Hilfe zu leisten. Eine viel engere Zusammenarbeit zwischen Eltern und Erziehern in Internaten und Schulen muß gefördert und durchgeführt werden. Die Eltern können nicht alle Erzieherfunktionen auf die Schule abwälzen, die wiederum nicht über jene hinwegsehen kann, die ihr

ihre Kinder zu einer vollständigen Erziehung anvertrauen. Schule und Eltern müssen einander bei der Erfüllung der erzieherischen Aufgaben an den Kindern und den Heranwachsenden auch in jenen Belangen unterstützen, die sich auf die Erziehung zur Liebe und zur Ehe beziehen. Wir dürfen jedoch nicht vergessen, daß viele Jungen und Mädchen nichtkatholische Schulen besuchen, wo ihnen oft auf diesem Gebiet nicht die richtige Orientierung zuteil wird oder wo sie einen Unterricht empfangen und einem Milieu ausgesetzt sind, das ihnen nicht hilft, sich eine christliche Auffassung von Liebe, Sexualität und Ehe zu bilden.
In diesem Fall wird die Pflicht der Eltern noch schwerwiegender, sei es der Schule gegenüber, sei es vor allem innerhalb der eigenen Familie, wo sie eine Erziehung und ein Zeugnis geben müssen, das die negativen Einflüsse der Schule oder des Milieus auf die Kinder überwinden kann.
Die Mittel der sozialen Kommunikation verdienen besondere Erwähnung. Aus euren Antworten auf dem Fragebogen geht klar der große Einfluß hervor, den sie ausüben und der im allgemeinen eher negativ ist. Der Päpstliche Rat für die Familie hat hier einen anderen wichtigen Aufgabenbereich, sei es, um die Art und Weise herauszufinden, in der man den Eltern bei der weisen und kritischen Verwendung der Mittel der sozialen Kommunikation helfen kann, sei es, um die Künstler und Medienschaffenden zu Initiativen anzuregen, das Angebot von Sendungen, die an christlichen Werten ausgerichtet sind, zu verstärken. Die Massenmedien haben in unserer modernen Kultur großen Einfluß, und man kann nicht von ihnen absehen: man muß sich jedoch verpflichten, ihre enormen Möglichkeiten für das Wohl der Einzelpersonen und der Familien einzusetzen, ohne sich von Interessen leiten zu lassen, die oft das wahre moralische Wohl der

Kinder, der Jugendlichen und der Familien, an die sie sich wenden, außer acht lassen.

Wo eine gute entfernte und nähere Vorbereitung auf die Ehe vorliegt, wird die unmittelbare Vorbereitung leichter und fruchtbarer. Die vielen Bemühungen auf diesem Gebiet haben in der Kirche das Bewußtsein gefördert, daß die Ehe – wie jedes andere Sakrament – einer entsprechenden Vorbereitung bedarf, damit sie im Leben der Eheleute fruchtbar werde.

Der Neue Codex des kanonischen Rechtes hat die Ehevorbereitung unter die Pflichten der kirchlichen Gemeinschaft (vgl. *CIC* 1063) und insbesondere der Hirten eingereiht.

Die Vorbereitung auf die Ehe öffnet dem Päpstlichen Rat für die Familie ein weites Aktionsfeld, an das er mit Begeisterung, Kreativität, Energie und Ausdauer herantreten muß.

Man darf angesichts der unvermeidlichen Schwierigkeiten nicht den Mut verlieren. Kein Opfer kann die christliche Gemeinschaft und die einzelnen Familien von der Aufgabe der guten Vorbereitung der zukünftigen Eheleute abhalten, die die Familien des dritten Jahrtausends christlichen Lebens bilden werden. Auch ist es notwendig, keine Initiative zu unterlassen, die den bereits bestehenden Familien helfen kann, ihre Pflicht in einem oft schwierigen Milieu zu verstehen und zu erfüllen, in dem zu leben sie berufen sind.

Ich bitte euch, bemüht euch mit allen Kräften, diesen Familien beizustehen, sie auf jede Weise zu unterstützen und zu jener Liebe zu erziehen, die im Ehesakrament durch ein freies Geschenk Jesu Christi Nachahmung der Liebe des Herrn zu seiner Kirche und Teilhabe an dieser Liebe wird.

Indem ich euch meine Wertschätzung für eure hochherzige Hingabe ausspreche, erteile ich aus ganzem Herzen meinen Apostolischen Segen euch, euren Fa-

milienangehörigen und allen, denen eure Aufmerksamkeit und euer pastorales Handeln gelten.
An Päpstlichen Rat für die Familie, Rom, 26. 5. 1984;
OR 27/84

H. Familie und Arbeit

Zweifellos rechtfertigen die gleiche Würde und Verantwortlichkeit von Mann und Frau voll den Zugang der Frau zu öffentlichen Aufgaben. Anderseits verlangt die wirkliche Förderung der Frau auch, daß der Wert ihrer mütterlichen und familiären Aufgabe im Vergleich mit allen öffentlichen Aufgaben und allen anderen Berufen klare Anerkennung finde. Übrigens müssen solche Aufgaben und Berufe sich gegenseitig integrieren, soll die gesellschaftliche und kulturelle Entwicklung wahrhaft und voll menschlich sein.
Das wird leichter möglich sein, wenn, wie es die Synode erhofft, eine erneuerte »Theologie der Arbeit« die Bedeutung der Arbeit im christlichen Leben ins Licht stellen und vertiefen sowie die fundamentale Verbindung von Arbeit und Familie darlegen wird und somit die eigene und unersetzliche Bedeutung der Hausarbeit und der Kindererziehung.

FC 23

Vorbemerkung

Arbeit hat in den Aussagen des Papstes, vor allem seit seiner Enzyklika »Laborem exercens« (1981) immer den Grundton der Teilnahme an der Vollendung der Schöpfung. Ob es sich um die Arbeit der Frau in der Familie oder im öffentlichen Leben handelt, ob um die Arbeit des Mannes, die den Lebensunterhalt garantiert – sie ist Fortführung des Schöpfungsauftrages »Macht euch die Erde untertan!«. Nur so ist Arbeit menschenwürdig. Die Gesellschaftspolitik hat den Auftrag, solche menschenwürdige Arbeit zu garantieren – denn immer hat der Mensch der oberste Wert zu bleiben, nie die Arbeit. Sie ist nur um des Menschen willen da, nie umgekehrt.
Die Ausführungen des Papstes zielen darauf ab, ein positives Bild der Arbeit darzustellen, um ein positives Verhältnis des Menschen zu ihr zu fördern und dadurch Mißbrauch, der das Leben vieler Menschen leidvoll kennzeichnet, einzudämmen.

Die Arbeit muß dem Menschen helfen, besser, geistig reifer und verantwortlicher zu werden, um so seine Berufung auf Erden erfüllen zu können, sei es als einmalige Person, sei es in Gemeinschaft mit anderen, vor allem in jener fundamentalen menschlichen Gemeinschaft, die die Familie ist. Wenn sich Mann und Frau in dieser Gemeinschaft vereinigen, deren Charakter vom Ursprung her vom Schöpfer festgelegt wurde, dann schenken sie neuen Menschen das Leben. Die Arbeit muß es dieser menschlichen Gemeinschaft möglich machen, die notwendigen Mittel für ihre Existenz und ihren Unterhalt zu finden.

Der Existenzgrund der Familie ist einer der fundamentalen Faktoren, die Wirtschaft und Arbeitspolitik bestimmen. Diese bewahren dann ihren ethischen Charakter, wenn sie die Bedürfnisse und Rechte der Familie beachten. Durch die Arbeit soll der erwachsene Mann die notwendigen Mittel zum Unterhalt sei-

ner Familie verdienen. Die Mutterschaft muß in Politik und Wirtschaft als ein großes Ziel und eine wichtige, eigenständige Aufgabe angesehen werden. Mit ihr ist nämlich die Arbeit der Mutter verbunden, die gebiert, nährt und erzieht und die niemand ersetzen kann.
Nichts kann das Herz einer Mutter im Haus ersetzen, ein Herz, das immer daheim ist, das immer dort wartet. Echten Respekt vor der Arbeit bringt auch eine gebührende Hochschätzung der Mutterschaft mit sich; sie muß sein. Davon hängt auch die moralische Gesundheit der ganzen Gesellschaft ab.
An Arbeiter, Tschenstochau (Polen), 6. 6. 1979; OR 25/79

Deshalb muß unter den verschiedenen Maßstäben, die eine Bewertung der menschlichen Arbeit erlauben, an erster Stelle der Maßstab der Familie stehen. Wenn der Mensch arbeitet, um die Erhaltung seiner Familie sicherzustellen, so heißt das, daß er in seine Arbeit die ganze tägliche Mühe der Liebe hineinlegt. Denn die Liebe läßt die Familie entstehen. Sie ist ihr ständiger Ausdruck, ihr normales Milieu. Der Mensch kann auch die Arbeit um der Arbeit willen lieben, weil sie ihm ermöglicht, an dem großartigen Werk der Beherrschung der Erde, einem vom Schöpfer gewollten Werk, teilzunehmen. Und diese Liebe entspricht natürlich der Würde des Menschen. Aber die Liebe, die der Mensch in seine Arbeit hineinlegt, erreicht ihr volles Ausmaß nur dann, wenn sie ihn mit den Menschen selbst verbindet, vereint, und vor allem mit den Menschen, die Fleisch von seinem Fleisch, Blut von seinem Blut sind. Die Arbeit darf also nicht zur Zerstörung der Familie führen; im Gegenteil, sie muß sie einen, ihr helfen, ihren Zusammenhalt zu vertiefen. Die Rechte der Familie müssen tief in die Grundlagen je-

des Arbeitsgesetzes eingeschrieben sein, da dieses ja den Menschen und nicht bloß Produktion und Profit zum Inhalt hat. Wie soll zum Beispiel eine befriedigende Lösung gefunden werden für das – in zahlreichen Ländern ähnlich gelagerte – Problem der Frau, die in aufreibender Schichtarbeit in der Fabrik arbeitet, auf der aber die ständige Sorge für ihre Kinder und ihren Ehemann lastet?
An Arbeiter und Zuwanderer, Paris, 31. 5. 1980; OR 24/80

Nachdem so die personale Dimension der menschlichen Arbeit bekräftigt ist, müssen wir nun zu einem *zweiten Bereich von Werten* übergehen, der mit der Arbeit notwendigerweise verbunden ist. Die Arbeit bildet eine Grundlage für den Aufbau des *Familienlebens*, welches ein Recht und eine Berufung des Menschen ist. Diese beiden Wertbereiche – der eine mit der Arbeit verbunden, der andere aus dem Familiencharakter des menschlichen Lebens folgend – müssen auf rechte Art miteinander verbunden sein, auf rechte Weise einander durchdringen. Die Arbeit ist in gewisser Hinsicht Vorbedingung für die Gründung einer Familie, da diese für ihren Unterhalt Mittel braucht, die sich der Mensch normalerweise durch die Arbeit erwirbt. Arbeit und Fleiß prägen auch den gesamten *Erziehungsprozeß* in der Familie, eben deshalb, weil jeder unter anderem durch die Arbeit »Mensch« wird und dieses Mensch-Werden gerade das Hauptziel des ganzen Erziehungsprozesses ist. Augenscheinlich sind hier in gewissem Sinne zwei Aspekte der Arbeit miteinander im Spiel: der eine, welcher der Familie den Lebensunterhalt ermöglicht, und der andere, durch den sich die Ziele der Familie verwirklichen, vor allem die Erziehung. Diese beiden Aspekte der Arbeit sind jedoch miteinander verbunden und ergänzen einander

in verschiedenen Punkten. Insgesamt muß man daran erinnern und feststellen, daß die Familie einen der wichtigsten Bezugspunkte für den rechten Aufbau einer sozialethischen Ordnung der menschlichen Arbeit bildet. Die Lehre der Kirche hat diesem Problem immer besondere Aufmerksamkeit geschenkt, und auch wir werden in diesem Dokument noch darauf zurückkommen müssen. Ist doch die Familie eine *durch die Arbeit ermöglichte Gemeinschaft* und die erste, häusliche *Schule der Arbeit* für jeden Menschen.
Laborem exercens, Rom, 14. 9. 1981; OR 38/81

Heute wollen wir unsere Aufmerksamkeit besonders der engen Verbindung zuwenden, die zwischen der menschlichen Arbeit und dem Leben der Familie besteht.
In der Tat, der Mensch bedient sich der Arbeit seit den Anfängen seiner Geschichte, um sich die Erde untertan zu machen und um seinen Unterhalt und den seiner Familie sicherzustellen. Diese beiden grundsätzlichen Ziele der Arbeit sind im Vollsinn menschlich, aber das zweite hat zudem eine besondere evangelische Bedeutung.
Die Familie findet in der Arbeit die Stütze für ihre Entfaltung und Einheit, den Hauptfaktor für ihre Existenz und ihre Bedeutung, der ihr den Lebensrhythmus verleiht und ein Element des Zusammenhalts und der Stabilität darstellt.
Die Arbeit gehört also in den Bereich dessen, was der Mensch liebt, für das er lebt, sie gehört in den Bereich der menschlichen Liebe. Wie ich vergangenes Jahr in Frankreich zu den Arbeitern in Saint-Denis gesagt habe, »werde ich, solange ich lebe, mich der Männer erinnern, mit denen ich in den Steinbrüchen oder in der Fabrik verbunden war... Ich weiß, welche Bedeu-

tung für diese Männer, die zugleich Familienväter waren, ihr Haus, die Zukunft ihrer Kinder, die Achtung vor ihren Ehefrauen und Müttern hatte« (*Ansprache in Saint-Denis am 31. Mai 1980; in: OR dt. vom 13. 6. 1980, S. 8*).
Daher darf die Arbeit die Familie nicht zersetzen, sondern muß sie vielmehr einigen, sie stärken helfen. Die Familie darf nicht der Arbeit wegen zu einem oberflächlichen Treffpunkt von Menschen werden, eine Art Durchgangshotel, wo man lediglich die Mahlzeiten einnimmt und sich zur Ruhe begibt!
Es ist daher unerläßlich, daß »die Rechte der Familie tief in die Fundamente jeder Rechtsordnung der Arbeit eingeschrieben sind, deren Gegenstand ja der Mensch und nicht lediglich Produktion und Gewinn ist«.
Vor einem Jahr, im Monat Oktober, befaßte sich die Bischofssynode auf ihrer ordentlichen Versammlung aus der Sicht des kirchlichen Sendungsauftrags mit einer grundlegenden Frage: »Die Aufgaben der christlichen Familie heute.« Die reichen Früchte jener Arbeit sollen auf ausdrücklichen Wunsch der Synodalversammlung in Form eines Apostolischen Schreibens veröffentlicht werden, wie das auch nach den vorangegangenen Synoden über die Themen Evangelisierung und Katechese geschehen ist.
Die allen bekannten Umstände haben bewirkt, daß sich die Veröffentlichung dieses Dokuments erheblich verzögert hat.
Den Überlegungen der letzten Bischofssynode folgend und auch im Geiste unserer heutigen Betrachtung beten wir – durch die Fürbitte der Jungfrau und Gottesmutter – darum, daß die grundlegende Verbindung, die zwischen der Arbeit und dem Leben jeder Familie besteht, in der gesamten gesellschaftlichen und juristischen Ordnung und auch im täglichen Le-

ben jedes Menschen und jeder Familie entsprechend berücksichtigt werde.
Vor Angelus, Rom, 25. 10. 1981; OR 44/81

Arbeit und Familie sind die beiden Pole, um die sich das Leben des Menschen seit Beginn der Menschheit abspielt. Die Arbeit ermöglicht der Familie die Existenz, und die Familie kann sich nur dank ihres Arbeitsbeitrags entwickeln. Sie ist die Grundlage, auf welcher sich das Familienleben aufbaut, das ein natürliches Recht und eine Berufung des Menschen darstellt. Diese beiden Wertbereiche – der eine, der sich auf die Arbeit bezieht, der andere, der sich aus dem Familiencharakter des menschlichen Lebens ergibt – müssen sich in richtiger Weise miteinander verbinden und gegenseitig durchdringen. Die Wechselbeziehung zwischen Arbeit und Familie läßt mich dieses Jahr die grundlegenden Werte dieser beiden Wirklichkeiten Ihrer geschätzten Aufmerksamkeit in Erinnerung bringen. Die Kirche wird diese um jeden Preis verkünden und unterstützen, denn sie berühren unmittelbar und aufs engste das Leben und die Stellung des Menschen, abgesehen von theologischen Erwägungen, die den christlichen Zivilisationen eigen sind. Arbeit und Familie sind ein Gut des Menschen, ein Gut der Gesellschaft. (...)
Das Problem Familie, das eng mit dem der Arbeit verbunden ist, ist natürlich für das Leben der heutigen Gesellschaft noch entscheidender. Indem sie der natürlichen Entfaltung des Menschen dient, die normalerweise und allgemein in der Bildung einer Familie besteht, erfüllt die Kirche eine ihrer wesentlichen und unantastbaren Pflichten. Das erklärt die Sorge, die zusammen mit mir die Bischöfe der ganzen Welt während der letzten Synode für die Familie in allen sozio-

kulturellen und politischen Gegebenheiten der verschiedenen Kontinente gezollt haben. Das obengenannte Apostolische Schreiben hat die Hinweise und Ratschläge der Synode zu den seinen gemacht.
Indem die Kirche der Wirklichkeit Rechnung trägt, die im Rahmen des raschen Wandels von Denkweise und Sitten, aber auch von Gefahren für die wahre Würde des Menschen sichtbar wird, spürt sie – bereit, die brauchbaren Beiträge jeder Kultur anzunehmen –, daß sie bei der Bildung eines »neuen Humanismus« mithelfen muß. Niemandem wird entgehen, daß die Keime von Auflösung und Zerfall, die in vielen Familien am Werk sind, die Zersetzung der Gesellschaft zur unvermeidlichen Folge haben. Es gilt, aus der Familie wieder eine Gemeinschaft von Personen zu machen, die die unzertrennliche Einheit der ehelichen Liebe lebt und die Unauflöslichkeit der einmal geschlossenen Ehe anerkennt, auch wenn alle jene gegenteiliger Meinung sind, die es in unseren Tagen für schwierig, ja unmöglich halten, sich für das ganze Leben an einen Menschen zu binden, oder die sich von einer kulturellen Strömung mitreißen lassen, die die Unauflöslichkeit der Ehe ablehnt und die Verpflichtung der Eheleute zur Treue offen lächerlich macht.
An diplomatisches Corps, Rom, 16. 1. 1982; OR 6/82

I. Familie und Alter

Die Pastoralarbeit der Kirche muß also alle anregen, die Aufgaben der Alten in der bürgerlichen und kirchlichen Gemeinschaft und vor allem in der Familie wiederzuentdecken und fruchtbar zu machen. In der Tat,»das Leben der alten Menschen hilft uns, Licht auf die Stufenleiter der christlichen Werte zu werfen; es zeigt die Kontinuität der Generationen und beweist auf wunderbare Weise die wechselseitige Abhängigkeit im Gottesvolk. Die Alten haben oft das Charisma, Barrieren zwischen den Generationen zu überbrücken, ehe sie entstehen. Wie viele Kinder haben Verständnis und Liebe in den Augen der Alten gefunden, in ihren Worten und ihren Zärtlichkeiten! Und wie viele alte Menschen haben von Herzen das inspirierte Wort aus der Bibel unterschrieben: ›Eine Krone der Alten sind die Kinder ihrer Kinder‹ (*Spr* 17, 6)!«.

FC 27

Vorbemerkung

Wenn von Familie die Rede ist, wird in unserer Gesellschaft der Blick auf Eltern mit Kindern gelenkt – die ältere Generation wird nicht selbstverständlich mitgedacht. Auf sie weist der Papst häufig hin (einige dieser Aussagen sind hier aufgenommen, andere nicht, weil sie nur einen entfernteren Bezug zum Thema Familie haben). Der Papst hebt die Werte hervor, die die ältere der jüngeren Generation vermitteln kann. In anderen Gesellschaften ist die Drei-Generationen-Familie noch selbstverständlich. Dort stehen nicht wie hier in den kommenden Jahrzehnten ganz spezifische Probleme an, die sich mit einer Umschichtung der Bevölkerungsstruktur ergeben werden (statt viele junge und relativ weniger alte dann viele alte und wenige junge Menschen). Der Papst selbst thematisiert diese Fragen nicht – aber seine Arbeit für die Achtung vor dem Leben zielt auch auf diese Zukunftssituation: gerade hinsichtlich alter und kranker Menschen hat das Abbröckeln der Achtung vor dem Leben an sich unabsehbare Folgen.

Ich möchte aber, daß heute unsere Gedanken, unsere Herzen und vor allem unsere Gebete sich von den Kleineren und Jüngeren zu den Älteren hinwenden. Dabei denke ich weniger an die, die im mittleren Alter stehen – auf der Höhe ihrer physischen Kraft –, sondern eher an das fortgeschrittene Alter: an die Großväter und Großmütter, an die alten Leute.
Diese Personen werden häufig allein gelassen. Sie leiden an ihrem Alter. Sie leiden auch an verschiedenen Gebrechlichkeiten, die das fortgeschrittene Alter mit sich bringt. Aber am meisten leiden sie, wenn sie nicht das geschuldete Verständnis und die Dankbarkeit derer finden, von denen sie sie mit Recht erwarten können.
Heute, am Sonntag nach Weihnachten, der der Verehrung der Heiligen Familie gewidmet ist, sollten wir uns das vierte Gebot: »Ehre Vater und Mutter!« in Erinnerung rufen und darüber nachdenken. Dieses Gebot hat eine grundlegende Bedeutung für die Entwicklung der Beziehungen zwischen den Generationen, in der Familie wie in der ganzen Gesellschaft. Bitten wir Gott, daß diese Beziehungen sich im Geist des vierten Gebots entwickeln!
Gerade auf die Alten müssen wir mit Ehrfurcht schauen (»Ehre...!«). Ihnen verdanken die Familien ihre Existenz, die Erziehung, den Unterhalt, die sehr oft harte Arbeit und viele Opfer gekostet haben.
Sie dürfen nicht behandelt werden als wären sie zu nichts mehr nütze. Auch wenn ihnen manchmal die Kräfte fehlen, die einfachsten Dinge zu tun, besitzen sie dennoch Lebenserfahrung und Weisheit, die oft den Jüngeren fehlen. Denken wir über die Worte der Heiligen Schrift nach: »Wie gut steht Hochbetagten rechtes Urteil an und den Alten, Rat zu wissen. Wie gut steht Greisen Weisheit an, würdigen Männern Überlegung und Rat. Ein Ehrenkranz der Greise ist

reiche Erfahrung, ihr Ruhm die Gottesfurcht« (*Sir* 25, 4–6).
Deshalb wenden sich heute die Gedanken und das Gebet des Papstes euch Alten zu. Ich hoffe, daß alle Anwesenden hier voll und ganz mit dem Papst übereinstimmen; ich hoffe, daß dies vor allem die Jüngeren tun. Die Enkel haben eine Vorliebe für ihre Großväter und Großmütter und stehen sich besser mit ihnen als die anderen.
Schließen wir also dieses Jahr im Geist der Annäherung der Generationen, im Geist gegenseitigen Verstehens und gegenseitiger Liebe.
Vor Angelus, Rom, 3. 12. 1978; OR 2/79

Ihr Brüder und Schwestern der älteren Generation, ihr seid ein Schatz für die Kirche, ihr seid ein Segen für die Welt! Wie oft müßt ihr die jungen Eltern entlasten, wie gut könnt ihr die Kleinen einführen in die Geschichte eurer Familie und eurer Heimat, in die Märchen eures Volkes und in die Welt des Glaubens! Die Jugendlichen finden in ihren Problemen oft leichter zu euch als zur Generation ihrer Eltern. Euren Söhnen und Töchtern seid ihr in schweren Stunden die wertvollste Stütze. Mit Rat und Tat wirkt ihr in vielen Gremien, Vereinigungen und Initiativen des kirchlichen und zivilen Lebens mit.
Ihr seid eine notwendige Ergänzung in einer Welt, die sich für den Schwung der Jugend und für die Kraft der sogenannten »besten Jahre« begeistert, in einer Welt, in der so sehr zählt, was man zählen kann. Ihr erinnert sie daran, daß sie auf dem Fleiß derer weiterbaut, die früher jung und kraftvoll waren, und daß auch sie eines Tages ihr Werk in jüngere Hände legen wird. In euch wird sichtbar, daß der Sinn des Lebens nicht nur in Geldverdienen und Geldausgeben beste-

hen kann, daß in allem äußeren Tun zugleich etwas Inneres reifen soll und in allem Zeitlichen etwas Ewiges – entsprechend dem Wort des heiligen Paulus: »Wenn auch unser äußerer Mensch aufgerieben wird, der innere wird Tag für Tag erneuert« (*2 Kor* 4, 16).
Ja, das Alter verdient unsere Ehrfurcht, eine Ehrfurcht, wie sie in der Heiligen Schrift aufleuchtet, wenn sie uns Abraham und Sara vor Augen stellt, wenn sie Simeon und Hanna zur Heiligen Familie in den Tempel ruft, wenn sie die Priester »Älteste« nennt (*Apg* 14, 23; 15, 2; *1 Tim* 4, 14; 5, 17.19; *Tit* 1, 5; *1 Petr* 5, 1), wenn sie die Huldigung der ganzen Schöpfung zusammenfaßt in der Anbetung der vierundzwanzig Ältesten und wenn sie schließlich Gott selbst bezeichnet: »der Hochbetagte« (*Dan* 7, 9.22). (...)
Viele von euch, meine lieben Schwestern und Brüder, haben die sichtbare Nähe ihres Lebensgefährten verloren. Ihnen gilt meine seelsorgliche Bitte: Laßt immer bewußter Gott zum Partner eures Lebens werden, dann seid ihr zugleich mit jenem verbunden, den Er euch einst zum Weggefährten gab und der nun selber in Gott seine Mithilfe gefunden hat. (...)
Mit euch allen, mit euch hier im Liebfrauendom, mit euch am Radio und am Fernsehgerät, mit allen, denen ich in diesen gesegneten Tagen begegnen durfte, mit allen Bürgern und Gästen dieses schönen Landes, mit allen Glaubenden und für alle Suchenden, mit den Kindern und Jugendlichen, den Erwachsenen und den Alten möchte ich in dieser Stunde des Abschieds unsere Besinnung zum Gebet werden lassen:
»Vom Mutterschoß an bist du mein Beschützer; verlaß mich nicht, wenn meine Kräfte schwinden!« (*Ps* 71, 6.9).
An ältere Generation, München, 19. 11. 1980; OR 48/80

Die Kirche möchte ihre Stimme zugunsten der alten Menschen erheben, die reich an Verdiensten, aber auch so oft unerwünscht sind. Ich wiederhole deshalb, was ich im November 1980 im Liebfrauendom zu München gesagt habe:
»Der Papst verneigt sich in Ehrfurcht vor dem Alter, und er lädt alle ein, es mit ihm zu tun. Das Alter ist die Krone der Stufen des Lebens. Es bringt die Ernte ein, die Ernte aus dem Gelernten und dem Erlebten, die Ernte aus dem Geleisteten und Erreichten, die Ernte auch aus dem Erlittenen und Bestandenen. Wie im Schlußsatz einer großen Symphonie kommen die großen Themen des Lebens zum machtvollen Zusammenklang. Und dieses Zusammenklingen verleiht Weisheit, ... Güte, Geduld, Verstehen: Humor« (Nr. 1).
Die alten Menschen sind deshalb für die Familie und die Gesellschaft mehr denn je wertvoll, ich möchte sagen, unentbehrlich. Sie helfen nicht nur Eltern und Kindern durch ihr Wissen und ihre Erfahrung. Ihr Rat und ihre Tätigkeit sind auch vielen Gruppen, denen sie angehören, und vielen Initiativen im Umkreis des kirchlichen und bürgerlichen Lebens förderlich. Seien wir alle dafür dankbar!
Aber auch sie brauchen Hilfe und Trost in den Schwierigkeiten, in die sie aufgrund ihres Gesundheitszustandes und der Isolierung kommen können. Ich spreche allen meine Anerkennung aus, die Zeit und Möglichkeit finden, den bedürftigsten alten Menschen zu helfen, wenn diese verlassen und in Altenheimen vergessen sind und es ihnen oft an jeder menschlichen Wärme mangelt.
Vor Angelus, Rom, 3. 1. 1982; OR 7/82

In Nigeria habt ihr den schönen kulturellen Wert der Großfamilie. Die Alten und Kranken werden von ihren Kindern, ihren Neffen und Nichten, ihren Vettern und Cousinen und anderen Verwandten nicht verlassen. Unter dem weiten Schirmdach der Liebe haben alle Platz. Das ist ein kostbares Erbe, das erhalten werden muß. Dieses Ideal wird besonders in den Städten stark beeinträchtigt, wo die alten Menschen manchmal von der Großfamilie getrennt werden. Verlassenheit und Einsamkeit erfahren die alten Menschen dann, wenn ein großer Kulturwert aufgegeben und durch etwas völlig Unafrikanisches ersetzt wurde.
Onitsha (Nigerien), 13. 2. 1982; OR 10/82

In meinem letzten Apostolischen Schreiben *Familiaris consortio* erinnerte ich an das Licht des göttlichen Ursprungs der menschlichen Familie, deren Wesen und Aufgabe durch die Liebe bestimmt ist: »Indem die Familie als ›innige Gemeinschaft des Lebens und der Liebe‹ gegründet ist ... empfängt sie die Sendung, die Liebe zu hüten, zu offenbaren und mitzuteilen ... Alle Mitglieder der Familie haben, jedes nach seinen eigenen Gaben, die Gnade und die Verantwortung, täglich personale Gemeinschaft aufzubauen und dabei aus der Familie eine ›Schule reich entfalteter Humanität‹ zu machen« (17, 21).

Dies läßt die Möglichkeiten ahnen, die von der Familie den alten Menschen angeboten werden, sei es die treue Unterstützung, die diese zu Recht von ihr erwarten, wie auch den möglichen Anteil der alten Menschen am Leben und am Auftrag der Familie. Es ist leider eine Tatsache, daß die Voraussetzungen für eine Integration der alten Menschen in die familiären Verhältnisse ihrer Kinder oder anderer Verwandter nicht immer existieren und daß diese Integration sich

manchmal als unmöglich erweist. In diesen Fällen muß eine andere Lösung angestrebt werden, in der die Kinder oder andere Mitglieder der Familie die Aufgabe haben, beständige und herzliche Kontakte mit denjenigen zu pflegen, die gezwungen sind, ein Altersheim aufzusuchen. Dennoch soll jedoch gesagt sein, daß die alten Menschen eine Bereicherung sein können, wenn sie inmitten ihrer Familie bleiben, aufgrund ihrer Lebenserfahrung, ihrer Liebe, Weisheit, Verständnisbereitschaft, Nachsicht, ihrer Ratschläge, ihres Trostes sowie des Glaubens und des Gebetes, die fast immer die unerschütterlichen Werte des Lebensabends darstellen.
Auf diese Weise tragen sie vor allem durch ihr Beispiel dazu bei, den Verhaltensweisen, die heute so oft mißachtet werden, wieder Ansehen zu verleihen, so der Fähigkeit des Zuhörens, der Zurückhaltung, Heiterkeit, Selbstlosigkeit, Innerlichkeit sowie der stillen und leuchtenden Freude... Noch einmal muß betont werden, daß die ständige oder teilweise Anwesenheit der alten Menschen im Familienkreis ein wertvoller Faktor für das Verständnis und den Zusammenhalt der Generationen darstellt, die notwendigerweise verschieden sind, sich aber dennoch gegenseitig ergänzen. Somit kann der enge Zusammenhalt der Familie, wie ich ihn soeben dargelegt habe, je nach den gegebenen Möglichkeiten eine Quelle des Gleichgewichts, der Lebenskraft, der Menschlichkeit und der Geistigkeit für die Keimzelle der ganzen Gesellschaft sein, die in allen Sprachen der Welt den vielsagendsten Namen trägt: »die Familie«.
An UNO-Konferenz, Rom, 22. 7. 1982; OR 35/82

V. MARIA – MUTTER DER HAUSKIRCHE

Die echte Marienverehrung, die sich dadurch ausweist, daß sie die geistlichen Haltungen der Gottesmutter ernstnimmt und hochherzig nachlebt, ist ein vorzügliches Mittel zur Stärkung der Einheit der Familie in der Liebe und zur Entfaltung ehelicher und familiärer Spiritualität. Maria, die Mutter Christi und der Kirche, ist ja auch in besonderer Weise die Mutter der christlichen Familien, die Mutter der Hauskirchen.

FC 61

Vorbemerkung

Nur weil der Heilige Vater überzeugt ist, daß die Gottesmutter nicht nur in der Herrlichkeit Gottes ist, sondern daß sie von dort aus auch noch in die Welt hineinwirkt, weiht er sich ihr als »Totus tuus«. Auch von »Mutter«, von »Königin« zu sprechen, hat allein dann einen Sinn. Folglich zieht der Heilige Vater als Vater der Christenheit auch die Kirche, ja jeden einzelnen Menschen in diese Weihe hinein. Maria, so bittet er, möge die Menschen einerseits schützen, andererseits aber auch führen, mütterlich erziehen. So enden fast alle Ansprachen des Papstes an die Familien mit einer Bitte an die Gottesmutter. Eine Reihe davon sind in diesem abschließenden Kapitel zusammengestellt.
An das Ende der in diesem Buch gesammelten Aussagen des Heiligen Vaters kommen auf diese Weise Worte, die gewiß mit besonderer Aufmerksamkeit beachtet werden sollten: Der Heilige Vater hat sie am 25. 3. 1984 zu Beginn der Weltweihe an die Gottesmutter gesprochen, als er mit den Familien der Welt ihren Festtag im Jubiläumsjahr der Erlösung beging. Er sagte: »Die Familie ist das Herz der Kirche. Aus diesem Herzen erhebt sich heute ein besonderer Akt der Hingabe und des Vertrauens an das Herz der Gottesmutter.« Die Familie – das Herz der Kir-

che? Sie soll es sein, indem mit ihr immer neu das Ja des Menschen, immer neuer Menschen, zu Christus und seiner Erlösung gesprochen wird – es ist ein Ja, das sich in der Tat und angesichts der Wahrheit als treu zu erweisen hat. Dieses Ja aber hat zuerst und in vollendeter, nie zweifelnder Treue Maria gesprochen – darum ist sie das Herz der Kirche, d. h. das Herz der Gemeinschaft all derer, die sich in die von Christus bewirkte und geschenkte Neuschöpfung des Menschen hineinziehen lassen. Maria und die menschliche Familie werden hier in einem einprägsamen Bild einander nahegerückt. Diese Nähe ist theologisch begründet, weil Ehe als sakramentaler Bund mit Christus schon diese Nähe zu ihr besitzt, die als Urbild der Kirche auch Braut Christi ist. Aber hier wird diese Theologie Lebensvollzug: Maria als Herz der Kirche möge und kann jede christliche Familie, die sich ihr vertrauensvoll zuwendet, »Herz der Kirche« werden lassen.

Schenke unseren Familien die Gnade, das werdende Leben zu lieben und zu achten mit der gleichen Liebe, mit der du das Leben des Gottessohnes in deinem Schoß empfangen hast. Heilige Jungfrau Maria, Mutter der schönen Liebe, beschütze unsere Familien, damit sie stets geeint seien, und segne die Erziehung unserer Kinder.
Gebet in Guadelupe (Mexiko), Januar 1979; OR 5/79

Das alles vertraue ich Maria an, der strahlenden »Sonne des irischen Volkes«. Ihre Gebete mögen helfen, daß alle irischen Häuser werden wie das Heilige Haus in Nazaret. Aus ihnen mögen junge Christen hervorgehen, so wie Jesus aus Nazaret es tat. Mögen sie wachsen in der Macht des Geistes, damit sie das Werk Christi fortsetzen und auf seinen Spuren dem Jahre 2000 entgegengehen. Maria wird euch alle zu ihm führen, dem »Vater der zukünftigen Welt« (*Jes* 9, 6).

Dia agus Muire libh!
Gott und Maria seien mit euch und mit euren Familien in Irland. Immer!
An Familien, Limerick (Irland), 1. 10. 1979; OR 42/79

Liebe Brüder und Schwestern! Wir vertrauen darauf, daß Maria, die Mutter Gottes und Mutter des Lebens, uns ihre Hilfe gewähren wird, damit unser Lebensweg stets unsere Bewunderung und Dankbarkeit für das Gottesgeschenk der Liebe, das das Leben ist, widerspiegelt. Wir wissen, daß sie uns helfen wird, jeden Tag, der uns geschenkt ist, als eine Gelegenheit zu nützen, um ungeborenes Leben zu verteidigen und das Leben unserer Mitmenschen, wo immer sie leben, menschlicher zu gestalten.
Und durch die Fürsprache unserer Rosenkranzkönigin, deren Fest wir heute feiern, werden wir eines Tages zur Fülle des ewigen Lebens in Christus Jesus, unserem Herrn, gelangen. Amen.
Washington (USA), 7. 10. 1979; OR 43/79

Wenn wir heute gemeinsam den Angelus beten, so wollen wir Maria mit besonderer Verehrung und Liebe begrüßen. Wir feiern ja das Fest ihrer Aufnahme in den Himmel. Sie, die den Sohn Gottes, das Ewige Wort, in ihrem jungfräulichen Schoß empfangen und der Welt geschenkt hat, erfährt heute die vollendete Verherrlichung der Seele und des Leibes im Schoß der Heiligsten Dreifaltigkeit. Unsere Herzen aber wenden sich heute wie immer, freilich heute mehr als sonst, in aller Schlichtheit und mit kindlichem Vertrauen zu ihr. Wir freuen uns über die ewige Herrlichkeit der Mutter Christi und unserer Mutter.
Im Evangelium des heutigen Festes begegnen wir Ma-

ria, wie sie nach der Verkündigung, voll des Heiligen Geistes und erfüllt von dem Geheimnis, das sie durch denselben Heiligen Geist in ihrem Schoß empfangen hat, das Haus des Zacharias betritt. Sie überschreitet die Schwelle des Hauses einer ihr geistig und verwandtschaftlich sehr nahestehenden Familie. Und schon auf der Schwelle empfängt sie den Gruß Elisabeths, die ihren Glauben rühmt: »Selig bist du, weil du geglaubt hast« (vgl. *Lk* 1, 45). Sie grüßt Maria mit den gleichen Worten, mit denen wir alle sie immer wieder grüßen, wenn wir das Ave Maria beten.
Maria überschreitet die Schwelle eines Hauses und tritt in den Kreis einer Familie ein... Wie sehr verbindet uns dieses Ereignis mit jenem anderen, auf das sich die Bischöfe der ganzen Welt vorbereiten im Zusammenhang mit der Bischofssynode dieses Jahres. Das Thema der Synode, »Die Aufgaben der christlichen Familie heute«, richtet unseren Blick auf alle Familien in unserer zeitgenössischen Welt, auf die Familien, zu denen die Kirche gesandt ist und durch die sie ihre Sendung erfüllen möchte. Denken wir an die großen Aufgaben der Familie im Zusammenhang mit der Weitergabe des Lebens und dem wichtigen Anliegen der Heranbildung des neuen Menschen. Denken wir an die Freuden, aber auch an die Mühen der Liebe, auf der sich das Leben der Ehegatten und der Familien aufbaut. Denken wir auch an die Leiden, die Krisen und dramatischen Schicksale, die das Familienleben zuweilen begleiten. Wir möchten durch die Arbeiten der Bischofssynode uns mit all dem beschäftigen, mit aller Achtung, aber auch im Glauben und in der Liebe, mit der die Kirche die christliche Familie, die auf dem Fundament des Ehesakramentes ruht, umgibt.
Daher laden wir Maria ein, die Schwelle aller Familien zu überschreiten, wie sie einst die Schwelle vom Haus

des Zacharias überschritt. Wir bitten sie, allen die gleiche Botschaft mütterlichen Glaubens und der Liebe zu überbringen. Wir bitten sie ferner, auch den Vorbereitungsarbeiten zur Bischofssynode nahe zu sein, denn deren Mitglieder möchten, die Augen auf sie gerichtet, wie einst Elisabeth wiederholen: Selig bist du, weil du geglaubt hast. Die Synode möchte, dem Beispiel dieser Mutter folgend, sich ihrerseits von Glaube und Liebe zu allen Familien leiten lassen, denen sie in Kürze ihren besonderen Dienst anbietet.
Vor Angelus, Rom, 15. 8. 1980; OR 34–35/80

Habt Mut, gerade in unserer heutigen Zeit, wo die wahre Schönheit der ehelichen Liebe und damit die Würde der Vater- und der Mutterschaft in vielfacher Weise bedroht sind! Habt den unbeugsamen Mut, diese Liebe zu suchen, um sie vor euch selbst gegenseitig zu bezeugen. Und vor der Welt. Seid Apostel der Würde der Vater- und Mutterschaft! Seid Apostel der schönen Liebe! So empfehle ich denn euch, liebe Brüder und Schwestern, der Gottesmutter – ihr, die die Kirche vor 1550 Jahren auf dem Konzil von Ephesus als »Theotokos«, »Gottesgebärerin«, bekannte, ein Ereignis, dessen wir auch in diesem Jahr gedenken.
Ich empfehle euch, Eheleute der Focolar-Bewegung, der Mutter der schönen Liebe! Und ich erteile euch allen und euren Familien aus ganzem Herzen den Apostolischen Segen.
An Fokolare-Familien, Rom, 3. 5. 1981; OR 20/81

Möge euch bei dieser Arbeit diejenige beistehen, die als unvergleichliche Ehefrau und Mutter schon im Haus zu Nazaret in der Familie Christi eine ganz erhabene Aufgabe erfüllte; die aber nun kraft der höch-

sten, auf Golgata empfangenen Weisung: »Siehe, dein Sohn!« (*Joh* 19, 26) diese ihre Rolle auf die unendlich weitere Familie der Brüder Christi ausdehnt. Es ist also nur recht, daß in diesem Missions- und Marienmonat eure bedeutsame Versammlung im Namen Mariens ausklingt und daß wir alle uns nun an sie, die Königin der Apostel, um Kraft für den erneuten Vorsatz wenden, den Familien und den Völkern das Evangelium des Heils zu bringen.
An Kongregation für die Glaubensverbreitung, Castel Gandolfo, 16. 10. 1981; OR 45/81

Heute beginnt der Monat, den die Volksfrömmigkeit in besonderer Weise der Verehrung der Jungfrau Maria geweiht hat. Wenn wir vom hl. Josef und dem Haus in Nazaret sprechen, gehen unsere Gedanken unwillkürlich zu derjenigen, die in diesem Haus jahrelang als liebevolle Frau und zärtliche Mutter gewirkt hat, ein unvergleichliches Beispiel von Seelenstärke und Zuversicht. Wie sollte man also nicht wünschen, daß die heilige Jungfrau auch in unsere Häuser einkehre und durch die Kraft ihrer mütterlichen Fürsprache erreiche, daß – wie ich im Apostolischen Schreiben *Familiaris consortio* sagte – »jede christliche Familie wahrhaft eine ›Kirche im kleinen‹ werde, in der sich das Geheimnis der Kirche Christi widerspiegelt und gelebt wird« (Nr. 86)?
Damit das geschehen kann, ist es notwendig, daß in den Familien die Marienverehrung wieder aufblüht, besonders durch das Rosenkranzgebet. Der Monat Mai, der heute beginnt, kann eine günstige Gelegenheit sein, diesen schönen Brauch wieder aufzunehmen, der den christlichen Generationen im Laufe der Jahrhunderte so viele Früchte selbstlosen Eifers und geistlichen Trostes gebracht hat.
Vor Regina Coeli, Rom, 1. 5. 1982; OR 20/82

Ich freue mich, diese Eucharistie mit euch zu feiern und mit euch über die Familie nachzudenken, ausgerechnet hier im Heiligtum von Sameiro, einem Denkmal der Liebe des portugiesischen Volkes zur allerseligsten Jungfrau Maria, die hier verehrt wird unter dem Titel der Unbefleckten Empfängnis. Die vielen Brautleute, die hier ihre Hochzeit in diesem Heiligtum feiern möchten, tun es sicher in der Absicht, ihr künftiges Heim unter den besonderen Schutz der Gottesmutter zu stellen. Möge diese Frömmigkeit ein Garant sein für die Tragfähigkeit der christlichen Familien dieser Gegend und bestätigen, was der Herr Erzbischof vorhin gesagt hat: daß in dieser Gegend im allgemeinen die Familien auf einem christlichen Fundament gründen und daß in ihnen häufig Priester-, Ordens- und missionarische Berufe geweckt werden. Ich danke Gott dafür. (...)
Brüder und Schwestern! Das Sakrament der Ehe, das eure Familien gründete und sie lebendig erhält, ist groß!
Die Sendung eurer Familien ist groß:
– die Zukunft des Menschen auf der Erde hängt von der Familie ab;
– der göttliche Heilsplan und die Heilsgeschichte gehen über die menschliche Familie.
Unbefleckte Jungfrau, Unsere Liebe Frau von Sameiro, Mutter des »Kindes«, das gesetzt wurde zum »Zeichen des Widerspruchs«: mit Deinem Sohn Jesus Christus, dessen Worte Du in Deinem Herzen bewahrt und betrachtet hast, schenke allen Familien Portugals die Gnade, das Wort Gottes hören und im Herzen treu bewahren zu können!
Mutter des göttlichen Wortes in der heiligen Familie von Nazaret, erflehe diesen Familien die Harmonie, die Liebe und die Gnade! Daß in ihnen »das Zeichen« nie zum Widerspruch werde, daß der Liebe des barm-

herzigen Gottes nie widersprochen werde, die in Jesus Christus offenbar wurde! Amen.
An Familien, Sameiro (Portugal), 15. 5. 1982; OR 23/82

Ich bitte darum, daß die seligste Jungfrau eure Arbeit und euer Leben überreich segne. Sie gewähre euch etwas von jener unbegrenzten Achtung und wunderbaren Zartheit, die sie in ihrem Mutterherzen birgt, damit ihr in den Frauen, denen ihr beisteht, das Ebenbild Mariens wecken könnt.
An Kurs über Natürliche Familienplanung, Rom, 3. 7. 1982; OR 30/82

Mutter von Jasna Góra!
Heute stelle ich mich vor Dein geliebtes Bild mitten in der Weihnachtsoktav.
Die Kirche feiert in dieser Oktav das Fest der Heiligen Familie. Im Bild von Jasna Góra stehst Du immer vor uns mit dem Jesuskind auf dem Arm, als Mutter mit Kind.
Dieses Bild stellt uns das Geheimnis der Muttergottes und der Heiligen Familie vor Augen. Und deshalb möchte ich Dir heute in besonderer Weise die polnische Familie empfehlen, o Mutter.
In der Zeit der Vorbereitung auf die Tausendjahrfeier der Taufe Polens haben wir gelernt zu beten, daß die Familie stark sei durch die Kraft Gottes. Und in dieser Meinung wollen wir weiter beten.
Die Familie ist stark durch die Kraft Gottes, wenn Christus in ihrer Mitte ist – wie in der Familie von Nazaret. Die Familie, stark durch die Kraft Gottes, wird zur Kraft aller Menschen und der ganzen Nation.
Oh Mutter von Jasna Góra! Mach, daß jede Familie Polens stark sei durch die Kraft Gottes – insbesondere

wenn in unserer Heimat der Mensch und die Nation seine Kraft so ehr nötig haben.
Generalaudienz, Rom, 29. 12. 1982; OR 1/83

Der Jungfrau, unserer Herrin, die ihr schlicht und innig Santa Maria nennt, empfehle ich euch, eure Familien, vor allem die Kinder und eure Kranken. Möge sie eure Familien zu einem Heiligtum Gottes machen, einer Heimstatt christlicher Liebe, einem Bollwerk der Verteidigung und Würde des Lebens. So soll es sein mit der Gnade des Herrn und mit meinem herzlichen Segen.
An Familien, Panama, 5. 3. 1983; OR 11/83

Der heilige Rosenkranz ist ein christliches, ein evangelisches und kirchliches Gebet, aber auch ein Gebet, das die Empfindungen und die Liebe des Menschen zum Ausdruck bringt und erhebt.
In den freudenreichen Geheimnissen, bei denen wir heute kurz innehalten wollen, sehen wir das alles: die Freude der Familie, der Mutterschaft, der verwandtschaftlichen Beziehung, der gegenseitigen Hilfe. Diese Freuden, die die Sünde nicht gänzlich ausgelöscht hat, nahm Christus bei seiner Geburt in sich auf und heiligte sie. Er hat das durch Maria vollbracht. So können wir durch sie auch heute die Freuden des Menschen wahrnehmen und zu unseren eigenen machen: in sich bescheidene, schlichte Freuden, die aber in Maria und Jesus zu großen und heiligen Freuden werden.
In Maria, der mit Josef vermählten Jungfrau, die durch den Geist Gottes Mutter geworden war, lebt die Freude der keuschen Liebe der Ehegatten und der Mutterschaft, die als Geschenk Gottes angenommen

und bewahrt wurde; in Maria, die zu Elisabet eilt, lebt die Freude, den Brüdern dadurch zu dienen, daß wir ihnen Gottes Gegenwart nahebringen; in Maria, die den Hirten und den Magiern den von Israel Erwarteten zeigt, gibt es das spontane und vertrauensvolle Sich-Mitteilen, wie es der Freundschaft eigen ist; in Maria, die im Tempel ihren Sohn dem himmlichen Vater darbietet, die mit Sorge gemischte Freude, die Eltern und Erzieher für die Kinder oder die Schüler empfinden; in Maria, die nach drei Tagen angstvoller Suche Jesus wiederfindet, die leidvoll erfahrene Freude der Mutter, die weiß, daß ihr Sohn zuallererst Gott gehört, bevor er ihr gehört.
Vor Angelus, Rom, 23. 10. 1983; OR 43/84

Die Familie ist das Herz der Kirche. Aus diesem Herzen erhebe sich heute ein besonderer Akt der Hingabe und des Vertrauens an das Herz der Gottesmutter.
Im Heiligen Jahr der Erlösung wollen wir bekennen, daß die Liebe stärker ist als die Sünde und alles Böse, das den Menschen und die Welt bedroht.
Voll Demut rufen wir diese Liebe an:
»Unter deinen Schutz und Schirm fliehen wir, o heilige Gottesmutter!«
Weihe an die Gottesmutter, Rom, 25. 3. 1984; OR 13/84

Register von 15 zentralen Ansprachen
(für Seitenangaben vgl. die folgenden Register)

1. Ansprache in Washington (USA), 7. 10. 1979
2. Ansprache an Familien in Kinshasa (Zaire), 3. 5. 1980
3. Schlußansprache an die 5. Vollversammlung der Bischofssynode, Rom, 25. 10. 1980
4. Ansprache an Focolare-Familien, Rom, 3. 5. 1981
5. Ansprache an Familien in Sameiro (Portugal), 15. 5. 1982
6. Ansprache an Equipes Notre Dame, Rom, 23. 9. 1982
7. Ansprache an Familien in Madrid (Spanien), 2. 11. 1982
8. Ansprache an die 1. Plenarversammlung des Päpstlichen Rates für die Familie, Rom, 30. 5. 1983
9. Ansprache an eine Tagung über Verantwortliche Elternschaft, Castel Gandolfo, 17. 9. 1983
10. Ansprache an Bischöfe der USA, Rom, 24. 9. 1983
11. Ansprache an den Weltärztebund, Rom, 29. 10. 1983
12. Ansprache an ein Seminar über Verantwortliche Elternschaft, Rom, 1. 3. 1984
13. Ansprache an die Familien zum Jahr der Erlösung, Rom, 25. 3. 1984
14. Ansprache an eine UNICEF-Tagung, Rom, 26. 4. 1984
15. Ansprache an zwei Kongresse über Ehe, Familie und Fruchtbarkeit, Rom, 8. 6. 1984

Register der Ansprachen in Italien
(chronologisch geordnet,
Adressaten, Fundstellen im Buch)

1978
- 30. 10. (Familienkongreß) 226–228
- 9. 11. (Bischöfe USA) 39 f.
- 15. 11. (Generalaudienz) 416 f.
- 17. 11. (kanadische Bischöfe) 198
- 3. 12. (Pfarrei) 287 f.
- 3. 12. (Angelus) 542 f.
- 16. 12. (Generalsekretariat der Bischofssynoden) 265
- 31. 12. (Pfarrei) 228–230, 356 f.

1979
- 3. 1. (Generalaudienz) 357–360, 417 f.
- 10. 1. (Generalaudienz) 370, 480–482
- 13. 1. (Kommission Jahr des Kindes) 494–497
- 25. 2. (Trauung) 153 f.
- 2. 3. (Klerus) 266, 350
- 4. 3. (Redemptor hominis) 198 f.
- 18. 3. (Pfarrei) 118–120
- 1. 4. (Torre Spaccata) 232
- 5. 4. (Universitätsstudenten) 517 f.
- 8. 4. (Priester) 155 f.
- 22. 4. (Pfarrei) 266 f.
- 5. 5. (Kongreß für Familienpastoral) 43–45
- 6. 5. (Pfarrei) 288 f.
- 15. 5. (italienische Bischöfe) 351
- 23. 5. (Welttag der sozialen Kommunikatiosmittel) 497–502
- 8. 9. (Loreto) 122, 361 f.
- 16. 10. (Catechesi tradendae) 268–270
- 20. 10. (peruanische Bischöfe) 47
- 23. 10. (Bischöfe Papua-Neuguinea) 52
- 28. 10. (argentinische Bischöfe) 47–52
- 29. 10. (kolumbianische Bischöfe) 233
- 3. 11. (C. L. E. R) 156–158, 419, 432–436
- 15. 11. (venezolanische Bischöfe) 52–55
- 7. 12. (Frauen) 482–485
- 22. 12. (Kardinäle) 55–57, 420
- 25. 12. (Weihnachtsbotschaft) 504 f.

1980

26. 1. (Hebammen) 378–382
4. 2. (Rota Romana) 200–208
23. 2. (Generalsekretariat der Bischofssynoden) 57–61
13. 4. (Turin) 362–364
Ostern (Schreiben an die Kirche in Ungarn) 270 f.
18. 5. (Botschaft zum Welttag der sozialen Kommunikationsmittel) 236–241
29. 5. (italienische Bischöfe) 66–68, 271 f., 290–292
7. 6. (indonesische Bischöfe) 437 f.
28. 6. (Kardinäle) 68 f.
15. 8. (Schreiben an die ganze Kirche) 71–74, 319 f.
15. 8. (Angelus) 550–552
30. 8. (L'Aquila) 420 f.
14. 9. (Siena) 382–384
22. 9. (Laienrat und Familienkomitee) 292 f.
26. 9. (Eröffnung der Bischofssynode) 163, 242 f., 293–295
12. 10. (Familien) 163–168, 295–298
12. 10. (Angelus) 320–322
25. 10. (Schlußversammlung der Bischofssynode) 74–77, 123 f., 208 f., 243–245, 338 f., 488 f.
10. 11. (Kolloquium über Europäische Menschenrechtskonvention) 124–126
22. 12. (Kardinäle) 440–442

1981

15. 1. (Familienkongreß Afrika und Europa) 442–447
21. 1. (Rota Romana) 210–216
20. 2. (Rota Romana) 103 f.
5. 4. (Angelus) 422–424
26. 4. (Sotto il Monte) 246–249
26. 4. (Bergamo) 300–303, 386–388
3. 5. (Fokolare-Familien) 303–305, 322–325, 388–391, 552
9. 5. (Motu Proprio Familienrat) 29–34
10. 5. (Regina Coeli) 424 f.
13. 5. (Generalaudienz, durch Attentat verhindert) 21 f.
26. 8. (irische Jugendliche) 521–523
14. 9. (Laborem exercens) 536 f.
5. 10. (Laienrat) 78
16. 10. (Kongregation für die Glaubensverbreitung) 126–129, 277 f., 552 f.
18. 10. (Weltmissionssonntag) 278 f., 326 f.
25. 10. (Angelus) 537–539

13. 11. (Sekretariat für die Einheit der Christen) 78 f.
6. 12. (Angelus) 489–491
22. 12. (Kardinäle) 22–24

1982
3. 1. (Angelus) 545
7. 1. (Katecheten) 352
16. 1. (Diplomatisches Corps) 129–131, 447 f., 539 f.
11. 3. (tschecho-slowakische Bischöfe) 328
19. 3. (Livorno) 305 f.
25. 3. (Priesterseminar) 24–26
1. 5. (Regina Coeli) 553
2. 5. (Weltgebetstag für geistliche Berufe) 353
3. 7. (Kurs über Natürliche Familienplanung) 451–455, 555
22. 7. (UNO-Konferenz) 546 f.
29. 8. (San Marino) 220, 455
18. 9. (Interparlamentarische Union) 139 f.
23. 9. (Equipes Notre Dame) 331–344
23. 10. (Akademie der Wissenschaften) 392–394
28. 10. (Deutscher Bundespräsident) 138 f.
31. 10. (Heiligsprechung) 140–142
23. 11. (Kardinäle) 81 f.
29. 11. (Kongreß zur Verteidigung der Moral) 26–29
26. 12. (Angelus) 365–367
29. 12. (Generalaudienz) 108, 555 f.

1983
14. 1. (deutsche Bischöfe) 394–396
21. 1. (deutsche Bischöfe) 108 f.
17. 2. (römischer Klerus) 82 f.
18. 3. (jugoslawische Bischöfe) 84
22. 4. (litauische Bischöfe) 281 f.
28. 4. (kanadische Bischöfe) 84–86, 254 f., 455 f.
30. 5. (Familienrat) 34 f., 87 f., 142, 255 f., 282–284, 356 f.
1. 7. (kubanische Bischöfe) 89 f.
17. 9. (Tagung über Verantwortliche Elternschaft) 457–461
24. 9. (Bischöfe USA) 90 f., 142 f., 284 f., 462–467
9. 10. (Trauung) 187–192
23. 10. (Weltmissionssonntag) 285
23. 10. (Angelus) 556 f.
29. 10. (Weltärztebund) 396–402

7. 11. (Familienkongreß) 143–146
22. 12. (Kardinäle) 111 f., 367

1984
26. 1. (Bischöfe Costa Rica) 92 f.
26. 1. (Rota Romana) 222 f.
11. 2. (Schreiben zum Welttag der geistlichen Berufe) 353 f.
 1. 3. (Seminar über Verantwortliche Elternschaft) 467–472
25. 3. (Familien) 112–114, 192–196, 308–315, 557
26. 4. (UNICEF-Tagung) 505–511
27. 4. (Schönstattfamilien) 315 f.
26. 5. (Familienrat) 528–533
 7. 6. (Generalsekretär der Weltkonferenz für Bevölkerungsfragen) 402–409
 8. 6. (Zwei Kongresse über Ehe, Familie und Fruchtbarkeit) 473–478
25. 6. (griechische Bischöfe) 94
28. 6. (Kardinäle) 147–149
 8. 7. (Botschaft an deutschen Katholikentag) 409 f.
15. 8. (Brief an Präsidenten der Eucharistischen Weltkongresse) 344–349
30. 8. (venezolanische Bischöfe) 94 f.
 6. 9. (Tagung Universität Sacro Cuore) 410–415
 4. 10. (peruanische Bischöfe) 115
16. 10. (Botschaft an UNICEF) 512–516

Register der Auslandsreisen
(chronologisch geordnet, Fundstellen im Buch)

1979

Mexiko
  Puebla 28. 1.
  18–21, 40 f.
  Palafoxiano 28. 1.
  41–43, 117 f., 153, 230–232
  Mexico-City 29. 1.
  43
  Guadalajara 30. 1.
  360 f.
  Guadelupe 549

Polen
  Tschenstochau 5. 6.
  199, 418
  Tschenstochau 6. 6.
  534 f.
  Jasna Gora 6. 6.
  120 f.
  Novy Targ 8. 6.
  370 f.

Irland
  Drogheda 29. 9.
  233
  Limerick 1. 10.
  7, 200, 267 f., 319, 431 f.,
  549 f.

USA
  Boston 1. 10.
  518 f.
  New York 2. 10.
  502–504
  Chicago 5. 10.
  45–47
  Washington 7. 10.
  372–378, 550

1980

Afrika
  Kinshasa 3. 5.
  61–63, 158–162, 234 f.
  Nairobi 6. 5.
  63–66, 236
  Nairobi 7. 5.
  289 f.
  Abidjan 10. 5.
  485
  Abidjan 11. 5.
  66, 485

Frankreich
  Paris 31. 5.
  486–488, 535 f.
  Paris 1. 6.
  519–521
  Paris 2. 6.
  98–101, 241 f.

Brasilien
  Rio de Janeiro 1. 7.
  7 f., 69–71, 101 f., 122 f.
  Porto Alegre 5. 7.
  272 f.

Deutschland
  Köln 15. 11.
  102 f., 210, 298–300, 421 f.,
  439 f.
  Fulda 17. 11.
  77
  Mainz 17. 11.
  245
  München 19. 11.
  543 f.

1981

Ostasien
 Manila 19. 2.
 273
 Cebu City 19. 2.
 168–171, 273–275, 385 f.
 Iloilo City 20. 2.
 275 f.
 Guam 23. 2.
 276 f.
 Tokio 23. 2.
 77, 300
 Nagasaki 25. 2.
 351 f.

1982

Afrika
 Onitsha 13. 2.
 104–106, 131 f.
 249 f., 279, 328, 448 f.,
 546
 Kaduna 14. 2.
 280
 Bata 18. 2.
 250
 Libreville 19. 2.
 79, 171–173, 280 f.

Portugal
 Fatima 13. 5.
 80 f.
 Sameiro 15. 5.
 132–137, 173–175, 216–218,
 306, 449–451, 554 f.

England
 London 30. 5.
 307
 York 31. 5.
 106–108, 138, 176, 218 f.,
 329

Spanien
 Madrid 2. 11.
 176–185
 Javier 6. 11.
 364 f.
 Barcelona 7. 11.
 250 f.
 Santiago de Compostela
 9. 11.
 491 f.

1983

Mittelamerika
 San José 3. 3.
 307 f.
 Leon 4. 3.
 251 f.
 Panama 5. 3.
 185–187, 221 f., 252–254, 556

Polen
 Breslau 21. 6.
 256–260

Österreich
 Wien 11. 9.
 109–111, 308, 329, 457
 Wien 13. 9.
 523

1984

Schweiz
 Einsiedeln 15. 6.
 35 f.

Ostasien
 Korea 4. 5.
 523–526
 Seoul 6. 5.
 317
 Port Moresby 8. 5.
 93, 146 f.

Kanada
  Montreal 11. 9.
  526 f.
  Saint John's 12. 9.
  260–262
  Toronto 14. 9.
  95 f.
  Vancouver 18. 9.
  425–427
  Ottawa 19. 9.
  114 f., 427 f.

Karibik
  San Juan 12. 10.
  149 f.

Sach- und Namenverzeichnis

Abtreibung 24, 41, 46, 65, 68, 92, 105, 114 f., 131, 150, 179 f., 230, 254, 280, 308, 369, 385, 387, 397, 404, 412 f., 415–428, 431 f., 437, 477, 514
Ad gentes 68, 128, 316
Adoption 396, 398
Akkulturation 123, 127 f.
Aktion »Wähle das Leben« 139, 394 f., 409
Alkoholismus 129, 281
Alter 60, 67, 160, 377, 408, 411, 414, 540–547
Anfang, »am Anfang« 23, 37 f., 39, 69, 72, 151, 174 f., 178, 224, 309 f., 469
Anthropologie (s. Menschenbild)
Antikonzeption (s. Kontrazeption)
Apostolat
– an der Familie (s. Familie als Objekt der Pastoral; s. Familienpastoral)
– der Familie (Sendung der Familie) (s. Familie, Sendung; s. Familie Subjekt der Pastoral)
Apostolatus peragendi 30
Apostolicam actuositatem 30, 50, 55, 68, 126, 129, 138, 228, 287 f., 291, 313, 347, 363, 432, 485
Arbeit (Beruf) 51, 77, 94, 360 ff., 486, 489 f., 533–540
Arzt und Patient 393 f., 397 f.
Aufgaben der Familie (s. Familie, Sendung)
Augustinus 87, 460, 470, 472

Befruchtung, künstliche (s. auch Biologie und Medizin, moderne) 369, 393, 400
Beichte 209, 309, 342, 461, 472
Bernhardin, Hl. 421
Beruf (s. Arbeit)
Berufung
– zu Ehe (s. Ehe, Berufung)
– zu Elternschaft (s. Elternschaft)
– geistliche (s. a. Familie, Seminar) 24 ff., 156, 198, 267 f., 276, 280, 292, 299, 301, 306, 316 f., 321 f., 327, 340, 349–354, 365, 451, 554
Bevölkerungsfragen 402–409, 508
Bevölkerungsplanung (Geburtenplanung) (s. a. Kontrazeption) 118, 150, 369, 403, 415 f., 421, 430, 447, 508
Bindungsorganismus 39, 56
Biologie und Medizin, moderne 392 f., 396–402
Bischofssynode 1980, römische 11, 22, 31, 43, 56 ff., 60, 69, 71 ff., 78 f., 81 f., 113, 123 ff., 141, 143, 163, 165, 168, 172, 175, 192, 196, 208 ff., 212, 215, 236, 242, 265, 290, 292 ff., 302, 315, 321, 333, 372, 421, 433, 438, 440 ff., 490, 509, 538 f., 551 f.
Bund (s. Ehe und Bund Gottes; s. Ehe, Liebesbund)

Casti connubii 195
Catechesi tradendae 56, 270, 272, 279, 292

Charta der Familienrechte 13, 98, 104, 117, 130, 367, 405, 494, 509, 515
Christus – Kirche (s. Ehe und Bund Gottes)
Chromosomenbehandlung (s. Biologie und Medizin, moderne)
Chrysostomus, Hl. 286 f.
C. L. E. R. 419, 432–436
Communio personarum (s. a. Person) 34 f., 92, 135, 161 f., 169, 183 f., 186, 193, 218, 225, 249, 298, 324, 334, 371, 426, 469, 540
Communio personarum (Buchreihe) 9 f., 13, 16, 80, 135, 152, 350, 431
Cyprian, Hl. 326

Dignitatis humanae 125, 148
Dives in misericordia 110

Ecclesiola (s. Hauskirche)
Egoismus 35, 106, 311, 368, 374, 376, 404
Ehe
– begleitende Pastoral 62, 114, 273
– Berufung 7 f., 24 f., 53, 83, 85, 96, 156, 158, 163 f., 180, 184, 188, 192, 198, 229, 246, 320, 337, 354, 451
– und Bund Gottes (Schöpfungsordnung AT, Erlösungsordnung NT) (s. a. Ehe und Familie, Plan Gottes; s. a. Menschwerdung) 22, 30, 53, 58, 64, 66, 75, 78, 85 f., 91, 133, 146, 151 f., 156, 159 f., 167 ff., 172, 174 f., 182, 185 f., 189, 218 f., 225, 236, 257, 262, 332 f., 462 ff.
– Dreibund 152, 157, 192, 313 f., 320, 324, 374, 555
– Einssein der Eheleute (s. Communio personarum; s. Ehe, Sakrament, s. Ehe, Liebesbund)
– Fruchtbarkeit (untrennbare Verbindung von Liebe und Leben) 114, 152, 158, 160, 163 ff., 169 f., 172, 179, 186, 192 ff., 247, 370 f., 374 f., 382, 385, 388 f., 426, 428, 439 f., 455 ff., 463 f., 551
– Gemeinschaft, unauflösliche (s. a. Ehe, Treue) 25, 45, 49, 59, 64, 113, 146, 149, 158, 167, 170, 172, 175, 178, 191, 196–223, 234 f., 250, 262, 281, 371, 376, 385, 455, 463
– großes Geheimnis 155, 157, 170 f., 185 f., 192, 198, 299, 323
– Gültigkeit (Nichtigkeitsverfahren) 200–208, 212 ff.
– Heiligkeit 52, 77, 157, 200, 222, 281, 288, 342, 371, 461
– und Kind (s. Kind)
– kinderlose 58, 173, 396, 398, 449
– Liebesbund 46, 58, 154, 157 ff., 166 ff., 173, 188 f., 192 ff., 196, 210 f., 218, 221, 249, 255, 323, 333 ff., 371, 374, 388, 390 f., 464
– Mischehe (s. Mischehe)
– Sakrament 9, 14, 30, 52 f., 86, 91, 94, 96, 119 f., 129, 142, 151–195, 220 f., 232, 235, 247, 263, 271 f., 274, 284, 287, 289, 299, 303 f., 320, 325, 334, 338, 371, 374, 431, 445, 462, 476, 549, 551, 554
– Sittlichkeit in der E. 247, 250, 277, 391, 441

- Teilhabe an der Liebe Gottes 53, 64, 96, 163 ff., 170 f., 176, 186, 189 f., 224 f., 261, 282, 324, 335, 448
- Treue (s. a. Ehe, Gemeinschaft, unauflösliche) 15, 153 ff., 158, 193, 210, 222, 229, 234 f., 308, 311, 323, 386
- und Trinität 58, 63, 92, 152, 153, 158 f., 176
- Zentrum der Familie 58, 103, 134, 152, 165, 347

Ehe und Familie
- und Eucharistie 7, 185, 209, 217, 285, 301, 330-349, 461
- Lehre der Kirche 32, 40, 48, 57 f., 64 f., 71, 77, 79, 85 f., 88, 93 f., 127, 170, 177, 182, 194 f., 210, 223, 244, 316, 439, 470
- Nachfolge Christi 58, 72, 335 f.
- Plan Gottes (s. a. Ehe und Bund Gottes) 10, 22, 49, 52 f., 59, 69, 75 f., 82 f., 86, 97, 102, 114, 132, 136, 153 f., 159, 164 f., 178, 181 ff., 194, 197, 218, 221, 224, 249, 254, 282, 309 f., 403, 426, 438 f., 445 f., 460, 469, 554
- Schwierigkeiten 78 f., 191, 218 f., 261, 342
- Spiritualität 33, 62, 70, 183, 252, 298
- Theologie 151-223
- Wahrheit über 21, 178 f., 193, 195, 431, 461, 469 ff.

Ehebruch 115, 193

Ehegelöbnis (-versprechen) 153, 160 f., 167, 176, 185, 199, 255, 288, 323, 522

Ehelosigkeit »um des Himmelreiches willen« 73, 155 f., 322, 340, 349

Eheprozesse (s. Ehe, Gültigkeit)

Ehescheidung (s. a. Ehe, Gemeinschaft; s. a. Wiederverheiratete Geschiedene) 35, 41, 48, 60, 89, 92, 103, 105 f., 109, 114 f., 150, 197, 200, 211, 216, 254, 385, 420, 526

Ehevorbereitung 42, 59, 61, 64, 70, 77, 84, 90, 95, 114, 132, 212, 218, 261, 273, 517 ff., 526-533

Elternschaft (Beziehung Eltern-Kinder) (s. a. Erziehung; s. a. Kind; s. a. Ehe, Fruchtbarkeit) 96 f., 98 f., 107, 110, 112 f., 170, 173, 188, 253, 357, 359, 385 f., 389, 406 f., 439, 530, 552
- Berufung 7, 136, 180, 426
- Rechte 125, 136, 144, 180 f., 448
- verantwortliche (s. a. Empfängnisregelung) 33, 95, 106, 188, 261, 303, 375, 382, 396, 407, 428-478
- Würde 368-415

Embryo (s. Biologie und Medizin)

Empfängnisregelung, natürliche (s. a. Ehe, Fruchtbarkeit; s. a. Elternschaft, verantwortliche) 188, 261, 342, 428-478

Empfängnisverhütung (s. Kontrazeption)

Entchristlichung (s. Säkularisierung)

Entfremdung (s. Mensch, Selbstentfremdung)

Equipes Notre Dame 13, 73, 331-344, 434

Erklärung der Rechte des Kindes 227

Erneuerung (s. Umkehr)
Erziehung (s. a. Ehevorbereitung; s. a. Elternschaft; s. a. Familie und Schule; s. a. Kind) 44 f., 54 f., 60, 84, 98 ff., 121, 135 f., 143, 147, 173, 180 f., 224–285, 305 ff.
– Recht des Kindes auf E. 125, 357, 366, 386, 389 f., 466, 496, 536 f.
Ethik (s. Sittengesetz)
Europäische Menschenrechtskonvention 124, 126
Euthanasie 47, 369, 379 f., 397, 411 ff.
Evangelii nuntiandi 43, 54, 146, 291, 317
Evangelisierung der Familie (s. Familie, Objekt)
– durch die Familie (s. Familie, Subjekt)
Experimente mit dem Menschen (s. Biologie und Medizin)

Familiaris consortio 8 f., 22, 34, 79 f., 81 ff., 88 ff., 106 f., 110 ff., 131, 133, 139, 141, 143 f., 172 f., 175, 178 ff., 192, 195, 217, 250 ff., 260 f., 280, 306, 313, 315, 331, 333, 347, 350, 366, 396, 404, 414, 416, 430 f., 450, 453, 456 f., 462, 469, 506, 510, 528 f., 546, 553
Familie
– Amt, dreifaches (prophet., priesterl., königl.) 30, 198 f., 200, 303
– Bedrohungen (s. a. Gesellschaft, Verfall und Wandel) 40, 55, 86, 92, 96 ff., 101 ff., 110 ff., 237 ff., 246, 302
– Bestimmung, ewige 49, 224, 331, 339
– Beziehung Eltern–Kinder (s. a. Erziehung; s. a. Elternschaft) 253, 257 f., 307
– Einheit (s. a. Ehe, Gemeinschaft) 49, 67, 150, 199, 250, 261, 320
– Entwicklungsetappen 38
– Erneuerung (Humanisierung) der Gesellschaft (s. Familie, Grund- und Lebenszelle)
– Gebet 146 f., 191, 194, 233, 253 f., 272, 279, 284 f., 299 f., 313 f., 317–330, 337
– Gemeinschaft, erlöste und erlösende 8, 286, 330 f.
– Gemeinschaft der Liebe und des Lebens 45, 48, 63, 75, 85, 120 ff., 138, 166, 177, 211, 224, 235, 260 f., 319, 332, 367, 370 f., 375, 426, 509
– Grund- und Lebenszelle (Fundament, Erneuerung) der Gesellschaft 17 f., 22, 26, 29, 41, 43, 50, 54 ff., 65, 68, 70, 72, 78, 80, 88, 95, 102 f., 116–150, 210, 220, 225, 228, 234 f., 254, 259, 278, 289, 294, 305, 316, 318, 371, 405, 414, 462, 509
– und Handeln, politisches 44, 116–150, 412 f.
– Hauskirche (s. Hauskirche)
– Heiligkeit 246, 261, 279, 366, 371
– Heiligung 43, 95, 108, 187, 234, 329, 348, 462
– Heiligtum (s. Hauskirche)
– Heim 7, 118 f., 122, 231, 306, 329, 344, 361 f.
– Herz der Kirche 9, 548 f., 557

- Institution 59, 104, 136, 144, 178, 210 ff., 249, 509
- und Katechese (s. Familie, Schule des Glaubens)
- und Kind (s. Kind)
- und Kirche (s. a. Hauskirche) 37, 44, 65, 73, 155, 172, 225, 242, 285–354
- Kirche, kleine (s. Hauskirche)
- Kultur (s. Familie, Grund- und Lebenszelle)
- Lagen, irreguläre 37, 60, 219
- und Mission 126 ff., 327, 338 f., 364
- Objekt der Pastoral 15, 21, 32, 37–96, 146, 244, 319
- Ökumene 79
- Paschamysterium 91, 172, 219, 262, 294, 336, 339, 353
- Persönlichkeitsbildung (s. Erziehung)
- Probleme (s. a. Familie, Situation; s. a. Gesellschaft) 42, 70, 82, 101, 106, 114, 126, 170, 197, 208, 231, 299, 320, 342, 366, 540
- Rechte und Pflichten 116 f., 120, 124 f., 129 f., 138, 144 f., 147 f. 370
- und Schule (s. a. Erziehung) 147 ff., 181, 241 f., 251, 270 f., 531
- Schule des Apostolats 68
- – des Glaubens (s. a. Familie, Subjekt) 49, 88, 236, 251, 272 f., 299, 314, 316, 329, 351 f.
- – der Humanität 104, 145, 165, 359, 363, 366
- – der Tugenden 8, 40, 79, 129, 131, 172 f., 224–262, 314
- – der Werte 117, 123, 142, 144, 172 f., 224–262
- Seminar, erstes (s. a. Berufung, geistliche) 41, 54, 68, 253, 276, 282, 299, 316, 322, 351
- Sendung 32 f., 43, 56, 73, 76, 83, 90, 183, 224–263, 303, 316 f., 319, 322
- Situation heute 34, 37 ff., 41, 47, 82, 96–115, 175, 177 f., 200, 440, 540
- Subjekt der Pastoral (s. a. Familie, Seminar) 37, 40 ff., 47, 54, 56, 60, 83, 87, 252, 254, 261, 263–285, 291, 306, 315 f., 348, 364
- Typen 127, 160 f.
- Vorbild (Zeugnis) (s. a. Familie, Subjekt) 168, 175, 248, 262, 275, 278 f., 280 f., 289 f., 303 f., 306, 313, 316, 320, 327 f., 347 f., 366, 451
- Werte 35, 47, 55 f., 70, 80, 87, 92, 96 f., 108, 113, 139 f., 171 ff., 224–263, 282, 363 f., 366, 442
- Würde 7, 56, 103, 114, 235
- Zukunft von Kirche und Welt 7 ff., 85, 87, 90, 123, 132 ff., 138, 149, 196, 289, 311 f., 343, 444, 522, 554

Familienbewegungen 62, 70, 252, 274, 284, 316

Familienkatechese (s. Familienpastoral)

Familienorganisationen 33, 133, 145, 226

Familienpastoral (-katechese) 14, 21, 32, 36–96, 133, 164, 197, 210, 244, 252, 274, 315, 319, 322, 351

Familienplanung (s. Bevölke-

rungsplanung; s. Ehe, Fruchtbarkeit; s. Empfängnisregelung, natürliche)
Familienpolitik (s. a. Gesellschaft, Pflicht) 42, 68, 70, 101 f., 116–150, 165, 381, 384, 387, 407, 483, 510 f., 534 ff.
Familiensinn 41, 48, 63, 105, 122 f., 160, 171, 235
Firmung 271
»ein Fleisch« (s. Ehe, Liebesbund)
Fokolare-Familien 322–325
Frau
- Mutterschaft 22, 160, 172 f., 188, 232, 258, 361, 382, 384, 390, 407 f., 417 f., 424, 478–492, 510, 514, 534 f., 556
- Rolle in Gesellschaft 7, 77, 308, 407 f., 478–492
- Würde 105 f., 172 f., 211, 382, 405
Freiheit
- Verständnis, falsches 97, 106, 110, 376
- persönliche 20, 106, 329

Ganzhingabe (s. Ehe, Liebesbund)
Gaudium et spes 19, 23, 30, 46, 49, 54, 63, 68, 72, 91, 103 f., 111, 128, 148, 150, 157, 170 f., 178, 195, 211, 227, 235, 276, 282, 288, 303 f., 325, 333, 353, 374, 379, 390, 392, 400, 403, 445, 459, 462 f.
Geburtenplanung (s. Bevölkerungsplanung)
Gehorsam gegen Sittengesetze (s. Sittengesetz, natürliches)
Gemeinschaft der Heiligen 167
Gemeinschaft von Personen (s. Communio personarum)
Gentechnologie (s. Biologie und Medizin)
Geschlechtserziehung (s. Sexualerziehung)
Geschlechtsverkehr
- außerehelich 46
- ehelich 45 f., 114, 132, 161, 179, 210, 391, 429 f., 450 f., 465
- vorehelich 115
Gesellschaft (s. a. Familie, Erneuerung; s. a. Familie, Grund- und Lebenszelle)
- Entchristlichung 109, 177, 200, 264, 269, 412 ff.
- Grundwerte (s. a. Leben; s. a. Familie, Werte) 109, 152, 403
- Pflicht zum Schutz der Familie (s. a. Familienpolitik) 117, 121, 126, 130, 138, 141, 144, 165, 180 f., 211 f., 252
- Verfall und Wandel 28 f., 58, 68, 84, 87, 91, 93 f., 100, 102, 115, 222, 305, 311 f., 412 ff., 423, 452, 513, 540
Gewissen 27 f., 58, 232, 384, 387 f., 417, 423, 425, 450, 468 ff.
Gott als Familie (s. Ehe, Trinität)
Gott als Vater 54, 188 f., 230, 390
Gradualität (s. Weg des Wachsens)
Gravissimum educationis 137, 226 f., 251, 389 f., 496
Grundrechte 49 f., 62, 102, 124, 179, 217, 252, 383, 410, 450, 486
Grundwerte (s. Familie, Werte; s. Gesellschaft, Grundwerte)

571

Haben (s. a. Sein und Sollen) 99, 184
Hauskirche 8, 30, 37, 40, 42 ff., 47, 50, 54, 57, 65, 68, 72 ff., 78, 92, 129, 152, 166, 171, 184, 246, 250, 253, 263 f., 269, 278, 285–317, 320, 347, 352, 355, 363, 366, 420, 485
Hedonismus (s. a. Permissivität; s. a. Materialismus) 23, 48, 67, 91, 100, 103 f., 108, 114, 363, 377, 412, 414, 420, 442, 444, 513
Hedwig, Hl. 256 ff.
Heilige Familie 30, 52, 55, 74, 92, 104, 108, 149 f., 168, 184, 236, 248 f., 275, 293, 320 f., 354–367, 448, 552, 555
Heiliger Geist 29, 152 f., 175 ff., 182, 185, 195, 242, 254, 314, 316, 319, 322 f., 336, 437, 471, 551
Heilsgeschichte 156 f., 185, 299, 438
Heilsplan Gottes (s. Ehe und Bund Gottes; s. Ehe und Familie, Plan Gottes)
Hippokrates, Eid des 397
Homosexualität 46
Humanae vitae 10, 45, 49, 59, 65, 71, 158, 179, 193, 195, 261, 382, 428–478
– personalistische Begründung 438, 443, 468, 473
Humanismus 19 f., 26, 80, 360, 540
Humanwissenschaften (s. Wissenschaften)

Insemination (s. Befruchtung, künstliche)
Institut »Johannes Paul II« für Studien über Ehe und Familie 18, 21, 23, 82, 90, 431, 468
In-vitro-Fertilisation (s. Befruchtung, künstliche)
Irenäus, Hl. 19, 57

Jahr des Kindes 227, 497, 502
Johannes XXIII 246 ff., 300 ff., 386 ff.
Johannes Paul I 39, 63, 65, 327
Johannes Paul II 9 ff., 18, 38 f., 152 f., 197, 225, 265, 286 f., 318, 331, 349 f., 369, 416, 430, 479, 517, 528, 534, 541, 548
Jugend 55, 238 ff., 320, 328, 361, 516–527

Katharina von Siena, Hl. 384
Kentenich, Josef 39
Kind (s. a. Ehe, Fruchtbarkeit; s. a. Elternschaft; s. a. Familie, Erziehung; s. a. Leben, Unantastbarkeit) 105, 107, 376, 396, 493–516
– Rechte 125, 227, 494 ff.
Kirche (s. a. Familie und Kirche)
– Familie Gottes 53, 84, 275, 287, 297, 347
– und Intellektuelle 77
– mystischer Leib 73, 163, 261, 282, 298, 337 f., 346, 437
Komitee für die Familie (s. Päpstlicher Rat für die Familie)
Kommunikationsmittel 145 f., 177, 236 ff., 413, 498–502, 530 f.
Kontrazeption (s. a. Bevölkerungsplanung) 41, 45, 65, 68, 92, 103 ff., 114 f., 179,

254, 369, 385, 404 f., 415, 419, 426, 428–478
Konsumgesellschaft (s. Hedonismus)
Konzil, Zweites Vatikanisches 17, 23, 40, 46, 65, 71, 76, 91, 103, 111, 117, 128, 147, 156, 170, 180, 211 f., 228, 261, 265, 268, 276, 282, 303, 315, 325, 346, 374, 379, 389, 452
Kultur (s. Familie, Grund- und Lebenszelle)

Laborem exercens 490, 534, 537
Laien 60, 236, 240, 251, 265, 285, 299
Leben
– Angst vor dem L. 19, 368, 377, 404, 422, 446, 505, 508
– Dienst am L. 22 ff., 180, 225, 255, 377, 383
– Geheimnis des L. 165, 188, 506
– lebensfeindliche Gesinnung (anti-life-mentality) 24, 106, 312, 387, 395, 410, 419, 422, 447 f., 450
– Recht auf L. 46, 124, 370 f., 377, 379, 387, 421, 486 f., 514
– unantastbar von Empfängnis an (s. a. Abtreibung) 33, 36, 46, 64, 89, 113, 121, 139, 150, 179 f., 188, 229 f., 250, 254, 258, 280, 289, 308, 359 f., 369–428, 432, 437, 442, 446, 508, 549, 550, 556
– Weitergabe (s. Ehe, Fruchtbarkeit)
– Würde (Heiligkeit) 368–415, 513 f.
Lebensgemeinschaften, freie 58, 92, 102 f., 114 f., 253, 452, 462
Liebe und Fruchtbarkeit, untrennbar zusammengehörig (s. Ehe, Fruchtbarkeit; s. Elternschaft, verantwortliche; s. Empfängnisregelung, natürliche)
Liebesgebot 23, 166 f., 190 f., 325, 380
Lumen gentium 30, 50, 53, 68, 72, 92, 124, 253, 278, 283, 287 f., 291, 315, 317, 333, 347 f., 363, 461, 463

Manipulation, genetische (s. Biologie und Medizin)
Marguerite Bourgeoys, Hl. 140 ff.
Maria 25, 40, 52, 61, 91, 149, 255, 284, 316, 328, 331 f., 343, 355, 361 ff., 375, 384, 417 f., 424, 427, 478, 481, 488 f., 491, 548–557
Massenmedien (s. Kommunikationsmittel)
Materialismus (s. a. Hedonismus) 94, 96, 387
Matrimonia mixta 79
Medien (s. Kommunikationsmittel)
Mensch (s. a. Leben, unantastbar; s. a. Leben, Würde; s. a. Person)
– Abbild Gottes 19, 36, 45, 50, 164, 186 ff., 246, 369, 373, 379, 382, 385, 396, 504, 520, 522
– Lebensbeginn (s. Leben, unantastbar)
– Objekt 100, 134 f., 172, 392, 400
– Selbstentfremdung 100, 311, 508

- ungeborener 380 f., 385, 420
- Wahrheit über den M. 17–36, 100, 164, 360, 379, 452, 458, 469 ff., 486, 488
- Würde des M. 24, 36, 46, 50, 57, 179, 195, 210, 218, 230, 382, 399 f., 403, 420, 430

Menschenbild 17 ff., 26, 474 ff.
- autonomes 24, 441, 458

Menschenrechte (s. Grundrechte; s. a. Europäische Menschenrechtskonvention; s. a. Menschenrechtserklärung)

Menschenrechtserklärung 124, 405

Menschwerdung (Inkarnation) 19, 157, 174, 321, 323, 356, 359 f., 362, 367, 375, 437

Mischehe 35, 77 f., 107 f.

Mittwochskatechesen (s. Theologie des Leibes)

Moral
- Niedergang (s. a. Gesellschaft, Entchristlichung; s. a. Gesellschaft, Verfall) 50, 55, 109
- öffentliche 26 ff., 99, 259, 307, 377

Mutter (s. Frau)

Mutter Teresa 321, 424

Natürliche Familienplanung (s. Elternschaft, verantwortliche; s. Empfängnisregelung, natürliche)

Naturgesetz (s. Sittengesetz)

Naturwissenschaften (s. Wissenschaften)

Optatam totius 41, 68, 276, 351

Pacem in terris 489

Päpstlicher Rat für die Familie 18, 21, 23, 30–34, 35, 57, 78, 81, 87 f., 142, 255 f., 282 ff., 293, 365 f., 431, 433, 528–533

Päpstlicher Rat für die Laien 21, 31, 33, 78, 293

Pastoral (s. Familienpastoral; s. Ehe, begleitende Pastoral)

Paul VI 30, 39, 45, 49, 51, 71, 73, 118, 291, 339, 382, 428, 434, 437, 497

Permissivität (s. a. Hedonismus; s. a. Materialismus) 26, 68, 101, 113, 115, 131, 272, 377, 405, 435, 441, 462

Person 158, 184, 310, 324, 369, 381, 383, 389, 391, 400, 403, 446, 459, 462, 473 f., 506
- Einheit Geist–Leib 76, 324, 389, 391 f., 398 ff., 426, 446, 519 f.
- Ganzhingabe (s. Ehe, Liebesbund)
- Gemeinschaft von Personen (s. Communio personarum)
- Werte 17, 65, 229, 404
- Würde 25 f., 126, 131, 197, 210, 373, 400 f., 403 f., 426, 465

Pessimismus (s. Leben, Angst)

Pius XII 205, 213

Plan Gottes (s. Ehe und Familie, Plan Gottes)

Polygamie 103, 105, 112, 128, 159, 385

Pornographie 115, 442, 444

Populorum progressio 403

Priesterseminare 34, 90

Priestertum (s. a. Berufung, geistliche) 73, 155, 198 f., 322

Redemptor hominis 198 f., 290, 370, 388
Rerum novarum 489
Rota, Sacra Romana 23, 103 f., 200–208, 210–216, 222 f.

Säkularisierung (s. a. Gesellschaft, Entchristlichung; s. a. Gesellschaft, Verfall) 108, 111, 269, 275
Scheidung (s. Ehescheidung)
Schönstatt-Familien 315 f.
Schule (s. Familie und Schule; s. Erziehung)
Sein und Sollen (s. a. Haben) 26, 76, 99 ff., 224, 383, 437, 441, 459, 469, 473 f.
Selbstentfremdung (s. Mensch, Selbstentfremdung)
Sexualerziehung 70, 114, 145, 274, 433, 435, 466
Sexualität 246, 274, 293, 465, 477
Sittengesetz, natürliches (Naturgesetz) 26 ff., 33, 54, 76, 99 ff., 120, 181 f., 369, 371, 379, 383, 386 f., 402, 417, 422, 441, 460, 469 f., 473 f.
Sittlichkeit 17, 26 ff., 51, 131, 229, 259, 324, 369
– in der Ehe (s. Ehe, Sittlichkeit)
Spiritualität (s. Ehe und Familie, Spiritualität)
Statistiken 53, 68
Sterilisation 65, 92, 254, 404 f., 415, 477
Subsidiarität (s. Gesellschaft, Pflicht)

Taufe 170, 176, 209, 263, 266, 272, 282, 374, 449
Theologie des Leibes (Mittwochskatechesen) 9, 56, 69, 114, 152, 350, 431
Thomas von Aquin, Hl. 182, 367
Trauritus (s. Ehegelöbnis)

Umkehr 57, 109 f., 182, 255, 308 ff., 335 f., 461
UNESCO 98–101, 241 f., 251, 307
UNICEF 505–516
UNO 406 f., 502 ff. 546 f.

Vater 188 f., 232, 390

»Wähle das Leben« (s. Aktion »Wähle das Leben«)
Wahrheit in Liebe tun 244, 259 f., 431, 457
Weg des Wachsens, erzieherischer (Gradualität) 173, 221, 341 f., 438 f., 460
Wiederverheiratete Geschiedene (s. a. Ehescheidung) 60, 197, 208 f., 216 f.
Wissenschaften 17, 21, 33, 197, 223, 369, 389, 392, 436, 473 f.

Zölibat (s. Ehelosigkeit »um des Himmelreiches willen«; s. Priestertum)

Xaver, Franz, Hl. 365

WEITERE BÜCHER
ZUM THEMA EHE UND FAMILIE

Johannes Paul II.
Die menschliche Liebe im göttlichen Heilsplan
404 Seiten, kart., ISBN 3-87620-111-X
(Communio personarum Band 1)

Johannes Paul II.
Die Erlösung des Leibes und die Sakramentalität der Ehe
369 Seiten, kart., ISBN 3-87620-107-1
(Communio personarum Band 2)

Theo G. Belmans
Der objektive Sinn menschlichen Handels
Zur authentischen Ehemoral des hl. Thomas
514 Seiten, kart., ISBN 3-87620-099-7

Ernst Wenisch (Hrsg.)
Elternschaft und Menschenwürde
Zur Problematik der Empfängnisregelung
Geleitwort Franciszek Kardinal Macharski
411 Seiten, kart., ISBN 3-87620-098-9

Familie, werde, was du bist
Kommentare zu ›Familiaris consortio‹
320 Seiten, kart., ISBN 3-87620-087-3

Johannes Bökmann (Hrsg.)
Befreiung vom objektiv Guten?
Vom verleugneten Desaster der Antikonzeption
zum befreienden Ethos
362 Seiten, kart., ISBN 3-87620-077-6

Renate und Norbert Martin
Brenn-Punkt Ehe und Familie
Geleitwort: Kardinal Joseph Ratzinger
272 Seiten, kart., ISBN 3-87620-066-0

PATRIS VERLAG 5414 VALLENDAR